学術としての民法 II

新しい日本の民法学へ

大村敦志――[著]

東京大学出版会

SCIENCE ET TECHNIQUE EN DROIT CIVIL
tome 2: Au Japon en mutation
Atsushi OMURA
Presses universitaires de Tokyo, 2009
ISBN978-4-13-031184-7

はしがき

　(1)　「学術としての民法」は，F・ジェニーの名著『実定私法における科学と技術』全4巻(1913–24)を念頭に置いて付けた表題だが，「民法における『学』と『術』」と言った方が適当かもしれない．「学(理)」を主，「(技)術」を従としつつ，「学理」に基礎づけられた「技術」を探求する (これは，日本民法典の起草者の一人である富井政章の法学観でもある) という趣旨である．

　全体のコンセプトを一言で言えば，20世紀のフランス民法学を鏡にして(Ⅰ)，21世紀の日本民法学のあり方を模索する(Ⅱ)ということになる．第Ⅰ巻には，20世紀のフランス民法学を，時期的には世紀の初めと終わりに絞って，方法的には総論と各論の双方について，それぞれ論じた2編の連載論文(未発表分の草稿と新稿を含む)とこれら2編にかかわる小論を，第Ⅱ巻には，現代日本の一民法学者としての私が書いた20数編の論文を，それぞれ配した．

　(2)　Ⅰの第1編では，20世紀フランス民法学は，狭義の法律家だけでなくより広く市民一般を対象とした「共和国の民法学」として性格づけられるのではないかと考えて，その成立の背景を探った．「共和国の民法学」は具体的には，共和国＝市民社会が提示する諸問題に対応すべく，伝統的な民法上の諸概念を練り直す試みとして展開されたと考えるが，このことを示そうとしたのがⅠの第2編である．そして，Ⅰの第3編・第4編には，第1編・第2編を補うものとして，フランス民法典200周年の機会に書いたもの，個別の問題につきフランス法を検討したものを集めた．

　Ⅰの前2編の構想は1999年8月～2000年6月の在外研究中に固め，資料もある程度まで収集した．しかし，帰国後は以前から約束してあった教科書類の執筆や大学内外の様々な雑事に追われ，締切のない原稿の執筆に割く時間を見いだすのは容易ではなかった．雑誌既発表の部分は2002年から2004年にかけて書き継いだものだが，その後は，何度も続編執筆の計画を立てては見たものの，結局のところ完成には至らなかった．本書の刊行にあたり，未発表の草稿

を整理するとともに，新たに「補章」を書き下ろした．これにより，全体の概略をほぼ示すことができたように思う．

(3) Ⅱ所収の小論は，Ⅰで示したフランス民法をめぐる学術のあり方に学び，それを実践に移そうとした私自身のささやかな試みの記録である．これらの小論においては，現代日本の市民社会が提示する問いのいくつかに答えるべく，第1章では，取引関係や家族関係とは性質の異なる「社会的なきずな」に注目し，これを構成する諸概念を抽出・整序し，また，第2章では，新しい制度の構築の際の力学に着目するとともに，人・物，親子・夫婦や契約といった基本概念を更新するように努めた．そして，第3章では，日本の民法学・民法教育の来し方・行く末に思いをめぐらせたが，そこでは社会から法へのシグナルをいかにとらえるかが大きなテーマになっている．

Ⅱの諸論文の大部分は，1998年から2007年の間に，様々な機会に求めに応じて執筆したものである．その時々にそれなりに力を注いで書いてはみたが，第1章・第2章での試みは緒に就いたばかりであり，第3章における見通しも暫定的なものにとどまる．道はなお遠いが，これまでの成果をまとめた上でさらなる歩みを続けたい．

(4) 1990年代に執筆した小論は，「生活民法研究Ⅰ・Ⅱ」という副題を持つ2冊の論文集（『契約法から消費者法へ』，『消費者・家族と法』）として東京大学出版会から出版していただいた．本書はこれに続くものである．学術書の出版が困難になっているなか，こうしてまた2冊の論文集の出版を引き受けて下さったのは，前著と同じく，同会編集部の羽鳥和芳さんである．2008年度末に退職された同氏の多年のご厚情に対し，この場を借りて改めてお礼を申し上げるとともに，同氏の今後のご活躍をお祈りする．また，細かな作業については矢吹有鼓さんが担当して下さった．そして，原稿のとりまとめや初出の確認などについては，いつもながら私設秘書の伴ゆりなさんを煩わせた．お二人にもあわせてお礼を申し上げる．

2009年5月

大村　敦志

目　次

はしがき

第 1 章　緩やかな関係へ──消費者・家族からネットワークへ

第 1 節　民事団体論の新たな展開 …………………………………………… 3

A　消費者団体の活動 ………………………………………………………… 3
- Ⅰ　はじめに──消費者団体の現在 ……………………………………… 3
- Ⅱ　消費者団体としての生協 ……………………………………………… 4
- Ⅲ　消費者団体の役割 ……………………………………………………… 6
  - 1　個人のための団体 …………… 6
  - 2　マスのための団体 …………… 7
- Ⅳ　消費者団体の問題点 …………………………………………………… 9
  - 1　脆弱性 …………………… 9
  - 2　巨大性 …………………… 12
- Ⅴ　おわりに──消費者団体の将来 ……………………………………… 14

B　「結社の自由」民法学的再検討・序説 ………………………………… 16
- Ⅰ　はじめに──「結社の自由」からのアプローチ …………………… 16
- Ⅱ　「結社の自由」に関するこれまでの議論 …………………………… 17
  - 1　憲法学における議論 …………… 17
  - 2　民法学における議論 …………… 20
- Ⅲ　「結社の自由」に関するありうる議論 ……………………………… 23
  - 1　「結社の自由」の基礎づけ …………… 23
  - 2　「結社の自由」の制度的諸相 …………… 27
- Ⅳ　まとめと展望──「社交性の承認」としての「結社の自由」 …… 31

C　団体訴訟の実体法的検討 ………………………………………………… 32

Ⅰ	はじめに ………………………………………………………	32
Ⅱ	団体訴訟の要件に即して …………………………………	34

  1 主体……………34
  2 対象……………37

 Ⅲ 団体訴訟の効果に即して ………………………………… 41

  1 法的効果……………41
  2 事実上の効果………………42

 Ⅳ おわりに ……………………………………………………… 44

第2節 ネットワークとしての家族 ……………………………… 46

A 「再構成家族」に関する一考察 ………………………………… 46

 Ⅰ はじめに ……………………………………………………… 46

 Ⅱ 民法上の処遇 ………………………………………………… 48

  1 法定親子関係の廃止………………48
  2 養子縁組にかかわる問題点………………48

 Ⅲ 社会保障法上の処遇 ………………………………………… 50

  1 具体的な問題………………50
  2 理論的な検討………………51

 Ⅳ 今後の展望 …………………………………………………… 53

B 日本法における兄弟姉妹 ………………………………………… 56

 Ⅰ はじめに ……………………………………………………… 56

 Ⅱ 二者関係 ……………………………………………………… 57

  1 実定法……………58
  2 原理……………60

 Ⅲ 三者関係 ……………………………………………………… 63

  1 実定法……………63
  2 原理……………66

 Ⅳ おわりに ……………………………………………………… 68

第3節　取引でも組織でもなく ································ 71
A　現代における委任契約 ···································· 71
　Ⅰ　はじめに ·· 71
　Ⅱ　信託から契約へ──契約における信頼確保 ················ 73
　　1　議論の素材···············73
　　2　若干の検討···············77
　Ⅲ　制度から契約へ──契約による制度補完 ·················· 81
　　1　議論の素材···············81
　　2　若干の検討···············83
　Ⅳ　団体から契約へ──契約による組織拡大 ·················· 87
　　1　議論の素材···············87
　　2　若干の検討···············90
　Ⅴ　おわりに ·· 94
B　法技術としての組合契約 ·································· 98
　Ⅰ　はじめに ·· 98
　Ⅱ　投資事業有限責任組合 ···································· 100
　　1　特別法の制定···············100
　　2　組合としての特徴···········102
　　3　改正法の登場···············104
　Ⅲ　組織形態をめぐる学説 ···································· 105
　　1　学説による検討·············105
　　2　若干の考察·················109
　Ⅳ　マンション建替組合 ······································ 112
　　1　特別法の制定···············112
　　2　組合としての特徴···········115
　Ⅴ　大正期の建築組合法案 ···································· 117
　　1　法案の作成·················117
　　2　法案の意義·················123
　Ⅵ　おわりに ·· 126

C 無償行為論の再検討へ ……………………………………128
I 「非法」との間で ………………………………………131
1 「契約としての贈与」と「事実としての贈与」………131
2 「特定目的のための放棄」における法律関係…………133
II 有償契約との間で ………………………………………135
1 サービス提供者の責任………………135
2 サービス提供者の報酬………………138
III 社会哲学・法理論との間で ……………………………141
1 「社会的きずな」としての無償行為………………141
2 「社会的きずな」の多元性・多層性………………144
おわりに ………………………………………………………145

判例研究：各種の団体からの脱退 ………………………………148
A ヨットクラブ――強行法規違反の法律行為
（最判平 11・2・23 民集 53 巻 2 号 193 頁）……………148
B 内縁（最決平 12・3・10 民集 54 巻 3 号 1040 頁）……151
C 入会団体（最判平 18・3・17 民集 60 巻 3 号 773 頁）……155

書評：ソシアビリテの周辺 ……………………………………159
I はじめに………………159
II 「社交」から見た「消費・文化」………………160
III 「社交」から見た「家族・地域」………………162
IV 「社交」から見た「企業・組織」………………164
V おわりに………………166

第2章　確かな規範へ――人格・人身を中心に

第1節　権利の論法・合意の論法 ………………………………171

A 「能力」に関する覚書 …………………………………171
I はじめに ……………………………………………171
II 技術からみた「能力」………………………………172
III 理念からみた「能力」………………………………179

B　民法等における生命・身体
　　　　──「子どもへの権利」を考えるために……………………184
　　　はじめに……………………………………………………………184
　　　Ⅰ　実定法の断片…………………………………………………185
　　　　1　民法上のルール……………185
　　　　2　特別法上のルール
　　　　　　　──人工妊娠中絶と脳死＝臓器移植をめぐって……………189
　　　Ⅱ　法の教訓………………………………………………………191
　　　　1　自己決定と公序……………191
　　　　2　自己決定権と「法」の領分……………194

　C　家族法と公共性……………………………………………………197
　　　Ⅰ　はじめに──課題の設定……………………………………197
　　　Ⅱ　最近の法改正と法改正の試み………………………………198
　　　Ⅲ　家族関連立法の特徴…………………………………………203
　　　Ⅳ　おわりに──立法の指針……………………………………208

第2節　基本概念の再検討……………………………………………210

　A　親子とは何か──生殖補助医療を素材に………………………210
　　　Ⅰ　序──検討の対象と視点……………………………………210
　　　Ⅱ　母とは何か……………………………………………………212
　　　　1　母子関係の決定（「とりまとめ」第2）……………212
　　　　2　代理母（「とりまとめ」第7）……………214
　　　　　　(1)「とりまとめ」のルール　(2)「とりまとめ」の持つ意味
　　　Ⅲ　父とは何か……………………………………………………215
　　　　1　父子関係の決定（「とりまとめ」第3）……………215
　　　　2　精子被利用者の地位と死後認知禁止
　　　　　　（「とりまとめ」第4・第5）……………219
　　　おわりに……………………………………………………………220

　B　婚姻とは何か──「300日問題」を素材に………………………222
　　　Ⅰ　はじめに………………………………………………………222

Ⅱ　問題の構成 ……………………………………………………………223
　　　1　争点化の経緯…………223
　　　2　争点化の背景…………225
　　Ⅲ　議論の整序 ……………………………………………………………225
　　　1　議論の前提…………225
　　　2　「300日問題」か「200日問題」か？………………227
　　Ⅳ　議論の周辺 ……………………………………………………………232
　　　1　「別居」の制度化へ？………………232
　　　2　親子とは何か…………233
　　Ⅴ　むすびに代えて ………………………………………………………234

　C　物権と契約――後継ぎ遺贈論を素材に ……………………………………235
　　Ⅰ　はじめに ………………………………………………………………235
　　Ⅱ　問題の摘出 ……………………………………………………………238
　　　1　米倉第1論文の検討………………238
　　　2　フランス法の制度の紹介………………244
　　Ⅲ　検討の試み ……………………………………………………………246
　　　1　検討課題…………246
　　　2　所有権への時間的制限………………247
　　　3　用益権創出の試み………………250
　　　4　公序による制約…………254
　　Ⅵ　おわりに ………………………………………………………………256

　D　成年・未成年の再検討――成年年齢見直し論を素材に ……………………258
　　はじめに ……………………………………………………………………258
　　Ⅰ　「成年」の意義 …………………………………………………………260
　　　1　能力…………260
　　　2　親権…………261
　　　3　婚姻…………262
　　Ⅱ　「成年」の基準 …………………………………………………………263
　　　1　年齢20歳の妥当性………………263

     2　その他の年齢……………264
　Ⅲ　「成年・未成年」の多元化・相対化………………………………266
　　1　「準成年」と「完全未成年」……………266
　　2　「初成年」と「完全成年」……………266
　　3　保護措置・移行手続・公示方法……………267
　おわりに………………………………………………………………268

解説：法体系の中で………………………………………………270
　A　物の概念………………………………………………………270
　　Ⅰ　はじめに……………270
　　Ⅱ　一般論のレベルでの議論……………270
　　Ⅲ　単一性をめぐる議論……………271
　　Ⅳ　有体性をめぐる議論……………271
　　Ⅴ　支配可能性をめぐる議論……………272
　B　私的扶養の将来………………………………………………273
　　Ⅰ　はじめに……………273
　　Ⅱ　親族編の内部での議論……………274
　　Ⅲ　親族編の外部との関係での議論……………276

第3節　契約という制度………………………………………278
　A　家族法における契約化………………………………………278
　Ⅰ　はじめに………………………………………………………278
　Ⅱ　「契約化」の意味をめぐって…………………………………280
　　1　「脱制度化」としての契約化
　　　　――「拘束としての制度」からの解放……………280
　　2　「(再)制度化」としての契約化
　　　　――「社会的に承認(支援)された契約」の構築……………282
　Ⅲ　「契約」としての婚姻…………………………………………284
　　1　婚姻の脱制度化……………284
　　2　婚姻の再制度化……………287
　Ⅳ　おわりに………………………………………………………290

B　社会保障法における契約化 ……………………………………………291
　　　Ⅰ　問題状況 ……………………………………………………………291
　　　　1　構想時における両制度の関係……………291
　　　　2　本稿の課題・構成・用語……………293
　　　Ⅱ　介護契約の現状 ……………………………………………………295
　　　　1　成年後見の利用状況から……………295
　　　　2　介護契約の実態調査から……………296
　　　Ⅲ　補完的な仕組みとしての地域福祉権利擁護事業 ………………298
　　　　1　介護契約に関する諸問題……………298
　　　　2　福祉サービス利用援助契約の意義と限界……………300
　　　　3　福祉サービス利用援助契約の改善のために……………301
　　　Ⅳ　展望 …………………………………………………………………304
　　　　1　本稿の課題に即して……………304
　　　　2　本稿の課題を超えて……………305

　　C　借地借家法における新たな制度化 ……………………………………306
　　　Ⅰ　問題の所在 …………………………………………………………306
　　　Ⅱ　制度から見た高齢者の居住 ………………………………………312
　　　　1　高齢者居住法による施策……………312
　　　　2　その他の施策……………314
　　　Ⅲ　居住形態から見た高齢者の居住 …………………………………318
　　　　1　居住形態の整理……………318
　　　　2　若干の検討……………320
　　　Ⅳ　まとめに代えて ……………………………………………………322

第3章　共振する研究へ──民法の内外で

第1節　「実践」と「理論」の間で …………………………………………327

　　A　研究＝実践プログラムとしての「生活民法」……………………327
　　　はじめに──「生活民法」の特性 ……………………………………327
　　　Ⅰ　いくつかの事例から ………………………………………………328

Ⅱ　事後処理のための法律構成……………………………………333
　　Ⅲ　事前対応のための制度構築……………………………………335
　　おわりに——研究＝実践プログラムとしての「生活民法」……337

B　制度としての法——ブルデューと法・再説……………………………339
　　Ⅰ　はじめに——視点の限定………………………………………339
　　Ⅱ　日本社会の法状況へ……………………………………………341
　　　1　法制度を考える…………341
　　　2　法教育を行う…………344
　　Ⅲ　その後のブルデューへ…………………………………………347
　　　1　『男性支配』『経済の社会構造』のブルデュー……………347
　　　2　『世界の悲惨』『市場独裁主義批判』のブルデュー………348

C　紛争解決の民法学から制度構想の民法学へ……………………………350
　　Ⅰ　はじめに…………………………………………………………350
　　Ⅱ　平井の「法政策学」の成立……………………………………353
　　　1　「序説」の概略…………353
　　　2　「序説」の理解…………356
　　Ⅲ　平井の「法政策学」の承継……………………………………361
　　　1　これまでの状況…………361
　　　2　様々な可能性…………365
　　Ⅳ　おわりに…………………………………………………………368

D　利益考量論の再検討………………………………………………………372
　　Ⅰ　学説に何を学ぶか？：
　　　　「覚書」には何が書かれているか，あるいは小さすぎる文脈を離れて……372
　　Ⅱ　時効学説展開のモーメント：
　　　　「覚書」はなぜ書かれたのか・その1，あるいは小さな文脈に即して……375
　　　1　出発点…………375
　　　2　「覚書」のターゲットは何か？…………376
　　　3　「覚書」のテーゼは何か？…………378
　　Ⅲ　70年代日本の民法学としての星野民法学：

「覚書」はなぜ書かれたのか・その 2，あるいは大きな文脈の中で………379
　　　1　出発点………379
　　　2　「記述的な利益考量論」としての星野民法学………380
　　　3　「記述的な利益考量論」の実例としての「覚書」………381
　Ⅳ　利益考量論を救い出す？：
　　　「覚書」から何を引き継ぐか，あるいはさらに大きな文脈に向けて………383

書評：隣接領域との対話………386
　A　法史との対話：〈civil〉ということ──書評・『近代法の再定位』………386
　B　労働法との対話：書評・水町勇一郎『労働社会の変容と再生
　　　──フランス労働法制の歴史と理論』………389
　C　フェミニズムとの対話：家族関係の変容とジェンダー………393
　　Ⅰ　はじめに………393
　　Ⅱ　役割の否定とジェンダー………394
　　Ⅲ　性別の否定とジェンダー………398
　　Ⅳ　結合の否定とジェンダー………400
　　Ⅴ　おわりに………403
　D　法意識論との対話：書評・河合隼雄＝加藤雅信編『人間の心と法』………404

第 2 節　「市民社会の法」「人の法」への着目………408
　A　民主主義の再定位と民法・民法学の役割………408
　　Ⅰ　はじめに………408
　　Ⅱ　「ラベル」またはその内容………411
　　Ⅲ　「色香」またはその文脈………422
　　　1　公序良俗の研究史との関連で………422
　　　2　個人研究史との関連で………424
　　　3　時代思潮との関連で………426
　　Ⅳ　「味わい」またはその価値………428
　　　1　方法論の観点から………428
　　　2　民法論の観点から………430
　　　3　公序論の観点から………432

  Ⅴ おわりに ································· 435
B 公共概念の再編成 ································· 438
B–1 大きな公共性から小さな公共性へ ································· 438
 はじめに ································· 438
  Ⅰ 社会構成の視点 ································· 439
   1 憲法の側から ············ 440
   2 民法の側から ············ 443
  Ⅱ 社会構成の手段 ································· 444
   1 「抵抗」の民法学 ············ 446
   2 「改造」の民法学 ············ 448
 おわりに ································· 450
B–2 個人の尊厳と公共の福祉 ································· 450

C マイノリティという視点 ································· 460
C–1 マイノリティと民法 ································· 460
  Ⅰ はじめに──節目の年としての 2005 年 ································· 460
  Ⅱ 民法・民法学から「現象としてのマイノリティ」へ ································· 464
   1 歴史的な概観 ············ 464
   2 理論的な検討 ············ 471
  Ⅲ 「概念としてのマイノリティ」から民法・民法学へ ································· 475
   1 マイノリティの処遇 ············ 475
   2 民法・民法学の役割 ············ 477
  Ⅳ 結びに代えて──アジアへのメッセージ ································· 483
C–2 試金石としての外国人 ································· 485
   1 はじめに──対象の限定 ············ 485
   2 裁判例の紹介 ············ 486
   3 若干の検討 ············ 492
   4 おわりに──外国人問題から見た民法 ············ 494

D 「市民的権利の法」としての民法 ································· 497

Ⅰ　はじめに …………………………………………………………………497
　　Ⅱ　民法1条〜3条の読解 …………………………………………………499
　　　1　「私権」と「市民的権利」………………499
　　　2　「人」と「市民」と「成年」………………501
　　Ⅲ　民法1条〜3条の展開 …………………………………………………505
　　　1　「市民的権利の法」の構築へ………………505
　　　2　「市民権」の拡張へ………………508
　　Ⅳ　おわりに——東アジアの市民社会へ ………………………………509

あとがき………………511

収録論文初出一覧………………515

事項索引………………517

人名索引………………529

判例索引………………531

新聞記事索引………………532

文献索引（邦文）………………533

文献索引（欧文）………………551

第 1 章　緩やかな関係へ
消費者・家族からネットワークへ

第1節　民事団体論の新たな展開

A　消費者団体の活動

I　はじめに——消費者団体の現在

　消費者保護基本法は,「消費者は,経済社会の発展に即応して,みずからすすんで消費生活に関する必要な知識を修得するとともに,自主的かつ合理的に行動するように務めることによって,消費生活の安定及び向上に積極的な役割を果たすものとする」(同法5条)と定め,消費者の自助を期待している.さらにこれを受けて,「国は,消費者が自主性をもって健全な消費生活を営むことができるようにするために,商品及び役務に関する知識の普及及び情報の提供,生活設計に関する知識の普及等消費者に対する啓蒙活動を推進するとともに,消費生活に関する教育を充実する等必要な施策を講ずるものとする」(同法12条),「国は,消費者がその消費生活の安定及び向上を図るための健全かつ自主的な組織活動が促進されるよう必要な措置を講ずるものとする」(同17条)と定めて,消費者教育の充実と消費者団体の育成を政策目標として掲げている.
　消費者行政を事業者に対する規制行政と消費者に対する支援行政とに分けるとすると,右に見たように,少なくとも消費者保護基本法の制定時においては,消費者団体の育成は支援行政の二本柱の一つと位置づけられていたのである.また,消費者行政の基本方針の決定のために毎年開催される消費者保護会議(同法18条)においても,同会議が初めて開催された1968年から1970年代の半ば頃に至るまでは,「消費生活協同組合の活動の強化」「消費者対抗力の強化」な

どが中心的な政策目標の一つとして掲げられていた．ところが，70年代の後半からは，「消費者啓発」「消費者教育」に重点が置かれるようになり，消費者団体の育成に関する言及は消えていく[1]．これは，従前の目標が達成された結果ではなく，時代思潮や消費者問題の性質が変化したのに伴い，消費者団体の活動の重要性に対する認識が変化した結果であると思われる[2]．

それでは，消費者団体の育成はもはや必要でないのだろうか．そもそも，消費者団体の活動は今日では省みるに値しないものなのだろうか[3]．必ずしもそうではないだろう．一方で，日本の消費者問題ないし消費者法の歴史において消費者団体がはたしてきた役割，現在もはたしている役割を無視することはできない[4][5]．他方，規制緩和の潮流の中で行政規制に代わる方策が模索されるという状況のもとで，消費者団体の活動が期待される新たな局面も生じてきていると思われるのである．それゆえ，以下，本稿においては，消費者団体の活動について若干の検討を加えたい．

II 消費者団体としての生協

しかし，一口に消費者団体と言っても，そこには多種多様なものが含まれる．まず，数量の面から見てみよう．経済企画庁が毎年行っている「消費者団体

---

1) 消費者保護会議の「前文」は，第1回～第20回（1968-87年）については，消費者問題研究会編・知っておきたい消費者行政（大蔵省印刷局，1988）に収録されている．
2) 時代思潮の変化としては，市民運動の退潮の傾向，新自由主義の登場などが挙げられる．この要因も重要であるが，同時に，消費者契約に関する問題の急増に伴い，個人レベルでの情報提供や救済が重要度を増したということも無視しがたいだろう．
3) 消費者法にかかわる最近の雑誌特集などを見ると，消費者団体のあり方に対する関心は希薄であるように思われる．たとえば，「特集・消費者保護の課題と展望」ジュリ1034号（1993）には消費者団体に関連する項目は立てられていないし，「特集・消費者の権利の拡充と法」法時66巻4号（1994）では，消費者運動の観点からの論文1本が寄せられているだけである．また，岩波講座現代の法13消費生活と法（1997）にも消費者団体に関する項目は存在しない．
4) 各種の特別法立法にあたって消費者団体の働きかけがはたした役割は小さくない．また，主婦連合会や消費生活協同組合が原告となって提起したジュース訴訟（最判昭53・3・14判時880号3頁）や灯油訴訟（最判昭62・7・2民集41巻5号785頁，最判平元・12・8民集43巻11号1259頁）は結果のいかんとは別に大きな意味を持った．
5) 日本の消費者運動の歴史については，国民生活センター編・戦後消費者運動史（大蔵省印刷局，1997）を参照（巻末に文献解題と年表あり）．

基本調査」によると，同調査によって把握された全国の消費者団体の数は4600余であったという．この数は1980年代半ばからほぼ変わっていない．その中には，消費者グループ等（約44%）のほかに，婦人会（約21%），生活・衛生改善グループ（約13%），農協及び漁協婦人部（約12%）などが含まれている．会員数の総計は全国レベルの中央団体で約970万人となっており，その数は70年代後半の約1370万人をピークに漸減の傾向にある．以上のデータには消費生活協同組合（以下，生協）は含まれていない．生協の数は約1200で，会員数は4400万人近くに達している[6]．

次に，活動の内容に着目するならば，消費者団体を「共同購入型」「学習型」「調査・テスト型」「対企業・行政行動型」に分ける見方が参考になる[7]．ここでいう「共同購入型」を代表するのは，言うまでもなく生協である（「生協型」「情報型」「告発型」という分類をする論者もある）．

さらに，消費者利益の代表という観点から，全国レベルの中央団体に着目すると，31の団体のうち，たとえば，国民生活審議会消費政策部会に委員を送っているのは，日本生活協同組合連合会（以下，日生協），全国地域婦人団体連絡協議会，主婦連合会（以下，主婦連）である．また，中央団体の一部をも構成員とする全国消費者団体連絡会は，主婦連と日生協を中心に設立・運営されている．

このような量的・質的データをあわせて見ると，日本の消費者団体としては，主婦連と並び，生協が大きな地位を占めているということができる．また，生協を除外して消費者団体を観察すると，共同購入という側面が後退することになるが，今日，消費者団体について考える際には，この面をも考慮に入れた方がよいように思われる．以上のような理由により，本稿においてはむしろ生協を中心にして，必要に応じて検討対象を拡げつつ，消費者団体について考えてみることにしたい．具体的には，まず消費者団体の役割について検討し（Ⅲ），続いて，消費者団体の抱える問題点のいくつかにつき言及し（Ⅳ），最後に，将来の展望を試みたい（Ⅴ）．

---

6) 経済企画庁国民生活局消費者行政第二課編・平成8年度基本調査と団体名簿／消費者団体の概要（大蔵省印刷局，1997）1–7頁．
7) 国民生活センター編・消費者運動の現状と課題（勁草書房，1981）100–107頁．

III　消費者団体の役割

1　個人のための団体

　(1)　紛争の処理　　諸外国の例を見ると，消費者団体は，消費者個人が抱える各種の紛争につき相談を受け助言を与えるという活動をしていることが少なくない[8]．日本においても，消費者からの相談を受け付けるための窓口を開いている消費者団体も存在する．しかし，地域レベルの消費者団体に限って見ると，苦情処理は大部分の団体の活動対象とはなっておらず，これを行う団体は約9％ほどに過ぎない．苦情処理件数を見ても，自治体の消費生活センターでは年間50万件に近い事案が処理されているのに対して，消費者団体の処理件数は3万5000件ほどに過ぎない[9]．

　もっとも，ここでいう消費者団体には生協は含まれていない．生協は，消費者からの苦情相談を独立の業務にはしてはいないだろうが，生協自身が扱う商品に関する苦情には応じているはずである．というよりも，むしろより積極的に，商品に対する組合員の要望などを集約しようと努めている生協が多いものと思われる[10]．いわば生協は，メーカー等の事業者と消費者の間にあって，消費者側のエージェントとして紛争解決にあたっているのである．この点で，生協がはたしている（はたしうる）役割は重要であると思われる．

　(2)　購入の便宜　　そもそも，生協は，「組合員の生活に必要な物資を購入し，これに加工し若しくは加工しないで，又は生産して組合員に供給する事業」（消費生活協同組合法10条1項1号）を主たる目的に据えた団体である．生協は，商品に関する苦情に応じるだけではなく，組合員が望む商品を供給することを事業目的としているのである．そして，組合員の方もそのような活動を生協に

---

8)　ドイツにつき，ヒッペル（好美清光＝円谷峻訳）・消費者の保護（東洋経済新報社，1986）26–27頁，フランスにつき，CALAIS-AULOY(J.) et STEINMETZ(F.), *Droit de la consommation*, 4ᵉ éd., 1996, nº 433, pp. 430–431.

9)　経済企画庁国民生活局消費者行政第二課編・前出注6) 9–11頁，経済企画庁国民生活局編・ハンドブック消費者 '97 161–162頁．

10)　客観的なデータを持ち合わせていないが，たとえば，小田桐誠・生協ルポ共同購入はさらに伸びる（コープ出版，1993）143頁以下を参照．

期待している．すなわち，生協を通じて，安くて良い商品を入手することを望んでいるのである．

では，実際のところ，生協の供給する商品は消費者の期待に合致しているのだろうか．ある調査によると，生協組合員の組合加入動機の第1位は「安全で品質のよい商品」（の入手）であるという（複数回答で約76％）．そして実際にも，組合員は買物にあたって安全性を重視しており，そのために生協で買物をしているという[11]．価格については，現在ではスーパーなどとさほど差はないとも言われるが，安全性に関する限り，組合員の生協に対する信頼は厚いようである[12]．

紛争処理の局面で生協は消費者のエージェントであると述べたが，商品の購入という局面でも，生協は同様の働きをしていると言える．個別の消費者が商品の安全性を確認するのには困難がつきまとう．価格交渉についても同様である．ところが，生協は巨大な購買力を背景に，安全性を含む品質と価格につき事業者と交渉することが可能である．また，その組織力によって自ら安全性を確認することもできる[13]．このように，生協は，消費者個人は持ち得ない交渉力と知識を備えることによって，消費者に代わり消費者の購入の便宜をはかっている（はかりうる）のである．

2　マスのための団体

(1)　消費者利益の代表者　個々の消費者が経験する日常的な買物あるいは個別の紛争を離れて，マクロの観点から消費者問題を見た場合，消費者団体はマスとしての消費者の利益（消費者の集団的利益）を代弁する立場にあると言うことができる．企業に対してあるいは国や自治体に対して，一定の行動や対応を求めるというのも，消費者団体の重要な活動であると言えるだろう．

このような活動を中心とする消費者団体としては，1969年4月に創立委員会が結成された日本消費者連盟を挙げることができる．また，事件としては，日

---

11)　清水哲郎「生協組合員の消費者行動」碓井崧編著・コープこうべ——生活ネットワークの発見（ミネルヴァ書房，1996）181-200頁．
12)　小田桐誠・ドキュメント生協（社会思想社，1992）50-51頁．
13)　小田桐・前出注12) 55-57頁．

本自動車ユーザー・ユニオン（1970年5月発足）による欠陥車問題などがある意味での典型であったと言えるだろう[14]．この運動によって欠陥車問題は政治問題ともなり，自動車メーカーが自主的に欠陥車を回収し無料で修理するリコール制度が導入されることとなった．もっとも，このような告発型の運動は最近では下火になっているようである．1970年代の後半には，不買・不払い（ボイコット）に取り組む消費者団体の数は全体の約46％に及んでいたが[15]，最近の消費者団体の活動の中心は，講演会の開催やパンフレットの発行などによる消費者に対する啓発活動になっているようである[16]．

しかし，審議会への委員出席あるいは立法などに対する意見表明といったより穏健な方法によって，事業者ないし行政に対して働きかけを行うという活動は，今日でも継続されている．それは，中央レベルの大規模な消費者団体の活動の一環として行われている．とりわけ，4000万人以上の組合員を組織している日生協が圧力団体としてかなりの影響力を持っていることは容易に理解されるだろう[17]．

(2) 対抗的な競争者 膨大な数の組合員を抱える生協は，事業者にとっては競争相手でもある．生協の事業者としての規模を示すために，いくつかの数字を挙げてみよう．

生協は購買事業（生協法10条1項1号）の他にも，利用事業（「組合員の生活に有用な協同施設をなし，組合員に利用せしめる事業」．生協法10条1項2号）や共済事業（「組合員の生活の共済をはかる事業」．生協法10条1項四号）を行うことができるとされているが，ここでは，購買事業の事業高のみを掲げておく．その額は約3兆円であり，その中には住宅分譲事業も含まれているが，売上げのほとんど

---

[14] ユーザーユニオンの活動に対しては中心であった2人の人物につき恐喝罪による起訴がなされ，有罪が確定している．この事件については，伊藤正孝・欠陥車と企業犯罪――ユーザーユニオン事件の背景（社会思想社，1993）を参照．なお，欠陥車問題をめぐる政治過程については，大嶽秀夫・現代日本の政治権力経済権力（三一書房，1979）第2章の分析が示唆に富んでいる．

[15] 国民生活センター編・前出注7) 77頁．

[16] 経済企画庁国民生活局消費者行政第二課編・前出注6) 8頁．もっとも，この調査では活動内容の選択肢に「ボイコット」は入っていない．そのためにデータがでないが，新聞報道などとあわせてみると，盛んにボイコットが行われているとは考えにくい．

[17] もっとも労組や農協と異なり，生協はゆるやかな組織体であるので，組合員の数から単純に影響力を推測することはできない．

(99%)は食料・衣料品等を対象とするものである[18]．ちなみに，デパートやスーパーの総売り上げは，それぞれ約11兆円である．

また，個別の生協の売り上げを見ると，100万人を超える組合員を擁する日本最大の生協「コープこうべ」(旧神戸灘生協)の売り上げは，1993年度で約3600億円で，小売業ランキングでは16位である．事業規模はトップのダイエーと比べるとその6分の1であるが，コープこうべが事業を行っているのは兵庫県内に限られることを考えると(後述のように，生協法5条により県境を超えることができない)，その規模・影響力の大きさが巨大なものであることがわかる[19]．

もちろん千を超える単位生協の中には小規模なものも多い．しかし，日生協の開発・展開する「co-op」ブランドの商品の力によって，一定の競争力を持っている．また，店舗販売ばかりでなく共同購入のネットワークを持つという強みもある．確かに，いくつかの巨大生協を除けば，生協が持っている経済力は，企業を圧倒するようなものではないだろう．しかし，企業と併存する形で，非営利の事業体である生協が存在しており，消費生活に一定の役割をはたしていることの意味は大きい[20]．

Ⅳ 消費者団体の問題点

1 脆弱性

(1) 訴権の不在　その規模の大小にかかわらず，消費者団体はある種の

---

18) 厚生省編・平成8年度厚生白書402頁．
19) 長谷部剛「コープこうべの事業」碓井編著・前出注11) 51頁．
20) より一般的に，最近では，国民経済における非営利団体(NPO)の活動の意義に注目する見解が続出している．手元の文献では，たとえば，電通総研編・NPOとは何か——社会サービスの新しいあり方(日本経済新聞社，1996)，金子郁容＝松岡正剛＝下河辺淳・ボランタリー経済の誕生——自発する経済とコミュニティ(実業之日本社，1998)など．短いものであるが，塩沢由典「国家と市場に代替するもの」大航海20号(1998)40頁以下も要領のよい分析を示している．なお，外国の状況については，手元にあるペストフ(藤田暁男ほか訳)・市場と政治の間で——スウェーデン協同組合論(星洋書房，1996)とヘスラー(山下肇ほか訳)・ミグロの冒険——スイスの暮しを支えるミグロ生協の歩み(岩波書店，1996)などが興味深い．より理論的な展望を示すものとしては，ジャック・モロー(石塚秀雄ほか訳)・社会的経済とは何か——新自由主義を超えるもの(日本経済評論社，1996)がある．

脆弱性を抱え込んでいる．まず指摘できるのは，その法的地位が明瞭ではないということである．法的地位と言って思い浮かぶのは，団体の法人格の問題であるが，この問題には立ち入らない[21]．ここでとりあげたいのは，消費者法のシステムの中で消費者団体が占める位置がはっきりとはしていないということである．より具体的には次のようなことである．

諸外国の例を見ると，消費者の集団的利益を確保するための権能，具体的には訴権を，消費者団体に付与している場合がある．たとえば，ドイツでは，不正競争防止法 (13 条 1a 項) や約款規制法 (13 条 2 項) に基づく差止訴訟の提訴権が消費者団体に認められている[22]．同業者のみならず消費者もまた不正競争によって被害を被るが，個々の消費者は不正競争を差し止めようというインセンティヴを持たない．また，不当な内容の条項を含む約款の使用差止についても同様である．そこで，消費者団体に提訴権が認められ，マスとしての消費者の利益の擁護が委ねられているのである．また，フランスでも，消費法典は，消費者団体に対して，消費者の団体的利益に対する侵害につき損害賠償請求をする訴権を与えるとともに (L 421–1 条)，約款中の不当条項の差止訴権をも付与している (L 421–6 条)[23]．損害額の算定につき法技術的な困難が指摘されているものの，消費者の集団的利益に対する侵害が問題にされているのは興味深い．

これに対して，日本法の下では，消費者団体には以上のような訴権は全く与えられていない．これは，消費者法の実現につき消費者団体が担うべき役割が想定されていないということを意味する．しかし，消費者団体のイニシアティヴを活用するのが実効的であるという点からしても，集団的利益の擁護を消費者団体に委ねることの正統性という観点からしても，一定の場合につき消費者

---

21) 生協は法人格を有するのでこの点での問題はない (生協法 4 条)．そのほかの消費者団体については，NPO 法により法人格を取得するのは困難であるように思われるが (同法は「特定非営利活動」行う団体に法人格付与の可能性を開いているが，そこでいう「特定非営利活動」に消費者の利益を促進する活動は含まれていない．同法 2 条 1 項および別表参照)，大きな問題であろう．

22) ヒッペル・前出注 8) 94–96 頁．より詳しくは，内山衛次「消費者団体訴訟の諸問題」阪大法学 140 号 45 頁以下 (1986)，上原敏夫「約款の規制と消費者団体訴訟」消費者法講座 6，259 頁以下 (日本評論社，1991)，赤松美登里「消費者損害の集団的救済に関する一考察」判タ 783 号 26 頁以下，784 号 25 頁以下 (1992) などを参照．

23) CALAIS-AULOY(J.) et STEINMETZ(F.), *supra* note 8, n° 491–492, pp. 475–479.

団体に訴権を付与するというのは，十分に検討に値することがらだと思われる．

もっとも，ドイツでもフランスでもすべての消費者団体に訴権が付与されているわけではない．日本でも，消費者利益を代表していると見ることができる団体を選別するために，一定の限定をかけることは必要かもしれない．また，消費者団体の側としても，独禁法 (45 条) や消安法 (93 条) の定める措置請求権など消費者一般に広く認められている権限を積極的に利用して，マスとしての消費者の利益を擁護する活動を充実する必要がある．そのような経験の蓄積がなくては，訴権を獲得しても十分に活用することは困難だろう．

(2) 資金の不足　消費者団体にとって，法的な活動手段を整えるのと同時に重要なのは，財政的な基盤を確立するということだろう．ドイツやフランスでも消費者団体は資金不足に悩んでいると伝えられている[24]．日本の場合にはどうだろうか．前掲の「消費者団体基本調査」は，各消費団体の財政面に関する質問事項を含まないために，その実態は明らかではない．しかし，活動上の問題点として資金不足をあげる団体は，中央レベルでは 3 割以上に達している[25]．地方レベルの団体にはこの点を問題視するものは少ないが，それは十分な資金があるからではなく，資金にみあったささやかな活動をしているからだと思われる．

自治体には，消費者団体の活動に対してそれぞれの仕方で一定の財政的援助を行うところもある．現状を明らかにする資料は手元にないが[26]，若干の見聞をもとに推測すると，事務所あるいは会議・集会等の場所の無償提供や講師謝金の補助などといった間接的な形での援助がなされているケースが多いようである．しかし，必ずしも十分な援助が行われているとは思えない．また，援助が活動内容への干渉を伴わないかについても慎重に検討する必要がある[27]．なお，前述の団体訴権の導入を検討する際には，訴訟費用に関する配慮も必要だろう．

---

24) ヒッペル・前出注 8) 95 頁，CALAIS-AULOY(J.) et STEINMETZ(F.), *supra* note 8, n 27, p. 22.
25) 経済企画庁国民生活局消費者行政第二課編・前出注 6) 14 頁．
26) 1970 年代後半の状況については，国民生活センター編・前出注 7) 50–56 頁を参照．
27) 国民生活センター編・前出注 7) 57–62 頁は，消費者団体は「行政提携型」「自主型」に分類しているが，行政の援助は活動の制約をもたらしうることを示唆している．

以上は，生協を含まない狭義の消費者団体を対象とする考察である．では，生協はどうだろうか．一般には，狭義の消費者団体に比べて高額の資金を集めているところが多いという[28]．それでは，生協には資金難の問題はないかというと，それは必ずしもそうではないようである．大きな団体には大きな団体の悩みや問題点があるが，この点については項を改めて見てみることにしよう．

2　巨大性

(1) 第二の企業　狭義の消費者団体はその大部分が小規模のものであるのに対して，生協の組織は一般にはより大きく，中には大企業に匹敵する事業を展開するものもある．そして，一定の規模を有するがゆえに，市場における企業との競争が可能となる．以上はすでに述べた通りである．

しかし，規模の大きさにはデメリットも伴う．まず，組織が大きいということは経営がうまくいくということを必ずしも保障するものではない．このこと自体は一般の企業についても言えることだが，生協の場合には，法制度上の制約も経営の障害となりうることに注意が必要であろう．すでに一言触れたように，活動地域の制限（生協法5条．「組合は都道府県の区域を越えて，これを設立することができない」）は，規模拡大の制約となるだろうし，組合員以外の者の利用（員外利用）の原則禁止（生協法12条3項本文．「組合は，組合員以外の者にその事業を利用させることができない」）もまた，例外則（同但書．「厚生省令で定める正当な理由がある場合又は当該行政庁の許可を得た場合は，この限りではない」）の運用いかんによっては，大きな足枷となるだろう[29]．

規模の大きさは，生協自身にとって問題を生じさせているだけでなく，組合員の利益にも影響を及ぼしている．組合員たる消費者に対して，巨大生協はいわば第二の企業としての相貌を呈している面がなきにしもあらずなのである．

たとえば，過去に水増し牛乳が問題になったことがある[30]．製造者は全酪連（全国酪農業協同組合連合会）だったが，生協が製造委託をして生協ブランドで

---

28) 国民生活センター編・前出注7) 46–47頁．
29) 1980年代の員外利用規制の動きにつき，小田桐・前出注12) 273頁以下を参照．
30) 朝日新聞1996年4月3日付朝刊．

販売しているという例もあった[31]．同様の不当表示の例は，牛乳以外の生協ブランド商品についても報じられた[32]．このように，生協の商品だからと言って，消費者は常に安心していられるわけではない．

また，もう少し前に，ゴルフ会員権商法の破綻により契約をした消費者の預託金の返還が行われないという問題が生じ，結局，1992年にゴルフ会員権法が制定されて，預託金の保全措置が講じられた（同法4条）ということがあった．類似の問題は，経営難による生協の倒産の場合にも生じうる．現に，やはり数年前に，釧路市民生協が倒産（和議申立て）した例がある[33]．法律上は，生協の組合員が出資金の限度で倒産の責任を負うのは当然のことであるが，一般の組合員たちを保護する必要が全くないかどうかについては，なお検討を要するところである[34]．

(2) 参加の希薄化　組織の巨大化に伴うもう一つの問題点は，組合員の参加の意識が希薄化するということである．たとえば，最大の規模のコープこうべの組合員数は100万人を超えている．この数を見れば，すべての組合員が積極的な参加意識を持てるはずがないことはほとんど明らかである．巨大生協の組合員のかなりの部分は，生協の顧客という意識を持っているのではないだろうか．

協同組合の理念からすると，実はこの点が最も深刻な問題だろう．もちろん，生協の側も組合員の積極的な参加を確保するための努力はしている．たとえば，コープこうべでは，運営委員会制の改革やコープサークルの創設などによって，組合員の生活ネットワークの形成のための努力をしているという[35]．しかし，このような活動が十分な成果をあげることができるか否か，なお今後の動向を

---

31)　朝日新聞1996年4月10日付朝刊．
32)　朝日新聞1996年5月24日付朝刊（県産大豆使用と表示された納豆に輸入大豆が使用されていたという例）．
33)　朝日新聞1996年3月4日付夕刊．なお，下級審裁判例には，生協自体ではなく生協経営のスーパー（別法人）の倒産に関して生協の責任が問われたものがある（大阪地判平8・8・28判時1601号130頁）．
34)　出資金保全のための措置を自主的に講ずるとか，出資を求める際の説明を詳しくしてリスク開示を行うことなどが考えられる．なお，本稿執筆中に日生協が単位生協の救済のための基金を設立するとの報道に接した（朝日新聞1998年6月7日付朝刊）．
35)　吉村恵理子「コープこうべの組合員組織と活動」松井編著・前出注11) 83頁以下を参照．

見守らなければならない．この点に関しては，首都圏に展開する「生活クラブ生協」のように，より小さな規模でより高度の参加を求めているかに見える生協も現れているということにも着目する必要があるだろう[36]．

V　おわりに──消費者団体の将来

　最後に，今後の消費者団体ないし消費者運動のあり方につき，いくつかのことがらに触れておきたい．

　第一に，団体ないし運動については，多様なあり方がありうるということを承認すべきだろう．一口に消費者団体と言っても，そこには様々な活動を行う様々な団体が含まれている．また，本稿で特に言及することの多かった生協に限っても，多数の店舗を持ち膨大な数の組合員を擁するコープこうべのようなもの，店舗を持たずに共同購入組織の形成を重視する生活クラブ生協のようなもの，その他さまざまなタイプのものが存在する．一般に，各種の社会運動には中心的活動者と周辺的支援者とが必要であり，参加の態様は一様ではないが[37]，消費者の団体ないし運動についても，多様なあり方がありうることを認識し，このことを積極的に評価することが必要だろう．

　第二に，消費者団体ないし消費者運動が，事業者や企業に対する異議申し立てを超えて，新しい消費の規範を作り出す可能性に注目したい．この点で，生協の，とりわけ前述の生活クラブ生協などの活動は興味深い．同生協の活動は「たんに安いものを手に入れるということでなく，協同の力によって消費を自らの手に取り戻すこと，生産そのもののあり方を問う運動」をめざすものと評されているが[38]，これは重要な視点であると言えるだろう．もちろん，このような視点は程度の差はあれ，生協一般に，さらには消費者団体一般にも共有され

---

36)　生活クラブ生協に関する研究としては，佐藤慶幸編著・女性たちの生活ネットワーク──生活クラブに集う人々（文真堂，1988），佐藤慶幸＝天野正子＝那須壽編著・女性たちの生活者運動──生活クラブを支える人々（マルジュ社，1995）を掲げておく．

37)　社会運動に関する最近の理論的な研究としては，片桐新自・社会運動の中範囲理論──資源動因論からの展開（東京大学出版会，1995）のみを掲げておく．

38)　同生協の運動理念の生成過程については，那須壽「生活クラブ生協運動の軌跡」佐藤編著・前出注36）80頁以下に詳しい（本文の引用は同111頁）．

ていると思われる．しかし，より自覚的にこの点に取り組む必要があるだろう．いかなる消費を構想し，いかにそれを実現するか，消費者団体や消費者運動のはたすべき役割は大きい．

　第三に，より大きな文脈で考えるならば，市民のネットワークとして消費者団体や消費者運動をとらえることが必要だろう．都市化が進み市民相互の共同性が希薄になっている現代社会において，個人の生活と密接に関連した消費者団体ないし消費者運動は，われわれ一人一人が「個」としての尊厳を保ちつつ新たな「共同性」を再構築するための試みの一つとして，大きな可能性を秘めていると言えるだろう[39]．とりわけ，進学率の上昇により大学生協の存在を通じて生協を知る人々が増えた結果，生協はもっとも身近な市民団体の一つとなった観がある．この利点を十分に生かした活動の展開が期待される．

---

[39]　大村「人——総論」ジュリ1126号12頁（1998）参照．なお，ネットワークとしての家族のあり方につき，別稿で検討することを予定している［本書第1章第2節参照］．

B 「結社の自由」民法学的再検討・序説

I はじめに──「結社の自由」からのアプローチ

「近世社会全般ノ進歩ニ伴ヒ一方ニ於テハ国民ノ公共心大ニ発達シ又一方ニ於テハ経済上ノ必要ヨリ規模ノ稍大ナル事業ヲ遂行スル手段トシテ盛ンニ公益又ハ営利ヲ目的トスル法人ノ設立ヲ見ルニ至レリ」，「世ノ開明ニ赴クニ従ヒ法人ノ必要ハ日ニ月ニ多キヲ加ヘ之ニ関スル規定亦緻密ナラサルコトヲ得ス」[40]．日本民法典の起草者たちは，このように法人の必要性を認めて，民法典の中に一章を設けた．もちろん，同時に法人（とりわけ公益法人）に対する規制の必要性も強調されており，公益法人の設立には許可主義が採用され，自由設立主義は退けられている[41]．

しかし，法人格の付与が許可にかからしめられるとしても，法人格付与の対象となる団体そのものの存在は，当然の前提とされていたと言ってよい[42]．一般的に言って人々が団体を結成しうる（している）こと自体が問題とされた形跡は認められない．このことは，憲法の規定にも窺われる．日本国憲法の制定 (21

---

40) 富井政章・訂正増補民法原論第一巻総則（有斐閣，復刻版 1985，原版＝1922 合冊版）217 頁，梅謙次郎・民法要義巻之一総則（明法堂，訂正増補版，1899）74 頁．
41) 立法過程に関する議論につき，参照，中田裕康「公益法人・中間法人・NPO」ジュリ 1126 号（1998）53 頁以下．
42) 現行 33 条［2006 年改正前］に対応する草案 36 条の立法理由として，次のように言われている（「民法第一議案」日本近代立法資料叢書 13〔商事法務研究会版，1988〕44 頁）．「近世ニ至リ往々法人ノ自然存在説ヲ唱フルノ学者アリ又此主義ニ依リテ法律ヲ制定シタル国ナキニ非スト雖モ是レ必竟法人タル資格ヲ受クヘキ団体ノ存在ト其団体ノ受クヘキ法人タル資格トヲ混同シタルモノニシテ団体ハ或ハ自然ノ存在セリト云フヲ得ヘキモ其団体カ人格ヲ得ルハ法律ノ効力ニ帰セサルヲ得ス」．ここでは，団体が自然の存在であることは前提とされているように思われる．

条) を待つまでもなく，大日本帝国憲法はすでに，「法律ノ範囲内ニ於テ」ではあるが「結社の自由」を承認していた (同 29 条)．

このような法状況を受けて，少なくとも民法学においてはこれまで，「結社の自由」について論じられることはほとんどなかったと言っても過言ではない．逆に，憲法学においては，「結社の自由」は (ある程度までは) 論じられるが，法人格付与は立法政策の問題であるとするのが一般的な考え方であった[43]．このように，日本においては，「結社の自由」と「法人格の付与」とが分断されて議論されてきた．そして，繰り返しになるが，後者は立法政策の問題であり，前者は原則レベルではすでに解決済みの問題であるとされてきたのである．しかし，このような思考方法は自明のものなのだろうか．本報告が問題にしたいのは，この点である．別の言い方をするならば，「結社の自由」を出発点として，その延長線上に「法人格の付与」の問題を位置づけようというのが，本稿の目的である．

以下においては，まず，「結社の自由」に関するこれまでの議論状況を概観し，そこからありうる議論のための素材を抽出する (II)．その上で，議論を再構成する指針を得るために，フランスにおける「結社の自由」論の一部を紹介・検討する (III)．最後に，「結社の自由」をより広い文脈の中に位置づけることを試みてみたい (IV)．なお，「結社」という枠組みで問題を見ていく関係上，検討対象は非営利社団に限定する．また，税制上の優遇措置に関する問題にも基本的には立ち入らない．

II 「結社の自由」に関するこれまでの議論

1 憲法学における議論

(1) 「結社の自由」に関する標準的な議論　　憲法 21 条 1 項は，「集会，結社及び言論，出版その他一切の表現の自由は，これを保障する」と定めている．そのため，一般には，「結社の自由」は「集会の自由」とともに集団行動による

[43) 民法学の側から，この点を指摘するものとして，能見善久「団体――総論」ジュリ 1126 号 (1998) 52 頁注 8)．

表現の自由として位置づけられ，広義の「表現の自由」に含めてとらえられている[44]．こうした位置づけのためか，「結社の自由」に関する説明には，これまで一般にはあまり大きなウエイトは置かれてこなかった．

　詳しいとは言えない説明の中で興味深いのは，次の諸点である．第一に，結社の目的として，政治・経済・宗教のほかに芸術・学術や社交が挙げられていること，第二に，自由の内容として，団体形成・加入の自由，団体活動の自由，団体形成・加入をしない自由や団体から脱退する自由が列挙されていること，これとの関連で，強制加入団体が存在すること，団体の内部統制権が無制限ではないことが指摘されていること，第三に，「結社の自由」とは別に，「法人の人権」という論じ方がされ，その中で，法人に対する人権保障には限界があることが強調され，八幡製鉄事件判決（最大判昭 45・6・24 民集 24 巻 6 号 625 頁）に対して批判がされていること，などである．

　(2)　「結社の自由」に関する最近の議論[45]　こうした論調はある時期までは安定的であったが，少し前から状況は変化を見せつつある．憲法学界では，「おそらくここ十数年で最も劇的に変化した憲法学説の一つは，『法人の人権』論だろう」という認識がなされているようである[46]．しかし，この点に関しては，先に議論の特徴の第三点として挙げた点からわかるように，**(1)** で触れた諸学説はすでに折り込み済みである．

　ここで変化と呼んでいるのは，従来の通説とは異なるトーンを有する有力説の登場を指している．二つの流れが興味深い．

---

44)　芦部信喜・憲法（岩波書店，新版補訂版，1999）163 頁．最近の学説においても同様である．たとえば，松井茂記・日本国憲法（有斐閣，1999）476 頁，辻村みよ子・憲法（日本評論社，2000）258 頁など．

45)　教科書レベルでの議論のほかに，木下智史・鳥居喜代和両教授の一連の研究がある（木下教授のアメリカ法研究，鳥居教授のドイツ法研究・日本の立法過程研究は，基礎研究としても興味深い）．なお，最近の判例の展開を素材とする研究も多い（木下「アソシエーションと公序」ジュリ 1037 号 (1994) 161 頁以下，蟻川恒正「思想の自由と団体紀律」ジュリ 1089 号 (1996) 199 頁以下，西原博史「公益法人による政治献金と思想の自由」ジュリ 1099 号（1996 年）99 頁以下，芹沢斉「『人権』と法人の憲法上の権利の享有」青山法学論集 38 巻 3 = 4 号 (1997) 437 頁以下，浦部法穂「団体の目的の範囲と構成員の思想信条の自由」判タ 1108 号 (2003) 6 頁以下など）．さらに，法哲学からの憲法学との対話の試みも現れている（瀧川裕英「集合行為と集合責任の相剋——群馬司法書士会事件における公共性と強制性」法時 75 巻 8 号〔2003〕と同誌同号に掲載された瀧川論文に対する長谷部・西原両教授のコメント）．

46)　押久保倫夫「個人の尊重：その意義と可能性」ジュリ 1244 号 (2003) 13 頁．

第1節 民事団体論の新たな展開

　一つは，歴史上,「結社の自由は，別格の意味を持っている」ことを強調する樋口陽一教授の見解である[47]．この見解は,「結社の自由」よりも「結社からの自由」こそが重要であるとの基本認識に立つ[48]．そして,「結社の自由」は「結社をとりむすぶ諸個人の自由として理解されなければならない」ことを強調し，無造作に「法人の人権」が語られることを厳しく批判する．同時に，法人格の付与は立法政策の問題であるとする理解こそが「結社の自由との関係で問題にされなければならない」とする[49]．これは,「結社の自由」の「結社そのもの自由」ではなく「結社する自由」「結社への自由」として明確に提示する点と，そのような「結社の自由」を「法人格の付与」と結びつけている点で大変興味深い．

　もう一つは，より法技術的な・体系的な，と評してよいだろうか,「結社の自由」あるいは「法人の人権」を分節化しようとする長谷部教授・松井教授などの見解である[50]．この見解は,「民主的政治過程を多様な利益集団の抗争の過程」ととらえる見地から,「結社の自由」は民主政の基本的な構成要素であると位置づける反面，憲法21条の保護が及ぶ結社の範囲を限定する．経済的利益の実現をめざす株式会社や個人間の親密な交わりを目的とする結社は21条の保護を受けないとするのである[51]．また,「切り札としての人権」と「公共の福祉に基づく権利」を区別する長谷部教授は,「法人の人権」を後者に縮減しようとする[52]．以上の指摘は，一方で,「結社の自由」が保護されるのはなぜかを問い直すことを促している点で興味深い．他方，とりわけ長谷部教授の見解には，憲法上の保護と立法政策の関係について再考する契機も含まれているように思われる．

---

47)　樋口陽一・憲法（創文社，1992）221頁．
48)　樋口・前出注47) 151頁以下．なお，樋口・近代国民国家の憲法構造（東京大学出版会，1994）も参照．
49)　松井・前出注44) 477頁は，樋口教授の基本認識には与しないようだが，同478頁は「民法の法人格の取得はその（結社の――大村注）活動にとって重要である．はたして許可主義，さらにはその運用が，21条に反しないか多大な疑問が残る」としている．
50)　長谷部恭男・憲法（新世社，第2版，2001年，初版，1996），225頁，松井茂記・日本国憲法（有斐閣，1999）476–477頁，322頁．
51)　もっとも，全く憲法上の保護を受けないというわけでもなく，前者については22条1項の保護（松井），後者については13条前段の保護（長谷部）が問題になりうるとされている．
52)　長谷部・前出注50) 122頁，137–138頁．

2 民法学における議論

(1) 法人論・団体論の研究史 民法学における法人論・団体論の研究史を詳細に振り返る余裕はない．ここでは次の二点のみを指摘しておく．

一つは，1960–70 年代に法人論の転回が生じたということである[53]．その少し前からの経緯は，すでに 20 年前に次のように表現されている[54]．「この時期には，実在説のもつ国家との関係で市民の利益を否定する側面が，川島，喜多川説によって徹底的に批判された．法人理論としては，法人の技術性を強調し，団体を個々の構成員の集合と考える否認説的見解が有力になってきた」．「今日においては，法人の技術性を強調する法人否認説的見解が有力である」．「我が国における最近の法人論は，既にみたように，法人を一つの技術とみる考え方に立っている」と．そして，こうした新しい法人論が定着すると，法人や団体に関する関心は次第に薄れていった．

もう一つ，あわせて指摘しておきたいのは，60–70 年代の法人論の先駆となった末弘や川島の研究には，法人を法技術に還元するというのとは別の発想も認められたということである．先ほど引用した学説史研究は，この点を次のようにまとめている[55]．「末弘博士は，法人実在説に好意を示しているが，その場合，博士は，国家と社会とを対抗関係にあるものととらえ，実在説が社会の中で活動している団体（とりわけ労働組合——大村注）につき，それにふさわしい取扱いをするよう，国家に対して要求している点を評価しているのである」．「（川島）教授によれば，団体は具体的な個人と個人との関係にまで分析されなければならない……．この個人は……孤立的な個人ではなく，本来的に社会関係に立っている社会的個人であるが，団体はこの社会的個人と個人との関係としてとらえられなければならない」と．このように，末弘や川島は「市民の利益」の観点に立って，法人（むしろ団体）を理解していたのであり，とりわけ川島における法人の技術性の強調は，このことと密接に結びついていた．しかし，こ

---

[53] 日本私法学会は，1967 年（「法人格なき社団」），1970 年（「法人論」）の二度にわたって，法人論・団体論関連のシンポジウムを開催しており，当時，このテーマに対する関心が高かったことが窺われる．

[54] 相本宏「法人論」民法講座 1 民法総則（有斐閣，1984）165 頁，166–167 頁，172 頁．

[55] 相本・前出注 54）152 頁，161 頁．

第 1 節　民事団体論の新たな展開　　　　　　　　　　21

のような発想もその後は，法人論・団体論の退潮とともに次第に忘れられていった[56]．

(2)　最近の研究状況　　1980 年代から 90 年代の前半まで，民法学界では法人論・団体論は必ずしも活発ではなかった[57]．しかし，その後，二つの出来事をきっかけに法人論・団体論は再び活況を呈しつつある[58]．一つは，いわゆる南九州税理士会事件・群馬司法書士会事件などの裁判例の登場（前者は 1996 年に，後者は 2002 年に，最高裁判決が現れた）である．これらをめぐり様々な検討がなされたのは，憲法学におけるのと同様である[59]．もう一つは，NPO 法・中間法人法の制定（前者は 1998 年，後者は 2002 年に成立した）の制定であり，その前後を通じて多くの研究が現れた[60]．

こうした様々な議論の論調を一言で要約するのは困難であるが，さしあたり次の二つの叙述によって全体の傾向を示しておこう．まず能見教授は，最近の立法を想定しつつ次のように述べる[61]．「最近再び，団体のあり方についての基本的立場を問う問題が増加している．……現在の争点は……国家的規制に服していた諸団体が，多様性を主張し始め，それを実現する手段として，再び自律性を主張していることにあるのではないだろうか」と．次に，裁判例に現れた問題に関しては，河内教授の次のコメントを引こう[62]．「問題は，我々が団体に加入した場合災害等があったときに構成員が寄付するか否かの判断を団体に委ねたといえるか，にあると思われる」と．ここで重要なのは，「そのような（団

---

56)　60–70 年代の法人論の到達点を示すのは，星野英一教授の一連の研究だったが，川島説を念頭に置きつつ立論した同教授が，近年に至って「市民社会」論を展開しているのは興味深い（参照，星野「民法典の 100 年と現下の立法問題（下の一）」法教 212 号〔1998〕，同・民法のすすめ〔岩波新書，1998〕）．

57)　もっとも，相本（河内）・後藤元伸両教授の一連の研究などが存在する．

58)　近況の概観として，大村「法人――基礎的な検討」法教 270 号（2003）．

59)　各種の判例評釈のほか，山田創一助教授の一連の研究も現れている．

60)　能見・中田・山田誠一各教授などの論文がある．

61)　能見・前出注 43) 48 頁．より一般的に，星野教授は「今日，改めて個人のイニシアティブを重視する社会に向かう意識改革の必要性に気づかれ始めている」とし，「その（『市民社会』的団体の――大村注）社会的意義は，一方で政治・行政権力，他方で経済的支配力に独立に，……自由で平等な人間の，人間らしい生活，人間にふさわしい真善美聖等の価値の探究，広く現在・将来の社会の福祉を求めて連帯する」点に求められるとしている（同・民法のすすめ〔岩波新書，1998〕9 頁，120 頁）．

62)　河内宏「法人の寄付について」判タ 1108 号（2003）13 頁．

体の目的達成とは関係のない——大村注）事柄について団体が決議しても，構成員は決議に拘束されないのではない」とされている点である．「法人の目的」は，構成員の権利保護の観点から捉え直されているのである．

（3）　本報告の視点　ここまで見てきたところは，さしあたり次のようにまとめられるだろう．第一に，「結社そのもの（団体）の自由」ではなく「結社（団結）する自由」に対する関心が高まっていること．これは，憲法にも民法にも共通に見られる特徴であるが，本報告の出発点もまさにこの点にある．第二に，個人に「結社の自由」が保障されるのは何のためなのかという議論が現れていること，さらに第三に，個人あるいはその集合体としての団体の観点から，それに対する法的保護（法人格の付与をはじめとする）を再検討に付す議論が現れていること．このような問題状況を受けて，本報告では，「結社の自由」の意義を再検討することを通じて，「法人格の付与」などの問題を考えてみたい．つまり，第二・第三として掲げた問題を分断するのではなく，連続的なものとして検討することを試みる．

ここで，こうした発想の源としてのフランス法につき一言しておこう[63]．フランス民法典に法人に関する規定が置かれていなかったことはよく知られている．そもそも，大革命後のフランスにおいては中間団体排除の方針がとられ，有名なル＝シャプリエ法が制定された．以後，19世紀を通じて少なくとも原則としては，団体禁圧の法制が維持され，後述の1901年アソシアシオン法によって「結社（アソシアシオン）の自由」が承認されるまでには，100年以上の歳月を要した．こうした歴史的背景を持つ法文化の下では，好むと好まざるとにかかわらず，人々は「結社の自由」に対して敏感にならざるを得なかった．そして，法人格付与の問題もこの点と無縁の問題ではありえなかったのである．

以上のような特色を持つフランス法を参照しつつ，次に，「結社の自由」の基礎づけ（Ⅲ1）及びその制度的諸相（Ⅲ2）につき，順次，検討していくことにしよう．

---

[63]　フランスの団体立法に関する最近の研究としては，高村学人，村田尚紀両教授のものがあるが，ここでは，フランスにおける中間団体の処遇につきより一般的な議論を展開するものとして，樋口陽一・前掲注9）第2章のほか，大村敦志・フランスの社交と法（有斐閣，2002）第3章のみを掲げておく．

Ⅲ 「結社の自由」に関するありうる議論

1 「結社の自由」の基礎づけ

(1) 新旧の「アソシアシオン」論

「結社の自由」に関する基礎づけに関するフランス法を参照する場合には，大別して二つの時期の議論が対象となる．一つは最近の議論であるが，もう一つは今から100年以上前の議論である．以下の議論の前提として，これら二つの時期に議論が活発になった背景につき，まず簡単に触れておこう．

(a) 2001年のアソシアシオン論　2001年は，アソシアシオン法制定100周年の年にあたった．フランス政府は，この記念すべき年を祝うために前後数年にわたって各種の企画を用意した[64]．おそらくは財政的な援助もあったのであろう，近年，アソシアシオン法に関する集会・研究会や出版物は急増したと言ってよい．もちろん，議論が盛んになったのは100周年が近づいたことだけが原因ではない．フランス社会においてここ30年ほどの間に，アソシアシオンと呼ばれる「非営利団体」の活動が急速に活発化しつつあるという事情が底流となっている．別の機会に述べたこともあるので繰り返さないが，この現象は多くの論者の認めるところである（「アソシアシオンのブーム」「ワルデック・ルソー――1901年アソシアシオン法の立役者――の第二の成功」などと呼ばれる）[65]．

この時期のアソシアシオン論の特色は，アソシアシオンがフランス社会の諸領域（社会・経済・政治など）ではたしている役割を確認し，アソシアシオンの重要性を説くものが多い点に求められる．もちろん，批判的な論調も見られな

---

[64] デクレによって「1901年7月1日法100周年記念各省合同使節団 (Mission interministérielle pour la célébration du centenaire de la loi du 1er juillet 1901)」が設けられ，同使節団の支援の下に様々な企画・出版などがなされた．団長のJ. M. BELORGEY自身も，*Cent ans de vie associative*, Presse de Sciences Po, 2001 を公刊している．なお，関連主要官庁の主なものは，内務省・青少年スポーツ省・雇用社会保障省の三つである．

[65] 大村・前出注63）を参照．主な文献もそこに掲げてあるが，最近の日本語文献としてコリン・コバヤシ編著・市民のアソシエーション――フランスNPO法100年（太田出版，2003）も参照．

いわけではないが，全体としてはアソシアシオンに肯定的なものが多く[66]，新しい人間＝社会像との関連でアソシアシオンがとりあげられることが多いと言ってよいだろう．この点に関しては，(2) で改めて触れることにしよう．反面，アソシアシオンに関する法律論はそれほど多くは見られない[67]．

(b) 1901年のアソシアシオン論　1901年法制定前後のアソシアシオン論は，現在の議論とはやや様相を異にする．19世紀後半以降，様々な団体の活動はフランスでももはや無視しがたいものとなっていた．すでに，労働組合などに関しては立法もなされていたが，アソシアシオン一般が法認されるには長い時間をかけた議論が必要であった．すなわち，第三共和政の成立直後から議会に法案が提出されながら，審議はなかなか進まず，最終的に1901年法が成立するまでに約30年の年月と30を超える数の法案が必要だったのである[68]．

まず目立つのは，このように，立法を軸に議論が展開されたために，関連の文献にも法律論を繰り広げるものが多いことである[69]．ここではそれらの詳細に立ち入ることはできないが，議論の焦点となった1901年法自身も非常に特徴的な法律構成を採用していたことは注目に値する．これも別著で述べたので

---

[66] 使節団が依頼して行った世論調査によると，アソシアシオンに対する国民の評価は極めて高いという（「よい見方」をしているという回答が95％に達しており，調査担当者も驚いている．また，多くの領域につき，「フランス社会が良好に機能するためにアソシアシオンは不可欠」とする回答が80％を超えているという．*L'image de la vie associatiive en France 1901–2001, Sondage exclusif CSA*, INGEP, 2001, pp. 18–19）．

[67] コンセイユ・デタの報告書（Conseil d'Etat, *Rapport public* 2000, DF, 2000 の第2部 Les associations et la loi de 1901, cent ans après）において若干の問題点が指摘されているほか，学界の注目度の高いものとしては，フランス公証人会議の記録（Congrès des notaires de France, *Le monde associatif, actes du 92ème congrès*, Crédit Agricole, 1996），ポワチエ大学でのシンポジウム記録（*L'association, 7èmes Journées René Savatier*, PUF, 2002），パリ第二大学に提出され公刊された博士論文（P. HOANG, *La protection des tiers face aux associations. Contribution à la notion de « contrat-organisation »*, Editions Panthéon-Assas, 2002）がある程度である．もっとも，法史的な研究としては，J. C. BARDOUT, *L'histoire étonnante de la loi 1901. Le droit des associations avant et après Pierre WALDECK-ROUSSEAU*, Editions Juris-Service, 2e éd., 2001, J. F. MERLET, *Une grande loi de la Troisième République: la loi du 1er juillet 1901*, LGDJ, 2001, Id., *L'avènement de la loi de 1901 sur le droit d'association. Genèse et évolution de la loi au fil des Jouraux officiels*, Les éditions des Journaux Officiels, 2000 がある．

[68] この過程をフォローするための基本資料が，MERLET, *supra* note 28 (2000) である．

[69] 試みに MERLET, *supra* note 67 (2001) の参考文献欄所掲の学位論文で1890〜1910年頃に公刊されたものを数えると40件を超える．

詳しくは繰り返さないが[70]，第一に，アソシアシオンは契約として構成されており，「結社の自由」は「契約の自由」によって基礎づけられていたこと（法1条），第二に，アソシアシオンの要件として「利益の分配」をしないことが挙げられていたこと（法1条），設立は自由であるが，法の保護を受けるのには届出を要すること（法2条・5条），公益性の認定に関しては別の扱いがなされていたこと（法10条），第三に，アソシアシオンには段階的に法人格が付与されたこと（法2条・6条・11条）などである．

次に政治的な次元に目を移すならば，二点が注目されるだろう．いずれも共和制とアソシアシオンの共存にかかわるものである．一つは，一般論としてアソシアシオンをどのように正当化するかであるが，1901年法においては，「閉鎖的・党派的・自閉的，あるいは階級的・義務的な組織ではなく，新しいタイプの連帯と自由を結びつけた共和主義的なアソシアシオン」[71]が想定されていた．アソシアシオンを契約によって説明するのは，その法的な表現であると言えるだろう．もう一つは，教会（宗教団体）との関係である．この点に関しては，確かに1901年法は教会に対して敵対的な側面を持っていたのであり（法13条以下は宗教団体の規律のための規定であった），手放しでこれを賞賛することはできない[72]．

(2) 人間＝社会像としての「アソシアシオン」

以上をふまえて，次に，とりわけ最近のアソシアシオン論に見られる社会＝人間像について簡単に触れておこう[73]．

（a）結社する人間――アソシアシオンという生き方？　まず重要なのは，今日のフランスにおけるアソシアシオンのあり方を見ていると，アソシアシオンは，それ自体が目的（cause）を有する「団体」として捉えられるというより

---

70) 大村・前出注63) を参照．
71) BARDOUT, hommage à WALDECK-ROUSSEAU, in *Image de la vie associative*…, cité supra note 67, p. 10.
72) これとの関連で，ドイツ法の近況につき，初宿正典「ドイツの結社法改正と宗教団体の地位」ジュリ1243号 (2003)．
73) 以下は，主として，社会学者 R. SUE の議論に依る (R. SUE, *Renouer le lien social. Liberté, égalité, association*, Editions Odile Jacob, 2001)．

も，日常的な活動の一つの局面，さらに言えば，複数の人間関係のあり方の一つとして理解されているように思われることである．

　1968 年以降，フランスでは個人主義が強まったのに伴い，社会的なきずな (lien social) は弱まりつつあると言われることがある．確かにこうした見方は一面の真理を言い当てている．しかし，「個人の時代」と「アソシアシオンの時代」とは時期的に重なり合う．フランス人は個人の価値を重視するとともに，これと両立する形での新たな社会的なきずなとして，アソシアシオンを求めているのである．実際のところ，多くのフランス人がアソシアシオンに加入している．それは，日本で，ある特定の NPO に加入するというほどの決意を要するものではない．アソシアシオンは，身近な様々な問題 (problèmes de proximité) に対応する手段として認知されており，たとえば，消費者保護，スポーツ，父母会，趣味＝文化活動などがアソシアシオンによって担われるべきものであると考えられている．もちろん，社会問題（反人種差別や弱者保護＝連帯），国際人権問題，環境問題などもかなり高い割合でアソシアシオンの仕事とされているが，先に掲げた四つの分野ほどではない．社会的広がりのある活動も，日常生活の中で行われる活動（交際）の延長線上に位置づけられているのだろう．

　以上のように，「孤立した個人 (homme individuel/isolé)」ではなく「関係的＝結合的な個人 (homme relationnel/associé)」へという動きが生じているわけだが，二点の留保が必要である．一つは，この動きはあくまでも「個人の価値」の延長線上に位置づけられているということ，もう一つは，フランスには，社交性 (sociabilité) の伝統が存在すると同時に，革命以来，連帯 (solidarité) という価値が認識されてきたということである．別の言い方をするならば，すでに長きにわたって，「独立した個人でありつつ社会に開かれている」ことが求められてきたということである．

　(b)　第三の空間──マックとジハードの間で？　　次に，アソシアシオンの存在意義は，ミクロのレベルだけではなくマクロのレベルでも語られていることにも留意する必要がある．アソシアシオンは新しい社会のあり方を含意する．アメリカの政治学者 B・バーバーは，グローバル化する市場経済と噴出する民族主義・地域主義に挟撃される世界のあり様を「ジハード対マックワールド」

と表現したが[74]，フランスの論者の中には，この両者の間にあって市民社会の理念となるのが，アソシアシオンの思想であるとする者たちが見られる．

もっとも，アソシアシオンは，資本主義や共同体主義と対抗・対立するわけではない．むしろそれらと併存しつつ，それらを相対化していくというべきなのかもしれない．たとえば，伝統的には基本的な共同体として理解されてきた「家族」が，今日ではアソシアシオンの色彩を帯びつつある．もちろん，すべての家族が直ちにアソシアシオンになってしまうというのではないが，アソシアシオン的な家族が出現しつつあり，典型的な家族にも影響を与えつつあると言うことはできるだろう．また，アソシアシオンは雇用者・事業者としても重要な地位を占めるようになりつつある．そうだとすれば，今後は，企業やビジネスのあり方に関してもアソシアシオンを無視することはできなくなるかもしれない．

もちろん，アソシアシオンにはバラ色の未来が自動的に約束されているというわけではない．アソシアシオンという個人の生き方＝社会の仕組み方が実効性を持つには，制度的な手当も必要である．

2 「結社の自由」の制度的諸相
(1) 結社の制度的支援

(a) 能力の段階的な付与　　1901年法は，アソシアシオンへの能力付与を3段階（ないし4段階）に分けて行っている．まず能力が全く認められない段階があり，未届出のアソシアシオンがこれに当たる（法2条）．第1段階は，届出をした段階であり，この段階に至ると，① 訴訟の提起，② 現実贈与および・公的な寄付金・助成金の受入れ，③ 100フランを超えない会費の受入れ，④ 事務所および目的達成に不可欠の不動産の有償取得が可能になる（法6条1項）．ただし，救済・慈善・学術または医療研究のみを目的とするアソシアシオンは，コンセイユ・デタの議を経たデクレの定める条件に従って，贈与・遺贈を受けることができる（法6条2項）．これが第2段階である．さらに，公的有用性の認証を受けると，すべての民事上の行為が原則として可能となる（ただし，不

---

74) ベンジャミン・バーバー（鈴木主税訳）・ジハド対マックワールド（三田出版会，1997．原著は1995）．

動産や証券の所持・取得には制限が残る). これが第3段階である.

　従来,「結社の自由」が認められていなかったフランス法においては, 出発点となる無能力の段階も重要である. 能力が認められなくとも, ともかくアソシアシオンを設立すること自体は妨げられないことの意味は大きく, これに制約を加える立法は憲法違反であるとされている. つまり, 1901年法の規定 (の一部) は憲法的価値を有するとされているのである[75]. さらに, 第1段階の法人格付与は限定的に見えるが, ワルデック・ルソーの原案では, アソシアシオン契約の効果は財産面には及ばない (アソシアシオンは「契約」であり, それ自体は法人格を有さず, 財産は組合・不分割の法理で処理する) とされていたことにも注意を要する. 審議の過程において「結社の自由」には「法人格の付与」が必要であるとされ, 公的承認 (届出＝公示, 認証) の度合いと連動する形で法人格が付与されたわけである.

　(b)　統治上の仕組み　　1901年法に関しては, 組織統治上の問題がないわけではない. 最近のある報告書は[76], 現存する80万のアソシアシオンの大部分につき, 1901年法の創設した法制度はうまく機能しているとしているが, 最近になって増えつつある営利活動に近いもの・行政活動を分担するものについては話は別で, これらについてはより一層の透明性とより一層の民主主義が必要であるとしている. アソシアシオンが契約として構成されていることを考えると, 方策としては強行規定を置くことと標準的契約内容を定めることが考えられるが, 後者の方向, たとえばアソシアシオン憲章のようなものを定めて, その採択を促すのが望ましいという. さらに, 大規模で重要性の高いアソシアシオンや行政のパートナーとなっているアソシアシオンについては別途検討を要するとされている. このような同報告書のスタンスは, 1901年法自体が採用していた段階的取扱いを組織統治の面でもさらに促進するものであると言えるだろう.

---

75)　Conseil Constitutionnel, 16 juillet 1971, J. O., 18 juillet 1971, *JCP*. 1971. II. 16832. この判決をめぐる議論につき, 簡単には, 大村「民法と憲法の関係——フランス法の視点」法教171号 (1994) を参照〔大村・法源・解釈・民法学 (有斐閣, 1995) 所収〕. なお, ヨーロッパ人権裁判所は, 1999年の判決によって,「結社しない自由」を確認していることを付言しておく (CEDH, 29 avr. 1999, Chassagnou c/ France, *JCP*. 1999. II. 10172).

76)　Conseil d'Etat, *supra* note 67, p. 237 et s.

(2) 結社の制度的利用

　(a) 公的活動の分担　　フランスにおけるアソシアシオンには，公的活動を分担するものも少なくない．その中心領域は文化・スポーツなどであるが，実際のところ，行政との関係が相対的には希薄なものも含めて，地域の文化・スポーツ関係の活動は，青少年文化会館や市町村（地域）スポーツ事務所を中心に組織されているように思われる．アソシアシオンは自治体（コミューヌ）によって統括されているという印象を受ける．見方を変えれば，その他の領域も含めて，アソシアシオンなしには，地方行政は立ち行かないとも言っても過言ではなく，むしろ，人々はアソシアシオンを通じて自治に参画していると言うべきなのかもしれない．少なくとも，自治体とアソシアシオンが密接な関係にあることは確かである．

　この種のアソシアシオンは1901年法の予定していたものではないが，文化・スポーツ・社会活動などは官僚的な方法で行うのに適しないので，アソシアシオンの存在は必要不可欠である．しかし，前述の報告書では，行政とアソシアシオンとの間でアソシアシオンの活動の内容や方法を定める協定を結ぶことによって，その活動につき対外的にも明確化・透明化をはかることが必要だと指摘されている．

　(b) 団体訴権の行使　　1901年法がアソシアシオンに与えた法人格は無制限のものではないが，訴訟を提起することが可能であることは条文上も明らかである．ここでの訴権は団体そのものの利益を実現するためのものであることは言うまでもないが，フランス法は，このほかに，より広がりのある社会的な利益を擁護するための訴権を各種のアソシアシオンに付与している[77]．たとえば，約款の差止めのための訴権がその例である．また，スポーツ団体その他のアソシアシオンに類似の取り扱いが認められているほか，刑事訴訟法典に置かれた2-1条〜2-16条には，人種差別・性暴力・児童虐待・戦争犯罪・戦争肯

---

[77] この問題に関する最近の学位論文として，Boré (L.), *La défense des intérêts collectifs par les associations devant les juridictions administratives et judiciaires*, LGDJ, 1997 がある（大村「二〇世紀が民法に与えた影響(1)」法協120巻1号［20世紀フランス民法学から（東京大学出版会，2009）所収］で簡単に紹介した）．また，最近，議会に提出された報告書として Albertini, *L'exercice de l'action civile par les associations*, 1999 がある（議会資料であるが単行本の形式でも刊行されている）．

定・性差別・森林放火・障害者差別・テロリズム・社会的＝文化的排除・旧軍人・交通犯罪・動物保護・フランス語擁護・公共交通機関での事故・薬物使用につき，アソシアシオンに訴権が認められているのが注目される．

　ある論者によれば[78]，アソシアシオンの担う集合的利益は「利己的利益（intérêt égoïste）の集積」と「利他的利益（intérêt altuiste）の集積」とに分られ，これに応じて団体訴権にも二種類のものがあるという．一つは，各構成員に属する利己的な利益を実現するための訴権を結集させたものであり，この場合には，アソシアシオンは法人の利益ではなく構成員の利益のために訴訟を起こす．もう一つは，各構成員の利己的な利益のためではなく，団体の目的である主義・主張の実現のための訴権であり，この場合には，アソシアシオンは，その構成員を超えてより多くの人々にもかかわる訴訟を行うことになる．ここで注意すべきは，後者もまた，抽象的な一般利益としてではなく，各構成員の利益（構成員の内心に存在する利他的利益）であるとされている点である．

　では，なぜアソシアシオンは，構成員の利他的な利益のために訴権を行使しうるのか．この問いに対して，上記の論者は次のように答えている．「利他的な目的を誠実に追求するという人間の能力に対して，もう少し信頼するとしても，われわれの法の健全性は損なわれることはないと考える．とりわけ，この訴権が社会的に有益だと判断される働きに奉仕するものならば」と．ここで語られようとしているのは，個人がアソシアシオンを作ることの意味である．自己の利己的利益のためにではなく，利他的利益のために活動すること．アソシアシオンの存在を承認するとは，こうした活動に正統性を付与するということである．そうだとすれば，訴訟を起こすということも，その活動の一環として認められてしかるべきであるというわけである．注目すべきは，個人を超越する存在としてアソシアシオンをとらえる見方はとられていない点である．個人が集まり（利己的利益だけでなく）利他的利益を追求する．アソシアシオンはそのための法制度でもある．

---

78) Boré, *supra* note 77, p. 118, p. 195

Ⅳ　まとめと展望——「社交性の承認」としての「結社の自由」

Ⅲで参照したフランス法から導くことができる知見をまとめておこう．第一に，フランスでは，「結社の自由」は「契約の自由」によって基礎づけられる個人の自由として承認されたこと[79]．第二に，そのような「結社の自由」の保障には法人格の付与を初めとする法的保護が必要であるが，それらは段階的に付与されていること．第三に，今日，アソシアシオンには，法的保護を超えて公的な目的への関与が期待されており，団体訴権の付与も行われていること．第四に，アソシアシオンは私的な集まりから公的な役割を担うものまで連続的にとらえられ，公私の峻別はなされていないこと．

総じて見ると，フランスのアソシアシオン法・アソシアシオン論においては，アソシアシオンは，個人が利己・利他の双方の目的で活動するための法制度としてとらえられていると言えよう．「結社の自由」を承認するとは，「独立した個人でありつつ社会に開かれている」人間のあり方を承認し，これに法的保護を与えるということであり，それは「社交体」としての人間に光を当てるということにほかならない．

日本においても，このように個人の社交性に基礎づけられた「結社の自由」を構想するならば，「結社の自由」の憲法的な基礎づけも変わってくるだろうし，それ以上に，民法をはじめとした法律のレベルでなすべきことも変わってくるのではなかろうか[80]．

[79)]　「結社の自由」と「契約の自由」との関係につき別の観点からその連続性を論ずるものとして，浅野有紀「『契約の自由』と『結社の自由』」法哲学年報 2001（有斐閣，2002）がある．
[80)]　「社交生活と民法」につき，大村・生活民法入門（東京大学出版会，2003）第3章を参照．

C　団体訴訟の実体法的検討

I　はじめに

　1968年の消費者保護基本法の成立を背景に，1970年代には様々な消費者立法がなされた．一連の立法を代表するのは，1972年の割賦販売法の改正によって導入されたクーリング・オフ制度であった．

　当初は，クーリング・オフの期間は3日間（4日間）とされ，指定商品も限られていたが，その後，一方では，割賦販売法の数次の改正によって，期間は8日間に延長され，指定商品の数も増やされた．現在では指定権利・指定役務も加わり，さらには，「指定」そのものの廃止も話題になっている．他方，クーリング・オフ制度は，旧訪問販売法（現在の特定商取引法）をはじめとする多くの消費者立法において採用される法技術となった．その法的性質については今日でも争いがあるものの[81]，クーリング・オフ制度は，消費者立法にとっては不可欠の存在になったと言える．

　2004年，消費者保護基本法は全面改正されて，その名称も消費者基本法に改められた．この改正と前後して，やはり一連の立法がなされ，あるいはなされつつあるが，今日の消費者立法を代表することになるかもしれないのが，本年（2006）6月の消費者契約法の改正によって導入された消費者団体訴訟制度である（以下，この制度を「新制度」，改正法を「新法」と呼ぶことがある）．後に述べるように，この制度には様々な制約がある．また，その法的性質にも不明瞭な点が

---

[81]　この点については，大村敦志・消費者法（有斐閣，第2版，2003）82–85頁およびそこに引用された文献を参照．

第 1 節　民事団体論の新たな展開　　　　　　　　　　　　　33

残る．しかし，クーリングオフがそうであったように，よい制度は，改良を加えられて社会に普及していく．本稿は，ともかくも成立した消費者団体訴訟制度の発展のために，いくつかの問題点を指摘することを目的とするものである．

　本論に入る前に，検討の対象と方法について，一言しておく．

　新たに導入された消費者団体訴訟制度は，その名が示す通り「訴訟制度」である．したがって，「訴訟法」の観点からの検討がまず加えられなければならない[82]．しかし，新制度の対象となるのは，消費者契約法 4 条，同 8 条～10 条の定める行為である（消契新 12 条 1～4 項）．その意味では，新制度は，消費者契約法 4 条，同 8 条～10 条の定める行為につき，従前の「取消し」に加えて，一定の要件の下で，新たな効果として「差止め」を付与したものとしてとらえることができる．それゆえ，本稿に与えられた「実体法」の観点からの検討を行うに際しては，さしあたり，「差止請求権」について定める消費者契約法 12 条（適用除外にかかわる 5 項・6 項を含む）を対象として，要件（Ⅱ）・効果（Ⅲ）の両面を取りあげることが中心となる．ただ，その際には，厳密な意味での「実体法」としての側面に限定することなく，実体法学者（民法学者）の観点から見て興味深いと思われる点については，いささか越境ぎみであるとしても言及していくことにしたい．とりわけ「おわりに」（Ⅳ）においては，民法学の観点からの関心が前面に出ることになる．反面，本稿は，今後の課題となると思われるいくつかの点を指摘するにとどまり，包括的な検討を行うものではないことを予めお断りしておく．

　消費者団体訴訟制度に関しては，これまでにも多数の研究が蓄積されている[83]．限られた紙幅の本稿においては，成立した新法の規定を出発点とすることにして，新法の成立に至る経緯や比較法的な検討には立ち入らない．また，新制度の実効性はその運用によるところも大きい．評価のためにはしばらく様子を見る必要がある．そこで，以下においては，新制度が有する理論上の含意を引き出すことに重点を置きたい．もちろん，これとの関係で，実効的な運用

---

82)　本特集の三木論文を参照［ジュリスト 1320 号］．
83)　最新のものとして，ドイツ法や日本法の近況を伝える宗田貴行・団体訴訟の新展開（慶應義塾大学出版会，2006）をあげておく．なお，フランス法については，広く団体訴訟一般を扱うものだが，荻村慎一郎「フランスにおける団体訴訟と訴訟要件」法協 121 巻 6 号（2004）がある．

について言及することはある．

II　団体訴訟の要件に即して

1　主体

（1）　適格消費者団体の認定等　消費者契約法新12条は，「適格消費者団体は……を請求することができる」（同条1項本文・3項本文，2項前段・4項前段）と定めている．すなわち，この規定の定める請求権（「差止請求権」と呼ばれている）は「適格消費者団体」に付与されている．ここでいう「適格消費者団体」は，「この法律の規定による差止請求権を行使するのに必要な適格性を有する」「法人である消費者団体として」「第13条の定めるところにより内閣総理大臣の認定を受けた者をいう」（消契新2条4項）とされている．

では，どのような「消費者団体」（その定義は消費者基本法8条による．消契新2条4項括弧書き）が，「適格性を有する」という「認定」を受けられるのか．新法の大きな特色の一つは，この点を中心に新13条以下に「適格消費者団体」に関する詳細な規定を配置している点にある．

第一に，認定に関しては，NPO法人であるか民法34条の定める公益法人[84][85]であることが必要とされている（消契新13条3項1号）ほか，差止請求関係業務の適正遂行に必要な体制・業務規程の整備（同4号）をはじめとして，専門的な知識経験（同5号），経理的基礎（同6号）に関する基準が定められており，運用次第ではあるものの，認定要件の厳しさが窺われる．なお，「差止請求関係業務以外の業務を行う場合には，その業務を行うことによって差止請求関係業務の適正な遂行に支障を及ぼすおそれがないこと」（同7号）という基準（「中心業務基準」と呼んでおく）は，適格消費者団体は「差止請求関係業務」を主として行う者であることを想定しているようにも読める．そうだとすると，要件はますます厳しくなる．しかし，他方で「……不特定かつ多数の消費者の利益の擁護を

---

[84]　ただし，一般非営利社団・財団法によって，法人の設立等に関する具体的な規定は民法から除かれることとなった．この改正に伴い，新13条3項1号の「民法第34条に規定する法人」は「一般社団法人若しくは一般財団法人」に改められている．

[85]　結果として，他の法律による法人，たとえば，消費生活協同組合は除外されることになるが，その当否については検討を要する．

図るための活動を行うことを主たる目的とし，現にその活動を相当期間にわたり継続して適正に行っていると認められること」(同2号)もまた基準(「活動実績基準」と呼んでおく)に掲げられている．この活動実績基準を重視するならば，中心業務基準を厳格に運用することは望ましくないということになるだろう．さらに，暴力団関係の基準も置かれており(消契新13条5項3号・4号・6号ハ)，警察庁との協力に関する規定も設けられているが(消契新15条2項，38条)，これらについては省略する．

　認定以外については，第二に，新制度の濫用防止のための規定が多いのが注意を引く．差止請求権の行使につき，濫用禁止規定が置かれている(消費契新23条2項．なお，同6項も参照)ほか，監督に関する規定(消契新30条～35条)，罰則(消契新49条～53条)が詳細であるが，立ち入らない．第三に，他の適格消費者団体との協力や内閣総理大臣への報告に関する規定(消契新23条3項～5項)，国民生活センターや地方公共団体の協力に関する規定(消契新40条)が置かれている点に注意を要するが，これらについては，必要に応じて後に言及する．

　(2)　適格消費者団体の法的地位——被侵害利益との関係　　適格消費者団体が差止請求権を行使するのは誰のためか．通常の差止訴訟に関しては，このような問いを立てる必要はない．原則としては，差止請求権の行使主体と当該請求権発生の根拠となる被侵害利益の帰属主体とは一致するからである．たとえば，我々にとってなじみの深い不正競争防止法上の差止請求に関しては，「不正競争によって営業上の利益を侵害され，又は侵害されるおそれがある者」に差止請求権が認められている(同法3条1項)．近時新設された独占禁止法上の差止請求に関しても，同様に，「……の規定に違反する行為によつてその利益を侵害され，又は侵害されるおそれがある者」に差止請求権が認められている(同法24条)．

　これに対して，消費者契約法新12条は，「……に規定する行為を」(あるいは「……に規定する……を含む消費者契約の申込み又はその承諾の意思表示を」)「現に行い又は行うおそれがあるときは」と定めるだけである．ここには，不正競争防止法や独占禁止法に見られるような被侵害利益に関する言及が欠けている．しかし，差止請求には利益侵害が必要であるという前提を維持するとすれば，一定の場合に，上記行為ないし意思表示が行われること自体がある種の利

益の侵害そのものである（あるいは侵害を推認させる）と考えることになろう．なお，「一定の場合」の意味については，次の項で改めて検討する．

　では，その利益は誰の利益か．新 12 条自体はこの点についても沈黙している．このことは，「適格消費者団体」の利益が被侵害利益として想定されているわけではないことを示す．というのは，仮に「適格消費者団体」の利益が被侵害利益であるならば，不正競争防止法や独占禁止法のような規定を置けば足りるはずだからである．では，想定されているのは誰の（あるいはいかなる）利益だろうか．この点に関しては，「適格消費者団体」を定義する新 2 条 4 項をもう一度参照する必要がある．すでに引用した「この法律の規定による差止請求権を行使するのに必要な適格性を有する」という文言の前には，「不特定かつ多数の消費者の利益のために」という文言が置かれているからである．間接的にではあるが，この文言からは「不特定かつ多数の消費者」の利益が浮びあがることになる．この点を重視するならば，新法は，「不特定かつ多数の消費者」の利益の侵害（あるいはそのおそれ）に対して，「適格消費者団体」が差止請求権を行使できるという制度を設けたことになる．

　このように考えるとすると，次の二つの問題が現れる．一つは，実際に利益を侵害されている（あるいはそのおそれのある）「不特定かつ多数の消費者」自身は，差止請求権を行使できないのかという問題である．もう一つは，自己の利益が侵害されているわけではないのに，「適格消費者団体」が差止請求権を行使できるのはなぜかという問題である．前者に対しては，被侵害利益は物権的あるいは人格権的な性質を持つものではないので，（不競法 3 条や独禁法 24 条のような）特別な規定がない以上，差止請求はなしえないという答えが，後者に対しては，（消費者契約法新 12 条という）特別な規定がある以上，差止請求は可能であるという答えが，さしあたりは可能である．しかし，さらに遡って，（クーリングオフの場合と同様に）このような法制度は法理上どのようにして正当化可能なのかが問題になる．この問いに答えるのは学説の任務となろう．もっとも，本稿は，この点に関する確定的な解答を用意しておらず，以下の考察の中で，若干の方向性を示唆するにとどまる．

2 対象

(1) 対象行為の危険性　消費者契約法新12条に定める「差止請求」の対象は，同法「第4条第1項から第3項までに規定する行為」（同条1項・2項）と同法「第8条から第10条までに規定する消費者契約の条項を含む消費者契約の申込み又はその承諾の意思表示」（同条3項・4項）である．では，これらの行為（あるいは意思表示）（以下，「対象行為」と呼ぶことがある）が行われた（あるいは行われうる）だけで差止請求は可能なのだろうか．この点に関しては，対象行為が「不特定かつ多数の消費者に対して」（あるいは「不特定かつ多数の消費者との間で」）なされることが想定されていることに留意する必要がある．すなわち，単に，特定の消費者または少数の消費者について，対象行為が行われた（あるいは行われうる）だけでは差止請求権は発生しない．このことは，対象行為が「不特定かつ多数の消費者」の利益を侵害する（またはそのおそれがある）か否かは，対象行為の及ぶ（及びうる）範囲・規模によって定まることを意味する．言い換えれば，「不特定かつ多数の消費者」（「不特定多数要件」と呼んでおく）の概念によって，対象行為の危険性＝差止めの必要性が判断されるわけである．したがって，同じく「不特定かつ多数の消費者」という文言が使われているが，新12条の場合（具体的・操作的概念である）と新13条3項2号の場合（抽象的・理念的概念である）とでは，その意味するところは異なると言うべきだろう．

以上のように考えるとすると，次の帰結が導かれる．対象行為が行われた（あるいは行われうる）としても，それが一定の範囲・規模に及ばない限り，差止請求権は発生しない．つまり，個々の消費者に対する行為ではなく集団（マス）としての消費者に対する行為が差止請求の対象となるのである．では，このようにして，集団的な利益が危殆化する（不特定多数要件が充足される）ことによって発生する差止請求権を，当該集団に属する個々の消費者は行使できないのか．仮に，行使は可能であると考えるとしても，個人の利益ではなく集団の利益を争う以上，当該消費者は，この集団を代表していなければならないはずである．こう考えるならば，この代表としての資格を定型的に付与されたのが，適格消費者団体であるということになるだろう．もっとも，このことからは直ちに，個々の消費者（あるいはその集団，たとえば被害者集団）が集団の利益を

代表しえないという帰結は，論理的には導かれない．しかし，法の規定によらずに代表性を主張するのは，事実上は困難であろう．

　(2)　対象行為の同一性　　消費者契約法新12条5項は，同条1項〜4項によって認められる差止請求権につき，二つの適用除外を定めている．そのうちの一つは，「当該適格消費者団体若しくは第三者の不正な利益を図り又は当該事業者等に損害を加えることを目的とする場合」（同1号）であり，濫用禁止を具体化したものであると言える．ここで注目すべきは，残る一つである．すなわち，「他の適格消費者団体を当事者とする差止請求に係る訴訟につき既に確定判決等が存する場合において，請求の内容及び相手方である事業者等が同一である場合」（同2号本文）である．

　もっとも，第二の適用除外（「再訴禁止要件」と呼んでおく）には，二つの制限がかけられている．まず，「確定判決等」から一定のものが除外されており（同2号本文括弧書き），次に，いわゆる「なれあい訴訟」であるとの認定がなされた場合が除外されている（同2号ただし書き）．さらに，すでに存在する確定判決に係る訴訟の口頭弁論終結時（あるいは，確定判決と同一の効力を有するものの成立時）より後に生じた事由については，別訴が可能であることが確認されている（消契新12条6項）．

　再訴禁止要件については，「請求の内容及び相手方である事業者等が同一である」かどうかが決め手となる（「同一性基準」と呼んでおく）．この同一性基準の適用は必ずしも容易ではない．対象行為のうち，消費者契約法8条〜10条にかかる行為（「不当条項利用行為」と呼んでおく）の場合には，とりわけ当該条項が約款中に挿入されている場合には，同一性の判断は比較的容易である．条項の同一性については形式的な判断を行えば足りる場合が多いからである．これに対して，消費者契約法4条1項〜3項にかかる行為（「不当勧誘行為」と呼んでおく）の場合には，実質的な判断が必要になる．勧誘行為の態様は，個別の勧誘ごとに千差万別であり，定型的にこれを捕捉するのは難しいからである．そもそも，最初の差止訴訟において，「請求の内容」を確定することに困難があるとも言える．ついでに言えば，差止認容判決が下された場合に，被告事業者が判決に従って対象行為を中止したかどうかを判断することもまた難しい．この点に関しては，個別的な判断の集積を待つほかない．

再訴禁止要件の存在は，差止請求権の行使主体である適格消費者団体と被侵害利益の帰属主体である「不特定かつ多数の消費者」との関係について，次のような理解を導く．すなわち，複数の適格消費者団体は，それぞれ独立に「不特定かつ多数の消費者」の利益を代表しているという理解である．この点は，次の例との対比によって明らかになる．本人Ａが同一の事項につき，Ｂ・Ｃを代理人に選任し，それぞれに独立の代理権を付与した（Ｂ・Ｃはそれぞれ，他の代理人の同意を得ずに単独で行為しうる）とする．この場合に，ＢがＤに対して訴訟を提起し判決が確定したとすると，ＣはＤに対してもはや請求内容が同一である訴訟を提起することができなくなる．複数の適格消費者団体は，この例でいうＢ・Ｃの地位に立つというわけである．

　(3)　対象行為の性質決定——個別立法との関係　消費者契約法新12条1項・3項には，次のようなただし書きが加えられている（同条2項・4項前段の場合についても，2項後段・4項後段によって準用されている）．「ただし，民法及び商法以外の他の法律の規定によれば当該行為を理由として当該消費者契約を取り消すことができないときは，この限りでない」（あるいは「当該消費者契約の条項が無効とされないときは，この限りでない」）．これらの規定は何を意味するのだろうか．二段階に分けて考えてみよう．

　第一に，文字通りには，これらの規定は，消費者契約法と「民法及び商法」「（民法及び商法以外の）他の法律」の適用関係を確認するものであると言える．この点につき，従前から置かれている消費者契約法11条は次のように定めている．「消費者契約の申込み又はその承諾の意思表示の取消し及び消費者契約の条項の効力については，この法律の規定によるほか，民法及び商法の規定による」．「消費者契約の申込み又はその承諾の意思表示の取消し及び消費者契約の条項の効力について民法及び商法以外の他の法律に別段の定めがあるときは，その定めるところによる」．以上の規定は，消費者契約法が適用される消費者契約については，民法・商法の規定が補充的に適用される（同条1項）一方で，「他の法律」の規定は優先的に適用される（同条2項）ことを示している．新12条1項・3項等は，この規定を受けて，消費者契約法によれば取消権が発生する（条項が無効とされる）が，「他の法律」の規定によれば取消権が発生しない（条項が無効とされない）という場合には，消費者契約法新12条1項〜4項の差止請

求権は発生しないことを確認しているというわけである．

　確かに，新法の下では，11条は「第2章消費者契約」の末尾に置かれているので，「第3章差止請求」にも同様の規律が及ぶか否かについては疑義が生ずる．もっとも，この疑義を除くためには，第3章の末尾に準用規定を置くか，あるいは，「第4章雑則」中に11条に相当する規定を置き，第2章・第3章のいずれにも及ぶことを示すことも可能であった．しかし，実際には，11条とは別に，新12条1項・3項にただし書きが設けられた．このことの意味は，おそらく次の点に求められるだろう．「他の法律」の規定が優先適用されることを示す11条は，当該規定が消費者により有利な権利を付与している場合を想定しているように読め，消費者契約法による取消し・無効が排除される場合がありうることがわかりにくい．また，仮に「他の法律」の規定が優先適用される（消費者契約法によって排除されない）としても，消費者契約法による取消し・無効の請求ができないのか（消費者契約法を排除するのか）という点は一義的には明らかではない．こう考えてくると，新12条1項・3項ただし書きには，少なくとも差止請求について，この点を明らかにするという意味が見出されることになる．

　第二に，それでは，具体的に「他の法律」によれば取消権が発生しない（条項が無効とされない）場合とは，どのような場合なのか．明文の規定がある場合には問題はない．しかし，そのような規定はあまりない．このような場合に限るという解釈（限定解釈）によると，ただし書きの存在意義はあまり大きくはない．そのため，次のような解釈論が生ずることが考えられる．それは，「他の法律」が適用される場合には，その法律の下で取消しが認められ，無効とされている場合以外は，取消しが認められていない，無効とされないとする解釈論である．

　こうした解釈（拡張解釈）は，少なくとも差止請求に関する限り，「他の法律」が適用される行為には，消費者契約法の補充的適用はないという前提に立つことになる．つまり，新12条1項・3項のただし書きは，対象行為を消費者契約法の適用される行為（差止請求権が発生しうる）と「他の法律」が適用される行為（差止請求権は発生しない）とに排他的に性質決定するものであると考えることになる．この解釈論はあり得ない解釈論ではないが，こうした解釈をとることが，消費者契約法と「他の法律」の適用関係一般に対して及ぼす影響を十分

第 1 節　民事団体論の新たな展開　　41

に考えた上で，結論を出すことが望ましい．なしくずし的に消費者契約法が不適用とされる領域が拡張されることは避けるべきだろう[86]．

Ⅲ　団体訴訟の効果に即して

1　法的効果

(1)　適格消費者団体に関する効果　　消費者契約法新 12 条 1 項は，適格消費者団体は，対象行為を行う事業者等に対し，「当該行為の停止若しくは予防又は当該行為に供した物の廃棄若しくは除去その他の当該行為の停止若しくは予防に必要な措置をとることを請求することができる」としている（同条 2 項～4 項についても，差止請求の相手方や請求の内容に若干の相違があるが，基本的な構造は同一である）．差止請求権の内容としては，①「当該行為の停止若しくは予防」，②「当該行為に供した物の廃棄若しくは除去その他の当該行為の停止若しくは予防に必要な措置」が挙げられているが，これは，差止請求権を認める規定の一般的なスタイルを踏襲したものであろう．このことは，「侵害の停止又は予防」「侵害の行為を組成した物の廃棄，侵害の行為に供した設備の除却その他の侵害の停止又は予防に必要な行為」（不競 3 条），「侵害の停止又は予防」「侵害の行為を組成した物，侵害の行為によつて作成された物又は専ら侵害の行為に供された機械若しくは器具の廃棄その他の侵害の停止又は予防に必要な措置」（著作 112 条）といった既存の差止規定の文言と対比すれば明らかである．もっとも，具体的にどのような措置が②にあたるのかは，今後に残された課題である．不正競争防止法や著作権法の場合に比べてその実例は少ないだろうが，それでも，勧誘・契約締結に用いられる各種印刷物の廃棄などは考えられるだろう．

以上のような意味での差止請求が認めたにもかかわらず，相手方事業者等が

---

[86]　民法（及び商法）との適用関係については，特別な規定は置かれていない．衆参両院の附帯決議では，詐欺・強迫（民 96 条）との関係についても言及されているが，民法上の詐欺・強迫にあたる行為が消費者契約法 4 条 1 項～3 項にもあたる場合には，差止請求が可能であることは言うまでもない．公序良俗違反（民 90 条）と消費者契約法 8 条～10 条との関係についても同様である．なお，新 12 条との関係において，民法 96 条や 90 条にはあたるが，消費者契約法 4 条 1 項～3 項や 8 条～10 条にはあたらない場合が残るか否かについては別途検討を要する．

差し止められた行為を行う場合には，強制執行が可能になる．間接強制によることになるが(民執172条)，「債務の履行を確保するために相当と認める一定の額の金銭」(同条1項)が低額であっては，実効性に欠ける．そこで，消費者契約法新47条は，この「金銭の額」につき「執行裁判所は，債務不履行により不特定かつ多数の消費者が受けるべき不利益を特に考慮しなければならない」としている．この規定もまた，「不特定かつ多数の消費者」の利益が被侵害利益として想定されていることを示すものだと言えよう[87]．

なお，差止判決に基づき強制執行ができるのは判決を得た適格消費者団体に限られるのか，という問題もありそうだが，ここでは立ち入らない．

(2) 個別消費者に関する効果 差止判決は，個別消費者にとってはどのような効果をもたらすのか．差止請求が「消費者の被害の発生又は拡大を防止するため」(消契新1条)に導入されたことに鑑みるならば，差止判決に，これに反して行われた行為(あるいは意思表示)による個別消費者との間の契約(あるいは契約条項)につき取消権を付与する(あるいは無効とする)という効果を結びつけることも考えられた．しかし，新法は，この点については沈黙している．したがって，差止めの効果は，個別消費者には直接には及ばないと解さざるをえない．

2 事実上の効果

(1) 訴訟上の効果 しかしながら，事実上は，差止判決の存在は，個別消費者の提起した訴訟にも影響を及ぼしうるだろう．事業者の行為が定型的に違法であると宣言されている以上，特段の事情がない限りは，その定型に該当する行為は違法であると考えられるからである．

この点は，行政処分の効力と対比して考えることができるだろう．たとえば，特定商取引法は，①事業者が「第6条第1項の規定に違反して不実のことを告げる行為」をした結果，②消費者に「当該告げられた内容が事実であるとの誤認」が生じた場合に，当該消費者に取消権を付与している(特商9条の2第1項

---

[87] もっとも，「特に」の読み方は二通り考えられる．一つは確認規定であるとする読み方であり，こう解するならば，単に注意が促されたにすぎないことになる．もう一つは創設規定であるとする読み方であり，こう解するならば，本来は考慮されていない利益が考慮に入れられているということになる．

1号）．他方，同法6条1項違反行為については，「主務大臣は，販売業者又は役務提供事業者が第3条から第6条までの規定に違反し……た場合において，訪問販売に係る取引の公正及び購入者又は役務の提供を受ける者の利益が害されるおそれがあると認めるときは，その販売業者又は役務提供事業者に対し，必要な措置をとるべきことを指示することができる」（特商7条）とし，さらに「主務大臣は，販売業者若しくは役務提供事業者が第3条から第6条までの規定に違反し……た場合において訪問販売に係る取引の公正及び購入者若しくは役務の提供を受ける者の利益が著しく害されるおそれがあると認めるとき，又は販売業者若しくは役務提供事業者が同条の規定による指示に従わないときは，その販売業者又は役務提供事業者に対し，一年以内の期間を限り，訪問販売に関する業務の全部又は一部を停止すべきことを命ずることができる」（特商8条）としている．

　仮に，ある事業者の行為が6条1項違反であるとされて，指示や業務停止命令が出されているとすると，それらの処分の対象たる行為によって締結された個別契約につき9条の2第1項1号を適用するに際しても，上記①の要件は充足されるという判断が下されるものと思われる．そうだとすれば，消費者契約法12条による差止判決の場合にも，同様の結果となるだろう．

　(2) 訴訟外の効果　「消費者の被害の発生又は拡大を防止する」（消契1条）ことは，別の方法によってもその実現が目指されている．「判決等に関する情報の提供」「判決等に関する情報の公表」がそれである．この点につき，消費者契約法27条は「適格消費者団体は，消費者の被害の防止及び救済に資するため，消費者に対し，差止請求に係る判決又は裁判外の和解の内容その他必要な情報を提供するよう努めなければならない」とし，同39条1項は「内閣総理大臣は，消費者の被害の防止及び救済に資するため，適格消費者団体から……の規定による報告を受けたときは，インターネットの利用その他適切な方法により，速やかに，差止請求に係る判決又は裁判外の和解の概要，当該適格消費者団体の名称及び当該事業者等の氏名又は名称その他内閣府令で定める事項を公表するものとする」としている[88]．

---

88) ここでの「被害の……救済」という文言は，判決の事実上の効果として，訴訟の内外において個別消費者が救済されるであろうことを想定している．

「インターネットの利用」は今日的な方法ではあるが，ネット上のこの種の情報を頻繁にチェックする消費者は限られていることを考えるならば，「その他適切な方法」を講ずることが望まれるだろう．さらに，情報源が限定されている高齢者の被害が増えていることを考えるならば，新聞・TVでの取扱いが重要になる．差止判決の事実上の実効性は，メディアの報道の姿勢にかかっていると言っても過言ではない．

IV　おわりに

個別規定を離れて，より広い文脈で新制度が持ちうるインプリケーションについて触れ，結びに代えよう．同じことがらにつき二つの側面から言及するが，いずれも民法学の観点からの関心によるものである．

一つは，契約法の観点からである．新制度は，適格消費者団体の認定につき，かなり厳しい基準を打ち出しているように見える．もし，実際の運用も厳格に行われるならば，消費者利益の擁護や競争秩序の維持につき，私人のイニシアチヴを用いるというよりも[89]，規制の民営化の一環として，認定を受けた少数の適格消費者団体を利用するという側面が前面に出てくるように思われる．この点は，集団的利益・公共的利益の実現をどのようにしてはかっていくのかという基本的な社会観にかかわってくる．もちろん，上記の二つの考え方は理念として相容れないわけではない．また，実際の制度運用につき，少数の適格消費者団体が多数の消費者団体から情報を得て訴権を行使する事実上の仕組みを形成していくことも考えられる．バランスのとれた，かつ，実効的な運用が期待される．

もう一つは，団体法の観点からである．新制度は，適格消費者団体の監督についても，かなり厳しい基準を打ち出しているように見える．私的な利益を追究する営利法人だけでなく，集団的利益・公共的利益を担う非営利法人についても，ガヴァナンスの強化は時代の趨勢である．すでに中間法人法の立法に際して詳細な規定が置かれていたが，一般非営利社団・財団法は，さらに細密な

---

[89]　田中英夫＝竹内昭夫・法の実現における私人の役割（東京大学出版会，1987）の強調するところであった．

規定を用意している．新法は，このような流れに棹さすものであると言えるだろう．しかし，こうしたガヴァナンス強化の動きは，設立が簡単で小規模な活動を行う法人を圧迫するおそれはないだろうか．たとえば，新制度は，消費者利益のための活動するNPO法人を，ごく少数の（ゼロの場合もありうる）適格消費者団体と圧倒的多数の非適格消費者団体とに二極化させるだろう．この立法モデルが他の法領域においても踏襲されるならば，二極化はさらに進むことになる．新制度の下で危惧されたような弊害が生じないことが確認されたならば，（消費者契約法の再改正を含めて）以後の立法においては，認定・監督の双方について基準の緩和をはかるべきだろう．あわせて，「非適格」の各種団体の活動を促進する方策も講じていく必要があるのではないか．

第2節　ネットワークとしての家族

A　「再構成家族」に関する一考察

I　はじめに

　日本民法は，離婚や死別により配偶者を失った者に再婚を認めている．改めて述べるまでもない当然のことであるが，規定上は再婚禁止期間を定める733条の存在がこのことを示している．再婚であることに由来する婚姻障害は，直接にはこの規定によるもの以外には存在しない[1]．たとえば，前婚で子をもうけたことは婚姻障害とはならない．それゆえ，前婚の配偶者Aとの間に子Bをもうけたcが，この婚姻を解消した後に再婚し，その子Bを伴って新しい配偶者Dとの共同生活に入るということは十分に可能である．従来，このような場合におけるBを「連れ子」，DBの関係を「継親子関係」と呼んできた．さらに，最近では，英語圏で用いられるstep-familyという用語，あるいはフランス語圏で用いられるfamille-recomposéeという用語をふまえて，CDBの関係を指し示すために「継親家族」とか「再構成家族」「複合家族」といった表現が用いられることもある[2]．

---

[1] 間接的な婚姻障害としては，前婚から生じた姻族関係による婚姻障害が存在する（民735条）．なお，本文に掲げた733条については違憲論もあり，1996年の民法改正要綱では規定の手直しが提案されているが，この点は本稿には関係しない．
[2] アメリカ・フランスの最近の家族の実情の一端を示すものとして，シャーウィン裕子・女たちのアメリカ（講談社現代新書，1991），浅野素女・フランス家族事情（岩波新書，1995）を参照．

第2節　ネットワークとしての家族　　　　　　　　　47

　周知の通り，近年，離婚の数は増加の傾向にあり，1996年には20万件を突破するにいたっている．子のある夫婦の離婚も12万件を超えている．また，離婚経験者のうち男性の約7割，女性の約6割が再婚していると推測されている．もっとも，子の親権を有する離婚者に再婚の意思を尋ねると，男親の場合には4割以上が機会があれば再婚したいとしているのに対して，女親の場合には2割弱にとどまっているという[3]．このように，前婚の子を有するということは（とりわけ女親の場合に）再婚の心理的な障壁とならないわけではない．しかし，それでも少なからぬ男女が子を伴う再婚にふみ切っていることも確かだろう．そうだとすれば，「再構成家族」は，今後，日本でも新たな法律問題を惹起しうる家族の形態として検討されてよいはずである．

　では，これまでの検討状況はどうだろうか．従来，「再構成家族」が正面から検討の対象とされることはほとんどなかった．DB間の関係すなわち継親子関係については，「事実上の親子関係」の一パターンとして検討がなされてはきたが[4]，十分な研究がなされているとは言いがたい．事実上の夫婦関係（内縁）について熱心な検討がなされてきたのとは対照的である．そこで，本稿においては，このような「再構成家族」の法律関係について若干の検討を加えて，問題状況を明らかにしたい．検討の中心は，従来の研究と同様に，DB間の関係に置かれる．しかし，DBの関係を考える上では，CDの関係はもちろんのこと，ABの関係さらにはACの関係も視野に入れる必要がある[5]．また，「事実上の関係」については社会保障法の処遇が重要である．そこで，まず，関係者の利害を考慮に入れつつ民法上の処遇につき検討をした上で（Ⅱ），社会保障法上の処遇にも言及する（Ⅲ）．最後に，家族・家族法の将来を展望するという観点か

3）　以上のデータは，厚生白書平成10年度版76–77頁，80–81頁による．
4）　中川良延「社会的親子の法的関係」講座・現代家族法第3巻（日本評論社，1992）346頁以下および同論文の引用する許末恵「継親子関係について」一橋論叢95巻1号（1986）などを参照．
5）　許・前出注3）93頁は「継親子関係の規制は，親の離婚及び再婚に伴う家族の再構成という連続する過程の中で，離婚後の監護権なき親（及び親族）と子の関係というより広い文脈の中で，とらえられる必要がある」とする．本稿が，「再構成家族」というややこなれの悪い直訳風の用語を採っているのは，この用語が，すでに一度は構成された家族の存在を想起させるからである．なお，本文では，AC，CDの関係がいずれも婚姻である場合を典型例として掲げているが，一方または双方の関係が婚姻でない場合も「再構成家族」に含めて考えることができる．本稿でも後半ではこのような場合も念頭に置いた叙述を行っている．

II 民法上の処遇

1 法定親子関係の廃止

　明治民法の下では，再婚当事者の一方に子がある場合につき，法定の親子関係たる継親子関係が発生する場合と発生しない場合とがあるとする見方が有力であった．すなわち，「継父母ト継子……トノ間ニ於テハ親子間ニ於ケルト同一ノ親族関係ヲ生ス」(民旧728条)という規定が置かれていたが，「女が他家に嫁する場合に其前婚の子が当然後婚の家の籍にはいる訳ではない」「『家附の子』であることを継子たる要件とすべし」と説かれていたのである[6]．しかし，法定の継親子関係が生じない場合にも，「夫婦ノ一方カ他ノ一方ノ子ヲ養子ト為ス」ことは可能とされていた(民旧841条2項)．

　以上のうち，法定親子関係は，「家」の観念によるものとして，戦後の家族法大改正によって廃止されるに至った．現行法の下では，継親子は姻族1親等の関係に立つに過ぎない．したがって，先の例で言えば，継親Dと継子Bとの間には親子関係は存在しないので，BはDの親権に服さない(民818条参照)．また，姻族間には原則として扶養義務は存在しないので，通常，DはBを扶養する義務を負わない(民877条1項2項参照)．さらに，DB間で相続が生ずることもない(民887条1項，889条1項参照)．これに対して，旧841条2項は795条但書として維持されたので，養子縁組によって養親子関係を生じさせるという方途は残ることとなった．継親子の間に親子としての法律関係を生じさせるためには，養子縁組が常に必要となったのである．

2 養子縁組にかかわる問題点

　実際のところ，普通養子縁組のかなりの部分は，継親子間に親子関係を作り出すためのものであると推測される．普通養子縁組の総数は年間約8万件であるが，そのうち家裁許可縁組は1000件強に過ぎない．このことは，普通養子

---

6) 穂積重遠・親族法 (岩波書店, 1933) 61–63 頁．

縁組のほとんどすべてが成年者か自己または配偶者の直系卑属たる者を養子とする縁組であることを示している (民798条参照)[7]. そうだとすると, 上記の推測はあながち不当とは言えないだろう[8].

　それでは, このような養子縁組に問題はないだろうか. 確かに, 養子縁組を行えば, 継親Dと継子Bとの間に, 親権・扶養・相続という法律関係を発生させることができる. それゆえ, DBの関係をより強固なものとするという観点に立てば, 養子縁組は有効な手段であるように見える. しかし, ABの関係あるいはBCの関係を考慮に入れるならば, 話は別になる. また, 強固な関係を作り出すという観点からも問題がないわけではない. まず, Bが15歳未満であり, Cが親権者でAは監護権も有していないという場合の縁組手続を考えてみよう. この場合, Cは単独でBに代わってDと養子縁組を行うことができると解される (民797条1項2項). そして, いったん養子縁組がなされると, BはCDの親権に服することになる (民818条2項3項). そうなると, Aとしてはもはや親権者の変更の申立ては行い得なくなるものと解されている. つまり, この点では, BはCDの再構成家族により強く統合される反面, Aの関与は困難になるわけである[9]. 次に, CDが離婚する場合にBはどうなるかを考えてみる. この場合, 理論上は, DBの養親子関係は離婚の影響を受けない. しかし, 実際にはCDの離婚に伴い, DBの養子縁組も解消されることが多いだろう. DBの養親子関係はCDの婚姻関係に従属しているのである[10]. その意味では, 普通養子縁組によるBの再構成家族への統合は不十分なものなのである.

　再構成家族への統合の強化を徹底させるためには, 普通養子縁組ではなく特別養子縁組を用いることも考えられないではない. 特別養子ならば, 仮にCDが離婚することになっても, 通常, DBの養親子関係は残存することになるだろう (民817条の10参照). しかし, 特別養子縁組は普通養子縁組以上に, 実親Aに大きな不利益をもたらしうるという点に注意する必要がある. たとえば,

---

7) 湯沢雍彦・図説家族問題の現在 (NHK出版, 1995) 67頁.
8) 中川・前出注3) 349頁および同論文の引用する文献も, このことを裏付けている.
9) 中川・前出注3) 349–350頁の説くところである.
10) 中川・前出注3) 351頁も同じ指摘をするが, 本稿とは評価を異にする. すなわち, このことを前提として, むしろ離縁の手続が必要となることが離婚の制約となる点を問題視する. 評価の差は, ここでの養子縁組の目的をどう考えるかにかかっている.

下級審には，再構成家族への統合のための特別養子縁組の可否が問題とされた事案をいくつか見い出すことができる．その多くは特別養子縁組の成立を否定したものであるが，中には東京高決平 8・11・20 家月 49 巻 5 号 78 頁のように，これを肯定した例もある．この決定は，特別養子法の権威によって「連れ子養子の将来について，明るい一石を投ずるものといえよう」と評されているが[11]，事案の解決はともかくとして，より広く特別養子縁組を認めるという方向が常に望ましいわけではないことには注意が払われてよいのではないか．また，直接には再構成家族にかかわる事案ではなく，しかも傍論としての判示ではあるが，親子関係の存在を主張し認知を希望する血縁上の父の意思を無視してなされた特別養子縁組に準再審事由ありとした最判平 7・7・14 民集 49 巻 7 号 2674 頁の存在も注目されてよい．そこには，特別養子縁組がもたらしうる弊害が集約的に現れている．

なお，日本の特別養子法の母法とも言うべきフランス法では，1993 年 1 月 8 日法律によって，「配偶者の子の完全養子とする縁組は，その子が当該配偶者についてのみ親子関係を有する場合に限り，これを行うことができる」という規定が民法典に挿入されたことを付言しておく（民 345–1 条）．もちろん，これが唯一の解決というわけではなく，法改正以前にフランスの判例が示唆していたような実親に訪問＝受入権 (droit de visite et d'hébergement) を認めるというやり方も考えられるだろう．重要なのは，子 B から切り離される実親 A の利益にも配慮するということである[12]．

III 社会保障法上の処遇

1 具体的な問題

繰り返して言うが，現行民法上は，継親 D と継子 B は姻族 1 親等であり，そ

---

11) 中川高男「判批」私法判例リマークス 16 号 (1998) 79 頁．
12) 以上の指摘は，Dreifus-Netter (Fr.), La filiation de l'enfant issu de l'un des partenaire du couple et d'un tiers, RTDC. 1996, p. 1 et s. に負う．たとえば，同論文は次のように述べている．「配偶者の子の完全養子縁組によって，その子のカップルの中への完全な統合が実現するとしても，その結果として，その子と父方または母方の家族——そこには祖父母やおじおば・いとこはもちろん兄弟も含まれる——との間の法的関係は消滅させられるのである」(supra, p. 8.).

の間には相続権はもちろん扶養義務も原則として存在しない．これは，明治民法では認められていた法定親子関係の成立を否定した結果であった．ところが，社会保障法上は，これと大きく異なる扱いがされている．ここでは次の二つの例を見てみよう．

　第一は，健康保険における被扶養者の取扱いである．健康保険法は，保険給付の対象となる被保険者の被扶養者として，「配偶者（届出ヲ為サザルモ事実上婚姻関係ト同様ノ事情ニ在ル者ヲ含ム以下之ニ同ジ），子，孫及ビ弟妹ニシテ主トシテ其ノ被保険者ニ依リ生計ヲ維持スルモノ」（同法1条2項1号）などに加えて，「被保険者ノ三親等内ノ親族ニシテ其ノ被保険者ト同一ノ世帯ニ属シ主トシテ其ノ者ニ依リ生計ヲ維持スルモノ」（同2号），「被保険者ノ配偶者ニシテ届出ヲ為サザルモ事実上婚姻関係ト同様ノ事情ニ在ルモノノ父母及子ニシテ其ノ被保険者ト同一ノ世帯ニ属シ主トシテ其ノ者ニ依リ生計ヲ維持スルモノ」（同3号）などを挙げている．この結果，原則として被保険者たる継親Dが扶養義務を負わない継子Bも，Dと同一世帯に属し現実にDによる扶養が行われている場合には，Dの被扶養者としての扱いを受けることになる．そして，CD間の婚姻関係が事実上のものであっても，この点は同じなのである．

　第二に，児童扶養手当における支給要件を見てみよう．児童扶養手当は「父と生計を同じくしていない児童の育成される家庭の生活の安定と自立の促進」を目的とするものである（児童扶養手当法1条）．それゆえ，手当の支給は，「父母が婚姻を解消した児童」「父が死亡した児童」などの母（又は養育者）に対してなされる（同法4条1項）．ところが，「母の配偶者に養育されているとき」には支給しないこととされており（同2項7号），そこでいう「配偶者」には「婚姻の届出をしていないが，事実上婚姻関係と同様の事情にある者を含」むとされているのである（同法3条3項）．これらの規定は，民法上は当該児童Bに対して扶養義務を負っていなくとも，現実に，母Cの配偶者DがBの養育を行っている場合には，手当の支給は行わないという趣旨であろう．ここでも，CD間の婚姻関係が法律上のものか事実上のものかは問題とならない．

2　理論的な検討

　1で見た，二つの社会保障制度における継親子の処遇は，制度自体としては

一貫したものとして説明可能である．すなわち，いずれの場合にも，現実に扶養（養育）がなされているか否かという観点から制度構築がなされていると言える．継親子たる DB の間に，たとえ民法上は扶養義務が存在しなくとも，現に D が B を扶養し，CDB の再構成家族が単一の「世帯」をなしているならば，その事実を直視して，あるいは被扶養者として保険給付を行い，あるいは養育者ありとして児童福祉手当を支給しない．社会保障制度はあくまでも扶養（養育）の事実に着目して，継親子の処遇を決めているというわけである．こう解するならば，民法との抵触は回避できる．

しかし，実際の運用は必ずしもこのように行われているというわけではない[13]．たとえば，前述のように，児童扶助手当法に「母の配偶者に養育されているとき」には支給しない旨の規定が置かれているために，手当の支給を希望する母の男女関係を詮索するかのごとき調査が行われることもあると伝えられている[14]．プライヴァシーの侵害となる調査が許されないのはもちろんだが，ここではむしろ，その背後に，事実上の配偶者と目すべき者が存在する以上は，その者が当該児童を養育すべきである（しているはずである）という暗黙の価値判断を見い出すこともできることを指摘しておきたい．

このような規範意識は，かなり広い範囲で共有されているようであり，民法理論にも影響を与えているように思われる．そのような例として，婚姻費用分担に関する次のような考え方を挙げることができる．一般に，夫婦間に生まれた子（嫡出である子）の生活費は婚姻費用に含まれると解されているが，これに加えて，再構成家族における連れ子 B の生活費もまた CD 夫婦の婚姻費用となるとする学説が一部に存在するのである[15]．その理由としては，「（婚姻費用と

---

13) 制度上も全く問題がないわけではない．離婚・死別の場合の以外に，児童扶養手当は未婚の母子にも支給されているが（児童扶養手当法 4 条 1 項 5 号，同施行令 1 条の 2 第 3 号），父によって認知がなされた場合には支給が打ち切られるという扱いがなされてきた．この点をめぐっては違憲訴訟も提起されているが（大阪高判平 7・11・21 判時 1559 号 26 頁），違憲かどうかは別として，事実に基づく処遇を行うという観点からすれば，問題を含むと言わざるを得ないだろう．
14) 朝日新聞 1997 年 10 月 19 日付朝刊．
15) 乾昭三＝二宮周平編・新民法講義 5 家族法（有斐閣，1993）32 頁（二宮執筆），新版注釈民法(21)（有斐閣，1989）432 頁（伊藤昌司執筆）など．扶養義務の不存在を理由にこれに反対するものとして，梶村太市「婚姻費用の分担」岡垣学＝野田愛子編・講座・実務家事審判法 2（日本評論社，1988）45 頁．

は）一体的な家族生活の維持費用であるとする以上，……共同生活をしていれば，これらの人の生活費も婚姻費用の中に含まれる」ということが挙げられたり，「双方の協力で養育する合意があった以上は，夫婦の一方がその養育責任を放棄して他方にのみ責任を委ねることが許されてよいわけはない」と言われたりしている[16]．このように，これらの考え方は，扶養義務の存否という民法の定める法律関係を離れて，共同生活の「事実」や養育する「合意」を考慮に入れて，婚姻費用の範囲を定めようとしている．そこには，再構成家族（さらには拡大家族）を「世帯」として把握することによって，民法においてもこれに一定の処遇を与えようという発想が窺われる．

Ⅳ 今後の展望

　これまで見てきたところを簡単にまとめよう．前婚の配偶者Aとの間に子Bをもうけた C が，この婚姻を解消した後に再婚し，その子 B を伴って新しい配偶者 D との共同生活に入ったとしても，現行民法の下では，BD 間に法的な親子関係は発生しないのが原則である．それゆえ，CDB の再構成家族の一体性を強固なものとするためには，養子縁組を行うことが必要となる．しかし，B の実親 A の利益に着目すると，養子縁組には問題がないわけではない．とりわけ，実親子に近い法律関係が発生する特別養子縁組の弊害は無視しがたい（Ⅱ）．他方，養子縁組を締結しなければ，BD 間には親子関係は発生しないと言っても，BD の間に全く法律関係が生じないというわけではない．社会保障法上は，D と B が同一の世帯に属し，D が B を現実に扶養しているという事実から，一定の効果が発生するのである．さらに，この事実を一定の限度において民法上も考慮に入れるべきだとする見解も見られる（Ⅲ）．

　以上のことから，次のように言うことができる．再構成家族における継親子関係は，実親子の場合と同様か（養子縁組のある場合），法律関係は全くないか（養子縁組のない場合）の二つに分かれるわけではない．養子縁組によって継子

---

16) 前者は二宮教授，後者は伊藤教授の説くところである．なお，このような考え方に立つと，D も再婚で前婚の配偶者 E との間に生まれた子 F があるという場合，D の F に対する養育費の額の決定に際しても，D が B を扶養している事実を考慮に入れるということになるだろう．

を実子同様に再構成家族に統合したいという意図の実現には限界が設けられるべきである一方で，養子縁組を結ばなくとも継親子の間には一定の法律関係が発生しうるのである．では，完全な親子でもなく全くの他人でもないという継親子関係は，いかなるものと考えるべきなのだろうか．この問題に一つの答えを与えることは困難である．おそらくいくつかの類型を設定して，異なる取扱いを行う必要があろう．詳しい検討は将来に委ねるほかないが，ここではさしあたり，これまでの考察をもとに，①養親子型，②代親子型，③同世帯型の3類型を立てて[17]，それぞれの処遇についての基本的な考え方を示してみたい．

まず，CDが継子Bの再構成家族への統合を強く望み養子縁組を行う場合が①の養親子型である．この場合にも，Bの実親Aの利益に対する配慮が必要であることは繰り返し述べた通りである．具体的に言えば，特別養子縁組は原則として認めるべきではない．また，普通養子縁組の場合にも，縁組へのAの関与の機会を保障すべきだろう[18]．さらに，Aに縁組後の訪問＝受入権を認めることも考えてよい．次に，CDがBの養育につきDが一定の関与をなすことを望むが養子縁組は望まないという場合がありうる．このような場合にも，CDの意図にそった法的処遇が考案される必要があろう．具体的には，DもCの親権を補充的に代行する，また，Cに対する扶養についても補充的な義務を負うと考えることはできないだろうか．継親を実親とするのではなく，継親にふさわしい取扱いをしようというわけである．②の代親型がこれにあたる[19]．法律構成としては，再婚の合意には通常このような「代親」[20]になる意思が含まれると解することになるだろうか．最後に，CDが婚姻（またはこれと同視しうる

---

17) Meulders-Klein (M.T.), Les dilemmes du droit face aux recompositions familiales, in Meulders-Klein (M.T.) et Théry (I.), (dir.), Quels repères pour les familles recomposées?, 1995, pp. 211–222 の分類からも示唆を得た．
18) 石川稔「継親養子縁組と親権者の変更――非親権者たる親の権利と代諾権」上智大学法学部創設25周年記念論文集 (1983) 177–179頁を参照．
19) 代親 (parrain) とは，キリスト教において名付け親として洗礼に立ち会う者を指すが，本文の用語法は Cornu (G.), Droit civil, La famille, 5e éd., 1996, n° 10, p. 19 による．
20) スイス民法229条は「夫婦は各々，他方の子に対する親権の行使につき適切な仕方で配偶者に協力し，必要に応じて配偶者を代理しなければならない」と定めるが，日本法においても協力義務の一環として同様の義務を負うものと解することは不可能ではなかろう．ただし，このような義務を負わない再婚が許されないかどうかについては，なお検討を要する．また，婚姻なしにこのような義務を負うことが可能かという問題もある．

内縁)とは異なる形態で共同生活を営んでおり，Dが事実としてBを扶養しているという場合を想定する必要がある．③の同世帯型がそれであるが，この場合には，DB間の関係は民法上は財産法の論理に従って処理されることになるだろう．たとえば，現になされた扶養は贈与として，子の監護のためになすべき行為をなさなかった場合には不作為による不法行為として，それぞれ取り扱うことになろう．なお，前述のように，現行の社会保障法は，CD間に婚姻関係がない場合をも念頭に置いているが，それはあくまでも当該関係を婚姻と同視した上でのことである．しかし，保護の対象を必ずしも伝統的な内縁に限定する必然性はないだろう．

最後に，より大きな問題につき一言して，結びに代えよう．①〜③の3類型は，家族や夫婦・親子の概念を考え直すための一つの手がかりになるのではなかろうか．①においては，二つの婚姻家族（一つは離婚後の家族，もう一つは再婚による家族）・二つの親子関係（一つは前婚による実親子関係，もう一つは後婚に伴う養親子関係）の緊張・相克が前面に立ち現れる．そして，前婚（実親）の存在を無視することが妥当でないとするならば，われわれは二つの家族・親子の共存を許容する方向へと向かわざるを得ない．そのためには，家族・親子の概念の再定義が必要となろう．また，②は，婚姻の効果の再考（子を育てることを含むか否か）と同時に，新たな親子関係の可能性の検討（実親子でも養親子でもない親子はありうるか）をも要請するだろう．さらに，③は，そもそも家族とは何かを問い直すことを求める．家族と呼ぶに値するのはいかなる共同生活なのか．逆に言えば，われわれが家族という概念を用いるのは何のためなのか[21]．再構成家族は今日における家族・家族法の試金石の一つなのである．

---

21) 「家族共同生活」への着目の必要性を指摘するものとして，星野英一「家族法は個人関係の法律か，団体の法律か」家族〈社会と法〉16号 (1998) 1頁以下を参照．

B　日本法における兄弟姉妹

I　はじめに

　1947年の大改正[22]によって，日本の家族法からは「家」制度が除去された．このことは，改正法制定前に改正の大綱を示しつつ応急的な措置を講じていた「日本国憲法の施行に伴う民法の応急的措置に関する法律」からも明らかである．この法律には，「戸主，家族その他家に関する規定は，これを適用しない」とする規定（3条）が置かれていた．
　それでは，「家」に代わって「新民法」が規律の対象とした（廃止された民法旧732条ではなく憲法24条2項のいう）「家族」とはいかなるものか．この点は規定上は明らかではない．確かに「家」に関する諸規定は削除されたのではあるが，これに代わる「家族」概念は，少なくとも法文上は，積極的には提示されていないのである．そもそも，現在の現行民法典には「家族」という用語さえ見いだすことはできない．
　しかし，このことは，「新民法」が理想とする，少なくとも典型として想定する家族像を持っていなかったということを意味するわけではない．改正草案の起草者であった我妻栄・中川善之助両博士は，明らかにある種の家族像を念頭に置いていた．「夫婦と未婚の子からなる核家族」が，それであった．そして，「家」の諸規定が除かれた結果，婚姻に関する諸規定，親子に関する諸規定などが，上位概念によって統括されずに並置されることとなった現行の実定家族法

---

[22]　1947年改正については，大村敦志・消費者・家族と法（東京大学出版会，1999）の第3章第1節「民法典後2編（親族編相続編）の改正」を参照．

は，この新たな家族像によって統一性を付与されることとなった．戦後50年を通じて，「新民法」の家族法は，核家族を念頭に置いたものであると理解されてきたのである．

そして，このような家族像が社会一般にも浸透することによって，国民の意識においても核家族こそが典型的な家族であると考えられるにいたっている．同時に，核家族の範囲をはみ出す親族のつながりは，地域や職業などによって差はあるものの，次第に希薄化しつつあるというのが現状であろう．

そんな中で，最後の親族関係としてなお重要性を持っているのは，兄弟姉妹の関係ではないかと思われる．確かに，核家族の普及によって，共同の生活体験を持たない親族との関係は希薄化しつつある．成年に達した兄弟姉妹の関係も例外ではない．しかし，彼らの関係は，他の親族関係とは一線を画するものではないか．兄弟姉妹の関係は，夫婦関係や親子関係（親と未成年の子の関係）と同じように強固なものではないが，単なる親族関係とも同視しがたい特殊な関係なのではないかと思うのである．

本稿は，このような兄弟姉妹の関係につき，日本法がどのような処遇を与えているかを確認し，その根拠を明らかにしようとするものである[23]．具体的には，固有の意味での兄弟姉妹の関係（二者関係あるいは水平的関係）につき検討した上で（Ⅱ），やや対象を広くとって，親との関係から派生的に生ずる関係（三者関係あるいは垂直的関係）についても考えてみたい（Ⅲ）．そこでの考察をふまえて，最後に，兄弟姉妹関係の将来について触れるとともに，韓国法との関連についても一言することとする（Ⅳ）．

Ⅱ 二者関係

まず，兄弟姉妹の間に生ずる固有の法律関係につき，民法の定めるところを概観し（**1**），続いて，若干の考察を行うことにする（**2**）．

---

[23] 核家族の外の親族関係につき，戦後日本の家族法学は敵対的なスタンスをとってきた．そのため，兄弟姉妹の法律関係については，これまでのところ必ずしも十分に検討がなされていない．なお，フランスには，CORNU (G.), De la fraternité ou le bel ou sobre lien de frères et soeurs dans la loi civile, in *Ecrits en l'honneur de Jean Savatier*, 1992 がある．

1 実定法

（1）相続　まず，最も重要な法律関係として指摘すべきは，兄弟姉妹は相互に他を相続する可能性を有しているということである．日本法では，法定相続人は配偶者相続人と血族相続人という二つのカテゴリーに大別されるが，兄弟姉妹は，子，直系尊属に続く第 3 順位の血族相続人として位置づけられている（民 889 条 1 項）．また，子，直系尊属が相続人となる場合に比べて，配偶者に対する兄弟姉妹の相続分の割合は少ない（配偶者が 4 分の 3，兄弟姉妹が 4 分の 1 である．これに対して，子が相続人の場合には，配偶者，子ともに 2 分の 1，直系尊属が相続人の場合には，配偶者が 3 分の 2，直系尊属が 3 分の 1 である．民 900 条 1～3 号）．

このように，兄弟姉妹の相続人としての地位は，その順位から見ても相続分から見ても，高いものではない．しかし，同時に，日本法の下では，兄弟姉妹が最後の血族相続人であり，これよりも血縁の薄いものは相続人たりえないことに注意すべきである．その意味では，兄弟姉妹は，他の血族とは異なる処遇を受けているのである．なお，正確に言えば，兄弟姉妹がすでに死亡しているが，その子が生存している場合には，この子は兄弟姉妹に代わって相続人となる（民 889 条 2 項により民 887 条 2 項が準用されている）[24]．とはいえ，兄弟姉妹の子（被相続人のおい・めい）はその親を代襲せずに独立に相続人となることはない．

旧法（1898 年の原始規定）では，家督相続の場合には，まず家督相続人が，法定または指定の家督相続人がない場合には，（家女である）配偶者，兄弟，姉妹，（家女でない）配偶者，兄弟姉妹の直系卑属が（民旧 970 条，979 条，982 条），そして，遺産相続の場合には，直系卑属，配偶者，直系尊属，戸主が（民 994 条，996 条），それぞれこの順序で相続人となった．これと比べると，現行法における血族相続人の範囲は，兄弟姉妹の直系卑属が除かれた点でやや狭まっている．いずれにせよ，その範囲は，広い範囲で傍系血族に相続権を認めるフランス法（仏民 753 条）などに比べると，明らかに狭い．こうして見ると，現行日本法に

---

[24]　ただし，子の場合とは異なり，再代襲が生ずることはない（民 887 条 3 項は準用されていない）．

おいては，被相続人の核家族の外にある血族としては，兄弟姉妹のみが相続権を持ちうるという独特の制度がとられていることが理解されるだろう．

(2) 扶養　次に，扶養義務について見てみよう．現行の日本法においては，夫婦相互の間の，また，親の子に対する扶養義務は，他の親族間に生ずる扶養義務（親族扶養）に比べて高い程度のものであると解されている．その他の場合には，被扶養者が要扶養状態にあり，かつ，扶養義務者が扶養可能状態にある場合に限って，義務が発生する．一般に，前者の義務を「生活保持義務」，後者の義務を「生活扶助義務」と呼んでいる[25]．

このように，親族扶養の程度は低いものと解されているのであるが，それだけではなく，扶養義務が認められる親族の範囲もかなり限定されている．当然に扶養義務を負うのは，直系血族相互間と兄弟姉妹相互間に限られ（民877条1項），特別の事情がある場合に限って，家庭裁判所は3親等内の親族に扶養義務を課すことができるにとどまる（同2項）．ここでいう直系血族間の扶養義務で最も重要なのは，成年に達した子が親に対して負う扶養義務である．兄弟姉妹間の扶養義務は，これと並ぶものとして位置づけられているわけである．

ここでも，相続の場合と同様に，フランス法との比較をしてみよう．次のような興味深い事実を見いだすことができる．すなわち，フランス法においては，夫婦間，直系血族間の扶養義務を除外して考えると，直系姻族間に扶養義務が認められるものの，傍系の血族間には，兄弟姉妹の間でさえ扶養義務が生ずる余地はない．相続の場合とは逆の意味で，兄弟姉妹であることには特別な意味は与えられていないのである．

(3) 親族　これまでに見てきたように，相続権の発生と扶養義務の発生が，兄弟姉妹であることの主要な効果であるが，このほかにも，兄弟姉妹であることによって生ずる法的効果はないわけではない．ただし，それらは兄弟姉妹に限って認められた効果ではなく，兄弟姉妹を含む親族に与えられた効果である．具体的には，次のようなものを挙げることができる．

まず，ある意味で最も重要なのは，兄弟姉妹間の婚姻は禁止されているとい

---

25) 中川善之助博士に由来する用語法（中川・新訂親族法〔青林書院新社，1965〕596頁．なお，はじめてこの議論が展開されたのは，中川「親族的扶養義務の本質」法学新報38巻6，7号〔1928〕においてである）．ただし，条文上の説明には困難がある．

うことである．民法は「3親等内の傍系血族間に間」における婚姻（近親婚）を禁止しているので，兄弟姉妹はこれに含まれることになる（民734条）．

次に，兄弟姉妹には，いくつかの家族的な義務が課されている（権限が与えられている）ことを指摘しておく必要がある．たとえば，子の親権者の変更（民819条6項）や親権・管理権の喪失（民834，835条），後見人・後見監督人の選任（民841，849条）などを，兄弟姉妹は子または被後見人の親族として申し立てることができる．また，禁治産宣告（民7条）の申し立てを，4親等内の親族として行うこともできる．なお，旧法に存在した（フランス法には今日でも存在する）後見監督機関としての親族会は，現行法では廃止されている．そのため，後見が親族の義務（権限）であるという観念は希薄化しつつあるのは確かである．しかし，今日でも，実際には近親者の中から後見人を選ぶことが多いだろう．

さらに，現行法には「直系血族及び同居の親族は，互いに扶け合わなければならない」という規定（民730条）が挿入されている．民法730条は，「家」制度の残存につながりうるとされる悪名高い規定である．また，この規定に対しては，訓示規定であり存在意義に乏しいという法技術論的な批判もなされている．確かに，いずれの批判もあたっている面を持っている．しかし，これを「拡大された親子関係とこれに付帯する近親からなる緊密な親族集団を法的にとらえようとするもの」として理解することも不可能ではない[26]．もちろん，このような意義を認めるとしても，現行規定がその趣旨を適切に表現しているかどうかは，また別の問題である．とはいえ，親族集団一般とは別の「緊密な親族集団」を抽出するという発想には，見るべきものが含まれていると言えるのではなかろうか．とりわけ，そのような「緊密な親族集団」として，兄弟姉妹を特にとりだす余地はあるのではないか．

そこで，項を改めて，これまでに紹介した実定法を説明するための原理について検討することにしよう．

2 原理

1で見たように，兄弟姉妹は，核家族の構成員ではないにもかかわらず，相

---

26) 我妻栄・親族法（有斐閣，1961）400頁．

続や扶養の局面で他の親族とは異なる特別な処遇を受けている．また，兄弟姉妹は，親族（場合によっては4親等内の親族）として相互に，一定の親族的義務（法的な意味での義務ではない）を負っている．具体的には，後見にかかわる諸権限を有するのに加えて，「互いに扶け合わなければならない」とされている．

このような兄弟姉妹相互の関係は，これまでのところ，まとまった形で検討の対象とされることはなかった．なぜ，兄弟姉妹であるがゆえに相続人となり扶養義務を負うのかは，十分には論じられていないし，親族としての権限や扶助義務については，むしろ否定的な文脈で論じられることの方が多い．

しかし，1の末尾で一言したように，民法典の定める親族一般（6親等内の血族，配偶者，3親等内の姻族．民725参照）とは別に，より「緊密な親族集団」として，兄弟姉妹を位置づけることは可能なのではなかろうか．これが本稿の基本的な問題意識であった．それでは，核家族をとりまく「緊密な親族集団」として兄弟姉妹を位置づけるという考え方は，どのようにして正当化されるのだろうか．これがここでの問題である．

ここで着目すべきは，兄弟姉妹は，共通の親の下で，同一の核家族の構成員であったことが多いという事実である．やや分析的に言い換えれば，兄弟姉妹は，共通の親を持つという点で，①血族の中でも親子に次ぐ近しい関係（二親等）にある，同一の核家族に所属していたという点で，②長く親密な共同生活の経験を持っていた，ということである．

この二つの要素は，必ずしも兄弟姉妹に固有のものではない．①②による説明は，親と成年に達した子の関係についてもあてはまる．むしろ，より強い理由で妥当すると言うこともできる．彼らは，血族としては最も近い関係（1親等）にあり，しかも，核家族の中では兄弟姉妹以上に親密な共同生活者であった．それゆえ，親と成年に達した子の間には相続・扶養の権利義務が認められ，しかも，親や（成年に達した）子の相続権は兄弟姉妹の相続権に優先するのである．

このような見方に対しては，①こそが本質的な要素であり，②はその帰結にすぎないという見方を対置することが可能である．血縁の濃い者の間に相続権や扶養義務は発生するというわけである．むしろ，これが伝統的な・正統的な見方であると言うべきだろう．しかし，本稿ではあえて，①に加え，さらには

① 以上に，② を重視する見方を提示したい．一つの家庭の中で，同じ親によってともに育てられてきたという点に，兄弟姉妹の法律関係の基礎を求めたい．親は未成年の子に対し親権者として密接な関係に立つ．通常は，自らの住居に子を居住させ，その監護教育を行う．そして，複数の子がある場合には，その子らは同じ場所で同じように養育される[27]．その結果として，兄弟姉妹の間に，一定の法律関係が発生すると考えるのである．

このように考えれば，単に血縁が近いということによってではなく，核家族との関連によって，「緊密な親族関係」は規定されることになる．血縁のみを基礎とするのでは，兄弟姉妹までが特別視されることを説明するのは困難であるが，共同生活の経験を加えることによって，兄弟姉妹の特殊性が明らかになるのである．成年に達した兄弟姉妹は，もはや核家族の構成員ではない．しかし，かつては同じ核家族の構成員であった彼らは，単なる親族一般とは異なる中間的・境界的な存在なのである．

ところで，①②をともに満たす兄弟姉妹は典型的な兄弟姉妹であるが，兄弟姉妹の中には，これらの一方のみを満たすものも存在する．まず，一方に，血縁上は兄弟姉妹であるが共同生活の経験を全く持たない者たちが存在する．同一の親を持つ婚内子と婚外子などにその例は多い．他方，血縁上のつながりはないが，兄弟姉妹として共同生活をした者たちも存在する．夫婦がそれぞれ「連れ子」をして再婚した場合の子ども同士がその例である[28]．前者の場合には，②の要素が欠けていることを十分に考慮した上で，相続や扶養の法律関係を調整する必要がある．これに対しては，後者の場合には，①の面では兄弟姉妹とは言えないが，②が存在するということも考慮に入れて，場合により相続権（特

---

[27] フランスでは，事実のレベルだけでなく法のレベルでも（未成年の）子相互の間の絆を保つべきことを示すために，兄弟不分離の原則（principe de non sèparation des fratries）が宣言されるに至っている．具体的には，1996年12月30日法律によって民法に次のような規定が加えられた．「子は兄弟姉妹から離されてはならない．ただし，それが不可能なときまたは子の利益がこれと異なる解決を命ずるときはこの限りではない．必要な場合には，判事は兄弟姉妹間の人格的な関係について定める」(371-5条)．この法律については，大村敦志「立法紹介」日仏法学22号（1999）を参照．日本でも，このような立法が必要か否かは検討に値する．その際には，夫婦別姓に伴う子の氏の問題をも視野に入れるべきかもしれない．

[28] 再婚による家族（再構成家族）にかかわる法律問題については，大村敦志「『再構成家族』に関する一考察」みんけん500号（1998）［本書第1章第2節A］で簡単な検討を加えた．

別縁故者とはなりうる．民958条の2）や扶養義務（2親等の親族としての義務を課しうる．民877条2項）を認めることも考えてよい．

Ⅲ 三者関係

次に，それぞれが親との間に法律関係を有する者として兄弟姉妹が有することになる法律関係に目を転じよう．ここでも，はじめに実定法から出発し(1)，続いて，若干の検討を加えることにしよう(2)．

1 実定法

(1) 共同の権利者・義務者としての兄弟姉妹　子が成年に達した親子の関係においても重要なのは，相続と扶養である．そして，そのそれぞれが，兄弟姉妹の法律関係に影響を及ぼしうる．順に見ていこう．

子は第1順位の血族相続人として，親を相続する（民887条1項）．子が一人の場合には，血族相続人としての相続分はその子によって独占されることになる．しかし，子が複数ある場合には事情が異なってくる．それぞれの子は，等しい割合で，相続分を分け合うことになるのである（民900条4項）．

この均分相続の原則の導入は，兄弟姉妹の間に，親の相続財産をめぐる法律関係を生じさせる．かつて旧法の下でも家督相続においては，家督相続人による単独相続が行われたため，家督相続人たる子とそれ以外の子との間で，相続財産の分割をめぐる争いが生じることはなかった．しかし，現行法の下では，どの子も等しい相続分を持つがゆえに，遺産分割の過程において，この点が顕在化することになった．兄弟姉妹は対等な権利を持つ相続人として，遺産の帰属を争うこととなったのである．

扶養についても，同様の事情が存在する．子は親に対して扶養義務を負う（民877条1項）．この扶養義務はいわゆる「生活扶助義務」であり，その程度は低い．実際には，親が要扶養状態にあり，子が扶養可能状態にある場合にはじめて具体化する義務にすぎない．ところで，複数の子があり，そのいずれもが扶養可能状態にあるという場合には，扶養義務はどのようにして負担されることになるだろうか．この点につき，民法典は「扶養をすべき者の順序」を原則と

して当事者の協議に委ねているが(民878条)，協議の基準は全く示されていない．

とはいえ，おそらくは，同順位にある者は同等の義務を負うというのが原則となるという点に異論はあるまい．もちろん，協議においては，何が「同等の義務」であるかが問題となりうる．実際には，様々な条件を考慮して，誰がどれだけの扶養義務を負うかが決定されることになろう．しかし，それにしても，複数の同順位者のうち，ある者だけが義務を負い，他の者は全く義務を負わないということにはならない．

その結果，兄弟姉妹は，親の扶養に関しても，一定の法律関係を持たざるをえなくなる．ここでも，旧法と比較すると，状況はより明らかになる．旧法の下でも，兄弟姉妹は親に対して扶養義務を負っていた(民旧954条)．そして，その義務者としての順位は同じであるとされ(民旧955条1項第2号，2項)，同順位者はその資力に応じて義務を分担することとされていた(民旧956条本文)．しかし，この原則には重要な例外が存在した．「但家ニ在ル者ト家ニ在ラサル者トノ間ニ於テハ家ニ在ル者先ツ扶養ヲ為スコトヲ要ス」(民旧956条但書)とされていたのである．それゆえ，親と家を同じくする子の扶養義務は家を同じくしない子の扶養義務に優先することになる．したがって，婚姻などによって他家に入った子(多くの場合には女の子)や分家をした子(多くの場合には次男三男)の扶養義務は，本家の子(多くの場合には長男)がある限り，その義務に劣後する．しかし，現行法の下では，「家」制度に由来するこのような区別は廃止されている．それゆえ，兄弟姉妹は子として，親の扶養につき応分の負担をすることになるわけである．その結果として，相続の場合と同様に，親の扶養をめぐっても兄弟姉妹の間で紛争が生じうることとなったのである．

(2) 民法にもとづく事後的調整　ところで，相続と扶養とは密接な関係にある[29]．あるいは，親の生前における兄弟姉妹の法律関係と死後におけるそれは密接に関連していると言った方が正確かもしれない．民法典もこの点を考慮している．

---

29) 様々な問題につき，外国との比較も含めて，奥山恭子＝田中真砂子＝義江明子編・扶養と相続（早稲田大学出版部，1998）がある．

一方で，親の生前に，その子たる兄弟姉妹のうちのある者が受けた贈与は，相続時に相続財産の先渡しとしての評価を受ける．特別受益の持戻し (民904条) である．もちろん，持戻し免除の意図が主張立証されれば持戻しの対象からは外れるが，特別受益を受けた者がこの点の立証に成功しないかぎり，持戻しは免れることはできない．つまり，生前贈与による均分相続の原則の空洞化には，特別受益ルールによって歯止めがかけられているのである．他方，親のために，その子たる兄弟姉妹のうちの特定の者が行った貢献は，相続時に相続人たる兄弟姉妹の間で，一定の限度で清算の対象となる．具体的には，「事業に関する労務の提供又は財産上の給付」「療養看護」などによって，被相続人たる親の「財産の維持又は増加」につき特別の寄与をした者には，共同相続人の協議によって，寄与分 (民904条の2) が認められる．このようにして，生前に事実上なされた過分の負担は，「(相続) 財産の維持又は増加」「共同相続人の協議」という二重のフィルターをかけられた上ではあるが，償還の対象とされているのである．

このように，民法典は，親の共同相続人としての兄弟姉妹の関係，そして，親の共同扶養義務者としての兄弟姉妹の関係を調整するための制度を相続法の中に組み込んでいる．これらの制度がうまく作動すれば，兄弟姉妹の法律関係は，ある程度までは適切な形で調整されるだろう．しかし，事後的に特別受益や寄与分を算出するのには，困難が伴う．そのため，実際には，これらの制度が存在するがゆえに紛争が生ずるということもないわけではない．また，寄与分に見られるように，これらの制度において考慮されるのは，一定の事情に限定されているので，特定の者による貢献が完全に評価の対象となるわけではない．そうだとすれば，特別受益・寄与分にのみ頼って，兄弟姉妹の法律関係を調整するのには限界があると言わなければならない．

もちろん，相続が発生するのを待つのではなく，親の生前に清算を行うということも考えられないわけではない．具体的には，兄弟姉妹の間で親の扶養義務の履行につき求償を行う余地がある．かつては，複数の義務者の間での求償の可能性については，否定的な学説もあった[30]．しかし，それは，扶養義務に

---

30) 我妻・前出注26) 414頁．

ついて事前に協議または審判がなされるという前提での議論であった．しかし，実際には，必ずしも十分な協議を経ることなく，兄弟姉妹のうちのある者が親を扶養しているということは少なくないものと思われる．そのような場合には，求償は可能であると考えるべきだろう．ただし，そのためには，具体的な額を決定するために協議ないし審判が必要になろう．この手続を経ずに，訴えによって求償を行うのは難しいと言わざるをえない．

なお，（時期的にはではなく論理的な意味で）遺産分割に先だって，共同相続人たる兄弟姉妹の一人が，自己のなした過分な出捐につき相続財産に対して償還請求をするという余地もないわけではない．しかし，そのためには，親が不当利得をしていたと構成する必要があるが，扶養義務の履行としたなされた給付や現実贈与としてなされた給付を不当利得と評価するのは困難なことも多い．ある意味で，寄与分の制度は，この困難を克服するために創設されたのだとも言いうる．

以上のように，不当利得法による事後処理にも多くは期待できない．

(3) 約定による対応　そこで，子としてその親を，共同で扶養し共同で相続する兄弟姉妹にとっては，事前に，親の扶養・相続にかかわる約定を行うことによって，将来，生じるであろう紛争を回避することができれば，これは一つの有力な選択肢となりうることになる[31]．もちろん，この場合にも，このような約定をめぐって，兄弟姉妹の間の利害が対立し，かえって紛争が前倒しになって現れるということもないわけではない．しかし，このことによって，各種の既成事実や感情的な軋轢が生じる前に，兄弟姉妹の間で合理的・友好的な協議を行って，親の扶養・相続という共通利害にかかわる問題を処理するという可能性がなくなるわけではない．

2　原理

1で見たように，兄弟姉妹は，それぞれ親との関係で相続権を持ち，扶養義務を負う．そして，その権利義務は抽象的には平等なものであるとされている．

---

31) このような契約については，上野雅和「扶養契約――老親扶養をめぐって」現代契約法大系7（有斐閣，1984），右近健男「相続ないし持分の法規契約はどのように考えるべきか」講座現代債権と現代契約の展望6（日本評論社，1991）などを参照．

ところが，実際には，兄弟姉妹のうちのある者が，過大な利益を受けたり負担を負うということも生じうる．民法はこのような事態に対処するために，若干の調整規定をおいてはいるが，それらは必ずしも十分なものではない．制度の基本は親とそれぞれの子の権利義務関係であって，調整は例外に過ぎないからである．

しかし，これも1で見たように，実際には，親の相続・扶養をめぐって兄弟姉妹は密接な関係に立つ．これを親と子の二者関係の集積と考えて，兄弟姉妹の関係を調整するのには限界がある．むしろ，親を含む兄弟姉妹の三者関係としてとらえて，兄弟姉妹の間に生ずる権利義務を直視することが必要なのではなかろうか．すなわち，親を共同で相続し共同で扶養する義務を負っている兄弟姉妹の関係を，より合理的に規律するという姿勢が望まれるのではないか．

このような認識が確立されるならば，1(3)でも触れた親の相続・扶養に関する子たる兄弟姉妹相互間における事前の約定に対する考え方も変わってくるだろう．たまたま生じたアンバランスを，求償や特別受益・寄与分によって事後的に処理するのではなく，自分たちの法律関係を事前に規律すべきだという考え方，少なくとも，そうしてもよいという考え方は，正当なものとして受け入れられることになるだろう．

ただし，次の2点については確認しておく必要がある．一つは，このように言ったとしても，子たる兄弟姉妹の老親に対する扶養義務を強化すべきだということにはならないということである．親族扶養と社会福祉との役割分担をどうするかという問題は，ここでの問題とは別の問題である．扶養義務をどの程度の義務として措定するかにかかわらず，当該義務は兄弟姉妹が共同で負う義務であることを明確にすべきだろうというのが，本稿の主張である．

また，子たる兄弟姉妹のあり方は，現実には多種多様であろう．なかには，老親の処遇につき事前に協議できるだけの人間関係を維持し，かつ適切な合意に達する能力を持っている兄弟姉妹もあるだろう．しかし，問題が発生してはじめて協議を始める兄弟姉妹，そもそも，協議ができるような関係にはない兄弟姉妹も少なくなかろう．そうだとすれば，事前の合意が可能であるとするだけではなく，いかなる合意が望ましいのかを示すとともに，合意が成立しなかった場合の処理についてもルールを充実させることが必要となろ

う[32]．前者は公証実務における標準契約書という形で，後者は家裁における調停の基準という形で，それぞれ検討されるべきだろうが，両者が密接な関係に立つことは言うまでもない．以上が，確認すべきもう一つの点である．

IV　おわりに

（1）ネットワークとしての兄弟姉妹　現代日本においては，核家族はかなりの程度まで普及しており，老親と成年に達した子の関係はかつてに比べると希薄になっている．同様の観察は，成年に達した子相互の関係についてもあてはまる．しかし，このことは，老親と複数の子の間に，また子相互の間には何らの法律関係をも生じさせるべきではないということを，必ずしも含意するわけではなかろう．成年に達した子が老親を共同で扶養する（相続もする），また，自分たちが老いたときには，相互に助け合う．このようなことは，現行法の下でも起こりうることであるし，起こってもよいことであろう．そうだとすれば，このような兄弟姉妹の関係をいかに規律するかについて，法はもう少し関心を寄せてしかるべきではないか．

さらに進んで，兄弟姉妹の関係をより積極的に位置づけることも考えられてよい．個人化の進行によって，今日，われわれの有する社会的な関係は脆弱化しつつある．われわれは他人との関係を絶って，ただ一人で生きることを望んでいるかのごとくである．しかし，本当にそうなのだろうか．確かに，一方で，親族関係（血縁）だけでなく，近隣関係（地縁）や企業・学校など所属団体に由来する人間関係（社縁？）を，拘束的なものとして感じ，このような人間関係を切り捨てたいと思っている人々は少なくないかもしれない．しかし，人は，自己の領分を確保したいと思うと同時に，他者との関係を築きたいとも思う両義的な存在なのではなかろうか[33]．今日，われわれが拒絶しているのは，古い「しがらみ」としての人間関係なのであり，人間関係そのものに対する欲求は失わ

[32) 夫婦財産制についても同様の問題があることにつき，大村敦志・典型契約と性質決定（有斐閣，1997) 119 頁以下参照．
[33) このような人間観については，大村敦志「人——総論」ジュリ 1126 号 (1998) 12 頁で一言した．

実際のところ，世の中には新しい「きずな」を結び直すための様々な試みが満ちあふれているとも言える．たとえば，1998年のNPO法成立は，新しいタイプの結社が求められていること，すなわち，新しい「社縁」が求められていることの証左であったと言える[34]．また，阪神・淡路大震災の復興事業に典型的に見られるような，マンション再築・改築のための様々な計画も，新しいタイプの共同住宅が求められているということの現れと見ることができよう．そこでは，新しい「地縁」が求められていると言ってもよかろう．

そうだとすれば，本稿が見てきた兄弟姉妹の関係に代表されるような親族的な絆が新たな形で結び直されるならば，それは新しい「血縁」として，われわれの共同性への要求に応えるものとなりうるのではないか．たとえば，高齢者が一人暮らしで生活をしていく場合，あるいは，離婚後の母子が生活していくという場合，社会保障によるバックアップはもちろん重要であるが，自発的に形成された親族のネットワークは，友人や近隣のネットワークと並んで，有力な支援となりうるのではないか．兄弟姉妹の法律関係は，このような観点からも考えられるべきであろう[35]．

(2) 韓国法との対比　本稿は，高翔龍先生の還暦を記念して企画された日韓民法の比較のための論集に掲載される．そこで，最後に，「日本法における兄弟姉妹」というテーマから見た日韓民法の比較につき，一言したい．

韓国における親族の結びつきは，日本に比べればずっと強固であるように思われる．民法上，戸主制度が存在するのも，その一つの徴表であろう．1990年の民法改正作業の過程においては，戸主制度の廃止も検討されたということだが，結局は，廃止にはいたらなかったという．戸主制度は変更を被りつつもな

---

34) 同様の観点から，消費者団体の活動をとらえようとするものとして，大村敦志「消費者団体の活動」ジュリ1139号(1998)がある[本書第1章第1節Aとして収録]．
35) このように考えた場合，現在の親族関係の規定が，われわれの生活感覚にあっているかどうかは検討を要するところである．たとえば，現行法の下では，再婚による「連れ子」同士の関係が姻族2親等であり，その間には原則として相続権や扶養義務は生じない．しかし，このままでよいかどうかは検討を要するところである．また，兄弟姉妹の配偶者同士は親族ではない．しかし，5親等，6親等の血族との間とは全く交流はないが，兄弟姉妹とはその配偶者を含めて親戚づきあいをしているという例は，非常に多いはずである．そうだとすれば，この点も再検討が必要なはずである．

お存続しているのである．

　それにしても，韓国でもまた，近年，親族間の人間関係が希薄化しつつあるということも確かなようである．1990年民法改正をめぐる論争はその証左でもある．そして，この傾向は今後も基本的には変わらないだろう．日本のように，敗戦によって家族法の大改正が行われるということがないだけに，変化は漸進的なものとなろうが，社会が変化すれば民法もまたこれに対応せざるをえないだろう．その場合，拡大家族の法律関係を非常に希薄なもの・周辺的なものとしてしまった日本法のあり方は，参照対象としての意味を持つに違いないだろう．

　逆に日本から見た場合には，韓国のこれからの経験は，親族関係のあり方を，「家」に対する敵意というイデオロギーから脱して，社会の将来像との関連で慎重に考えるとどうなるのかという観点から見て，興味深い．いったい韓国は親族関係をいかなるものとして位置づけるのか．韓国の社会と法を鏡として，われわれは自国の社会や法のあり方の偏差を分析することができるはずである．

第3節　取引でも組織でもなく

A　現代における委任契約

I　はじめに

　(1)　序——契約法の現代　　契約法にとって現代はいかなる時代だろうか．この問いに対する答えは，「現代」の定義の仕方によって様々でありうるが[1]，本稿では，最近10年ぐらいを指すために，「現代」という言葉を用いることにしたい．契約法との関連を考えながら，この10年の特色を示すならば，さしあたり次の二点をあげるべきだろう．

　(2)　経済のソフト化　　一つは，経済のソフト化（サービス化・情報化）が著しく進展したということである．経済のソフト化は，1990年代のはじめにすでに指摘されてはいたが[2]，この10年間にめざましい展開があったことは周知の通りである．これにともなって，契約法（より広く民法）の領域においても，モノの給付（与える債務）からコトの給付（なす債務）へと関心がシフトすることになった[3]．

---

[1]　たとえば，星野英一「現代における契約」同・民法論集第3巻（有斐閣，1972，初出，1966）は，「近代」との対比で「現代」ととらえているので，今世紀初頭以来の諸現象が考慮されている．

[2]　たとえば，佐和隆光編・サービス化経済入門（中公新書，1990）を参照．

[3]　平井宜雄・債権総論（弘文堂，1985）は，このことを早くから指摘していたが，その後，一方で，結果債務・手段債務の区別に対する検討がなされるとともに（吉田邦彦「各種の債権——『帰責事由』論の再検討」民法講座別巻2〔有斐閣，1990〕，森田宏樹「結果債務・手段債務の区別の

このような流れの中で，事務処理 (民656条にいう「事務ノ委託」) を目的とする契約類型である「(準) 委任」に対する関心が高まっている (以下，委任と準委任を特に区別する必要がない場合には「委任」と表記する). 現状分析型の応用研究において言及されるだけでなく，より理論的な関心に立脚した基礎研究が続出していることが，注目される[4]. また，解釈論だけではなく立法論的な提案がなされていることも特徴的である[5].

(3) 民事立法の活発化 もう一つ，最近の 10 年間を特徴づける現象として，民事立法が相対的に活発になっていることをあげることもできるだろう．現代は，明治の法典編纂期や占領下の戦後改革期と並ぶ「第三の変革期」であると言われるほどである[6]. 具体的には，① 借地借家法の改正 (1991)，② 製造物責任法の制定 (1994)，③ 特定非営利活動促進法の制定 (1998)，④ 債権譲渡特例法の制定 (1998)，⑤ 成年後見法の改正 (1999)，そして現在進行中の ⑥ 消費者契約法の制定などがあげられる[7].

これらの諸立法のうち，①〜⑤ は契約以外の問題にかかわるものであり，⑥

意義について」鈴木古稀・民事法学の展開〔1993〕，潮見佳男「『なす債務』の不履行と契約責任の体系」北川還暦・契約責任の現代的諸相・上〔東京布井出版，1996〕など)，他方で，いわゆる「サービス契約」(「役務提供契約」) に対する関心が高まった (松本恒雄「サービス契約の法理と課題」法教 181 号〔1995〕，同「サービス契約」別冊 NBL51 号・債権法改正の課題と方向〔1998〕，中田裕康「現代における役務提供契約の特色 (上中下)」NBL578, 579, 580 号〔1995〕，同「継続的役務提供契約の問題点 (上中下)」NBL599, 601, 602 号〔1996〕，沖野眞已「契約類型としての『役務提供契約』(上下)」NBL583, 584 号〔1996〕，河上正二「商品のサービス化と役務の欠陥・瑕疵 (上下)」NBL594, 595 号〔1996〕など).

4) 柳勝司「委任契約の概念について」名城法学44 巻 2 号 (1994)，力丸祥子「フランスにおける『共同の利益を有する委任契約の理論』とその展開 (1–2 完)」法学新報 101 巻 7, 8 号 (1995)，岩藤美智子「ドイツ法における事務処理者の誠実義務」神戸法学雑誌 48 巻 3 号 (1998)，一木孝之「委任の無償性 (1–2 未完)」早稲田大学法研論集 89, 90 号 (1999) など．

5) 松本・前出注 3) (1998) の他に，山本敬三「契約法の改正と典型契約の役割」別冊 NBL51 号・債権法改正の課題と方向 (1998) 14–16 頁を参照 (両者の理論的スタンスの差を指摘するものとして，森田宏樹発言・私法 61 号〔1999〕105 頁も参照). なお，ドイツにおける立法論につき，新井誠「有償の事務処理契約に関するムジーラクの立法的提言」法学志林 84 巻 2 号 (1987) がある．

6) 星野英一「民法典の 100 年と現下の立法問題 (上)」法教 210 号 (1998) 以下参照．

7) その他にも，立法には至っていないが，家族法改正 (夫婦別姓の導入など) の試みや借地借家法再改正 (定期借家制度の導入) の試みを付け加えることもできるだろう．なお，これらの改正については，星野・前出注 6) 論文の他に，森田修「民法典と個別政策立法」岩波講座現代の法 4 政策と法 (1998) を参照．

は消費者契約一般に関するものである．その意味では，立法の局面で，特に委任契約が脚光を浴びているというわけではない．しかし，見方を変えると，これらの中には委任契約と無関係ではないものも含まれている．具体的に言うと，③⑤⑥の三つがそれである．「非営利団体」「成年後見制度」そして「消費者契約」に関する立法．これらは，委任契約につき再考を促す契機を含んでいると思われるのである．

(4) 本稿の課題　　いかなる観点から，このように言うことができるのか．また，このように言うことによって，何が導かれるのか．本稿の目的はまさに，これらの点を明らかにすることにある．すなわち，現代における民事立法を手がかりとして，現代において重要性を増しつつある委任契約について検討を加えること．そして，委任契約の検討を通じて，「契約」というものについて考えること．これが本稿の目的にほかならない．

　検討の順序としては，契約一般に関する立法であり，委任契約との関連の最も考えやすい「消費者契約」から始めることにしたい（Ⅱ）．そして，「成年後見制度」「非営利団体」へと進むことにする（Ⅲ，Ⅳ）．以上をふまえて，最後に，現代における委任契約の変容について，さらには，「契約」自体の意義について，若干の考察を付け加えることにしたい（Ⅴ）．なお，本論部分をなす三つの節はそれぞれ「信託から契約へ」「制度から契約へ」「団体から契約へ」と題されている．後二者についてはともかくとして[8]，最初の表題の意味は分かりにくいだろうが，その趣旨は具体的な検討の中で明らかにしたい．さっそく検討に入ろう．

Ⅱ　信託から契約へ——契約における信頼確保

1　議論の素材

(1) 消費者契約法における情報提供義務・誠実交渉義務　　まずはじめに検討の手がかりとしてとりあげるのは，消費者契約に関する立法案である．

8）　それぞれ，成年後見という「制度」と委任という「契約」の関係，非営利の「団体」と委任という「契約」の関係が，議論の対象となることを示している．

現在，国民生活審議会を中心に立法作業が進められている消費者契約法案は[9]，実体面では，契約締結過程の適正化と契約条項の適正化の二つに焦点をあわせているが，本稿においてとりあげたいのは，このうちの前者である．具体的には，「事業者から消費者への情報の適切な提供の確保，事業者から消費者への不適切な強い働きかけの回避を図る」という考え方に注目したい[10]．

この目的を実現するために，国生審報告は「消費者契約の締結過程における事業者の情報の不適切な提供又は威迫するような言動等に影響されて，消費者が契約を締結した場合において，事業者のこのような行為がなかったならばそもそも消費者が当該契約を締結しなかったときは，消費者が当該契約関係から離脱することができる，すなわち消費者が当該契約の効力の否定を主張しうる」とすることが適当であるとしている[11]．

これは，見方を変えると，事業者に，「情報の適切な提供」を行うこと及び「不適切な強い働きかけ」を行わないことを義務づけるということにほかならない．事業者としては，この義務を怠って契約を締結すると，その効力を否定されるという制裁を受けることになるのである．そして，本稿の関心の対象は，このような義務（「情報提供義務」「誠実交渉義務」と呼ぶことにする）が事業者に課されようとしているということなのである．

(2) 消費者契約から「専門家の責任」へ　ところで，消費者契約法における情報提供義務や誠実交渉義務は，① 契約交渉段階における（契約成立以前に）義務として，また，② 当事者の一方が消費者であることに着目した義務として，構想されている[12]．他に，これと隣接する義務としては，①′ 契約締結後における義務，②′ 当事者の一方が事業者であることに着目した義務を，それぞれ観念することができる[13]．実際には，①′②′に該当する義務は，「専門家の責

---

9)　現段階での立法案の概要については，国民生活審議会消費者政策部会報告（平成11年1月）「消費者契約法（仮称）の制定に向けて（概要）」NBL659号（1999）を参照．
10)　国生審報告・前出注9) 59頁．
11)　国生審報告・前出注9) 59頁．
12)　このような責任の実質的根拠および法律行為法への組み込みについては，大村敦志・消費者法（有斐閣，1998）第1編第1章第1節・第2節で論じた．
13)　(消費者) 契約と専門家責任の関係につき，河上正二「『専門家の責任』と契約理論」法時67巻2号（1995）を参照．

任」という概念の下に，近時，盛んに論じられている[14]．

　本稿にとっては，契約交渉段階で事業者が消費者に対して負う義務よりも，契約が成立した後に，当事者の一方が専門家として負う義務の方が興味深い．というのは，このような義務は，契約に由来するものであると考えられ，しかも，その契約は多くの場合に「事務処理」を目的とするものであり（医師への治療の委託，弁護士への訴訟の委託などが典型である），委任契約と性質決定できるからである．つまり，「専門家の責任」論は，専門家が締結する委任契約に由来する責任（義務）がいかなるものかを問う議論なのである．これは，「現代における委任契約」のあり方を検討する本稿にとっては，またとない素材である．

　(3) 義務の高度化と裁量化　「専門家の責任」に関しては，医師・弁護士など専門家の種類ごとに検討するもの，ドイツ・フランスなど外国の制度を紹介するものなど，多種多様な議論がある．その中で，本稿にとって最も示唆に富むのは，能見善久教授の展開する議論である[15]．

　ここで民事責任が問題とされる「専門家」とは，医師・弁護士など顧客に対して高度のサービス（役務）を提供する者である．これらの者に対しては，試験による資格付与がなされている上に，職業団体による自主的な規律がなされており，その結果，これらの職にある者はかなり高度の職業倫理を持つことが，社会的に期待されている[16]．

　このような「専門家」の義務（民事責任の前提となる）につき，能見教授は，二つの観点から分析を加えている．一つは，義務の程度（高度化）という観点であるが，これは多くの「専門家の責任」論に共通に見られるもので，あえて特筆すべきものではない．注目すべきは，もう一つの，義務の内容（裁量化）という観点である．医師・弁護士といった専門職にある者は，顧客の利益に配慮しつつ顧客にとって最善の方策を講ずる義務があるというのである．

---

14) 専門家責任につき，川井健編・専門家の責任（日本評論社，1993），別冊 NBL28 号・専門家の民事責任（1994）などを参照．
15) 能見善久「専門家の責任——その理論的枠組みの提案」前出注 14)（1994）所収．
16) 弁護士・医師以外の「専門家」についても同様に考えることは，実際には困難であるが，理念型として同様に考えることができるだろう（あるいは，同様に考えることができない「専門家」はここでいう「専門家」には含まれ得ないというべきだろう）．

繰り返しになるが，専門家によるサービスの提供は，契約類型としては「委任」にあたることが多いだろう．能見教授は，この委任契約によって専門家たる受任者が負う義務は，その程度において高度であるのみならず，その内容に関して言えば，裁量性の高いものであるという指摘をしているわけである．この指摘は，信託との対比から導かれたものと思われるが，信託ではなく（委任）契約について，このような指摘がなされているのは興味深い．

(4) 信託と委任——連続か切断か より明示的に（ただし論理的には切断された形で），信託法理を準拠枠組としつつ，委任などいくつかの類型の契約につき信託類似の注意義務を課す見解としては，道垣内弘人教授の議論を参照しないわけにはいかない[17]．

道垣内教授は，義務と救済という二つの視点を立てて，信託法理の特色を明らかにし，このような特色を持った信託法理を実定法に導入した日本法においては，他の制度（とりわけ信託とその目的において類似する契約類型）においても，これと整合性のとれる取扱いをすることが要請されるとするのである[18]．その結果として，たとえば委任契約においても，受任者に信託に類する各種の義務を課すべきことが主張される[19]．

以上に要約したような道垣内教授の見解は，一言で言えば，信託と（委任）契約とを連続的にとらえるという前提に立ったものであると言える[20]．ところが，この立場と緊張関係に立つかに見える有力な見解も存在する．樋口範雄教授の見解がそれである．

樋口教授には，この点に関する一連の論文・紹介等があるが[21]，最近の論文で，医師の義務（責任）を分析するに際して，医師＝患者関係を分析するモデル

---

17) 道垣内弘人・信託法理と私法体系（有斐閣，1996）．そこでは，信託法理を間接的な参照枠組として，それと整合的な私法体系を構想すべきだという観点から，契約法理に伏在する問題の発掘が試みられているが，解釈論の構築に際しては，委任ならば委任という契約類型に内在する法理の構成が試みられており，法技術的な意味で，信託法理の類推がなされているわけではない．
18) 道垣内・前出注17) 167–168頁．
19) 道垣内・前出注17) 170–174頁．
20) 道垣内教授自身，「信託を『水の上に浮かぶ油のような異質的な存在である』ととらえることは必要でないばかりか，妥当でもない」と述べている（同・前出注17) 170頁）．
21) 樋口範雄「信託的関係と受託者の責任——アメリカの議論を参考に」信託170号（1992），タマール・フランケル＝樋口範雄「信託モデルと契約モデル——アメリカ法と日本法」法協115巻2号（1998），樋口範雄「患者の自己決定権」岩波講座現代の法14 自己決定権と法（1998）など．

として，恩恵モデル・契約モデル・信託モデルの三つを提示し，とりわけ後二者の対比を行っているのが注目される．同教授によれば，この対比のポイントは，忠実義務の有無——契約には存在しない忠実義務が信託には存在する——にあるという[22]．このように，樋口教授は，少なくともアメリカ法においては「契約」と「信託」は峻別されていることに注意を促しているのである．

　(5)　問題設定——委任における信認義務　　これまでに紹介してきた能見・道垣内・樋口各教授の見解は，次のように整理することができる．能見教授は「専門家の責任」という現象から出発して，(ある種の) 委任契約の中にも信託類似の義務——裁量権限の適正な行使を含意する「忠実義務」——を見いだした．そして，道垣内教授は，法論理的・法体系的な観点から，この義務の存在を基礎づけようとした．これに対して，樋口教授は，アメリカ的な契約観念によるならば，契約においてこのような義務を認めることは困難であることを指摘したということになる．

　このように見てくると，日本法において，委任契約の受任者にも信託類似の義務 (「忠実義務」をはじめとして様々な呼び方があるが，「忠実義務」にはより限定的な用語法もあるので，以下においては，便宜，「信認義務」と呼ぶことにする) を課しうるとすれば，これを可能ならしめる委任における注意義務とは何か，また，このような内容の注意義務 (信認義務) を認めうるのはなぜか，そして，委任において信認義務を認めることは何を意味するのか，などが問題になってくるだろう．以下，項を改めて，これらの諸点につき検討を加えてみよう．

2　若干の検討

　(1)　善管注意義務の白地性　　日本民法典においては，委任契約の受任者は「委任ノ本旨ニ従ヒ善良ナル管理者ノ注意ヲ以テ委任事務ヲ処理スル義務ヲ負フ」(民 644 条) とされている．善管注意義務と呼ばれるこの義務の内容は特に定められておらず，それはまさに「委任ノ本旨」に従って定まるのである．そして，受任者に信認義務を課しうるか否かは，規定上は，この善管注意義務

---

22)　樋口・前出注 21) 88 頁．

に信認義務を含めうるか否かにかかっている．そうすると，結局のところ，委任の本旨から信認義務を導くことが可能か否かが，議論の決め手であるということになろう．

この点に関しては，古くから賛否両論がある．たとえば，取締役の忠実義務をめぐる議論に，このことは端的に現れている．取締役の善管注意義務（商254条3項）と忠実義務（商254条ノ3）との関係につき，忠実義務は善管注意義務を具体化したに過ぎないとする判例・多数説と，両者は別個の義務であるとする有力説とが対立してきた[23]．商法上の大論争に決着をつけることはここでの目的ではない．重要なのは，日本法においては，忠実義務を善管注意義務から導くことも十分に可能だということである．

(2) 大陸契約法の義務補塡機能　このような操作が可能な理由は，大陸法系の契約法がいわば義務補塡機能を備えているという点に求めることができる．ドイツ法や日本法などではもちろん，フランス法などにおいても，契約から生ずる義務は，個別の契約当事者の具体的な合意によってのみ設定可能とされているわけではない[24]．程度の差はあれ，契約類型ごとにその性質に着目して定型的な義務を設定することが，信義則や衡平などによって可能なのである．

それゆえ，ある契約（たとえば委任）が，その性質上，信認義務を伴うべきものと考えられるのであれば，明示の合意がなくとも当該契約からは当然に信認義務が発生すると考えることが可能になる．このことは，関連の規定の有無に直接には依存しない．日本法の場合，委任につきたまたま善管注意義務を定める規定が存在するので，信認義務を観念するとなれば，この規定に読み込むということが可能になる．しかし，この規定がなくとも（あるいは，この規定の外で）信認義務を認めることは不可能なわけではない．

(3) 委任とはいかなる契約か　もっとも，規定上（理論上）は，善管注意義務に信認義務を含めうる（あるいは委任契約の性質から信認義務を導きうる）としても，それは直ちに，すべての委任契約について信認義務を認めるべきこ

---

23) 道垣内・前出注17) 169–170頁．
24) 信義則に関する規定として，ドイツ民法242条，日本民法1条2項が存在することは言うまでもない．また，フランス民法1135条も，「合意はそこに表明されることだけでなく，債務の性質に従って衡平，慣習又は法律がそれに与えるすべての結果についても，義務を負わせる」と定めている．

とを意味するわけではない．ある種の委任契約に信認義務が認められるべきなのはなぜかが問われなければならない．信認義務を認めるためには，これを可能とする契約概念が存在するだけでは不十分なのであり，実質的な正当化の根拠が求められるのである．そして，ここでいう実質的な根拠は，委任契約の性質と関連づけられたものでなければならない．

では，委任契約が持ついかなる性質が，信認義務を正当化するのだろうか．これは，委任とはいかなる契約かということにほかならない．この点につき，最近のある教科書は「委任は，一定の事務処理という統一した役務（サービス）を目的としている．受任者は，委任者から任せられその指示に従うが，多少自己の裁量により事務を処理する点で独立性を持ち，委任者との間の人的な信頼により裏付けられた信認関係が成立する」としている[25]．また，別の教科書は，委任と「雇用との違いは，自己の裁量で事務を処理するという独立性にあり」，「委任は高度の信頼関係を基礎としている」とする[26]．

以上のような委任の性質論からは，次の点を抽出することができる．① 委任は事務処理を目的とする（事務処理性），② 当事者間には人的な信頼関係が存在する（信頼関係性），③ 受任者は独立に行為し一定の裁量権限を有する（独立裁量性）．これらの三要素は密接に関連している．事務処理はその効果が委任者に及ぶものであり重大な結果をもたらしうる．それゆえ，高度な信頼関係が必要となる．そして，この信頼関係に基づいて，受任者には裁量権限が与えられ，これによって複雑な事務処理が可能になる．

このような特色を備えた契約が委任の典型である．しかし，実際には，簡単な事務を委ねることもあるだろう．この場合には，高度の信頼関係は必ずしも必要ではないし，裁量の余地も大きくはなかろう．そうだとすると，すべての委任契約に信認義務を課す必要はない．委任者の受任者に対する信頼の程度が低いと認められるタイプの委任契約においては，善管注意義務の程度は軽減され，その内容についても信認義務は含まれないと解する余地があるだろう[27]．

(4) 情報提供と信頼確保　　他方，複雑な事務処理の依頼に関しても，信

---

25)　北川善太郎・債権各論〔民法講要Ⅳ〕（有斐閣，第 2 版，1995）85 頁．
26)　内田貴・民法Ⅱ債権各論（東京大学出版会，1997）269, 272 頁．
27)　注意義務の程度につき，内田・前出注 26) 271-272 頁．

認義務を課すのとは別の方策も考えられないわけではない．依頼される事務の内容を明確に示すという方策である．こうすれば受任者の義務の内容は明確になり，その裁量の余地を減少させることができる．この方策を用いれば，当事者間に必ずしも高度の信頼関係がなくとも，委任者は受任者に事務処理を委託することが可能になる．

　サービス契約に関して，事業者に事前に情報提供の義務を課し，契約内容が期待に合致しないと考える消費者には各種の解約権を保障すべきことを主張する見解は，このようなもう一つの道を行こうとするものとして理解することができる[28]．そして，事業者の資質からしても，また，顧客との関係からしても，高度の信頼関係を想定しにくいようなサービス契約については，このような方策が有益であろう．一般の消費者契約は，このタイプのものであると言えよう．

　しかし，これとは別に，これまでに述べてきたように，受任者に裁量を認めつつ信認義務を課すことによって，その行為をコントロールするという方策も，場合によっては十分に機能する．そのためには，当事者の関係が高度の信頼に基づくものであることを明らかにしておくことが望ましいが，一般には，委任者が委ねる事務内容の重大性や裁量権を行使する受任者の能力・資質の高さが，信頼関係の存在を認定させる根拠となるだろう．

　以上の二つの方策のうち，情報の開示を求めて契約内容の特定化をはかるというのは，サービスの内容を特定し可視化することによって，それを「モノ」化しようとする試みであるとも言える．これに対して，信認義務を課することによって裁量権行使を間接的にコントロールするというのは，個別のサービスの内容についての情報ではなく，当該契約類型においては「信頼」が保護されるという「メタ情報」を提供しようという試みであると言うことができるだろう．

　もっとも，両者の関係は排他的なものであるわけではない．一定限度で給付内容を明らかにさせると同時に，サービス提供者に一定の信認義務を課すというのも，十分にありうる組み合わせだろう．たとえば，現在，構想されている

---

28) たとえば，松本恒雄「サービス契約」別冊NBL51号・債権法改正の課題と方向（1998）238–240頁，240–244頁．

「金融サービス法」などにおいては，このようなやり方が考えられてもよい．

Ⅲ 制度から契約へ——契約による制度補完

1 議論の素材

(1) 成年後見立法と任意後見契約　次に，成年後見制度の改正に伴って創設された「任意後見契約」という契約類型につき，検討を加えよう．

近く成立の見通しの成年後見法案は，民法中の成年後見制度を改正するだけではなく，新たに任意後見契約という契約類型を創設することにしている．このような二本立ての是非については評価の分かれるところであるが，この点には立ち入らない．本稿では，任意後見契約の出現を前提として，この新種の契約の特色について考えてみたい[29]．

(2) 任意後見契約の仕組み　新法の要綱において，任意後見契約とは「委任者が，受任者に対し，精神上の障害により事理を弁識する能力が不十分な状況における自己の生活，療養看護及び財産の管理に関する事務の全部又は一部を委託し，その委託に係る事務について代理権を付与する委任契約であって，四1により任意後見監督人が選任された時からその効力を生ずる旨の定めのあるものという」と定義されている[30]．そして，要綱の「四1」では，「任意後見契約が登記されている場合において，精神上の障害により本人の事理を弁識する能力が不十分な状況にあるときは，家庭裁判所は，本人，配偶者，四親等内の親族又は任意後見受任者の請求により，任意後見監督人を選任するものとする」とされている[31]．

さらに，要綱は，「任意後見契約は，法務省令で定める様式の公正証書によってしなければならない」とし，任意後見監督人に「任意後見人の事務に関し，家庭裁判所に定期的に報告すること」を命じ，「家庭裁判所は，必要があると認

---

29) 任意後見契約に関する研究としては，新井誠「任意後見制度の立法的必要性について」ジュリ1141号 (1998) など，いくつか存在する．しかし，その大部分は「後見制度」との関係で「任意後見契約」を検討するものであり，「契約」の側からの検討は必ずしも十分とはいえない．
30) 「民法等の一部を改正する法律案要綱 (平成11年2月16日法制審議会総会決定)」ジュリ1152号 (1999) 136頁．
31) 前出注30) 137頁．

めるときは，任意後見監督人に対し，任意後見人の事務に関する報告を求め，任意後見人の事務若しくは本人の財産の状況の調査を命じ，その他任意後見監督人の職務について必要な処分を命ずることができる」，「任意後見人に不正な行為，著しい不行跡その他その任務に適しない事由があるときは，家庭裁判所は，任意後見監督人，本人，その親族又は検察官の請求により，任意後見人を解任することができる」としている[32]．

(3)　監視システム付の委任契約　　このような形で創設された任意後見契約は，次のような特色を持っているといえる．まず，それは，「本人の財産……に関する事務……を委託し，……代理権を付与する委任契約」であることを確認しておく必要がある．もっとも，このような内容の委任契約を締結することは立法を待たずとも可能である．任意後見契約の本当の意味での特色は，以下の点にもとめられる．すなわち，この委任契約に関しては，その成立につき，公正証書の作成が求められており，しかも，対抗要件として登記が必要とされていること．その効力については，家裁による任意後見監督人の選任が停止条件とされており，契約によって選任された受任者（任意後見人）は，任意後見監督人による監督を受け，さらに，任意後見監督人は家裁の監督を受けることとされていること．そして，その終了につき，家庭裁判所に任意後見人を解任する権限が付与されていること．以上のように，任意後見契約は，各種の監視システムを伴った委任契約として構想されているのである．そして，この構想の正当性は，この契約が「精神上の障害により事理を弁識する能力が不十分な状況」において履行される点に求められる．

(4)　民法中の類似の契約　　ところで，このような契約を，従来の民法は全く知らなかったというわけではない．

第一に，不在者の財産管理の場合をあげることができる．民法は，「従来ノ住所又ハ居所ヲ去リタル者カ其財産ノ管理人ヲ置カサリシトキ」（民25条）につき一定の手当を講ずるとともに，「不在者カ管理人ヲ置キタル場合」（民26条）をも想定している．後者の場合，不在者と管理人との間には財産に関する事務の委託を内容とする委任契約が締結されていると見られるが，「不在者ノ生死分明

---

32)　前出注30) 137頁．

ナラサルトキ」に限り,「家庭裁判所ハ利害関係人又ハ検察官ノ請求ニ因リ管理人ヲ改任スルコトヲ得」(民26条)とするとともに,家裁が選任したか不在者自身が選任したかにかかわらず,「管理人ハ其管理スヘキ財産ノ目録ヲ調製スルコトヲ要ス」「右ノ外総テ家庭裁判所カ不在者ノ財産ノ保全ニ必要ト認ムル処分ハ之ヲ管理人ニ命ズルコトヲ得」としている (民27条). このようにして家裁は,不在者と管理人との間で締結された委任契約の履行を監督しているのである. その正当性は,「不在」に求められよう.

第二に,未成年者の財産管理の場合をあげることができる. 未成年者の財産は親権者がこれを管理するのが原則であるが (民824条),「無償で子に財産を与える第三者が,親権を行う父又は母にこれを管理させない意思を表示したときは, その財産は, 父又は母の管理に属しない」(民830条1項) という例外が設けられている. この規定により父母の双方の管理権を剝奪し, 代わりに「第三者が管理人を指定」することも可能である (民830条2項). この指定はやはり委任契約によってなされると考えられるが, この契約に対して, 家裁は不在者の財産管理の場合と同様の監視を行うこととされているのである (民830条3項および同4項). 父母の「管理権の剝奪」が「不在」と同視され, このような取り扱いがなされているのだろう.

(5) 問題設定——監視システム付の委任契約とは何か　以上の二つの場合もあわせて[33], 監視システム付の委任契約とはいかなるものであるのか, 項を改めて, 若干の検討を行うことにしよう.

2　若干の検討

(1) 契約における自律と監視　私人間の契約においては, 一般に, 契約を締結するのは契約当事者自身であり, その際の方式・内容なども当事者がこれを決定することができる. それゆえ, 契約の成立には, 第三者の関与は必要

---

[33] このほかに, 遺言執行者の指定の場合を加えることもできないわけではない. 遺言者とその指定による遺言執行者との間で委任契約が締結されるわけではないが, 遺言者の意思表示にもとづいて指定がなされることは確かであり (民1006条1項), そして, 遺言者の指定した遺言執行者に対しても, 家裁は解任の権限を有しているからである (民1019条1項). ただし, 監督の度合は低い.

ではなく，当事者間の契約書の作成すら必須ではない．また，いったん締結された契約から生ずる義務の履行・不履行を監視するのも契約当事者自身である．したがって，一方当事者に義務違反があれば，相手方は自ら義務の履行を求め，不履行に対する対抗措置を講じなければならない．さらに，契約関係の終了もまた，当事者のイニシアティヴに委ねられている．第三者が不履行をとがめてくれたり，契約関係を終了させるということはない．以上のように，通常の契約においては，契約の成立・履行・終了のいずれの局面においても，当事者の自律が尊重されている．

ところが，「1」で紹介した各種の委任契約においては，これとは異なる扱いがなされている．たとえば，任意後見契約に関していえば，契約の成立には公証人による公正証書の作成が必要であり，しかもその登記が要求されている．方式に関する要求は極めて厳格である．また，履行に関しても，任意後見人を監督する任意後見監督人が選任され，さらに，任意後見監督人を家庭裁判所が監督するという二重の監視システムが置かれている．さらに，終了についても，家庭裁判所に任意後見人の解任権が付与されている．不在者などの場合には，成立レベルでの規律はなされていないが，履行・終了に関しては，やはり家庭裁判所の監視の下に置かれている．

(2) 契約における監視の偏在 こうして見ると，「1」で見た監視システム付の委任契約は，一般の契約とはかなり異なるものであると感じられる．しかし，この相違を過度に強調してはならない．次の三つの事実を考慮に入れる必要があるからである．

第一に，一見すると，当事者の自律に委ねられている一般の契約もまた，最終的には，裁判所による規律の下にあることに留意しなければならない．まず，契約の成立に関しては，当事者の意思の完全性，契約内容の妥当性の両面での事後的な審査が行われる．いったん締結されたかに見える契約も，錯誤・詐欺・強迫あるいは強行規定違反・公序良俗違反を理由に，裁判所においてその効力が否定されることがある．次に，履行に関しても，任意の履行が得られず不履行責任を追及する場合には，やはり裁判所の力を借りなければならない．それどころか，当事者が自力救済をすることは許されていない．

第二に，裁判所などによる規律ではなく，行政庁による規律の対象となって

いる契約が少なくないことにも注意を要する[34]．各種の業法は，事業者たる契約当事者に，各種の義務を課している．そして，法律にしたがって契約が締結され履行されているかどうかは，所轄行政庁による監督の対象事項となる．たとえば，宅地建物取引業者は，契約相手方に対して，重要事項説明義務（宅建35条）や書面交付義務（同37条）などの義務を負う．そして，これらの義務が履行されない場合には，建設大臣又は都道府県知事は，宅地建物取引業者に必要な指示をし，さらには業務停止を命ずることもできる（同65条）．

　第三に，契約当事者は，自由に契約を締結し，自らその履行を監視し，必要な場合には自ら契約を終了させなければならないのが原則であるとしても，契約自由の原則に従って，これとは異なる定めをすることも，また可能であるということを付け加えておこう．公正証書の作成が義務づけられていなくとも，当事者がこれを作成することは妨げられない．また，当事者以外の第三者に履行を監督する任務と権限を付与することもできる．そして，この第三者に解除権を留保することも不可能ではなかろう．

　(3)　裁判所による強制的監視　　ここまでの考察をふまえて考えると，「1」でみた監視システム付の委任契約の特色は，次のように整理できるだろう．当事者以外の第三者が契約の成立に関与し，その履行を監視するということは，特殊な事態ではない．しかし，監視システム付の委任契約においては，そこでの関与・監視が行政庁によってではなく裁判所などの司法機関によって行われるという点に，まず第一の特色があるといえる．そして，第二の特色としては，この監視が，契約の当事者のイニシアティヴによるのではなく，法によって標準的にセットされているという点を指摘することができよう．つまり，任意後見契約などの契約は，裁判所による強制的（必要的）な監視を伴う委任契約なのである．

　(4)　自律と監視のバランス　　以上にみたように，任意後見契約は，裁判所による強制的な監視システム付の委任契約であるといえる．契約法的な観点からすると，今回の成年後見立法は，このような契約類型を大々的に打ち出

---

34)　消費者契約に限ってではあるが，行政的な規律システムを概観するものとして，大村敦志・消費者法（有斐閣，1998）第1編第3章及び第2編を参照．

したところに，大きな特色があるといえる．たしかに，不在者の財産や親権者の管理権の剥奪された財産の管理といったごく例外的な場合に関して，民法典はすでにこの種の委任契約を想定していた．しかし，任意後見契約は，これらとはくらべものにならない社会的重要性を持つに違いない．そして，この事実は，このような委任契約の存在意義いかんという問題を顕在化させる．最後に，先に掲げた二つの特色に即して，この点に触れておくことにしよう．

まず，第一に，任意後見契約に対する監視が（家庭）裁判所によって行われることを，どう理解すべきか．すでに述べたように，各種の業法による監視は行政庁によって担われているが，このことは，各行政庁がそれぞれの所管する事項につき，取引秩序を維持する責任を負っていることの反映であるといえるだろう．別の言い方をすると，われわれは，市場における取引秩序維持のために一定の監視を行うことを，主として行政庁に委ねているのである．これに対して，（家庭）裁判所が監視を行うのは，財産管理に関する事項であるといえるだろう．ある人の財産管理能力を補完すべく締結された契約の当否については，（家庭）裁判所が責任を負っているのである．換言すれば，家産管理を補助するための監視は，（家庭）裁判所に委ねられているということである．

第二に，当事者の個別的な意思によらない定型的な監視がなされることを，どう理解すべきか．ここでは，任意後見契約の両義性を指摘しておかねばならない．任意後見契約は，法定後見制度に代わる選択肢として提供されており，法定後見制度によっては自己の欲するところを達成できないと考える人々が，その利用者として想定されている．任意後見契約の内容として何を盛り込むかは，基本的には当事者の決定に委ねられていることを重視するならば，この想定は首肯しうるだろう．しかし，内容を自由に決められる委任契約ならば，従来の法制度の下でも不可能ではなかった．それにもかかわらず，任意後見契約という契約類型が法定されようとしているのは，繰り返しのべているように，これに，より強力な監視システムを，定型的にセットするためである[35]．つま

---

35) 定型的な契約内容を定めることは，一連の任意規定群を備えた契約類型を構成することによって可能である．これは，立法によりなしうるのはもちろんであるが，標準契約書の作成など立法によらない方法によってもなしうるところである．これに対して，より強力な監視システムをセットするためには，立法が必要となる．当事者が，（家庭）裁判所による監視を求める条項を契約に挿入しても，それだけで直ちに，裁判所がこれに応ずる義務を負うわけではないからである．

り，契約当事者が，私的な監視システムを自ら具体的に設計しなくとも利用可能な監視システムを設置するということが，このような新たな契約類型が創出された理由なのである．

以上の2点を考えあわせると，次のようにいえるだろう．もともと家産管理は（家庭）裁判所の任務の一つであり，民法典はそのための様々な制度を用意していた．しかし，今日では，強い制度的な拘束を好まない人々も増えてきている．だが，このことは，直ちに，家産管理の非制度化＝契約化をもたらすわけではない．任意後見契約という特殊な監視システムを備えた契約類型を作り出すことによって，自律（自由）と監視（保護）の双方を手中に収めることが試みられているのである[36]．別の表現を用いるならば，固定的な「制度」からの解放と無制限な「契約」に対する不安のバランスをとるための仕掛けとして，監視システム付の委任契約の利用が考えられているというわけである．

Ⅳ 団体から契約へ——契約による組織拡大

1 議論の素材

(1) 特定非営利活動促進法における法人格付与 最後に，特定非営利活動促進法（NPO法）に目を向けてみよう[37]．この法律は，阪神・淡路大震災をきっかけとして注目されるようになったヴォランティア活動などを行う各種の非営利団体に法人格を付与することによって，その活動を促進しようというものである．特別法によって特に法人格の取得が認められている場合を別にすると，従来，非営利団体が法人格を取得するためには，民法上の公益法人となるほかなかった．ところが，その要件はかなり厳格なものであり，法人格の取得は容易ではなかった．特定非営利活動促進法は，このような状況を改善すべく

---

36) 自由（自律）と保護（監視）との間には，常に予定調和的に，均衡点を見いだすことができるというわけではない．しかし，均衡点の発見のためには，任意後見契約がこのような均衡を求めるものであることを認識することが不可欠である．より一般的に，この問題に言及するものとして，大村敦志『「能力」に関する覚書』ジュリ1141号（1998）を参照［本書第2章第1節Aとして収録］．
37) この法律に関しては，有馬嘉宏「特定非営利活動促進法について」ジュリ1138号（1998）を参照．立法段階において問題点を指摘したものとして，たとえば，「特集・NPO法の検討」ジュリ1105号（1997）所収の座談会および論文を参照．

制定されたものである．税制上の優遇措置については別扱いとされたものの，法人格取得が認められ，一定の非営利団体にその活動のための法的枠組が提供されたことの意義は小さくない．この立法を契機として，日本の法人法・団体法の再検討が促進されることも期待される[38]．

(2) 周辺的参加者の重要性 確かに，非営利活動を行なう人々，あるいは，これから行おうという人々にとって，団体を組織し法人格を取得することは重要なことである．しかし，特定非営利活動促進法によって，非営利団体に法人格が付与されたとしても，団体の活動にとっては，それだけでは必ずしも十分ではない．さらに，もう一歩進んだ法的枠組が確立されなければ，非営利団体の安定した運営は期待できない．非営利活動を組織するためには，一方で，その活動の中核となる比較的少数の人々が団体を構成することが必要であろう．同時に他方で，その活動を様々な形で支援する人々を周辺に幅広く集めることが必要なことも少なくない．活動の中核メンバー以外の者が，その活動に参加しやすい法的な仕組みがなければ，多くの人々は参加を躊躇してしまう．そうだとすると，このような周辺的参加者を運動と結びつけるための方策が必要となる[39]．

「周辺的参加者」と言っても，そこにはいろいろな種類・程度のものがありうる．より中核（団体自体）に近いものとしては，継続・非継続の双方を含めて，実際の活動を行う人々が考えられる．われわれが「ヴォランティア」という言葉でイメージするのは，このような人々である．反対に，もっとも中核から遠いものとして，その活動を理解し賛同するだけの人々の存在も忘れてはならない．これらの人々の存在は，活動にとってはモラル・サポートとなるに過ぎないが，多くの人々の関心・共感は，活動維持のために必要不可欠な場合もある．そして，これらの両極の周辺的参加者の間にあって，時間と能力を提供することはないが，資金援助を行うという参加の形態がありうる．実際のところ，このような形でのサポートは非常に重要であり，十分な資金が得られるか否かに

---

38) 現在，営利でも非営利でもない団体に法人格取得（中間法人）を開く法律の制定が検討されている．

39) 各種の運動団体の力学に関しては，多くの研究があるが，筆者が直接の影響を受けているものとして，片桐新自，佐藤嘉倫両教授の研究を掲げておく（片桐・社会運動の中範囲理論〔東京大学出版会，1995〕，佐藤・意図的社会変動の理論〔東京大学出版会，1998〕）．

よって，活動の成否がわかれるということも少なくなかろう．

　最後に触れた資金援助もまた，様々な形態の下に行われている．個別の訪問，街頭での勧誘，あるいは，マス・メディアを通じての呼びかけによる募金に応じて，個人が，また，団体や企業が，1回限りの資金援助を行うこともあるし，より恒常的な資金援助を行うこともある．このような資金援助は一般に「寄付」と呼ばれている．

　(3)　「寄付」の法的処遇　　非営利活動団体への「寄付」に対して，税制上の優遇措置を設けてこれを促進・助長するかという点が，非営利活動を促進する立法においては，一つの大きなポイントとなる．すでに触れたように，今回の立法では，団体自体に対する税制上の優遇措置は見送られたが，「寄付」に対する免税措置等は，現行法の下でも全く不可能なわけではない[40]．とはいえ，免税措置をより容易にすることは，非営利団体にとっては重要な関心事でありつづけている．

　もっとも，「寄付」の促進・助長は，税制上の措置以外の方策によっても不可能ではない．「寄付」をする人々（個人・企業）にとって，税制上の優遇措置を受けられることは，確かに大きなメリットであろう．しかし，「寄付」はもっぱら免税措置をもとめて行われるというわけではなかろう．あるいは，次のように言った方がよいかもしれない．特定の活動団体に「寄付」をすべきか否かの判断を左右するのは，免税措置の有無だけではないと．はたして，この団体は，自分の期待するような活動，「寄付」に見合っただけの活動をしてくれるだろうか．この点こそが判断のわかれめなのではないか．そうだとするならば，この点につき，「寄付」をする人々を安心させる法的枠組が確立されるならば，「寄付」の促進・助長がはかれるということになるはずである．つまり，「寄付」という形で，活動に対して周辺的な参加を行う者の地位を明らかにするということが，「寄付」の促進・助長につながる．

　(4)　問題設定──「寄付」の法的性質　　ところが，「寄付」の法的性質に

---

40)　所得税法78条2項2号，法人税法37条3項2号によって，公益法人のうち，一定の要件を満たすものとして大蔵大臣が指定したものに対する寄付金（特定寄付金）は控除の対象となる．これらの規定の解釈を操作する余地は全くないわけではないだろう．

関しては，これまでのところ必ずしも十分に議論されてはいない[41]．そこで，項を改めて，この問題につき若干の検討を加えてみることにしたい．

2 若干の検討

(1) 贈与と信託的譲渡の二元論 特定の活動団体に対して「寄付」を行う周辺的参加者の法的地位は，どのようなものとして分析されるだろうか．この点につき，まず，参照に値するのは，有力な民法教科書の示す次のような見方である[42]．これによると，「寄付」は，寄付の相手方に直接になされる場合には「贈与」であるが，第三者に対してなされる場合には，受益者のために支出する義務が生ずる信託的譲渡であるという．たとえば，阪神・淡路大震災の被害者に対して直接になされた「寄付」は贈与だが，義捐金を募る団体事務局によせられた「寄付」は信託的譲渡だということになる．

ここで興味深いのは，次の2点である．一つは，一般に「寄付」と呼ばれる行為を一括りにするのではなく，贈与の場合と信託的譲渡の場合とが区別されているという点である．もう一つは，「寄付」を受ける者は一方的に金銭を給付されるだけではなく，同時に義務を負うことがありうることが示されているという点である．以上の2点は，一口に「寄付」といっても，そこには法律関係を異にする（とりわけ，寄付を受ける者——寄付の相手方——の義務につき異なる処遇を受ける）複数のものが含まれていることを示唆している．

(2) 相手方の義務への着目 相手方の義務による類型化という視点に立つとすると，上記の図式，すなわち，

　　相手方＝受益者本人　　　　　　　→　　贈与＝義務なし
　　相手方＝（受益者ではない）第三者　→　　信託的譲渡＝義務あり

---

41) 代表的な研究としては，加藤永一「寄付」契約法大系Ⅱ（有斐閣，1962）がある程度だろう．なお，正式の刊行物ではないが，最近では，小賀野晶一「贈与の信託的構成」信託法と民法の交錯（トラスト60，1998）もある（この報告書のもととなった米倉明教授主宰の研究会で，小賀野教授の報告を拝聴する機会があった．記して感謝する）．

42) 星野英一・民法概論Ⅳ（良書普及会，1986，初版，1976）107-108頁，内田貴・民法Ⅱ（東京大学出版会，1997）161-162頁など．

という図式は，必ずしも絶対的なものではないことがわかる．直接の寄付相手方以外に，特定の受益者がいなくとも，当然に相手方は義務を負わないわけではない．誰かのために使うという義務はなくとも，何のために使うという義務を負うことは十分に考えられるだろう[43]．他方，特定の受益者が想定されているとしても，使途に関しては，相手方に大幅に委ねられているということもあるだろう[44]．

そうだとすると，二つの類型の差は相対的なものとなる．たとえば，次のような整理をした方がよいかもしれない．

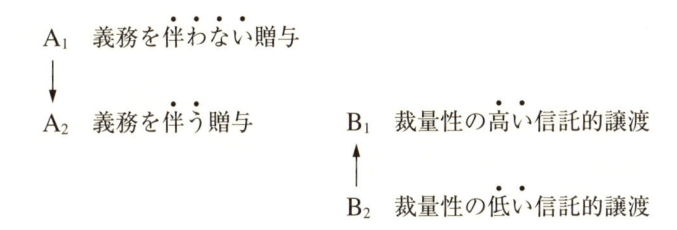

A_1　義務を伴わない贈与

↓

A_2　義務を伴う贈与　　　B_1　裁量性の高い信託的譲渡

↑

B_2　裁量性の低い信託的譲渡

これによると，上から下に順に，寄付を受ける相手方に対する拘束が強まることになる．あるいは，寄付者から相手方に移転する財産権に対する制約は，下に行くほど強まると言ってもいい．

いずれにせよ，ここでのポイントは，相手方に対して一定の財産的給付をする場合に，それに伴う義務を発生させるという点にある．そして，この義務の程度には段階的な差があるということである．原則としては義務を伴わない贈与から出発しても，一定の範囲で「寄付」の目的による制約が生ずることはありうるし，逆に，義務を伴う信託的譲渡であっても，その義務の程度・内容はいろいろでありうるというわけである．

---

43) これに近い実際の例としては，いわゆる「板まんだら」事件をあげることができる（最判昭56・4・7民集35巻3号443頁）．周知のように，このケースでは，宗教問題に法がどこまで立ち入ることができるかという民事裁判権の限界が問題とされたわけだが，この問題は，法技術的には，寄付金の用途に関する錯誤を理由に，「寄付」の無効を主張しうるかという形で争われた．

44) これに近い実際の例としては，受益者の選定を一定の制限の下で遺言執行者に委ねた遺言がなされたというケースをあげることができる（最判平5・1・19民集47巻1号1頁）．このケースでは，「公共のために」という制約が付されただけで，具体的にどのような処分をするかは遺言執行者の裁量に委ねられたといえる．

(3) 所有権移転の副次性　　この点とあわせて次の点も重要である．それは，贈与にせよ信託的譲渡にせよ，ある財産（一定額の金銭）の所有権が相手方に移転しているということである．この共通性が両者を「寄付」として一括りにすることを可能にしているのである．

　しかし，考えてみると，ある目的のために金銭を支出し，これに伴う義務を相手方に負わせるためには，予め金銭の所有権を移転するということが必須であるわけではない．まず，相手方にある目的の実現を委ね，それに伴う費用を負担するということも可能なのである．実際のところ，「寄付」の中には，ある目的の実現に賛同し，それに伴う費用の一部を負担するという趣旨のものもあるはずである．あるいは，「会費」などの名目でなされている金銭の支出に関しても，このようなものと解しうるものが少なくなかろう．

　では，このような場合の当事者の法律関係は，どのように理解されるべきだろう．相手方に対して，ある事務処理を委託し（民 656 条，643 条），これに伴う費用（の一部）を負担するのだから（民 649 条，650 条），これは（準）委任として構成できるのではないか．このように解するならば，受任者が善管注意義務（民 644 条）や報告義務（民 645 条）を負うことが明瞭になる．金銭を支出した者は，これらの義務を根拠に，団体の活動を監視することができることになる．

　以上をまとめると，次のようになる．贈与（A）や信託的譲渡（B）という構成が，財産権の移転を主とし義務の発生を従としたものであるのに対して，委任構成（C）は，反対に，義務の発生を主とし費用の負担を従とした構成であるといえるだろう．繰り返しになるが，様々な団体の活動をささえる「寄付」や「会費」の中には，このように解した方がよいものがあるはずである．

　(4) 組合との区別　　これに対しては，このような義務を発生させる「寄付」や「会費」は，組合における出資と解すべきではないか，との疑問もありうる．確かに，組合契約が観念されるべき場合もあろう．しかし，組合ということになると，組合財産の帰属や業務執行の決定につき，「寄付」を行う者や「会費」を支払う者が，積極的に関与することになる一方で（民 668 条，670 条参照），組合が負う債務についてもこれを分担しなければならないこととなる（民 674 条）．委任構成ならば，義務のレベルでの関与を肯定しつつも，このような組織のレベルでの関与は否定するという中間的な解決が可能である．別の言い

方をすると，委任構成は，あくまでも団体組織の外部に留まる人々に，それにもかかわらず，団体の活動への一定程度の関与（監視）を保障するための構成なのである．

(5) 信託との区別　もう一つ，次のような疑問もありうる．それは，「寄付」や「会費」を受け取る団体に強い義務を課す必要があるとしても，そのためには信託構成で十分ではないかという疑問である．この疑問ももっともである．しかし，信託構成には，義務の強化とともに，委託者への物権的権利の帰属（残存）が伴う．贈与構成が物権のレベルでも義務のレベルでも受贈者に有利な構成であるのに対して，信託構成はいずれのレベルでも受託者に不利（委託者に有利）な構成なのである．これに対して，委任構成では，強い義務は生ずるものの，いったん費用として支出された金銭の所有権は受任者に帰属する点で，物権レベルでは受任者に有利であるともいえる．この点に，委任構成の存在意義があるのではなかろうか[45]．

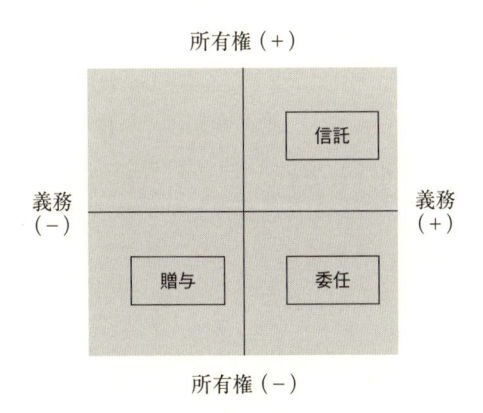

```
              所有権 (+)
         ┌─────────┬─────────┐
         │         │   信託   │
  義務    │         │         │  義務
  (-)    ├─────────┼─────────┤  (+)
         │   贈与   │   委任   │
         │         │         │
         └─────────┴─────────┘
              所有権 (-)
```

ただし，前述の「信託的譲渡」構成は信託構成そのものではないということに留意する必要がある．そこでは，義務の存在を観念するために，「信託的」と

---

45) たとえば，しばらく前から試みられている日本版「ナショナル・トラスト」運動は，その名称にもかかわらず，信託構成よりも委任構成により適合的な形態の募金方式であるというべきだろう．というのは，募金に応じた者の「所有権」は登記されないだけでなく，「所有権」の対象すら特定されていないことが多いからである．そこでの「所有権」は，募金に応じた者の運動への関与を象徴するとともに，これらの支持者に対する運動団体の責任を表象しているのである．

いう限定が付されているのであり，信託構成に伴う物権的効力までが含意されているわけではない．「信託的構成」は，むしろ委任構成に近い帰結を求めていると思われるのである．

V　おわりに

(1)　小括——委任三態　Ⅱ～Ⅳの考察をまとめてみよう．委任は，事務処理を目的とし，この目的達成のために受任者が一定の義務を負うという契約類型である．論理的には，この義務の内容や程度は，事務の内容はもちろん，国により時代により，様々でありうる．しかし，現代においては，この義務を高度なものとする要請が強まっている．複雑な事務の処理を委託するには，受任者にはば広い裁量権を認めなければならないが，それには受任者に対する高度の信頼が存在することが前提となる．そして，この信頼を確保するためには義務の（程度・内容両面での広義の）高度化が必要となる．信認義務の導入を試みる諸見解は，このような要請に応じるものであるといえよう（以上，Ⅱ）．

　義務の高度化とは別に，現代においては，義務の履行を確保するためのシステムに対する関心も強まっている．その背後には，履行確保のための措置を当事者に委ねるだけでは不十分な場合が増えているという事情が存在する．より正確に言うと，そのような場合にも，委任契約を用いたいという要請が強まっているのである．従来は，制度によって保障されてきたサービスを契約によって獲得したいというわけである．任意後見契約の創設はまさにこのような要請に応じたものであった．そのために，この契約には裁判所などによる監視がセットされたのである（以上，Ⅲ）．

　これとは反対に，受任者の義務を軽減する契機すら含むかにごとき委任契約の利用方法もありうる（その意味では，委任そのものではなく委任類似の契約といった方がよいかもしれない）．もっとも，見方によると，これもまた義務の強化につながっているといえる．従来，あることがらの実現を期待してそのための資金を提供する「寄付」という行為は，「贈与」と性質決定されることが多かったが，「贈与」の場合，受贈者は贈与者に対して直接的な義務は負わない．ところが，「寄付」を委任として構成すれば，受任者の義務を観念することが可

能になる．この義務の存在を媒介として，委任者たる「寄付者」は，寄付を受けた相手方に対して，一定程度の監視を行うことができる．もちろん，この監視は，寄付者が相手方組織の構成員となって内部から行う監視に比べると，不十分なものである．しかし，「寄付者」の権利強化は，同時にその義務の強化を伴うことを考えれば，緩やかな，しかし，ゼロではない法律関係を設定することが必要な場合も少なくない．各種の非営利団体の活動に見られるように，現代においては，このような形での活動への参加がますます重要になるものと思われる (以上，Ⅳ)．

以上のように，現代における委任契約には，3つの方向への変貌の可能性——信認義務の導入・監視付の委任の創設・委任類似の事務処理契約の構想——が見てとれた．そして，これらの方向は，それぞれ，委任契約によって信頼の確保，制度の代替，組織の拡大をはかろうとするものであったといえる．

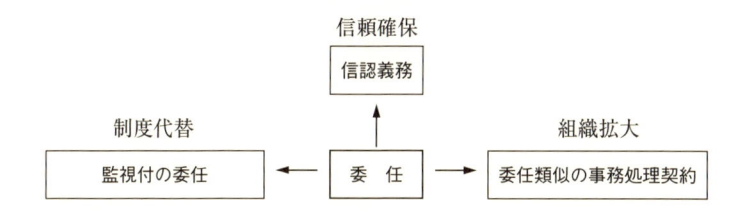

```
                    信頼確保
                   ┌─────┐
                   │信認義務│
                   └─────┘
                      ↑
   制度代替            │            組織拡大
  ┌─────┐      ┌────┐      ┌──────────┐
  │監視付の委任│ ←── │委 任│ ──→ │委任類似の事務処理契約│
  └─────┘      └────┘      └──────────┘
```

(2) 売買との対比　現代において，サービスに対する需要・関心が急激な高まりをみせたのに対応して，委任契約には上のような変貌が生じつつある．しかし，翻ってみると，このような変化は，すでにモノに関する契約が経験したところであった．売買契約を例として，その様子を簡単にふりかえってみよう．

売買契約は，売主が目的物を引き渡す (所有権を移転する) ことによって特徴づけられる契約であるが，この目的物引渡義務もまた，次第に高度化してきたということができる．たとえば，目的物そのものに関しては，瑕疵担保責任の強化，製造物責任の導入がはかられた．また，目的物そのものとは別に，安全義務を中心に各種の付随的義務も構想されている[46]．

---

46) 瑕疵担保責任や安全義務については，森田宏樹「瑕疵担保責任に関する基礎的考察」法協107巻2号 (1990) 以下，同「フランス法における安全義務をめぐる近時の動向」日仏法学掲載予定における理論的位置づけを参照．

他方,売買に関しては多くの規制が加えられていることは言うまでもない[47].もちろん,規制の目的・内容は様々であるが,その中には,制度に代わるものとして売買を用いるために,強い規制が加えられていると評価することができるものもある.たとえば,農地売買に対する規制などがその例としてあげられよう.

さらに,今日,継続的売買に対する実務・学説の関心が高まっていることも周知の通りである[48].さらに,より広く,「関係的契約」「組織型契約」などの概念によって,継続的売買を組織代替型の契約として理解しようという有力な理論動向が存在することもよく知られている[49].

このように,売買に関しても,委任の場合とほぼパラレルに(完全に同型ではないが),保証責任・規制付の売買・継続的売買という現象を指摘することができるのである.

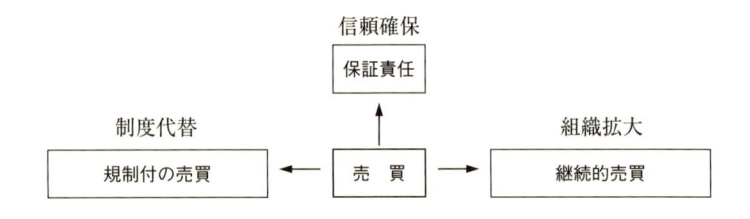

```
                    信頼確保
                    保証責任
                       ↑
   制度代替                           組織拡大
   規制付の売買    ←   売 買   →    継続的売買
```

(3) 結語──「契約という制度」の更新　以上をあわせ考えると,次のようにいうことができるだろう.モノに関する売買契約についてはかなり前から,そして,サービスに関する委任契約についてはごく最近になって,次のような現象が見られる.すなわち,①一方で,当該契約類型から発生する義務・責任の強化がはかられており(保証責任や信認義務),②他方,制度代替的な利用のために規制・監視の強化がはかられるとともに,組織拡大的な利用のために,

---

47) 売買に対する各種の規制に関しては,さしあたり,大村敦志・典型契約と性質決定(有斐閣,1997)の第1部第1章第1節を参照.
48) 継続的売買に関する包括的な研究として,中田裕康・継続的売買の解消(有斐閣,1994)を参照.
49) 内田貴教授(同・契約の再生〔弘文堂,1990〕に始まる一連の研究)と平井宜雄教授(同「いわゆる継続的契約に関する一考察」星野古稀・日本民法学の形成と課題(下)〔1996〕,同「契約法学の再構築」ジュリ1158〜1160号〔1999〕のほか,同・債権各論Ⅰの刊行も予告されている)によって代表される.

新たな法理の開発が試みられている．標語的にいうならば，①は「契約の制度（組織）化」，②は「制度（組織）の契約化」と呼ぶことができるだろう．

　このような表現を用いると，①と②とは一見すると反対の方向をめざしているようにも見える．しかし，必ずしもそうではない．制度（組織）の契約化は契約の半＝制度（組織）化に支えられて可能になっているからである．契約は制度（組織）性を強化することによってはじめて，制度（組織）に代わることが可能になるのである．さらに言うならば，そもそも「契約」はわれわれが産みだした一つの「制度」なのである[50]．そうだとすると，現在，試みられているのは，「契約から制度へ」「制度から契約へ」といった異質なものの間における移行ではなく，「契約という制度」の更新であり，「かたい制度からやわらかな制度へ」の制度の再編成であるといえる．現代においては，このような更新・再編成によって「契約の再生」がはかられているのである．そして，その大きなうねりは，いま，売買から委任に及ぼうとしている．

---

50) このような契約観につき，大村敦志・契約法から消費者法へ（東京大学出版会，1999）第3章第3節「フランス法における契約と制度」を参照．

B　法技術としての組合契約

I　はじめに

（1）組合契約に関する議論の状況　民法典の「契約」の章に規定の置かれた（狭義の）典型契約は13種あるが，その理論上・実際上の重要性は全く同じというわけではない．一方の極には，売買・賃貸借のように非常に重要な契約類型が存在するが，他方には，終身定期金のように廃止論のあるものも含まれている．

では，組合はどうだろうか．一言で言ってしまえば，少なくとも民法の領域に関する限り，組合に関する議論は必ずしも活発であるとは言えない．もちろん，債権各論の教科書においては民法667条以下の諸規定に関する一般的な説明がなされる．しかし，理論的な観点からは，組合と社団・法人の関係に関する周知の議論がなされるほかには，ホットな話題があるように見えない．このことを象徴的に示すのが，最近の教科書における組合の取り扱いであろう．たとえば，内田貴・民法IIは，「その他の契約類型」として，組合・終身定期金・和解を一括し，全部で10頁，組合に限ればわずか5頁半を割くにすぎない[51]．筆者自身の教科書についても同様であり，組合に割かれているのは4頁にとどまっている[52]．

しかし，民法学は，組合契約に対してもう少し関心を向けてもよいのではな

---

[51]　内田・民法II（東京大学出版会，1997）287–292頁．ただし，同・民法I（東京大学出版会，第2版補訂版，2000）205頁以下の「法人」に関する説明中で「組合」に関する説明も一部なされている．

[52]　大村・基本民法II（有斐閣，第2版，2005）152–155頁．

いか．本稿はこのような観点に立つものである．その際には，様々なアプローチの仕方が考えられるが，本稿ではさしあたり，組合契約の法技術としての利用可能性の検討から出発し，そこから理論的な含意を引き出すことを試みてみたい．

(2) 組合契約の利用可能性 ところで，「組合契約の利用可能性」と一口に言っても，これにもいくつかの側面がある．

一方では，ある法律関係を事後的に「組合」と性質決定することによって，何が可能になるかというアプローチが考えられる．明示の合意がなくとも組合関係が発生していると解される場合があることは，一般論として，多くの学説が認めるところである．判例においても，たとえば，最判平 11・2・23 民集 53 巻 2 号 193 頁[53]においては，ヨットクラブの「規約」が組合契約であると性質決定された上で，任意脱退禁止条項の効力が問題とされた．さらに，いわゆる「事実婚」をめぐり，準婚理論ではなく契約法理によって対応すべきだとする学説も，程度の差はあれ組合法理の利用可能性を想起しているものと思われる[54]．このような方向からの検討は，それ自体は興味深い課題であると言えるが，「特別法と民法」という今季の研究会の方針を考慮に入れるならば，これとは別の側面がクローズアップされることになろう．すなわち，「組合」という法技術を用いた「立法」に着目すべきこととなる．

「組合」にかかわる「立法」は少なくない．一つの見方としては，商法上の（現在では新しい会社法の定める）「会社」がまず取りあげられるべきだとも言えるだろう．あるいは，中小企業協同組合や消費生活協同組合など各種の「協同組合」を素材にすることも考えられる[55]．しかし，本稿では，比較的最近の

---

53) 多数の評釈類があるが，筆者のものとして，大村「判批」民法判例百選 I（第 6 版，2009）がある．

54) 最判平 12・3・10 民集 54 巻 3 号 1040 頁は，事実婚の死別による解消には財産法の法理で対応すべきことを，最判平 16・11・18 判時 1881 号 83 頁は，離別による解消について損害賠償責任が発生しない場合があることを判示している（前者につき，大村「判批」家族法判例百選〔第 6 版，2002〕，後者につき，水野紀子「判批」平成 16 年度重要判例解説などを参照）．もっとも，これらの判決は，直ちに組合法理の利用に向かうべきことを説いるわけではない．

55) 協同組合に対する最近の研究の一例として，広瀬久和「団体・法人とマーケット（上）――兵庫県手延素麺協同組合『揖保之糸』考」NBL806 号（2005）．

二つの立法を取りあげることにしたい[56]．一つは，1998年に成立し2004年に改正された投資事業有限責任組合法，もう一つは，2002年に成立したマンション建替え円滑化法である．前者は，まさに投資事業有限責任組合に関する法律であり，後者には，マンション建替組合が登場する．以下においては，これら二つの法律における「組合」の取扱いの紹介を中心に置き（Ⅱ，Ⅳ），前者を検討する学説（Ⅲ）や後者の前身とも言える古い法律や法案（Ⅴ）にも触れることを通じて，「組合」の実際上の利用可能性を検討し（Ⅳ (1)），あわせて，組合と社団・法人の関係に関する周知の議論に関しても，若干の示唆を引き出すことを試みてみたい（Ⅳ (2)）．

Ⅱ　投資事業有限責任組合

1　特別法の制定[57]

(1) 立法の経緯　ベンチャー企業に対する投資のための仕組みの一つとして，アメリカではリミティド・パートナーシップ（LPS）が用いられて成果をあげてきたという．LPSは，投資に関する業務を執行するジェネラル・パートナー（GP）と，業務には関与しないリミティド・パートーナー（LP）とによって組成される．その特色としては，「① 大きな投資資金を投資家から集めることができる，② 法人税の課税の対象とならず投資家に直接課税される，③ LPは有限責任であり，GPのみが無限責任を負う」という点などが指摘されている．

このLPSを参考に，日本でも1982年以来，投資事業組合が設立されてきた（1996年3月末までで，156組合．投資残高は2464社に対して2650億円）．ただ，日本の場合にはアメリカのように特別法（LPS法）に基づいて組合の設立がなされてきたわけではなく，民法に基づく組合として設立されてきた．そのため，このことに由来するいくつかの問題が指摘されていた．一つは，組合員全員が

---

[56] 本稿は，2003年4月の研究会における二つの立法の紹介に，その後の法改正（Ⅱ 3），学説の動向（Ⅲ）を付加するとともに，これとは別に，忘れられた法案への言及（Ⅴ）を挿入したものである．

[57] 以下は，大井川和彦「中小企業等投資事業有限責任組合契約に関する法律について」ジュリ1138号（1998）による．

無限責任を負うこと (民 675 条参照)，もう一つは，情報開示のための手当が十分でないこと (民 673 条参照) である．

そこで，税制上のメリットなどを活かしつつ，このような問題を克服するために，特別法の制定が行われることとなった．こうして 1998 年に制定されたのが，「中小企業等投資事業有限責任組合契約に関する法律」である．立法担当官の表現によれば，「わが国の民法上の組合の百年の歴史上はじめての特例法として誕生したものである」[58] という．

(2) 新法の内容 次に，この法律の内容を簡単に紹介しておく．

この法律の第一の特色は，この法律に基づく組合契約は民法の組合契約を基礎としている点にある．民法上，組合は「各当事者が出資をして共同の事業を営むことを約する」契約であるとされているが (民 667 条)，新法においても，中小企業等投資事業有限責任組合 (以下，投資事業組合と略称する) は，「各当事者が出資を行い，共同で次に掲げる事業の全部又は一部を営むことを約する」契約であるとされている (法 3 条 1 項柱書き)．また，業務執行方法 (民 670 条) や組合員の責任 (民 675 条) に関する規定など特則が設けられることによって排除される規定は別として，同組合には民法の組合に関する規定の多くが準用されている (法 16 条)．その結果，税法上も組合として性質決定され，税制上のメリットが失われることはないとされている．

第二に，この法律の適用される組合の事業範囲は法定されている (法 3 条 1 項 1 号〜7 号)．新法はベンチャー企業への資金供給の円滑化という政策目的を実現するためのものであり，新法の適用する組合はこの範囲でしか設立できない．ただし，従前の投資事業組合や海外のベンチャー・ファンドが行っている事業はほぼ包含していると説明されており，立法によって特別な制限を行う趣旨ではなく，必要な範囲で特別法を制定するということのようである．

第三に，新法に基づく組合は，業務執行を行う無限責任組合員とその他の有限責任組合員から構成される (法 7 条・9 条)．この点が新法の主要な目的であったことは，すでに述べた通りである．

第四に，組合員の有限責任化に伴い，組合と取引関係に入る第三者の保護の

---

58) 大井川・前出注 57) 53 頁．

ための措置が講じられている．具体的には，まず，一部組合員の責任制限を取引相手方が知りうるように，登記制度を新設して公示をはかるとともに (法4条, 17条以下), 組合の名称に関する規定を設けている (法5条)．次に，責任財産の確保の観点から，出資は金銭その他の財産に限られ，労務は除外されている (法6条2項)．また，純資産額を超えて組合財産を分配することはできないこととされており，これに反して分配を受けた有限責任社員は，当該分配額の限度で組合債務につき責任を負うものとされている (法10条)．さらに，任意脱退が民法上の組合より制限されているのも，これにかかわっている (法11条)．

第五に，情報開示をはかるために，無限責任組合員には財務諸表の作成と外部監査を受けることが義務づけられている (法8条)．これも新法の主要な目的の一つであり，投資家や取引相手方の保護のための措置である．なお，法8条に基づき，財務諸表等に記載すべき事項を定めた「中小企業等投資事業有限責任組合会計規則」が中小企業庁の告示 (平成10年8月7日企庁第2号) として示されている．

2 組合としての特徴

(1) 有限責任の導入 新法による投資事業組合の特色の第一は，法律の名称にも端的に現れているように，有限責任が導入された点にある．

かつては一般に，有限責任は法人の属性の一つであるとされていた．しかし，合名会社 (最近では無限責任中間法人) に見られるように，法人格を有しつつ構成員の無限責任を認める例もあるので，今日では，法人格を有するところから直ちに有限責任が導かれるわけではないことが広く認識されている．それでも，有限責任は法人格の有無とは全く無関係であると割り切って考えられてきたわけではない．確かに，判例は，権利能力なき社団の構成員に有限責任を認めてはいるが，この場合の処遇は法人に準じたものとして認められていると見るべきだろう．

これに対して，新法は，投資事業組合を「組合」と性質決定しつつ，同時に有限責任を認めた．これによって，法人格と有限責任の結びつきの切断はより明確なものとなったと言うことができる．

有限責任に関しては，団体債権者のための責任財産が安定している場合には

構成員の有限責任が伴い，それが不安定な場合には構成員の無限責任で補完するという関係があるとの指摘がなされている[59]．新法は団体債権者の保護のために一定の措置を講じているので，この指摘に即した内容を持つと言うことができる．ただし，有限責任中間法人のように，基金 300 万円を要するという制約はかかっていない点に注意を要する．

なお，組合員のうちの一部の者の責任を制限することは，約定によっても全く不可能なわけではない．しかし，基本的にはこの約定は組合員相互間において効力を持つに止まり，債権者が損益分担の割合を知っている場合を除いて，債権者には対抗することができない (民 675 条)．この点につき，新法は，登記制度を創設することによって，特約の公示を可能にしたものと見ることもできる．

(2) 法人格の不在　業務執行を行う無限責任組合員とその他の有限責任組合員からなる投資事業組合は，機能的には合資会社 (商旧 146 条) に類似したものであると言える．

もともと，合名会社・合資会社は組合に近い性質の会社ではあるが (商旧 68 条により合名会社には組合の規定が準用されていた)，法人格を有するものとされていた (商旧 54 条 1 項)[60]．これに対して，投資事業組合は法人格を持たない組合であるとされている．そして，すでに述べたように，この点に投資事業組合の大きなメリット (税制上のメリット) がある．

よく知られているように，ヨーロッパではもともと組合＝会社であり，両者は截然とは区別されておらず，組合のうちのあるものに法人格が認められるようになったとの指摘がなされている．そこには法人格が認められることはよいこと・望ましいことだという含意があるが，投資事業組合においては，法人格の不在にこそ意義があるのである．この点に着目するならば，新法は，法人格を回避すべきものとしてとらえた点で大きな意義を持っていると言える．もっとも，目的達成のために法人格が本当に障害となるかについては，後述のように異論がありうる．

---

59) 四宮和夫＝能見善久・民法総則 (弘文堂，第 7 版，2005) 77–78 頁．
60) 新会社法では，合名会社・合資会社は，後述の「合同会社」とともに「持分会社」として一括され (会社 575 条以下)，共通の規定と固有の規定とが配置されている．

3 改正法の登場[61]

(1) 改正の背景 以上のような中小企業等投資事業有限責任組合法 (以下, 98年法と呼ぶことがある) は2004年に改正され, その名称も投資事業有限責任組合法 (以下, 04年法と呼ぶことがある) に改められた. すでに述べたように, 中小企業等投資事業有限責任組合法は, 中小のベンチャー企業に対する投資を促進するために制定されたものであった. ところが, 近年は, 上場企業の中にも資金不足の企業が現れているため, これに対して資金供給が求められるようになった. この役割を担うべきものとして期待されたのが事業再生ファンドであるが, 事業再生ファンドのために有限責任組合を利用できるようにしようというのが, 04年改正法の基本的な発想である.

そのための方策としては, 投資対象と投資事業の範囲を大幅に拡大することが目指された. そうした試みは, すでに2004年改正以前から着手されており, 2002年には98年法の一部改正が, また, 2003年には改正産業再生法による特例措置がなされていた. これらによって, 投資対象としては, 従前の未公開中小企業等に, 株式会社のほか有限会社・企業組合等が, さらには, 一定の要件を満たす事業再生中の企業が追加された. また, 事業範囲も拡大され, 出資先企業に対する貸付業務も一部可能とされた. 04年改正法は, これらの微修正をふまえて, より一般的な形で98年法を再編しようというものであった.

(2) 改正の要点 主な改正事項は4点にまとめられている. 第一は, 投資対象の拡大. 従前は, 「未公開」の「中小企業等」に限定されていたが, 企業の規模にかかわらず投資の対象に含めることとされた. また, 株式の公開・未公開も問わない. 第二に, 従前は, 投資対象が主として株式に限定されていたのに対して, 事業者に対する貸付けなどを一般的に認めた. これによって, つなぎの融資ができるようになったことのメリットは大きいとされている. ただし, 貸付けに関しては, 一般の法制度 (出資法・貸金業規制法など) が適用される. 第三に, 他のファンドへの出資に対する上限が撤廃された. そして, 第四に, 組合員の人数制限 (従前は100人以下) の撤廃.

---

[61] 以下は, 篠原倫太郎「投資事業有限責任組合法 (ファンド法) について」信託219号 (2004) による.

以上，ごく簡単に見たところからも，04年法によって，投資事業有限責任組合の活用可能性は格段に大きくなったことがわかるだろう．同時に，人数制限が撤廃されて，不特定多数の者の参加が想定されるようになったため，投資家保護が必要となった．そこで，2004年6月の改正証券取引法によって，有限責任組合など（海外のLPSや民法上の組合・匿名組合を含む）の持分を，「みなし有価証券」として証取法の規制対象とすることによって，投資家の保護が図られることとされた．

III　組織形態をめぐる学説

1　学説による検討

　以上のような立法の動向に対応する形で，学説からの検討も現れるに至っている．しかし，すでに述べたように，民法学からの検討は必ずしも活発ではなく[62]，「事業組織形態の見直し」という観点に立った商法学者・租税法学者の検討が目立つ．以下では，そのうちの代表的なものを取りあげて，その概略を紹介する．

　(1)　商法から　近年，商法学においては閉鎖的企業にとって使いやすい新しい事業組織形態を求める様々な試みがなされてきた[63]．これらの試みは新会社法に集約されるはずであったが，結果としては必ずしもそうはならなかった．いわゆる日本版LLCとして「合同会社」が導入されたものの，期待されたような税制上の取り扱いは見送られた[64]．その間の経過についてはここでは立ち入らず[65]，ここでは，日本版LLCをめぐるこれまでの議論のうち，大杉謙

---

[62]　ただし，山田誠一「団体的契約」NBL別冊51号・債権法改正の課題と方向――民法100周年を契機として（商事法務研究会，1998）では，「単独所有組合」「有限責任組合」の立法論が展開されている．

[63]　具体的な案を提示するものとしては，宍戸善一「ベンチャー・ビジネスのための組織法作りを試みて――『創造会社法私案』の解説」ジュリ1125号（1997）など．

[64]　新会社法における「合同会社」につき，宍戸善一「持分会社」ジュリ1295号（2005）．なお，実務の立場からの藤瀬裕司「新しい会社法制とヴィークル選択（上下）」NBL814号，815号（2005）も参照．

[65]　新会社法に新設された合同会社に関しては，課税上の問題が解消されなかったために，別途，有限責任事業組合法（平成17法40号）が制定されることとなった．

一教授のものを取りあげてみたい[66]．すぐ後に述べるように，同教授の議論は本稿のここまでの議論との接続性が高く，そこから本稿にとってのいくつかの示唆を引き出すことが期待できるからである．

　大杉論文は「新しい事業組織形態」を提案するが，その骨子は次の4点であるとしている．すなわち，「① 民法上の組合の延長上に位置し，組合の事業活動から生じる損益は税制上，組合ではなく組合員に帰属する（組合課税）とされるが，② 民法上の組合とは異なり，組合契約の登記を行うことにより組合名義での財産の保有を可能とし（私法上の法主体性），③ 組合・組合員間，組合員相互間の法律関係を組合契約による自治に委ね（内部関係の任意法規性），また，一定の要件を充たせば，④ 組合員が組合には出資義務を負うが組合債務には責任を負わないものとする（有限責任），という諸特徴を兼ね備えているものである」という[67]．

　大杉論文は，さらに詳しい説明を加えているが，ここでは詳細には立ち入らずに，本稿のここまでの議論との関係を念頭に置きつつ，同論文の議論の特徴をいくつか指摘してみたい．

　第一は，税制上の取扱いとの関係である．投資事業有限責任組合法が税制上のメリットを意識したものであることはすでに述べた通りであるが，大杉論文もこの点を重視している．同論文によれば，日本法には「継続的・能動的な事業に適したフォーマット」が欠けていたという[68]．具体的には，ドイツの合名会社やアメリカの登録済みパートナーシップにあたるものがないというのである．もちろん，合名会社は存在するが，ドイツ・アメリカの場合とは異なり，法人課税がなされる．他方，民法上の組合には法人課税はなされないが，その法主体性が認められないなどの難点がある．これらの難点を克服し，さらに今日において必要性の高い有限責任をセットしようというのが大杉提案の基本である（前記の①②④）．具体的には次のように説明されている．「民法上の組合の延長にある組織として，『登記組合』（仮称）を構想する．税制上は組合課税に

---

66) 複数の論文があるが，ここでは，大杉謙一「新しい事業組織形態（日本版LLC）の構想——国際競争力を持つ企業法制の模索として (1–4)」商事法務1648～1650号, 1652号 (2002–03) を参照する．
67) 大杉・前出注66) 商事法務1648号4–5頁．
68) 大杉・前出注66) 商事法務1648号5–6頁．

服するが，組合契約の登記を行うことで組合の継続性・明確性を高めることにより，私法上の法主体性を有するものとする．……登記組合の特殊形として，組合員全員が有限責任の恩典を受けることができるものを『有限責任組合』（仮称）として構想する」[69]．

第二は，内部関係の柔軟化への指向である[70]．大杉論文は日本法のもう一つの欠点として「『大きな閉鎖会社』に対する過剰規制」をあげている[71]．この認識から出発して，「組合内部の法律関係については若干の規定を置くが，原則として任意規定とし，組合契約による修正を可能にする」ことを目指すというのが[72]，大杉提案のもう一つの眼目であろう（前記の③）．そこには「現行の強行法規は『少数派保護』に必要なルールからは程遠く，しかも利害当事者がより優れたルールを採用することを阻害しているのである」という基本認識がある[73]．

第三は，投資事業有限責任組合との対比である．大杉論文は，98 年法を「その新規性と限界の両面で興味深い立法である」と評する[74]．より具体的には，98 年法の「ルールは，合資会社のルールに大筋で沿ったものである．しかしながら，『組合』という法律構成を採ることによって，投資事業組合を課税上の主体とはせず，生じた損益を組合員に帰属させる扱いを採っている（組合課税）のが，わが国の企業法制の中では珍しい特徴である」としつつ，「注意を要するのは，投資事業組合はベンチャー企業等への融資を行う投資ファンドに適したフォーマットであって，投資先となるベンチャー企業や共同研究開発のためのジョイント・ベンチャーのためのフォーマットではないことである」としている[75]．その上で，このような有限責任組合と自身の提唱する有限責任組合とを区別し，二つは「異なるニーズに対応し，異なる法理論の上に立脚する組織形態であり，一方が他を兼ねる関係にはなく，それぞれに存在意義と必要性が認

---

69) 大杉・前出注 66) 商事法務 1649 号 14 頁．
70) 新会社法が導入した「合同会社」において実現したのは，この側面への対応であった．
71) 大杉・前出注 66) 商事法務 1648 号 6 頁．
72) 大杉・前出注 66) 商事法務 1649 号 14 頁．
73) 大杉・前出注 66) 商事法務 1649 号 16 頁．
74) 大杉・前出注 66) 商事法務 1648 号 11 頁．
75) 大杉・前出注 66) 商事法務 1648 号 12 頁．

められるものというべきである」としている[76].

(2) 税法から 税法学の側からも重要な指摘がなされている。複数の研究があるが，ここでは「導管課税」「実体課税」という概念で課税方式を整理する増井良啓教授の研究をみておきたい[77]．その明快な議論は，多くの夾雑物を除去することにより，民法学の側で考えるべき問題の所在を指し示すように思われるからである．

増井論文の基本認識は，「『法形式に中立的な課税』の要請にかかわらず，現実的に見て，課税方式の分化は不可避である．しかし，現行法の用意している課税方式や振り分け基準が，必ずしも十分に合理的であるわけではない」という点にある[78]．より具体的には次のような議論が展開されている．

まず，増井論文によれば，「導管課税」とは「組織をあたかも導管のようにとらえ，その稼得する損益を組織の段階では課税の対象とせず，構成員の段階でのみ課税する．……この型のあてはまる典型例は，民法上の組合である」とされ，「実体課税」とは「組織をひとつの実体ととらえ，その損益を組織の段階で課税の対象とする．組織そのものを課税の対象とし，構成員には利益の分配時まで課税しない点が，導管型との決定的な違いである．……日本の現行税制は，実体型における組織段階の課税を『法人税』と呼んでいる」とされる[79]．

そして，個人所得税の存在を前提にする場合，導管型は当然のことであり，実体型の存在理由が問題となるとの問いが立てられ，「導管型のみでは，法技術的にみて，さまざまな組織に対する課税ルールを仕組むことが困難である．……とりわけ，組織に対する構成員の経済的権利が複雑である場合には，損益を構成員に対して正確にパス・スルーさせることが難しい．……このような執行上の困難を軽減するためにこそ，組織そのものを実体とみていったん課税の対象とすることが必要とされるのである」とされ，そこから「導管型と実体型のいずれを選択するかは，法人格の有無によるのではなく，課税ルールの執行可能性をにらみつつ，組織と構成員の間の経済的関係や，他の類似の機能を有する

---

76) 大杉・前出注66) 商事法務1648号15頁注35.
77) 増井教授にも複数の論文があるが，ここでは，増井「組織形態の多様化と所得課税」租税法研究30号 (2002) を参照する.
78) 増井・前出注77) 1頁.
79) 増井・前出注77) 10–11頁.

第3節 取引でも組織でもなく

組織とのバランスをふまえて考えていくのが，正しい指向の道筋である」という見方が導かれる[80]．

こうした視点から，増井論文は，現行税制における二つの型をそれぞれ説明し，両者の線引きのあり方を論ずる．その結論は，「日本では導管型の課税ルールが著しく未発達であり，まずは閉鎖型企業を念頭においた簡易なルールの立法化を検討すべきである．実体型については，現行法上，すでにいくつかのルールが分化している．その中には，十分な合理性があるかどうか，検討を要するものが含まれている」とまとめられているが[81]，この結論に至る議論の詳細は省略し，以下には，本稿にとって興味深い指摘のみを掲げる．

第一は，実体型の適用範囲を「法人」と結びつける必然性はないという指摘である．「典型的な『法人』の特徴として挙げられる有限責任とか持分譲渡性とかいった要素をどれだけ精査しても，実体型を設ける趣旨を具体化することにはならない」．そこで，「導管型ルールの執行コストが過大になる場合に組織そのものを課税の対象とするという考え方こそが，租税政策の観点からは重要である」というわけである[82]．

第二に，実体型の課税方式を見る際の視点として，「具体的な課税ルールが人々の行動に及ぼす影響」を重視すべきことが指摘されている．たとえば，収益事業のみへの課税と収益事業・非収益事業を区別しない課税のいずれが望ましいかは，収益事業の黒字を非収益事業へまわそうとする誘因が働くことをどう評価するかによること，また，課税事務からの解放という観点から小規模な組織への非課税を考える余地があることなどが述べられ，「法人税の納税義務者に関する研究は，日本社会におけるさまざまな組織をつぶさに観察することを必要とする」とされている[83]．

2　若干の考察

以上，大杉・増井両教授の議論の内容を見てきた．ただし，二つの論文を内

---

80) 増井・前出注77) 11–12頁．
81) 増井・前出注77) 26頁．
82) 増井・前出注77) 22頁．
83) 増井・前出注77) 17–18頁．

在的に紹介・検討したわけではなく，あくまでも本稿の関心に即して見た場合に興味ある点に注目した．ここでは，このようにして両論文から取り出された示唆を組み合わせつつ，若干の考察を試みたい．

　まず第一に，「組合契約」という性質決定と法人税の課税との関係についてである．大杉論文が提案する組織形態においては，「組合」という性質決定は維持されつつ，法人格付与がなされるべきことが説かれている．そこでは，「組合であることと法人格を有することとは両立する」という考え方がとられていた．他方，増井論文は，実体型の課税対象を画するために「法人」であることを基準とする必然性はないと説いていた．そこでは，「法人格を有することと実体課税がなされることは独立である」という考え方がとられていた．

　両論文が再検討に付したのは，「組合＝法人格なし＝法人税非課税」「法人＝法人格あり＝法人税課税」という図式であったが，大杉論文は，このうちの「組合＝法人格なし」「法人＝法人格あり」の部分を，増井論文は「法人格なし＝法人税非課税」「法人格あり＝法人税課税」の部分を，それぞれ否定したわけである．逆に言うと，大杉論文は「法人格なし＝法人税非課税」の部分はさしあたりの前提としている．増井論文は「組合＝法人格なし」の部分には言及しない．しかし，両論文はそれぞれ専門の領分をまもっているのであり，相互に相手方の主張を否定するわけではない．むしろ，両者の主張は相補いあって，上記の図式全体を揺さぶっていると見るべきであろう[84]．

　以上のような議論の趨勢からは，IIで見た投資事業有限責任組合の例のように，有限責任を求めて，あるいは，法人税非課税を求めて，「組合契約」という法形式を利用することは可能であるが，組合＝非課税だから法人格を持たないとする必要はないし，組合＝法人であっても非課税とできないわけではないということになろう．繰り返しになるが，組織形態と法人格と課税の三つは，相互に独立であることになる．言い換えれば，「組合契約」は有限責任・法人税非課税のためのツールとして用いられうるが，その際に，組合だから法人格はないとする必要はないことになるし，そもそも，法人格の有無にかかわらず，課

---

84)　両論文中には，相互に他方の論文の好意的な引用が見られる．特に，大杉論文は末尾の「付記」において，増井論文を大きくとりあげ「本稿の租税面での議論の不備を補ってあまりある論稿と思われる」としている（大杉・前出注66）商事法務1652号41頁）．

税の要否は決まることになるというわけである．

では，「組合契約」であることは，法人格の有無や課税の要否と全く無関係なのだろうか．第二に考えてみる必要があるのは，この問題である．この点に関する大杉・増井両論文の態度は，それほど単純なものではなく，「組合契約」であることに，依然として一定の意味を認めているように思われる．

大杉論文はまず，その提案する組織形態が組合課税の可能なものとなるように各種の注意を払っている．同論文は「組合課税を確保するため……登記組合・有限責任組合は『組合』と法律構成される」とするが，これは必ずしも便法というわけではない．「登記組合・有限責任組合は法形式においても内部関係の実質に照らしても『組合』であり，また閉鎖性が維持されていることから，課税上も組合課税を適用することが適切である」としており，組合の内部関係の実質が課税に結びつくという発想は完全には廃棄されていない．さらに，すでに見たように大杉論文では，組織の内部関係の柔軟化が指向されているが，同時に，少数株主などに対する配慮もなされている．単に，「組合契約」を投資の受け皿に使おうというのではなく，関係者が集まり実際に事業を行うための組織形態のあり方が追及されていると言える．

増井論文はどうかと言えば，確かにそこでは，「法人格」のみを基準とする課税方式は退けられているが，法人税課税のあり方は「執行コスト」の問題に完全に還元されているわけではない．同時に，同論文は「具体的な課税ルールが人々の行動に及ぼす影響」を重視しており，「日本社会における様々な組織をつぶさに観察すること」が必要であるとしているのである．そこには，組織のあり方を実質的に見ていこうという視点が見出される．

このように見てくると，大杉・増井両論文が否定したのは，組織のあり方を法人格の有無のみによって画一的・一元的に分類する考え方であった，と言える．両論文は，内部組織のあり方を不問に付してよいとは考えているわけではない[85]．むしろ，より実質的に多様な組織を分析・構成する視点を探究してい

---

85) ツールとしての利用が念頭に置かれている投資事業有限責任組合の場合にも，内部組織の問題を完全に捨象するのは難しい．篠原・前出注61) 131頁には，04年改正法に関するその他の論点として，投資顧問業法上の認可の要否があげられている．「組合というのはみんなでお金を出し合って共同で事業をするというのが民法の本来の建前なのですが，場合によってはみんなで共同事業をやっているように見えて，実はやっていない組合もあるのではないか．それは組合と言い

ると言うべきだろう．

　実は，同じことは，組織形態としての法人についても必要なことだろう．前田庸教授を座長とする「組織形態と法に関する研究会」をめぐる座談会においては，神田秀樹教授は次のように発言している．「『権利能力なき社団』についても，法人についても，ある団体が法人であるといったときにどのような具体的な法律効果が生じるのかという点について非常に緻密な議論をしてきました．しかし，……細かい議論をしたり……法人でないものについても法人と同じ法律効果が得られるという解釈論がなされたことにより，法人格の本質的な機能がよく分からなくなってきた面があったのではないかと思うのです．……おそらく，法人を機能的にみた場合，コアになる部分は，内部のガバナンスの問題と責任財産の分離ないし倒産隔離という対外関係の問題の 2 つに大雑把に分けられると思います．そして，その場合に重要なことは，伝統的には両者が必然的に結びついていると考えられ，典型的には，対外的には有限責任，つまり倒産隔離が認められるような組織の内部のガバナンスは，比較的強行規定的であると解されてきたのだと思います．……この点，両者は必ずしも直接結びつかないのではないか……」．

　このように，組合についても法人についても，その法技術としての側面を十分に意識しつつ，その実質的な特性を検討すべき段階に達していると言えるだろう．

Ⅳ　マンション建替組合

1　特別法の制定

　(1)　立法の経緯　1970 年代のはじめから数次にわたるマンションブームを経て，今日では 400 万戸に近いマンションが存在し，1000 万人の人々がそこで生活するに至っている．このようなマンションの発展に伴い，1962 年に制

　ながら実は投資一任契約になるのではないかという問題が出てきました」との指摘がされ，「例えば組合の契約書の中で投資方針を決めていくとか，あるいは運用報告を受けて，組合員集会を開いていろいろことを報告を受けて，決定していくとか，投資委員会をつくって，積極的に投資の内容にある程度関与していくとか，そういった形の関与も今後はいろいろと考えていかれるだろうと思っています」と応じられている．

定された区分所有法は，83年には大改正を受けるに至った．

　その後，1995年の阪神・淡路大震災による被災マンション建替えは大きな社会問題となった．この不測の事態は別にしても，1970年代はじめのマンションブームから30年が経過し，老朽化したマンションはかなりの数に達している（築30年以上のマンションは2000年末で12万戸，2010年末には93万戸に達するという）．そこで老朽化したマンション建替えの円滑化をはかるための法整備が問題となった．2001年はじめに設置された法制審議会建物区分所有法部会において，区分所有法の改正作業が進められ，2002年12月11日に法改正がなされたことは周知の通りである[86]．

　しかし，区分所有法がカバーするのは，おおまかに言えば老朽マンションの建替え決議までであり，その後の建替え事業に関しては具体的な規定は置かれていない．そのため，建替えを実施する団体の運営や構成員の権利義務関係には不明確さが残されていた．また，同団体に法人格がないことや建替えのための取壊しによって，各種の権利関係が一旦は消滅することに伴う問題も指摘されていた．

　もっとも，従来，容積率に余裕がある場合には，民間事業者等の参加による等価交換方式での建替えが可能であった．しかし，今後はこのような方式による建替えができないケースも増えると見られ，区分所有者が主体となる建替え事業のための法整備が求められることとなった．

　こうした要請を受けて，2002年6月19日に「マンションの建替えの円滑化等に関する法律」が成立した．なお，この法律は，上記の改正区分所有法を改正する法律と同じ法律によって，同改正に伴い必要となった改正を受けている．他方，この法律をもとにして，「マンションの建替えの円滑化等に関する基本的な方針」（平成14年12月19日国土交通省告示第1108号）が策定され，これに従って「合意形成の進め方に関するマニュアル」と「建替えか修繕かを判断するためのマニュアル」が作成されている[87]．

---

86)　集合住宅をめぐる最近の状況につき，大村敦志・生活のための制度を創る（有斐閣，2005）第2章 I．
87)　国土交通省のホームページに掲載．

(2) 新法の内容　次に，この法律の内容を簡単に紹介する[88]．

新法は7章140ヶ条ほどの条文からなる法律であり，その内容は複雑であるが，おおむね次のような事項につき定めている．

① マンション建替組合の設立（法第2章第1節，第2節，5条～44条）
② マンション建替事業の個人施行（法第2章第3節，45条～54条）
③ 権利変換手続による権利関係の円滑な移行（法第3章第1節，55条～89条）
④ 建替えに参加しない者に対する居住安定のための措置（法第3章第2節，90条．同第3節は雑則）
⑤ 防災や居住環境面で著しく問題のあるマンションの建替えの促進（法第5章，102条～124条）

なお，第4章には建替事業の監督等に関する規定，第6章には雑則，第7章には罰則が置かれている．

このうちの①が，本稿の関心の対象であるので，その内容をもう少し詳しく見ておこう．

マンション建替組合は，マンション建替事業を実施することができる（法5条1項）．なお，このほかに，マンションの区分所有者又はその同意を得た者（個人施行者と呼ばれている）もまた，一人あるいは数人で共同して建替事業を実施することができる（法5条2項）．新法は，施行主体に応じて異なる手続を用意しているが，具体的な異同についてはすぐ後で触れる．建替組合は，建替えに合意した区分所有者（区分所有法64条によって同62条の建替え決議に合意したとみなされた者など）5名以上が，定款・事業計画を定め，都道府県知事の認可を受けて設立することができる（法9条1項）．認可の申請にあたっては，建替え合意者の4分の3以上の同意（議決権でも4分の3以上）を得なければならない（法9条2項）．そして，建替え合意者は，組合設立への賛否を問わず，全

[88) この法律の解説書として，国土交通省住宅局住宅政策課・市街地建築課監修・マンション建替え円滑化法の解説（大成出版社，2003），坂和章平編・注解マンション建替え円滑化法（青林書院，2003）などがある．以下の叙述は，主として前者による．

員が組合員とされる（法16条1項）．このほかに，定款の定めに従って，民間のデベロッパーなどで建替事業への参加を希望する者を，参加組合員とすることができる（法17条）．

こうして設立された建替組合は，法人格を有し（法6条1項），法人に関する民法のいくつかの規定が準用される（民44条1項―法人の不法行為能力，50条―法人の住所，54条―理事の代表権の制限，55条―代表権の委任．以上は法6条2項．民73条ほかの解散・清算に関するいくつかの規定．以上は法43条）．また，建替組合には，建替え決議に賛成しなかった区分所有者に対する売渡請求権が与えられる（法15条）．この売渡請求権は，区分所有法63条によって建替え決議に賛成した区分所有者などに認められているものを，建替組合にも認めようというものであり，組合がマンション建替の実施主体として積極的に活動することを可能にするものであるとされている．

さらに，組合の組織に関する諸規定が置かれているほか（法20条～43条），税制上の取扱いにつき，法人税法そのほか法人税に関する法令の適用については，建替組合を法人税法2条6号に規定する公益法人等とみなすなどの措置を定める規定が置かれている（法44条）．これはマンション管理組合法人に関する取扱いと同じである（区分所有法47条10項・11項）．

2　組合としての特徴

(1)　共同事業の実施主体　新法によるマンション建替組合はどのような特色を持つだろうか．第一の特色は，建替組合は共同事業の実施団体として構想されているという点に求められるだろう．このような例は，建替組合がはじめてではない．たとえば，都市再開発法（1969年）は，市街地再開発事業の実施主体として市街地再開発組合，土地区画整理法（1954年）は土地区画整理事業の実施主体として都市区画整理組合を想定している．実際のところ，マンション建替え円滑化法は，都市再開発法を下敷きに立法されている（さらに，都市再開発法は土地区画整理法を下敷きにしているという）．

市街地再開発組合は，市街地再開発事業の施行地区内の宅地の所有者及び借地権者の全員によって構成されるが，その設立にあたっては，組合員となるべき者の3分の2以上の同意を得た上で，都道府県知事の認可を要するものとさ

れている(法11条・14条). この組合はやはり法人格を有するが(法8条), その性質は公法人(公共組合の一つとされる)であり, また都道府県知事の認可は特許としての性質を持つとされている.

公法人たる公共組合とは, 公の行政を行うことを目的として設立された, しかし, 土地の区域を基礎としない公法上の社団法人であるとされており, 土地区画整理組合もその一例としてあげられる. 公共組合の行う事業はその直接の受益者が限られているので, 一般の行政とは区別され, 関係者の費用負担, 自治的な管理が原則とされる. ただし, その目的の公共性ゆえに設立及び解散に国家が関与し, また, 組合の業務についても国家が監督する.

それでは, マンション建替組合も公法人たる公共組合であると言うべきだろうか. すでに述べたように, マンション建替組合は市街地再開発組合とパラレルに構成されており, 設立・解散, 監督などにつき同様の扱いがなされている. これに対して, たとえば, 各種の協同組合は, やはり設立・解散, 監督などにつき国家の干渉を受けるものの, 公共組合ではないとされている. その差は, 加入強制がされているか否かに求められるようだが, この一事をもって公法人・私法人の区別がなされるべきか否かについては, 疑問がないわけではない. とりわけマンション建替組合の場合には, その利害関係者は限られていることや管理組合法人との間に実質的な連続性があることなどを考えるならば, 建替組合は公法人たる公共組合であるとしても, 極めて私法的な色彩が強いものであると言うべきだろう.

とはいえ, 私法人とされる各種の協同組合や職業団体などとともに, マンション建替組合が公共的な性格の事業を行う主体であることも, また確かである.

(2) 権限の付与 公法人か私法人かはともかくとして, マンション建替組合は組合である. ここで組合であるというのは, その共同の事業のために, 組合員の権利義務が制約を被るという点に求められるだろう. 民法上の組合に対比して言えば, 組合員の権利義務が広い意味で「出資」として供出されていると言ってもよい.

広い意味でと述べたのは, 組合が影響を及ぼす組合員の権利義務は, 事前には必ずしもはっきりと示されていないからである. もちろん, マンション建替組合の場合には, 組合員の区分所有権が建替えの原資として出資されると見る

ことができる．しかし，そのほかに経費の負担 (法 35 条) や負担金・分担金の支払い (法 36 条) も求められる．これは損益分配の帰結でもあるが，その限度は明らかではない．その意味でまさに無限責任なのである．

このような結果の重大さは，手続の公正さによって補完されている．組合員に対して，組合の意思決定への関与，組合業務の執行の監督などの権限が付与されることによって，組合が組合員に制約を及ぼすことが正当化される．

以上のことは当然のことではあるが，マンション建替組合においては，組合員の日常生活や資産に大きな影響を与える権利義務が処分対象となっているために，特に先鋭な形で現れることになる．

V 大正期の建築組合法案

1 法案の作成

(1) 立案の経緯 マンション建替え円滑化法は全く新しい試みではなかった．類似の法案は 80 年前にも作成されていたのである．大正末年に震災復興の過程で構想された「共同建築組合法案」がそれである．まず，この法案の作成に至る経緯を見ておきたいが，それには関東大震災以前の状況から始めなければならない[89]．

組合形式を用いた住宅建築に関しては，共同建築組合法案以前にすでに，住宅組合法が存在した．同法は大正 10 (1921) 年に公布・施行された法律である．当時の日本は急速な都市化が始まった時期であり，様々な都市問題が噴出しつつあった．これに対して，政府は大正 8 (1919) 年に 8 項目の「社会政策」を発表し，調査・審議・立案のために，大正 7 (1918) 年に内務省に設置されていた救済事業調査会を社会事業調査会へと改組した．また，翌大正 9 (1920) 年には内務省に社会局が設置された．他方，民間でも，大正 6 (1917) 年に後藤新平が内務官僚を中心とした都市研究会を発足させ都市計画運動に取り組んでいた．住宅組合法は，このような動きの中から現れた立法である．

---

89) 以下の叙述は，福岡峻治・東京の復興計画——都市再開発行政の構造 (日本評論社, 1991)，とりわけその第 1 部第 2 章「住宅・住宅計画構想の展開」，第 2 部第 2 章「震災復興計画と都市再開発構想——共同建築組合法案の論理と構造」による．

救済事業調査会は，大正7 (1918) 年1月に，小住宅改良要綱を答申したが，その12項目中には「住宅ノ所有ノ奨励スル為メ相当ノ資格ヲ有スル者ニ一定ノ組織ヲ設ケテ住宅資金ノ融通ヲ図ル等保護ノ方法ヲ講ズルコト」が含まれていた．これに基づき，大正10 (1921) 年1月に住宅組合法案は社会事業調査会の審議に付され，同年2月に法案要綱が答申され，同年4月に法律が制定された．この間，都市研究会の機関誌『都市公論』に公表された都市住宅政策要綱 (1919年) においても，「建築組合の設置」が提唱されていた．

　法案の提出にあたって床次内相は「将来のことを考へまするに，此機に於きまして住宅に関する法制を整へて置きまするすることは最も大事であると考へまするによって，茲に互助的に組合を組織いたして各々小なる住宅の供給を得る道を図りまする，その一法として茲に組合法を制定いたした次第であります」と述べている．このように，住宅組合法案は持家の促進をはかるものであったが，それとは別に，借地法・借家法 (1921年) が制定されたことは周知の通りである．

　住宅組合は，組合員への住宅供給を目的とするとして，7人以上の組合員で組織されるものとされた．設立には地方長官の許可が必要とされ，法人格を有する．その事業内容は，住宅用地の造成・取得・賃貸・譲渡，住宅の建築・購入の二つであったが，その零細な資本では宅地造成は不可能であり，実際には，各組合員が自力で宅地を探し，輪番で住宅を建設・取得することにならざるを得なかったという．その結果，「一方では，組合員の加入・脱退への制限により組合の連合組織と経営拡大の基盤をほりくずし，組合の主体性を否定する契機をつくり，他方では『自助共済』観念にもとづく住宅組合の運営という，すぐれて社会連帯主義的な発想に反して，現実には，低利資金導入の『便法』としての組合運営を招くというように，組合をたんなる組織的・相互的な住宅金融機関に転化させてしまう」，「住宅組合は，むしろ，その社会政策的イデオロギーを払拭して，たんなる住宅金融の私的な調達制度として機能する方向にむかう」[90] こととなったという[91]．こうした限界を打破するために打ち出されたの

---

90)　福岡・前出注89) 54頁, 55頁.
91)　住宅組合がどの程度まで利用されたかは必ずしも明らかではないが，福岡・前出注89) 64頁に掲げられた資料によると，大正10 (1921) 年6月の「住宅組合設立見込調」によると，全国合

が，住宅会社法＝田園都市化の構想であったとされるが，これはもはや「自助」のために「組合」の仕組みを用いるものではない．

しかし，組合形式の利用はその後にも試みられた．「共同建築組合法案」がそれである．同法案は震災復興計画の中から登場するが，その経緯の概略は次のようなものであった[92]．

復興計画においては防火地区の拡大・整備が大きな課題であった．共同建築組合法案はそのために必要とされたのであるが，両者の関係は次のように説明されている．「防火地区の整備のためには，当該地区内において耐火建築を強制しなければならず，このため建築助成の拡大と，建築に向けての巨大なエネルギーの結集が必要とされたのであるが，まず，その前提として適切な建築敷地の造成が要請された．そこで……過小画地の統制なり統合なりが差し迫った課題となりつつあった」というわけである[93]．

たとえば，特別都市計画法（当初は帝都復興計画法案として提出）による特別都市計画委員会（東京防火地区ニ関スル特別委員会）での審議における次のような質問（1925年）は，この間の経緯をよく表している．すなわち，「日本橋トカ京橋ノヤウナ所ハ，土地ノ所有主モ数ガ多ク，借地ノ如キハ更ニ零細ニ別レテ居リ」「錯綜シタル所有主ト借地人トノ関係アリ所」で，耐火建築を進められる町内は小部分であり，「大部分ハ……法律デ強制ノ途ヲ講ゼラレナカッタナラバ事実ニハ出来ヤシナイ」として，共同建築法制化が求められたのである（大橋）．これに対して，復興局長官・直木倫太郎は，「四五軒ノ人ガ気ヲ揃ヘテ，一ツノ建物ヲ建テテ二間半ナリ三間ナリニ店ダケヲ仕切ルト云フ風ナ進ンダ考ヲ持ツテ居ル者モアル」と応じたにとどまったが，問題があることは明らかであり，その後，東京市政調査会や建築学会によって改めて取りあげられ，内務省復興局の「共同建築法案」が作成されることになる[94]．

計で約3000（住宅数で約6万戸）が予定されていたという．なお，竹内隆人・集合住宅デモクラシー――新たなコミュニティ・ガバナンスのかたち（世界思想社，2005）60–61頁は，住宅組合の実例に触れており興味深い．
92) なお，震災復興と借地借家の関係については，小柳春一郎・震災と借地借家（成文堂，2003）第1部に詳しい．
93) 福岡・前出注89) 330頁．
94) 福岡・前出注89) 337–339頁．

この内務省復興局案は大正15 (1926) 年1月20日に法律新聞に発表されるとともに内務省に回付されて，省内の法令審議会での審議が始まったようである．しかし，法令審議会では反対意見が強く，同年12月の第52回帝国議会への法案提出には至らなかった．翌年の第53回帝国議会には，共同建築組合法案と同時に用意された防火地区内借地権処理法案が提出され可決成立しているが，共同建築組合法案の提出はやはり見送られている．

　(2)　法案の内容　　次に，法案の内容とそれに対する反対意見の内容を紹介しよう．復興局の法案骨子は次のようなものであった[95]．

　　一，甲種防火地区内の一団の土地の地主又は借地人が共同して耐火建築を為すことを著しく有利とする場合には地方長官の認可を受けて組合契約の下に各自建築費その他必要なる出資を為して共同建築を為すことが出来る，一団の地主又は借地人の中に之に同意せざる者がをるも，多数の同意ある場合には一定の条件の下に強制的に建築事業を進めることが出来る．

　　二，組合員は組合契約の定める所に依つて組合の建築する建物の敷地たる土地の借地権その他を出資することが必要である，而して借地人が借地権を出資するには民法第612条の規定に拘らず，土地所有者の承諾を得ずして之を為すことが出来る．但し之に因り借地の条件が不相当なるに至りたるときは，土地所有者はその変更を請求することが出来る．

　　三，組合に於て建築するにはその敷地上に存する既存建物の整理を要するも，之が為には，組合又は組合員の建物の賃貸契約に付ては期間の定めある場合と雖，その定なき場合と同様に借地法第3条に依る解約申入を為すことが出来る，但し既存建物の借主に対しては組合の建築すべき建物に付き優先借家権を認めるから借家人が居住及営業の利益を失ふことはない．

　　四，地主又は借地人が共同建築を為すのは，畢竟之に依つてその土地の上に各自単独に於てするよりも一層有利なる建築を仕様とするのである．換言すれば地主又は借地人でなければ共同建築の組合員たるべき必要がないのであるから，組合成立後も亦組合員の資格と地主又は借地人たる地位

---

95)　福岡・前出注89) 364–365 頁．法律新聞 2495 号 17 頁以下．

とは互いに之を牽連せしむるが相当である．即ち組合が組合員の出資したる借地権等を失ふときは之を出資したる組合員が組合を脱退する．又組合員に非ざる者が組合の建築すべき建物の敷地に付借地権等を取得したるときは，組合は組合事業の為必要あるときは之に対して組合加入の請求権を有する．

　五，組合の建築事業が完成すれば，その建物を各組合員に分割することがある．而して之が為にはその建物の敷地たる土地の借地権を，組合より建物を所有する組合員に移転する必要があるが，此の場合には土地所有者の承諾を得ずして之を為すことが出来る．

　六，組合がその目的たる事業の不成功に因つて解散さたる場合に於いて組合員の出資したる借地権をその組合員又はその相続人たる組合員に分割払戻しするには，土地所有者の承諾を得ずして之を為すことが出来る．

　七，組合員が組合に対し借地権を出資するとき，組合が組合の建築したる建物を区分して所有する組合員にその建物の敷地たる土地の借地権を移転するとき，組合がその目的ある事業の成功に因るに非ずして解散したる場合において借地権を之出資したる組合員又はその相続人たる組合員に分割払戻すとき又は組合の建築したる建物を組合員に分割するときにおける登記には登録税を免除する．

　八，前段の事項に付きては不動産取得税の如き地方税を課することが出来ぬ．

　九，組合の監督には地方長官が之に当る．

　十，地方長官の為したる処分に不服ある者は訴願又は行政訴訟を提訴することが出来る．

　一瞥してわかるように，法案骨子は所有権・借地権の処理に重点を置いて構成されており[96]，この問題が中心的な課題として意識されていたことが窺われ

---

96) 「一」の「一定の条件の下に」の内容は明らかではないが，市政調査会・建築学会の「共同建築組合法案要綱」第7では，組合加入を望まない所有者・借地権者に所有権・借地権の譲渡に途を開き，組合に買取義務を課すことが提案されている（福岡・前出注89) 369-370頁）．当時，この案と復興局案とは「大体一致」していると評され，「加入不同意の者の都市所有権を譲渡せしむる」ものであるとされていたという（福岡・前出注89) 379頁注8）．

る．実際のところ，法令審議会における反対もこの点に向けられた．反対意見は次の2点をあげていたが，第2点が「最も有力なもの」ものであったという[97]．

　一，地主，借地人，借家人等の権利義務関係が極めて錯雑しているのでこれ等の関係に対しあらゆる場合を考慮してその権利義務の関係を明確に法文上に表すことは殆ど不可能である．
　二，共同建築の目的を充分ならしむる為には或程度に於て所有権に制限を加える必要がある．然るに所有権の制限に関しては従来に於てもその例は少なくないが何れも公益上の目的に出発するもので私益の為に個人の所有権に制限を加ふる如き立法例は未だないので共同建築法を立案するにあたっては茲に所有権の観念に対し新例を開かねばならぬ．

以上に関しては，復興局案においては「共同建築組合は……多少の強制を含む見地から甲種防災地区内に限定し，防火地区の趣旨にそうよう配慮されていた．しかも，組合への強制加入は，共同建築の『その共同部分に比し著しく僅かの介在土地に就き使用権を有する一人乃至極めて僅かの人の反対のために折角の共同建築が阻止せられることは公益上より見て打棄て置き難きことである』からである」という発想が見られた．これに対して，法令審査会は「共同建築を土地区画整理事業の『延長』ととらえて，宅地におけると同じく，建物についてその利用率を高める『建物区画整理』であって，『私益目的を有するのみではない多分に公益目的を有するもの』だとの積極的見地をとらなかった」と評されている[98]．

なお，復興局案は既存の権利関係の処理に重点を置いたため，組合設立後の組合員相互の関係については多くを語らない．この点に関しては，市政調査会・建築学会案を見ておく必要がある[99]．復興局案とほぼ同時にとりまとめられ復

---

[97] 福岡・前出注89) 374-375頁．
[98] 福岡・前出注89) 375頁．
[99] なお，このほかに，岡崎早太郎 (大阪都市協会) によって信託制度による共同建築を提唱する代案も提示されていたという (福岡・前出注89, 380-382頁注16に全文が掲げられている)．

興局長官に提出された両会の「共同建築組合法案要項」は25項目からなるが，ここでは内部関係にかかわる項目のみを掲げておく[100]．

　　第三　共同建築組合ハ法人トス
　　　……
　　　第十三　組合ノ建築シタル建物ニ付組合員ノ使用シ得ヘキ部分ノ割当及其ノ条件ハ組合員ノ出資ニ応シ当該組合員ノ希望及従来組合員ノタシタル土地又ハ借地ノ位置ヲ参酌シテ之ヲ定ム
　　　……
　　　第十八　組合員死亡シタルトキハ其ノ相続人之ニ代リテ組合員トナル組合員ハ禁治産ノ宣告ヲ受クルモ之ニ因リテ組合ヲ脱退セス
　　　第十九　組合員ノ責任ハ有限トス
　　　第二十　組合員左ノ各号ノ一ニ該当スルトキハ組合ハ該組合員ニ対シ其ノ持分ヲ組合ニ譲渡スヘキコトヲ請求スルコトヲ得
　　　　（一）出資払込ノ義務ヲ怠リタルトキ
　　　　（二）組合ノ定ムル建物使用条件ニ違反シタルトキ
　　　第二十一　組合員其ノ持分ヲ喪失シタルトキハ組合ヲ脱退ス

2　法案の意義

（1）理論の側面から　すでに見たように，マンション建替え円滑化法は都市再開発法を下敷きにしているが，ここまで紹介してきた「共同建築組合法案」は，「共同建築組合が借地権設定方式にまつわる種々の制約にもかかわらず，共同建築を『立体的区画整理』として新たに位置づけ，その構造と手続きを具体化したことは，こんにちの市街地再開発組合を中核とする都市再開発法

---
100)　福岡・前出注89) 368-371 頁に全文が掲げられている．
101)　福岡・前出注89) 377 頁．なお，同385頁は，「共同建築の構想は，土地使用権者による共同建築組合を中核に，区分所有権にかんする法律制度と，過小画地の併合案を提案したが……この構想は，第二次大戦後の特別都市計画法，都市再開発法，および区分所有法の制度に対比すべき制度モデルの原点として，こんにち，あらためて再評価にあたいするといってよい．……『近代的耐火建築』都市を建設するにあたっては，共同建築の構想で提起された土地・建物を含めた権利再調整の課題は，戦前のみならず，それ以上に戦後の立体的区画整理＝都市再開発にとっては，とうてい回避できない政策課題であることは明らかである」．

制の原型をつくりあげたとすらみることができる」と評されている[101]．この理解を前提にするならば，マンション建替え円滑化法——都市再開発法——「共同建築組合法案」という系譜が抽出できることになり，都市再開発法を媒介として，マンション建替え円滑化法と「共同建築組合法案」とが繋がる．そこまでは言えないとしても，両者の比較検討が興味深い課題として浮上するだろう．実際のところ，「共同建築組合法案」の内容を見ると，マンション建替え円滑化法を先取りしたかのごとくであることは，すでに見たところからも明らかである．

　さて，両者を比較対照したとき，本稿の観点から注目したいのは，二つの組合の性質である．マンション建築組合は，公法人たる公共組合であるとしても極めて私法的色彩が濃いのではないかと述べた．これに対して，「共同建築組合」は，「私益目的を有するのみではない多分に公益目的を有するもの」であると主張されたにもかかわらず，「私益の為に個人の所有権に制限を加ふる」ものであるとの批判を受けていた．このように，二つの組合に対する評価は異なっているが，二つの組合はその実質において大きく異なるものではない．

　もちろん，「共同建築組合法案」の構想からマンション建替え円滑化法の制定までの70年以上の年月の間に，「所有権の観念に対する新例」を開く環境が整ったということは言えるだろう．今日，都市計画の重要性は，少なくとも一般論としては十分に認識されているだろうし，マンション建替えに対する社会的な需要の大きさもかつてとは比較にならない．

　しかしながら，ここで強調したいのは，「共同建築組合」が私益のためのものなのか公益のためのものなのかが法案の正否を決するような争点となっていたという事実である．マンション建替組合をめぐる議論と対比してみると，何が私益の集合体に過ぎず，何が公益であるのかは流動的・連続的であることがわかる．「共同建築組合法案」は，住宅組合法がそうであったように単なる組合（私益）から出発して，法律による権利制限を伴う特殊な組合（公益）への転換を図ろうとして挫折したが，マンション建替え円滑化法は，都市再開発（公益）から出発して，その規模を縮小して一戸のマンション（私益）に至ったのである．

　もっとも，住宅組合法から「共同建築組合法案」への展開もそれほど単純で

第 3 節　取引でも組織でもなく

はない．住宅組合に特別な融資がなされるのは，組合方式による住宅建設にある程度の公益性が認められるからであろう．少なくとも，立法者が，公益（社会政策）の観点から，このような私的な仕組みを作り出したことは確かである．ある意味で，防火地区に共同で耐火建築を建てることには，それ以上の公益性があるとも言える．それにもかかわらず，住宅組合法が成立し「共同建築組合法案」が流産したのは，言うまでもなく，後者には権利制限が含まれていたからである．共同建築にはそれほどまでの公益性はないというのが，法案審査会の考え方であった．こうして見ると，その名において付与される効果との関係で，「公益」にもいくつかの段階があることが見てとれる．

(2)　実用の側面から　　住宅組合法と「共同建築組合法案」（特に市政調査会・建築学会案）を併せて見ると，そこには，法技術的に見ても興味深い点がいくつか見られ，住宅建築のために設立される組合において，必要なことがらが何であるかを窺うことができる．

第一に，住宅組合法の「失敗」の原因としてあげられる諸要素が興味を引く．一つは，加入・脱退の制限であり，もう一つは，土地取得の困難である．この2点は，今日において，組合方式により集合住宅の建築が試みられる場合（いわゆるコーポラティヴ・ハウジング）の難点でもある[102]．他方，住宅組合に対する融資の便宜がはかられたことの意味は大きい．もし，今日，同様の措置がなされるならば，コーポラティヴ・ハウジングは格段に活発化することだろう．

第二に，「共同建築組合法案」に置かれた内部関係に関するルールも興味深い．もちろん，内部関係については当事者の合意に委ねればよい．しかし，必要だと思われる任意規定を予めセットしておくことの意味は小さくない．市政調査会・建築学会案が，区画の割当て（第十三），死亡・禁治産に対する対応（第十四），使用条件違反の場合の売渡請求権（第二十（二））などを定めたのは，先駆的な試みであったと言えるだろう．

---

102)　コーポラティヴ・ハウジングの現状および法的問題につき，大村・前出注 86) 第 2 章 II．

VI　おわりに

　(1)　組合契約の二つの利用形態　ここまで紹介してきた二つの法律は，二つの方向での組合契約の利用形態を示しているように思われる．一つは，組合における法人格の不在に着目して，これをビジネスの仕組みとして活用するというものであり，もう一つは，組合における出資・損益分配に着目して，これを生活環境の改善のために利用するというものであった．一見すると，前者は組合の法技術的な一側面を利用したものであり，後者が組合本来の姿であるように見える．しかし，いずれも組合契約の持つ特性のある部分を用いようとするものであり，一方が変則で他方が本則というわけではない．違いがあるとすれば，組合への「賭け金」の流動性の高さであろう．前者においては，様々な可能性の一つとして，抽象化された資金が組合に投じられるのに対して，後者においては，ある意味では不可避の選択として生活そのものがそこに巻き込まれることになる．もっとも，これはあくまでも相対的な相違である．

　ところで，ベンチャーへの投資事業もマンションの建替事業も，ともに民法上の組合によって実現できないわけではない．実際のところ，二つの新法が制定されるまでは，程度の差はあれ民法上の組合が利用されてきた．二つの新法は，組合契約が持っているあるメリットを活かしつつ，それに伴うデメリットを除去するために特別法として立法されたものである．投資事業組合に関しては有限責任の導入など，建替組合に関しては加入強制などがそれであった．確かに，これらの点は立法なしには対応が難しい点であった．しかし，特別法によるプラス・アルファを除いたとしても，二つの法律が示した組合のモデルは，一定限度で利用可能なものなのではないか．本報告では，この利用可能性につき，具体例をあげて検討することはできないが，今後の課題としておきたい．

　(2)　法人との二重の関係　最後に，組合と社団・法人との関係につき，一言しておく．二つの新法は，組合と法人の関係について考えるきっかけを含んでいる．

　一方で，組合＝無限責任，法人＝有限責任という関連性は大きく揺らいでいると言うことができる．投資事業有限責任組合法は，法人格を得るか否か（与

えるか否か），有限責任を認めるか否かは，一定の関連はあるとしても，最終的には別個独立の問題であることを示した．様々な仕組みを考案するにあたっては，パーツの組合せが不可能ではない．組合と法人の関係に限って言えば，両者は選択の対象として，いわば並列・対等の関係にあると見ることができる．

　他方，組合として構成しつつ法人格を付与するという例はこれまでにも少なくなかったが，マンション建替え円滑化法は，私法上の組合に近いタイプのもので，しかも構成員への拘束の度合いが高いものを規律対象としたことによって，このような「組合法人」の意味を考えさせるものとなっている．ここでは，組合と法人とは，直列・重畳の関係にあると言えるが，この場合に法人であるとはいかなることであるのか，法人格の有無につきない問題が残されているように感じられる．

C　無償行為論の再検討へ

　戦後日本民法学の無償行為論の基礎は，広中俊雄教授によって築かれたと言って過言ではない[103]．同教授の無償契約論が最もまとまった形で示されていると思われる「有償契約と無償契約」[104]では，その骨子は次のように表現されている．無償契約とは「ある一つの給付を取り出してみたときにこれと対価的な関係に立つものとして把握されるべき他の特定の給付が見出されないところの行為であるが，しかもその給付たるや，本来はそれだけを独立に取り出して眺めることができないものであるにもかかわらず法律上そういうふうに扱われるところのものである」と[105]．

　この説明は，一つの明快な歴史＝社会的説明とあわせて提示されたために，鮮烈な印象をもたらした．「商品交換という一つの社会的過程が発展していくにつれて，その社会の内部の『共同体』的紐帯は徐々に断ち切られてゆき，それによって，かの『有償的』贈与のおこなわれるべき『共同体』的生活の場は漸次せばめられてゆく．そして，『有償的』贈与における『お返しの義務』は……交換＝売買の法の発展に伴って……漸次，法の平面からは退けられていった」[106]という説明である．

　今日の民法学説は，程度の差はあれ，このような見方の影響を受けている．本稿の筆者自身も次のように書いたことがある．「日常的な贈答……は好意に支えられてはいるが，その背後には互酬の関係があり，社会学的に見れば反対給

---

103)　本稿は，2002年9月12日に東北大学民法研究会において行った報告原稿をもとにし，加筆修正を加えたものである．報告の機会を与えてくださった関係の諸教授に，この場を借りて改めてお礼を申し上げる．
104)　広中俊雄著作集2・契約法の理論と解釈（創文社，1992，初出は1956）所収．
105)　広中・前出注104) 35頁．
106)　広中・前出注104) 34頁．

付がないわけではない」，あるいは「贈答を行う人々の関係をより広くトータルに観察すれば，そこでは物やサービスが，長期的には辻褄が合う形で，循環している．つまり，1 回限りで見れば，贈与は無償であると言えるが，長期的に見れば，贈与はより大きな交換システムの一こまであるとも言える」と[107]．こうした叙述が，広中理論の影響下にあることは明らかであろう．

　同教授が提示したこのような見方を基本的には共有しこれを出発点としつつ，「現代」における無償行為の「位置づけ」に関する限りにおいて若干の見直しを行うことが必要なのではないか．このことを示し，同教授によって先鞭の付けられた無償行為論の再検討へ向けて，議論の活性化をはかるというのが，本稿の課題である．

　このような課題意識を支える事情として，次の二つに触れておく．

　第一は，筆者自身の個人的な関心についてである．筆者は，契約法の基礎理論や民法学の方法論を別にすると，1980 年代後半には消費者の問題，90 年代前半には家族の問題を中心に研究・教育を行ってきた．しかし，90 年代後半に入ってからは，消費者団体や再構成家族などを手始めに[108]，現代の都市社会における「人と人の社会的なきずな」を研究対象としている．この領域を民事団体論・ネットワーク論などと呼ぼうと考えたこともあるが，現在では，「ソシアビリテ (sociabilité) の法」という意味で「社交法」と呼んでいる[109]．社交法の中核をなすのは自発的な結社の法＝「アソシアシオン (association) の法」であるが，今日の市民活動体は，このような中核組織のほかに，ヴォランティアなどの周辺的な随伴者を伴う星雲状の存在である点に特色がある．この点に鑑みると，無償で活動に参加する人々に関する研究が重要になる．そうした意味で，無償契約論は社交法の研究対象の一つであることになる[110]．

　第二は，最近の学説状況についてである．NPO やヴォランティアに関する議

---

107) 　順に，大村敦志・基本民法 II（有斐閣，第 2 版，2005）166 頁，同・生活民法入門（東京大学出版会，2003）287 頁．
108) 　大村「消費者団体の活動——生協を中心に」ジュリ 1139 号 (1998 [本書第 1 章第 1 節 A])，大村「『再構成家族』に関する一考察」みんけん 500 号 (1998) [本書第 1 章第 2 節 A]．
109) 　大村・前出注 107) 第 3 章「社交生活と法」．なお，大村・フランスの社交と法（有斐閣，2002）も参照．
110) 　そのほかに，大村「現代における委任契約」中田裕康＝道垣内弘人編・金融取引と民法法理（有斐閣，2000）[本書第 1 章第 3 節 A] の中では「寄付」の問題をとりあげている．

論は日本でも盛んになっているが，法的な検討は必ずしも十分とは言えない．そうした中で，吉田邦彦教授の「贈与法学の基礎理論と今日的課題」[111]が現れたのが注目される．同教授らしく，そこでは様々な問題や外国（アメリカ）の学説が取りあげられており，その論旨にはいささか難解なところもないではないが，「無償のボランティア的な財貨・役務提供の社会的意義が今後とも真摯に検討されることは急務であろう」[112]という基本的なスタンスには共感を覚える．なお，筆者自身が親しんでいる外国（フランス）の学説についても触れると，現実贈与に関する学位論文や社会学者の手になる贈与論の新版などが現れているが[113]，その背後にも同様の問題意識が伏在していると言えるだろう．

アプローチの仕方についても一言しておく．広中理論は同教授の歴史研究に裏づけられた法＝社会理論によって支えられている．わずかではあるとしてもそのような理論に追加・修正を加えようとするならば，新たな現象を包摂できる原理を求めて，同教授に劣らぬ深度のある研究を試みるのが本筋であろう．他方，贈与（より広く無償の財貨移転）は家族の財産関係において大きな意味を持つが[114]，家族の財産関係は，法的な処理になじみにくい面を持つとともに，法的に処理されるべき局面においても，少なくとも日本においては法技術が十分に洗練されていないことが多い[115]．このことは，家族の財産関係以外の無償行為にもあてはまる．そうだとすれば，この点を補うこともまさに急務であると言わなければならない．

このように，無償行為論の再検討にあたっては，原理と技術の両面からのアプローチがなされるべきである．しかし，モース以後の理論的諸研究（マリノフスキ，レヴィ＝ストロース，あるいはマイケル・ポランニー，さらにはデリタなども）は，フォローするだけでも容易ではない．また，法技術的な検討に関しては，直接に関連する裁判例はそれほど多くないので，実態を十分に把握した上で，自前の検討が必要になる．現在の筆者にはそのいずれの準備もでき

---

111) ジュリ1181号〜1184号（2000）．
112) 吉田・前出注111）1184号111頁．
113) 順に，Peterka, *Les dons manuels*, 2001, Godbout et Caillé, *L'esprit du don*, 2000.
114) 吉田・前出注111）もまずこの問題からスタートしている．
115) 法技術的洗練の一例として，鈴木禄弥「夫婦財産契約の対抗力」民事研修359号（1987），道垣内弘人「夫婦財産契約・婚姻費用の分担——条文解釈学として」判タ994号（1999）．

ていない.

　そこで，以下においては中途半端な切り口で，しかも不十分な問題提起をするにとどめるほかない．具体的には，「現代」における無償行為の「位置づけ」に焦点をあわせて，二つの方向から暫定的な考察を行う．第一に，無償契約・有償契約という二元論を参照軸としつつ，一方で，無償契約に比べると法の外の世界としての「非法」により近いと思われる問題に触れ（Ⅰ），他方，無償・有償のいわば中間に位置づけられるかもしれない問題にも触れることにする（Ⅱ）．これらは，実定法秩序の中での無償行為の位置づけにかかわる．第二に，「社会的なきずな」という観点に立ち，実定法に現れている問題群が，法理論や社会哲学との関係でどのような意味を持つのかについて考えてみることにしたい（Ⅲ）．

Ⅰ 「非法」との間で

1 「契約としての贈与」と「事実としての贈与」

　広く「贈与」（あるいは無償行為）と呼ばれるものの中には，一方で，その法的な拘束力において，民法典の定める標準的な「贈与」（あるいは無償行為）よりも弱いものはないだろうか．民法典の「贈与」が「契約としての贈与」であるとすると，「事実としての贈与」とも言うべきもの，フランス法の用語に従うならば「非法」[116]の領域に属するものとして，次の二つの問題を取り上げてみたい．

　(1) 現実贈与をめぐって　「現実贈与」という用語は一般に用いられるものではないが，ここでは「現実売買」に対応するものとして，仮に用いている．念頭に置いているのは，現実売買の場合と同様に，その場で履行が行われてしまう贈与である．フランス法において don manuel（手交贈与）と呼ばれるものは，まさにそのようなものである．フランスでは don manuel の法的性質や有効性などが問題とされているが，それには制度上の理由がある．フランス民法

---

116) 「非法」の概念につき，北村一郎「〈非法〉(non-droit) の仮説をめぐって」中川良延ほか編・星野古稀・日本民法学の形成と課題・上（有斐閣，1996）．なお，大村「フランス家族法改正と立法学」同・法源・解釈・民法学（有斐閣，1995) 213 頁以下も参照.

典 (931 条) においては，贈与は，要式行為とされており，公正証書を作成しない限り有効に成立しない．それにもかかわらず don manuel は有効とされているが，それはなぜかが問題になるというわけである．この点について，現代の有力教科書の一つは，don manuel は「法の境界，ほとんど『非法』の側に属する」[117] としている．

日本法の文脈においては，同様の問題はないかに見える．日本法においては贈与は諾成契約であるが，書面を作成するか履行がなされると撤回不能となる．ここで「現実贈与」と呼んでいるのが履行された贈与にほかならないとすると，書面がなくともそれが有効であり撤回不能なのは当然であることになるからである．

だが，成立の次元ではなく効力の次元で考えると，話は少し違ってくる．たとえば，日本法においては，贈与者は瑕疵担保責任を負わないが，悪意の場合には別であるとされている (民 551 条)．しかし，常にそう考えるべきだろうか．現実贈与の場合において，悪意であっても瑕疵担保責任を負わない場合があり得るのではないか．たとえば，穴が開いていることを知りつつ被災者や難民の支援のために寄付した衣類・寝具類につき，寄付者は瑕疵担保責任を負わないと考えるべきではないか[118]．この問題は，技術的には「隠れたる」や悪意の認定の仕方によっても処理できるだろうが，ここでは端的に，一般の贈与に比べて責任が軽減される場合があるのではないかという問いを立てておきたい．

(2) 生殖子提供をめぐって　もう一つ，フランス法において don という表現が用いられているものとして，生殖子の提供がある．たとえば，精子提供は don des spermes という．

これもまた，「非法」の世界にまたがる問題である．ここで don という表現が用いられていることの意味は，おそらくは donation (贈与契約) ではないという点に求められよう．donation は法的な合意 (convention) であるが，don は物を与えるという事実行為 (fait) を指す．したがって，don des spermes は事実行為であり，贈与契約の要件 (方式の充足) を満たす必要はないと解される．

---

117)　Malaurie (Ph.), *Droit civil. Les successions. Les libéralités*, Editions Cujas, 2ᵉ éd., 1993, n° 396, p. 222.
118)　この問題には，大村・前出注 107) (2003) 289 頁，292 頁で一言した．

しかし，生殖子提供がdonと性質決定される理由はこれだけだろうか．もう一つの理由があるように思われる．これには人体の一部を契約による処分の対象とすることができるかという問題がからんでいる．人は契約によって人体の一部（生殖子・臓器・血液など）を処分することはできないが，事実問題としてこれらを提供することは可能である．提供を受ける側が履行の強制をすることはできないが（損害賠償も不可），提供されたものを保持することはできる．ただし，この場合のdonの対象は用途が限定されている．そこには，以上のような含意があるものと思われる[119]．

　同様の問題は日本でも議論の対象になりうる．特に，自己または配偶者に由来する凍結生殖子に関しては，フランスで起きたのと同様に，本人または相続人からこれを保管する医療施設に対してなされた返還請求を認めるべきか否かが争われるという事件が発生しうる．他人のための提供の場合にはdonであると考えられるが，自分が使用するために預けている場合にはどうか．単純な物の寄託であると考えると，返還請求を封ずることはできないが，用途の限定されたdonであると考えならば返還請求を封じることは不可能ではない．

2　「特定目的のための放棄」における法律関係

　1で見た二つの例はいずれも，「契約としての贈与」（donationに対応）に「事実としての贈与」（donに対応）を対置することにより，後者において，あるいは贈与者の責任を軽減し，受贈者の用途を制限しようというものであった．しかし，「契約としての贈与」と「事実としての贈与」とで，このような相違が生じるのはなぜか．ここでは試論として，「事実としての贈与」とは「特定目的のための放棄」にほかならないという考え方を提示してみたい．

　(1)　放棄者の責任軽減　　「事実としての贈与」を行った者の責任を軽減するために，それは「贈与」ではなく「放棄」にほかならないという性質決定をするというのは，比較的わかりやすいだろう．

　目的物は「贈与者」から「受贈者」に給付されるのではなく，「贈与者」に

---

119)　なお，一旦，人体から分離したその一部が物として所有権の対象となるか否かは，契約の対象となりうるかどうかとは独立の問題であろう．

よっていったん放棄された目的物を「受贈者」が新たに取得するのだとすれば，(ここで表現を改めるが)，「取得者」は自らが取得した目的物の瑕疵につき，「放棄者」に対して責任追及をすることができないのは当然である．もっとも，この場合にも，目的物が危険性を帯びた物である場合には，「放棄者」には安全性に配慮した放棄の仕方が求められ，義務違反に対しては責任が問われうるであろう．しかし，その場合の責任は不法行為責任となるだろう．

言い換えると，「放棄」された目的物については，「取得者」の側のリスクにおいて「取得」がなされるべきであり，「放棄者」は原則としては目的物の品質については責任を負わない．対面で「差し上げます」と渡されたスイカが腐っているかもしれないことを知っていって告げなければ担保責任が発生するが，農家の庭先に「自由にお持ち下さい」という立て札とともに置かれていたスイカを持ち帰る場合には，持ち帰る側がリスクを負うというわけである．

それでは，このような「放棄」が「贈与」に比せられるのはなぜかと言えば，単に一方的に放棄がなされるわけではなく，「取得者」が現れることが想定された上で放棄がなされるためである．その結果として連続的に生ずる対価なき所有権喪失と対価なき所有権取得とをあわせ見ると，「贈与」に見えるというわけである．

もっとも，これを黙示の特約によって担保責任が免除された贈与と解することもできないわけではない．責任軽減に限って言えば，十分に可能な考え方である．

(2) 取得者への用途制限　しかし，「放棄」という別の概念を用いるのにはもう一つの理由がある．すでに述べたように，「放棄」は「贈与」とは異なり，契約による譲渡ではない．そうであるがゆえに，取引非対象性(incommercialité)，譲渡不可能性(indisponibilité)の制約を免れる．本来は譲渡の対象とはならない物(わざわざ譲渡しようとは思わない物，譲渡してはいけない物)ではあるが，社会的に容認された(推奨された)特定の目的のために供されることが想定されるがゆえに，「放棄＝取得」がなされうるのである．

見方を変えると，ここでいう「放棄」には，想定されていた用途から外れた利用は想定されていない．もし用途外の利用がなされた場合には，当該取得の効力は失われると解すべきだろう．たとえば，自治体が放置自転車を修理し

上で，一定の用途を想定してNPOに無料で提供するという場合には，それはここでいう「放棄」にあたると見ることができる．譲り受けたNPOは，当該自転車を有償処分するなど用途外の利用（処分）がなされた場合には，取得自体が無効だと言える．もっとも，「放棄」の対象が単純な「物」の場合には，転得者は即時取得によって保護されることになる．

　ここでも条件付贈与として性質決定することは不可能ではない．ただ，1で述べた生殖子をはじめとして，目的物の譲渡可能性に疑義のある場合にも，「放棄」という構成により（特定用途に関する限りで）「譲渡」と同様の結果が得られる点に特殊性が認められる．もっとも，これも特定の条件の下で贈与が有効になると解する余地はないではないが，そのようなカズイスティックな処理をするよりも，donという概念を媒介として，「特定目的のための放棄」というカテゴリーを想定した方がよいのではないかというのが，本稿の見方である．

II　有償契約との間で

1　サービス提供者の責任

　財貨からサービスに，すなわち寄付からヴォランティアに，目を転じると，ここまで見てきたのとは別の問題が立ち現れる．ヴォランティアに対して有償契約の場合と同じ責任を課してよいか．1970年代後半の「四ツ葉子ども会事件」[120] 以来，論じられている問題である．

　(1)　緩和の論理・強化の論理　河辺でのハイキング中に水死者を出した四ツ葉子ども会事件では，引率者に損害賠償責任が課されたが（刑事責任は免れた），これに対しては，無償のヴォランティア活動を行う者に高い注意義務を課すことに疑問が投じられた．学説では，たとえば，加藤雅信教授は「この判決ではより善意にあふれ，熱心に活動した者だけが法的責任を問われる結果になっている」「本件のような場合に，相対的により熱心であった者に，万全の体制を整えるべき義務を求め，個人としての責任を追及するのはいかがなものであろうか」「友情や好誼にもとづく約束は，当事者は暗々裡に法的制裁とは無縁

---

[120]　津地判昭58・4・21判タ494号156頁．

なことを予定していると思われる」と述べている[121]．

しかし，学説の反発も影響しているのだろうか．最近では，ヴォランティアの責任を相対的に軽減するかに見える裁判例も現れている．比較的よく引用されるものとしては，身障者の転倒につき歩行介護を行っていたヴォランティアの責任を否定したものがある[122]．この判決は，ヴォランティアと身障者の間に委任契約の成立を前提に，善管注意義務の内容につき，「ボランティアが無償の奉仕活動であるからといって，その故に直ちに責任が軽減されることはないというべきであるが，もとより，素人であるボランティアに対して医療専門家のような介護を期待することはできないことは言うまでもない」として，実際には相対的に低い程度の注意義務を課している．このケースの事例において，ヴォランティア個人の責任を認めるべきであったかどうかは，さしあたりここでは問題にしない．

この判決でもう一つ興味深いのは，ヴォランティアを派遣した団体（社会福祉協議会）と身障者との間の契約関係が否定されており，その結果，団体の責任が全く検討対象外とされている点である．詳しく実態を検討することが必要ではあるが，たとえば団体の職員が派遣された場合とヴォランティアが派遣された場合とで，利用者（本件では身障者）の側の認識に差がない——職員だから重い責任を負い，ヴォランティアだから重い責任を負わない，とは考えない——場合もあるだろう．

なお，最近の別の裁判例では，ヴォランティア（テニス講師）の側から活動主宰団体（自治体）に対して安全配慮義務違反を理由とする損害賠償請求がなされたのを退けたものがある[123]．本件では，自治体と講師の関係は準委任であるとされつつ，その場合にも安全配慮義務違反が問題になる余地はあるとされている．しかし，結論としては，仮に指揮監督関係があったとしても，安全配慮義務違反は認められないとされている．結論そのものは妥当なのかもしれないが，有償の講師の場合にも同じ結論となるのか否かは不明である．

(2) 組織型参加と独立型参加 では，これまで無償行為であっても高い

---

121) 加藤「隣人訴訟・津市『四ツ葉子ども会』事件訴訟」判タ 507 号（1983）107 頁，109 頁．
122) 東京地判平 10・7・28 判時 1665 号 84 頁．
123) 千葉地裁佐倉支判平 11・2・17 判タ 1013 号 194 頁．

レベルの責任が課されるとされてきたのはなぜか．この点はヴォランティア活動をどのように性質決定するかにかかっている．

　ヴォランティアとは「自ら進んで社会活動などに無償で参加する人」(広辞苑)「自由意志をもって社会事業・災害時の救援などのために無報酬で働く人(こと)」(新明解国語辞典)などと定義されている．「参加する」「働く」という表現にもうかがわれるように，ヴォランティアの特徴は，自発性・無償性に加えて，財貨ではなく役務を提供するという点に求められる．こうした役務提供は，日本法の下では，有償であれ無償であれ，(準)委任であると考えられることが多い．雇用(従属・有償)でも請負(有償)でもあり得ない以上，典型契約に受け皿を求めるならば，確かに委任というほかない．いったん委任ということになれば，受任者には善管注意義務が課されることになる(民644条)．そして，一般には受任者の負うべき善管注意義務は高いレベルのものとされがちである．周知のように，図式的には，無償受寄者の負う「自己の財産におけると同一の注意」(民659条)と対比されることになる．

　しかし，最近の裁判例は，ヴォランティア＝準委任というだけでは問題は解決されないことを示唆している．同時に，ヴォランティア＝無償というだけでも問題は解決されない．それゆえ，ヴォランティアの法的性質について，より立ち入った考察が必要となる．

　さしあたりの結論を述べるならば，一口にヴォランティアの責任と言っても，ヴォランティアが組織者・受益者とどのようにかかわっていたかを考慮に入れた上で，類型化をはかる必要があるだろう．この点は(1)でも示唆したところであるが，もう少し詳しく述べておこう．

　第一に，ヴォランティアが組織の指揮監督の下で活動していることが受益者に知られている場合には，受益者には当該組織に対する一定の期待が生ずるだろう．組織側としては，この期待に応じた注意義務を負うというべきだろう．この注意義務は，基本的にはヴォランティア個人にも及ぶ．しかし，多くの場合には使用者責任が問われることになるだろうから，ヴォランティア個人が賠償をしなければならない場合は少ない．なお，ヴォランティアを組織する者は，組織者としての責任を負うべきであり，個々の具体的な受益者が組織の存在を知らないとしても，責任が軽減されることはないと考えるべきだろう．

第二に，ヴォランティアが個人として独立に活動していることが明らかである場合には，受益者は自分のリスクにおいてヴォランティアに頼るべきだろう．この場合には，有償のサービス提供者と同様の注意義務を課すことは困難であろう．ただし，受益者の側で組織的な基盤を持ったヴォランティア活動がなされているとの誤解をしているという場合も生じうる．独立参加のヴォランティアには，このような誤解が生じないような配慮をする義務があろう．もし，組織に参加しているような外観を生じさせていた場合には，外観に対する信頼は保護されるべきだろう．具体的には，ヴォランティアには高い注意義務が課されることになる．また，外観作出に組織の関与がある場合には，当該組織に使用者責任が課されることもありうるだろう．

2　サービス提供者の報酬

　サービス提供者に関しては，もう一つの問題が存在する．報酬の問題がそれである．現代においては，有償とも無償とも言えないタイプの「報酬」がクローズアップされているからである．ここでは，密接に関連する二つの問題を取り上げてみたい．

　(1)　地域通貨と有償ヴォランティア　　まず，「地域通貨」と呼ばれる特殊な「通貨」による交換について考えてみよう．

　「地域通貨」には様々なものがある．その仕組みも目的も一様ではない．しかし，それはローカルな流通範囲を持ち，抽象化した市場や金銭が実現するものとは別のものを求める点では共通している．たとえば，地域通貨の実践例として著名なアメリカのイサカアワーの紙幣には「イサカアワーは私たち地元の資源をリサイクルすることで地元の経済を刺激し，新たな雇用を創出する助けとなります．イサカアワーは私たちの技能，体力，道具，森林，野原，そして川などの本来の資本によって支えられています」「ここイサカでは私たちは互いに信頼しあっている」と印刷されているという．日本国内でも，滋賀の「おうみ」，千葉の「ピーナッツ」，大分の「yufu」をはじめとして，様々な地域通貨が実践されており，評論家の柄谷行人，作家の村上龍，あるいはエコノミストの加藤敏春など，これを推奨する人々も少なくない[124]．

---

　124)　地域通貨については，大村・生活のための制度を創る（有斐閣，2005）259頁以下を参照．

「地域通貨」も「通貨」である以上，それは交換の媒体として使用される．それでは財貨・役務の提供に対して支払われる「地域通貨」は，「代金」(民555条) や「報酬」(民632条) にあたると言えるだろうか．別の言い方をすると，地域通貨による「取引」は民法典の規律する有償契約と全く同様に取り扱うことができるだろうか．あるいは，これらの「取引」は「売買」や「請負」そのものではないとしても，「売買」「請負」に関する規定を類推適用することができるだろうか．

　地域通貨の中には，すべてではないとしても，一般の有償契約と同様に扱うことを躊躇させるようなタイプのものが含まれているように思われる．地域通貨には，取引における支払手段のオルターナティヴという側面と，互酬的な財貨・役務の循環の補助手段という側面が見られるからである．後者に着目するならば，これを一般の「取引」と同視するのは適当ではないということになろう．とはいえ，地域通貨は互酬的な流通を組織化するために「通貨」という手段を用いるものである．このことの意味を考えるならば，無償契約と同じ扱いができないことも明らかであろう．

　一般的に言って，地域通貨は以上に述べた二つの側面を併せ持つが，その中には，支払手段性の強いものと循環補助性が強いものとが混在している．どちらの性格が優越しているかは，とりわけ一般の通貨との交換可能性の有無に現れる．おおまかに言って，交換が可能なものは支払手段性が高く，不可能なものは循環補助性が高いと見ることができよう．

　次に，有償ヴォランティアはどうだろうか．最近では，育児・介護などについて，「扶け合い」の精神に基づき，サービス需要者とサービス供給者とを結ぶシステムづくりが盛んになってきている．そのうち供給者はヴォランティアであるが，一定の金銭の支払いを受けるというタイプのものが存在する．これがここでいう有償ヴォランティアである．

　ここでいう「扶け合い」のシステム，「ヴォランティア」としての参加者は，いずれも二重の意味を帯びている．「扶け合い」については，需要者と供給者とが互換性を持つ場合とそうでない場合とがある．前者の場合には文字通りの意味での「扶け合い」であり，システム参加者は少なくとも潜在的には相互にサービスを与え合い受け合っていると言える．しかし，後者の場合には，需要者と

供給者とは別のカテゴリーに属し，両者の間に互換性は存在しない．この場合には「扶け合い」と言っても，実際には需要者の側は何も供出しておらず，供給者の側の共感・同情に依拠して，安価なサービス提供を受けているだけのことであるとも言える．「ヴォランティア」についても，純粋な社会奉仕の場が求められている場合と手軽で世間体のよい働き口が求められている場合とがある．どちらであるかによって，支払われる金銭の意味も異なってくる．前者であれば，本来，無償であるはずのサービスに対して特に支払いがなされたことになるが，後者の場合には，本来，有償であるはずのサービスがヴォランティアの名のもとに値切られたことになるからである．

　以上のように，「有償ヴォランティア」と言ってもいろいろなものがあるために，この点を捨象して，一律に，有償契約であるとか無償契約であると断ずることは困難であるし，また適当でもない．

　(2)　事後清算型システムと相互減額型システム　　地域通貨のうち，① 互酬補助性の高いものにおいては，地域通貨はいわば互酬のシンボルに過ぎない．地域通貨がたくさん貯まっても，それが財産になるわけではないし，地域通貨をたくさん借りても，それが負債になるわけでもない．しかし，② 支払補助性の高いものの場合には，それは一般の通貨に準ずるものであると言えるだろう．ただし，②の場合にはもう少し細かな区別が必要かもしれない．一般通貨と地域通貨との交換比率が決まっているとしても，② a 前者から後者の比率と後者から前者への比率に大差がない場合と，② b この比率が大きく異なる（地域通貨から一般通貨への交換が不利な）場合とがあるからである．

　ここでは，①と②aの中間に位置づけられる②bについて考えてみよう．②bとは，地域通貨によるサービス交換のシステム内にとどまる限りは地域通貨の論理が支配するが，そこから脱退するにあたっては，システム内での債権債務がシステム外の単位で清算されるというシステムだと言える．一般の取引が即時清算型であるとすると，このシステム内での取引は事後清算型であるとも言える．地域通貨のほかに同様の例を探すとすると，夫婦の財産関係の清算などに共通の要素が見出されるかもしれない[125]．

---

125)　さらに，宗教団体からの脱退時における財産関係の清算も視野に入れる必要がある（「ヤマギシ会」に関するものとして最判平16・11・5民集58巻8号1197頁が現れた）．

第3節　取引でも組織でもなく　　　141

　有償ヴォランティアに関しては，③a 互換性の低いものや④a 奉仕性が低いものは「ヴォランティア」という呼称が与えられていても，有償のサービス提供だと考えるべきだろう．しかし，③b 互換性の高いものや④b 奉仕性の高いものを，直ちに有償行為と同視するわけにはいかないだろう[126]．

　このうち④a か④b かの判別は困難である．しかし，③a と③b との区別は比較的容易である．ここでは，③b であることが明らかな有償ヴォランティアをどうとらえるかについて考えてみたい．③b とは，システム内でのサービス交換に関しては，相互減額が行われるシステムだと言える．供給者としては，将来，自分が需要者になる場合を見越して，低い価格でのサービス提供を行うわけである．これに対して，一般の取引は完全支払型と性格づけることができる．

　以上の考察からは，地域通貨や有償ボランティアの中には，独自の交換のシステムを創設しつつ，外部の一般的な交換システムから完全には遮断されていないタイプのものが存在することが示唆される．このようなシステムの性質を理解するのに，もはや有償か無償かという軸は有効でないように思われる．ここでは問題の指摘にとどめて，このことの意味については項を改めて考えてみたい．

Ⅲ　社会哲学・法理論との間で

1　「社会的きずな」としての無償行為

　(1)　「互酬から契約へ」ではなく「契約だけでなく互酬も」　　本稿の冒頭で紹介した広中理論によるならば，近代社会の成立に向けて，物・サービスの交換は「互酬から契約へ」とシフトするという図式を描くことができる．すなわち，市場が世界に浸透し支配的になるのに伴い，かつての共同体はその基盤を失うが，そのことは，法の世界においては，（有償）契約の重要性が増大すると同時に，互酬が無償契約として矮小化されて契約システムに組み込まれるこ

---

[126]　この点に関連して，法人課税に際して有償ヴォランティア事業をどう扱うかが争われたが，下級審では収益事業として扱うという判断が下されている（同一の事件につき，千葉地判平 16・4・2，東京高判平 16・11・17）．

とを意味するというわけである．

このような認識は，近代社会の成立に向けての局面においては，基本的には妥当するものと思われる．しかし，今日，私たちは，これとは異なる局面に立ち至っているのではなかろうか．この 30 年，世界を覆っているのは，広中理論が想定した規範的な市場ではない．事実としての市場のもたらす弊害を緩和するために，共同体から離陸したかに見える市場を共同体につなぎ止めようという試み[127]や市場自体が内包していたはずの倫理の再発見を促す試み[128]がなされるのも当然のことと言えるだろう．また，基本権保護請求権の提唱[129]や市民的公共圏の再編成の提唱[130]などにも，同じ危機意識が伏在していると言ってよいかもしれない．

こうした局面においては，「互酬から契約へ」という図式に代えて「契約だけでなく互酬も」という図式を提示することが必要だろう．すでに見たように，一時は社会的に見てマージナルな存在になったかに見えた無償行為に対する関心が，最近，様々な場面で高まっているという事実は，まさにこのようなパラダイム転換を要請していると言うべきではないか．市場化＝（有償）契約化に対するカウンターバランスとして，非市場化＝再互酬化が求められているというわけである．

人間の社会関係は市場には還元されない．市場における取引は一つの「社会的なきずな」のあり方を示すが，すべてが市場に委ねられるべきではない．「市場の領分」と並んで「互酬の領分」が存在すべきである．少なくとも，「互酬の領分」がありうることを示すことによって，「市場の領分」の限度を画するべきである．日本に限らず，世界の各国において，こうした考え方が登場しつつあるように思われるのである[131]．

---

127) 内田貴・契約の再生（弘文堂，1990）．
128) 大村敦志・公序良俗と契約正義（有斐閣，1995）．
129) 山本敬三・公序良俗論の再構成（有斐閣，2000）．
130) 大村敦志「民法と民法典を考える」民法研究 1 巻（1996），同「大きな公共性から小さな公共性へ」法時 76 巻 2 号（2004）［本書第 3 章第 2 節 B–1］など．
131) 「営利企業」に対して「非営利組織」が対置されるようになっているのは，同じ考え方が行為面でなく組織面で現れた結果と言えるだろう．この点については多くの文献があるが，さしあたり，大村・前出注 109) 第 3 章「結社と法」，同「『結社の自由』の民法学的再検討・序説」NBL767 号（2003）［本書第 1 章第 1 節 B］を参照．

そしてもし,「契約だけでなく互酬も」という図式によって理解すべき現象が現れているならば, その現象を把握し, それを有効に説明しうる理論を構築する必要があるだろう. 本稿の第一の目的は, このような状況認識の共有を可能にすることにある.

(2) 「共同性が創り出す互酬」から「共同性を創り出す互酬」へ　　しかし, 広中理論も説くように,「互酬」が「共同体」を基盤として存立しうるものであるとするならば,「共同体」が崩壊しつつある今日において, いかにして「互酬の領分」を語りうるのか.

この点については,「共同性」と「互酬」の相互関係のもう一つの側面に着目することが肝要である. もう一つの側面とは,「共同性」が「互酬」を創り出すという側面と対をなす側面, すなわち,「互酬」が「共同性」を創り出すという側面である.

確かに, すでに存在する「共同性」から「互酬」は生まれる.「共同性」は「互酬」というあり方を必要とする. しかし, 反対に「互酬」が, それに対応する「共同性」を生み出すことにも注意する必要がある. 身近な例をあげるならば, ある人が「友だち」だから「つきあい」が生まれるという面と,「つきあい」が生じたがゆえに「友だち」になったという面があることは, 容易に理解できるだろう. ここでの「友だち」と「つきあい」は相互規定的であるが,「共同体」と「互酬」にも同様の関係が認められるだろう.

「地域通貨」はこの関係に着目したものであると言える. それは,「通貨」という市場的な交換ツールを用いることによって, 一回的・限定的な交換に慣れた人々——継続的・無限定的な共同体的交換に組み込まれるのに抵抗のある人々——を広く集め, これらの人々の間に「緩やかな共同性」「新しい社会的きずな」を創出しようという試みだからである.

考えてみれば,「市場」はもともとはこのような特性を帯びていたはずである. それは伝統的な共同体とは異なり,「ゆるやかな共同性」を基礎としつつ「新しい社会的きずな」を創出するものであった. 初期資本主義社会の市場モデルとされる「局地的市場 (ローカル・マーケット)」は, まさにそのようなものだったと考えられる. そこでは, 見知らぬ人が商品交換を媒介とする関係を結んでいたのである.

ところが，グローバル化をとげた「市場」はあまりにも巨大化し抽象化してしまったために，ローカルな「市場」が帯びていた価値は削ぎ落とされてしまったかのごとくである．そこで，交換の主体と対象に制限を設けることによって具体性・限定性を維持した形で創出されたのが「地域」通貨による交換の場である．こうした位置づけも可能であろう．

いずれにせよ，「地域通貨」は自然発生的なものではなく，創出されたものである．そして，その仕組みづくりのためには「契約」が利用されている．「契約」を「共同性」創出のツールとして利用する可能性の追究を促すこと．これもまた本稿の目的とする点である．

2 「社会的きずな」の多元性・多層性

(1) 二つの「社会的きずな」の翻訳可能性 現代においても，「市場の領分」と並んで「互酬の領分」があることを改めて認識する必要があるとして，両者の関係はどのように考えるべきだろうか．一方には，独立的・併存的に考える可能性もある．「互酬の領分」は「市場の領分」からは分離された領域であり，そこには独自の論理が働くという考え方である．もちろん，このようにとらえるべき「互酬」も存在するであろう．しかし，すでに見たように，「市場」とのつながりを無視し得ないような「互酬」もまた存在する．

市場の論理が優越する世界において，そこからは切断された形で「互酬」を維持するのは容易なことではない．そうした「互酬」が成り立つとしても，このような「互酬の領分」に参加しようと考えるのは，一部の人々に限られるだろう．そうだとすると，「市場」に開かれた「互酬」の場を構想することが期待されることになる．また，参加する側にも，「互酬」の領分に属しつつ，「市場」との関係を失わないという複眼的なスタンスに立つことが求められることになる．

実はこうした切り替えの仕組みは，実定法の中にも見出すことができる．すでに言及した夫婦の財産関係はその一例であるし，中間法人の清算なども別の一例として考えることができるだろう．基本的には「市場」を「住み家」とする人々が，夫婦という親密な関係を結ぶ，中間法人という非営利の組織を形成するにあたっては，夫婦あるいは中間法人の内部においては，それぞれに固有

の論理に服するとしても，その設立・解消にあたっては市場との接合がはからざるを得ないからである．すでに言及した「地域通貨」や「有償ヴォランティア」は，夫婦や中間法人に比べると組織性が低いものであるが，「市場」との関係に関しては，共通の性質を見出すことができる．

憲法の世界には「部分社会」という概念が存在するが，本稿が問題にしようとしているのは，この「部分社会」を拡張し，その経済的側面に着目するということになるかもしれない．

(2) 二つの「社会的きずな」の連続性 では，「互酬の領分」(の少なくとも一部) は「市場の領分」に対して開かれており，その影響を受けざるを得ないとして，逆に，「市場の領分」が「互酬の領分」の影響を受けるということはありえないのだろうか．

もちろん，先に紹介したいくつかの学説は，そうしたことがありうるという前提に立っている．しかし，ここで考えてみたいのは，「市場」一般，「取引」一般の性質ではなく，「市場」の中にも，「互酬の領分」に近い領域があるのではないかということである．

現段階では漠然としたイメージに過ぎないが，均質なグローバル市場において取引されるのが適当ではなく，主体と対象の適性に応じたローカルな市場において取引されるべき物やサービスがあるのではないか．もしそうだとすれば，そうした物やサービスを扱う企業のあり方もまた，単なる営利企業と同じでよいかが問題になってくるだろう．

近年では，コミュニティ・ビジネスという言葉が盛んに用いられるようになっているが，「地域通貨」による交換とは別の意味でのローカルな市場が認知されつつあると言える．このような市場における取引のルールとアクターの組織形態もまた，今後の大きな研究課題となるだろう．

おわりに

最後に，家族法を含む民法の非ビジネスロー部分 (筆者の用語で言えば「生活民法」の部分) の意義につき一言して，むすびに代えたい．

最近の民事立法は，担保法改正や債権譲渡特例法の改正に見られるように，

金融システムの再編に大きな関心を寄せている．本来は人々の日常生活と密接に関連する住宅立法に関しても，借地借家法の改正や区分所有法の改正に見え隠れするように，不動産市場の活性化という政策目的が優越しがちである．また，法科大学院構想に関しても，経済界などでは，競争法や知的財産法などをはじめとしたビジネスローの重視が説かれ，アメリカのロイヤーに互して国際取引を有利に進められる法律家を育成することが目指されているかのごとくである．

　もちろんビジネスローは重要である．現に，日本民法学も長年にわたり金融取引法に大きな関心を寄せてきた．しかし，それがすべてであるわけではない．少し前に，クリントン政権の労働長官を務めたライシュの『勝者の代償』（原題は future of success）という本の翻訳が出たが[132]，著者は序章の最後で次のように述べている[133]．「ニューエコノミーがすばらしいのと同様に，われわれはそれによって生活の一部を失っていることも確かである．家庭生活の一部，友人関係，地域社会，そして自分自身を．これらの損失は私たちの享受している利益と並行的に発生するものである．重要な点は，それらが同じコインの表裏であるということだ．ニューエコノミーが加速すればするほど，利益も損失も大きなものになる」．「(この)トレンドは実に強力なものではあるが，しかしそれは絶対に反転し得ないというものではないし，少なくとも変えられないものではない．私たちはもし望むなら，成功の基準を見直すことはできる．……私たちはもし望めば，より十全でバランスのとれた生活を選ぶことができるし，よりバランスのとれた社会を作ることもできる．問題は，私たちが本当にそれを望むか，である」．

　この叙述を借りるならば，民法学は「コインの表」だけでなく「裏」にも関心を寄せる必要がある．日本民法学には，戦前戦後を通じてそうした伝統も存在している[134]．すなわち，「よりバランスのとれた社会を作る」ことを求める

---

132) 清家篤訳（東洋経済新報社，2002）．
133) 前出注132) 13-14頁．
134) この伝統の見直し・承継につき，大村「マイノリティと民法――シヴィルの再編のために」早稲田大学比較法研究所編・比較と歴史のなかの日本法学（早稲田大学比較法研究所，2008）[本書第3章第2節C-1]．

視点が受け継がれてきたはずである．本稿は，「無償行為論の再検討へ」という切り口から，広中民法学もその主要な担い手であったこのもう一つの伝統を未来に向けて承継しようという呼びかけでもある．

判例研究：各種の団体からの脱退

A　ヨットクラブ——強行法規違反の法律行為（最判平 11・2・23 民集 53 巻 2 号 193 頁）

[事実の概要]　$X_1 X_2$（原告・被控訴人・上告人）は Y_1〜Y_5（被告・控訴人・被上告人）とともに，平成 2 年 11 月頃，一口 100 万円の出資をして，この出資金でヨットを共同購入し，当該ヨットを利用して航海等を楽しむことなどを目的とするヨットクラブを結成する組合契約を締結した．この契約にもとづき，上記 7 名は合計 14 口の出資（$X_1 X_2$ は各 2 口）により，平成 3 年 1 月 30 日，中古ヨット 1 隻（価格 1400 万円）を共同購入し，これを利用してきた．しかしその後，$X_1 X_2$ は Y_1〜Y_5 に対して訴えを起こし，平成 3 年 8 月，本件クラブから脱退する旨の意思表示をしたとして，組合持分（具体的には，当時の本件ヨット時価額を出資割合によって案分した額）の払戻金の支払いなどを求めた．

　本件クラブの規約には，会員の権利の譲渡および退会に関して「オーナー会議で承認された相手方に対して譲渡することができる．譲渡した月の月末をもって退会とする．（これは，不良なオーナーをふせぐ為である．）」との規定があったため，その趣旨が争点となった．一審が，組合員間に任意脱退禁止の合意は成立していたとは認められないとして，$X_1 X_2$ の請求を認容したのに対して，原審は，本件組合からの任意脱退は上記の本件規定により会員の権利を譲渡する方法によってのみ行うことができるとして，請求を棄却した．$X_1 X_2$ は，このような脱退禁止を定める本件規定は民法 678 条および民法 90 条に反し無効であると主張して，上告した．

[判　旨]　破棄差戻．「民法 678 条は，組合員はやむを得ない事由がある場合には，組合の存続期間の定めの有無にかかわらず，常に組合から離脱することができる旨を規定しているものと解されるところ，同条のうち右の旨を規定する部分は，強行規定であり，これに反する組合契約における約定は効力を有しないものと解するのが相当である．けだし，やむを得ない事由があっても任意の脱退を許さない旨の組合契約は，組合員の自由を著しく制限するものであり，公の秩序に反するものというべきだからである．」「本件規定は，これを……のとおりの趣旨に解釈するとすれば，やむを得ない事由があっても任意の脱退を許さないものとしていることになるから，その限度において，民法 678 条に違反し，効力を有しないものというべきである．このことは，本件規定が設けられたことについて……のとおりの理由があり，本件クラブの会員は，会員の権利を譲渡し，又

は解散請求をすることができるという事情があっても，異なるものではない.」

[解　説]　一　「強行法規，すなわち，公の秩序に関する法規は，個人の意思によって左右することを許さないものであるから，法律行為の内容がこれに違反するときは，その法律行為は無効である」(我妻・新訂民法総則〔1965〕262頁).このこと自体にはおよそ異論を見ない．法律の規定がある以上はそれに従わないことは許されず，当事者がこれと異なる合意をしたとしてもその効力は否定される．そう考えるのが「当然のこと」(我妻・前掲)であり，原則である．例外的に，任意法規，すなわち，「公の秩序に関せざる規定」(民91条)については，当事者の意思表示によってこれと異なる定めをすることが可能とされている．

では，法令中のどの規定が強行法規でありどの規定が任意法規であるのか．規定上明らかな場合もあるが，多くの場合には解釈によって決めざるを得ない．本判決は，民法678条の一部分は強行法規であると解したものである．

二　民法678条は，組合からの任意脱退に関する規定であるが，同条は次のように定めている．①存続期間の定めのない場合(或組合員の終身間という定めのある場合も同じ)——何時でも脱退することができるが(同条1項本文)，組合にとって不利な時期に脱退することは，やむをえない事由がある場合を除き，許されない(但書)．②存続期間の定めのある場合——やむをえない事由があれば脱退できる(2項)．つまり，判旨の言うように，「やむをえない事由がある場合には，存続期間の有無にかかわらず常に脱退は可能」(A命題)と定めているのである．判旨は民法678条のこの部分は強行規定であるとしたわけである．

この部分以外の部分とは，やむをえない事由のない場合について定める部分である．この場合の取扱いは期間の定めの有無によって異なり，「期間ありの場合には，組合に不利な時期以外は脱退可能，期間なしの場合には，(期間満了前には)脱退不可能」(B命題)とされていることになる．判旨には，明言はされていないものの，B命題は任意法規であるという含意が見いだされる．そうだとすると，たとえば，やむをえない事由がない場合に限ってであれば，期間の定めがない組合契約において脱退を全面禁止することは当事者の合意によって可能であることになろう．

このような考え方は，有力学説の主張していたところであるが(我妻・債権各論中巻二〔1962〕829頁)，判旨は同様の考え方をとったと見ることができる．その理由は，判旨は「やむをえない事由があっても任意の脱退を許さない」のは，「組合員の自由を著しく制限する」ことになるという点に求めている．この点についても，一般論としては大方の賛同が得られるであろう．

以上のように解した結果として，民法678条の強行法規部分と抵触するような当事者間の合意の効力は否定されることになる．判旨も「その(やむをえない事由があっても任

意脱退を認めないと定めている）限度において，民法678条に反し，効力を有しない」としている．

　三　判旨のように，強行法規に反する限度で当事者の約定の効力の一部を否定するのはめずらしいことではない（一部無効と呼ばれる．例：利息制限法の定める制限超過金利は超過部分のみ無効．利息1条1項）．また，ある規定の一部分のみを強行法規であるとするのは，めずらしいかもしれないが，全く例のないことではない（部分的強行法規と呼んでおく．例：売主の担保責任は悪意の場合については特約によって排除できない．民572条）．判旨において注目すべきは，むしろ次の2点にある．いずれも本判決の射程にかかわるものである．

　一つは，公序との関係である．判旨は，「組合員の自由を著しく制限する」のは「公の秩序に反する」としている．問題は，ここでいう公序（公の秩序）の意義である．上告理由は本件規定は民法90条違反であると主張したが，判旨は公序違反＝民法678条違反とするかのようであり，少なくとも文言上は90条に言及していない．しかし，「自由の著しい制限」は90条違反の一類型としてしばしば引き合いに出されるものである．それゆえ，（強行法規と解された）民法678条には抵触しないとしても，90条に違反するとされるケースが出てくることは十分に考えられる．また，民法678条違反と断言はできなくとも，90条の趣旨を勘案するならば，無効と言わざるをえないというケースもありうるだろう．そうだとすると，（公序に関する規定に反する）強行法規違反と（明文の規定を欠く）公序良俗違反とを峻別すべきではなかろう（中舎・後掲124頁以下も同旨）．

　もう一つは，任意規定との関係である．原審は，「本件規定が設けられたのは，本件クラブが，資産として本件ヨットを有するだけで，資産的・財産的余裕が無く，出資金の払戻しをする財源を有しないこと，本件クラブでは，会員の数が少ないと月会費や作業が増えるので，会員の数を減らさないようにする必要があることによるものである」として，その合理性を認めていた．これに対して，判旨は，このような「理由があり，本件クラブの会員は，会員の権利を譲渡し，又は解散請求をすることができるという事情があっても」，結論に影響をもたらすものではないとした（磯村・後掲20頁は，この点を判示したことも重要であるとする）．判旨は，任意脱退を制限する規定の趣旨につき一定の理解を示しつつ，結局はこれらの事情を考慮に入れなかったのである（矢尾・後掲140頁は「やむを得ない事由」の存否の要素として考慮する余地はあるとする）．しかし，判旨のような立場を原則として採用するにしても，場合によっては例外を認めるという余地もないわけではない（中舎・後掲124頁）．（本件とは異なり）持分の譲渡を自由に行うことが許され，かつ，実際にもそれが可能であれば，任意脱退を禁止する規定が設けられたとしても，当該規定は公序に反しないと解することも不可能ではない（山田・後掲86頁参照）．

第 3 節　取引でも組織でもなく　　　　　　　　151

　最近では，ある規定が任意規定であると解されるとしても，合理的な理由なしにその内容を変更することは許されないという考え方 (任意規定の半強行規定化と呼ばれる) が説かれているが，本件が提起するのは，これと対をなす問題，すなわち，ある規定が強行規定であると解されるとしても，合理的な理由があればその内容に変更を加えることが許されるという考え方 (強行規定の半任意規定化と呼びうる) をとることができないかという問題である．そして，この先には，法令中のある規定を強行規定・任意規定に二分することは，常に妥当なのだろうかという大きな問いがひかえている．

　四　最後に，周辺的な問題のいくつかにも触れておこう．

　第一に，本件の前提問題として，契約の解釈の問題があるということ．本件規約の趣旨は一義的に明らかではない．現に，一審と原審 (及び最高裁) とでは異なる解釈が採用されている (一審は任意脱退は制限されていないとした．滝沢・後掲 123 頁参照)．さらに言えば，本件契約が組合契約であるというのも自明のことではない．組合とは異なる法律関係，たとえば単純な共有として性質決定する余地もないわけではない．そうなった場合に結論が変わりうるかどうかは慎重な検討を要するところである (松本・後掲 57 頁参照)．

　第二に，本件の事案はヨットクラブに関するものであったが，このことをどのように評価するかということ．この点につき，一審は，本件契約は「要するに遊びを目的とするものに過ぎ」ないとしており，この認識に立って任意脱退禁止のような拘束を必要とする「合理的理由はな」いとしている．しかし，「非営利・非公益」(この点につき松本・後掲 56 頁参照) であるという一事をもって，このような判断を下すことが適当かどうかは，一考を要するところである．「遊び」の中に，「非営利・非公益」の団体に，ある種の合理性を見いだそうという視点も必要かもしれない．

〈**参考文献**〉　矢尾渉・ジュリスト 1163 号 138 頁，滝沢昌彦・法学教室 228 号 122 頁，磯村保・判例セレクト '99・20 頁，松本恒雄・判例リマークス 20 号 54 頁，中舎寛樹・民商 122 巻 1 号 109 頁，山田誠一・平成 11 年度重要判例解説 85 頁

B　内縁 (最決平 12・3・10 民集 54 巻 3 号 1040 頁)

[**事実の概要**]　X (昭和 4 年生まれ．申立人・相手方・抗告人) は，昭和 46 年 3 月頃に訴外 A (大正 9 年生まれ) と知り合い交際を始め，同年 8 月頃から X のアパートに出入りするようになった A から生活費の支払を受けるようになった．その後，X は，昭和 60 年 12 月から結核・肺気腫のため入退院を繰り返した A の療養看護にあたっていたが，A は平成 9 年 1 月 19 日に死亡した．A は，訴外 B (昭和 22 年に A と婚姻．昭和 62 年 8

月に死亡)との間に,子Y_1Y_2(相手方・抗告人・相手方)をもうけており,昭和63年11月の自宅新築後はY_1らと同居しつつ,週のうちの何日かをX方で過ごしていた.

タクシー運転手であったAは,昭和29年にタクシー会社を設立し,以後,死亡までその経営にあたっていた.その遺産総額は1億8000万円余であり,Y_1がその大部分を,Y_2が約1000万円を相続した.これに対して,Xは,AがXに対して負う内縁の妻に対する財産分与義務をY_1Y_2は相続したと主張して,財産分与の審判を申し立てた.Y_1Y_2はXAの間の内縁関係の存在を争ったが,原々審の高松家裁は内縁の成立を認めた上で,扶養的要素部分としてY_1Y_2に各500万円の支払を命じた(清算的要素部分についてはXは生活費の援助のほかに300万円の贈与を受けていたとして請求を退けた).しかし,原審の高松高裁はY_1Y_2の抗告を容れ,死亡による内縁関係の消滅の場合には財産分与の規定の準用ないし類推適用はなしえないとして,原審判を取消してXの申立を却下した.これに対して,Xが許可抗告.

[判　旨]　抗告棄却.

「内縁の夫婦の一方の死亡により内縁関係が解消した場合に,法律上の夫婦の離婚に伴う財産分与に関する民法768条の規定を類推適用することはできないと解するのが相当である.民法は,法律上の夫婦の婚姻解消時における財産関係の清算及び婚姻解消後の扶養については,離婚による解消と当事者の一方の死亡による解消を区別し,前者の場合には財産分与の方法を用意し,後者の場合には相続により財産を承継させることでこれを処理するものとしている.このことにかんがみると,内縁の夫婦について,離別による内縁解消の場合に民法の財産分与の規定を類推適用することは,準婚的法律関係の保護に適するものとしてその合理性を承認し得るにしても,死亡による内縁解消のときに,相続の開始した遺産につき財産分与の法理による遺産清算の途を開くことは,相続による財産承継の構造の中に異質の契機を持ち込むもので,法の予定しないところである.また,死亡した内縁配偶者の扶養義務が遺産の負担となってその相続人に承継されると解する余地もない.したがって,生存内縁配偶者が死亡内縁配偶者の相続人に対して清算的要素及び扶養的要素を含む財産分与請求権を有するものと解することはできないといわざるを得ない.」

[解　説]　一　民法は,婚姻の解消時に配偶者間の財産関係を調整するため,解消の原因に応じた二つの異なる制度を設けている.すなわち,離婚の場合(ケースA)には財産分与(ルールa／民768条)が,死別の場合(ケースB)には配偶者相続権(ルールb／民890条)が認められている.

では,いわゆる内縁の場合にはどうだろうか.離別による解消の場合(ケースA')には,財産分与の規定を準用する(ルールa')下級審裁判例が見られ(東京家審昭31・7・25家月9巻10号38頁,広島高決昭38・6・19高民16巻4号264頁など),学説としても有

力である．しかし，内縁のカップルの一方の死亡よる内縁解消の場合（ケースB′）に，生存している他方に配偶者相続権の規定を準用すべきか否かに関しては，これを肯定する（ルールb′）裁判例・学説は見当たらない．

　以上を前提に，本件では，死亡による内縁解消の場合（B′）に，財産分与の規定を類推適用する（ルールa′）ことの可否が争われた．この点については後述のように下級審や学説には対立があった．本判決はこれを明確に否定したものであり，実務に対する影響は大きい．また，内縁に関する久々の最高裁判決である本判決は，いわゆる準婚離婚の将来を占う意味でも注目される．

　二　死亡による内縁解消の場合に内縁カップルの財産関係をどう調整するか．この問題については，相続権を認める（b′），財産分与の規定を類推適用する（a′），財産法の法理で処理する（c），という3つの考え方がありうるが，前述のように，b′は一般に否定的に解されており（相続における画一性の要請が重視されている），従来の下級審・学説の対立は財産分与規定の類推適用（a′）を肯定する否か——否定する場合には財産法の法理（c）によることになる——をめぐるものであった．

　肯定説をとる裁判例としては，大阪家裁昭和58年3月23日審判（家月36巻6号51頁）を嚆矢として，大阪家裁平成元年7月31日審判（家月42巻7号45頁），大阪家裁平成3年3月25日審判（家月45巻1号124頁）があり，学説には，久貴忠彦「内縁解消による財産分与」法時35巻11号99頁（1963）のほか，二宮周平「内縁の夫の遺産に対する内縁の妻の権利」判タ747号164頁（1991）などがあった．

　これに対して，否定説に立つものとしては，上記の平成3年審判の抗告審である大阪高裁平成4年2月20日決定（家月45巻1号120頁）があり，学説としては，山口純夫・判タ543号131頁（1983），仁平正夫・家月37巻9号147頁（1985）などがあった．

　三　上記の肯定説と否定説の対立の背後には，①結果の妥当性，②体系的な整合性，③価値判断の正統性の3点をめぐる認識の相違が伏在している．

　①に関しては，内縁カップルの一方の遺産の形成につき他方が行ってきた寄与を十分に考慮しうるか（清算の問題），また，残された他方当事者の生活保障に欠けるところがないか（扶養の問題）が問題となる．肯定説はこの点を重視するが，清算の問題は財産法の法理（共有や不当利得など）によってもある程度まで対応可能である（伊藤・後掲155頁は「実際の結果の差は，それほど大きくない」と評する）．もっとも，家事労働による寄与などは財産法の法理では考慮しにくいので，差は残らざるを得ない．この差をどう評価するかは③にかかわる．

　②に関しては，財産分与と相続権（ルールaとルールb）との関係をどう解するかが問題となる．この点につき否定説は，現行法は両者を峻別していると説いており，肯定説をとると「制度の体系性を崩す」「現行法体系を崩す」とする（山口・前掲134頁，仁平・

前掲156頁，中川・後掲209頁，210頁も参照）．本判決もこのような考え方に立つものものであり，この点を主たる論拠としていると言える．これに対して，肯定説の側からは，ルールaとルールbが併存する婚姻と（ルールa′だけがあり）ルールb′が否定されている内縁とを一律に論ずる必要はないという反論がなされている（二宮・前掲165頁など，岩志・後掲72-73頁も参照）．肯定説をとったとしても，婚姻の死亡解消の場合（B）にまで相続（b）に先だって財産分与を認めよ（aを持ち込む），ということにはならないし，逆に，否定説をとって財産法の法理を適用するならば，婚姻の死亡解消の場合（B）にも同様に相続（b）に先立って財産法的な処理をせよ（cを持ち込む），ということになるはずだ，というのである．

　この反論は形式的には成り立つが，もし内縁を準婚として位置づけるならば，両者を対比して考えるのが素直だろう．そうだとすれば，財産分与と相続権（ルールaとルールb）を区別しつつ，むしろ困難を克服して配偶者相続権の規定の類推（b′）を試みるのが「筋道」（中川・後掲209頁）ではないか．他方，相続（さらに財産分与）によって包括的な処理を行い，財産法の法理を用いないで財産関係を処理できる（ケースAにもケースBにもcを持ち込まない）点に，まさに婚姻の特色は存すると考えることもできる．そして，死亡による内縁の解消（B′）に際しては，このような包括的な処理ができず財産法の法理に委ねる（c）ほかないとすれば，進んで，離別による内縁の解消（A′）についても同様に扱う（c）べきではないか（水野紀子「事実婚の法的保護」石川＝中川＝米倉編・家族法改正への課題（1993）69頁，大村・家族法（1999）220頁など，野澤・後掲98頁も参照）．結局のところ，ここでも婚姻と内縁を同視すべきか否かが問題になる．

　こうして，③が重要な分岐点となる（二宮・後掲79頁，伊藤・後掲155頁も指摘するところである）．この点につき，学説には準婚理論を再検討するものが目立つようになっているが，その中には，ライフスタイル選択の観点に立つものと制度としての婚姻尊重の観点に立つものがある（学説の状況については，大村・前掲227頁以下を参照）．肯定説は，準婚理論を意識的に継承しようという前者と，否定説は，準婚理論とは別の途を探ろうという後者と，それぞれ親和的である．

　四　事案にかかわる疑問点を付加しておく．第一に，本判決は内縁の成立を前提としているが，はたしてそう言ってよい事案であったのか（中川・後掲208頁，伊藤・後掲155頁）．また，内縁にあたるとしても，それが準婚理論による保護を要するものであったかどうか（岩志・後掲73頁も参照）．第二に，通常，財産分与は将来の扶養を含むとされるが，本件で請求されたのは過去の未払扶養料であった（そもそも，扶養的要素が認められる理由も再検討を要する）．

〈**参考文献**〉　本判決の評釈として，中川淳・判評503号（判時1728号）29頁，野澤正充・法セ554

号 98 頁，伊藤司・法教 241 号 154 頁，山口純夫・判例セレクト '00（法教 246 号付録）26 頁，二宮周平・平成 12 年度重判解（ジュリ 1202 号）78 頁，岩志和一郎・リマークス 23 号 70 頁．ほかに，本判決を機縁とする論文として，二宮周平「内縁の死亡解消と財産分配」立命館法学 2000 年 3 = 4 号下巻 1353 頁以下がある．

C　入会団体（最判平 18・3・17 民集 60 巻 3 号 773 頁）

[事実の概要]　沖縄本島中部の A 村 A 部落（現在は A 町 A 区）の住民は「杣山(そまやま)」と呼ばれる林野を入会地として有していたが，第二次世界大戦後，本件入会地は米軍軍用地として使用されている．その賃料は，本件入会地に入会権を有する住民を会員とする入会団体（権利能力なき社団）Y に支払われ，Y からその会員にその一部が補償金として分配されている．

A 部落民の女子孫であり平成 4 年以降現在まで A 区内に居住する X らが，Y の会員資格を A 部落民の男子孫に限る Y の会則は性別による差別を行うものであり民法 90 条により無効であると主張し，Y に対して，その会員としての地位の確認を求めるとともに，平成 4 年度から 14 年度までの補償金各約 300 万円などを請求した．

本件入会地は，明治 32 年の沖縄土地整理法により官有地とされた後，明治 39 年に当時の A 部落民に 30 年の年賦で払い下げられた．以来，本件入会地は旧来の慣習及び規則に従って A 部落が管理しており，昭和 31 年には A 共有権者会（後に A 入会権者会と改称）が設立された．他方，本件入会地の一部は，昭和 12 年頃に A 村公有財産に編入されたが，この部分についても実質的には A 部落が管理を続け，昭和 57 年には A 部落民会が設立された．平成 12 年には，実態は同一であった A 入会権者会・A 部落民会の合併により Y が設立された．

原審の認定によれば，A 部落の慣習に従うと本件入会権を有する者は次のような者であり（名称は評釈者による），Y は同慣習に基づき会員資格を定めている．①原始権利者＝本件払下げ当時に A 部落民であった者（一家の代表者に限る．判旨は「世帯主要件」と呼ぶ．以下，この要件は共通），②追加的原始権利者＝明治 40 年から昭和 20 年までの間に A 部落内に移住し一定の金銭を支払って A 部落民となった者，③承継権利者＝入会権者の後継者となった者（男子孫に限る．「（狭義の）男子孫要件」と呼んでおく），④一時的承継権利者＝一時的に資格承継を認められた旧代表者の妻や女子孫，⑤新規権利者＝ A 区内に分家した者（男子孫に限る），⑥特例的新規権利者＝一定の要件の下で（50 歳以上，他部落出身者と離婚し旧姓に復した等．判旨は後者を含めて「男子孫要件」と呼んでいるが，「帰村要件」と呼んでおく）一代限りの入会権が認められた独身の女子孫．

以上を前提に，1 審（那覇地判平 15・11・15 判時 1845 号 119 頁）が X らの請求を認め

たのに対して，2審（福岡高裁那覇支判平 16・9・7 判時 1870 号 39 頁）はこれを全面的に否定したので，Xらから上告受理申立て．

[判　旨]　一部破棄差戻し．先例をあげつつ入会権の存否・入会権の管理処分などにつき判示した上で，次のように言う．

「このような入会権の内容，性質等や，原審も説示するとおり，本件入会地の入会権が家の代表ないし世帯主としての部落民に帰属する権利として当該入会権者からその後継者に承継されてきたという歴史的沿革を有するものであることなどにかんがみると，各世帯の構成員の人数にかかわらず各世帯の代表者にのみ入会権者の地位を認めるという慣習は，入会団体の団体としての統制の維持という点からも，入会権行使における各世帯間の平等という点からも，不合理ということはできず，現在においても，本件慣習のうち，世帯主要件を公序良俗に反するものということはできない．

しかしながら，本件慣習のうち，男子孫要件は，専ら女子であることのみを理由として女子を男子と差別したものというべきであり，遅くとも本件で補償金の請求がされている平成4年以降においては，性別のみによる不合理な差別として民法90条の規定により無効であると解するのが相当である．その理由は，次のとおりである．

男子孫要件は，世帯主要件とは異なり，入会団体の団体としての統制の維持という点からも，入会権の行使における各世帯間の平等という点からも，何ら合理性を有しない．このことは，A部落民会の会則においては，会員資格は男子孫に限定されていなかったことや，被上告人と同様に枛山について入会権を有する他の入会団体では会員資格を男子孫に限定していないものもあることからも明らかである．被上告人においては，上記……のとおり，女子の入会権者の資格について一定の配慮をしているが，これによって男子孫要件による女子孫に対する差別が合理性を有するものになったということはできない．そして，男女の本質的平等を定める日本国憲法の基本的理念に照らし，入会権を別異に取り扱うべき合理的理由を見いだすことはできないから，原審が……説示する本件入会地の入会権の歴史的沿革等の事情を考慮しても，男子孫要件による女子孫に対する差別を正当化することはできない．」

その上で，X_4 らは世帯主要件を満たさないので，その会員資格を否定した原審の判断は正当だが，他部落出身者と死別後に世帯主となった X_1X_2（X_3 は訴訟係属中に死亡）は同要件を満たすので，男子孫要件を有効として，その会員資格を否定した原審の判断には法令違反があるとした．本判決には，滝井・古田両裁判官の補足意見がある．

[解　説]　一　本判決は，慣習に基づく入会団体の会則中の一部（判旨の言う「男子孫要件」）につき，ある時期以降は性別のみによる不合理な差別にあたり公序良俗に反するとの判断を下した．私人間における男女差別に関しては，日産自動車事件（最判昭 56・3・24 民集 35 巻 2 号 300 頁）をはじめ労働関係にかかわる多数の事例が存在するが，団体の会

員資格をめぐる事例は少なく（漁業協同組合における女性組合員の地位に関する高松高判平14・2・26判タ1116号175頁等がある），本判決はその点でも興味深い．理論的には，民法が明文の規定（民263条・294条）によって慣習に委ねた事項につき，憲法の基本価値に基づく評価する際の判断過程（1・2審と最高裁，法廷意見と補足意見の間の異同）が注目に値する．

　二　まず，本判決の引用部分に先行する前提部分につき一言しておく．本件では入会権者自身による使用収益がもはやなされていない．本件入会権は消滅あるいは変質し金銭債権化していると考えるならば，その承継は相続法の一般原則によることになるはずである．しかし，本判決は入会権はなお存続するとしている．また，入会地の使用収益は入会集団の構成員である各部落民に認められるので，本件の補償金請求権を使用収益権に対応するものと考えるならば，XらはYの会員資格を争うのではなく，入会権の存否を直接に争えばよいはずである．しかし，本判決は入会権の管理処分については入会部落の一員として参与しうるだけであるとしている．つまり，補償金の分配は管理処分の内容をなし，この分配（の決定・受益）に参加するには入会団体の会員であることが必要であるということになろう（もっとも，本件で会員の地位が争われているのはXらの主張による）．

　三　次に，本判決の判旨の中核をなす引用部分についてである．判旨は，一方で，世帯主要件につき，入会権一般の内容・性質，本件入会権の歴史的沿革を考慮に入れた上で，団体としての統制の維持（管理処分に関する決定の必要）と各世帯の平等（世帯構成員の多寡によらない補償金の分配）という二つの要請から，現時点でも不合理とは言えないとしている．他方，こうした要請と関係しない男子孫要件については，女子孫に対する一定の配慮がされていることを勘案するとしても，ある時点から合理性を有するものとはいえなくなっているとしている．この判断には，A部落民会では会員資格は男子孫に限定されていなかったこと，他の入会団体には会員資格を男子孫に限定しない例もあることも影響を与えている．以上の判断は，判旨が，世帯主要件と男子孫要件とを分離して，それぞれの合理性を判断するという考え方をとり，かつ，時間の経過を考慮に入れた結果であろう．

　これに対しては，世帯主要件・男子孫要件のいずれをも否定すべきだという考え方もありうるだろう．一審判決では，Xらの場合には，払下げ当時のA部落民の子孫であること（血縁的要件），現にA区内に居住すること（地縁的要件）だけが要件となるとされている．さらにこれを推し進めると，血縁的要件だけでよい（非居住者を排除するのはなぜか），あるいは，地縁的要件だけでよい（原始権利者や追加の原始権利者の子孫以外の居住者を排除するのはなぜか）という考え方も全くありえないではない（これらの考え方によれば，両要件を具備するXらは排除される側から排除する側にまわることになる）．

判旨の立場は唯一の立場ではないが，一審判決の立場も同様である．どこで止まるかは，男女平等の観点だけではなく，解体過程にある入会権につきどのような立場を立つかにも依存する（この点につき，川島武宜・民法I〔有斐閣，1960〕252頁以下を参照）．

　四　続いて，補足意見に触れておこう．滝井補足意見は，X_1X_2の場合には，「いったん部落を出た後に帰村して独立して生計を立てるに至った」とすれば，同様の男子孫が新規権利者となる際の条件との比較がなされるべきだとする．これは，比較されるべきは③④ではなく，女子孫に④の「帰村要件」が適用される場合に対応する男子孫の取扱いであることを意味する．仮に，この点の取扱いが同一であるとすれば，少なくとも男女差別に関する限りは形式的な差別はないことになろう．もっとも，差戻審では，この点ではなく，X_1X_2の一方につき世帯主要件の充足が争われたが，双方に会員資格を認めるが補償金は一方のみに支払うという和解が成立したようである（沖縄タイムズ2006年11月28日ネット版）．

　五　本件にはほかにもいくつかの問題がある．一つは入会手続にかかわる．判旨は，Xらは入会手続を行ったという主張をしていないが，仮に手続を行ったとしても入会が認められることは期待できないので，Yがこの点を理由にXらの会員としての地位ををを否定するのは信義則に反するとしている．もう一つは補償金の分配の可否にかかわる．この点は本件では争点となっていないが，入会権（あるいは権利能力なき社団の財産）が入会権者（あるいは構成員）の総有に属するという前提を維持するならば，補償金の分配はなぜ可能なのかも議論の対象となりうる（本判決は総有＝持分・分配請求権なしという前提を再検討する素材ともなる）．

　なお，近接した時期に隣国の韓国で，「宗中」（父系血縁による親族集団で沖縄の「門中」に相当──最判昭55・2・8民集34巻2号138頁参照）の財産売却代金をめぐり女子孫が会員資格を争った事件において，男女平等の観点から女子孫敗訴の原判決を破棄した大法院判決が現れている（朝鮮日報2005年7月21日ネット日本語版）．比較法的に見て興味深い事実として付記しておく．

〈参考文献〉　原判決の評釈として，中村忠「判批」判時1888号（判評556号）175頁がある．

書評：ソシアビリテの周辺

I　はじめに

「団体・結社・法人・会社概念との関係における市民社会の質に関する問題提起」，「企業ないし市場を支える商事的民事法のあり方」，この二つの方向性を意識しながら，何か報告をせよというのが，筆者に与えられた課題である．昨年［2003年］の私法学会では，上村教授から「取引社会における『社交』の意義」に関する質問をいただいたが，この質問はまさに上記の二つの方向にまたがるものであろう．上村教授の問いに対しては，学会の場では「正面から解答をする準備はできていないが，さらに考えたい」という趣旨のお答えせざるを得なかった．以下においては，「さらに考えた」ところを述べてみたいが，解答そのものではなく，そのための下書きの断片をお見せするのにとどまることを，予めお詫びしたい．

「社交」と「取引社会」，質問にも現れていたこの二つの言葉がキーワードであるが，はじめに，このそれぞれにつき若干のことを述べた上で，本報告の方法——というほどのものではないが——についても触れておくことにしたい．

まずは「社交」という言葉についてである．本報告の表題〔報告時の原題〕に掲げた「sociabilité論のヴェクトル」という表現は，フランス史家・二宮宏之氏の——初出誌では2頁ほどの，しかし，示唆に富んだ——小論の表題である．筆者は，先年，『フランスの社交と法』と題する小著を公刊したが，そこでの「社交」は，sociabilitéの訳語として選んだものである．1982年に公表された上記の二宮論文によって，筆者ははじめてこのsociabilitéという言葉を知ったのだが，二宮論文の冒頭には「ここで〈sociabilité〉とは，人と人とが共通の集合心性——mentalitéの訳語：筆者注——の上に立って結び合う結合関係」をさすとの説明がなされていた．そして，〈sociabilité〉という概念は「人と人との結びつきのありようのうちにある社会の基本的な特徴——後に用いられた表現で言えば『結びあうかたち』（筆者注）——を見ようとする考え方」に立つものであることも示されていた．

二宮氏はさらに，この概念の「ヴェクトル」につき，次の二点を指摘していた．一つは，「形をもった結合関係」だけでなく「形をもたぬ結合関係」に「もっと目をむける必要がある」こと，もう一つは，これを「予定調和的なもの」ではなく「矛盾内包的なもの」として見るべきことである．筆者の用いる「社交」という言葉は，こうした問題意識を背負っている．

次に触れておく必要があるのは,「取引社会」についてである.筆者は,民法の適用領域を「取引社会」と「日常生活」とに分けて,それぞれの観点から見た民法を「取引民法」「生活民法」と呼んでいる.この用語法に従うならば,上村教授が直接に問題にされたのは「取引民法（冒頭の引用の表現によれば商事的民事法）における社交の意義」であることになるが,以下においては,この問いをふまえつつも,「取引民法」のみならず「生活民法」をも視野に入れて考えていきたい.「社交」を切り口として,「取引民法」と「生活民法」の関係を（さらにはこれらのコアとなる「共通民法」のあり方についても）考えてみたいと思うからである.

以上のように,キー概念は漠然としており,検討の及ぶべき領域は広い.そこでやむなく,「断片」を語ることによって,全体を想像していただこうというわけだが,その際の「断片」は,この1,2年に公刊された何冊かの非法律書から得ようと思う.総合判例研究という表現に倣って言えば,以下では,「非法律書」の小規模の「総合書評」の形式を採用する.

実は,先の二宮論文は,sociabilitéの概念を（最初にそれが適用された18世紀の南仏社会に限らず）「空間的にも時間的にもずっと広い場でとらえることが望ましい」ことを主張していた.この意味で,本稿は二宮論文の提言の精神を受け継ごうとするものである.また,同論文はこの「総合書評」の形をとるものと言えなくもない.そもそも,書評的スタイルは二宮氏の得意とするところである.こうして本稿は,着想のみならず形式においても二宮論文に負うことになる.「『sociabilité論のヴェクトル』をめぐる断章」と題する所以である.

さて,実際に紹介するのは計6冊の書物であるが,「消費・文化」,「家族・地域」,「企業・組織」という3組のテーマを立てて,各2冊ずつを紹介していくことにしよう.こうしたテーマの立て方は,私の著書『フランスの社交と法』が,「余暇と法」「近隣と法」「結社と法」の3章立てになっているのと対応している.さらに,私個人のこれまでの研究との関連で言うと,スポーツ・文化を中心とした「余暇の法」は「消費の法」の延長線上に,地域の人間関係を念頭に置いた「近隣の法」は「家族の法」の延長線上に,それぞれ位置づけられることになる.「結社の法」の部分は,狭い意味での新しい研究テーマであるが,実はこれも,一方で,消費生活協同組合,他方で,兄弟姉妹・再構成家族などの研究,他方で,契約と制度との関係に関する研究と結びついている.

II 「社交」から見た「消費・文化」

1 紹介

最初に紹介するのは,橋爪紳也『集客都市——文化の「仕掛け」が人を呼ぶ』（日本経

済新聞社, 2002)と上山信一＝稲葉郁子『ミュージアムが都市を再生する——経営と評価の実践』(日本経済新聞社, 2003) の 2 冊である．出版元や書名からも想像されるように, いずれもビジネスの観点から, また都市論の観点からの書物である．

最初の 1 冊はどちらかと言えば, マーケティングあるいはトレンド・ウォッチングにかかわるものである．もっとも, 著者の橋爪氏は, 『明治の迷宮都市』や『祝祭の〈帝国〉』『日本の遊園地』などで, 「都市」と「イベント」の関係について歴史的な検討をしてきた人である (工学部出身だが文学部で教えている).

この本のポイントは, 副題が示すように, 都市の「にぎわい」を産み出すためには, 「装置」「演出」などの「仕掛け」が必要だとする点にある．著者の表現によれば, 「多くの人々が, 楽しみのために集まってくる．文化を享受し, 仕事以外の自己実現をはかる．従来の都心とはまた異なる, その種の文化的なセンターが, 今後は創造されるべきではないか」ということである (240 頁).

もう 1 冊の方は, 美術館・博物館などの文化施設を経営・地域振興との関係で論ずるものである．共著者の一人は, パブリック・セクターの経営を研究しており, もう一人は, フランス国立美術館連合の日本法人 (RMN = réseau des musées nationaux. フランスのミュージアム・グッズ・ショップが銀座にあるが, これを経営している法人だろう) に勤務しているという．

こちらは, 「経営と都市の視点からミュージアム改革の具体策を考える」「ミュージアムを見直すことは都市のあり方と私たちのライフスタイルを見直す絶好のチャンスだ」という発想に立脚するものである．言い換えると, ミュージアムを地域・社会のインフラとして位置づけて, その経済価値を単体としてではなく, 波及効果も含めて評価することを提言するものであると言える．

2 検討

以上, 簡単に見たように, 2 冊の書物はそれぞれの立場から, 「文化」を利用して, 人々を集め, にぎわいを創り出し, これによって「都市」を活性化しようというスタンスに立ち, そのための具体的な戦略を示そうとするものであると言える．

このようなスタンスに対しては, 両著が, 「文化」をどのようなものとしてとらえているか, それ (あるいは人と文化のかかわり) を操作の対象としていることをどう評価するか, などといった問題が提起されうるが, ここではこれらの点には立ち入らない．本報告が注目したいのは, そこに見られる次のような視点である．

一言で言うならば, そこでは, 文化の「社交性」(社交関連性) が指摘され, 社交の「経済性」(商品化) が指摘されているように思われるのである．橋爪氏が強調するのは, 「住民のための都市」というコンセプトから「ビジターのための都市 (ツーリスト・シティ)」への発想転換の必要性である．そこには, そうした都市において「新たに生まれるであ

ろう人と人の交流のなかから，新しい文化の担い手が生まれる」(27頁)，「迷いつつ何かを発見する喜び，誰かと偶然コミュニケーションできる楽しみ……いずれも大切な，街の魅力である」(146–147頁)，「パフォーマーと観客をきちんと区別するのではなく，双方が常に働きかけ合う仕組みが確保されている」(221頁)ことが重要であるとの見方がある．上山＝稲葉両氏の著書においても，類似の叙述が見られる．彼らは，ミュージアムは，創造的人材をその周辺に吸引することによって，「新しい産業の育成や誘致に大きな役割を果たす」(30頁)と主張する．同時に，「ミュージアムをつくる，あるいは再構築するという活動は人の輪をつくり，ひいては民度を高めていくうえで格好のきっかけとなる．いままで住民の交流や参画のなかった土地にそのチャンスをもたらす」(92頁)ことを強調する．

「文化」が人と人の関係を作る触媒となり，人と人の関係(社交性)が，産業を作り出す基盤となる．また，「時間消費」(橋爪64頁，上山＝稲葉21頁)の要素を高め，新しいライフスタイルを模索する人々は，人と人との関係(社交性)に大きな意味を求めている，というのである．最近では，「文化経済学」が語られることもあるが，文化の生産・消費の両面を「社交性」との関係で理解しようというのが，ここで紹介した二著であるように思われる．

Ⅲ 「社交」から見た「家族・地域」

1 紹介

次に紹介するのは，ベティ・フリーダン『ビヨンド・ジェンダー——仕事と家族の新しい政治学』(青木書店，2003)，本間正明ほか『コミュニティビジネスの時代——NPOが変える産業，社会そして個人』(岩波書店，2003)の2冊である．前者は「家族と仕事」，後者は「コミュニティとビジネス」の関係を扱うものであるが，本の出自は大きく異なる．

1冊目の著者，フリーダンは，1960年代前半に公刊された『新しい女性の創造』の著者として広く知られている．また，全米女性機構を設立し，フェミニズム運動の組織化の面でも大きな役割をはたしたが，80年代に入ってすぐに公刊された『セカンド・ステージ——新しい家族の創造』によって，家族への回帰の傾向を見せて，運動のメイン・ストリームから距離を置くようになったという人である．

彼女の主張は，「ジェンダーを超え『仕事と家族の新しい政治学』に移行する」という形での「パラダイム・シフト」にある．すなわち，「指導的なフェミニスト組織のエネルギーは，中絶あるいはレイプやデートレイプ，ポルノといった性の政治学に集中的に注がれてきた．……少なくともそれと同じぐらいのエネルギーを，今なお女性が男性同様

の収入や経済的利益を得ることを阻もうとするものとの闘いに費やしてはいけないだろうか」という主張にある．そして彼女は，「米国でこの闘いの鍵となるのは，女性が育児と社会的成功を両立させるのが困難な，この構造を変えることであろう」とするのである (12–13 頁)．

もう 1 冊は，5 人の著者の共著であるが，共著者たちはいずれも産構審の NPO 法部会の委員たちである（本間氏は同部会長）．同部会での議論の延長線上に，「事業型 NPO を軸としたコミュニティビジネスの発展を一層促すために必要な政策課題や制度改革を明らかにする」(254 頁) というスタンスで書かれている．

内容は多岐にわたるが，ここでは，序論を担当する金子郁容氏が，「コミュニティビジネスとは，コミュニティに基礎をおき，社会的な問題を解決するための活動」であるとし，その成立の背景要因として「社会のニーズの多様化，経済の成熟化とサービス化，少子・高齢化の進展，女性の社会参加の増加，地域コミュニティの疲弊など」をあげていることを指摘しておく (23 頁, 24 頁)．

2 検討

以上の 2 冊に共通するのは，今日の社会状況において，個人が個人として生きていく上で直面する困難を，「家族」や「コミュニティ」を通じて解決しようという指向を持っている点である．

もちろん，これには批判はありうるし，疑問も提示しうるだろう．とりわけ「家族」の価値を賞揚することには，強い反発も予想される．また，市場の失敗・国家の失敗に続いて，NPO の失敗が語られることもある今日，「コミュニティ・ソリューション」（金子の表現）がバラ色であるという保障はない．これらの点はひとまず置くとして，本報告の観点から興味を引くのは，両著が相補的な形で示している次のような視点である．

それは一言で言えば，人と人の繋がりから切り離されたことによって困難に直面している人が，サービスを受ける側・サービスを与える側の双方に存在することを想定するということである．フリーダンはある研究者の次のような発言を引用している．「大きな社会変化や社会の解体と再編成が起きている時代のなかで，人々は建設的な方法で子どもたちを支える手助けを必要としています．財政的・情緒的な両面で，父親の職業を継続できるように助ける必要があります．母親は，父親とコミュニティの人々の手助けや子育てを支援する人々を必要としています．私たちはこれらの問題に目を向けるべきです」(156 頁)．これに対して，若者の雇用に詳しい玄田氏は，次のように言う．「ひきこもり，若年失業者，フリーターに限らず，そんなコミュニティから隔絶された人々にとって，新しい出会いを求めるためのきっかけを NPO がにぎっているのではないだろうか」「NPO には，現在の雇用社会の枠組みから切り離された人々を，コミュニティにつなぎとめる役割が期待されている」(88–89 頁)．

こうしてみると，従来の性別役割分担に基づく家事負担や固定的な雇用のあり方を改めて，男女のパートナーシップ，社会的な支援に基づく育児・介護をめざす際にポイントとなるのは，個を尊重しつつ協働を可能にする，開かれた・柔らかな人と人との関係（社交性）を構築することであるように思われる．これによって，家族やコミュニティの再生の道も開ける．2冊の本はこの点を指摘するものであると言えるのではないか．

Ⅳ 「社交」から見た「企業・組織」

1 紹介

　最後に紹介するのは，コーエン＝プルサック『人と人の「つながり」に投資する企業——ソーシャル・キャピタルが信頼を育む』（ダイヤモンド社，2003）と宮垣元『ヒューマンサービスと信頼——福祉NPOの理論と実証』（慶應義塾大学出版会，2003）の2冊である．前者は，ハーヴァード・ビジネス・スクール系の経営書，後者は，慶應藤沢出身の若い著者によるNPO組織論である．一方では企業，他方は非営利団体と，扱う対象は異なるが，タイトルが示すように，組織における「信頼」に着目する点で共通している．

　1冊目の本の大きな特色は，これもタイトルが示すように「ソーシャル・キャピタル」を全面に打ち出す点にある．著者たちは，「ソーシャル・キャピタルは，人々のあいだの積極的なつながりの蓄積によって構成される．すなわち，社交ネットワークやコミュニティを結びつけ，協力行動を可能にするような信頼，相互理解，共通の価値観，行動である」（7頁）と定義している．

　そして，彼らは「この種のつながりに支えられることによって，協働やコミットメントが可能になり，知識や才能を活用しやすくなり，一貫性のある組織行動も可能になる．このようにソーシャル・キャピタルを説明していくと，企業として適切な投資がどのようなものかも浮かんでくる．つまり，『お互いにつながりを育むための時間と空間を提供する』『信頼をはっきりと示す』『目標と信念を効果的に伝達する』『単なる所属にとどまらない誠実な参加を引き出すよう公平な機会と報酬を提供する』ということだ」とする（7-8頁）．

　2冊目の本は，「ヒューマンサービスにおける新しい信頼モデルとそれを実現し得る具体的なアプローチを提案する」（4頁）ことをめざす．ここで興味深いのは，「相互関与性と不可逆性という特性を有するサービス」をヒューマンサービスと定義し（20頁），こうした「ヒューマンサービスの特性を考慮すると，最も重要となる問題は『信頼』という社会関係資本をどのように構築するかという点にあ」（32-33頁）るとしているところである．

さらに，著者の宮垣氏は，ヒューマンサービスの担い手として，家族・親族を想定するインフォーマル・アプローチ，国家による措置を想定するフォーマル・アプローチとの対比で，第三のアプローチとして福祉NPOなどによるセミフォーマル・アプローチを提示し，それにふさわしいNPOの組織特性について論じている．NPOのすべてが適切な対応をなしうる組織特性を備えているとは限らないとする点が興味深い．

2　検討

最後に紹介した2冊は，営利・非営利の区別を超えて，組織の効率的運営のためには，「信頼」という社会関係資本（ソーシャル・キャピタル）が重要であることを強調し，これを形成するための方策を論ずる点で共通している．

これに対しては，社会関係資本だけでは組織は動かないという批判，あるいは，「信頼」を醸成する環境作りが弊害をもたらすという批判などがありうるだろう．社会関係資本論のリーダーの一人であるロバート・パットナムは北イタリアをモデルとしており，また，最近ではイタリアの組織や人間関係のあり方を賞揚する議論も少なくないが，かねてより指摘されてきたそのマイナス面にも目を向ける必要は，確かにあるだろう（この点については，コーエン＝プルサックも再三にわたり言及している）．しかし，本報告では，この点を意識しつつも，上記2冊の次のような特色に着目したい．

それは，社会関係資本論を，政治（パットナム）や開発援助（世界銀行）との関係で援用するのではなく，（非営利の場合も含めて）経済活動を行う組織の問題に適用することを試み，かつ，分析だけではなく実践の指針を示している点である．こうした観点から見て興味深い点の一つは，2冊がともに情報の共有の重要性を説いている点である．しかもそこでの情報とは比喩的に言えば「ふくらみのある情報」である．コーエン＝プルサックは「社交的・日常的な会話」が重要であるとし，宮垣氏が結果としての知識ではなく「プロセスを共有することによる知識」が重要であるとしている．もう一つは，社会関係資本は意図的に創出されるものではなく，その生成を間接的に支援するような方策の必要性が説かれている点である．具体的には，そのために，「場」や「空間」，あるいは「時間」を創り出すといったことである．

組織にとって社会関係資本が一定の意味を持つが，それは「情報共有」によって「信頼」が発生するかどうかにかかっている．そして，それは人々の社交性を醸成できる「空間」「時間」を創出することによってサポートされる．こうした議論は，かつて見られた日本型組織論の焼き直しのようにも思われる．しかし，日本型企業とは異質のバックグランドを持つアメリカ経営学やNPO組織論からこうした議論が出てきているのは興味深い．何が同じで何が違うのか．さらなる検討を要するだろう．

V　おわりに

　さて，以上の茫漠・雑然とした話から「社交」についてのいかなる教訓を引き出すか．そして，「民法」とどのように結びつけるのか．最後に，これらの点に触れておきたい．

　まず第一に，一口に「社交」と言っても，領域によって論者によって，その現れ方・捉え方は必ずしも同一ではない．「消費・文化」の領域では，人々の消費の対象が，手段的な価値（財の獲得＝所有の次元）から過程的な価値（経験の共有＝存在の次元）へとシフトしつつあることが「社交」との関係で語られていた．これに対して，「家族・地域」の領域では，古いタイプの集団（血縁・地縁）に開放性をもたらすことによって，新たな統合を獲得しようという試みが「社交」と切り結ぶ形で展開されつつあるという印象を得た．さらに，「企業・組織」の領域では，「社交」は，自生的なものとしてとらえられつつ，その生成への関与可能性が説かれていた．こうした「社交」の諸側面を，今後，さらに分析していく必要がある．

　第二に，「社交」は，人々の「日常生活」の次元のみならず，「取引活動」にも関係している．今日，「文化」も「福祉」も，人々が「日常生活」において求めるものであるが，その供給は，非営利活動だけではなく営利活動としても行われている．営利・非営利という軸を超えて，サービスの生産・流通・消費のプロセスと「社交性」との関係を考える必要があるように思われる．その際には，むしろ，一方向的な提供と相互的な提供とを対比して考えるのがよいかもしれない．

　第三に，では，民法は「社交」をどのようにとらえるべきか．筆者自身は，『生活民法入門』の中で，「消費生活」「家族生活」と並べて，第三の領域として「社交生活」を置いてみた（具体的には，「私生活」の問題から出発して，「近隣」「団体」「好意」「文化」などをとりあげている）．そして，「生活」の特有の属性との関係で，これらを規律する法理を構想する方向を模索中である．しかし，すでに見てきたところからもわかるように，「社交」は「消費」や「家族」と密接な関係を持っている．さらに，「生活」の領域を超えて「取引」の世界ともかかわっている．そうだとすると，「社交」をある領域に押しとどめるのではなく，人間のある性質として理解し，必要ならば，法的に扱える形で定式化していくことをめざすべきだろう．

　それが，具体的にどのような形をとるかをここで述べることはできない．しかし，それは既存の民法体系とは異なる発想を促すことになるかもしれない．というのは，それは「財の獲得」とは別の価値——それは人的な価値であるが，「人格の保護」という防衛的なそれとも異なる——をどのように法体系に組み込むかという問題に連なるからである．たとえば，「共同の事業（entreprise commune）」のために「財または労務（biens ou leur industrie）」を「出資する（affecter）」（仏民 1832 条．組合）という視点とともに，

「ある目的 (un ...but)」のために，「知識と活動 (leurs connaissance et leur activité)」を「提供し合う (mettre en commun)」(1901年法1条．アソシアシオン) ということを考慮に入れた，そうした体系が必要になるのかもしれない．

〈その他の参考文献〉 吉見俊哉・都市のドラマツルギー——東京・盛り場の社会史 (弘文堂，1987), 岩渕潤子・美術館の誕生——美は誰のものか (中公新書，1995), ロバート・B・ライシュ (清家篤訳)・勝者の代償——ニューエコノミーの深淵と未来 (東洋経済新報社，2002), 細野助博監修・実践コミュニティビジネス (中央大学出版部，2003), マイケル・S-Y・チウェ (安田雪訳)・儀式は何の役に立つか——ゲーム理論のレッスン (新曜社，2003), 高橋伸夫・虚妄の成果主義——日本型年功制復活のススメ (日経BP，2004), ロバート・D・パットナム (河田潤一訳)・哲学する民主主義——伝統と改革の市民的構造 (NTT出版，2001)

第 2 章　確かな規範へ
人格・人身を中心に

第1節　権利の論法・合意の論法

A　「能力」に関する覚書

I　はじめに

　本年[1998年] 4月に発表された「成年後見制度の改正に関する要綱試案」は，「『自己決定の尊重』の理念と『本人の保護』の理念の調和」を立法の指針とし，具体的には，補助・保佐・後見の三類型を置いて，補助に関しては「保護の内容（代理権又は同意権・取消権）及び対象行為の範囲の選択を当事者の申立てにゆだねる」こととし，保佐に関しては，「新たに，保佐人に代理権及び取消権を付与した上で，保佐人の代理権の設定及び範囲を当事者の申立てにゆだね」ることとしている（試案第一）．しかし，これに対しては，「自己決定の尊重」を重視すべきだとする立場から，同意権・取消権の付与による本人の「行為能力の制限」に対して疑義が呈されている[1]．

　このような疑問の背後には，①同意権・取消権の付与は行為能力の制限にあたるので，むしろ代理権を用いるべきである，②自己決定能力のある者の行動に対してパターナリスティックな制約を加えるべきではない，という考え方が

---

1) 複数の論者が説くところであるが，ここでは，日本弁護士連合会の「成年後見法大綱（最終意見）」を引用しておく．そこでは「後見によって行為能力は制限されない」のを原則とすべきことが説かれており，その理由として「人権尊重，自己決定権の尊重という基本理念から本人の行為能力を制限すべきではない．また，そもそも『能力』を全く有しない人はいない」としている（第五章「本人の能力」第一節第一の〈結論〉及び〈解説〉．同19頁，26頁）．

存在する．①は，成年後見制度にセットされるべき効果を念頭に置いたものであり，法技術的な観点から「能力」への対応を考えるものであると言える．これに対して，②は，成年後見制度の前提をなす基本原理に関する議論であり，理念の面から「能力」を見直そうというものだと言えるだろう．いずれも興味深い指摘である．そこで，以下，本稿においても，技術（II）と理念（III）の観点から「能力」について考えてみることにしたい．

と言っても，本稿では，諸外国の成年後見制度に検討を加えて，そこで用いられている法技術やそこに盛られている法思想を比較検討するということはしない．そもそも筆者にはその能力もない．このようなアプローチは既存の多くの研究に委ねることにして，以下においては，技術についても理念についても，他の類似の問題と対比しつつ考えるというアプローチを主として，ごく初歩的なことがらを書きとどめるほかない．

なお，以下においては，「成年後見制度の改正に関する要綱試案」を「試案」と略称することにし，これに対する諸批判を「批判」と略称することにしたい[2]．

II 技術からみた「能力」

(1) 序 「試案」は，補助・保佐・後見の各場合につき，本人と成年後見人（補助人・保佐人・後見人の総称）の権限につき，大略，次のように提案している[3]．

　　補助類型＝①「家庭裁判所は，……請求権者又は補助人の請求により，その請求の範囲内において，特定の法律行為をするには補助人の同意を得

---

2) 注1) で述べたように，その代表格は日弁連の意見であるが，この意見そのものの論評はここでの目的ではない．「試案」に対するありうる批判の理念型としてとらえ，本文のような表示を採用している．
3) 正確には，次のような手当もされているが，本文では省略する．(1) 補助・保佐については，一旦，開始決定がなされた後にも，家裁は，補助人・保佐人の同意を要する行為の範囲を変更することができる．(2) 後見については，被後見人も日常生活に必要な範囲の行為は単独で有効になしうる．また，次のような点がなお検討を要するとされている．(3) 補助人に取消権を付与するか否か．(4) 保佐人の同意を要する行為として何を列挙するか．

第 1 節　権利の論法・合意の論法　　　173

なければならない旨を定めることができるものとする．この場合において，本人以外の者の請求によりその定めをするときは，本人の同意を得なければならないものとする．」

　②「……補助人の同意を得なければならない行為を被補助人が補助人の同意を得ないでしたときは，被補助人は，これを取り消すことができるものとする．」

　③「家庭裁判所は，……請求権者又は補助人の請求により，その請求の範囲内において，特定の法律行為について補助人に代理権を付与することができるものとする．この場合において，本人以外の者の請求により補助人に代理権を付与するときは，本人の同意を得なければならない．」

　保佐類型＝①「被保佐人は，次に掲げる行為をするには，その保佐人の同意を得なければならないものとする．」

　②「家庭裁判所は，前記 (1)（＝①，筆者注）に掲げる行為以外の行為をするにも，保佐人の同意を得なければならない旨を定めることができる．」

　③「……保佐人の同意を得なければならない行為を被保佐人が保佐人の同意を得ないでしたときは，被保佐人又は保佐人は，これを取り消すことができるものとする．」

　④「家庭裁判所は，……請求権者又は保佐人の請求により，その請求の範囲内において，前記 (1) から (3) までにより保佐人の同意を得なければならない行為の全部又は一部について保佐人に代理権を付与することができるものとする．この場合において，本人以外の者の請求による保佐人に代理権を付与するときは，本人の同意を得なければならないものとする．」

　後見類型＝①「被後見人の行為は，被後見人又は後見人が取り消すことができるものとする．」

　②「後見人は，被後見人の財産に関するすべての法律行為について，被後見人を代理することができるものとする．」

以上と現行法における後見人・保佐人（これも，便宜，成年後見人と呼ぶ）の権限を対比すると，次のようになるだろう．

現行法	本人	成年後見人	
	取消権	取消権	代理権
後見	◎	◎	◎
保佐	○	－	－

要綱試案	本人	成年後見人	
	取消権	取消権	代理権
後見	◎	◎	◎
保佐	○	○	△
補助	△	－	△

＊権限の範囲（◎：包括的　○：法定事項　△：特定事項　－：なし）

　権限の範囲はさしあたり捨象してこの表を見ると，取消権に関しては，A＝本人のみが取消権を有する場合（現行法の保佐，試案の補助），B＝（本人とともに）成年後見人が取消権を有する場合（現行法・試案の後見，試案の保佐）があり，この他に，C＝成年後見人が代理人を有する場合があることがわかる（現行法・試案の後見，試案の保佐・補助）．そして，新旧制度の相違は，下線を施した部分，すなわち，Aに関しては，補助類型につき本人の取消権を認め，Bに関しては，保佐類型つき本人の取消権に加えて成年後見人の取消権を認め，さらに，Cに関しては，補助類型・保佐類型につき成年後見人の代理権を認めようというところにあることがわかるだろう．

　「試案」の提案に対して，「批判」が主として問題とするのは，成年後見人の権限であると思われる．そこでは，成年後見人には取消権ではなく代理権が与えられるべきであるとの主張がなされており，本人自身が有する取消権については必ずしも明瞭な姿勢が示されていない．そこで，以下においても，主として成年後見人の取消権と代理権の関係について考えてみたいが(3)，その前に，必ずしも正面からは問題とされていない本人の取消権についても簡単な考察を加えておきたい(2)．

　(2) 本人の取消権　取消権の付与は本人の自己決定権を侵害するものだとする議論は，直接には成年後見人の取消権を念頭に置いたものであると思われる．それでは，本人への取消権の付与には自己決定権の侵害という批判はあてはまらないのだろうか．これがここで扱いたい問題である．

　現行法の保佐，「試案」の補助につき，それぞれ本人に与えられる取消権は，保佐人あるいは補助人の同意を得ないでなされた行為を取り消すことができる

というものである．同意なき行為は取り消しうる行為となるのである．言い換えると，そこでは，同意の存在が法律行為の有効要件とされており，この要件が満たされない場合に取消しという効果が発生するわけである．このような要件が課されているのは，本人はその判断能力からして，自由なかつ熟慮された判断を単独で下すことが困難であるという判断によるのであろう．

　本人の判断能力の不十分さを補完するために法律行為の有効要件を加重するという手法は，ほかにも見られる．よく知られている例がいわゆるクーリング・オフ制度である．割賦販売法や訪問販売法などには，一定の期間内であればいったん締結した契約の効力を否定する権限（クーリング・オフ権）を購入者に与える規定が置かれている．この権利の法的性質をめぐっては様々な見解が説かれているが，機能的に見る限り，一定の期間の経過していない行為はその効力を否定されうることがあるということは確かである．あるいは，ここでは，時間の経過が法律行為の有効要件とされていると言ってもよい．そして，時間の経過という要件が課されているのは，本人はその置かれた状況（取引環境）からして，自由なかつ熟慮された判断をその場で下すことが困難であるという判断によるのだろう．

　このように，保佐・補助の場合の本人の取消権と割賦販売・訪問販売などの場合の購入者のクーリング・オフ権との間には強い関連性が見い出される．実際のところ，この点はこれまでにも意識されてこなかったわけではない．たとえば，1988年の訪問販売法改正に際しては，「高齢者取消権」が提案されていたが，それはクーリング・オフ権の延長線上に位置づけられるものであったと言える．また最近では，逆に，クーリング・オフ制度を後見制度と対比して説明しようとする学説も現れている[4]．

　このような強い関連性を前提とした場合，その先に考えられる議論の方向は二つにわかれるだろう．すなわち，一方には，クーリング・オフ制度も本人に取消権を認める行為無能力制度もともに，もっと広い範囲で認めてよいという議論がありうるが，他方，いずれも例外的な制度であり，本来は認められるべ

---

[4]　河上正二「『クーリング・オフ』についての一考察——『時間』という名の後見人」法学60巻6号224頁（1997）．

きではないという議論もありうるだろう．そして，どちらに進むかは，判断能力であれ取引環境であれ，ある理由により十分に自由でかつ熟慮された判断をなしえない者には，取消権の付与という形で，自己のなした決定を再考する機会を与えるべきであると考えるか否かにかかっている[5]．

　再検討の機会（再考権）は本人に与えられるのであるから，当人の自己決定権は侵害されていないとも言える．しかし，いったんは自分で行った決定を後に自分で覆すというのは自己決定権を軽視していると見ることも可能である．契約を締結するというのは自らのなした意思表示への拘束を引き受けるということである．そして，自己決定の名によって契約の拘束力が基礎づけられるのならば，ひとたび成立した契約の効力を否定するというのは，自己決定の否定にほかならないということになるからである．もっとも，これに対しては，当初の自己決定が完全でなかったので，その効力否定は自己決定権の尊重から導かれると考えることもできる[6]．

　そうなると，いかなる場合に自己決定が完全でなかったと言えるかが問題であるということになる．そして，それは，自由なかつ熟慮された判断がなしうる状態であったかを問うというにほかならないだろう．このような状態であるのに取消権が認められるのであれば，それは自己決定権を侵害しているということになろうし，逆に，このような状態ではないのに取消権が認められないのであれば，それもまた自己決定権を尊重していないということになる．重要なのは，心神耗弱若しくは軽度の精神上の障害がある，または，割賦販売による取引若しくは訪問販売による取引であるという定型的な事実をどう評価するということであり，自己決定権の侵害の有無は，このような評価に還元されることになろう．

　(3) 成年後見人の取消権と代理権　繰り返しになるが，取消権の付与は本人の自己決定権を侵害するものだとする議論は，直接は成年後見人の取消権を念頭に置いたものであると思われる．自己決定権の尊重という観点からは，成年後見人には取消権ではなく代理権を付与する方がよいというのである．は

---

5)　このような視点はさらに，錯誤・詐欺・強迫や書面によらざる贈与の撤回などにも及びうる．
6)　山本敬三「現代社会におけるリベラリズムと私的自治（二）」法学論叢133巻5号9頁 (1993)．

たして，そう断言することができるのだろうか．そもそも成年後見人に取消権や代理権を付与するということは，何を意味するのだろうか．これがここで扱いたい問題である．

　現行法の後見，「試案」の後見・保佐につき，本人のみならず成年後見人にも取消権が与えられるということは，一定の行為——後見についてはすべての行為，保佐については法律に列挙された行為——については，本人・成年後見人の双方がそれに同意していなければ（法技術的には本人が成年後見人の同意を得て法律行為をしなければ）確定的に有効とはならず，本人・成年後見人のいずれもがこれを取り消すことができるということを意味している[7]．これに対して，現行法の後見，要綱試案の後見・保佐・補助につき，成年後見人に代理権が与えられるということは，一定の行為——後見についてはすべての行為，保佐・補助については代理権付与の申立がなされた行為——については，本人・成年後見人のうちの一方がそれに同意していれば（法技術的には本人か代理人の一方が法律行為をすれば）それは確定的に有効となり，もはやこれを取り消すことはできないということを意味している．

　こうして見ると，成年後見人の（同意権を前提とした）取消権は，取消権の対象となる本人の財産を本人・成年後見人の共同管理（gestion conjointe）の下に置くのに対して，成年後見人の代理権は，代理権の対象となる本人の財産を本人・成年後見人の競合管理（gestion concurrente）の下に置くものであるということがわかる．財産管理に関するこれら二つの方法は，いずれも複数の管理権者（ここでは本人と成年後見人）の権限に制約を課すものである．すなわち，双方の同意を要する共同管理の場合には，一方が行為をするに際して他方の同意を得ることができなければ有効に行為を行うことができないという意味での制約が存在するし，一方の同意で足りる競合管理の場合には，一方が行為をする前に他方が行為をしてしまえば，自己の望まない結果が生ずることがあるとい

---

[7]　正確に言えば，現行法の後見，「試案」の後見における取消権は，同意見を前提としていないので，後見人はいつでも取消権を行使しうる．しかし，後見人が，事前に同意を与えた行為につき後で取消権を行使するということは実際にはほとんどないだろう．また，そのような取消権の行使は特段の事情がない限りは許されないと解すべきだろう．

う意味での制約が存在するからである[8]．同時に，二つの方法は，いずれも複数の管理権者に一定の保障をもたらすものでもある．ここでいう保障とは，共同管理の場合には，少なくとも一方が同意しない限り他方は勝手に行為することができないということであり，競合管理の場合には，一方が他方に先んじて行為を行ってしまえば当該行為は有効であるということである．

　以上のように，共同管理・競合管理はいずれも，複数の管理権者の権限を一定の限度で保障し，同時に，それに対して一定の限度の制約を加えるものなのである．このような枠組で，本人と成年後見人の権限分配をとらえた上で，本人の権限に着目するならば，本人の自己決定に制約が加えられているというのは確かである．ただ，それは共同管理・競合管理のいずれについても言えることである．また，本人の自己決定が完全に行われえない状況にあるという点を重視するならば，一定の限度では本人の権限を保障する二つの管理方式は，いずれも自己決定を補完するものであると理解することも可能であろう．

　そうだとすると，この二つの管理方式のうち，どちらが自己決定権をより侵害するかという議論はあまり意味がないのではなかろうか．二つの管理方式のどちらを選択するかは，対象とされる行為の性質によって決まるものと思われる．一般論として言えば，重大な行為であり慎重な決定が必要とされる場合には共同管理（本人・成年後見人の双方の同意がなければ現状を変更できない），日常的な行為であり迅速な決定が必要とされる場合には競合管理（本人・成年後見人の一方の同意があれば現状を変更できる）という仕分けが適当であろう．なお，このような基準による管理形態の選択は，日本民法では，たとえば共有物の管理につき，処分行為には全員一致を要するが，保存行為は単独でなしう

---

8) このような制約があっても，双方が互いに他の利益のために権限を行使するという理想的な状態を想定すれば問題は生じない．しかし，双方が自己の利益を追求し，他の利益を省みないという状況を想定すると，いずれの場合にも問題が生ずることになる（共同管理の場合には行為ができない，競合管理の場合には早い者勝ち）．なお，要綱試案に付された補足説明には，「代理権について，本人の自己決定に対する制約及び濫用の危険性というネガティヴな側面ではなく，判断能力が不十分な本人の保護の実効性というポジティヴな側面が強調されているのと同様に，取消権についても，ドグマティックにネガティヴな側面だけを強調するのではなく，判断能力が不十分な本人の保護の実効性の観点から，そのポジティヴな側面を客観的に見直す必要があるのではないかと考えられる」という叙述があるが（法務省民事局参事官室・成年後見制度の改正に関する要綱試案及び補足説明8頁），表現はやや難解であるが，このことを指摘するものと思われる．

るという形で採用されている（民251条，252条但書）．また，フランス民法では，法定夫婦財産制である後得財産共通制において，競合管理を原則としつつ（仏民1421条），不動産の売却や抵当権設定などについては共同管理がなされるべきものとされている（仏民1424条，1425条）[9]．

なお，成年後見人に取消権と代理権の双方を与えるという選択は，成年後見人に排他的な権限を付与することに帰着するということを付言しておく．

Ⅲ　理念からみた「能力」

(1) 序　Ⅰの冒頭に掲げたように，「試案」は「『自己決定の尊重』の理念と『本人の保護』の理念の調和」を立法の指針としているが，これに対して，「批判」は「自己決定の尊重」を重視すべきだとする見方を提示している．もっとも，「自己決定の尊重」の重視と言っても，本人が自己決定をなしえない場合には，保護的な措置を要請するので[10]，すべてを「自己決定の尊重」によって基礎づけようというわけではないようである．

そうなると，二つの見解は，「自己決定の尊重」と「本人の保護」という二つの理念のバランスをいかにとるかという具体的な判断において結論を異にしていると言うことになりそうである．では，なぜ具体的な判断が分かれるのだろうか．可能性は二つある．一つには，対立は，事実の認識あるいは法制度に対する評価の相違に由来するということが考えられる（これらの点が重要であることはⅡで述べた通りである）．同時に，もう一つ，そもそも出発点となる二つの理念について共通の認識が欠けているということから，対立が生じているということもありうる．等しく「自己決定の尊重」と言い「本人の保護」と言っても，それぞれの理念をどのようなものとして理解しているかによって，議論

---

9) 本文中では共同管理・競合管理という語に仏語を添えたが，この用語はフランスの夫婦財産法において講学上用いられているものである．たとえば，CORNU (G.), *Les régimes matorimoniaux*, 7ᵉ éd., 1995, p. 433 et s. を参照.

10) たとえば，日弁連の「成年後見法大綱（最終意見）」29頁は，「本人の能力その他の情況によって，単独で行為すると重大な不利益を受けるおそれがあるときは，後見人の同意を要するものとすべきである」とし，その理由を，「部分的な行為能力の制限は本人の利益のためやむを得ない．同意権の留保によって，自己決定の尊重（自律＝オートノミー）と本人の保護（パターナリズム）の調整を図るものである」と説明している．

の内容は異なりうるからである．

そこで，以下においては，しばしば援用される「自己決定」とは，いったいいかなることであるのかにつき，若干の検討を行いたい．今日，「自己決定」という言葉は法学内外においてかなり広く用いられるに至っており，「自己決定」を論ずる見解の内容も多種多様である[11]．それらを精査してその当否を論ずるというのは，本稿のなしうるところではない．ここでは，成年後見制度をめぐる論議において援用される「自己決定」という用語が何を指しているのか，また，何を指しうるのかを，ごく簡単に分析するにとどまらざるを得ない．しかし，このような考察によっても，少なくとも問題の所在は明らかにすることができるだろう．

具体的には，まず，「自己決定」と「保護」の関係について考えてみたい (2)．その上で，一口に「自己決定」と言っても，様々なレベルでこれを観念しうるということを指摘し，これと「法制度」との関連について一言したい (3)．

(2) 「自己決定」と「保護」　成年後見制度に関して，国家法たる民法に対してなされている要請は，次の三種に区別しうるだろう．

　　要請①　本人の決定に干渉するな
　　要請②　本人の決定に協力せよ
　　要請③　本人の決定を代行せよ

「試案」の考え方や「批判」の考え方が，以上のうちの①にとどまるもので

---

11)　憲法学における議論状況については，たとえば，阪本昌成「プライヴァシーと自己決定の自由」樋口陽一編・講座憲法学3 権利の保障 (1) 220 頁以下 (日本評論社，1994)，松井茂記「自己決定権」長谷部恭男編著・リーディングズ現代の憲法 58 頁以下 (日本評論社，1995) などを参照．民法学においては，山田卓生『私事と自己決定』(日本評論社，1987) のほか，山本敬三「現代社会におけるリベラリズムと私的自治」法学論叢 133 巻 4 号 1 頁以下，5 号 1 頁以下 (1993) が重要である．なお，岩波講座現代の法 14 自己決定権と法 (1998) が現れた．主として憲法学者の論文を集めているが，このような巻が編成されたこと自体，「自己決定」に対する関心の高まりを示していると言えるだろう．なお，法学以外の分野では，特に，性・生殖をめぐって「自己決定」が論じられているのが目につく (宮台真司ほか・〈性の自己決定〉原論——援助交際・売買春・子どもの性 (紀伊國屋書店，1998)．ほかに，立岩真也・私的所有論 (勁草書房，1997)，永田えり子・道徳派フェミニスト宣言 (勁草書房，1997) などもこのテーマに密接に関連する)．

はないことは明らかだろう．もし①にとどまるならば，そもそも成年後見制度は不要であるという帰結となるはずだからである．成年後見制度を必要とするということは，本人の「自己決定」の実現に向けて，国家に対し一定の作為を要請するということを意味するのである．また，双方の見解はいずれも，③は「本人の保護」の領域であるとして，これを「自己決定」の埒外に置いているように思われる．ここまでは二つの見解には差はないように見える．そうだとすると，②をどう扱うかが分かれ目となっているのだろうか．「試案」は，この点につき「自己決定の尊重」と「本人の保護」の調和を考えるのに対して，「批判」は，この場面では「自己決定の尊重」が重視されるべきだと考えると解するべきなのだろうか．

　しかし，結論から言えば，②をどのようにとらえるかもそれほど重要な問題ではない．「自己決定の尊重」によっても「本人の保護」によっても，②は説明可能だからである．そもそも，①を「本人の保護」によって，③を「自己決定の尊重」によって，それぞれ説明することさえ十分に可能であると思われるのである．

　まず，「自己決定」という観点からみた場合，②は，本人が単独では十分に自己決定ができない場合には，自己決定が十分になしうる手続ないし過程を設けるように国家に助力を求めるというものであり，協働型の自己決定と呼ぶことができる．さらに，③は，本人が全く自己決定をなし得ない場合にも，自己決定と等しい結果が得られるように国家に助力を求めるというものであり，これを代替型の自己決定と呼ぶことも不可能ではないだろう．なお，以上との対比で，①は，放任型の自己決定と呼ぶことができる．

　次に，「保護」の観点からみた場合はどうか．①は，国家に「するな」と要請するという意味では消極的な自由（権利）の領域を画そうとするものであるのに対して，②③は，程度の差はあれ，国家に「せよ」と要請するものである．この積極的な介入を「保護」と呼ぶならば，③のみならず②もまた「保護」であると言うことができる．それぞれを代替型の保護，協力型の保護と呼んでもよい．そして，実は，①も「本人の決定は放任せよ」さらに「本人の決定を実現せよ（法的な効力を認めよ）」と表現し直すならば，それもまた，国家に対する積極的な保護の要請としてとらえることができるのである．これは実現型の

保護と呼べるだろう．

　(3) 「自己決定」と「法制度」　「試案」は「自己決定の尊重」と「本人の保護」の調和を説く．また，「批判」も「自己決定の尊重」を重視するとしても，それには限界があり「本人の保護」が必要な場合があることを認める．いずれも「自己決定の尊重」と「本人の保護」のバランスをとろうとしているのである．しかし，そもそも，なぜ二つの理念を使い分けることが可能なのだろうか．すでに述べたように，①〜③はいずれも「自己決定の尊重」「本人の保護」のどちらからも説明可能だが，それにもかかわらず，「試案」でも「批判」でも，二つの理念が語られるのはなぜか．このことの意味をもう少し考えてみたい．

　ここでは「決定」を分類することから始めよう．

　　　決定 A＝個別の行為に関する決定
　　　決定 B＝個別の行為に関する決定に先立ち，
　　　　　　 自己の決定方式につきなされる個別的な決定
　　　決定 C＝個別の行為に関する決定に先立ち，
　　　　　　 一般的な決定方式につきなされる抽象的な決定

　決定 A は具体的決定であるが，B と C は決定以前に決定につきなされるメタ決定である．そのうちの B は自己に関する個別的な決定であるが，C は他者にもかかわる一般的・抽象的な決定である．あるいは，決定 A は行為レベルの決定であるが，決定 B は法制度利用のレベルでの決定，決定 C は法制度定立のレベルでの決定であると言ってもよいかもしれない．

　この枠組で見ると，①の下での決定は A の意味でも完全な自己決定であるが，②や③の下での決定は A の意味では完全な自己決定とは言えない．しかし，②や③についても，本人が成年後見制度の利用の申立てをする場合あるいは第三者の申立てに対して本人が同意する場合には，B の意味での自己決定がなされていると言える．問題は，②や③で，本人の同意なしで第三者が申立てを行いうる場合である．この場合には，本人は A の意味でも B の意味でも自己決定を行っているとは言えないことがある．

しかし，この部分も，Cの意味での決定を観念するならば，自己決定がなされていると言えないわけではない．立法者である国民として，自分が服しうる制度について決定を下しているからである[12]．このような観点から考えると，実は，決定①や②もまた，Cの意味での自己決定の結果，可能になっていると言うこともできる．②は本人の決定に協力するという抽象的なメタ決定によって支えられていることは明らかであるし，そもそも①も，前述のように「本人の決定に干渉するな」というだけでなく，「本人の決定は尊重せよ」（結果たる契約に拘束力を与えよ）という要請を含んでいることを考えれば，やはりCのレベルでのメタ決定によって支えられていると言わざるを得ない．

つまり，われわれはCのレベルでのメタ決定によって，個人の自己決定に委ねそれを尊重する（そしてそれを実現する）という①の領域，個人の自己決定に委ねるがそれに助力するという②の領域，そして，個人の自己決定と等価の決定を代行するという③の領域を仕分けているのである．そして，その際には，Bの意味での中間的なメタ決定に委ねるということも可能なのである．

同様の事態は，成年後見制度に限らず，他の法制度にも見出される．たとえば，契約制度を見てみよう．契約の拘束力に関しては，Cのレベルでの決定に基づいて，「自己決定の尊重」のために様々な手当がなされている．本人の保護のために強行規定を設けるというのもその一つである．また，本人が必要に応じて選択可能な契約類型をセットするというのも，もう一つの仕方である．そして，本人が締結した契約にそのまま拘束力を認めるというのも，ありうる一つの方策なのである．

メタ決定により事前に，自らの行動に方向づけを行う，場合によっては縛りをかける．これが「法制度」というものであろう．そして，その正統性はCのレベルでの自己決定に基づくのであるから，いかなる「法制度」を持つかは，まさに自己決定の観点から十分に検討されるべきだろう．

---

[12] もちろん，Cのレベルでの決定は集合的決定であるので，各人は常に自分の望む内容の決定をなしうるというわけではない．しかし，それでも，なされた決定を自己の決定として引き受けるという決定はなされていると言うことは可能である．また，（自分の欲しない決定にも従うという決定も含めて）Cのレベルの決定を行うことを全く期待できない人もいるが，この人もまた抽象的には，国民の一人として決定Cを担っていると考えることは背理ではなかろう．

B　民法等における生命・身体
――「子どもへの権利」を考えるために

はじめに

　脳死＝臓器移植やクローン・生殖補助医療など人の「生命・身体」にかかわる科学技術の発展は著しい．そして，これらが惹起する諸問題に対する法的な対応も急がれている．臓器移植法 (1997年)，クローン規制法 (2000年) の制定に続いて，生殖補助医療に関する法案の準備も進行しつつある[13]．
　しかし，このように個別の立法が積み重ねられているにもかかわらず，われわれの基本的なスタンスは定まったとはいえない．「生命・身体」の操作可能性が高まるのに対して，法はどのように対応するのか．「生命・身体」に対する権利を承認し，その処分は権利主体たる本人 (「自己」) に委ねればよいのか．それともより社会的な規律が必要なのか．本分科会 [法社会学会] において「〈生〉の技術，〈自己〉の倫理」が論じられるのも，このような基本問題に対する関心の高まりによるものであろう．
　共同報告者である二人の社会学者からはそれぞれ，「先端生殖医療」「安楽死」を素材としつつ，「女性の自己決定権」「パターナリズム」を再検討する試みが提示された．これに対して，本報告は，二つの報告を意識しつつ，民法を中心とした実定法を参照することによって[14]，上記の基本問題に対する若干の考察を行おうというものである．

---

13)　厚生省では数年前から検討が進められ，2000年12月には厚生科学審議会の専門委員会報告（「精子・卵子・胚の提供等による生殖補助医療のあり方についての報告書」）が公表されている．また法務省も，2001年4月に法制審議会生殖補助医療関連親子法制部会を設置して，検討を始めた．

14)　日本の実定法をよりよく理解するために，外国法（とくにフランス法）を参照することもある．

実定法に依拠しつつ考えるとしても，その際の出発点は民法に限られない．憲法や刑法から考えることも十分に可能だろうし，今日では医事法学という専門分野も存在する．しかし，ここでの問題は，「出生と死亡（生死）」「子どもと高齢者（老若）」「夫と妻または父と母（男女）」「人格と人身（心身）」といった問題群と交錯する．そして，これらの問題群は，民法の「人の法」(droit des personnes) の対象をなす（べき）ものである（大村敦志1999結章）．そうだとすると，民法からのアプローチにも一定の意義が認められるだろう．

　とはいえ，「民法」上の「生命・人体」の処遇については，まとまった形での議論が蓄積されているというわけではない．そもそも，参照すべき民法のルールは何であり，そこから何を導くことができるかも，一義的には明らかではない．そこで，まず以下の報告においては，実定法上の関連ルールの「断片」を収集することに重点を置き（I），その上で，そこからわずかな「教訓」を導くことを試みようと思う（II）．

I　実定法の断片

　江原報告の重要な問題提起を受けるならば，また，立法が準備されつつある点に鑑みても，本報告では「（生殖技術を媒介とした）代理出産」と「（中絶を含意した）出生前診断」に焦点をあてたいところである．それは「子どもへの権利」（子どもを持つ・持たない権利）を論ずるということを意味する．しかし，これに直接にかかわる実定法の規定はごくわずかである．そこで，「実定法の断片」の探索にあたっては，さしあたり「生命・身体」に関連する規定をより広く対象とすることとしたい．そしてそこから「実定法の教訓」を導く際に，「子どもへの権利」という問題に留意することにしたい．

　具体的には，まず民法上の一般的なルールをとりあげ (1)，続いて特殊な場合を規律する二つの特別法に言及する (2)．

1　民法上のルール

　(1)　（自己の）生命・身体の処分　　人は自己の生命・身体に対してどのような権利を持っているのだろうか．民法典には，この点をはっきりと定めた規

定は存在しない．しかし，実定法をより広く見渡すと，この点にかかわる規定・法理が全くないわけではない．自己の所有物に対して人が持っている権利と対比しつつ，関連の諸規定や法理を探してみよう．

周知のように，所有権について，民法206条は「所有者ハ法令ノ制限内ニ於テ自由ニ其所有物ノ使用，収益及ヒ処分ヲ為ス権利ヲ有ス」と定めている．自由な使用・収益・処分，一言で言ってしまえば，それをどのようにして扱ってもよいということ，誰もそのことに干渉しないということ．これが所有権である．自分の所有物を自分で使うだけでなく，誰かに貸すこと・売ること，さらには壊してしまうこと．いずれも法令の制限がない限り自由に行うことができる．では，生命・身体についてはどうか．

最も極端な場合から始めよう．生命の自損，すなわち自殺は法の禁止するところではない．自殺をしたとしても，犯罪となるわけではないし，誰かに対して損害賠償責任を負うわけでもない．それでは，自殺は本人の自由に委ねられていると言えるだろうか．ある意味ではそう言えるだろう．しかし，自殺を手伝ったり，頼まれて人を殺すと，それらの行為は犯罪となる（自殺関与・同意殺人．刑202）．そうだとすると，法は，自殺者本人の処罰は行わないが，自殺を承認しているわけではない（社会的には望ましくないと判断している）と言うべきなのかもしれない[15]．

人身の売買についてはどうか．人身は物ではない（所有権の対象ではない）ので，売買の目的物とはならない（民555条）[16]．法は，売買の目的物を物に限定することによって，人身の売買の可能性を原理的に否定しているのである．それでは，貸借はどうか．人身を貸与する[17]，正確には，人身によるサービスを提供するという契約は必ずしも無効とはされていない．雇用契約はまさにそのような契約である．労働者は使用者の命令に服して労働を提供する．ただし，このような支配服従はあくまでも一定の限度内[18]において認められているにす

---

15) 刑法上の諸学説につき，西田典之1999：14頁以下，平川宗信1995：47頁以下を参照．
16) ただし，事実の問題として「売買」がなされることがあり，一定の場合につきこれを禁ずる立法もなされている（刑226条2項，児童買春等処罰法8条などを参照．）
17) フランス民法典では，「賃貸借（louage）」の章の中に，「物（chose）」の賃貸借，「仕事（ouvrage）および勤労（industrie）」の賃貸借のそれぞれに関する規定が置かれており，雇用は後者に含まれている．
18) フランス民法典では，雇用契約は，「時間によって，又は特定の事業についてでなければ」約

ぎない．たとえば，暴行・強迫・監禁など物理力の行使によって労働を強制することは禁じられているし (労基5条)，前借金で労働者を事実上拘束するような契約は公序良俗違反で無効とされることがある (判例[19])．いわゆる代理母契約に関しては，これを一種の労働契約であると考える余地もあるが，その場合には，この契約によって代理母に加えられる拘束の程度が過度のものでないかどうかが問題になるだろう．

人身ではなく人体の一部はどうか．人体の一部を切り離して譲渡する契約 (心臓の近くの肉1ポンド) は無効であると考えられる．その理由としては，公序良俗違反 (民90条) か，あるいは，人身が取引対象でないこと[20]があげられるだろう．しかし，いったん人身から切り離されたものについては，「物」として扱うことも考えられるだろう[21]．とりわけ，毛髪や血液など再生性の高いものについては，特別な考慮が必要になる．カツラや血液製剤[22]になってしまえばそれらはもはや物というほかない．

以上のように，法は，自己の生命・身体の処分権を全く認めないわけではない．しかし，それには限度があり一定の制限が設けられている．

(2) （自己または他者の）生命・身体に対する侵害　　自己の所有物が他人に侵害された（故意過失によって毀損された）場合には，所有者は損害賠償を請求することができる．民法709条自体は「他人ノ権利ヲ侵害シタル」と言っているだけだが，ここでいう「権利」の典型が所有権であることに異論はない．また，ここでの「権利」に「身体」が入ることについても同様である．これらの点については，条文上は710条が明言していると言える．そこには「他人ノ身体，自由又ハ名誉」と「財産権」とが掲げられているからである．また，こ

することができないとされている (仏民1780条)．
19) 最判昭30・10・7民集9巻11号1616頁．前借金と酌婦稼働による弁済の約束を組み合わせた契約 (芸娼妓契約) の効力が問題になったが，その実質は「人身売買」であるとも言える．
20) 日本法には規定がないが，たとえば，フランス民法1128条は「取引 (commerce) されるものでなければ合意の目的物とすることができない」と定めている．もっとも，今日では，より特定した形で，「人身，その一部またはその産物は，財産権 (droit patrimonial) の対象になりえない」(仏民16-1条3項) という規定が置かれている (取引は許されないが所有は許されるものと観念しうるので，厳密に言えば，両者の間には法的処遇の違いがありうる)．
21) なお，死体については，所有権の対象となりうることを認めつつも，その目的を限定的にとらえる理解が示されている (我妻栄1965: 203頁, 四宮和夫＝能見善久1999: 132頁以下)．
22) 製造物責任法における「製造物」＝「製造又は加工された動産」にあたるとされている．

の規定では「生命」には言及はなされていないものの,「身体」より重要な「生命」も当然に保護の対象となると言うべきだろう[23].つまり,「生命・身体」は「財産」とともに,不法行為法による保護を受けているのである.

しかし,不法行為法による生命・身体の保護にはそれ以上のものがある.民法711条は,「生命」の侵害については,特別に,「被害者ノ父母,配偶者及ヒ子」に対して「其財産権ヲ害セラレサリシ場合ニ於テモ」賠償をする必要があると定めているからである.この規定は,近親者の感情を法が保護するものであるといえる.なお,711条は「身体」に対する重大な侵害にも及ぶと解されている(判例[24]).以上のような意味で,「生命・身体」の保護は本人だけではなく他者である近親者にも及んでいる.死は,純粋に個人的な出来事ではないのである.

(3) (他者の)生命・身体に関する義務　　所有権については,所有者の同意があればその物を毀損する行為も,原則としては違法でなくなる.これに対して,同意があっても殺人は違法とされることはすでに述べた通りである.また,傷害についても,相手方の同意があればそれだけで当然に違法性が阻却されるとは考えられていないようである[25].

また,他人の所有物を侵害しない限りは不法行為責任を負うことはなく,契約関係などがない限りはこれを積極的に保護する義務はない.では,他人の生命・身体についてはどうか.ここでは,他人の生命・身体に対する積極的な作為義務について触れておく.この点につき,日本法は一般的な救助義務を課してはいないが[26],状況に応じて義務が生ずる場合がないわけではない[27].たと

---

23) 日本民法典の起草者は,生命が侵害された場合,死亡した者自身は損害賠償請求権を取得しえないと考えたために,「生命」が加えられなかったと考えられる.しかし,周知のように,判例は,死者の取得する損害賠償請求権を遺族が相続するという考え方を採用している(最大判昭42・11・1民集21巻9号2249頁).
24) 最判昭33・8・5民集12巻12号1901頁.
25) 日本法には,同意傷害に関する明文の規定はないが,ドイツ刑法226条aは「行為が同意にもかかわらず善良の風俗に反する場合に限り,違法である」としているという(平川宗信1995: 54頁注34).
26) 外国法には不救助罪を定める例がある.たとえば,フランス法(刑旧63条,新223-6条).
27) この問題については,星野英一1984a: 279頁以下およびそこに掲げる文献を参照.ほかに,樋口範雄ほか1999: 69頁以下も参照.

えば，有名な隣人訴訟において，裁判所は「幼児を監護する親一般の立場からしても……適宜の措置をとるべき注意義務があった」としている[28]．このような限度においてではあるが，法は，他人の生命へのより積極的な関与を求めている．

2 特別法上のルール
―― 人工妊娠中絶と脳死＝臓器移植をめぐって

以上は，生存中の人の生命・身体についてであるが，胎児・臓器については特殊な取扱いがされている．胎児は母体の一部であるとも言えるが，独立の生命体でもある．また，死後の臓器移植に関しては，そもそも脳死を死と認めるかという問題がある．そこで，人工妊娠中絶と脳死判定＝臓器摘出については，その取扱いを定めるために母体保護法・臓器移植法が制定されている．次に，これらの法律による胎児の生命，脳死の取扱いの特色を見てみよう．

(1) 本人の同意・他者の同意 「出生」は生まれる本人の意思とは無縁のことである．人工妊娠中絶において同意が求められ，その意思が尊重されるのは生まれてくる本人ではなく，産む母親である．母体保護法は一定の要件のもとに「産むか産まないか」の選択権を母親に与えている．しかし，母親のみがこの選択権を独占しているわけではない．

すなわち，同法は，「身体的又は経済的理由により母体の健康を著しく害する」おそれがある場合および「暴行」「脅迫」等によって妊娠した場合につき，本人の同意を要件として，指定医師は人工妊娠中絶を行うことができるとしているが（法14条1項），ここで注意すべきは，少なくとも法文上は本人だけではなく「配偶者」の同意も必要とされている点である[29]．

本人の同意がなければ人工妊娠中絶手術は適法には行いえない（堕胎罪が成立する）という点では，本人の意思は尊重されている．また，本人が望めば中絶の途が開けるという点でも，本人に選択の余地が与えられている．しかし，配偶者の同意なしには適法に中絶をなしえない（配偶者が知れない場合などは

---

28) 津地判昭58・2・25．引用は，星野英一編 1984b: 227頁から．
29) ただし，この取扱いは空文化していると言われている．また，反対論もある（石井美智子 1994: 194–195頁）．

別）という点では，本人の意思は万能ではない．妊娠は母親だけではなく父親のものでもある．

「死」もまた本人のみにかかわる出来事ではない．このことを示すのは，前述の遺族の慰謝料請求権だけではない．遺族（生前は家族）は「死」そのものにより積極的に関与することもある．そのような例として，脳死判定＝臓器移植に際しての家族・遺族の同意権をあげることができる．

臓器移植法は「移植術に使用される臓器を，死体から摘出することができる」（法6条1項）としており，ここでいう「死体」に「脳死をした者の身体を含む」という括弧書きを付している．同法により，脳死判定および臓器移植が認められるためには，死亡した者が生前に書面により臓器提供の意思表示をしていることが必要だが，それだけでは十分ではない．これに加えて，その旨を告げられた家族・遺族（定義規定はない）が判定や移植を拒まないこと（家族・遺族のいない場合は別）が必要とされている（法6条1項3号）[30]．

このように，家族・遺族の同意があって，はじめて脳死判定＝臓器移植は可能になる．つまり，脳死によって死亡したかとするか否か，そして，臓器を提供するかどうかは，これらの同意権者の意思にかからしめられているのである[31]．本人の意思は，それがなければ脳死判定も臓器移植もできないという点では尊重されているが，それだけでは脳死判定も臓器移植も可能にならないという点では制限を受けている．

(2) 医師の関与　人工妊娠中絶にせよ脳死判定＝臓器移植にせよ，本人と関係者（配偶者や家族・遺族）が同意をすればそれで実現可能となるのかと言えば，決してそうではない．いずれについても医師の関与が必要である．中絶手術を行いうるのも脳死判定を行いうるのも医師に限定されており（母体保護法14条，臓器移植法6条4項），しかも，前者は，「社団法人たる医師会の指定する医師」でなければならないとされ，後者は，「これを的確に行うために必要な知識及び経験を備えた二名以上の医師」で臓器摘出および移植を行う者であってはならないとされている．

30）ただし，「拒否権」はないと解すべきだとする見解もある（松久三四彦1998: 19頁）．
31）もっとも，松久三四彦1998: 1頁は，これによって「二つの死の概念」が認められたわけではないとする．

医師は，二重の意味で人工妊娠中絶や脳死判定＝臓器移植にかかわっている．すなわち，第一に，通常，中絶や移植は本人が単独でなしうるようなものではなく，医師の助力を必要とする．この点では，医師はこれらに技術的に関与している．第二に，医師ならば誰にでも助力を求めうるというわけではない．人工妊娠中絶や脳死判定＝臓器移植が適法だとされるのは資格を有する医師がこれを行った場合に限られる．この点で，医師はこれらに法的にも関与している．

そして，この際に，医師（さらにはその背後に存在する社会）は，無条件に本人の決定に助力するというわけではない．（少なくとも現時点では）脳死判定は臓器移植という目的との関係でのみ認められ，人工妊娠中絶にもいくつかの客観的要件（母体の健康上の理由，暴行・脅迫等による望まない妊娠）が課されているのである．

Ⅱ 法の教訓

以上，不十分ながらも，問題を考える上で有益と思われる法の断片を集めてきた．次に，これをふまえて，若干の教訓を引き出すことを試みてみよう．話題は二つある．一つは，江原報告が再検討を迫る「自己決定権」あるいは立岩報告が「パターナリズム」との関連で言及する「公序良俗」，これらについてどう考えるか(1)，もう一つは，立岩報告が言及する「法の位置させ方」について，何か言えるかことはないか(2)，である．とはいえ，なしうることは限られている．実際には，「生命・身体」について語る際に用いられるいくつかの概念を，実定法の断片に照らしながら少しだけ分節化するというのが，以下の作業の内実となる．

1 自己決定と公序

(1) 自己決定は常に可能か？ 常に自由か？ 最初に検討すべきは，「自己決定」についてである．この点については，さしあたり次のことが言えるのではないか．

第一は，生命・身体について本人がその自己決定にもとづき処分行為を行うとしても，それは単独で常に可能なわけではなく，誰かに手伝ってもらっては

じめて行為が完成することもあるということ．この場合に，「自己決定」の名の下に主張されているのは，他者への，あるいは社会への援助要請の正当性である．私の「自己決定」を貫徹するために，他者は，あるいは社会は私を援助すべきであるというのである．そこでは「私の望むようにさせてほしい」という自己決定の要求は，「放任してほしい」というのではなく「援助してほしい」という形で現れる．しかし，この二つの要求は同じではない．他者は，あるいは社会は本人の自己決定に干渉すべきではないとしても，そこから直ちにこれを援助する義務を負うわけではない．

「子どもへの権利」に即して言えば，「子を持つ（生殖補助医療を受ける）」「持たない（中絶手術をする）」権利の主張は，「放任してほしい」ではなく「援助してほしい」という要求であることを認識すべきだろう．その上で，生殖補助医療の実施をどの程度まで認め，それによって生まれる子にどのような法的地位を与えるかは，（施術希望者の「自己決定」の尊重を含む）さまざまな事情を考慮した上で決めるべきだろう．

第二に，仮に他者の手を借りないとしても，生命・身体について本人が自己決定にもとづき行う処分は，常に自由になしうるわけではないということ．「自己決定」を行うというのは，反面で「他者」の関与を否定することを意味しうる．しかし，人の生命・身体は必ずしも本人だけのものではない．「放任してほしい」というだけの要請であるとしても，これに応ずることができない（応ずるべきではない）場合もある．関与すべき「他者」が社会全体でありうるか否かは難しいところではある．しかし，少なくとも本人と一定の関係にある者たちの関与が認められるべき場合は確かにある．

仮に，「子どもへの権利」から援助の要請という側面を捨象して考えるとしても，「子を持つ（生殖補助医療を受ける）」か「持たない（中絶手術をする）」かは，夫婦が相談して決めるべきことがらであり，妻が単独で決しうる（決すべき）ことではなかろう[32]．もっとも，その前提として，男女双方に避妊の自由が実効的に確保されていることが必要であるし，また，妊娠・出産に伴う身体的な負担や危険を考慮に入れるならば，具体的な決定方式を決めるに際して，

---

[32] 生まれた子どもに対する親権行使にあたっては夫婦が相談して決定を行うのが原則である（民818条3項）．

男女に完全に同等の権限を配分すべきか否かは熟慮を要するところである．それにしても，妻が単独で決しうるというのは，決して自明の結論ではない．

(2) 自己決定のための公序・メタ自己決定としての公序　次に公序について見ていこう．やはり二つのことを述べておく．

一つは，最近の公序良俗論には，自己決定権を保護するものとして公序をとらえる見解もあるということ（山本敬三 2000）．そこでは，公序は自己決定を支援するためのものとして位置づけられている．この考え方からは，十分な自己決定をなしえないような環境の下でなされた契約については，その効力を否定することによってその者の自己決定権を保証すべきだという帰結が導かれる．確かに公序にはそのような面がある．そして，自己決定のための公序は，誤った自己決定を避けるためにメタ自己決定（公共的決定）[33]としての法によって設けられていると説明すれば，広い意味での自己決定に包摂することもできるだろう．

もう一つは，そのメタ自己決定（公共的決定）にかかわる．すべてのメタ自己決定は，個別的な自己決定を保障するためになされているわけではないということである．より普遍的な価値の保障のために，ある行為の効力を否定するというメタ自己決定がなされることもある．そのような価値は個別の自己決定に委ねられるべきではなく（狭義の）公共的決定に服させるべきであるというメタ自己決定がなされるわけである．生命・身体の尊重（より大きく人間の尊厳）はそのような価値の一つであろう[34]．たとえ本人が生命・身体を処分する意思を持っていても，他者がこれに関与すべきではない（たとえば，同意殺人・強制労働の禁止）というのは，それが生命・身体の軽視に繋がるからだろう．

実際には以上の二つの公序は，重なり合っていることもある[35]．「子どもへの

---

[33] 大村敦志 1998: 21–22 頁参照［本書第 2 章第 1 節 A 182–183 頁］．なお，吉田克己 1999: 282 頁の「社会的自己決定」という表現もこれに近いか．

[34] 日本民法典は直接にはこの価値を宣言していないが，たとえば，フランスでは「各人はその身体を尊重される権利を有する」（民 16-1 条 1 項），「人体は不可侵である」（民 16-1 条 2 項）といった規定が民法典に挿入されている．そして，これらの規定は公序に関する規定であると明言されている（民 16-9 条）．また，代理母契約も無効とされている（民 16-7 条）．

[35] 外国での代理母論議の実際については，フランスにつき，大村敦志 1995 の第 2 部第 2 章「人工生殖論議と『立法学』」，アメリカにつき，吉田邦彦 2000 の第 2 部第 7 章「アメリカ法における『所有権法の理論』と代理母問題」が詳しい．

権利」に即して言えば，代理母の禁止は，一方で，代理母契約は自由で熟慮された意思によって締結するのが難しい性質を持つことから導きうる（妊娠中のリスクや子どもに対する愛着の発生は十分には予測できない．周囲の圧力に負けて契約を締結しやすい）．他方，代理母契約は生命・人身を処分可能なものとして扱うものであり，これを安易に認めると，生命・人身に対する軽視が生じうるので，これを行わないと決定する，という説明も可能である．改正された母体保護法（1996年）が遺伝的理由による中絶を認めないことにしたのも，同様に，二つの方向から説明できるかもしれない．

2　自己決定権と「法」の領分

　以上の検討において示唆したように，一口に「自己決定」を尊重する，あるいは「自己決定権」を認めると言ってみても，そこには様々なヴァリエーションがありうる．確かに一方では「他者」の法的な干渉を一切許さず，ある場面に直面した本人のみがその場ですべてを判断してすべてを決める，という意味での自己決定を尊重することが考えられる．これは，一元的な「強い」自己決定権を付与するということである．しかし，他方，「他者」の関与あるいは公共的決定を組み込んだ，複合的な「弱い」自己決定権も想定できないではない．そこでは，本人の自己決定の尊重は重要な要素ではあるが，それだけですべてが決まるというわけではない．次に，これら二種の自己決定（権）概念が「法」の領分にいかなる影響を与えうるかを見てみることにしよう．

　(1)　「強い」自己決定権と「法」の領分　　強い自己決定権は，本人の自己決定を尊重することにつながるか．答えは必ずしもイエスではない．個人の決定をその決定がなされる文脈から切り離し，それのみを尊重することによって，その背後に働く諸力が捨象されてしまうからである．たとえば，不妊の女性や障害児に作用する家族・世間の圧力，あるいは，施術を推進する医師からの圧力．「同意」と言ってもみても「インフォームド・コンセント」と言ってもみても，これらの要件によって，上記の諸力を十分に考慮に入れることは期待できそうもない．つまり，強い自己決定権は，本人の自己決定が尊重されるべき法の領域と社会的諸力が渦巻く法外の領域を切断することによって，諸力への対抗を本人の問題に還元してしまう．強い自己決定権にはこのようなパラドクス

が潜んでいる[36]．

(2) 「弱い」自己決定権と「法」の領分　では，弱い自己決定権はどうか．そこでは「他者」や「普遍的な価値」の存在が考慮に入れられる．その限度では自己決定は貫徹しない．しかし，ここでは「法」はより広い射程を持っており，個人の決定に影響を及ぼす諸力を広く考慮に入れることが可能となる．少なくとも諸力は事実の問題として放置されるのではなく，その作用の当否は，公共の場での検討にさらされる．このことの意義は小さくない．もっとも，法の名のもとに考慮されるのが古来の道徳のみであったり，普遍的な価値が強調されるだけでそれを擁護するための具体的な方策が検討されないならば，結局は，事実としての諸力を法的に承認するにすぎないことになる．ここでは，公共的な決定を「メタ決定としての自己決定」の名にふさわしいものにする努力が不可欠である．これを怠れば，「他者」や「普遍的な価値」は個人を抑圧する存在に容易に転化するだろう．

　「教訓」は以上である．教訓は凡庸であるものの話の素材自体には興味を引くものが含まれている例は，イソップの昔から枚挙にいとまがない．民法や関連の特別法から拾い上げた「断片」には一定の価値があることを期待して，報告を終えたい．

　　＊学会当日の報告内容は，会報で予告した表題「子どもを持つ・持たない，いかなる資格において？　──民法学者としての一考察」とはやや異なるものとなった．本稿の表題は，内容にあわせて若干変更させていただいた．

〔引用文献〕
樋口範雄ほか (1999)「特集・救命手当の促進と法」ジュリスト1158号69頁以下
平川宗信 (1995)『刑法各論』有斐閣
星野英一 (1984a)「愛と法律」『東京大学公開講座・愛と人生』東京大学出版会，279頁以下
星野英一編 (1984b)『隣人訴訟と法の役割』有斐閣
石井美智子 (1994)『人工生殖の法律学』有斐閣

---

　36)　吉村良一 1998: 119頁以下は，随所でこの問題に触れている．ほかに，森田修 1998: 111頁以下も参照．

松久三四彦（1998）「臓器移植法と脳死，人の死，権利能力の終期」『山畠＝五十嵐＝藪古稀・民法学と比較法学の諸相Ⅲ』信山社
森田修（1998）「民法典と個別政策立法——〈支援された自律〉の概念によるエスキース」『岩波講座現代の法4』岩波書店，111頁以下
西田典之（1999）『刑法各論』弘文堂
大村敦志（1995）『法源・解釈・民法学』有斐閣
大村敦志（1998）「『能力』に関する覚書」ジュリスト1141号16頁以下
大村敦志（1999）『消費者・家族と法』東京大学出版会
四宮和夫＝能見善久（1999）『民法総則（第5版）』弘文堂
我妻栄（1965）『新訂民法総則』岩波書店
山本敬三（2000）『公序良俗論の再構成』有斐閣
吉田克己（1999）「自己決定権と公序」瀬川信久編『私法学の再構築』北海道大学図書刊行会
吉田邦彦（2000）『民法解釈と揺れ動く所有論』有斐閣
吉村良一（1998）「『自己決定権』論の現代的意義・覚書」立命館法学260号629頁以下

C 家族法と公共性

I はじめに——課題の設定

　プログラムでは，私の発題のタイトルは「家族法と公共性」とされているが，最初に依頼を受けた段階では，「生命倫理と立法」に焦点をあわせた話をせよとのことだった．そこで，「家族法」「公共性」「生命倫理」「立法学」をキーワードに，これから提供する話題の及ぶ範囲と私自身が留意しようと考えている点などについて，はじめに一言述べておきたい．

　第一に，「家族法」についてである．「家族法」とは，広い意味では「家族に関する法」の総体であると言える．たとえば，憲法上の家族，刑法上の家族，社会保障法・租税法上の家族，国際私法上の家族など，様々な法領域に家族は登場する．私の家族法教科書では，ごくわずかにではあるが，こうした問題にも触れている[37]．しかし，狭い意味で「家族法」という場合には，民法の親族編（さらに相続編）を指すのが普通であろう．また，私の専門は民法なので，以下，「家族法」という場合には，主として民法の親族編を念頭に置く．ただし，これと密接な関連を持ついくつかの特別法にも言及する．

　ところで，「家族法」は，紛争解決のための裁判規範でもあるが，それ以上に，人々によって生きられている法，家族生活を営む際の行為規範でもある．もちろん，家族生活は家族法にのみ従って行われているというわけではない．家族生活には，習俗など法以外の社会規範が影響を及ぼしており，法は様々な規範の一つに過ぎない．そこで家族と家族法について考えるには（より広く，

---

[37]　大村『家族法』（有斐閣，第 2 版，2002）の第 4 章「家族支援／家族管理の法」を参照．

人々の日常生活とこれを規律する法規範について考えるには），法以外の規範にも目を向けることが重要になる．「生命倫理」という言葉が何を意味するのかには議論の余地があろうが，こうした法以外の規範の一つとして，さしあたり漠然とこれをとらえておきたい．

　第二に，「公共性」という点である．この点につき抽象的に論ずることはしないが，ただ，次の点のみを予め述べておく．すなわち，私自身は「私法の一般法としての民法」の制定・改正が「公共」にかかわることがらであるという認識を持っていること．「資本主義社会経済の法」（川島武宜など）という社会経済的な観点からの民法イメージに対して，「市民社会の構成原理」という政治的な視点をより強調した民法イメージにシフトする必要があると考えていることである．私はこうした見方を，「公事としての私法」という表現で提示してきた[38]．

　先にも触れたように，家族に関する規範には法によらないものもあるが，「公共性」との関連で言うと，意図的に「法律」を作る作業，すなわち「立法」のあり方を論ずることが重要になる．様々な社会規範との関係で立法の行われていく様子をたどり，また逆に，法律の制定が習俗に与える影響を観察する．こうした観点から，私はこれまで，フランスの人工生殖立法論議や日本の戦後家族法改革史などの研究を行ってきた[39]．

　さて，これらの点をふまえて，以下においては，家族法にかかわる日本の最近の法改正および法改正の試みを素材として提示した上で（Ⅱ），その特徴についてコメントをするという形で（Ⅲ），「家族法」の「立法学」という観点から，「生命倫理」や「公共性」へのアプローチを試みてみたいと思う（Ⅳ）．

Ⅱ　最近の法改正と法改正の試み

　検討の素材として，最近になって実現したいくつかの法改正（(4)と(5)）と未

---

[38]　大村『法典・教育・民法学』（有斐閣，1999）の第1編「民法と民法典を考える」を参照．
[39]　大村「人工生殖論議と立法学」同『法源・解釈・民法学』（有斐閣，1995）所収，大村「民法典後二編（親族編・相続編）の改正」同『消費者・家族と法』（東京大学出版会，1999）所収を参照．

だ実現には至っていない法改正の試み ((3) と (6)) について，時系列に沿って簡単に紹介しておきたい．その前に，戦後の家族法立法の原点として比較の対象とすべき 1947 年の大改正 ((1)) とひとつの転換点となったと考えられる 1987 年の改正 ((2)) にも触れておく．

(1) 原点：応急措置法 (1947 年)　第二次大戦後，日本国憲法の制定に伴い，民法の親族相続編の改正が必要となり，明治民法を全面的に改正する大改正がなされたのは周知の通りである．改正法は，当時，「新憲法」に対して「新民法」と呼ばれたが，ひらがな口語文の新規定はその名にふさわしいものであった．実際のところ，「個人の尊厳と両性の本質的平等」（民 1 条ノ 2 [現 2 条]）を理念とする「新民法」は，以後 30 年以上にわたり，習俗をリードする役割をはたしてきた．

しかし，この改正は従前の制度を「否定」する点に重点を置いたものであり，「家」制度の解体，個人の「家」から解放をめざすものであったと言える．そのことは，改正の基本方針を大づかみに提示した「日本国憲法の施行に伴う民法の応急措置に関する法律」（応急措置法と略称する．新憲法施行日の 47 年 5 月 3 日から施行，新民法施行日の 48 年 1 月 1 日に失効）によく現れている．同法は，次のような旧法上の諸制度を廃止する点に主眼を置いていたからである．すなわち，「妻または母の能力制限」（同法 2 条），「戸主・家族など家」（同法 3 条），「家督相続」（同法 7 条）などの廃止を定めていた．

別の見方をすると，新民法は新しい家族観に立って，新たな家族法を積極的に構想し，これを実現する方策を講じたものではなかったとも言えるのである．つまり，そこで行われたのは「家・夫・父から自由」を実現するための改革，いわば「マイナスの改革」であった．

(2) 転換点：特別養子制度の導入 (1987 年)　家族法に関しては，その後もいくつかの法改正がなされた．なかでも 1962 年と 1980 年の改正は相対的に重要度が高い．しかし，これらは基本的には 47 年改正の延長線上の改正であったといえる．

ところが，1987 年改正はやや性格を異にしている．87 年改正とは，従前の普通養子とは別に，実親子により近い特別養子を認めたものである．この改正のポイントは 4 つある．① 赤ちゃん斡旋を行っていた菊田医師の事件をきっか

けに立法をめぐりマスコミや世論が大きな関心をもったこと，②「子どもの利益」という価値が前面に押し出されたこと，③普通養子・特別養子を併存させることによって，養子縁組の多様性を承認したこと，④特別養子縁組の成立のために裁判所が関与する仕組みが作られたこと．

　これ以後，最近までの立法は，程度の差はあれ 87 年改正と共通の要素を持つ．すなわち，それらは，① 大きな社会問題に対応すべく（社会問題型），② 一定のスローガンを掲げて展開された立法運動を受けて（スローガン型），③ 多元性・多様性に一定の配慮をしつつ（多元型），④ 新たな制度を創り出す（制度創設型）であった．言い換えれば，「プラスの改革」を行うものであったと言うことができるだろう．

　(3)　争点：夫婦別姓などの婚姻法改正案 (1996 年～)　　80 年代の終わり頃に始まり 96 年には民法改正要綱の作成にまで進んだ婚姻法などの改正案も，基本的にはこの流れの中にある．すなわち，① 夫婦同姓が社会問題化しつつあるのを受けて，② より実質的な男女平等を掲げて，③ 選択的な夫婦別姓制度を導入しようというものであった（④の側面はやや弱い）．

　ところが，これに関しては，自民党内部の対立が解消しなかったこともあって，法制審議会の答申がなされたのにもかかわらず，政府は改正法案を国会に上程できないという異例の事態となった（以後，何度も政治的な話題にはなるが，政府による法案提出には至っていない）．

　自民党内の抵抗は，選択的夫婦別姓制度が家族の絆を弱めるのではないか，という危惧に由来する．これに対しては，別姓推進論の側から様々な反論がなされている．しかし，政治的な説得のための論法としてはともかく，状況認識としては，推進論もまた家族の弱体化を念頭に置いているものと思われる．ただ，そこでいう「家族」が，(a)「家」の意識を引きずった拡大家族なのか，(b) 性別役割分担を前提とした戦後型の核家族＝婚姻家族なのか，それとも，(c) 婚姻家族そのものなのか，については，立場によって見方が異なっている（政治的には，この点を明らかにせずに「共闘」が組まれている）．

　いずれにしても，②のレベルに属する男女平等（さらには，夫婦の個人化・契約化）に対して，②'「家族」の価値が対置されるという構図が現れているのが注目される．

(4) 実現Ⅰ：成年後見制度の改正（1999 年）　1999 年に実現した成年後見制度の改正（民法一部改正法＋任意後見契約法＋後見登記法＋関係法律整備法の 4 法律からなる）においても，① 高齢者の財産管理の必要性を背景に（悪質商法や介護保険と関連している），各種団体（福祉組織・障害者支援団体や弁護士会・司法書士会など）が，② 高齢者の自己決定権・ノーマライゼーションを掲げて，③ 柔軟で非抑圧的な制度の導入をはかるのとあわせて，④ 裁判所の関与（特に任意後見契約法）や後見人となる者の受け皿の整備を図るべきことを主張した．

ここでも，「家族」をめぐる論争が闘わされたが（②'），問題の出方はやや錯綜していた[40]．というのは，法制定を推進した諸団体や学説の中には，一方で，法人後見人や任意後見契約の導入を主張するものとともに，他方，本来，社会福祉に委ねられるべき身上監護や介護を私人である後見人に託そうとする主張も見られたからである．前者が，家族を排除することを目指すのに対して，後者は，家族に依存した日本型福祉社会と適合的な側面を持っており，両者は矛盾するとまではいえないとしても，ある種の緊張関係に立つ．

もっとも，後見制度の改正自体が必要な点には異論を見なかったために，夫婦別姓の場合のように議論が紛糾することなく，若干の曲折はあったものの，比較的スムーズに法改正が実現することとなった．

(5) 実現Ⅱ：児童虐待防止法・DV 防止法（2000 年・2001 年）　2000 年の児童虐待防止法，2001 年の DV 防止法は，前者は親の子に対する懲戒権（親権の一部をなす），後者は夫婦間の同居義務とかかわり，その意味で家族法にも影響を及ぼすものだといえる．

二つの法律は，従来は国家が介入しにくかった家庭という領域に，より積極的に介入することを目指す立法である点で共通しているが，① マスコミを中心に問題に対する関心が高まりを見せた点（繰り返し報道がなされ認識が共有された点が重要），② 前者については「子どもの権利」，後者については「ジェンダー」という特定の価値が援用された点でも共通している．

これらに関しては，③ 多様性・多元性に対する配慮は特に見られないが，

---

[40] 成年後見立法と家族の関係については，大村「成年後見・その 2」法教 263 号（2002）でも一言した．

④については，特に DV 防止法につき，裁判所の介入が認められるとともに，DV 被害者を支援する組織の設置がなされた点が重要である（児童虐待に関しては，児童相談所などの組織自体はすでに存在している）．

なお，これらに関しては，対抗価値に対する意識が希薄になりがちである点には注意を要する．福祉関係者やフェミニストの中には，児童虐待や DV を非常に広く定義する人々もおり，親子やカップルの関係につき過度の介入が生じうる危険に対する警戒感がやや希薄である．従来，過度に謙抑的であった児童相談所や警察の行動を改めるべきだという主張自体は十分に理解できる．しかし，親の教育権やカップルの親密性を考慮に入れることも必要だろう．

(6) 進行中：生殖補助医療関連の親子法改正作業 (2000 年～)　最後に，生命倫理と密接にかかわる最近の立法作業をとりあげる．立法作業が始められるにあたっては，日本産科婦人科学会のガイドラインに違反して第三者提供卵子による体外受精が行われたことが大々的に報じられたことが一つの大きなきっかけとなっている（1998 年の根津事件．根津医師は 2001 年には代理母による出産も公表）．ここでも，① 社会問題が先行しているのである．

この問題に関しては，不妊の人々の「子どもを持つ権利」が説かれることがあり，歯止めのかからない出生率低下と絡めてこれをサポートする向きもある．これに対して，ヨーロッパなどでは「子どもの権利」の名の下に，生殖補助医療に歯止めをかけようという動きも強い．ところが，日本では，逆に，②「子どもの権利」の名の下に，生まれてくる子どもを保護すべきだと主張し，結果としては生殖補助医療を広く認めることに帰着するような議論も見られる．

なお，生殖補助医療に関しては，施術を結婚したカップルに限定して認めるという提案がされており[41]，③ 家族の多様性・多元性に対する配慮は希薄である．憶測にとどまるが，関係の医者たちは，医療技術に関しては大胆であるが，

---

41) 2000 年 12 月に公表された厚生科学審議会先端医療技術評価部会生殖補助医療技術に関する専門委員会の「精子・卵子・胚の提供等による生殖補助医療のあり方についての報告書」は，「精子・卵子・胚の提供等による生殖補助医療を受けることができる人は，子を欲しながら不妊症のために子を持つことができない法律上の夫婦に限る」としている．その後に設置された厚生科学審議会生殖補助医療部会では，この報告書の具体化に向けての検討を行っており，2002 年末に一通りの検討作業を終えて，2003 年初めには検討結果をまとめた文書を公表してパブリック・コメントを求めたが，「法律上の夫婦に限る」点については，再検討の動きは特に見られない（関連の資料は，http://www.mhlw.go.jp/shingi/2003/01/s0114-1.html に掲載されている）．

家族観に関してはどちらかと言えば保守的なようである．もし法律上の夫婦にのみ施術を認めるとなると，特別養子縁組・生殖補助医療の2点において，法律上の夫婦が優遇されることになる（別の言い方をすると，法律上のカップルのみが「子どもを持つ権利」を保護されることになる）．また，事前のカウンセリングや事後のデータ管理など，④ 制度的な対応が必要な点でも，生殖補助医療は特別養子縁組に似た面を持っている．

ところで，この問題に関しては，次の2点を付け加えておく必要がある．一つは，「子どもを持つ権利」や「子どもの権利」などと対峙する価値として，「人間の尊厳」や「身体の処分不能性」などがありうることである（②'）．生殖行為や生殖子（精子・卵子・受精卵）に人工的に介入すべきではない，という価値観は，一般の人には根強く存在する（自分ならばやらないという人が多い[42]．ただし，他人が行うことにも反対かどうかは別の問題である）．また，代理母などを中心に，生殖や子どもについて金銭が動くことに対する反感も見られる．女性の身体が道具視されているという意見もある．

もう一つは，この問題をめぐっては，親子関係は何によって決まるかという根本的な問題が再検討に付されているという点である（②"）．この点に関しては，血縁重視の考え方と婚姻重視の考え方とがありうるが，進行中の法案準備過程においても両者が主張されている[43]．

Ⅲ　家族関連立法の特徴

Ⅱで見た最近の立法の傾向をふまえて，家族関連立法の特徴をいくつか指摘してみよう．具体的には，まず，前提となる家族の状況やそこから出てくる帰結（(1)，(2)）について触れ，続いて，立法を行う際の留意点，さらには学説の

---

[42]　意識調査の結果につき次の新聞記事を参照（「夫婦外の生殖医療7割『利用しない』厚生省，初の意識調査」朝日新聞1999年5月7日付，「不妊治療の進歩に戸惑い？　第三者の精子使用肯定41％に減少，厚生省研究班調べ」日本経済新聞2003年2月3日付）．

[43]　厚生科学審議会の専門委員会報告書を受けて設置された法制審議会生殖補助医療親子関係法制部会は，2002年8月にそれまでの検討結果を一応とりまとめた上で，審議を中断しているが，この段階では父子関係の成立につき二つの案が併記されている（同審議会の議事録はhttp://www.moj.go.jpで参照できる）．

はたすべき役割((3), (4))について述べることにしたい.

(1) 家族とは何か？——家族・家族観念の多様性　1947年の大改正から30年ほどの間,「家族」のイメージは明らかであった. 夫婦と未成年の子からなる婚姻家族＝核家族こそが典型的な「家族」, 少なくともめざすべき「家族」であった. そして, 現実にも核家族は増加の傾向にあった.

しかし, 80年代の後半から状況は変わりつつある. 若い世代の晩婚化が進む一方で, いったんは減少に転じた離婚も再び急増しつつある. 離婚後の家族 (単親家族), 再婚による家族 (再構成家族) はもはや必ずしもマージナルな存在ではない[44]. また, 婚外子の数は微増にとどまっているものの, 未婚の母や事実婚に対する許容度も高まりつつある[45]. 他方, 地域や世代によっては, 伝統的な拡大家族がなお大きな意味を持っていることも否定できない. あくまでも (あるいは, 何となく) 典型を維持しようとする人々, これに対して典型から離脱しようとする人々, さらに, ひとむかし前の典型の復活を願う人々. このように, 実体・観念の双方において, 様々な家族・家族観が併存・拮抗している. これが日本の家族の状況である. このような状況は, 婚姻法改正をめぐる議論に端的に現れている.

とはいえ, 次の点に留意することも必要である. それは, 見かけ上どのような家族の形態をとっているとしても, 嫁役割や妻役割, あるいは母役割は, 日本のカップルに対して脱却しがたい影響力をなお維持しているという点である. 成年後見立法やDV防止法, そして現在進行中の生殖補助関連親子立法は, いずれもこの点と密接な関係を持っているといえる. すなわち, 成年後見立法を求めた人々は, 老親の自律を主張しつつも (息子や嫁の勝手にはさせない), 後見人による介護 (息子が後見人になりその嫁が介護をする) を期待していたし, DV防止法が必要とされたのも, DVの温床となっている夫婦関係の非対称性 (暴力も当然・仕方ないと夫婦双方が考える) に根強いものがあったからだろう.

---

44) 関連の問題の一部につき, 大村「『再構成家族』に関する一考察」みんけん500号 (1998)［本書第1章第2節A］で触れた.
45) 1994年に経済企画庁が行った調査によると,「未婚で子を生み育てる母」につき,「抵抗感が全くない」「抵抗感が余りない」と答えた人の割合は, それぞれ10.2％, 25.2％, また,「法律上の手続を踏まない結婚」につき,「抵抗感が全くない」「抵抗感が余りない」と答えた人の割合は, それぞれ10.5％, 22.9％である (『平成10年版厚生白書』〔ぎょうせい, 1998〕101頁から引用).

さらに，生殖補助医療に関しても，一見すると個人主義的に見える「子どもを持つ権利」の背後には，子どもを持たなければ夫婦とは言えないという社会通念（「子どもを持つ義務」）が伏在している．

このように，家族は多様化しつつあるのではあるが，その妨げとなる固定観念が存在することもまた確かなのである．

(2) 家族法に求められているのは何か？——放任・承認・支援　家族が置かれている現状の複雑さは，家族法に求められるものにも影響を与える．かつて家族法に求められたのは，「放任」であった．「家」制度から逃れて自由に結婚し，自分たちだけで生活を営む．70年代に流行した「同棲時代」や「神田川」に行き着く家族法イメージである．

しかし，「同棲時代」は長くは続かない．その後にやってきた「ニューファミリー」もまた，決してバラ色ではない．若い頃には確かに「友だち夫婦」を演じることができても，子どもができて親たちが老いると，カップルたちの間に母役割・嫁役割が顔を出す．大人になった夫婦は周囲にも気を遣わざるをえない．結局のところ，女性は様々な役割を引き受けざるをえなくなる．

こうした状況を打破するのは容易なことではない．「私は嫁や妻という名の家政婦ではないし，子どもは二人の親が同じように面倒を見るべきである．周囲の干渉を避けるだけでは，こうした要求は実現できない」．こうした要求の正当性を認めさせなければならない．しかし，それは容易なことではない．そこで夫婦別姓への要求が出てくる．それは「新しい形のカップルを承認せよ」という要求として理解することができる．「別姓」は「独立」の象徴であり，嫁・妻・母としての役割の（少なくともその押しつけの）拒絶を表している．夫婦別姓を法定するというのは，役割分担から自由なカップルを制度的に「承認」させることを意味するのである．

DV防止法についても同様に考えることができる．夫婦の氏に限らず，民法は家族生活における男女平等を形式的には確保している．しかし，現実には，家庭内には女性に対する抑圧的な状況が存在しうる．これまでこうした状況は，一方では伝統的な家族観によって，他方，形式的な平等・自発性によって，暗黙裏に正当化されてきた．DV防止法は，法律の制定を通じて，DVという問題を認知させることを目標としていた．家庭の外でセクハラが許されないよう

に，家庭の中でのDVも許されない．このような規範意識を形成することが，個別の被害者の救済と並んで（ある意味ではそれ以上に）重要な課題であったと言える．

さらに，DV防止法は，DV被害者を社会的に「支援」することが必要だという考え方に立つ．これは成年後見や生殖補助医療についても同様であり，ある問題を「承認」させるということは，その解決に向けての社会的な努力・助力を正当化するということでもある．DV防止や成年後見の実効化のために予算を投じて制度を作るのは当然のことであり，生殖補助医療のために法律を整備し，組織を作るのも当然であるということになるわけである．

「放任」ではなく「承認」を，さらには（恩恵ではなく社会的責任としての）「支援」を．最近の立法において家族法に向けられているのは，こうした要請であると言えるのではないか．

（3） 家族法立法をいかに行うか？——公論の形成　様々な家族が現に存在し，家族に対する意識も一律ではない時代に，家族に関する立法を行う．しかも，「好きなようにさせて (laissez-faire)」というのではなく，「それぞれの家族にそれぞれの法を (à chaque famille son droit)」という立法を行うのには，どうすればよいのか．

実体的に見た場合に，あるべき家族を一つに固定することができないとすれば，一方で，多元的な家族像を前提にする必要があるが，他方，十分な議論を尽くして一定程度のコンセンサスを形成することが重要である．婚姻法改正は法案提出に至ってはいないが，96年以来何度もこのことが話題になることによって，夫婦別姓への社会的な関心と許容度は確実に高まりつつある（関係者やメディアの継続的な努力による．もっとも，世論調査の設問も影響を与えている）．また，DV防止法や生殖補助医療に関しても，マスコミのキャンペーンにより人々の関心は高まっている．

ただ，公論の形成に際して，もう少し落ち着いた手法を併用することも考えられるべきだろう．たとえば，専門家を交えた各種の集会・研究会，世論調査なども含めた意見聴取などをより積極的に行っていく必要がある．

もう一つ検討を要するのは，立法の象徴効果をどのように位置づけるかである．すでに触れたように，家族に関する限り，法は人々の行動準則の一つに過

ぎない．実際のところ，人々は法以外の規範に依存して行動しており，家族をめぐる様々な問題も法の次元ではなく習俗や社会通念の次元に存在していることが多い．

では改められるべきは習俗であり法ではないのか．答えは「イエスでもありノーでもある」である．現行の民法は夫婦同姓を定めているが，そこから個人の否定や性別役割分業が導かれるわけではない．現行法の下でも，個人を尊重し，性別による役割分業を行わずに，夫婦として生きていくことは十分に可能である．その意味では改められるべきは法ではない．しかし，個人の尊重を掲げ，性別役割分業の否定を含意する夫婦別姓立法が実現するということは，（さしあたりその内容にかかわりなく）立法に体現された価値が社会的に承認されたという大きなメッセージとなる．法が変わることによって習俗もまた変わりうるのである．つまり，法律の成立に集約される立法過程そのものが，法規範の形成を通じて行われる社会規範の更新の過程であると言える．

そうだとすれば，立法の象徴効果を考慮に入れなければならない．具体的には，法律が直接に実現することがらに限らず，その象徴的な波及効果を正面から議論する必要がある（このこと自体は価値中立的である．象徴効果があるから立法をせよ，という議論がありうると同時に，だから立法をやめよ，という議論もありうる）．

(4) 家族法学は何をなしうるか？——市民の領分と法律家の領分　家族法立法のプロセスにおいて，家族法学は何をなしうるか．この問いに答えるにはまず，戦後の家族法学が行ってきたことを振り返ってみる必要がある．家族観が多様であるように，家族法学もまた多様であるが，ここでは，家族法学の担い手の属性に応じて，次の三つの家族法学が存在していることを示しておこう．

第一は，いわば法制審議会型の家族法学と呼ぶべき潮流である．これは47年改正による「新民法」の理念を徹底することをめざす家族法学である．啓蒙の立場に立った家族法学であり，人々の習俗・意識とは必ずしも一致しない（法制審が提案した夫婦別姓は，少なくとも当初は，習俗・意識の反映であるとは言えなかった）．第二は，家庭裁判所型の家族法学である．これは，日々，紛争解決の実務に従事する人々によって担われており，より現実的な流れであるが，

それだけに妥協的な側面を持たざるを得ない．第三に，運動随伴型の家族法学も存在する．問題をいち早く指摘し（創り出し），その解決を求める動きであり，こうした家族法学がメディアを巻き込んで（あるいはメディアの動きに乗って），これまでの法改正に影響を与えてきたことは確かである．ただ，当面の問題に着目した提案（シングル・イシュー・アプローチ）は，必ずしも原理的・技術的に整ったものではないこともある．

では，今後の家族法学は何をなすべきか．第一に，法制審型の家族法学は存立の基盤を失っている．制度的に見て，法制審自体はもはやトップダウンで立法を行う権限を持たない．また，人的に見ても，このタイプの家族法学を担ってきた啓蒙の世代は舞台からほぼ退場したと言える．しかし，実務や運動から提出される様々な要望・主張を整序し方向づける「審級」は，なお必要なはずである．第二に，家族法学は，「問題提起―立法提案」をトータルに検討するための様々な素材を提出し，それらの意味を説明する必要がある．世間には，法律家（lawyer）は技術的な調整だけを行っていればよい，という皮相な見方も見られる．しかし，法技術は単なる技術ではなく原理と骨がらみの存在である．また，これまでも，よき法律家（juriste）は，「いまここにある」法以外のものを念頭において，よりよい法を生み出すために努力してきたはずである．

家族法立法の大きな方向を決めるのは，家族法を生きる一般の人々である．しかし，専門家としての法律家は，様々な主張を法システムに統合する責任を負うとともに，熟慮された決断を行うための材料を提供する責任を負う．専門的合理性はすべてではないが，固有の役割を演じうるだろうし，演じるべきであろう．

Ⅳ　おわりに――立法の指針

以上のとりとめのない発題のまとめに代えて，家族法立法の指針として私が念頭においていることがらを四つの項目に分けて示しておく．

第一は「漸進的な多元主義」である．繰り返し述べたように，実体・観念の双方で家族は多元化しつつある．そうした環境で家族法立法を行うには多元主義の立場に立つことが不可欠である．しかし，その際には，現状を考慮しつつ

類型を立て，必要に応じて類型を修正していくという態度をとるべきだろう．私自身は，典型としての婚姻家族を尊重しつつ，様々な非典型家族にそれぞれの法的保護を付与していくというスタンスをとっている[46]．

　第二は「重層的な共和主義」である．家族法立法に際しては，公論の形成という観点が重要なことも，すでに述べた通りである．ただ，「公論」は一枚岩の形でではなく，相互に影響し合ういくつかの層に分かれた形で存在すると考えるべきだろう．一般市民の「公論」と法律家の「公論」とを区別して，それぞれの活性化と相互影響のチャンネルの確保をめざす必要がある．

　第三は「限定的な法治主義」である．家族法は，家族生活を生きる人々の行為規範の一つに過ぎない．その役割を過大視することはできないが，同時に，法による規律の側面や立法の象徴効果を軽視するのも適切ではない．特に立法がはたす役割・はたすべき役割に関しては，実証的な研究によってその解明を進め，市民にも知らせていくことが望ましい．

　最後は「反省的な制度主義」である．今日の家族法立法においては，単なる「放任」はもちろん，「承認」の付与だけでも十分とは言えない．よりよい家族を生きようとする人々が望む制度的な「支援」を実現することが求められている．もっとも，ここでの「制度」は必ずしも法律による固定的なものである必要はないし，確定的なものである必要もない．むしろ，人々が自ら制度を創り出していくのを間接的にサポートし，制度そのものは試行錯誤によって生成していくという考え方をとるべきかもしれない．

---

[46] 大村・前出注1) は，第1章「婚姻家族の法」に，第2章「非婚姻家族／準婚姻家族の法」，第3章「拡大家族／複合家族の法」を加える構成をとっている．

第2節　基本概念の再検討

A　親子とは何か——生殖補助医療を素材に

I　序——検討の対象と視点

　本稿では，法務省の法制審議会生殖補助医療関連親子法制部会における立法準備作業の現状をふまえて，これまでの議論の意味するところを明らかにすることにより，今後の作業につき考えるための一助としたい．同部会は昨年〔2002年〕夏にそれまでの審議を一通りとりまとめた上で審議を一時中断しているが，本稿においては，その「とりまとめ」の内容を検討対象とする．なお，「とりまとめ」は文書としては公開されていないが，ホームページ上に公開された議事録からその内容の概略を知ることができる[1]．ほぼ次のようなものである．

　　「生殖補助医療により出生した子の親子関係に関するこれまでの審議について」
　　　第1　「**前提となる考え方**」「当部会で検討中である親子法制は，生殖補助医療を実施する条件整備の一環ということで，現行民法の特則を定めるものである．したがって行為規制法の枠組みを踏まえて定める必要がある」．
　　　第2　「**母子関係**」「提供された卵子を用いた生殖補助医療によって出生した子の母

---

[1] http://www.moj.go.jp に掲載されている「法制審議会生殖補助医療関連親子法制部会第15回会議議事録（平成14年8月27日）」を参照（本文に掲げた概略は，議事録の引用によって筆者が構成したものである）．なお，筆者は，同部会に幹事として参加しているが，本稿では，本文に引用した公開資料を前提に検討を行う．また，以下の見解は筆者個人のものである．

について，分娩者＝母ルールと言われるものを定めて」いる．

第3　「父子関係」「同意により父となる……場合の同意というのは，生殖補助医療による血縁がない実親子関係……新たな親子の類型を作り出す，この場合の要件の一つとして認める」．（「その規定方法については，規定の分かりやすさ……母子関係に関する規定案の書き方との整合性，それから逆に現行民法の構造との整合性というような点からいろいろ議論があった……．そこで，規定案としては，甲案と乙案の両方を併記」した」．）

第4　「精子被利用者の地位」（新たに血縁のない実親子関係を作り出すということの裏返しとして）「出生した子と血縁のある男性の父子関係を否定することが必要となる場合がある」．「制度上そのような男性は父となることが想定されていない」．「典型的な精子提供者の場合がこれに当たる．」「任意認知強制認知の双方を禁止する規定を設ける」．

第5　「懐胎時に死亡していた男性に対する認知の禁止」（死後の精子利用を禁止する方向であるという行為規制法との整合性や，それから医療現場からの要請といった様々の観点などから）「明文で強制認知の訴えを禁止する規定を置くべき」である．

第6　「近親婚の禁止」「特段の規定を設けることはなく，現行民法の第734条，735条，736条……を適用する」．

第7　「代理懐胎契約の私法上の効力」「このような契約の私法上の効力については，特段の規定を設けなくとも契約は公序良俗に反するという理由から無効になる」．

上記の「とりまとめ」の位置づけ，あるいは，同部会における検討に至る経緯や今後の見通しなどについては，野村論文［ジュリスト1243号］に譲ることにして，本稿では繰り返さない．「序」では，検討の対象と視点などについて，一言述べておくにとどめる[2]．

まず検討の対象についてであるが，本稿は，「生殖補助医療と家族法」をテー

---

[2]　日本でも，この問題が熱心に議論されるようになってからある程度の時間が経過しており，かなりの程度まで研究も積み重ねられている．紙幅の関係により，以下においては詳細な引用は省略するが，2002年度の日本私法学会のシンポジウム・テーマの一つとして，「生命科学の発展と私法」がとりあげられ，川井健教授を中心とするグループの「生命倫理法案」が検討されたことのみを述べておく（同案に関しては，川井健・総合研究開発機構編・生命科学の発展と法（有斐閣，2001）があり，シンポジウム資料はNBL742号，743号（2002）に公表されている）．なお，生殖補助医療に関する筆者の基本的な見方については，参照，大村・法源・解釈・民法学（有斐閣，1995）の第2編第2章「人工生殖論議と『立法学』」，家族法との解釈論・立法論との関連については，大村・家族法（有斐閣，第2版，2002）206頁以下．

マとしているので，財産法上・人格法上の諸問題には立ち入らない[3]．「とりまとめ」も財産法上・人格法上の問題には立ち入らないというスタンスであり，代理母に関しても，契約の効力に関しては一般原則（公序良俗違反）に委ねている．また，家族法上の問題についても，そのすべてに触れるわけではない．具体的には，近親婚に関する議論には立ち入らない．「とりまとめ」では，この点につき，項目は立てつつも，従前の取り扱いに変更が生じるわけではないとしている．

次に検討の視点についてである．以下においては，現在，私たちが持っている民法のルールを基準にして，「とりまとめ」の意味を考えてみたい．「民法のルール」の内容については，本論中で述べるとして，ここでは，次の三つの点について予め注意を促しておく[4]．第一は，生物学的な親子関係と法的な親子関係とはイコールではないということ，第二は，法的な親子関係はいくつかの要素によって定められていること，第三に，その要素の働き方には，母子関係と父子関係とで異同があり，また，婚姻内の親子と婚姻外の親子でも，さらに，実親子と養親子とでも異同があるということである．

これらの点をふまえつつ，以下では大きく，母子関係（「とりまとめ」の第2・第7に関連）と父子関係（「とりまとめ」の第3・第4・第5に関連）に分けて，問題を見ていくことにしたい．それぞれの中では，基本にかかわる部分を検討した上で，応用にかかわる部分に進むことにする．

II　母とは何か

1　母子関係の決定（「とりまとめ」第2）

(1)　民法のルールと「とりまとめ」のルール　母子関係の決定に関する民法のルールはどのようなものか．この点に関しては，通常は，母子関係は出産（分娩）によって生ずると解されている．この点については大きな異論はない

---

[3] たとえば，生殖子（精子・卵子・受精卵）の法的処遇に関する問題や生殖補助医療にかかわる個人情報の取扱いに関する問題などがある．
[4] これらの点に関する筆者の基本的な考え方については，大村「『家族』と〈famille〉」同・消費者・家族と法（東京大学出版会，1999）207頁以下を参照．

が，根拠規定は曖昧である[5]．

　では，「とりまとめ」はどうか．「とりまとめ」は，「分娩者＝母ルール」を定めており，少なくとも見かけ上は，これまでの民法上（運用上）の取り扱いを踏襲していると言える．

　(2)　「とりまとめ」の持つ意味　　しかし，「とりまとめ」が一つの決断を示すものであることは明らかである．というのは，「分娩者＝母ルール」の持つ意味が，自然生殖と医療補助生殖とでは異なっているからである．

自然生殖　　　　　医療補助生殖

分娩（＝卵子）→ 母　　　分娩（≠卵子）→ 母
　　　or　　　　　　　　　　or
分娩（＝卵子）＋ α → 母　　卵子（≠分娩）→ 母

　民法が念頭に置く自然生殖においては，「分娩者＝母ルール」は認知などの「プラスα」が不要であることを意味するのに対して，医療補助生殖では「分娩者＝母ルール」は「卵子提供者＝母ルール」を採らないことを意味するからである．言い換えれば，「とりまとめ」で問題とされているのは，懐胎母・遺伝母の分裂という新たな状況をふまえて，二つの母親概念のいずれを採用するかということなのである．

　「とりまとめ」の考え方は世界的趨勢にも沿ったものであり，日本国内でもこの点については正面から異論はほとんどないと言ってよいだろう[6]．分娩者を母とする理由としては，①胎内での養育の重要性（母子のきずなを作る），②出産という基準の明確性（母のない子が生じにくい）などがあげられる．

　このように考えると，次のような問いが出てくる．胎内での養育が母子のきずなを形成することを理由とするならば，このきずながない場合には，母子関

---

[5]　嫡出子に関しては規定がなく，非嫡出子に関しては，最判昭37・4・27民集16巻7号1247頁は，母の認知を要すると定めた779条に反する扱いをしているが，理由は述べられていない．なお，学説としては，中川善之助・新訂親族法（青林書院新社，1959）381頁以下が，出生届を認知届に読み替えた大審院判例を批判し，認知無用論を説いていた．

[6]　代理母も認めるべきだという議論も，原則としては，本文のように考えるものと思われる．

係は否定しうるのか，逆に，このきずなに匹敵するきずながあれば，分娩がなくても母子関係を認めてよいのか，という問いである．具体的には，自然生殖の場合にも，民法そのものが①②を考慮していたと考えるならば，やはり「プラスα」が必要な場合があるのではないか（分娩しただけでは母子のきずなが十分ではない場合，分娩の事実が明らかではない場合など）が問題になりうるだろうし，「とりまとめ」との関係で言えば，例外的に代理母を認めるべき場合はないか（分娩に代わるほどのきずながありうる場合，卵子を提供して母となろうとする者がいる場合など）も問題となりうるだろう．

　最後の問題については，項を改めて検討しよう．

2　代理母（「とりまとめ」第7）
　(1)　「とりまとめ」のルール　代理母について，「とりまとめ」は特別なルールを設けていないが，これは厚生労働省の準備している法案[7]において，代理母が禁止されるという前提に立ってのことである（その上で，契約の効力は公序良俗違反によって否定する）．もちろん，禁止されても代理母がなくなるわけではなく，代理母契約によって生まれた子どもをめぐる法律問題に対応する必要は残る．

　しかし，「とりまとめ」第2によれば，この点につき基本的な解決はすでに与えられていることになる．すなわち「分娩者＝母」であるので，代理母契約がなされたとしても，妊娠・出産をする代理母が常に母となり，依頼者（卵子の提供者でなければもちろん提供者であっても）は母とはなり得ないからである．

　(2)　「とりまとめ」の持つ意味　契約の効力についてはさておき，親子関係につき，「とりまとめ」が特別な規定を置かないということは，「分娩者＝母」ルールに一切の例外を設けないことを意味する．どんなに子どもを望んでいても，妊娠・出産をしていない依頼者が実母となる途は封じられているわけである．逆に言うと，「分娩者＝母」ルールの下では，代理母を引き受けるというのは母となることを引き受けるということを意味する．

　これは依頼者・代理母の双方にとって過酷なように見えるが，自然生殖に関

　7）　これについては，ジュリ1243号掲載の石井論文を参照．

する現在の民法のルールの帰結でもある．夫が妻の同意を得て代理母になる女性と性関係を持ったとしても，妻が，代理母の妊娠・出産した子の母親になることはあり得ないからである．また，このような子どもを夫婦の実子（嫡出子）として届け出ても，子が夫婦の実子（嫡出子）となることはない（「わらの上からの養子」）[8]．

上で「実母」としたのは，「養母」になる可能性は明示的には封じられていないからである．場合によっては，依頼者夫婦を養親として養子縁組を行うことを認める余地はないわけでない．しかし，これを無制限に認めると，代理母の禁止は骨抜きになることも考慮しなければならない（数年にわたって依頼者夫婦による養育がなされている，代理母の行方がしれない，などの事情があり裁判所が相当と認める場合に限る必要があろう）．

このように見てくると，以上の取り扱いはさしあたりは妥当なものであると言えるだろう[9]．

III 父とは何か

1 父子関係の決定（「とりまとめ」第3）

(1) 民法のルールと「とりまとめ」のルール　父子関係に関する民法ルールはどうだろうか．母子関係に比べると，父子関係については明文の規定があり，その定め方ははっきりしているように見えるが，二つの意味でより複雑であるとも言える．第一に，父子関係の決定方法は婚内子（嫡出子）と婚外子（非嫡出子）とで異なっている．前者については，嫡出推定＋否認（民772条，774条）により，出産した母の夫が父と推定されるのに対して，後者については，認知（民779条）によって父が定まるからである．第二に，母子関係が「出産」と

---

[8]　もっとも，完全な借り腹の場合には，このような対比は完全には成り立たないとも言えるので，その限度では問題が残らないわけではない．

[9]　将来には問題が残されている．というのは，現時点での「人工生殖」においては代理母に頼ることがなお必要であり，その意味では完全な人工化が達成されていないが，将来，たとえば「人工保育器（人工子宮）」が可能になれば，状況は変わりうるからである．その時には，「分娩者＝母」ルールが（少なくとも例外なしには）維持できなくなるかもしれない（「出生前責任者」ルールのような別のルールが必要になるかもしれない）．

いう事実によって定まるのに対して，父子関係は，「婚姻」や「認知」という制度ないし（包括的または個別的な）意思表示を媒介として，はじめて定まる．別の言い方をすると，母は事実から直接的に定まるのに対して，父は，母との関係を考慮に入れた制度を媒介として間接的に定まると言ってもよい．

では，「とりまとめ」はどのようにして父を定めようとしているだろうか．前掲の資料からは，（妻が生殖補助医療を受けて第三者の精子によって懐胎することに対する）「同意」を媒介として，父子関係が定まることになると考えられており，規定としては，甲案・乙案の二つが提案されていること，両案は，①「母子関係に関する規定案との書き方との整合性」を考慮したか，②「現行民法の構造との整合性」を考慮したかという点で異なることまではわかる．別の資料によると[10]，ここでいう甲案は「同意によって夫が父になるという実体的な規定を設ける」ものであるのに対して，乙案は「父子関係の実体的要件を書くのではなく，懐胎に同意した夫は，嫡出否認をすることができないという手続的な規定を設ける」ものであるとされている．甲案は，同意をした者が父となるという「同意者＝父」ルールを，乙案は，同意をした者は嫡出否認の訴えを起こすことができないという「同意による義務（禁反言）」ルールを，提案するものであると言うこともできる．

なお，「とりまとめ」には，ここに書かれていない一つの前提がある．それは，新たに設けるルールが適用されるのは，出産した母が婚姻関係にある場合に限られるという前提である．厚生労働省の準備している案では，生殖補助医療の施術対象は，結婚した夫婦に限られるためである．したがって，「同意者＝父」ルールは，「同意者＝母」ルールとは異なり，すべての場合に適用されず，婚姻中の女性が出産した場合に限って適用される．また，「同意による義務」ルールも，嫡出推定の及ぶ場合にのみ設けられ，認知については設けられていない．

(2) 「とりまとめ」の持つ意味　「とりまとめ」における甲乙両案の併記は，親子関係に関する民法のルール，とりわけ嫡出推定（＋否認）に関する理解が一致していないことを反映していると言える．

---

10)　「法制審議会生殖補助医療関連親子法制部会第14回会議議事録（平成14年7月23日）」を参照．

第2節 基本概念の再検討

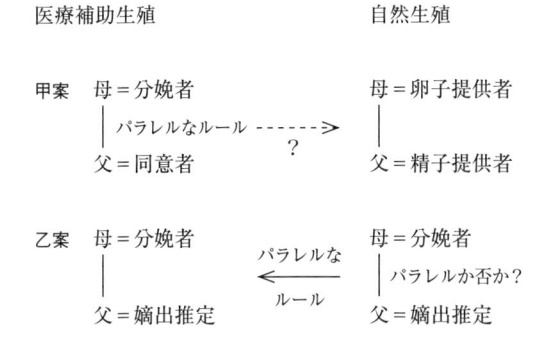

```
        医療補助生殖                    自然生殖

  甲案   母＝分娩者                    母＝卵子提供者
         │   パラレルなルール ------>  │
         │              ?             │
         父＝同意者                    父＝精子提供者


  乙案   母＝分娩者      パラレルな    母＝分娩者
         │            <───────        │   パラレルか否か？
         │               ルール       │
         父＝嫡出推定                  父＝嫡出推定
```

　すなわち，甲案は，母子関係と父子関係をパラレルに定めた方がよいと考えるわけだが (前出 ①)，その背後には，次のような考え方があると見られる．民法のルールによれば，卵子提供者が母親となり，精子提供者が父親となるのが本来の姿である．しかし，母親については分娩という事実によって卵子提供者を確定しうるに対して，父親については事実によって確定するのが難しいので，嫡出推定 (あるいは認知) という制度が設けられている．母子関係と父子関係の決め方がパラレルでないのは，このような技術的な理由によるものであり，本質的なものではない．一言で言えば，民法のルールは生物学的親子＝法的親子としている，という考え方である (血縁親子論)．

　これに対して，乙案は，母子関係と父子関係はパラレルである必要はないという考え方に立つと見られる．その背後にあるのは次のような考え方であろう．民法のルールは，母子関係を基礎にして父子関係を定めるという非対称の構造を持っているのであり，母＝分娩者であるとしても，父は血縁によってのみ定まるわけではなく，嫡出推定や認知を媒介として初めて確定される．とりわけ，母に配偶者がある場合には，婚姻という制度によって自動的に父が定められる．別の言い方をすると，男女は婚姻の約束によって将来生まれてくる子どもの母となり，父となることを引き受けているのであり，民法のルールはこのことを定めていると考えるわけである (婚姻親子論)[11]．

---

11) 本文に述べた二つの基本的な考え方については，参照，大村・前出注 2) (2002) 91-93 頁以下．

もっとも，乙案を採用することは，必ずしも婚姻親子論に立つことを意味するわけではない．すでに述べたように，自然生殖に関する民法のルールとパラレルなルールを医療補助生殖にも設けようというのが，乙案の主張である（前出②）．乙案によれば，医療補助生殖による場合の父子関係についても，自然生殖による場合に準じた処理がされることになるが，そもそも自然生殖による場合の父子関係をどう理解するかは，問題としてなお残されることになる．

　以上のような基本的な考え方を出発点として，甲案によれば，「とりまとめ」は，AIDによって生まれた子に関しては，血縁ではなく同意によって父子関係が成立するという「例外」を認めるものであると解されることになる．他方，乙案によれば，次のように考えることになる．AIDによって生まれた子も通常の子と同じく，嫡出推定＋否認によって父子関係が成立するのが原則であり，夫の承認があった場合や1年の出訴期間が過ぎた場合にはもはや父子関係は覆えらない．また，AIDに同意をした夫は，1年間の期間内であっても否認の訴えを起こすことができない．すなわち，「とりまとめ」は，同意を理由に夫の否認権を「制限」するものであると解されることになる．

　甲案・乙案の対立が解消されていないために，「とりまとめ」は両案併記になっているわけだが，筆者は個人的には，いくつかの理由により乙案を支持している．まず，「血縁」のない者たちを「同意」によって親子にするには，養子縁組の手続（あるいはそれに対応する手続）が必要なはずだが，「とりまとめ」はそのような手続を用意していない．この点で甲案は不十分であるし，さらに言えば，甲案は，夫婦が結婚していることを要件としているが，結婚している夫婦についてのみ，このような不十分な「同意」による親子関係を認めるのはなぜか，説明が難しい．

　確かに，甲案が依拠する「分娩者＝母」，「同意者＝父」というルールは，見かけ上はパラレルでわかりやすいように見える．しかし，繰り返し述べているように，民法のルールはパラレルな構造を持っていない．少なくとも，見かけ上はパラレルではないし，本質上はどうかについては議論の余地がある．それにもかかわらず，甲案のような立法をするのは，非常に特殊な制度を，しかも不十分な形で，導入することになるので，決して望ましいことではない．

　とはいえ，民法のルールにこだわる必要はないのではないかという疑問は，

ありうるだろう．この際，民法のルールの方も単純化してしまって，自然生殖の場合には，「卵子提供者＝母」，「精子提供者＝父」だが，生殖補助医療による場合には，例外的に「分娩者（≠卵子提供者）＝母」，「同意者（≠精子提供者）＝父」となると割り切ってしまえばよいというわけである．しかし，これは非常に大きな選択である．民法は，裸の事実がそれだけで，あるいは，裸の同意がそれだけで，親子関係を作り出すという考え方に立っていない，と筆者自身は考えている．それを変更しようというならば，慎重な準備が必要であろう．特殊な社会的要請に応ずる形で緊急の立法を行うなかで，軽々に判断されるべきことがらではない．

さらに，医療補助生殖による場合には，「同意者＝父」，自然生殖の場合には，「精子提供者＝父」であり，前者は例外，後者が原則であるとするのは，医療補助生殖による子は「特殊な子」であるという観念を生みかねない．生殖の方法が異なっていても，できるだけ同じように親子関係を定めることによって，両者の違いがことさらに強調されるのを避ける方がよい．

ところで，甲案・乙案のどちらを採るにせよ，妻がAIDによって懐胎・出産することに同意した夫と，生まれた子との間には父子関係が生じることは確かである．「とりまとめ」は，このことから派生する問題のいくつかに対応する規定を置いているので，項を改めて簡単に説明をしておく．

2 精子被利用者の地位と死後認知禁止（「とりまとめ」第4・第5)

(1) 「とりまとめ」のルール　「とりまとめ」は，一方で，「典型的な精子提供者」と生まれてくる子の間には父子関係が生じない（任意認知も強制認知もできない）ことを確認している．このルールは，夫の同意を得てAIDが行われた場合には，実際上は意味を持たない．というのは，夫と子の父子関係が否定されない限り，精子提供者の認知は問題になり得ないからである．したがって，「とりまとめ」のルールは，同意の欠如によって夫が父親にならない場合にはじめて適用されることになる．このような場合にも，精子提供者が父親になることはないことが確認されているわけである．

他方，「とりまとめ」は，妻の懐胎が夫の死後である場合には，父子関係は生じないことも確認している．ここで「認知」が禁止されているのは，夫の死亡

によって夫婦間の婚姻は解消するので，死後に懐胎した子は嫡出子ではありえないからである．なお，このルールの適用範囲も見かけよりは狭い．民法のルールによれば，夫の死後3年を経過すれば認知の訴えはもはやなしえないので，死後3年間だけが問題となる．

(2) 「とりまとめ」の持つ意味　　以上の二つのルールは，父子関係につき甲案の考え方を採るならば創設的なものと位置づけられることになる．というのは，甲案の立つ前提からすると，民法のルールとしては，精子提供者こそが父親となるべきであるし，死後の懐胎であっても認知を禁ずる理由は見当たらないからである．しかし，精子提供者の保護の観点，あるいは，夫の死後の法律関係の明確化の観点などから，このような規定を置く必要がある．甲案の立場からは，このように説明することになる．

これに対して，乙案を採るならば二つのルールは確認的なものとなろう．乙案は，精子提供者であるとの一事のみで親子関係が成立するとは考えないからである．単なる精子提供者は，母との間で性関係を持たない以上，生まれる子を自分の子として引き受ける意思が全く認められず，そもそも認知の主体とはなりえない，あるいは，父子関係の成立には，懐胎を知ってこれを引き受けていると見られる状況が必要であり，夫の死後の懐胎にはこの条件が欠けている，といった解釈を導くことも不可能ではない．もっとも，解釈による解決は不安定であるので，乙案に立つとしても，「とりまとめ」のような立法をすることは望ましいといえる．

おわりに

本稿では，生殖補助医療に対応するための立法が，現在の家族法につき，どのような制度理解に立って，何をしようとしていることになるのかに重点を置きつつ，検討を行ってきた．現実の立法は必要の産物，妥協の産物であるので，立法者自身は，こうした原理的な問題につき常に明確な認識を持たなければならないわけではない．しかし，学説の役割は，まさにこのような検討をすることにあろう．というのは，このような検討によって，生殖補助医療という先端的な問題を念頭に置きつつ，私たちが現に有している家族法をよりよく理解す

第2節　基本概念の再検討

ることが可能になるからである．そして，そのような基本的な理解こそが，まさに行われようとしている立法に対するより深い理解（さらには批判的な検討）への道を開く．

　より一般的に言って，民法典の解釈・適用も新しい特別法の制定・改正も，法システムの理解のみにもとづいて行われるのではない．実際上の必要は，良し悪しは別にして，制度の骨格を変えてしまうだけの力をしばしば持つ．しかし，法規範の運用や定立に当たって，十分な制度趣旨の理解を欠くのは危険なことである．くりかえしになるが，この危険の回避は学説の任務の一つであろう．もちろん，本稿が述べた見方が唯一の見方というわけではない．学説の中にはこれとは異なる見方をとるものもあるだろう．そのこととは別に，何が問題なのかを的確に認識する必要があるという認識自体についての理解が得られれば，本稿の目的は達成されたことになる．

B　婚姻とは何か——「300日問題」を素材に

I　はじめに

民法772条は次のように定めている.

　民法772条 ①　妻が婚姻中に懐胎した子は，夫の子と推定する．
　②　婚姻の成立の日から200日を経過した後又は婚姻の解消若しくは取消しの日から300日以内に生まれた子は，婚姻中に懐胎したものと推定する．

したがって，Xが，Yとの離婚から300日以内に出産した子Zには，前夫Yとの関係において嫡出推定が働くこととなる．仮に，Zの生物学上の父親がYではないとしても，Yが嫡出否認の訴え（民774条・775条）を起こさない限り，この推定は覆らない．Yが嫡出の承認をしたり，Zの出生を知った時から1年が経過すると，もはや訴えは認められない（民776条・777条）．

以上は，現行親子法の根幹をなすルールの帰結である．すべての法律家が知っており，すべての法学学習者が知っているべき事柄である．そう言っても過言ではない．もっとも，このことはルールに問題がないことを意味するわけではない．むしろ，以前から様々な問題点が指摘されてきた[12]．そのいくつかに対

---

[12] 多くの家族法（親族法）教科書の指摘するところであったが，たとえば，大村敦志『家族法〔第2版補訂版〕』（有斐閣，2004）95–96頁．立法論的な提言として，内田貴ほか「家族法の改正に向けて（下）——民法改正委員会の議論の現状」ジュリ1325号（2006）151–153頁［窪田充見発言］．

しては,「推定されない嫡出子」や「推定の及ばない子」が承認されることによって,また,合意に代わる審判(家審23条)が活用されることによって,対処がなされてきた.

その意味では,今年[2007年]になってからマスメディアの関心の対象となったいわゆる「300日問題」は既知の問題であり,一定の対応がなされてきたと言うことができる.それにもかかわらず,これほどの「騒ぎ」が生じたのはなぜか.本稿では,はじめに,「300日問題」が注目を浴びるに至った事情につき一言し(II),その上で,中心部分と周辺部分に分けて,「300日問題」とはいかなる問題なのかを明らかにする(III,IV).最後に,一連の問題を解決していく方途についてもごく簡単に触れたい(V).

II 問題の構成

1 争点化の経緯

まず,「300日問題」が解決を要する社会問題・政治問題として争点化された経緯をふり返っておこう.

マスメディアによって「300日問題」が報じられるようになったのは今年のはじめのことであった[13].様々な事例を要約すると,さしあたり問題は次のように整理される.すなわち,Xは,①生まれた子Zの出生届を出したいが,②民法772条の定める期間内(離婚から300日以内)に生まれた子であることを理由に,③市区町村の戸籍窓口では届書の父親の欄に(前)夫Yの名を書くことが求められた.④これに応じると生まれた子は(前)夫Yとの間の子として戸籍に記載されるというので,⑤そうなるのを避けるために出生届を出さなかったところ,⑥生まれた子Zは無戸籍児として様々な不利益を被っている(たとえば,住民登録ができず児童手当を受給することができない,パスポート取得ができず海外への修学旅行に参加できない,等々).

マスメディアはこのような事例を次々と発掘し,このような形で,子どもが

---

13) 「届け出時『えっ,なぜ』『法の壁』当事者に負担」毎日新聞2007年1月8日付朝刊,「滋賀県,戸籍ない女子高生の旅券申請を不受理」読売新聞2007年1月16日付夕刊など.

不利益を被るのは不当であると論評した．では，その原因はどこにあるのか．最初に注目を集めたのは③④であったようだ．前夫Ｙとの間の子でないにもかかわらず，ＸはＺを，Ｙの子として届け出なければならず，Ｙの子として戸籍に記載されてしまうのは，おかしいというのである．そのうちに重点は②に移った．このような届出を強制されるのは，民法772条があるからだ．離婚後300日以内に生まれた子は（前婚中に懐胎されたと推定され）前夫の子と推定される規定は時代遅れだというのである．こうして「300日問題」という図式が完成することとなった．

「300日問題」に対しては二つの対応策が打ち出された．一つは，戸籍窓口での取扱いの変更である．法務省は，離婚後の懐胎を証明する医師の証明書を添付すれば，前夫の子として届ける必要はないとする通達を発した[14]．離婚後懐胎を証明すれば，民法772条2項の推定は破れ，結果として，同条1項の推定も働かないというわけである．もう一つは，立法によって民法772条に例外を設けようというものであった．与党のプロジェクトチームは，離婚前の懐胎であっても，DNA鑑定などによって前夫の子でないことを証明した場合には，同様に扱うことを提案するとともに，この機会にあわせて，1996年の民法改正要綱以来の懸案の一つである再婚禁止期間の短縮[15]を実現しようとした[16]．

結果としては，立法に対する慎重論が説かれるとともに，法務省通達によって一定の対応が図られたと評価されたために，改正をめぐる論議はいったんは終息を見ることとなった．しかし，後にも見るように，より根本的な問題——従前から指摘されている問題——は，なお未解決のままである．「300日問題」をきっかけとして，中長期的な検討課題が確認されたというのが現状であると見るべきだろう．

---

14) この通達は，法務省のホームページにも掲げられている（http://www.moj.go.jp/MINJI/minji137.html）．
15) 民法の一部を改正する法律案要綱（1996年2月26日法制審議会決定）は次のように定め，現行法（民733条）の「6ヵ月」を「100日」に短縮することを提案していた．「女は，前婚の解消又は取消しの日から起算して百日を経過した後でなければ，再婚をすることができないものとする．」（同要綱第一の二の1）．
16)「女性の再婚禁止，100日に短縮　自民PT，特例法に盛る方針」朝日新聞2007年3月20日付夕刊など．

2　争点化の背景

「300 日問題」とは何かを論ずる前に，争点化の背景につき確認しておくべき事柄が，なおいくつかある．先に整理した問題の構成のうち，⑤⑥がこれにかかわるが，一言で言えば，それらは戸籍をめぐる問題であると言える．

第一に指摘しておくべきことは，⑥は必然的な結果ではないということである．確かに，パスポートの発行には戸籍謄抄本の提出が必要とされているし，新生児の住民登録は出生届と連動してなされている．しかし，戸籍がなければ，あるいは，出生届がなされなければ，パスポートの発行や住民登録は理論的に不可能だというわけではない．現に，これらの問題については，戸籍とは切り離した形での処理がなされるようになりつつある[17]．

第二に指摘する必要があるのは，⑤によって③④を避けることはできるが，これは根本的な問題解決にはなっていないということである．出生届を出さないことによって，Z は前夫 Y の子であると戸籍に記載されることは避けられたとしても，Z の父親は Y であるとの推定が働かなくなるわけではない．戸籍の記載の有無とは無関係に，民法 772 条の嫡出推定は働いているのである．

したがって，ここでの問題は戸籍の問題ではない．②こそが中心的な問題なのであり，⑤⑥は付随的な問題にすぎない．しかし，⑤⑥がクローズアップされたことによって，マスメディアや世間一般の関心が増幅されることとなったのは事実である．「騒ぎ」の原因は，「戸籍制度によって，あるべき親子関係が損なわれている」という潜在意識に求められるのではなかろうか．

III　議論の整序

1　議論の前提

前項では「騒ぎ」の原因となったと思われる潜在意識のうちの「戸籍制度によって」の部分を検討した．繰り返しになるが，問題の中心はそこにはない．

---

[17] 「『300 日規定』乳児，戸籍なしで住民登録　足立区が特例」朝日新聞 2007 年 2 月 28 日付朝刊，「戸籍なくても旅券『離婚後 300 日規定』対象，来月から」朝日新聞 2007 年 5 月 24 日付朝刊など．

論ずるべきは,「あるべき親子関係が損なわれている」のか否かという点にある.以下,この点に着目しつつ「300日問題」そのものの検討に進むが,ここでもまず確認しておくべき前提がいくつかある.

　一つは,嫡出推定制度の存在理由についてである.民法772条の制度趣旨については複数の考え方があり得るが[18],この制度が子の利益のためのものである(少なくとも,今日ではそう解される)という点ではほぼ一致を見ている.772条によれば,母親が婚姻関係にある場合には,生まれた子の父親は自動的に決まることになる.母親が婚姻関係にない場合には,認知があってはじめて父親が定まるのであり(民779条),父親が自発的に認知しない場合には子の側からの訴えが必要になる(民787条).それゆえ,婚外子には父がいないということが起こり得ることになる.これと比べると,嫡出推定は子に父親を与える制度であり,基本的には子の利益に資する制度であることが理解されよう.いわゆる事実婚のカップルについても,事実上の父性推定を認めるべきであるとの主張がなされることもあるが,この場合にも推定は子にとって有利に働くことが前提となっていると言えるだろう.

　もう一つは,問題(あるいはケース)の区別にかかわる.前述のように,「300日問題」の背後には,「あるべき親子関係が損なわれている」という意識が伏在すると思われる.では,「あるべき親子関係」とは何か.この点については,場合を分けて考えていく必要がある.実は,「300日問題」には複数(あるいはケース)の問題が,無意識的に(場合によっては意識的に)混在させられている.前述の問題構成との関係で言えば,①②が曖昧な形で提示されているということになる.まず,XがZを出産したこと,Yの子としての届出をしたくないことに加えて,過去にYと結婚していたことは,最低限の共通前提となっている.では,Xは現在は離婚しているのだろうか.多くの場合には,離婚しているケースが想定されているが,②だけでは離婚前のケースも排除されない.仮に,Xは離婚しているとして,再婚はしているのだろうか.これも多くの場合には,再婚しているケースが想定されているが,①だけでは非婚のケースは排除されない.

---

18) 大村・前出注12) 92–93頁を参照.

第2節　基本概念の再検討

「300日問題」に関しては細かい場合分けが必要となるが，ここではさしあたり，Xの状況により，次の4つの場合を想定しておきたい．

ケースA（再婚ケース）：Xは，Yと離婚後にZを出産したが，出産前にWと再婚していた場合．
ケースB（非婚ケース）：Xは，Yと離婚後にZを出産したが，再婚はしていなかった場合．
ケースC（別居ケース）：Xは，Yと離婚せずにZを出産したが，別居はしていた場合．
ケースD（同居ケース）：Xは，Yと離婚せずにZを出産したが，別居もしていなかった場合．

この項では，一般に想定されることの多いケースAにつき（ケースBと対比しつつ）見ていくことにする(2)．続いて，次の項では，ケースC（Ⅳ 1）とケースD（Ⅳ 2）について，ケースAとは異なる問題があることを簡単に指摘する．

2　「300日問題」か「200日問題」か？

(1) 推定されない嫡出子の増加　「300日問題」の中心に位置するのはケースAであろう．XはYとの離婚後に，Wと再婚し，子Zが生まれたという場合である．ZはWとの間の子なので，Wの子として出生届を出したい．ところが，戸籍窓口はこれを受理してくれない．これは不当ではないかというわけである．

Zの出生が，Wとの再婚後200日よりも後であれば問題はない．Wとの間で嫡出推定が働くことになる．現行法の下では約180日（6ヵ月）の再婚禁止期間があるので，前婚の嫡出推定が及ぶことは考えなくてよい．しかし実際には，再婚後200日以内に子どもが生まれることも多い．というのは，同居の有無にかかわらず婚姻前からXWの間に性関係があることが少なくないからである．

婚姻後200日以内にZが生まれたとしても，Xが初婚であるか，離婚後300日を過ぎてからの出産であれば，Wの子としての届出が可能であり，戸籍にはWとの間の嫡出子として記載される．いわゆる推定されない嫡出子である．広

図1 問題の所在

く知られているように，最近では，この推定されない嫡出子が急増している．子どもができたから婚姻届を出すというカップルが増えているためである[19]．マスメディアの言う「できちゃった婚」である．

　その結果として，結婚後に生まれた子は，夫婦の子（嫡出子）であるという観念はこれまで以上に強まり，これに対する社会的な承認の度合いも高まっているものと思われる（さらに，今日では産科医療技術の進歩により，かつてに比べて未熟児の生存可能性は格段に高まっている．婚姻後に懐胎された子Zが，たとえば婚姻から190日目に未熟児で生まれることはあり得ることであろう）．そこから，ケースAは次のようにとらえられることになる．本来ならば夫婦の子として届出ができるはずなのに，前婚の嫡出推定が及ぶために届出ができない，と．これほど再婚が増えている時代に[20]，たまたま再婚だから届出ができないのは不当ではないか．「300日問題」の核心はこの点にあると言えるだろう．

　以上の変化を図に示すと図1のようになる．

　(2)　二つの父子関係の抵触・競合　婚姻後に生まれた子Zは，（その出生が婚姻後200日までであっても）夫婦XWの子としての届出が可能である．現行法の下ではZは推定されない嫡出子にとどまっているが，仮に法改正によって，嫡出子ないし嫡出制度の概念を拡張した（婚姻中に懐胎された夫婦の子だけでなく婚姻中に出産された夫婦の子も含むとする）とすると，どうなるだろうか．具体的には，民法772条を次のように改めることになる（思考実験のための仮案であり，立法論としてこの案を提案するものではない）．

[19) 少し古い記事だが，『『できちゃった婚ベビー』4人に1人　比率，20年で倍」朝日新聞2002年3月16日付朝刊など．
20) 「4組に1組，再婚でした　05年の結婚」朝日新聞2007年1月27日付朝刊．

民法 772 条改正仮案 ① 妻が婚姻中に懐胎又は出産した子は，夫の子と推定する．
② 婚姻の解消若しくは取消しの日から 300 日以内に生まれた子は，婚姻中に懐胎したものと推定する．

　この場合には，再婚後かつ離婚後 300 日以内に生まれた子 Z については，2 つの嫡出推定が競合することになる．現行法の下では，前婚による XZ の父子関係が，後婚による WZ の父子関係に優越するのに対して，このような立法をすれば，2 つの父子関係はいわば対等な地位に立つことになる．
　では，最終的に二つの父子関係のどちらを法的な親子関係とするのか．周知の通り，現行法の下でも，二つの父子関係が競合する場合はないわけではない．再婚禁止期間が守られなかった場合がそれであり，この場合には父を定める訴えによることとされている（民 773 条）．改正仮案によって生ずる競合についても，同様に処理することが考えられるだろう．
　ところで，Z が再婚後 200 日までに生まれたとしても，離婚後 300 日を過ぎていれば現行法の下でも抵触は全く生じない．現行法の再婚禁止期間は約 180 日（6 ヵ月）なので，期間経過後直ちに再婚したとしても，抵触が生ずるのは約 120 日間にすぎない．論理の上では，この抵触を避ける方策はないわけではない．再婚禁止期間を 300 日に延長すればよい．もっとも，これは再婚の自由を制約することになるので，社会的な承認は得られないだろう．
　反対に，再婚禁止期間を 100 日に短縮するとどうなるかと言えば，抵触が生じる期間が 200 日に伸びて，問題は増幅されることになる．1996 年の民法改正要綱で再婚禁止期間の短縮が提案されていたのは，「300 日問題」でクローズアップされている事実上の抵触を重視していなかったからであった（もちろん，こうした事態が生じうることが認識されていなかったわけではない）．この点を捨象して現時点で短縮を行うとすると，火に油を注ぐ結果となろう．もっとも，それでもよいというのも一つの考え方である．さらに進んで，再婚禁止期間は不要とすることも考えられないではない．父子関係の競合はすべて，父を定める訴えで処理すればよいと割り切るわけである．（ただし，改正仮案を採るとすると，別の意味で再婚禁止期間が必要になるかもしれない．前婚解消以前に懐胎されたことが明

図2 あり得る考え方

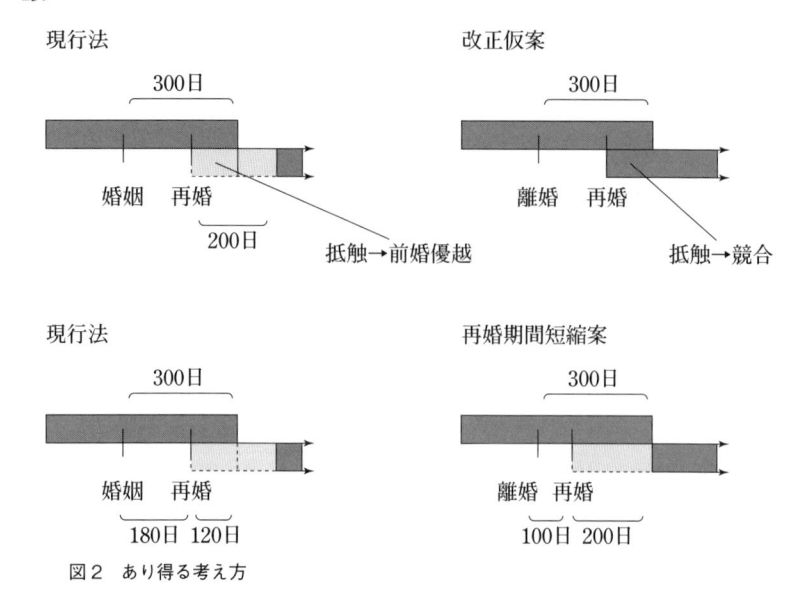

らかな子について，後婚の嫡出推定が及ぶのはおかしい，という議論があり得るからである）．

以上を図示すると図2のようになる．

（3）通達の意味　ケースAに関する限り，上記の改正仮案は一つの解決をもたらす．ところが，法務省通達はこれとは別の前述のような解決案を採った．

通達のポイントは，772条の1項と2項とを切り離し，2項の推定については裁判外で覆すことを認めた点にある．2項の推定が覆れば1項は適用の前提を欠くので，Zにつき前夫Yとの間で嫡出推定が働かない．そうなれば，XWの再婚後に生まれた子Zにつき，Wの子としての届出を妨げるものはないことになる．

この解決策はなかなか巧妙なものである．通達は，競合する二つの親子関係につき実質に立ち入って判断を下すことを避けている．与党プロジェクトチームが提案したように，裁判外においてDNA鑑定を用いて父子関係を定めるようなことはしない．証明の対象となるのは，あくまでも懐胎の時期なのである．

通達に対しては，これによって「救済」されるのは，離婚後300日以内に出

産された子の1割程度にとどまるので，十分な対応策とは言えないとの批判がなされた．しかし，ケースAに限って考えるならば，この批判はあたっていない．というのは，1割の母数にはケースBが含まれているからである．仮に母数を300人としよう（このうち30人が「救済」されていることになる）．出産はランダムに生じると仮定すると，この300人の中には離婚後1日目，2日目に生まれた者から299日目，300日目に生まれた者までが均等に分布することになる．このうち，180日（6ヵ月）目までに生まれた子は，ケースAではなくケースBに含まれる．再婚禁止期間があるからである．これで母数は120人に減る．再婚禁止期間が経過したからと言って，XはWと再婚するとは限らない，さらに再婚するとしても直ちに再婚するというわけでもない．仮に，すべての場合に直ちに再婚するとしても（残りすべてがケースAであるとしても），「救済」されるのは120名のうちの30名となり，既に25％に達する．粗雑な計算であるが，ここでは1割しか「救済」されないわけではないことを確認しておけばよい．

もっとも，通達の取扱いに全く問題がないわけではない．まず通達は，ケースAだけではなくケースBにも適用される．つまり，Xが再婚していない場合にも，Xは，Yとの関係でZに及ぶ嫡出推定を覆すことができることになる．この場合にはZには父親がいないことになるが，この帰結が常に子Zの利益に適っているとは限らない．次に，通達は出生届の取扱いにかかわるものであるが，この考え方を推し進めると，772条2項の推定は嫡出否認の訴えによらなくても覆し得ることにもなり得る．そうなると，従来ならば出訴期間内に嫡出否認の訴えが起こされなかったために確定していた親子関係が，後に覆されることになる．XがZを前夫Yの子としておきたいと考えても，Yは親子関係不存在確認の訴えを起こし得ることになる．さらに，XだけでなくY自身もZを自分の子としておきたいと考えていたとしても，後になって，第三者が親子関係不存在確認の訴えを起こすことが考えられる．

最後の例は，たとえば，2006年，マスメディアの関心を集めた死後懐胎の事例などにおいて顕在化する．仮に，夫の死後に凍結精子を用いて懐胎したとしても出産が死後300日以内であれば，従来の取扱いによれば嫡出推定が働いた．しかし，新しい通達の考え方を前提にすると，死後懐胎であることが証明され

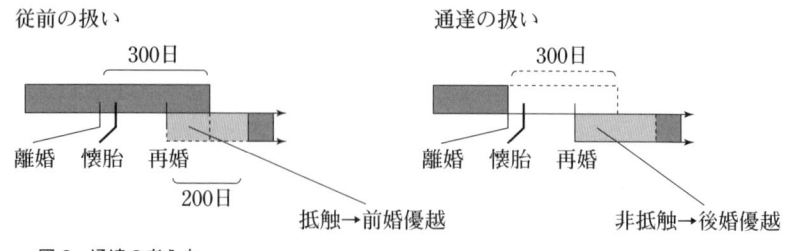

```
従前の扱い                              通達の扱い
    ┌── 300日 ──┐                    ┌── 300日 ──┐
███████▌▁▁▁▁▁░░░░▓──→              ███████▌▁▁▁▁▁▁▁░░░▓──→
 離婚 懐胎 再婚                        離婚 懐胎  再婚
          └─200日─┘ 抵触→前婚優越              非抵触→後婚優越
```

図3　通達の考え方

れば，親子関係不存在確認の訴えによって父子関係は覆ると考える余地があることになる．

一言で言えば，通達は，WZ の父子関係を YZ の親子関係に優先させるために，WZ の父子関係を強化する（嫡出推定をする）のではなく，YZ の親子関係を弱体化した（嫡出推定を外す）わけであるので，このような副作用が生じうることになる．

以上を図示すると図3のようになる．

IV　議論の周辺

1　「別居」の制度化へ？

ケース A（及びケース B）から離れてケース C に注目すると，以上とは別の問題が浮上する．たとえ Z が XY の婚姻中に生まれたとしても，XY はすでに別居しており事実上離婚と同様の状態にあったのであれば，Y の子としての届出を強制すべきではないというわけである．このケースにおいては「300 日」という期間はもはや重要性を持たない．むしろこの期間の起算点である婚姻解消時を繰り上げることができないか，具体的には別居時とすることはできないかが問題になる．

このような扱いは裁判上は可能である．周知のように，XY の別居が認定されれば，別居から 300 日より後に生まれた子には嫡出推定は及ばないとの判例法理が確立しているからである．では，「別居」の認定を裁判外で行うことはできないか．今回問題になったのはこの点である．しかし，次の2つの理由から，この点については慎重に考える必要がある．

第一に，戸籍窓口で「別居」の認定を行うことは不可能である．そうなると，何か確実な証明を求めることになるが，さしあたりそのような証明手段は見当たらない．もちろん，新たに別居証明の制度を創ることは考えられないではないが，その場合にも，いつから別居しているか・現在も別居しているかをどのように公証するのかはなかなか難しい．現在，住所を公証するのは住民票であるが，住民登録上の住所が別であってもそれだけで直ちに別居しているとは言えない．もし住民票だけで別居を認定してしまうと，職業上の理由などによって事実上別居している夫婦についても嫡出推定が及ばないことになってしまう．住民登録とは別に，当事者の「別居」の意思を介在させて，法的な意味での別居を公証する制度が必要だろう．

　第二に，このようにいわば法定別居を制度化することは，これまで以上に「別居」を離婚に近づけることになる．そうすべきだというのは，一つの考え方ではある．実際のところ「別居」には既に多くの法的な効果（別居後の不貞行為は有責原因にあたらない，一定期間別居が継続すれば有責配偶者からの離婚請求も認められるなど）が結びつけられていることを考えれば，準離婚として別居を制度化することは十分に考えられる．ただ，そうなると，扶助義務や婚姻費用負担義務をどうするかが問題となる．別居後は婚姻費用分担義務はなくなり，最低限の扶助義務のみが残ると考えることもできるが[21]，これには反対もあるだろう．

2　親子とは何か

　ケースDとなると，問題はより根本的なものとなる．ケースDにおいては，子Zの出生時にXYが婚姻継続中であり同居していたとしても，生まれたZが生物学上Yの子ではない限り，法律上もYの子とすべきではない（Yの子としての届出を強制すべきではない）ということになるからである．もっとも，この主張は二つに分かれる．一つは，現行法のようにYのみが嫡出否認の訴えをなし得るのはおかしいという主張である．これはもっともであり，X（あるいはZ）からの訴えを認める必要があるだろう．もう一つは，そもそも嫡出推定自体が

---

21) 大村・前出注12) 62頁．

無用の制度であるという主張である．今日，DNA鑑定を用いれば生物学的親子関係を明らかにすることは容易である．そうだとすれば，嫡出推定などという古色蒼然たる制度を用いる必要はないというわけである．

　この点は親子法，さらには婚姻法の根幹にかかわる問題である．もしこの考え方を貫くならば，生物学的親子関係がない場合には実親子関係は存在しないということになる．もちろん，この場合にも，子の利益の観点から親子関係不存在確認に制限を設けることは考えられる．しかし，訴えを提起することができない結果，存続が認められる（生物学的親子関係のない）親子関係はどのように説明されるのか．この場合の親子関係も実親子関係であると解するならば，実親子関係は生物学的親子関係には還元できないということになる．反対に，この場合の親子関係は養親子関係に類するものであると考える余地もあるが，その場合には，養親子であっても実親子のように戸籍記載される場合を認めてよいのではないかという議論が改めて提起されることになろう．

V　むすびに代えて

　以上のように，「300日問題」は複合的・重層的な問題である．家族法（親族法）の全体を視野に収め，現代日本における様々な親子観・カップル観を考慮に入れ，そして，家族に関する法の役割を見通した上で，あるべきルールが模索される必要がある．

　19世紀末に民法典が制定されるにあたっては，いわゆる法典論争が展開された．家族法のあり方はその際の主要な論点の一つであった．21世紀初頭の今日，単に立法に反対するというのではなく，よりよい立法に向けて，より広汎で実質的な法典論争が繰り広げられることが期待される．

　そのためには，① 中長期的な立法準備のための組織を整えること，② 開かれた議論の場を確保すること，そして，③ 法の役割及びその限界に対する理解と共感の機会を増やすことが必要だと思われる．

C 物権と契約——後継ぎ遺贈論を素材に

I はじめに

(1) 本稿の由来 研究会の今回のサイクルにおいては,「実務的な関心事を出発点として,それとの関連を意識しつつ報告する」という緩やかな合意があった.具体的には,これまでに実務家に報告していただいたテーマ,あるいは,興味あるテーマとして挙げていただいたテーマを参照しつつ,報告テーマを選ぶこととされた.

本稿では,「後継ぎ遺贈」論を取り上げるが,以上の文脈との関連で言うと,この問題に関しては,星田=熊野論文のもとになった両氏の報告「後継ぎ遺贈と受益者連続の生前信託の検討」がまず行われた[22].筆者の理解するところでは,星田=熊野報告の背景としては,同報告の直前に発表された米倉明教授の関連の2論文が大きな意味を持っているように思われる.具体的には,「後継ぎ遺贈の効力について」と「信託における後継ぎ遺贈の可能性」がそれである(以下,便宜,それぞれを米倉第1論文・同第2論文と呼ぶ)[23].

この二つの米倉論文の問題設定は,おおまかに言えば,一方で,従来,後継ぎ遺贈については,民法上これを無効とする見解が有力であるが,この見解を否定してその有効性を主張する(第1論文),他方,無効論は信託法上は可能であるかのように述べているが,はたして簡単にそのようなことが言えるのか,

---

[22) 同報告は1999年10月28日に行われた.筆者自身は,当時は在外研究中で,この貴重な報告を聞く機会を失してしまったが,後日,報告のレジュメ・資料・速記録などを見て,その概略を理解することができた.

23) 第1論文はtâtonnement 3号(1999)に発表され(米倉著作集第5巻・家族法の研究(新青出版,1999)にも収録),第2論文はジュリ1162号(1999)に発表されている.

従来とは異なる理由付けが必要ではないかと主張する（第2論文），というものである．これに対して，星田＝熊野報告は，その表題からも窺われるように，主として第2論文の主張に触発されたものだったようである．

いわゆる「後継ぎ遺贈」の問題に関して，民法上・信託法上という二分法を用いて議論をするのがはたして適切かどうかについては再考の余地もあろう．しかし，本報告では，さしあたりこの区分を前提とし，かつ，星田＝熊野報告が扱わなかった（少なくとも主たる関心事ではなかった）民法上の問題を取り上げることによって，同報告を補うことを試みたい．具体的には，米倉第1論文の提示する問題のいくつかをとりあげて，これに若干の検討を加えることにしたい．

ただ，予め次の点をお断りしておく．米倉第1論文のポイントはいくつかあるが，その一つ（主要なポイント）は，民法上，後継ぎ遺贈を認めると，法律関係が不明確・不安定あるいは複雑になるという主張[24]に反論することにある．その際の議論は，米倉教授らしく行き届いたものであるが，本稿ではこの点には触れず，米倉第1論文が比較的あっさりと前提としている点に，むしろ焦点をあわせることにしたい．その意味では，必ずしもかみ合った議論にはならない．

具体的には，本稿では，前提として「後継ぎ遺贈」とは何か，という問題に触れた上で（I (2)），米倉第1論文の検討を通じて，問題の摘出をはかる（II 1）．あわせて，ごく簡単にフランス法の紹介を行う（II 2）．そして，ここまでの議論をまとめて（III 1），検討課題を設定しなおす．これにもとづき若干の検討を行い（III 2〜4），最後に，その結果をやや視点を代えて整理する（IV）．

(2) 用語法について──「後継ぎ遺贈」とは何か　米倉第1論文は，最近の米倉教授の論文にしばしば見られるように，「議論のされ方を糺す」ということをもう一つのポイントとしている．この文脈の中で，「後継ぎ遺贈」という用語が曖昧に用いられていることが指摘されている．

米倉第1論文によれば，従来の議論は，次の三つのうちのどの意味で「後継

---

[24] たとえば，久貴忠彦「後継ぎ遺贈の可否」判タ688号（1989）は，その結びで「ともあれ，このような複雑な遺贈を現行法のもとで認めることには疑問がある」としている．

ぎ遺贈」という用語を用いているのかがはっきりしないというのである．すなわち，① 不確定期限付遺贈 (A 死亡を不確定期限として甲から B に対してなされる遺贈)，② 継伝処分型 (甲から遺贈を受けた A が死亡した時点で，甲が予め指定した B に，甲からではなく A から権利が移転する)，③ 最高裁判例 (最判昭 58・3・18 判時 1075 号 115 頁．破棄差戻) が，判決理由中で示した三つの法律構成 (負担付遺贈，不確定期限付遺贈，そして，「A 死亡時に遺贈目的物の所有権が A に存するときには，その時点においてその所有権が B に移転するとの趣旨の遺贈」) のどれをさしているのか，というわけである[25]．この点を明らかにした上で，どれかに集中して議論をせよ，と同教授は説いている．

以上の指摘ないし主張は，一般論としては正当なものであることに疑いない．筆者自身も含めて論者は，この指摘を十分に受けとめて，いったい何を議論しているのかを意識する必要がある．

しかし，「後継ぎ遺贈」の問題に限って言うと (より広くは，ある種の問題については)，米倉第 1 論文のこの主張は，問題を切り詰める危険性をはらんでいることにも留意する必要がある．というのは，現実になされる「後継ぎ遺贈」らしき遺贈は，いったいどのような遺贈なのかがはっきりしない点に，その特徴の一つがあるからである．

「後継ぎ遺贈」は，ある目的を達成するために行われる遺言を漠然と指しているのであり，従来の議論はこれが一体いかなる性質の遺言なのかを明らかにするという作業を行ってきたと見ることができる．言いかえると，「後継ぎ遺贈」は性質決定の<u>前</u>の状態を指す用語であるのに対して，米倉第 1 論文は，ある種の性質決定を行った<u>後</u>にこの用語を使え，と主張していることになる．さらに，別の問題と対比すると，次のようにも言える．「相続させる」遺言については様々な性質決定の可能性が少なくとも理論上は存在し，学説は複数の性質決定のうちのどれを採るかを論じてきたわけであるが，米倉教授の論法を適用すれば，遺贈のことを議論しているのか，分割方法の指定のことを議論しているのか，それをはっきりさせよということになる．しかし，これでは問題の核心が失われてしまう．

---

[25] 米倉第 1 論文 336–337 頁 (以下，引用の頁数は著作集のものである)．

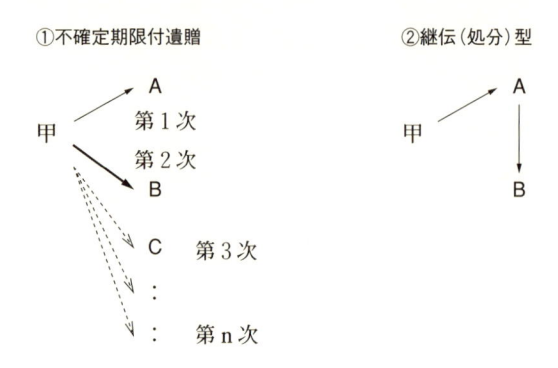

```
①不確定期限付遺贈              ②継伝（処分）型
         → A                        → A
甲     第1次                    甲
       第2次                        ↓
         ↘ B                        B
            ↘ C    第3次
               ⋮
               ⋮    第n次
```

　もちろん，用語法としては，米倉教授の述べるようなものも可能である．だが，この場面ではむしろ，曖昧な用語法をそのまま——ただし，曖昧さの意味を意識しつつ——用いるのが適当なのではなかろうか．本報告では，米倉第1論文の問題提起を受けつつ，あえてこのような用語法に従うことにしたい．実際のところ，米倉教授自身も広く問題をとらえているように思われる．というのは，すぐ次に述べるように，米倉第1論文は，米倉教授の言う「後継ぎ遺贈」以外の遺贈についても言及しているからである．

　そこで，以下の検討のために，米倉教授自身の用語法を若干整理しておく（図も参照）．第一に，米倉教授は，上記①の「不確定期限付遺贈」と②の「継伝型」とを区別した上で，「後継ぎ遺贈」とは①のことであるとする．第二に，Bに対するこの遺贈を，これとともに行われるAに対する遺贈と対比し，後者（対Aの遺贈）を「第1次遺贈」，前者（対Bの遺贈）を「第2次遺贈」と呼んでいる．第三に，さらに，これらとともに，Bの死亡を不確定期限とするCに対する遺贈がなされた場合のCに対する遺贈を「第3次遺贈」（以下，順次，不確定期限が n 個ついているものを「$n+1$ 次遺贈」）と呼んでいる．

II　問題の摘出

1　米倉第1論文の検討

　(1)　序——4命題への集約　以上を前提に本論に入ろう．米倉第1論文は

様々な議論を展開しているが，主な主張は，次の4点にまとめることだができるだろう．米倉第1論文の中心的な主張は，① 第2次遺贈は無効であるという議論はおかしい，という点にあるが，その際に，② 第1次遺贈は有効であるという前提が置かれていると思われる．これに付随して，③ 第3次・第4次遺贈は無効であるとし，さらには，④ 継伝型も無効といわざるを得ないだろうとしている．以下においては，①〜④のそれぞれにつき，若干の検討を加えてみたい．

(2) 第2次遺贈は無効という議論はおかしいか？ 第2次遺贈（米倉教授の言う「後継ぎ遺贈」）は無効とする議論に対して，米倉教授は逐一反論している．<u>無効</u>と言う必要はないというのである．ここではこの点には立ち入らず，第2次遺贈を<u>有効</u>であると主張する論拠として積極的に挙げられているのは何か，に着目したい．おそらく次の2点をあげることができるだろう．

一つは，社会的需要の観点からの説明である[26]．具体的には，米倉教授は，生活保障・家業維持型と生活保障専一型の二つの需要を見出している．そして，米倉第2論文では，信託はせいぜいこのうちの後者にのみ応じられるだけであり，前者には後継ぎ遺贈が必要であるとされている．詳しくは省略するが，もしそうだととしても，生活保障と家業維持を切り離すことができる場合がかなりあるのではないか，ということだけを指摘しておきたい[27]．

もう一つは，効果意思の観点からの説明である．具体的には「法律のレベルにおける意思，効果意思が伴わないないから無効だというのは，甲の意思から隔たること大なるものがある」，「当人はおそらく効果意思を有していたであろう」[28]とされている．これについては次の2点が疑問である．第一に，前の点ともかかわるが，効果意思が存在すれば，法は必ずその実現に助力すべきだという前提をとるか否か，という点である．第二に，効果意思とは何か，という判断は事実レベルでのみ行われるのではなく規範的な判断を含むのではないか，ということである．これも詳しくは省略するが，いずれについても米倉教授と

---

26) 米倉第1論文325頁以下．
27) 米倉第1論文325頁には，経営活動の中心たる不動産をAに遺贈してAの住居を保障し，他方，その不動産を含めてBに経営の任に当たらせる，という例があげられているが，<u>その不動産を除いて，</u>ということで足りないか．
28) 米倉第1論文325-326頁，335頁等．

は異なる考え方が成り立たないわけではない（なお，実際には，米倉教授自身，必ずしもこのような考え方を貫徹させていない．具体的には後述する）．

(3) 第1次遺贈は有効か？ 米倉教授は，第1次遺贈は有効であるという前提で，第2次遺贈の有効性を論じている．しかし，はたして第1次遺贈は有効であると，簡単に言ってしまってよいのだろうか．次に，この点について考えたい．

第1次遺贈の法的性質について，米倉教授は必ずしもはっきりとは述べていないが，不確定期限（終期）付の遺贈であると解しているようである．そして，法律行為である「遺贈に期限を付けることについて問題はない」としている[29]．一般論としてはそうかもしれない．実際のところ，民法典自体，遺贈に停止条件を付けられることを明確に承認している（民985条2項）．学説は，さらに解除条件や始期・終期についても，これを認めている[30]．しかし，学説は「遺言の内容に条件を付することが許される場合」「始期または終期を付することが許される遺言内容であれば」という留保をしている[31]．つまり，「期限を付けることについて問題はない」というのは一般論のレベルの話であり（遺言だからと言って，期限を付けられないわけではない），ある場合に，期限を付けることが許されるか否かは，個別に検討を要すると考えられているのである．これは正当な考え方だろう．

もっとも，米倉教授がこのような配慮をしていないわけではない．というのは，第1次遺贈によって「A死亡時までの期限付所有権」が創設されたわけではないという括弧書きが加えられ，さらに，従って，物権法定主義に抵触するものではない，という注も付けられているからである[32]．この叙述には，物権法定主義に反する「期限付所有権」を認める結果になるような期限を付けることは許されない，という前提が見て取れる．

では，本当に「期限付所有権」を認めたことにはならないか．問題はこの点にある．ここで米倉教授は次のようなロジックを展開している．① 命題＝所有

---

29) 米倉第1論文342頁．
30) たとえば，新版注釈民法 (28)，185–186頁（阿部）．
31) 阿部・前出注30) 同頁．
32) 米倉第1論文342頁および358頁注4)．

権移転の原因になっている遺言という法律行為に期限が付されているのであり，所有権そのものに期限が付されているわけではない．② 命題＝原因行為たる法律行為が期限到来によって失効すれば，その結果として所有権も失われる．

これは非常に有益な問題提起を含んだ傾聴すべき主張だと思うが，疑問がないわけではない．①② 二つの命題の間にはある種の緊張関係が存在するように思われるからである．すなわち，① 命題は債権と物権の区別に依拠しているが，② 命題は，米倉教授自身が述べているように，意思主義・有因主義によるものであるとされている．② 命題を出発点とするならば，ある結果を招来する法律行為に期限が付されたというのは，その結果自体に期限が付されたというと同視すべきではないか．その意味で，① 命題には疑義がある．実質的に見ても，法律行為に期限がついているのであり所有権には期限がついていない，とすると，いったい期限付所有権というのはどのようにして存在しうるのだろうか．当事者が設定した期限はすべて法律行為によるものだとすれば，期限付所有権の設定はありえないことになる．

(4) 第3次・第4次遺贈はなぜ無効なのか？ 第2次遺贈は有効であるとしても，第3次・第4次遺贈は無効というべきだろう．米倉第1論文はそう説いている．この点に関して，米倉教授は，これまでの無効論の論拠のうち同教授が「マクロの無効説」[33]と呼ぶ二つの論拠をあげて，検討を加えている．

検討されている論拠の第一は，長期間にわたる不動産の処分制限の問題性である．しかし，米倉教授は，この批判は当たらないとする．その理由は次のように述べられている．「後継ぎ遺贈の場合には，問題の不動産を活用するのに最適任の人は，それを活用して家業を維持するべきBその人なのである．問題の不動産がAから他に移転しないことこそ，その活用に資するのである」[34]．

この理由付けには異なるレベルで疑問を生ずる．一つは，処分制限の問題性は個々の遺贈が合理的か否かとは別の次元の問題ではないのか，ということである．第 $n+1$ 次遺贈がなされたとしても，不動産が合理的に活用されることはありうるが，そうした例があっても一般に不動産の処分制限となるような遺

---

[33] 米倉第1論文354頁．
[34] 米倉第1論文355頁．

贈は問題ではないかというのが，無効論の説くところであろう．もう一つは，仮に個別に考えていくとしても，なぜ後継ぎ遺贈の場合には合理的な活用がされるという前提を採ることができるのだろうか．確かに，合理的な活用がされる場合もあるだろうが，そうではない場合もありうる．米倉第1論文は後継ぎ遺贈は合理的であるという前提に立っているが，これは結論の先取りになっているように思われる．

　検討されている論拠の第二は，世襲財産作りの問題性にある．米倉教授はこの指摘はあっているとして，第2次遺贈までは有効であるが，第3次・第4次以降は無効とすべきだとする．その理由は，甲の意思が何代にもわたって拘束力を有するというのは「現代の法的センスに調和しまい」「違和感を覚える」と述べられている．また，「甲の意思の支配ということも，第2次遺贈にとどまるのであれば，現代の法的センスにてらして，何とか認めうるのではあるまいか」[35)]とも述べられている．結局，米倉教授自身が認めておられるように，「一人の人の意思の支配といっても，『ほどほど』のところで終わらせるべきだというほかない」．

　この理由付けに対しては，「法的センス」「違和感」「ほどほど」とは何かという疑問を呈しうるであろう．しかし，場合によっては，このようなものによる制約がありうることは確かである（立法による線引きにあたっては，そうせざるを得ないこともある）．所有権絶対を重視するのであれば，いかなる制限をも課しえないと考えるのが原則となろう．しかし，当事者が合意によって制約を課することも一定限度では許され，その一定限度は社会的な観点から決まると考えるのは，それ自体妥当なことだろう．ただし，所有権絶対が原則，制約はあくまで例外にすぎないと考えるならば，米倉教授の判断はかなり微妙なものとなり，後継ぎ遺贈無効論は不当であり有効論こそが妥当である，と断定できるほどのものではないように思われる．

　(5)　継伝型はなぜ無効なのか？　　米倉第1論文は，継伝処分型については「おそらくは無効視されざるをえまい」[36)]としている．最後に，この点に触

---

35) 米倉第1論文336–337頁．
36) 米倉第1論文339頁．

れておこう.

　継伝型無効論の論拠として，米倉教授があげるのは，やはり「現代の法的センス」であるが，その内容は，先の第3次・第4次遺贈無効論の場合に比べ，もう少しはっきりしている．米倉教授は，継伝型は，第1次受遺者であるAの死亡時に，問題の不動産を「Aの遺産に属させたままで」「その相続承継の方向を……甲の意思によって変えしめよう」というものであるのに対して，第2次遺贈（同教授の定義による後継ぎ遺贈）は，問題の不動産は「A死亡時に……Aの遺産に属していない」とする[37].

　この理由付けに対しては，まず，両者の差はそれほど大きいのだろうかという疑問が生ずるが，この点につき米倉教授は，「ここには，Aの相続に対する甲の干渉ありとはいいにくい面があ」るとしている．その差は微妙なことは的確に認識されているのである．ただ，同教授は，この認識から「従って，継伝処分型と後継ぎ遺贈とは同日には論じ得ない」という結論を導く[38]．しかし，この結論には異論がありうるだろう．少なくとも決定的な論拠だとは言えまい．形式的には，相続財産から出ていくか残ったままかは法律構成上の相違にすぎないという議論は十分にありうるところだろう．

　また，そもそも，ある種の負担を負った財産を相続人が相続するのは，それほどおかしなことだろうか．相続財産には債務も含まれることは別次元の話だとして，個別財産に限って見ても様々な物的負担（抵当権や譲渡担保）のついた物を承継するのはごく普通に見られる．もちろん，抵当権や譲渡担保は，甲の生前に設定されたものであり，甲の死亡時にすでに抵当権者・譲渡担保権者の権利は発生しているのに対して，継伝型におけるBの権利は未だ顕在化していない．しかし，一定の要件の下でBが権利を取得するという制約を帯びた物をAが承継するという点では同じではないか．もっとも，抵当権や譲渡担保は民法典や判例法が認める権利である．この点を重視するならば，継伝型の認められない理由は，民法典が認めない物権を創設するという点に求められるのではないか．

---

37)　米倉第1論文339頁.
38)　米倉第1論文339頁.

2 フランス法の制度の紹介

(1) 序——母法ではなく発想源として　Ⅱ1での議論を簡単に（ある視点から）まとめると，一つのポイントは，Aの所有権を期限付所有権に類するものとすることの是非，これと裏返しになるが，Bに特殊な物権的権利を認めてよいかということになる．

次に，このような問題を考える際の手がかりの一つとして，フランス法の制度を参照したい．ただし，ここでフランス法を参照するのは，日本法の母法がフランス法だから，という理由によるものではない．ただ単に，問題を考える上で参考になる法制度が存在するから，という理由によるものである．以下，このような観点から，「用益権（usufruit）」と「補充指定・継伝処分（substitution）」という制度について，ごく簡単に紹介したい[39]．

(2) 用益権について　フランス民法典は物権としての「用益権（usufruit）」を認めている．用益権者は，目的物の収益を行うことができるが，処分を行うことはできず，また，目的物の実体を保存する義務を負う（仏民578条）．法律または合意によって用益権が設定されると，本来の所有者には用益権を除いた所有権が残ることになる（nu-propriété 虚有権）．用益権は，概念的には，所有権の分離（démembrement）として理解されてきた．また，機能的には，高齢者を養うために家族間で設定する権利として用いられてきた．なお，この権利は終身の権利である．

(3) 補充指定・継伝処分について　「補充指定・継伝処分（substitution）」には2種のものがあるとされており，それぞれ「一般的（vulgaire）」と「信託的（fidéicommissaire）」と呼ばれている．このうち「一般的補充指定」とは，第1次受遺者が承諾をしない場合に備えて第2次受遺者を指定しておくものであり，これは有効であるとされている（仏民898条）．これに対して「信託的補充指定」とは，第1次受遺者に遺贈目的物を保持し，その死亡時に第2次受遺者に移転する義務を負わせるというものであるが，これは原則として無効であ

---

39) Malaurie et Aynès, *Droit civil, Les successions-Les libéralités*, 2ᵉ éd., 1993, p. 287 et s., p. 393 et s., Mazeaud et Leveneur, *Leçons de droit civil*, tome 4, vol. 2, *Successions-Libéralités*, 5ᵉ éd., 1999, p. 623 et s. による．

るとされている（仏民896条）．ただし，民法典自体が厳格な要件の下に例外を定めているほか（仏民897条，1048条以下．① 第1次受遺者が子・兄弟姉妹，第2次受遺者がその子であること＝1048条，1049条，② 第2次受遺者につき年齢・性別で差異を設けないこと＝1050条，が必要），幾つかの類似の処分が判例によって許容されているという．なお，これら二つの補充指定とは別に，ある者に用益権を与え，別の者に虚有権を与える処分もまた有効であるとされている（仏民899条）．

(4) 小括 ごく簡単に見たフランス法からわかるのは，第一に，終身の物権的収益権としての用益権が法定されているということ．この点についても日本では，旧民法典に同様の規定が置かれていたが，現行の民法典では「経済上其弊害あること……争わざるところ」[40]とされ削除されたという経緯がある．第二に，信託的補充指定（継伝処分）は，原則としては禁止され，例外的に，明文の規定に基づく厳格な要件の下でのみ認められているということ．

この結果，フランス法では，米倉第1論文が有効性を承認する後継ぎ遺贈のうち，同論文が「生活保障専一型」と呼ぶものは，Aに用益権を，Bに虚有権を遺贈することによって実現可能である．また，同論文が無効であるとする継伝型処分は，一定の要件を満たせばその効力を認められる．このように，フランス法では，用益権という物権が法定されていることにより，また，信託的補充指定の例外的有効性を法が認めることによって，広い意味での後継ぎ遺贈が（少なくとも部分的には）可能になっている．

そうだとすると，非常に単純化して言えば，問題は，このような規定なしに，米倉教授の説くように後継ぎ遺贈を有効にすることができるのか，ということになると思われる[41]．実際のところ，米倉教授は，規定がないからダメだというのなら，譲渡担保もダメだということになるだろう，と繰り返し述べている[42]．規定がなくても譲渡担保が有効とされたように，後継ぎ遺贈も有効とされるべきだというのが，同教授の主張であると言ってよいだろう．社会的必要があれば，新しい物権を創設するのに学説は躊躇すべきではない，というわけである．しかし，後継ぎ遺贈と譲渡担保を同視することができるかどうか，ま

---

40) 梅謙次郎・民法要義巻之二物権編（明法堂，訂正増補版，1898) 240–241頁．
41) なお，信託法によって，一定の場合に同様の効果を得ることができるとすれば，それは法律がそのように定めているからである，と考えられる．
42) 米倉第1論文335頁，353頁．

た，そもそも譲渡担保はなぜ有効なのか，理論的には今日でも問題がないわけではない．この点はともかくとして，米倉教授が説かれるほど簡単には，後継ぎ遺贈は認められないのではないか．以上が本稿の摘出した問題である．

Ⅲ 検討の試み

1 検討課題

Ⅱ2までは，明文の規定がなくとも跡継ぎ遺贈は可能である，という米倉教授の主張に疑問を投じた．もっとも，このような問いの立て方は必ずしも正確ではない．「規定がなくとも」には二つの意味ないし側面があるからである．一つは，「既存の制度を利用することによって」という意味であり，もう一つは，「新たな制度を構築することによって」という意味である．もちろん，両者は連続的であり，たとえば，先にも例にした譲渡担保は，既存の制度を利用しているとも言えるし（所有権構成），新たな制度が構築された（担保権構成）とも言える．しかし，二つの側面を分けて論ずる方が，課題の所在が明確になると思われるので，以下においては，さしあたり，実質的な検討がしやすい前者（後者はそれが必要か否かという水掛論になりやすい）の視点から，さらに検討を加えることを試みたい．

より具体的には，ここまでの議論もふまえつつ，次の3点に分けて簡単な検討を行う．第一は，条件・期限の利用可能性の検討である．これは所有権の時間的制限の可否と密接に関連している．第二は，用益権の創出可能性の検討である．ここで考えてみたいのは，上述のように，既存の制度の利用による「用益権」の機能的代替物の創出可能性であり，「用益権」という物権を直ちに作り出すことの可否を論ずるわけではない．第三に，公序による制約はないかを検討する．ここでは，法定相続のルールや物権法定主義などの意義に触れることにする．なお，いずれの検討においても，Ⅱ1で紹介した米倉第1論文から抽出した論点（②①が中心になるが，③④も無縁ではない），Ⅱ2で触れたフランス法の制度およびその趣旨（Ⅱ2では明示的に言及しなかった所有権・法定相続制度・物権法定主義との関連にも及ぶことがある）が間接的に考慮に入れられていることは言うまでもないが，直接には，それぞれの問題に関する日本

法の一般的な解釈論として議論を展開することにしたい．

2　所有権への時間的制限

(1)　序　すでに述べたように，所有権移転に始期や停止条件を付すことが許されるとしても，そのことから直ちには終期や解除条件を付すことが可能だということにはならない．さらに，終期・解除条件を付すことが可能であるとしても，そのことはどのような終期・解除条件も可能であることを意味するわけではない．そこで，以下においては，終期・解除条件を中心に条件・期限について若干の検討を行うとともに((2))，条件・期限を付することを制約する原理としての「所有権の永続性」についても，少しだけ考えて見ることにしたい((3))．

(2)　条件・期限の意義　まず，条件・期限の法的性質から始めよう．条件・期限は，民法典においては「法律行為」の章に置かれており，講学上も「法律行為の付款」であると説明されている[43]．「付款」と呼ばれるのは，当事者が特に付したものという意味であって，それは当該法律行為の外部にあるものではなく，当該法律行為の内容そのものであるとされている[44]．また，法律行為に条件・期限を付すことができるのが原則であるが，法律行為の性質上許されない場合があるとされている[45]．

ところで，付款としての条件・期限は，法律行為の内容に制限を加えるものであるとされるが，それが作用する対象が何であるかについては，起草者以来，若干の議論がある（法律行為そのものの効力を左右するのか法律行為の履行を左右するのか，等々．民135条1項・2項の文言も参照）[46]．

以上をふまえて，次に所有権に終期や解除条件を付けることができるかという問題に進もう．最近の学説はこの点をあまり正面からは議論しないが，かつ

---

43) 富井政章・民法原論第1巻総則（有斐閣，復刻版，1985，原版，1922）651-653頁，我妻栄・新訂民法総則（岩波書店，1965）405-406頁など．
44) 我妻・前出注43）406頁．より明瞭には，鳩山秀夫・改版増補日本民法総論（岩波書店，1930）528-529頁．
45) 富井・前出注43）562頁，我妻・前出注43）409-410頁，419-420頁など．
46) 梅・民法要義巻之一総則編（明法堂，訂正増補版，1899）300-301頁，318-319頁，富井・前出注43）596-600頁など．

ては必ず言及される問題であった．この点につき，富井は，所有権は終期付で処分できないとするのがフランスの通説であるとしつつ，そこで前提とされている所有権の永続性には，根本において誤りがあるとしている[47]．すなわち，終期の到来によって生じるのは所有者の交替であり，所有権自体が消滅するわけではないので，所有権の永続性を阻害することはないというのである[48]．さらに，鳩山は，終期到来によって譲渡行為の効力が消滅するのであり，所有権そのものが消滅するわけではないとするに至る[49]．米倉説は，まさにこの考え方を踏襲するものであると言える．以上の流れに対して，梅は，従来論争があったところだとしつつ，所有権に始期・終期を付けることができないと考えるのは誤りであるとする[50]．梅は，譲渡や放棄が可能である以上，所有権は永久ではありえないとして，所有権の永続性そのものを否定している[51]．

このようにして，所有権の永続性を骨抜きにする，あるいは，否定するならば，所有権に始期・終期を付すことは可能になる．しかし，そのように単純に考えてよいのだろうか．次に，所有権の永続性について見てみることにしよう．

(3) 所有権の永続性　所有権の永続性について，日本ではこれまで必ずしも立ち入った議論がなされてきたわけではない．所有権論の代表的な論者である川島武宜は，次のように述べている．「近代法においては，所有権は事実支配とは関係なく，独立に観念的な権利根拠そのものに基づいて保護せられ，また，所有権は具体的な争において対立する事実支配に基づいて相対的対人的に定められるものでなく，一般的抽象的な仕方で絶対的に定められる」[52]．ここでいう「絶対的に」につき，川島は「所有権の帰属は天下万民に対し絶対的な仕方で定められる」とも述べている[53]．つまり，所有権の絶対性とは，その帰属において「相対的対人的」でないことを意味している．期限付所有権に疑いが向けられる際の「絶対性」は「永続性」という意味で用いられており，これと

---

47)　富井・前出注 43) 601 頁．
48)　富井・民法原論第 2 巻物権 (有斐閣，復刻版，1985，原版，1923) 96 頁．
49)　鳩山・前出注 44) 573 頁．
50)　梅・前出注 46) 319-322 頁．
51)　梅・前出注 46) 321 頁．
52)　川島・民法Ⅰ (総論・物権) (有斐閣，1960) 101 頁．
53)　川島・前出注 52) 99 頁．

第2節 基本概念の再検討

は意味は異にする．

では，「永続性」は所有権の属性ではないのかと言えば，そうではない．「所有権絶対の原則」の母国であるフランス法においては，所有権の絶対性には，狭義の「絶対性」のほかに，排他性，永続性が含まれると解されている[54]．そして，そこでいう「永続性」というのは，目的物が存在する限り続くということであり，より具体的には，①権利の存続が所有者の生存中に制限されず，相続が可能であるということであり（この点において用益権（usufruit）とは異なるとされている），②消滅時効の対象とならないということであるとされている．もっとも，こうした考え方に立つとしても，条件付の所有権移転がありうることは否定されない．しかし，それは「条件付所有権（propriété conditionnelle）」と名付けられ，あくまでも例外的なものとして位置づけられている[55]．「所有権は限定された期間に限り条件に服させることができる」のであり，「条件付所有権」は所有権移転にかかわる一時的帰結にすぎないというのである[56)57]．

以上のような「永続性」という意味での「所有権の絶対性」を，日本民法典の起草者たちはどう考えていたのだろうか．また，今日，どう考えるべきだろうか．この点の判断は難しい．梅は，「吾今汝ニ不動産ノ所有権ヲ与フヘキモ若シ汝死セハ其所有権ハ吾ニ期シヘシ」という条件付法律行為を有効と解していたと思われる[58]．「永続性」を否定する梅の立場からは当然の帰結だろう．これに対して，富井の方は微妙である．富井は永続性そのものは否定していないし，設例として梅があげるようなものをあげてはいない．しかし，それにしても，フランスほど「永続性」を厳格に考えるわけではなさそうである．

---

54) Carbonnier, Droit civil, tome 3, Les biens, 17ᵉ éd., 1997, pp. 141–142 など．
55) Carbonnier, op.cit., pp. 162–163.
56) Malaurie, Droit civil, tome 4 Les biens-La publicité foncière, 3ᵉ éd., 1994, pp. 190.
57) 本文で述べたのは，条件付所有権に関してであるが，期限付（終期付）所有権については，まさに「所有権の永続性」との関係が問題になりうるが，「信託（fudicie）」を認めるためには，これを認める必要があることが指摘されている（Carbonnier, op.cit., p. 172）．フランスでは，信託導入の必要性が説かれ，1990年代のはじめには法案も提出されたが，今日まで採択に至っていない一つの原因は，このあたりにある．以前から信託法を有する日本の場合には，ここでいう終期付所有権を信託によって作り出すことが可能であるわけだが，信託によらずに可能かどうかは問題としてなお残されていると言うべきだろう．
58) 梅・前出注46) 317頁にあげられている例．

仮に, 富井もまた, 梅があげる例の有効性を肯定するとして, 起草者たちの判断は妥当なのだろうか.「所有権絶対の原則」の母国フランスでも, この原則自体が批判にさらされるようになってから1世紀以上が経つ. しかし, 現在でもフランスでは「永続性」に対する一定の執着がなお残存している. このことを旧弊として切り捨ててよいのかどうか.「所有権の絶対性」とは何を目指してのものであったかという点にかかわるが, そう簡単に答えの出る問題ではない.

3　用益権創出の試み

(1)　序　すでに見たように, 後継ぎ遺贈を有効とするのは, 用益権 (usu-fruit) を創設するのと同じ効果をもたらす. しかし, これもすでに触れたように, 日本民法典からは用益権は削除されている. この経緯をどうとらえるべきか. 用益権が否定されたのならば, それと同じ結果をもたらす後継ぎ遺贈もまた否定されるべきだと考えるべきか否か. 以下では, この問いに答えるために, いったん後継ぎ遺贈を離れて,「同じ結果をもたらす」ための法律構成の可能性につき検討を試みる. まず, 契約を利用するルート ((2)), 続いて, 所有権を利用するルート ((3)) を, それぞれ探ってみたい.

(2)　契約による用益権　Ⅰ(2) に掲げた図において, Aに終身の不動産利用権を与えることは, 契約によっては不可能だろうか. ここで「契約によって」とは,「所有権を与えることなく契約によって」ということである.

このことを考えるにあたっては, 用益権を与えるとはいかなることなのかを確認しておく必要がある. すでに述べたように, 用益権の特性は二つの点に求められる. ①処分権以外の所有権の全権能がセットされている, 言い換えれば, いかなる使用・収益も可能である点, ②終身の権利であるとされている点である. さらに, ③物権として第三者に対抗できる点, ④使用・収益に対する対価を要しない点を付け加える必要があろう. ところで, 契約によって用益権を創出しようという場合に, 出発点になりうるものとしては, さしあたり賃借権・使用借権・地上権などが考えられる. そこで, 上記の四つの基準に照らし, これらによってどこまで用益権の機能を代替することができるかを考えてみることにしよう.

まず使用借権や地上権であるが, これらには問題が多い. 使用借権の場合に

第2節 基本概念の再検討

はその保護が薄く，とりわけ③の条件を満たさない．また，地上権の場合には，保護は十分であり③はクリアできるが，利用の目的が制限されるし，土地だけが対象であり建物は対象とならないので，①の条件を満たさない．期間についても20年以上50年以下という制限があり，賃料を払う必要もあるが，これらの点については，賃借権にも共通の問題がある．

次に，賃借権であるが，賃借権はある物の使用・収益を目的とする権利（民601条）なので，①については問題がない．一般には，使用・収益に条件が付けられていることが多いが，そうした条件を付けない賃貸借も不可能ではなかろう．目的物の実体の保存義務を課すことも合意によって可能であろう．また，③についても，当事者が合意すれば賃借権もまた登記が可能であり，第三者に対抗しうる（民605条）．問題は，②と④である．

賃借権には20年という最長期間の定めがある（民604条）．しかし，借地借家法は借地については期間を30年とし，合意によりこれよりも長い期間を定めうるとしている（借地借家3条）．無制限に長い期間を定めうるか否かは別として，たとえば100年の期間は不可能ではなかろう．その上で終身にするためには死亡を解除条件としておくことになる．一見すると，これでよさそうにも見えるがなお考えるべき点がある．一つは，死亡を解除条件とするのは不承継の特約をするということだが，これが許されるかどうかである．もう一つは，Aの死亡時までに30年が経過していない場合に，賃貸借を終了させてよいかという問題がある．不承継特約は有効であると解するとしても30年の期間は強行規定と解さざるを得ないのではないか．つまり，解除条件は期間30年以上の場合に限り有効であるという限定解釈を行う必要がある．

賃貸借は，賃料を支払うことを要素とする契約である（民601条）．それゆえ，賃料なしの特約を付ければそれはもはや賃貸借とは言えない．賃料を定めた上で賃貸人が賃料債務を免除することも考えられるが，そのような約定は賃料なしの特約と同視されてしまうだろう．では，賃料を定める一方で，一括前払いで支払うこととし，その賃料相当額をAに贈与するのはどうだろうか．税法上の取り扱いなどは別にすると，問題は，無償の借権に法的保護を与えるために，このような便法を用いることを認めるかという一般論に解消されるようにも見える．そして，一般論として考えるならば，このような便法を簡単に肯定する

のには躊躇を覚える．ことは有償契約・無償契約の本質にもかかわるからである．むしろ，使用借権であるとの性質決定を避けるためには，ノミナルな賃料を定め，その上で賃貸借の登記をすべきではないか．これでもなお賃貸借とは性質決定しえないかどうかがぎりぎりの問題であろう．

以上のように，賃貸借を利用する場合には，期間の面と賃料の面で制約が残ることになるが，こうした制約を甘受するのであれば，用益権に類似した権利を創り出すことは全く不可能なわけではない．甲とAとの間で上記のような賃貸借契約を締結し，甲の死亡を停止条件とすれば，後継ぎ遺贈の機能をある程度までは代替することができるだろう．

(3) 所有権による用益権　次に，所有権移転を用いる方策を検討してみよう．条件・期限を用いるのもその一つにほかならないが，ここでは他の方法を考えてみよう．先の図で言えば，Aに所有権を移転しつつ，A死亡時にはその所有権を失わせるためには，甲A間で何らかの約定をしておく必要がある．

A死亡時には，甲の相続人あるいは第三者Bに所有権が移転するように，Aの生前に契約をしておくか遺言をしてほしい，とAに頼んでおくというのが最も簡単であり，これにはなんら問題はない．後継ぎ遺贈は単なる希望にすぎないと解すれば，これと同じことになる．しかし，単なる依頼・希望ではその通りになるという保証はないことは言うまでもない．それでは，Aに一定の法的義務を課す方策はないだろうか．一方で，期限付所有権であるとの嫌疑を受けず，他方，一定の法的な拘束力を有する．そうした約定をしておくことは考えられないか．

ここでは，民法典に明文の規定のある買戻の制度の利用可能性を検討してみよう．というのは，買戻特約付の売買ならば，期限付所有権の問題は生じないとも解されるからである．この点に関しては，法典自身が認めているというだけでなく，起草者の一人（富井）の次のような説明も参考になる．「所有権ノ終期付処分トハ終期ノ到来ニ因リテ所有権カ当然前主ニ復帰スルコトヲ謂フモノニシテ再ヒ之ヲ其者ニ移転スル債務ヲ生スルコトヲ謂フニ非ス……是所有権其者ノ期限付処分ニ非スシテ其再移転ヲ目的トスル普通ノ債権的契約ニ外ナラス従テ其有効ナルコトニ付テハ殆ト疑ヲ存スルコトナシ我民法ノ買戻約款付売買ハ即チ此効果ヲ生スルモノニシテ所有権ノ終期付処分ト見ルヘキニ非サルナ

リ」[59]．つまり，買戻特約は債権的効力を有するだけであり所有権に期限を付けたわけではないというわけである．

　買戻特約による債権的拘束で満足するのであれば確かにこれでよいが，これには三つの難点がある．順に検討しよう．第一は，買戻特約には期間の制限があるということ (10年以下．民580条)．この点は，今日では再売買の予約によって克服されている．第二は，売買は有償契約であるので代金の定めが必要であるということ．(2) で述べたのと同じ問題であるが，再売買の予約が可能ならば，再贈与の予約も可能であると解されよう．第三は，債権的拘束では甲の保護としては必ずしも十分ではないということ．Aの不履行に対して損害賠償請求をなしうるので，甲は，単なる依頼・希望よりは厚い保護を受けるが，物自体を取り戻すことはできない．それでは困るというのであれば，買戻特約を登記することができる (民584条)．もっとも，買戻特約は期限が限られているので，登記が許されているが，この期限を越えるような再売買 (再贈与) の予約は登記できないと考える余地もないわけではない．しかし，現在の判例や登記実務を前提とすれば，再売買の予約は仮登記できるとされている．そうだとすれば再贈与の予約の仮登記も可能だということになろう．

　以上のように考えれば，所有権移転と再贈与の予約を組み合わせることによって，用益権類似の権利を創出することはできないわけではない．ただ，これによって後継ぎ遺贈の機能を代替することができるかと言えば，これには難点がある．というのは，この場合にも甲の死亡を停止条件とすることによって，効力発生時を操作することは可能である．そして甲が死亡すれば，予約完結権は一般の財産権と同様に甲の相続人に承継されると考えられる．相続人が複数の場合には，遺産分割によって予約完結権の帰属先が定めることになるが，甲が予約完結権を相続する相続人を定めておくこともできるだろう．しかし，この予約完結権の仮登記可能性には疑問がある．というのは，Aへの所有権移転自体に停止条件が付されているので，甲の予約完結権は停止条件付権利についての権利ということになるが，このようないわば二重に条件のついた権利の仮登記は認められないとも解されるからである．

---

59)　富井・前出注43) 96–97頁．

4 公序による制約

(1) 序　　後継ぎ遺贈を正面から認めるにせよ，賃貸借契約や贈与による所有権移転を用いて用益権代替物を側面から創出するにせよ，形式的には不可能でないようにも見える法技術の利用の限界を実質的に画するのは，公序による制約であろう．ここでいう「公序」は社会秩序そのものというよりは，民法のシステム自体に内在する法秩序のことである．後継ぎ遺贈や用益権代替物の創出を妨げる公序として考えられるものはいくつかあるが，そのうち所有権の永続性については，すでに見た通りである．以下においては，法定相続制度に内在する制約 ((2))，物権法定主義に内在する制約 ((3)) について簡単に触れておくことにしたい．

(2) 法定相続制度による制約　　後継ぎ遺贈のような処分を行うことは法定相続制度の趣旨を害することにならないだろうか．もちろん，遺言もまた法律行為である以上は，法律行為自由の原則が妥当する．さらに，遺言自由の原則が説かれることもある．しかし，ここでいう「自由」が，無制限の自由でないことは言うまでもない．第一に，遺言に関しては，方式の自由が認められていない (民967条以下)．第二に，内容決定の自由に関しても，遺言でなしうることがら (遺言事項) は限定されていると解されている[60]．

このように，遺言事項は法定されるが，その根拠としては，取引の安全のほかに法定相続制度の趣旨が挙げられることがある．こうした観点から，たとえば，いわゆる「相続させる」遺言が許されるか否かが，学説上は激しく争われてきた[61]．もちろん，遺贈自体は民法が明示的に認めているので (民964条)，後継ぎ遺贈が民法の許容する遺贈に当たるのであれば問題はない．したがって，問題は，後継ぎ遺贈は民法の許容する遺贈に当たるか，当たらない場合には，民法典に法定されていない独自の処分として認められるかということになる．そして，この点を考えるに際しては，法定相続制度の趣旨 (法定相続と「遺言自由」の関係) が問題になるのである．

---

60) たとえば，新版注釈民法 (28) (有斐閣, 1988) 47–49頁 (中川 (善) = 加藤 (永) = 谷口)．
61) 文献は多いが，水野紀子「『相続させる』旨の遺言の功罪」久貴編・遺言と遺留分第1巻遺言 (日本評論社, 2001) のみを挙げておく．

この点もまた，学説に争いのあるところである[62]．ここで確定的な結論を出すことはできないが，フランス法に見られるように，法定相続制度の趣旨を勘案して，これと両立する範囲で特殊な遺贈（補充指定・継伝処分）を認めるという解決を考える余地があることを再度確認しておく．

(3) 物権法定主義による制約　　賃貸借や贈与を利用して用益権代替物を作り出す試みは，物権法定主義に抵触しないだろうか．すでに述べた試みは，用益権と称する新たな物権の創設を主張するものではないが，機能的にはこれに類似するものを創出しようとするものにほかならない．そうだとすると，これらの試みもまた用益権の廃止を潜脱する行為として無効とされることもありうる．

物権法定主義が民法典に明示されていることは言うまでもない（民175条）．その趣旨は，通常，封建的諸権利を除去した絶対的所有権の創出（歴史的理由），取引の安全の尊重など（実際的理由）から説明されている[63]．しかし，学説には，物権法定主義に何らかの例外を認めるものが多い．とりわけ譲渡担保については，慣習上の物権であるとするものが増えている[64]．最近では，より精密に，慣習上の物権の成否につき，当事者の（一回限りの）法律行為による設定と（社会的に承認を伴う反復継続による）慣習上の生成とを区別し，後者については法例2条によるスクリーニング（「法令ニ規定ナキ事項」に関するものか，「公ノ秩序又ハ善良ノ風俗ニ反セサル」か否か）を経て慣習法の物権を認めるべきだとする見解も有力である[65]．

この見解も示すように，物権は，当事者の意思によってではなく，客観的な法秩序の承認を得て承認される．物権法定主義はこのことを意味する．用益権は民法が否定した物権であり，また，用益権に対する社会的な承認の度合いは慣習と言えるほどには強固ではない．そうだとすると，慣習上の物権として用

---

[62]　新版注釈民法（28），19頁以下（加藤永一），犬伏由子「各章のテーマの位置づけと問題点」久貴・前出注61）33頁以下など．

[63]　星野英一・民法概論Ⅱ物権（良書普及会，1976）11–12頁，内田貴・民法Ⅰ総則・物権総論（東京大学出版会，第2版補訂版，2000）341–342頁など．

[64]　もっとも，筆者自身は，譲渡担保を独自の物権と認めるのに慎重であるべきだと考えている（大村・基本民法Ⅰ総則・物権総論〔有斐閣，2001〕274頁）．

[65]　山野目章夫・物権法（日本評論社，2002）11–12頁など．

益権が生成しているかと言えば，答えはノーであると言わざるを得ない．しかし，形式的には用益権の設定には当たらない法技術によって用益権代替物を創出することまでが禁じられているとは言えない．仮に，今日では譲渡担保は独自の物権となっていると解するならば，それは，形式的には新たな物権の創設には当たらないような法技術を利用した実務の営みのはてに[66]，慣習が成立したということだろう．賃貸借や贈与を利用して用益権代替物を作り出す試みが積み重ねられれば[67]，同様に考えることができるかもしれない．

VI　おわりに

(1)　まとめ　明文の規定がなくとも後継ぎ遺贈は可能である，という米倉教授の主張に触発されて，その可能性をここまで検討してきたが，結論を一言で述べるならば，直ちに可能であるとは言えないが，全く不可能なわけではないということになる．後継ぎ遺贈にはいくつかの機能があるとされているが，少なくともその一部を実現する——米倉教授の言う「生活保障専一型」に対応する——用益権代替物を作り出すことは契約や所有権移転によってある程度までは可能である．また，後継ぎ遺贈そのものが可能かどうかは所有権の永続性や法定相続の原則の要請をどの程度のものと考えるかにかかっている．この結論自体は平凡なものであるが，ここに至る過程での考察をふまえて，最後に，より一般的なことがらを二つ述べて，将来を展望しておきたい．

(2)　展望　一つは，契約と物権（より一般的に言えば制度）の関係にかかわる．契約と物権とは，次のように対比されることが多い．契約においては，その内容決定は当事者に委ねられている代わりに，その効果は相対的であり第三者に対抗できない．これに対して，物権においては，その内容は法定されているが，その効果は第三者に対抗することができる，と．しかし，契約と物権

---

[66]　所有権移転を担保目的に利用すること自体は物権法定主義には抵触しないとする見解（道垣内弘人・ゼミナール民法入門〔日本経済新聞社，2002〕419頁）を参照．

[67]　起草者は用益権を否定したが，同様の結果を実現するために他の法技術を用いる可能性を示唆している（梅・前出注40, 241頁は，「若シ夫レ多少類似ノ権利ヲ必要トスル場合アラハ契約ノ自由ニ依リ債権関係ヲ生セシムルハ毫モ妨ナシ而シテ若シ債権関係ノミニテ担保スクナシトセハ質権，抵当権等ヲ以テ之ヲ担保セハ足レリ」と述べている）．

とを過度に対立させて考えるべきではない．契約においても第三者効を認める可能性は封じられていないし，他方，物権と言ってもその内容がすべて法定されているわけではないからである．契約から出発して第三者効を強化して物権に近づくことは不可能ではないし，逆に，物権から出発しつつその効力を制約することも考えられる．このことはこれまでに見てきた通りである．もちろん，契約・物権というカテゴリーが無用なわけではない[68]．契約だからこうなる物権だからああなるという結びつきはわれわれの法的思考を導く．必要なのは，カテゴリーを固定的・閉鎖的なものとしてとらえてそれに過度に拘束されてしまうのを避けることである．

もう一つは，制度の生成にかかわる．制度は，人々の継続的な営みを通じて生成する．多くの人々が様々な試みを重ねる中から，取捨選択がなされて社会に定着していく．なお疑問はあるとしても，譲渡担保はそのように生成した制度の典型と目される．その意味で，米倉教授が，後継ぎ遺贈を論ずるに際して譲渡担保との対比を行うこと自体は，もっともなことである．しかし，譲渡担保と同様に，後継ぎ遺贈が社会的な承認をうるには，いましばらく様々な法的な実験が重ねられる必要があるだろう．ありうる実験のいくつかについては，本稿でも述べてきたが，他にも可能な方法があるかもしれない．また，そうした実験に際しては，譲渡担保の経験を再検討することも有益であろう．米倉論文の結論そのものは筆者にはやや性急に見えるが，この論文の登場が大きな刺激となって「後継ぎ遺贈」論が活性化し，新しい制度構築の実験がなされるのは望ましいことである．その意味で，米倉論文は「後継ぎ遺贈」論の可能性を示唆し，これを追及すべく呼びかけたものと評することができる．本稿は，そうした呼びかけに応ずる一つの試みであるが，実務・学説の両サイドから，新しい実験・新たな議論が続くことを期待したい．

---

68) ただし，契約には制度的な側面があることは，以前に，別に述べた通りである．大村「フランス法における契約と制度」同・契約法から消費者法へ（東京大学出版会，1999）．

D 成年・未成年の再検討──成年年齢見直し論を素材に

はじめに

　民法4条（2004年改正前は3条）は「年齢20歳をもって，成年とする」と定める．明瞭簡潔な規定であり，解釈論上の疑義は少ない[69]．このため，本条について立ち入って論じられた例は乏しい[70]．

　もっとも，立法論となれば話は違ってくる．たとえば，戦前すでに穂積重遠は「成年期繰下案」を説いていた[71]．穂積は，「満20年を境界として人を未成年者たる無能力者と成年者たる能力者に両分するのであるが，純理からも実際からも非難の余地がある」との問題を指摘し，フランスの親権解放やドイツの成年宣告の制度を紹介しているが，結論としては取引の安全を重視し，営業許可制度（民6条）のみによって対応をはかる現行日本民法の対応を肯定する．その上で，「もし此等の制度（独仏の制度──筆者注）が実際上必要だと云ふならば，むしろ一般に成年期を繰り下げて，例へば満18年としたらどうであろうか」と

---

69) 年齢の計算に関しては「年齢計算ニ関スル法律」（明治35年法律50号）がルールを定めている．もっとも，婚姻による成年擬制（民753条）が及ぶ範囲など解釈論上の問題がないわけではない．

70) 新版注釈民法第1巻では6頁が割かれているのみである．なお，論文としては，永田菊四郎「民法第3条について」日本法学19巻5号（1954），高木侃「民法第3条について」関東短期大学紀要23集（1978），同「民法典は教科書にあらず──第3条の制定過程と編纂方針一斑」関東短期大学紀要44集（1999），高梨俊一「20歳成年制の起源──明治初期の暦法・年齢計算・法定年齢」日本大学司法研究所紀要13巻（2001）などがあるが，いずれも民法4条（原3条）制定の経緯を追うものである．

71) 四宮＝能見35頁，内田106頁，山本76頁，加藤81頁など．筆者自身も「これ（未成年者）には，成年に達しない者，すなわち，満20歳に達しない者（民4条）が一律に，かつ，当然に含まれる」（大村172頁）と述べるだけである．

第2節　基本概念の再検討

していた[72]．一般にも，選挙権付与との関係で，成年年齢を満 18 歳に引き下げるべきだとの議論は根強く存在する．実際のところ，民主党は「インターネット市民立法」案なども参酌して，「成年年齢の引下げ等に関する法律案」を第 155 国会（2002 年）に提出している[73]．しかし，ごく最近まで，このような内容の法案が国会を通過することは考えにくかったと言ってよかろう．

ところが，事情は変化ししつつある．憲法改正のための手続整備を目的とするいわゆる国民投票法案が国会に提出されたのに伴い，投票権を有する者を 20 歳とするか 18 歳とするかが問題となったが[74]，あわせて民法の成年年齢の見直しがにわかに浮上したのである[75][76]．本稿は直接には，あまり立ち入っては論じられることのなかった民法 4 条の改正につき，この機会に若干の検討を試みようというものである[77][78]．

もっとも，成年年齢は 20 歳か 18 歳かという問いを立ててみても，直ちに決定的な答えが得られるとは思えない．この問題は，最終的には政治的な判断に基づき決着を付けるほかない問題であろう．むしろ本稿では，成年年齢の見直しを契機として，現在の未成年保護法制の枠組みを再検討に付し，若年の成年

[72) 穂積・民法総論（有斐閣，1930）125-126 頁．なお，穂積は，18 歳未満を「少年」としていた旧少年法（大正 11 年法律 42 号）1 条を引用している．

[73) 民法上の成年年齢のほか，公職選挙法の「選挙権を有する者」の年齢，少年法の「少年」の年齢を改正することなどを内容とする．

[74) 自民党案では，20 歳以上とされていたのに対して（法案 3 条），民主党案では，原則として 18 歳以上だが，当該投票につき 16 歳以上とすることもできるとされていたが（法案 3 条），最終的には 18 歳以上とされることになった．

[75) たとえば，朝日新聞 2006 年 12 月 6 日付朝刊，同 2006 年 12 月 30 日付朝刊などの記事を参照．

[76) 新法の附則第三条に，次のような規定が置かれている．「国は，この法律が施行されるまでの間に，年齢満 18 年以上満 20 年未満の者が国政選挙に参加することができること等となるよう，選挙権を有する者の年齢を定める公職選挙法，成年年齢を定める民法（明治 29 年法律第 89 号）その他の法令の規定について検討を加え，必要な法制上の措置を講ずるものとする」．

[77) これまでに書かれた論文にも，関連立法に触発されて書かれたものが見られる（永田・前出注 70）は「国民の祝日を定める法律」〔昭和 23 年法律 178 号〕の制定を，高木・前出注 70）第 1 論文は少年法改正論議を念頭に置いて書かれたようである）．

[78) 筆者は，婚姻法の改正論議との関連で，婚姻年齢を男女ともに 18 歳とし，あわせて成年年齢を 18 歳に改めるという案に言及したことがある（内田貴ほか「特別座談会・家族法の改正に向けて（上）——民法改正委員会の議論の現状」ジュリ 1324 号〔2006〕）．筆者個人にとっては，本稿は，その時の問題意識に連なるものでもある．

者をも含む「年少者法（こども・わかもの法）」[79]を構想するためのてがかりを得たい．子育て支援・ニート支援，児童虐待・いじめ・少年犯罪，そして，教育再生……．今日，「子ども」や「若者」をめぐる問題が大きな社会問題となっていることは改めて言うまでもない．そうした中で，「子ども」や「若者」をめぐる諸問題と法との関係をトータルにとらえることが要請されているのではないか[80][81]．本稿は，こうした試みのための小さな一歩でもある．

以下では，まず，民法における「成年」の意義を確認した上で（Ⅰ），「成年」の基準としての「年齢20歳」の当否を検討する（Ⅱ）．その上で，「成年」の基準を変更するだけではなく，「成年・未成年」の概念を再編すべきことを提案する（Ⅲ）．最後に，あるべき「年少者法」の姿につき若干のことがらを付記したい（Ⅳ）．

Ⅰ 「成年」の意義

1 能力

成年年齢に達しない者（未成年者）の行為能力は一律に制限を受けていること（民5条1項本文），この原則には3つの例外（①「単に義務を得，又は義務を免

---

79) すでに，「消費者法」「高齢者法」などの表題を持つ領域横断的な体系書が現れているが，本書は「年少者」につき同様の試みをするものである（筆者自身もすでに「消費者法」と題する著書〔有斐閣，第3版，2007〕を執筆しているほか，「外国人法」に関する著書も近刊の予定〔他者とともに生きる──民法から見た外国人法（東京大学出版会，2008）〕であるが，「年少者法」はこれらに続くものとなる）．

80) 本稿では，狭義の未成年者だけでなく若年成年者をも規律対象に含めて「年少者法」という用語を使用する．なお，法令上「年少者」という用語が用いられる例（本文で後述する労働基準法を参照）はあるものの，「年少者法」「若者法」という用例はこれまでにあまり見られないが（ただし，「未成年者保護法」を用いるものとして，森田明・未成年者保護法と現代社会〔有斐閣，1999〕がある），「子ども法」の用例はいくつか存在する（石川稔・子ども法の課題と展開〔有斐閣，2000〕のほか，早い時期に，永井憲一「子どもの人権と現行法体系──『子ども法』の法原理」自由と正義1979年4月号などがある．なお，米沢広一・子ども・家族・憲法〔有斐閣，1992〕も参照）．

81) 「子ども（こども）」に対する総合的な研究の機運は，法学以外の領域では高まりを見せている．2003年以来，各地の大学に「子ども学部」「子ども学科」が設けられているほか，同じく2003年に「子ども発達教育研究センター」（お茶の水女子大），「子ども学プロジェクト」（奈良女子大）などもスタートしている．また，1994年設立の「日本子ども社会学会」に続いて，2003年には「日本子ども学会」，2004年には「子ども環境学会」が設立されている．

れる法律行為」(同条1項但書)，②目的を定めて，あるいは定めないで「処分を許した財産」(同条3項)，③一種又は数種の「営業を許された未成年者」(民6条1項))が定められていることは周知の通りである．

　こうした現行法の未成年者制度は，私たちには不動の制度のように思われるが，比較法的・歴史的に見ると，必ずしもそうではないことがわかる．さしあたり2点を指摘しておこう．第一に，現行民法は年齢20歳に達しない者を一括して未成年者とし，その間に区別を設けていない．しかし，諸外国には，未成年者をいくつかに区別する例が見られる．たとえば，ドイツ民法は，満7歳未満の未成年者は行為無能力者とし，満7歳以上は制限能力者としていた(独民104〜106条)．第二に，旧民法はフランス民法に倣い，「自治産」の制度を採用していた．未成年者は，婚姻をした場合には当然に(旧民人213条)，また，親権者がある場合には満15歳から(旧民人214条1項)，後見に服する場合には満17歳から(旧民人215条1項)，それぞれ親権者・親族会の許可により，「自治産」とされた．自治産の未成年者は保佐に付され(旧民人216条1項)，重要な行為を行う歳には保佐人の「立会」を要するとされていた(旧民人219条1項)．

　以上のように，同じく未成年者であっても，その中にいくつかのカテゴリーを設けるということは，十分に考えられる方法であった．しかし，現行民法では「此制度ハ人生自然ノ発達ニ伴フモノニシテ理論上非難スヘキニ非スト雖モ実際上ニ於テハ不便ナキヲ得ス」[82]という理由で退けられた．これに対して，とりわけ自治産制度の廃止に対しては，現行民法の立法後も「我民法ニ此規定ノナイノハ頗ル遺憾デアル」[83]との意見が見られたことは注目に値する．

2　親権

　成年年齢は，親権(及びその補充制度である未成年後見)と密接に関連する．言うまでもなく，「成年に達しない子は父母の親権に服する」(民818条1項)とされているからである．しかしながら，このような立法もまた必然ではない．親権に服するのは常に未成年者であるとは限らないからである．

　明治民法は「子ハ家ニ在ル父ノ親権ニ服ス但独立ノ生計ヲ立ツル成年者ハ此

---

82)　富井・民法原論 146 頁．
83)　梅・民法総則 532 頁．

限ニ在ラス」(明民 877 条 1 項) と定めていた．つまり，成年に達した子であっても独立に生計を立てていない場合には親権に服することとされていたのである．親権の効力に関する個別の規定のほとんどは「未成年ノ子」のみを対象としているが (明民 879 条以下．ただし，明民 882 条の定める懲戒権の対象は少なくとも文言上は「未成年ノ子」に限られてない[84])，それでも，成年に達した後もなお，子は親の親権に服するとされていたことの象徴的な意味は大きい．

さらに，成年の子であっても一定の年齢 (男は満 30 歳，女は満 25 歳) に達するまでは，婚姻にあたっては父母の同意を要することとされていた (明民 772 条 1 項)．これは親権の効力ではなく親子であることの効力ではあるが，成年の子が親の権限に服するという点では共通している[85]．

以上のように，成年に達した後も，特に親に扶養を受けている場合には，特別な扱いをすることは十分に考えられる．もっとも，その場合には，成年者の自律性に対する配慮が必要となろう．

3　婚姻

逆に，満 20 歳に達していなくても，親の親権に服さない場合もある．婚姻による成年擬制の場合がそれである (民 753 条)．この規定は戦後の民法全面改正の際に設けられたものだが，旧民法の当然自治産を復活させたものであるとも言える．いずれにせよ，婚姻によって，制限能力者である未成年者は成年者として扱われ，親権から離脱することになる．

ところが，婚姻によって，成年者が制限能力者としての扱いを受けるに至ることも考えられないではない．明治民法におけるいわゆる「妻ノ無能力」(明民 14 条) がその例である[86]．この規定については「婦人ハ婦人トシテ無能力ナル

---

84)　穂積・親族法 (岩波書店，1933) 573 頁は，懲戒は監護教育の手段であることを理由に，成年の子には懲戒権は及ばないとしている．
85)　今日では，婚姻に際して親の同意が必要なのは未成年者に限られることは言うまでもないが (民 737 条 1 項)，この改正は戦後の家族全面改正の際の眼目の一つであった．憲法 24 条 1 項の「婚姻は，両性の合意に基づいてのみ……」や同 2 項の「配偶者の選択……に関しては，法律は，個人の尊厳……に立脚して，制定されなければならない」のほか，「日本国憲法の施行に伴う民法の応急的措置に関する法律」(昭和 22 年 5 月 3 日憲法施行と同時に施行・同 23 年 1 月 1 日改正民法施行と同時に失効) 4 条の「成年者の婚姻……については，父母の同意を要しない」を参照．
86)　(成年に達した) 妻は，一定の重要な行為については夫の同意を要するとされていた．その能

ニ非ス……唯妻ハ妻トシテ無能力ナリ」とされ，その理由は「天ニ二日ナク国ニ二王ナキト一般家ニ二主アリテハ一家ノ整理ヲ為スニ能ハス」という点に求められていた[87]．

現行民法 753 条が，婚姻後の夫婦の独立を保障する観点から，成年擬制を行っているのに対して，明治民法 14 条は，婚姻後の夫婦の共同性を重視する観点から，妻の行為能力を制限していた．婚姻に対する見方が異なるため，導かれる具体的な帰結は正反対になっているものの，いずれの制度においても対象となる者の判断力の高低が問題とされているわけではない点では共通しているのが注目される．

Ⅱ 「成年」の基準

1 年齢 20 歳の妥当性

成年年齢の引下げに関しては，賛成論・反対論の両論がありうるだろう．

賛成論の論拠としては，子どもの権利の尊重が挙げられるだろう．とりわけ，児童の権利条約 12 条に見られるように，子どもの「意見を表明する権利」を尊重すべきことが指摘されうるだろう．同条は「児童の意見は，その児童の年齢及び成熟度に従って相応に考慮されるものとする」としているが，そこからさらに進んで，一定の年齢・成熟度に達した者はもはや他人（親）の干渉を受けるべきではないという考え方を導くこともできるだろう．

もっとも，「子どもの権利」は，「子ども」が「子ども」としての保護を要するという認識に立ち，その上で，各種の権利を保障しようというものであると考えるならば，子どもの意見の尊重は，必ずしも成年年齢の引き下げを要請しないとも言える．

反対論の論拠としては，青少年の保護の必要性が挙げられる．社会経験の乏

　力の制限の範囲は，ほぼ準禁治産者の場合と同様（ある面ではやや広く別の面では狭い）であった．
87) 梅・前出注 83) 36 頁．もっとも，「婦人」であることを理由とする能力制限が全くなかったわけではない（明民 866 条は，母が親権を行うに際しては，重要な行為に限り親族会の同意を得べきこととしていたが，父が親権を行う際にはこのような同意は不要であった）．

しい若者が各種の悪質商法の被害者になる事例は少なくない．これまでは，少なくとも20歳未満であれば未成年を理由とする取消しが可能であったが，成年年齢を引き下げるということは，このような保護の及ぶ範囲を縮小することを意味する．

確かに，社会が複雑化し，それに伴って教育も高度化した今日においては，若者が成熟に達するまでに要する期間はかつてに比べて長くなったと言える．しかし，上記のような消費者被害に対する対応は，まずはそれ自体の規制の強化により，さらには消費者教育の推進によってはかるべきであるとも考えられる．

以上のように，肯定論・否定論はいずれもそれなりの理由を持つ．それゆえなかなか決着は付かない．むしろ重要なのは，子どもの自律性の尊重が必要であると同時に，若者への保護・支援が必要な場合もあることを正面から認めること，言い換えれば，二者択一の議論自体を乗り越えることだろう．

2　その他の年齢

成年・未成年の二分法は，現行法の下でも必ずしも貫徹されていない．意思能力（規定なし）や責任能力（民712条）のようにはっきりとした線引きがされていない場合は別にしても，① 婚姻に関しては18歳・16歳（731条）に，② 養子や ③ 遺言に関しては15歳（民797条1項，民961条）に，④ 養親（特別養子の場合）に関しては25歳（民817条の4）に，それぞれ線が引かれて，能力（適格性）が付与されている．このうち，①②に関しては，それぞれ父母の同意（民737条1項）や家庭裁判所の許可（民798条）が必要であるが，③に関してはそれも不要である[88]．

このように，20歳以外の年齢を基準として能力が付与されている場合が少なくないことは，成年・未成年の二分法にすべての効果を結びつけるのが適当ではないことを示していると言える．このことは，民法上の効果以外の効果をも考慮に入れると，より一層明らかになる．実際のところ，それぞれの法制度の目的に鑑み，未成年をさらに細分する立法例が散見される．

---

88)　なお，認知に関しては未成年者であっても単独でこれを行うことができる（民780条）．

第 2 節　基本概念の再検討

　たとえば，児童福祉法は 18 歳未満の者を「児童」とし，これを「乳児（満一歳に満たない者）」「幼児（満一歳から，小学校就学の始期に達するまでの者）」「少年（小学校就学の始期から，満十八歳に達するまでの者）」に（法 4 条），学校教育法は「子女」を「学齢児童（小学校に就学させるべき子女）」「学齢生徒（中学校に就学させるべき子女）」等（法 22 条・39 条）に，それぞれ分けている．また，労働基準法は「年少者」という包括概念の下で，最低年齢に関しては 15 歳・13 歳（法 56 条）を境に，労働時間に関しては 18 歳・15 歳（法 60 条）を境に，深夜業・危険有害業務などに関しては 18 歳（法 61 条・62 条）を境に[89]，異なるルールを設けている．少年法の場合も「少年」（20 歳未満の者．それ以外が「成人」）という包括概念を用いつつ，手続（法 3 条 2 項．14 歳未満の場合には都道府県知事・児童相談所長からの送致がなされた場合に限り審判に付する）[90]や刑罰（法 51 条・56 条．18 歳未満の場合には死刑などを科せない・満 16 歳までは懲役・禁固は少年院で執行することができる）につき，年齢に応じて特に適用されるルールを設けている．なお，児童の権利条約は国際的な趨勢に照らして，18 歳未満の者で成年でない者を「児童」と定義している．

　反対に，「未成年」ではなく「成年」につき，年齢による区分がされている例もあげておく．民法上は，特別養子の養親になるには原則として満 25 歳以上であることが必要であるという例があるが（民 817 条の 4），もっともよく知られているのは被選挙権の場合であろう（衆議院議員・市長村長・地方自治体の議会議員につき満 25 歳以上，参議院議員・都道府県知事につき満 30 歳以上．公選 10 条）．このほか，運転免許の技能検定員（道交法 99 条の 2）や射撃の指導員（銃刀法施行規則 11 条の 6）などについても満 25 歳以上とされている．他に，国籍選択は「22 歳に達するまでに」とされている（国籍法 14 条）のが注目に値する．他方，少年法（56 条 1 項）や少年院法（11 条）は，26 歳未満であれば場合によって成人とは異なる扱いをすることを認めている．

　以上を通覧すると，未成年に関しては，15 歳・18 歳を境に線引きをしてい

---

[89]　なお，深夜業に関しては，「交替制によって使用する満 16 歳以上の男子」（法 61 条 1 項但書）は適用除外とされている．

[90]　2000 年の少年法改正で検察官送致の下限を 16 歳から 14 歳に引き下げた．また，2007 年の少年院法改正によって，少年院送致の下限が「おおむね 12 歳」に引き下げられた．

ることが多いほか，成年に関しても，25歳（26歳）・30歳に一定の意味を持たせていることがあることがわかる．なお，15歳以下のどこかで線を引く考え方もあるが（労基法・少年法など），年齢は必ずしも一定しない．

Ⅲ 「成年・未成年」の多元化・相対化

以上をふまえて，民法上の「成年・未成年」の区別につき，多元化・相対化の提案を行いたい．その他の法律における取扱いは，とりあえず検討対象外としておく．

1 「準成年」と「完全未成年」

「未成年」に関しては，「準成年」と「完全未成年」とに二分する．

そして，「準成年」は原則として被保佐人と同様に扱う，すなわち，重要な行為以外は単独でなしうるとしてはどうか．その年齢は満15歳以上とすることが考えられる．「完全未成年」は，法定代理人の同意なしには完全に有効な法律行為をなしえないものとする．この点は現行法と同様であるが，満15歳以上を別扱いにしたので，営業許可に関する規定は削除してもよいかもしれない．完全未成年はこれをさらに二分し，10歳〜12歳を境に「幼年」と「半成年」とに分けることも考えられる．「幼年」に関しては，日用品の購入などを除き行為能力を否定するとともに（民9条参照），一律に責任能力も否定してはどうか．

なお，幼年の能力を「無能力」，「半成年」の能力を補完された能力という意味で「補完能力」，「準成年」の能力を「管制された能力」という意味で「管制能力」と呼び，無能力の場合も含めて，全体を「制限能力」と呼ぶことにし，あわせて成年被後見人は無能力，被保佐人・被補助人は管制能力とすると[91]，全体の見通しがよくなるだろう．

2 「初成年」と「完全成年」

「成年」に関しても，「初成年」と「完全成年」とに二分する．

---

91) 被保佐人のなかには「補充能力」にあたる者も含まれる．

ここでの眼目は，一定年齢に達するまでの成年を「初成年」とし，その行為能力にある種の手続的な制約を付す点にある．具体的には，成年に達した後も25歳（あるいは26歳）に至るまでは，「支援人」（法定代理人あるいは本人が選任した者）に相談した上でなければ，一定の重要な行為はなしえないとしてはどうか．この場合，支援人は相談を受けて助言をするだけであり，その同意を得ることは必要でないこととしたい．このような「初成年」の能力を「支援を受けた能力」という意味で「支援能力」と呼んでおきたい．

支援能力は，「相談」という過程，「支援人」という相談相手を設けることによって，一歩立ち止まって法律行為を行うというものである．成年者になったばかりの若者には，本人の希望により，このような自己防衛手段を認めようというわけである．

個人的には，このようなルートを開いた上で，成年年齢を18歳に引き下げることを提案したい．しかし，「準成年・初成年」のような段階を設けるという考え方は，必ずしも成年年齢の引下げと連動しない．むしろ，成年年齢の前後にわたり，「完全未成年」でも「完全成年」でもない段階を設けるというのは，成年年齢の重要性を減少させることになるとも言える．

3 保護措置・移行手続・公示方法

以上のように，「成年・未成年」を多元化・相対化する案に対しては，いくつかの疑問が提起されるだろう．

第一に，すでに一言したように，未成年者の能力制限を緩和するとなると，未成年者取消権が働かなくなり，年少者に対する保護が薄くなるという批判がありうる．これに対する反論についてはすでに一言したところであるが，ここでは，次のような保護措置について触れておく．未成年であることを理由とするのではなく，経験や判断力の不足を悪用して締結された契約は，取消可能とする規定を設けるというものである[92]．この規定は，成年であっても年少の者（「初成年」）や高齢の者にも適用可能なものとすべきだろう．

---

[92] オランダ法やフランス債権法改正草案に見られる「状況の濫用」という考え方に近い．なお，本文で述べているのは基本的な考え方であり，具体的な要件をどのように定めるかは，慎重に検討する必要がある．

第二に，能力制限の緩和はともかく，その強化には疑問があるという批判が考えられる．これまでは完全な能力者であった20歳以上25歳（26歳）未満の人々の能力を制限するのは適当ではないという批判である．この点については，まず，支援人には同意権も取消権もなく，本人の行為能力は制限されていないということを確認しておこう[93]．ただ，相談という手続が課されているだけである[94]．それでも，実質的に見れば，単独で行為しにくくなることは確かである．そこで，次のような方策を講じてはどうかと思う．「初成年者」は自ら望めば，いつでも「完全成年者」になれるとするのである[95]．こうしておけば，一定の年齢に達するまで，支援人が付いていることを望む人だけが，自らの意思によって支援を受けることになる．この「脱支援」の手続（「完全成年」となる手続）は，年に一度「成人式」の歳に行うのも一案かもしれない[96]．

第三に，成年・未成年の多元化・相対化が理論的には妥当だとしても，実際上は取引に混乱をもたらすのではないかという危惧である．これも以前から語られてきたところである．これに対しては，能力に関する登録簿を設け，希望者にはその記載内容を示す（カード式の）証明書を発行することが考えられる．成年後見登記に比べて，大量の情報を処理する大規模なシステムが必要になるが，技術的には不可能ではなかろう．

おわりに

以上のように，成年・未成年の多元化・相対化にはいくつかの問題が伴うが，それらはいずれも対応不可能な問題ではない．そうだとしてもさらに次のような根本的な疑問に答える必要がある．大規模な制度改正を行ってまで対応しなければならない具体的な問題があるのか，という疑問である．

---

93) フランス法では，人工妊娠中絶につき，このような手続を設けている．しかし，中絶の決定をするのは，あくまでも本人である．

94) 相談をしたことを示す方法や支援人に相談できない場合・支援人が相談に応じない場合の扱いなどについては，なお，検討を要する．

95) 「幼年」から「半成年」への移行についても，同様の手続を設けることも一考に値する．10歳から12歳までのどこかの時点で，法定代理人の選択により「半成年」に移行することとすれば，子どもの成熟の程度に応じた対応が可能になろう．

96) 同様に，「半成人式」も構想しうる．

第 2 節　基本概念の再検討

確かに，緊急の問題は存在しないかもしれない．しかし，中長期的な課題は存在すると言うべきだろう．それは，私たちの社会は，年少者（子どもや若者）をどのように捉え，どのように取り扱うのかという課題である．この点につき，本稿の提案は三つの含意を持つ．第一は，10歳（〜12歳）に達するまでの子どもを「幼年」[97]とすることによって，より立ち入った保護を与えようということ．第二は，15歳以上 18歳（成年年齢を改めないならば 20歳）未満の若者を「準成年」とすることによって，より広い範囲での社会参加を促そうということ[98]．第三に，18歳（20歳）以上 25歳（26歳）未満の若者を「初成年」とすることによって，その自律性を認めつつ，社会的な支援を行うということ[99]．

民法典が成年・未成年につきどのような態度をとるか．この態度決定は，年少者（子ども・若者）への社会的対応のあり方を象徴するものとなる．その意味で，民法4条は，これから再編・確立されるべき「年少者法」の礎石であるといえよう．民法4条にめぐる立法論にあたっては，この点をふまえることが望まれる．

---

[97] フランス語の子ども enfant は「口のきけない者」を表す．enfant の法としての「こども法」は，自ら意思表明をできない者に対する厚い保護によって方向づけられるべきだろう．

[98] フランスでは，最近，一般の行為能力とは別に，満15歳以上の未成年者に非営利団体を創設する能力を付与するという法案が検討された．広い意味での子どもの政治参加を保障し，これを促そうという考え方によるものであるが，自らが属する団体の組織を自ら考案するということは，法教育＝公民教育の根幹をなすことを考えるならば，日本でも，参考にしてよい考え方であろう．

[99] ヨーロッパ諸国では，26歳未満の若者に対して，様々な特典を付与している例が見られる．これは，未だ十分な収入がないことの多い人々・将来に向けて経験を重ねることが望まれる人々に対する社会的な支援の表れであると言えるだろう．

解説: 法体系の中で

A 物の概念

I はじめに

　民法典は,「権利の主体」として（法人を含む）「人」に関する規定を,（直接の, あるいは人の行為を介しての）「権利の客体」として「物」に関する規定を, 総則に置いた. 物に関する規定は, 物権編に置くべきだとの見方もあるが,「権利の客体」という観点からの規定を設けておくことには一定の意義があるとの見方もある.「権利の客体」として新しい「財」が現れている今日, これに対応する民法理論が必要であるとされている（たとえば, 四宮＝能見・民法総則〔弘文堂, 第7版, 2005〕134–135頁. なお,「財」のあり方に関する近時の動向につき, 鎌田薫「財――総論」ジュリ1126号〔1998〕）. 以下においては,「物」一般に関する議論を一瞥した上で（II）, いくつかの観点から,「物」に関わる議論を拾い出すことにしたい（III～V）. このような構成をとる理由は, すぐ後で述べる通りである.

II 一般論のレベルでの議論

　前述のような指摘にもかかわらず, 今日, 物に関する学説の議論はごく低調である. 近年,「物」の概念に関する研究はほとんど発表されていない（『法律時報』の学界回顧欄を見ても, 少なくとも最近では総則に「物」の項目は設けられていない）. また, 議論の素材となる判例を見ても, いくつか特殊なものが散見されるだけである（海面との関係で「土地」の意義を論ずる最判昭61・12・16民集40巻7号1236頁, 最判平17・12・16民集59巻10号2931頁）.
　しかし, 民法の「物」そのものにこだわらず,「物」を中心に置きつつ,「権利の客体」や「財」に関する研究にまで視野を広げるならば, 新たな理論を構築するための素材となる議論はすでに十分に存在するとも言える. 続くIII～Vでは, 物の属性として指摘されることの多い単一性・有体性・支配可能性を軸として, いくつかの議論を紹介してみたい.

Ⅲ 単一性をめぐる議論

(1) 集合物——担保との関係 物の概念は，その所有権その他の物権の客体となりうるか否かとかかわる（物権編に規定を置くべきだの議論はこの点を重視する）．原則として，一つの所有権の対象となるのは独立した一つの物であるとされる．しかし，判例は，集合物に対する所有権を認めているように見える（譲渡担保につき最判昭 54・2・15 民集 33 巻 1 号 51 頁，最判昭 62・11・10 民集 41 巻 8 号 1559 頁など）．ここでの問題は，倉庫内の一定の区画に置かれた製品などを一括して「集合物」と観念しうるか否か（肯定する立場は集合物論，否定する立場は分析論と呼ばれる）という点にある（この問題については多数の研究が存在するが，「集合動産譲渡担保の再検討」金融法研究 6 号〔1990〕を参照）．

(2) 財産——債権との関係 集合物が一つの所有権の対象となりうるか否かとはともかくとして，一人の人に帰属する物や権利が総体としてとらえられて権利の客体とされることがある．この総体を，旧民法典は「資産」（旧民財 1 条）と呼んでおり，現行民法典は「総財産」（民 306 条）と呼んでいる．また，債権者代位権や詐害行為取消権について語られる「責任財産」もこれにあたる．この「総財産」（あるいは「責任財産」）については，一人の人は一つの総財産を持つというのが暗黙の前提とされてきた．

ところが，信託は，一人の人が二つの総財産を持つことを可能にするかに見える．日本では信託法という制定法が存在するため，これまでのところ信託は所与の法理とされてきたが，近年では，「総財産」との関係でその意義が問い直されるに至っている（横山美夏「財産——人と財産との関係から見た信託」NBL791 号〔2004〕など．なお，片山直也「財産——bien および patrimoine」北村一郎編・フランス民法典の 200 年〔有斐閣，2006〕も参照）．

Ⅳ 有体性をめぐる議論

(1) 有体物——知的財産法との関係 現行民法典は「物」を有体物に限っている（民 85 条）．これは，旧民法典の「物」の概念（「物ニハ有体ナル有リ無体ナル有リ」旧民財 6 条 1 項）を意図的に否定した結果であり，民法典の起草者たちが無体物の観念を知らなかったわけではない．もっとも起草者たちが主として念頭に置いていた無体物は物権・債権などの「権利」であり（旧民財 6 条 3 項 1 号），今日，無体物の代表例とされる知的財産は権利の一種としては想定されていたものの（旧民財 6 条 3 項 2 号），今日のように「情報」という形ではとらえられていなかった（野村豊弘「情報——総論」ジュリ 1126 号〔1998〕176 頁）．

しかし，発明や著作物などの知的創作物に対する権利を「物」に対する権利と同様に保護する制度が確立された今日では，翻って「物」に対する権利を保護するとはいかな

ることであるかを検討することが，理論上も実際上も重要になっていることは言うまでもない（こうした試みの一例として，田村善之「機能的知的財産権法の理念」同・機能的知的財産権法の理論〔信山社，1996〕）．さらに，情報には「人格」にかかわる側面も存在することを考えると（たとえば著作者人格権やプライヴァシー・個人情報の保護など），「人」に対する権利の保護との関係も視野に入れなければならないだろう（プライヴァシー保護を含む人格権法の現状については，五十嵐清・人格権法概説〔有斐閣，2003〕を参照）．

(2) 契約目的物——契約法との関係 行為の客体として「物（有体物）」を特別に扱う考え方は，行為そのものに対する考え方にも反映している．一般に，法律行為の有効要件として，目的の可能（内容の実現可能性）があげられ（我妻・新訂民法総則〔岩波書店，1965〕260–262頁，四宮＝能見・前掲書230–232頁など），行為の時点での物の滅失（原始的不法）は行為そのものの効力を失わせると解されてきた．また，しばらく前までは，売主の瑕疵担保責任（民570条）につき，特定物売買においては瑕疵のない物の給付は不可能であり，売主は特定された物（瑕疵のある物）を給付すればよいはずだが，法定責任として特に責任を負うとする見方も有力であった（この考え方とそれに対する批判につき，星野・民法概論Ⅳ〔良書普及会，合本新版，1986〕133–135頁など）．しかし，今日では，これらの考え方（特定物ドグマと呼ばれる）に疑問が呈されている（この問題については多数の研究が存在するが，最近の議論状況につき，内田貴ほか「特別座談会・債権法の改正に向けて（上下）——民法改正委員会の議論の現状」ジュリ1307号〔2006〕102–131頁・1308号〔2006〕134–168頁を参照）．

Ⅴ 支配可能性をめぐる議論

(1) 人体——人格権との関係 人体は人の一部であって物ではない．したがって，権利の客体とはならない．少なくとも民法上は人身の売買はありえない（刑法上は別である．たとえば刑226条を参照）．しかし，人体の一部（臓器など）・生成物（血液・毛髪・生殖子など）は処分の対象となりえないだろうか．これまでは，埋葬・祭祀との関係で遺体の取扱いが問題になったほか，あまり議論はなかったが，最近では，臓器移植や生殖補助医療を視野に入れた議論がなされるようになっている（四宮＝能見・前掲書137–139頁など）．

処分の対象は何か（分離された部分に限るか，再生可能な部分に限るか），処分の主体は誰か（本人だけか，遺族も可能か），いかなる条件で処分できるのか（意思表示には方式が必要か，対価を得ることは許されるか）など様々な問題が存在する．こうした個別問題の検討は，少なくとも分離された人体の一部・生成物は物であるとしても，人格の投影された特殊な物ではないかというより原理的な問題を喚起する．ここでも「物」の問題は「人」の問題へと接続することになる（こうした問題につき，アメリカ法を参照した吉田邦彦「アメリカにおける『所有権法』の理論と代理母問題」同・民法解釈と揺れ動く所有論〔有斐閣，

2000〕がある．なお，フランス法の研究状況を紹介する大村敦志「20 世紀が民法に与えた影響 (2)——人・物・契約をめぐる現代フランス民法学の研究状況」法協 120 巻 12 号〔2003〕も参照).

(2) 環境——公法との関係 環境は「人間の健康で文化的な生活に欠くこのできないもの」であり，「人類の存続の基盤」であるが (環基 4 条)，それ自体が所有の対象となるわけではない．環境は，その性質からして，「人間」「人類」の観点に立って保全される必要がある．そのために，国際法から条例に至るまで様々なレベルで公法的な施策が講じられている．

では，個人は，環境に対して何らの利益も享受しないのか，また，環境の保全に何の役割も果たしえないのか．かつて公害差止めの根拠として主張された「環境権」は (大阪弁護士会環境権研究会編・環境権〔日本評論社，1973〕)，実定法上十分に定着していない．しかし，環境に対する個人の関与を承認し理論化しようとする試みの必要性は，ますます大きくなっていると言える (最近の国立マンション事件は格好の素材を提供している．東京地判平 14・2・14 判時 1808 号 31 頁．関連文献は多数存在するが，理論的に興味深いものとして，「シンポジウム・環境秩序への多元的アプローチ (1-2)」北大法学論集 56 巻 1 号・4 号〔2005〕所収の水野謙「『環境』をめぐる法的諸相」，吉田克己「環境秩序と民法」を挙げておく．なお，吉田邦彦「環境権と所有理論の新展開」同・前掲書，さらに，中山充・環境共同利用権〔成文堂，2006〕も参照．なお，大村・前掲論文も環境の問題に触れる)．そして，この問題は「権利」とは何か，「民法」とは何かという問題に繋がる．

〔**参考文献**〕 本文中に掲げたもののほか，担保法・信託法，知的財産法，環境法の概説書 (道垣内弘人・担保物権法〔有斐閣，第 2 版，2005〕，森田修・債権回収法講義〔有斐閣，2006〕，新井誠・信託法〔有斐閣，第 2 版，2005〕，能見善久・現代信託法〔有斐閣，2004〕，田村善之・知的財産法〔有斐閣，第 4 版，2006〕，大塚直・環境法〔有斐閣，第 2 版，2006〕など) を参照．なお，「コモンズ」に関するものとして，宇沢弘文ほか編・社会的共通資本——コモンズと都市 (東京大学出版会，1994)，ローレンス・レッシグ (山形浩生訳)・コモンズ——ネット上の所有権強化は技術革新を殺す (翔泳社，2002)，鈴木龍也＝富野暉一郎編著・コモンズ論再考 (晃洋書房，2006) などを参照．

B 私的扶養の将来

I はじめに

戦後しばらくの間，扶養は家族法学の一つの課題であった．過去の扶養料の請求・求償といった技術的な問題とあわせて，「生活保持義務」「生活扶助義務」という戦前以来

の区別を維持するか否か,私的扶養に家族法の特性を求めるか否か,私的扶養から社会保障への移行を促進するか否か,といった原理的な問題をめぐって様々な見解が説かれてきた(1980年代前半までの議論状況につき,上野雅和「扶養義務」星野英一編集代表・民法講座7 親族・相続〔有斐閣,1984〕を参照).

ところが,近年では,扶養をめぐる学説の議論は低調であると言わざるをえない.実際のところ,過去10年ほどを振り返ってみても,扶養に関する研究はごく少ない(相続との関係,介護との関係に関するものが散見されるほかは,扶養料の取立てや養育費・婚姻費用の算定基準などに関する実務的なものが目立つ.そうした中で,常岡史子「離婚における養育費の決定と子の需要——ドイツ法にみる扶養の程度と教育の重視」獨協64号〔2004〕,冷水登記代「ドイツ法における血統扶養の基本構造と根拠(1-2)」阪大法学53巻2号,5号〔2003-04〕,神田桂「老後扶養の負担を伴う財産移転と情誼関係の破綻(1-3)」一橋法学3巻3号~4巻2号〔2004-05〕などドイツ法やフランス法に関する基礎的な研究がいくつか現れているのは注目に値する).

しかし,今日,少子高齢化の進行や所得格差の拡大が長期的な課題としてクローズアップされていることや生活保護の見直しが進行しつつあることを考えれば,扶養につき多面的な検討を行うことは,現代における家族法学の新たな課題となっていると見ることができよう.以下においては,扶養の全体像を把握し,その将来についてマクロの観点から考察するための前提として,民法親族編の定める扶養義務に関する議論を整理する(II)のに加えて,民法親族編以外の法領域との関係で扶養を論ずる議論をもとりあげる(III)こととする.

II 親族編の内部での議論

(1) 扶養義務の種類 一口に扶養義務と言っても,前提となる当事者の関係に応じてその程度は異なりうる.この点につき,婚姻と親子とを家族関係の中核に据えて,夫婦間での義務および親の未成年子に対する義務は程度が高い(生活保持義務)のに対して,その他の親族間における義務は程度が低い(生活扶助義務)とする見解が,戦前戦後を通じて有力であった(中川善之助「親族的扶養義務の本質(1-2)」新報38巻6号・7号〔1928〕など).これに対しては,義務の程度は場合によるのであり,このような類型的な区別には解釈論上の実益が乏しいという批判がなされていた(鈴木禄弥「『生活保持義務』と『生活扶助義務』とのあいだには,いかなる差異があるか」民法の基礎知識(1)〔有斐閣,1964〕).

このような区別を認めるとしても,実定法上の根拠をどこに求めるのかも争われてきた(887条1項の解釈論として区別するのか,親の未成年子に対する義務の根拠は別に求めるのか).また,夫婦間の扶助義務(752条)と婚姻費用分担義務(760条)の関係や親の未成年子に対する扶養義務と監護費用(766条)との関係についても議論のあるところであ

る．

　全体として，扶養にかかわる各種の義務については，体系的な整序が必要であるように思われる．

　(2) 扶養義務の範囲　扶養義務が発生する親族の範囲をいかに画するかは立法政策の問題に属する．現行の日本民法のように，直系親族に限らず，傍系親族や姻族に及びうるとするのは比較法的には珍しいと言われている（泉久雄・親族法〔有斐閣，1997〕295–296頁など）．とりわけ，妻が夫の死後もその父母に対して扶養義務を負うとするか否かは，戦後家族法改革に際しての一つの論点であったが，この点は，意思表示による姻族関係の終了を定める（728条2項）ことによってバランスがとられている（我妻・親族法〔有斐閣，1961〕117頁参照）．三親等内の親族については扶養義務を認めるとしてもごく例外的な場合に限られるとする解釈論（我妻・前掲書405頁，泉・前掲書308–309頁など）や兄弟姉妹に扶養義務を課すのには再検討の余地があるとする立法論（我妻・前掲書405頁．最近では，内田貴・民法Ⅳ〔東京大学出版会，2004〕292頁，302頁など）もあり，扶養義務の成立する範囲を限定する議論が有力である．

　他方，同居の継親子間にはより積極的に扶養義務を認めるべきであると見解（大村・家族法〔有斐閣，第2版補訂版，2004〕278頁など）があるほか，扶養義務そのものについてではないが，その前提となる親族関係につき，兄弟姉妹の配偶者相互間には親族関係が発生しないのは狭すぎるという指摘もなされている（鈴木禄弥・親族法講義〔創文社，1988〕215頁）．

　以上のように，扶養義務の成立する親族の範囲についても，なお一層の検討が必要であるように思われる．

　(3) 扶養義務の内容　扶養義務の内容（扶養の方法）については，現行の日本民法には特別な規定はない（明治民法には，「扶養義務者ハ其選択ニ従ヒ扶養権利者ヲ引取リテ之ヲ養ヒ又ハ之ヲ引取スシテ生活ノ資料ヲ給付スルコトヲ要ス」という規定が置かれていた．旧961条本文）．しかし，扶養義務者が希望するならば引取扶養も可能であるものの，扶養権利者の立場を考えるならば金銭扶養を原則すべきであるとされてきた（我妻・前掲書410–411頁）．これに対しては，より積極的に，扶養義務者が引取扶養を求めることを認めるべきだとする見方も示されている（米倉「老親扶養と民法」同・家族法の研究〔新青出版，1999〕）．

　この対立の背景には，一方で，引取扶養の経済的・心理的コストが高くなったという事情があるが，他方，老親扶養に対する基本的な態度の違いも存在すると言えるだろう（公的扶養をもって私的扶養に代えることを理想とする我妻・前掲書が，要件の厳格化を指摘する．これに対して，老親の私的扶養を重視する米倉・前掲書は，子に高い扶養義務である生活保持義務を課すべきであるとする．）．

(4) 扶養義務の性質　扶養請求権が一身専属権であることは明文の規定の示す通りであるが (民881条)，さらに，同請求権は時の経過によって刻々と不要となる (絶対的定期債務と呼ばれた) と解された時期もあった．しかし，戦前から，過去の扶養料の請求や求償を認める見解も説かれており (近藤英吉「扶養の義務」論叢29巻4号〔1933〕，谷口知平「扶養料の求償について (1-2)」民商19巻3号，5号〔1944〕など)，今日では有力な見解となっている．

これらの問題との関連で，扶養請求権はいつ発生するかも問題とされてきた．扶養義務者との関係では請求によって権利が発生すると解すべきだが，立替払した者は求償ができるとすると，扶養義務者は自らが請求を受ける以前から扶養義務を負っていたのと同じ結果になる．この点をいかに調整するかが論じられてきたが，問題は扶養義務の法的性質にかかわってくる．とりわけ扶養義務者相互間での求償を考えると，扶養義務者・扶養権利者の間では不当利得は存在しないのに，なぜ扶養義務者相互間での清算が可能なのかが問われなければならない．この点は，寄与分 (さらには特別受益) の法的性質にも関連するだろう．

Ⅲ　親族編の外部との関係での議論

(1) 民事手続法との関係　前述したように，民事執行法の改正によって，扶養料の取立てに関しては，執行の実効性を高める工夫がなされている (期限未到来の場合の執行——民執151条の2，間接強制の導入——民執167条の15)．これらの制度に関しては，解釈論・立法論上の検討も必要であるが，同時に，扶養料につきこうした特則が設けられることの意味を考えることも必要であろう．

(2) 相続法・財産法との関係　現に行われた扶養については，その清算が問題となる．今日，生前の扶養に対する対価として相続が観念されるようになっているが (対価的相続観)，これとは別に，事前に関係者の間で契約を締結することにより，相続とは切り離した形で扶養関係を清算することも考えられる (扶養契約)．扶養の提供者は，親族の場合と親族以外の第三者の場合の双方がありうる．それぞれにつき，いかなる内容の契約が妥当であるか，扶養や相続のルールとの関係をどのように調整するかが問題となる．

(3) 社会保障法との関係　他方で，私的扶養のための制度を充実させるだけでなく，社会保障の充実についてももう一度新たな観点から検討する必要があろう．効率的な制度を構築した上で，すべての市民に一定程度の所得が保障されることが望まれるが，そのためにはまず明確な理念を提示する必要がある．なお，そうした社会保障制度の下で，私的扶養に補完的な役割を付与する可能性も探究されるべきだろう．

〔**参考文献**〕 本文中に掲げたもののほか，社会保障法の概説書（堀勝洋・社会保障法総論〔東京大学出版会，第2版，2004〕，西村健一郎・社会保障法〔有斐閣，2003〕，岩村正彦・社会保障法Ⅰ〔弘文堂，2001〕など）を参照．なお，日本における生活保護の歴史につき，副田義也・生活保護制度の社会史（東京大学出版会，1995）を参照．また，英仏での近時の議論状況を伝えるものとして，トニー・フィッツパトリック（武川正吾＝菊地英明訳）・自由と保障——ベーシック・インカム論争（勁草書房，2005），都留民子・フランスの貧困と社会保護——算入最低限所得（RMI）への途とその経験（法律文化社，2000）を参照．

第3節　契約という制度

A　家族法における契約化

I　はじめに

　本稿は,「家族法における契約化」というテーマを掲げているが, はじめに, このテーマをめぐる議論状況について簡単に触れるとともに, 本稿の視点と対象を示しておきたい.

　「家族法における契約化」という問題の立て方は, 直接にはフランスにおける議論状況に負うものである. フランスでは長年にわたり,「婚姻は契約か制度か」という議論がなされてきたが, 一方では 1975 年法によって離婚の「自由化」が実現するとともに, 他方, 80 年代から 90 年代にかけての人工生殖論議においては, 親子関係の「私事化＝民営化」が語られるようになった. このような状況に追い打ちをかけるように, 1999 年にはいわゆる PACS (pacte civil de solidarité ＝民事連帯協約) を導入する法律が成立した[1]. この法律によって民法典に挿入された 515–1 条は「民事連帯協約は, 異性であれ同性であれ, 成年である二人の自然人によって, その共同生活を組織するために締結された契約である」と定めているが, この立法によって「家族の契約化 (contractualisation de la famille)」が改めてクローズアップされたことは自然なことであると

---

1) この法律の制定に至る経緯につき, さしあたり, 大村敦志「パクスの教訓——フランスの同性カップル保護立法をめぐって」岩村正彦＝大村敦志編・個を支えるもの (東京大学出版会, 2005) 241 頁以下を参照.

第 3 節 契約という制度

言えよう．実際のところ，このテーマをめぐり，立法の直後の 2000 年 2 月には，家族法を得意とする主要な民法学者を集めた大研究集会が開催されており，序論を担当したルヴヌール教授も，PACS との関係から議論をスタートさせている[2]．

このようなフランスの議論と関連する議論は，日本においても見られる．憲法学者である安念潤司教授は，しばらく前から精力的に「契約的家族観」を説いている[3]．また，民法学者を担い手とする狭義の「家族法学」においては，「契約化」を明確に意識した議論が活発になされているというわけではないが，二宮・水野両教授を軸として展開されている「内縁」をめぐる近時の議論には[4]，この問題とかかわりの深い論点が含まれている．

「家族法における契約化」をめぐる日仏の議論状況はおおよそ以上の通りである．このうち，フランスの議論そのものに関しては，上記研究集会の成果もふまえて行われたマテ報告があるので，本稿では立ち入らない．対比のためにフランス法に言及することは少なくないが[5]，本稿の関心は，日本の議論状況の方に向けられる．ただし，以下においては，既存の議論を紹介・検討することはせず，一つの視点からのアプローチを試みる．その視点とは「契約化」とは何を意味するのか，さらに言えば「契約」とは何かというものである．そして，このような問いは，「法」とは何かという別の大きな問いを誘発する．「家族の契約化」ではなく「家族法における契約化」という形で問題を定式化したのは，このこととかかわっている．

なお，すでに見たように，「契約化」は，婚姻やカップルだけでなく，親子関係についても語りうるし，実際にも語られているが，日本の議論状況に鑑みて，

---

2) Leveneur (L.), Rapport introductif, in Fenouillet (D.) et Vareilles-Sommières (P. de) (dir.), Lacontractualisation de la famille, Economica, 2001.
3) 安念潤司「『人間の尊厳』と家族のあり方――『契約的家族観』再論」ジュリ 1222 号（2002）を参照．
4) その概要につき，大村敦志・家族法（第 2 版補訂版，2004）23-24 頁などを参照．さらに，本稿で言及している個別の解釈論・立法論についても，同書の該当箇所を参照．
5) 本稿のもとになった報告が行われたのは 2004 年 2 月 14 日であるが，その前後を通じてフランスでは家族法立法が相次いでいる．本稿では，それらを十分にフォローしていない．最近の状況を概観するものとして，サビーヌ・マゾー＝ルヴヌール（大村敦志訳）「フランス家族法におけるグローバリゼーションの現われ」ジュリ 1303 号（2005）を参照．

本稿においては，婚姻・カップルに限って話を進めたい．具体的には，「契約化」についての検討を行った上で（Ⅱ），「契約」という観点から「婚姻」のいくつかの面を見ていくことにしたい（Ⅲ）．その上で，「内縁」に関する問題にも一言する（Ⅳ）．

Ⅱ 「契約化」の意味をめぐって

「契約化」という言葉は，これまで「契約」とは考えられてこなかったものが，「契約」となる，「契約」としての性質を帯びる，あるいは，その方向に移行・傾斜することを意味するのだろう．では，そこでいう「契約」の性質とは何を指しているのだろうか．この点は，何との対比で「契約化」が語られるか，何から出発して「契約」に向かうのかに依存している．以下においては，二つの出発点を想定して，「契約」の性質について考えてみたい．

1 「脱制度化」としての契約化——「拘束としての制度」からの解放

第一の出発点は，「制度」である．「制度」とは何かについて，日本では必ずしもまとまった議論がなされていない．しかし，「契約か制度か」が問われる際の「制度」の核心に置かれているのは，客観性・永続性であると思われる．そして，そこからしばしば拘束性が導かれる．それゆえ，これに対置される「契約」の属性としては，その非拘束性＝自由の側面が強調されることになる．すなわち，「拘束としての制度」からの解放，自由化を意味するものとして「契約化」という言葉が用いられることとなる．では，契約における「自由」とは，何を意味するのか．以下，「婚姻」との対比を念頭に置きつつ，契約自由の内容をおさらいしてみよう．

　（1）締約の自由・相手方選択の自由　　契約に関しては，締結するかしないか，誰と契約をするかを自ら決める自由があるとされる．締約強制のなされる契約（電気・ガスの供給契約など）を除けば，人は契約の相手方を自ら選び，自ら契約をするかしないかを決めることができる．とはいえ，相手方にも同様の自由があるので，合意がなければ契約は成立しないのはもちろんだが，合意さえあれば契約は成立する．

婚姻に関しても，少なくとも今日では，締約の自由・相手方選択の自由は原則として確保されている．ただし，例外的に，未成年者に関しては婚姻同意権が残されている．また，不適齢婚・近親婚・重婚（そして不文の同性婚）の禁止などの婚姻障害が存在する．

ここであわせて，契約解消の自由についても触れておきたい．解消の自由には二つの意味がある．一つは，合意による解消であり，これは契約締結の自由から導かれる．もう一つは，一方的意思表示による解消であるが，この意味での解消の自由は，賃貸借・雇用については特別法と判例によって大幅に制限されている．それでも，継続的な契約においては，解約は自由であるのが原則であると考えられている．一般論として，解約の自由が契約自由の内容としてあげられることは少ないが，解雇の自由は，契約自由の原則の一内容であるとされている．

婚姻に関しては，この点は非常に重要である．かつてヨーロッパにおいては合意による離婚は不可能であったが，周知のように1960〜70年代の離婚法改革によって，多くの国では，有責離婚に加えて（あるいはこれに代えて），合意離婚と破綻離婚が導入された．

(2) 方式の自由 契約に関しては，その締結につき方式の履践を求めないのが原則であり，諾成主義，すなわち合意のみによって契約が成立するという考え方がとられている．もっとも，いくつかの契約類型に関しては，要物主義・要式主義が残っていることは，周知の通りである．また，フランス法のように，証拠法上の制約（一定額以上の債務負担につき書証が必要—仏民1326条）が残っている場合もある．

婚姻に関しては，日本では，言うまでもなく方式主義（届出婚）が採用されている．そして，かつては，このことに関する無知が内縁発生の一つの原因であった．なお，フランスでも，方式主義（儀式婚）がとられており（市庁舎において身分吏の前で行われる—仏民165条），方式を要するという点に関しては，パクスについても同様である（裁判所書記局への届出—仏民515-3条）．

(3) 内容決定の自由 契約に関しては，当事者は自由にその内容を定めることができるのが原則である．もっとも，公序による制約は存在するし，任意規定の効力についても従前とは異なる考え方が説かれている．しかし，それ

でも，内容決定の自由こそが，契約の自由の中核をなすものであることは疑われていない．

婚姻に関しては，二つの局面に分けて考える必要がある．まず，財産面では，内容決定の自由は，少なくとも形式的には貫徹している．夫婦財産契約によって財産関係を定めることができるからである．しかし，人格面については，話は別である．夫婦の氏に関しては，夫または妻の氏を選択しなければならず，別氏や結合氏（あるいは創氏）など他の選択肢は封じられている．また，同居・協力・扶助の義務（の一部）を免除する特約は無効であると解される（その全部を免除する約定が認定されれば，偽装婚として無効とされるだろう）．

以上のような契約自由（これまでに述べたように「手放しの自由」ではない）との関連で，婚姻のさらなる自由化＝脱制度化が可能かどうか．この点は，後半で改めて検討する．

2　「（再）制度化」としての契約化——「社会的に承認（支援）された契約」の構築

第二の出発点は何か．これには名前がない．あえて名づけるならば，「法」以前の「事実」と呼ぶことになろうか．あるいは，「非法」と呼ぶこともできる．「事実」あるいは「非法」の世界から「契約」へ．このような文脈の中で見るならば，「契約化」とは，契約としてその存在を承認し，これに一定の保護を与えるということにほかならない．これは，一種の「制度化」であると言うこともできる．客観性・永続性を持つ「制度」には，先に見たように「拘束性」のモメントが存在するが，同時にそこには，「安定性」「正当性」の契機も含まれている．「契約」として（法的に）承認されるというのは，このような意味での「制度化」を意味する．これだけの説明では十分に意を尽くしたとは言えないが，以下，フランスにおけるアソシアシオンやパクスの処遇を例にして，「契約」に含まれる「承認」（およびそれに基づく「支援」）の側面を確認していこう（日本法に例を求めるならば，任意後見契約がよいだろう）．

（1）承認の条件としての公序規定　　フランスではアソシアシオン（非営利団体）の設立は契約によるものと観念されている．パクスについても同様である．ここで重要なのは，それらは立法によって認められるまではその存在が承認されていなかったということである．すなわち，1901年法の制定以前には，

非営利団体は一般的には非合法の存在であったし[6]，1999年法の制定以前には，非婚の（とりわけ同性の）カップルの関係は，非合法ではないものの法的に承認を受けたものではなかった[7]．「契約化」＝「契約」としての性格づけは，これらを法的に承認することを意味していた．

　もっとも，アソシアシオンにせよパクスにせよ，契約としての承認を得るためには，「公序」に反しないことが必要である．このことは当然のことであるが，非法ではなくいわば反法の世界から法の世界に姿を現したアソシアシオンに関しては，特に明文の規定によって確認されている（1901年法3条は「その目的が違法な場合，法律に反する場合，良俗に反する場合」などには，アソシアシオン設立の契約は無効であるとしている．また，同4条が強行規定によって脱退の自由を確保しているのも，同じ趣旨であろう）．パクスに関して言えば，仏民515-1条の「異性であれ同性であれ」という文言は，「同性」であっても公序良俗に反することはないことを，法律自体が示したと見ることができよう（また，同515-2条における障害事由の定めは，婚姻障害に対応するものであるが，これを公序良俗の要請を示すものと見ることもできる）．

　(2)　間接的な支援としての補充規定　　「契約」に与えられる保護は，単なる承認にはとどまらない．たとえば，アソシアシオンにしてもパクスにしても，わずかではあるが，その契約内容を補充的に定める規定が置かれている．パクスに関しては，不分割（indivision）を推定する規定（仏民515-5条）がその例である．アソシアシオンに関しては，そのような例はさらに乏しい．しかし，解散時の財産の取扱いに関する規定（1901年法9条．規約で決める．規約なき場合には総会で決める）は，そうしたタイプの規定であるとも言える．

　ところで，アソシアシオンにしてもパクスにしても，フランスにおける他の立法例（ほかの契約類型につき定めるもの）に比べると，補充規定の数が少ない．このことに対する評価は両義的であり，アソシアシオンに関しては柔軟な

---

[6]　立法に至る経緯につき，簡単には，大村敦志・フランスの社交と法（有斐閣，2002）第3章「結社と法」を参照．なお，井上武史「結社の自由保障の理念と制度（1-2）」法学論叢155巻4号，156巻1号（2004-05）も参照．

[7]　初期の状況につき，簡単には，大村敦志「性転換・同性愛と民法」同・消費者・家族と法（東京大学出版会，1999）85頁以下を参照．

運営を可能にするとも言われている．他方，パクスに関しては法律関係を不分明にするとの批判もなされている．

　(3)　直接的な支援としての組織規定・効果付与規定　以上のように補充規定を設けるだけでなく，組織規定・効果付与規定と呼ぶべき規定が設けられていることに注意する必要がある．アソシアシオンにせよパクスにせよ，その届出に関しては方式が定められている．いずれについても，届出のシステムがあることによって，その存在が法的に確認される．一定の組織規定に従って締結されていれば，これらの契約は有効であるというわけである（パクスの解消についても同様である）．こうした仕組みが作られていることは，象徴的にも大きな意味を持つが，技術的には様々な効果付与を可能にする前提ともなっている．

　アソシアシオンやパクスに，どのような効果が付与されているかと言えば，前者には，段階に応じて法的能力が付与されている（1901年法6条・11条）．また，後者には，たとえば，日常家事債務に関する連帯の定めが置かれている（仏民515–4条2項）．これらは，当事者が合意することだけによって獲得できる効果ではない．法が承認し，一定の組織化を行っている「契約」につき，法が一定の効果を付与しているのである．

　これらの効果は，場合によっては大きな意味を持つ．アソシアシオンへの能力付与を考えれば，このことは明らかであろう．また，私法上の効果以外の効果（税法・社会保障法上の効果など）を考えれば，パクスにも少なからぬ効果付与がなされていることがわかる．

　以上のような観点から，婚姻を見るとどうなるか．先に見た婚姻の「脱制度化」とは別に，婚姻には，それにふさわしい法的保護が与えられているのか，そうでないとすれば，その「再制度化」を考える必要はないか．後半の問題では，これらの問題についても考えよう．

Ⅲ　「契約」としての婚姻

1　婚姻の脱制度化

　はじめに，婚姻の要件・効果・解消の順で，その自由化＝脱制度化につき，

簡単に見ていくことにしよう．

　(1)　婚姻の要件　婚姻の要件に関しては，周知のように，法制審議会によって，男女の婚姻年齢をともに 18 歳とすること，再婚禁止期間を 100 日に短縮することなどが提案されている．これらは平等化の要請によるものであるが，すでに触れたように，自由化の要請からは，不適齢婚・重婚・近親婚・同性婚の（全面的・部分的な）解禁が問題になりうる（解釈論上は，これらの禁止に抵触する「内縁」に法的保護を与えるべきかという形で問題となる）．

　これらの禁止をすべて廃棄せよとまでは言わないとしても，婚姻年齢をたとえば 15 歳に引き下げること，一定の要件の下で（一定範囲の）近親婚を可能にすることなどは考えられないことではない．また，性差を消した形で重婚を認めるというのも全くあり得ないことではない．公序としての法の要請は，個人の尊重（意思の完全性の要請はここから導かれる）と男女の平等（性差の解消は必須である）に尽きるとする・な・ら・ば，なお残る婚姻障害は何によって正当化されるのかに関しては，十分な検討がなされなければならない（また，たとえば，重婚を承認する場合には，当事者間における重婚禁止条項は有効かという問題がでてくるが，省略する）．

　しかし，実際には，人々はこのような思考様式をとってはいない．従前の「婚姻」を中心において，そこから出発しつつどこまでの自由化が可能かを考えていると見るべきだろう．

　(2)　婚姻の効果　婚姻の効果に関しては，選択的夫婦別姓の導入が最大の争点であることも言うまでもない．氏名が個人の呼称であるとすれば，夫婦であるからと言って，同じ氏を称する必要はないことは当然である．それどころか，新たな氏や名を称することも原則として自由に認めるべきこととなろう．問題の立て方としては，商号・商標などと同様に，登録・変更をどのように行うかを論ずることになるはずである．

　しかし，この点に関しても，実際に主張されているのは，より現実的な解決方法である．夫婦同氏のほかに別氏も制度として認めようという主張である（なお，別氏を称する夫婦に相手方の氏を称する権利を付与するかという問題もあるが，ここでは立ち入らない）．

　人格関係にかかわる他の問題としては，同居義務などを負わないという約定

(不貞や悪意の遺棄を離婚原因としない約定)の効力をどう解するかが重要である．

　財産関係に目を転ずるならば，夫婦財産契約の自由はすでに確立されている．これについては，問題点を2点だけを指摘しておく．第一は，自由化を進めるならば，夫婦財産契約の変更禁止をやめるべきではないかということ[8]，第二は，逆に，婚姻費用分担・日常家事債務の連帯に関しては，これらを強行規定とすべきではないかということ．

　以上のうちのいくつかについては，後でもう一度とりあげたい．

　(3) 婚姻の解消　婚姻の解消に関しては，一定期間の別居を離婚原因に加えるべきことが提案されている．これもまた周知のことがらである．いわゆる信義則条項が必要かどうかは，離婚における弱者保護を要件レベルではかるのか効果レベルではかるのかという問題であるが，いずれにせよ弱者保護が必要であるとの認識は共有されている．

　もし，解約の自由を強調する考え方に立てば，一方的な離婚も常に可能であり，残る問題は損害賠償だけであることになるはずである．それにもかかわらず一定の別居期間が必要とされ，また，協議離婚における当事者意思の確認の必要が説かれるわけだが，この点は，本人の熟慮の機会や相手方の交渉余地の確保など手続保障的な観点から説明することはできないわけではない(フランス法のように，婚姻後一定期間が経過するまで合意離婚を認めないというのも，同様に説明できる．仏民230条3項で6ヶ月間)．

　さらに，解約との関連では，婚姻に期限を付する約定の可否(解釈論としては，約定にもとづき離婚への同意を求める訴えを起こしうるか)，財産分与権を予め相互に放棄する約定の可否などが問題になりうる(とりわけ，別産を定める夫婦財産契約とともになされた場合はどうなるか)．逆に，離婚の申立てをする権利を予め相互に放棄する約定はどうだろうか(離婚不能の婚姻を認めるか)．

　ここまで見てきたように，婚姻の脱制度化＝自由化と言っても，少なくとも実定法の問題としては，完全な自由化が主張されているというわけではない．

---

[8] この問題に関連して，岩澤哲「フランス法における夫婦財産制の変更(1-2)」民商130巻2号，3号(2004)を参照．

なぜそうなのかは根本問題であるが，項を改めて，同じことを別の角度から考えてみることにしよう．

2　婚姻の再制度化

(1)　婚姻への公序からの要請　　すでに触れたように，婚姻にはいくつかの強行規定がセットされている．不適齢婚・近親婚・重婚・同性婚などの婚姻障害 (以上，要件の関係)，夫婦同氏や同居義務・婚姻費用分担義務 (以上，効果の関係)，そして，離婚の要件としての別居期間や信義則条項や効果としての財産分与 (以上，解消の関係) などがその例であった．

これらのうちで意思の尊重か男女平等によって説明できるものは，憲法的公序の要請によるものとして正当化が可能である．しかし，そのような例は乏しい．少なくとも，それですべてが説明できるわけではない．そうだとすると，他に考えられるのはおよそ三つの方向からの要請である．第一は，意思の尊重や男女平等とは別の憲法価値の要請，具体的には，人間の尊厳や子どもの権利に基づく要請である．第二は，政策的公序，具体的には，社会構造的に見て劣位に立つ当事者の保護の要請である．第三は，制度の本質からの要請，具体的には，婚姻の「性質」を維持するための要請である．

上記の強行規定は，これらの要請に照らして，その正当性を再検討する必要がある (要請の内容を明らかにした上で，それとの適合性が問われることになろう)．と同時に，上記の要請からしてより強い規制がなされるべき点はないかという問いかけも必要である．たとえば，上記の例で言えば，夫婦同氏はもはやいかなる意味でも公序の要請とは言いにくいように思われる (子の氏をどうするかはさしあたり別の問題である)．他方，婚姻費用分担義務に関しては，立法論としても解釈論としても，これを強行化する必要があるように思われる．

(2)　婚姻における当事者の自律の支援　　日本の婚姻法の大きな特色の一つは，婚姻の効果に関する規定が少ない点に求められる．夫婦財産制の規定が全く欠けているに等しいことには，いまは立ち入らない．ただ，夫婦財産契約を廃止すべきと主張する人々は，財産面における夫婦の自由につき，いかなる考え方を持っているのかは大いに疑問である．この点は別にしても，当事者の意思を補完し方向づける補充規定は極めて少ない (762条2項といわゆる「二分の

一」ルールぐらいか).

　もちろん，規定がないということは広範な自由が認められているということでもある．しかし，それならば，少なくとも自由に定められた約定のエンフォースメントが保障されていなければならない．この点につき，日本法の対応は不十分であるように思われる．たとえば，婚姻費用分担義務につき，日本法とフランス法とを比べてみると，条文上はそれほど大きな差があるわけではない（民760条，仏民214条．ただし，後者は強行規定）．いずれにおいても，夫婦財産契約による定めのない場合には，「資産，収入その他一切の事情」あるいは「能力」に応じた分担がなされる．しかし，フランス法の場合には，夫婦財産契約以外の約定も有効であると解されており，そのようなものがあれば，それに従って義務が発生する．また，履行がなされない場合にも，フランス法では民事訴訟法に従って履行強制を行うことができる．日本では審判がなされなければ（なされても）執行は難しいだろう．

　(3)　婚姻そのものの保護　日本法における婚姻の効果に関する規定の少なさは，効果付与規定に関しては一層際だつ．日常家事債務の連帯に関する規定がかろうじて存在するだけである．これに対して，フランス法の場合には，いくつかの特徴的な規定が置かれている．

　たとえば，補償給付に関する規定は詳細であり[9]，上記のエンフォースメントの観点からも興味深いが，それ以上に注目すべきは，婚姻の存在を根拠として婚姻解消後の「不均衡」への対処がなされている点である．破綻離婚の場合には扶助義務が消滅しないのも，このこととかかわる（仏民270条）．いったん婚姻関係に入った者たちの間においては生活水準の不均衡を生じさせてはならない，という発想がそこには伏在している．この限度では婚姻は消滅しないと言うこともできるが，契約的な説明をするならば，契約終了後も一定の余後効が生ずると見ることになる．継続的契約関係においては十分にありうることであろう．

　フランス法でとりわけ興味深いのは，婚姻住宅の保護に関する規定である．

---

9)　この問題につき，水野紀子「離婚給付の系譜的考察 (1-2)」法協100巻9号，12号 (1983) のほか，最近では，水野貴浩「フランス離婚給付法の再出発 (1-2)」民商129巻1号，2号 (2003) を参照．

第3節 契約という制度

夫婦は「家族の住宅」を一方的に処分することはできない（仏民 215 条 3 項）[10]．こうした処分制限効が与えられているのは，夫婦の同居＝共同生活（同 1 項）の実効性を確保するためである．さらには，「夫婦の一方がその義務を著しく欠き，そのようにして家族の利益を危険にさらす場合」には，裁判所によって緊急措置が命じられる（仏民 220-1 条）．先の規定と同様に，この規定においても，夫婦あるいは家族の利益の観点から，財産に関する処分権が制約を受けるのであり，必要とあれば，裁判所の手を借りてこの制約は発動される．ここでは，「婚姻」という有用な行為のために，財産に一定の制約を課し，それを裁判所がコントロールするというシステムがとられているのである．契約において，このような制約（保護）が存在するのは驚くべきことのように思われるが，たとえば，信託における受益者の権限や裁判所の権限と対比してみれば，それほど奇異なことではない．

婚姻ならば婚姻，信託ならば信託という一つの（契約）類型を法的に承認し，その目的とするところを支援するために，間接的に補充規定を置くというのを超えて，直接的に効果付与規定・組織規定を置くということは十分に考え得ることだと言えるだろう（なお，任意後見契約もそのような契約である）．それは一つの「制度」を創出するということではないかと問われれば，その通りと答えることになる．この意味で，「契約化」するとは「制度化する」ということなのである[11]．では，そこでの契約の「目的」とは何か．いったい「婚姻」は何を目的とする契約なのか．共同生活を営む者たちを保護するだけなのか，それとも，子どもを生み育てるということを含むのか，この点に関しては議論のありうるところである．しかし，この点をどう解するかにかかわらず，以上の考え方はあてはまるだろう．

---

10) この問題につき，高橋朋子「夫婦の居住用不動産の処分制限に関する一考察」星野古稀・日本民法学の形成と課題・下（有斐閣，1996）を参照．
11) この点につき，大村敦志「フランス法における契約と制度」同・契約法から消費者法へ（東京大学出版会，1999）238 頁以下．

Ⅳ　おわりに

　結びに代えて，最後に，以上の考え方を「内縁」に当てはめるとどうなるのかにつき，一言だけふれておくことにしたい．従来の準婚理論は，内縁を可能な限り婚姻と同視する（擬制する assimiler）ものであったが，最近では，「ライフスタイル選択の自由」の名の下に内縁の法的保護を主張する立場と婚姻を望まない人々に婚姻の効果を押しつけるのはおかしいと主張する立場とが説かれている．

　二つの新説のうち，前者は，「婚姻の自由化」を説くものであると考えるべきだろう．その主張者たちが「事実婚」という用語を用いることからもわかるように，彼らが望むのはあくまでも「婚姻」なのである．「婚姻」の効果を享受することは望むが，しかし，方式に従って届出はしない，その結果として，夫婦同氏には服さない．さらに進んで，どの要素が婚姻には不要なのか．彼らが行っているのは，100 からの「引き算」である．これに対して，後者は，いったんゼロの地点に立って「足し算」を行おうとするものであると言える．当事者が望んだ効果を付与すればよい，というのは，望めばすべてがかなえられるということでも，望んだものだけが与えられるということでもない[12]．いかなる目的のためにいかなる契約を締結するのか，それに対して法はいかなる支援を与えるべきなのか．自らの法律関係を産み出そうとする当事者のイニシアティブに応じる形で，法的な対応を行うべきであるというのが，その主張であろう．

　最後に一言つけ加えておく．婚姻の目的とそれ以外の共同生活契約（「自由結合」）の目的は，私法のレベルでは同一ではないかもしれない．しかし，そこには重なり合う部分があることも確かである．この部分をとらえて，税法上・社会保障法上，婚姻とその他の共同生活契約を同様に扱うことは，私法上，これらを区別することと矛盾するわけではない．

---

[12]　この点につき，最判平 16・11・18 判時 1181 号 83 頁の事案は興味深い検討素材を提供している．

B 社会保障法における契約化

I 問題状況

1 構想時における両制度の関係

　1999年12月に成立した成年後見関連4法は, すでに1997年に成立していた介護保険法とともに, 2000年4月1日から施行に移された. 二つの法律によって設けられた（新しい）成年後見制度[13], 介護保険制度のうち, 後者に関しては, 同法附則2条により, 5年後を目途とする見直しが予定されていた[14]. これを受けて, 現在, 厚生労働省は, 社会保障審議会介護保険部会における検討作業を踏まえつつ, 見直しの作業を行っている. 成年後見関連4法には, このような見直し規定は置かれていないものの, 介護保険制度と同様に, これまでに数年の実施経験が蓄積されたことに鑑みれば, この時期に見直しを行ってみることに, 一般論としてはあまり異論はなかろう. しかし, さらに進んで, 成年後見制度の見直しが, 介護保険制度の見直しとあわせて行われるのは, 当然

---

13) ここで（新しい）と付記するのは, 言うまでもなく, それ以前にも成年後見制度は存在していたからである. なお, 新しい成年後見制度についての解説類は多数あるが, ここでは, 私自身の書いたものとして, 大村「『能力』に関する覚書」ジュリ1141号 (1998)［本書第2章第1節Aとして収録］, 同「成年後見・その1」「同・その2」法学教室262号, 263号 (2002) を掲げるにとどめる.

14) 附則2条は次のように定めている.「介護保険制度については, 要介護者等に係る保健医療サービス及び福祉サービスを提供する体制の状況, 保険給付に要する費用の状況, 国民負担の推移, 社会経済の情勢等を勘案し, 並びに障害者の福祉に係る施策, 医療保険制度等との整合性及び市町村が行う介護保険事業の円滑な実施に配意し, 被保険者及び保険給付を受けられる者の範囲, 保険給付の内容及び水準並びに保険料及び納付金（その納付に充てるため医療保険各法の規定により徴収する保険料（地方税法の規定により徴収する国民健康保険税を含む.）又は掛金を含む.）の負担の在り方を含め, この法律の施行後五年を目途としてその全般に関して検討が加えられ, その結果に基づき, 必要な見直し等の措置が講ぜられるべきものとする」.

のことだと言うべきである．というのは，二つの制度の間には，制度の構想時から強い関連性が認められていたからである．

　（新しい）成年後見制度，介護保険制度の設立の背景には，共通の社会情勢が存在することは言うまでもない．高齢社会の到来がそれである[15]．2003年10月1日現在，日本の総人口は1億2762万人，そのうち65歳以上の高齢者人口は2431万人であり，高齢化率は19.0％に達している．これらの高齢者の中には元気に暮らしている人も多いが，病気の人や知的・身体的な能力が低下している人も少なくない．高齢者（入院者を除く）の4人に1人は，日常生活に影響のあるような健康上の問題を抱えているという．こうした知的能力・身体的能力の低下を補うため，一方で，財産管理の仕組み，他方，介護の仕組みを整えることが急務とされた．このような要請に応じて，（新しい）成年後見制度，介護保険制度が設けられたことは周知の通りである．具体的には，「精神上の障害」が原因で「事理を弁識する能力」につき，これを欠く常況にある者・著しく不十分な者・不十分な者につき，それぞれ，請求により後見・保佐・補助の審判がなされ（民7条・11条・14条），成年後見人・保佐人・補助人を付す（民8条・11条ノ2・15条）などの一方で，「加齢に伴って生ずる心身の変化に起因する疾病等」が原因で「要介護状態」となった者につき，「必要な保健医療サービス及び福祉サービスに係る給付」を行うために，介護保険制度が設けられたのである．

　二つの制度の関連は，これに尽きるものではない．制度構想の当時から，両者は密接に関連するものと考えられていた．成年後見制度に関する立法担当官のQ＆A式の解説書には，「成年後見制度の改正と介護保険制度との関係について説明してください」という問いが立てられ，次のような説明がなされている[16]．

　「介護保険制度とは，要介護状態に至った本人が，市町村に対して自ら要

---

15) 以下のデータは，内閣府編・平成16年版高齢社会白書（ぎょうせい，2004）2頁以下，30頁以下による．
16) 以下の説明の後には，「また，新設の任意後見制度を利用して，任意後見契約の公正証書中に，任意後見人に対する要介護認定申請および介護サービス契約締結の授権を記載しておくこともできることとなります」という叙述が続く．しかし，その発行数がごくわずかであることに鑑み，本稿では，任意後見の問題には立ち入らないこととする．

介護認定を行い，その認定を受けた上で，サービス提供事業者との間で介護サービス契約を締結し，これにより介護サービスを受けるという制度です．……介護サービスを利用するためには，要介護認定の申請および介護サービス契約の締結をしなければなりません．判断能力の不十分な方々は，これらの行為をすることができない場合があります．そこで，判断能力の不十分な方々がこれらの行為をするための法的な支援の仕組みが必要となります．……新しい成年後見制度は……判断能力の不十分な方々全般について家庭裁判所による法定代理人（補助人・保佐人・成年後見人）の選任を可能にし，介護サービスを利用しやすいようにしています．」

同様のことは，介護保険の側からも言及されており，「介護保険の創設に合わせて民法の改正が行われ，従来の後見，保佐に加えて新たに補助という区分が創設されました．……手続きも従来の制度に比べ利用しやすいものに改善されました」，「本人の判断能力が欠けている場合は，介護サービス契約も施設への入所契約も無効と言わざるをえません．このような場合は……家庭裁判所に法定後見人や保佐人あるいは補助人を選任してもらう必要があるわけです．このように，成年後見制度と介護保険制度とは，実は密接な関係にあります」といった説明がなされている[17]．

2　本稿の課題・構成・用語

こうして見ると，介護保険制度の見直しとあわせて，成年後見制度の見直しをする必要があることが了解されよう．「成年後見と介護保険」というテーマは本誌『法の支配』の編集委員会から与えられたものであるが，以上の点を念頭に置いたものと思われる．もっとも，一口に見直しと言っても検討すべき点は多岐に渡るだろうが，本稿では，「成年後見と介護保険」の接点にしぼって，成年後見制度が当初予定された役割をはたしているか，はたしていないとすれば，どのような対応策を講ずることが考えられるかという観点から若干の検討を行

---

17) 引用は順に，平成15年版介護保険の手引（ぎょうせい，2003）145頁，社団法人全国老人保健施設協会編・平成16年度版介護白書（ぎょうせい，2004）243頁から．

うことを課題としたい．

本稿の構成は次の通りである．まず，介護サービス契約（介護サービスを利用するための契約）を含む介護契約（介護サービスの利用にかかわる各種契約）の現状につき，既存の資料・文献の助けを借りて，簡単な紹介を行う（Ⅱ）．これに基づき，介護契約に関する問題点の整理を行った上で（Ⅲ 1），現在の法制度の不備を補完するために設けられている一つの仕組みを紹介し（Ⅲ 2），その改善の可能性につき検討を試みる（Ⅲ 3）．その上で，介護契約システム（各種の介護契約によって構成される法的に見た介護提供のシステム）の今後につき若干の展望を行うとともに，補完的な仕組みづくりが持つ意味について，筆者の考えるところを述べることとしたい（Ⅳ）[18]．

なお，ここで予め用語につき簡単な整理を行っておきたい．本稿ではすでに，「介護サービス契約」「施設入所契約」あるいは「介護契約」という用語を用いているが，以後も，「介護保険契約」「訪問介護契約」「居宅介護支援契約」「福祉サービス利用援助契約」などの見慣れぬ用語が続出する．また，引用文献の表題には「福祉契約」という用語も現れる．これらの用語相互間の包摂関係はおおむね次の通りである．

　　福祉契約＞（介護契約≒介護保険契約）

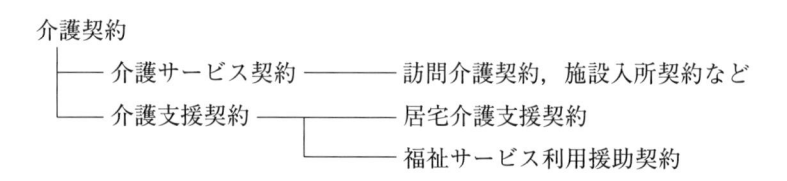

```
介護契約
　├── 介護サービス契約 ──── 訪問介護契約，施設入所契約など
　└── 介護支援契約 ┬── 居宅介護支援契約
　　　　　　　　　　└── 福祉サービス利用援助契約
```

いくつか補足説明を加えておこう．まず，本稿でしばしば用いる「介護契約」は「介護サービスの利用にかかわる契約」を広くさすが，さらに広く，介護に

---

18) なお，筆者は，成年後見立法の審議を行った法制審議会民法部会成年後見小委員会に幹事として参加し，また，介護保険の見直しの審議を行っている社会保障審議会介護保険部会に臨時委員として参加しているが，本稿は，これらの会議体とは独立に，個人としての意見を述べたものである．

限らずより広く福祉サービス全般を対象に「福祉契約」という用語が用いられることもある．なお，介護サービスの利用のうち介護保険によってカバーされるもののみをさして「介護保険契約」という用語が用いられることがあるが（介護保険への加入のための契約という意味ではない），反対に，介護契約と施設入所契約をあわせて「介護保険契約」ということもある．さらに，介護契約と介護保険契約が同じ意味で用いられていることもある．このように介護契約と介護保険契約との関係は多義的であるが，本稿では厳密な区別はしない（施設入所契約も介護契約≒介護保険契約に含めておく）．次に，「介護契約」には，介護サービスの提供そのものを内容とする「介護サービス契約」と介護サービス契約の締結を支援する「介護支援契約」が含まれる．訪問介護契約などの各種契約は前者の例であり，居宅介護支援契約や福祉サービス利用援助契約は，後者の例である．介護契約システムがこのように性質の異なる契約によって構成されていることは注意しておいてよいことがらだろう．

II 介護契約の現状

1 成年後見の利用状況から

はじめに，最高裁が公表している「成年後見関係事件の概況」の最新版（平成15年4月から平成16年3月）によって[19]，成年後見の利用状況を概観し，介護保険との関係がどのようになっているかを明らかにしておこう．

「概況」に掲げられている資料は10点あるが，そのうち特徴的ないくつかを紹介しておこう．第一は申立件数であるが，成年後見関係事件（後見開始・保佐開始・補助開始と任意後見監督人選任）の申立件数は合計で17,086件，前年比で約13％増となっている．内訳は，後見開始が14,462件，保佐開始が1,627件，補助開始が805件，任意後見監督人選任が192件である．全体の8割以上が後見であるという傾向は，初年度から変わっていない．第二に，申立人および成年後見人等の属性について．申立人の9割以上は親族であり，その他の者

---

19) 最高裁のホームページ (http://www.courts.go.jp) の「司法統計」の「その他の統計情報」の欄に，過去3年分とともに掲載されている．

としては，本人 (3.5%) と市町村長 (2.5%) などが申し立てる例がある．成年後見人等に選任されたのは，親族が8割以上（ただし年々減りつつある）で，その他には，司法書士 (7.0%)，弁護士 (6.6%)，社会福祉士 (2.2%) などの例がある．第三に，本人の属性・状況について．年齢で見ると，65歳以上が男性でも多く (44%)，女性では非常に多い (73%)．生活状況を見ると，病院に入院しているか (36.3%)，老人ホームに入居している (21.1%) 例が多い．第四に，鑑定に関してであるが，鑑定は約4割が1ヶ月未満で，約8割が2ヶ月未満まで終了しており，費用も5万円以下が4割弱，10万円を超える例は3%程度に過ぎない．第五に，申立ての動機であるが，財産管理処分が最も多く約6割（遺産分割協議を含めると約7割に達する），介護保険契約の締結は4%弱にとどまっている．

確かに，手続は簡素・迅速になってはいる．しかし，それでも成年後見制度は気軽に使えるというものではないようである．端的に言って，申立てがなされるのは，財産処分の必要があるが，本人の知的能力の程度を考えると，後見人を選任せざるを得ないという場合である．もっとも，このことは，立法準備の際にすでに予想されていたことであり，驚くには足らない．本人の能力がなお一定程度は残存している，あるいは，管理処分の必要な財産の額が少額であるという場合に，わざわざ申立てをしようというインセンティブは働きにくいのは，当然と言えば当然である．介護保険契約の締結のために，成年後見人等が選任されないのも，やはり十分に予想されたところである．

2 介護契約の実態調査から

続いて，最近行われた介護契約に関する実態調査の結果を見てみよう．調査は，2003年3月に，本澤巳代子教授が東京都と共同で実施したものであり[20]，「介護保険のサービス利用契約に関するアンケート調査」と題する質問票を東京都内の訪問介護事業所（1801事業所）に送付することによって行われている（有効回答率は42.4%だったという）．結果の分析に関しては，本澤論文の参照をお願

---

20) その概要は，本澤巳代子「訪問介護契約と利用者の権利擁護——アンケート調査から見た問題点」週刊社会保障2256号 (2003) 22頁以下で紹介されている．以下の叙述は，これによる．

第 3 節　契約という制度

いすることにして，以下，本稿の前提として重要だと思われるいくつかの事実を紹介しておこう．

　第一は，契約当事者の属性にかかわる．訪問介護契約は，介護事業者Xと利用者Yの間で締結されるわけであるので，その双方を見ておく必要がある．一方の当事者である介護事業者に関しては，その利用者数（ある時点で契約を締結している者の数であろう）が 50 人未満である事業所が 54％ を占めており，小規模な事業者が多いことが窺われるという．これらの事業者の多く（訪問介護のみは 22％）は，訪問介護以外のサービスを提供しており，なかでも居宅介護支援を行っている割合が高い（複数回答で 57％）．そして，「50％ 以上の利用者が同一事業所（ないし同一事業者）と居宅介護支援契約を締結している」という事業所が 57％ もあるという．本澤教授は，この点につき「事業者による囲い込み」が行われていると評している[21]．

　ここでいう「居宅介護支援」とは，いわゆる「ケアマネジメント」のことを意味する[22]．ケアマネジメントとは，居宅サービスの提供を受けるために居宅サービス計画を作成して，サービス事業者との連絡調整などを行うことであり，この任にあたる者が「介護支援専門員」（ケアマネージャー）である．以上を前提にして図式化して言えば，上の事実は，事業者Xから利用者Yがサービス提供を受けるためにYを支援するZが，実はXと同一の事業者であるという例が過半を超えるケースが多いということを意味する．この状態が，本来，（公益を考慮に入れつつも）利用者の福祉を第一に考えるべきケアマネージャーを利益

---

21) 本澤・前出注 20) 23 頁．
22) 介護保険法 7 条 18 項は次のように定義している．「この法律において『居宅介護支援』とは，居宅要介護者等が第四十一条第一項に規定する指定居宅サービス又は特例居宅介護サービス費若しくは特例居宅支援サービス費に係る居宅サービス若しくはこれに相当するサービス及びその他の居宅において日常生活を営むために必要な保健医療サービス又は福祉サービス（以下この項において「指定居宅サービス等」という．）の適切な利用等をすることができるよう，当該居宅要介護者等の依頼を受けて，その心身の状況，その置かれている環境，当該居宅要介護者等及びその家族の希望等を勘案し，利用する指定居宅サービス等の種類及び内容，これを担当する者その他厚生労働省令で定める事項を定めた計画（以下この項において「居宅サービス計画」という．）を作成するとともに，当該居宅サービス計画に基づく指定居宅サービス等の提供が確保されるよう，同条第一項に規定する指定居宅サービス事業者その他の者との連絡調整その他の便宜の提供を行い，及び当該居宅要介護者等が介護保険施設への入所を要する場合にあっては，介護保険施設への紹介その他の便宜の提供を行うことをいい，『居宅介護支援事業』とは，居宅介護支援を行う事業をいう」．

相反の状態に置くことは言うまでもない．本澤教授が「ケアプランの内容の適正さや介護支援専門員の中立性の確保を含め，介護支援事業のあり方を十分に検討する必要がある」と評しているのは，もっともなことである．

　他方当事者である利用者の属性も見ておこう．利用者の介護度区分として最も多いのが要介護１である事業者が全体の72％を占めるが，要介護２および同３以上もそれぞれ12％あるという．介護の度合が高いことは直ちに利用者の判断能力が低いことを意味するわけではないが，重度の要介護者には痴呆などの症状を呈する人も含まれることは容易に想像されるところである．このことは，次の興味深いデータと密接にかかわる．

　そのデータとは，利用者側で契約書に署名しているのは誰かというデータである．利用者Ｙ自身が署名しているという例は34％に過ぎない．利用者に頼まれて，家族が本人として，または，代理人として署名している例がそれぞれ10％，15％に達するほか，利用者本人の判断力が落ちているという理由で，家族が本人として，または，代理人として署名している例がそれぞれ20％，21％もある．さらには，本人または家族以外の者が署名したという経験を持つ事業所が全体の４分の１あるという（有効な代理権を有する者であれば問題はないが，介護支援相談員が署名しているという例が多いという）．以上のような状況が，大きな問題をはらむものであることは言うまでもない．

　第二に，契約の締結過程における説明内容やトラブルになった事項に関するデータもあげられている．この点に関しては，いまは細部に立ち入らない．

III　補完的な仕組みとしての地域福祉権利擁護事業

1　介護契約に関する諸問題

　IIで見たところから，介護契約にはいくつかの問題点があることがわかる．第一に，介護サービス利用契約の締結にあたって，利用者の判断能力が不十分な場合があるが，その場合のサポート・システムとして，成年後見は十分に機能していないように思われることである（II 1）．実際，訪問介護契約においては，代理権を欠く介護支援相談員（ケアマネージャー）が，本人に代わって署名をしてすませていることも少なくないようである（II 2）．第二に，介護支援相

第3節 契約という制度

談員が事業者の影響下にあり，適切なケアプランを作成しているかどうか疑わしい状況が生じている点も問題である（Ⅱ2）．第三に，介護サービスの内容やその説明をめぐる問題もありそうである（Ⅱ2）．

このうち，最後の点に関しては，提供される介護サービスの内容を規律するための工夫が提案されてきた．たとえば，介護サービスの利用者保護という観点から，事業者による情報提供の必要性が説かれたり[23]，事業者による濫用の可能性の低い内容の契約を締結すべきことが提案されてきた[24]．あるいは，「措置から契約へ」という構図の下でも，行政法的な規律による補完がなされるべきことにも，改めて注意が促されている[25]．また，介護支援相談員の独立性の確保が必要なことは，介護保険の見直し作業の中でも指摘されているところである．これらの点については，可能なことから早急に対応措置を講じていくべきだろう．

これらの措置は，ともかくも利用者が契約を締結しうることを前提としつつ，介護サービス契約の締結において利用者の判断能力が不十分であること，あるいは，介護サービス契約の内容が継続的サービス提供を目的とするものであることに由来する問題点に対応しようとするものである．これに対して，最初に掲げた点はそれ以前の問題である．この点に関しては，有効に契約を締結する能力を欠く利用者をいかにサポートするかが論じられてきた．

もちろん，介護保険契約の締結につき，必要ならば成年後見人等が選任されることは望ましいことである．しかし，成年後見制度が実際にはそのように運用されていないことは，Ⅱ1で見た通りである[26]．それでも，介護サービス契

---

23) 島田和夫「福祉サービスの利用者利益の保護――事業者による適切な情報提供の必要性」清水誠古稀・市民法学の課題と展望（日本評論社，2000）567頁以下など．
24) 道垣内弘人「福祉サービス契約の構造と問題点」判タ1030号（2000）4頁以下．
25) 原田大樹「福祉契約の行政法学的分析」法政研究（九州大学）69巻4号（2003）765頁以下．
26) なお，新しい成年後見制度も従前同様に財産管理を中心とし，身上配慮の点で欠けるところがあると指摘されることがあるが，介護サービス契約の締結が財産管理に含まれることは異論のないところである．たとえば，日本経済新聞2004年6月24日付の記事「生活支援の成年後見人／注目される社会福祉士」は興味深い内容を含むが，そこでいう「入居施設で契約どおりに日常生活が維持されているか，本人の不利益になっていないかをチェックする」というのは，契約の履行がなされているか否かを監視し，不履行があれば相手方の責任を追及するということであり，財産管理に含まれる（もっとも，この記事も財産管理と切り離された「生活支援の成年後見人」が必要だという趣旨ではなく，介護の現場に通じた社会福祉士が財産管理を行うことの意義を説くものだと解すべきだろう）．

約の締結のために成年後見人等の選任がなされないのは，一方では，簡略化がされたとはいえ，それでもなお選任手続が面倒だと感じられているからであろう．他方，取引額が少額であれば，本人に代わって誰かが押印すればそれで足りる，さらに言えば，本人のためにするのだから契約すら必要ではないという考え方が根強く残っていることも原因であろう[27]．

　成年後見制度に関しては，今後，なお一層，制度の普及をはかるとともに，受け皿となる後見人の確保の方策を講ずることが望まれる[28]．しかし，繰り返しになるが，このような状況は当初から予想されたところでもあった．そこで，成年後見人等の選任とは別に，介護サービスの利用者の契約締結をサポートする仕組みが考えられてきた．厚生省の主導による「地域福祉権利擁護事業」がそれである[29]．これは，いわば法定の制度を補完するための仕組みづくりであると言える．以下，この事業のメリットとなお残されている問題点について見ていくことにしたい．

2　福祉サービス利用援助契約の意義と限界

　地域福祉権利擁護事業とはどのようなものか．ここでは，介護サービスの利用契約締結との関連に絞って説明しよう．ある座談会では，次のような説明がされている[30]．「福祉サービスの利用者は，自由な意思決定を行えないほど判断能力が衰えている人々を当然含んでいます．そうすると，措置から契約へという福祉サービス提供方式に転換する場合，その意思表示に係わる支援……を行

---

[27]　このような契約の実態につき，本文で掲げた本澤調査のほか，最近では，次のような報道もなされている．「高齢者・知的障害者施設／財産預かり，契約なし2割／国民生活センター調査　使途報告しない例も」（日本経済新聞2004年6月7日付夕刊）．

[28]　その点から見ると，注26）所掲の試みは興味深い．

[29]　1999年10月から都道府県社会福祉協議会が実施している事業であるが，その後，社会福祉法に基づく社会福祉事業（同法2条3項12号の第2種社会福祉事業にあたる）として位置づけられるに至っている．この事業については，多数の文献があるが，その経緯につき，大曽根寛「権利擁護システムの創造と社会保障法制の課題」社会保障法14号（1999）147頁以下，その実情につき，大原利夫「福祉サービス利用援助に関する諸問題」社会保障法19号（2004）110頁以下．なお，様々な関係者を集めた座談会として，野田愛子ほか「成年後見制度と地域福祉権利擁護事業——法と福祉の架橋をめぐって」判タ1030号（2000）134頁以下，より広く都市の構造との関係で，田山輝明「高齢社会における地域生活と権利擁護——地域福祉権利擁護事業と成年後見制度」内田＝浦川＝鎌田編・現代の都市と土地私法（有斐閣，2001）375頁以下などを参照．

[30]　前出注29）の座談会における平田発言・和田発言から引用．

う者の存在が不可欠となります」.「そこで，利用者にとっては，社会福祉協議会にサポートしてくださいということで契約すると，そのサポートを受けたうえで福祉サービスを利用する契約を事業者と結ぶ，そういう二段階の契約になると思います」. 以上の引用からもわかるように，ここでのサポートの仕組みは，サービス提供を行う事業者との契約（介護サービス契約）が困難であろうという前提に立ち，事前に契約（福祉サービス利用援助契約）を締結し，それによって生活支援員が支援を行っていこうというものである．

　地域福祉権利擁護事業による福祉サービス利用援助契約には，大きな存在意義とともに限界もある．すなわち，そのメリットは，成年後見人等の選任をすることなしに，介護サービス契約の締結が困難な人へのサポートを行うことができる点にあるわけだが，このことは必然的に，そのようなサポートを要する人が，福祉サービス利用援助契約を有効に締結することができるのだろうかという問題を惹起するからである．実際のところ，先に引用した発言には，「要するに契約をしたことによって自分の生活にどのような変化や支えが生ずるのかとか，あるいはこれを使えば当然お金がかかって，それは自分のお金が減っていくことだとか，あるいは通帳を他人に渡せば手元からなくなるとか，言ってみれば，そういうことは……基本的にはわかった人でないとこの事業は使えない」「全く判断能力がない方については，成年後見制度を利用してください」といった発言が続いている[31]．つまり，「意思能力という点では，……契約締結能力がないと判定された場合には，そのままでは……契約締結ができず，……福祉サービスの利用援助が受けれないという問題がある」わけである[32]．

3　福祉サービス利用援助契約の改善のために

　せっかく試みられている福祉サービス利用援助契約の上記のような問題点を回避ないし緩和する方策は考えられないだろうか．ここでは，二段階の試論を展開してみたい．

　第一段階の問題は，契約締結が有効に行われていないとしても，援助契約に

---

31)　前出注29)の座談会における小林発言・野田発言から引用．
32)　大原・前出注29) 119頁．

基づいて行われた行為の効力が否定されないようにすることはできないかというものである．繰り返しになるが，意思能力が十分な利用者（あるいはその代理人）が契約を締結するのが最善の策ではあるが，社会福祉協議会が当該利用者には契約締結能力があると判定したところ，事後になってそうではないと判断がされた場合に，それまでに生活支援員を介して行われた行為の効力を何とか維持できないかというのが，ここでの課題である．

　問題を二つに分けて考える必要があるだろう．一つは，利用者と社会福祉協議会の（当事者間の）関係である．これについては，仮に，契約が有効に成立していないとしても，社会福祉協議会は事務管理の法理（民 697 条以下）によって責任を負うと解する余地がある．成年後見人等がいる場合は別にして，本人に一定の説明がなされていれば通知義務（民 699 条）ははたされていると考え，管理継続義務（民 700 条）に基づき管理を継続する必要があると解すべきだろう．問題は，もう一つの関係，すなわち，第三者との関係である．社会福祉協議会（あるいは生活支援員）が代理人として行った行為の効力は本人に帰属させるための工夫が必要になる．この点に関しては，事実上の後見人が行った無権代理人の行為を事後に追認拒絶することができるかが問題になった事例があるが（最判平 6・9・13 民集 48 巻 6 号 1263 頁），無権代理と解さざるをえない場合には，いったん社会福祉協議会に効果を帰属させて，その上で，費用償還請求権・代弁済請求権（民 702 条）によって，最終的に本人に費用負担を求めることも考えられる[33]．

　このような帰結を導く前提として，第一に，社会福祉協議会が利用者本人のために適切に事務を管理していることが必要である．第二に，本人に代わる代理人がある場合には，その代理人に可能な範囲で速やかに連絡をとる（恒常的に代理人が必要だと思われる場合には，成年後見人等の選任につき，しかるべき働きかけを行う）ことも必要だろう．内容・手続の双方において適切さが確

---

[33] 日本法においては少数説であるが（四宮和夫・事務管理・不当利得・不法行為〔上，青林書院新社，1981〕37 頁注 1 に簡潔な要約がある），事務管理の場合にも有権代理となるとする解釈論はフランス法などにおいては支配的なものであり，今後，検討の余地はある．なお，加藤雅信・新民法大系Ⅴ（有斐閣，2002）23 頁以下は，「事務管理の対外的効力を認めるための法律構成」につき，平田説・三宅説をふまえた議論を展開しており，興味深い．

保されて初めて，事務管理法理による解決が容認されることとなろう[34]．

　第二段階の問題はこうである．福祉サービスの利用援助のための契約を締結できないような人が適切な福祉サービスの利用を可能にするための仕組みを，より積極的に構築することはできないか．もちろん，この場合には，成年後見人等の選任をすればよいのだが，わざわざ成年後見人等の選任をしなくても，利用者本人の利益に配慮しつつ，適切な介護サービスが提供されるようにできないか．

　たとえば，福祉サービスの利用に関する特定の事項についてのみ権限を有する代理人を，より簡易に選任するシステムが考えられてもよいのではないか．具体的な制度をどのように構築するかは，現行法との整合性や地域福祉権利擁護事業との関連づけなども含めて，今後検討しなければならないが，成年後見制度とは別に，介護保険の側にこのような仕組みを組み込むことは一考に値するだろう．仮にそうしたとしても，ここでの法定代理人は成年後見人等の機能のうちの特定の一部を代替するに過ぎない．それゆえ，技術的な調整は必要であるとしても，成年後見制度の制度理念との間に矛盾が生ずる懸念はないだろう．

　この方式の下では，介護保険制度が契約ベースの制度であるという前提は維持されるが，考え方を変えて，一定の給付に関しては，「契約」ではなく「措置」を活用することも考えられる．これは，「措置から契約へ」という流れに逆行するかのようであるが，「措置から契約へ」は，介護への民間参入を可能にするとともに，利用者本人の事情に配慮するための方策であったことを考えるならば，利用者の希望も含めて，その個別の事情を勘案した対応がなされることこそが重要なのであり，措置か契約かといった法形式の選択は二次的な問題であるとも言える．たとえ契約形式をとったとしても，本人に十分な意思がかけていたり，法定代理人が選任されても本人の利益が十分に考慮されないことがあるとすれば，「契約」はその実質を失う．こうした形骸化の状態にとどまるよりも，「措置」の形態をとりつつ，何が適切な措置であるのかを考慮に入れる仕組みを組み込むことの方が，利用者本人の利益に適うと言えるだろう．

---

[34] 前出注27)の新聞記事が報ずるように，施設が財産を預かっているという場合には，内容・手続ともに厳格なチェックがなされると考えるべきだろう．

こうして見ると，二つの考え方の間にはそれほど大きな差があるわけではない．しかし，実際の問題としては，現行法が，例外的に「措置」が行われる可能性を残していることを考えると[35]，第二の方向が現実性の高い解決であるといえるかもしれない．

IV 展望

1 本稿の課題に即して

ここまで本稿で述べてきたことは，次の3点にまとめられる．第一に，介護保険は契約をベースにしているが，契約締結能力に問題がある人々の利用に関しては，適正に契約が締結されているかどうかに疑問が残る．それは，最近の実態調査にも窺われるところである．第二に，この点に対応すべく構想された制度としては，法定の制度（成年後見制度）のほかに，行政の方向づけの下で構築された制度（地域福祉権利擁護事業）があり，後者は前者を補完すべく一定の役割をはたしているが，なお，問題点がないわけではない．第三に，そうした問題点を克服する方策として，成年後見制度の利用を容易にするのとは別に，二つの方策を講ずることが考えられる．一つは，福祉サービス利用援助契約を事務管理の法理によって補完するという方策，もう一つは，新たな制度を創設するという方策である．

最後の第三点が本稿が提示する試論であるが，これに関して，次の3点に注意を促しておきたい．第一は，契約によって問題を解決することは重要であるが，契約によって保護される利益を実現するための（契約とは異なる）制度が構想されてもよいということ．第二は，当面の対応手段とより長期的な対応手段

---

[35] 老人福祉法10条の4第1項は，次のように定めている．「市町村は，必要に応じて，次の措置を採ることができる．
一 六十五歳以上の者であつて，身体上又は精神上の障害があるために日常生活を営むのに支障があるものが，やむを得ない事由により介護保険法に規定する訪問介護を利用することが著しく困難であると認めるときは，その者につき，政令で定める基準に従い，その者の居宅において第五条の二第二項の厚生労働省令で定める便宜を供与し，又は当該市町村以外の者に当該便宜を供与することを委託すること．
二～四 略」（2号＝通所介護に関する規定，3号＝短期入所生活介護に関する規定，4号＝痴呆対応型共同生活介護に関する規定）．

は，ともに考えられてよいということ．第三に，より長期的な対応手段を講ずるに際しては，当面，事実上行われている対応手段の延長線上で考えることが有益であるということである．

2　本稿の課題を超えて

　介護保険制度の創設にあたって，地域福祉権利擁護事業のような補完的な制度が構築されたことの意味は大きい．この制度に欠点があるとすれば，その改善をはかればよい．同様の事情は，介護に限って見られるわけではない．多くの領域において，私たちの日常生活を支えるために法定の制度が構築されているが，それらはそれら限りでは十分に機能しないことも少なくない．そこで，補完的な制度が必要になってくる．そうした補完的制度は，介護保険の場合のように，行政主導で構築されたものには限られない．様々な担い手による多様な試みのうち，有効なものをさらに改善して，主たる制度と組み合わせて運用していくことが望ましい[36]．本稿では具体例はあげないが，たとえば，少子化に対する取り組みについても，介護保険の場合と対比して，状況を語ることが可能だろう．今後は，このような複合的な制度構築の実験を重ねるとともに，そのあり方を研究対象とすることが重要であろう[37]．

---

[36]　たとえば，成年後見に関連する一例としては，新井誠教授の提唱する「任意後見結合型信託」（新井「成年後見法施行後の1年間を振り返って」ジュリ1211号〔2001〕）などがある．その結論には異論もあろうが，発想としては興味深い試みである．

[37]　以上の認識につき，大村・生活民法入門（東京大学出版会，2003）318頁，同・家族法（有斐閣，第2版補訂版，2004）368頁以下を参照．なお，手づくりの小さな制度の重要性につき，大村・生活のための制度を創る（有斐閣，2005）も参照．

C　借地借家法における新たな制度化

I　問題の所在

（1）　借地借家法・建物区分所有法の改正と高齢者居住法の制定　　賃貸借，とりわけ居住の用に供する建物の賃貸借に関しては，その目的からして継続性に対する配慮が必要とされる．民法典自体も，賃借権の対抗力や期間の定めのない賃貸借の解約申入れにつき，一定の対応をしていたが（民605条，617条），旧借家法はさらに歩を進めて，借家権の対抗力を強化するとともに（旧借家1条），あわせて家主側からの解約・更新拒絶を大きく制限して（旧借家1条ノ2〜3条ノ2），借家人の権利を厚く保護するに至ったことは周知の通りである．

学説においても早くから，とりわけ住宅難の時期に，居住の特殊性に着目し，その継続性の尊重を強調する見解が説かれてきた．たとえば穂積重遠は，関東大震災後のいわゆる震災バラック問題をめぐる議論において，借家契約は単に「家屋」を貸す契約でなく「住居」を貸す契約で，借家の焼失によって借家関係は当然には消滅せず，家屋を新築して借家人に貸す義務があるという考え方を示していた[38]．また，鈴木禄弥は，「市民法上の契約関係が消滅したにもかかわらず，借家人がその家主に向かってひきつづき当該の家屋に住まわせよ，と主張しうる権利」，「現在他人の所有の家屋を賃借し居住している者にひきつづき一定の対価を支払ってこの家屋に居住することを可能ならしめる」権利としての「居住権」について論じた[39]．

---

[38]　穂積重遠「大震火災と借地借家調停法」法協42巻5号（1942）．なお，来栖三郎「穂積重遠先生の法律学」福島正夫ほか編・穂積重遠先生を偲んで（非売品，1982）27頁，小柳春一郎・震災と借地借家（成文堂，2003）も参照．

第3節　契約という制度

　ところが，1990年代になると，今日風の言葉で言えば，借地法・借家法に対するバックラッシュが始まり，1991年には定期借地権を導入した新しい借地借家法が成立，さらに，1999年には「良質な賃貸住宅等の供給の促進に関する特別措置法」により定期借家権を導入する改正がなされることとなった．これら二度の改正に関しては様々な議論がなされたが，その詳細については本稿では立ち入らない[40]．ただ，議論の中で，「住宅困窮者」に対する措置の必要性が説かれ，上記特別措置法においても，国及び地方公共団体は，「良質な公共賃貸住宅の供給の促進」のために「必要な措置を講ずるよう努めるものとする」という規定（同法3条）が置かれたことを付言しておく．ここで住宅困窮者として念頭に置かれていたのは，たとえば高齢者であった[41]．

　借家とは別に，持家についても，マンション建替えをめぐって同様の事態が出来した．2002年の改正建物区分所有法は，「過分の費用」の要件を除くなど建替え要件の緩和をはかったが，その際にも，転出者（及び賃借人）の居住の確保，とりわけ高齢者に対する配慮が必要であることが説かれたため[42]，同じく2002年に制定されたマンション建替え円滑化法においては，いくつかの規定が置かれて対処がはかられることとなったのである．具体的には，建替事業の施行者は「施行マンションに居住していた賃借人及び転出区分所有者の居住の安定の確保に努めなければならない」，国及び地方公共団体は「施行マンションに居住していた賃借人及び転出区分所有者の居住の安定の確保を図るため必要な措置を講ずるよう努めなければならない」（同法90条1項・2項）とする規定が置かれるとともに，「危険又は有害な状況にあるマンション」については，賃借人・転出区分所有者の居住の安定確保のための措置に関する諸規定が置かれた（同法117条～124条）．

---

39)　鈴木禄弥・居住権論（有斐閣，新版，1981，初版，1959）2頁，3頁．
40)　定期借家権をめぐる議論の特色につき，内田貴「菅見『定期借家権構想』」NBL606号（1996）．
41)　衆議院付帯決議において「高齢者その他の住宅に困窮する者をはじめ国民の居住の安定が図られるよう，公営住宅，公団住宅等公共賃貸住宅の計画的整備，高齢者向け賃貸住宅の供給の促進のための制度の整備等により，国民の住宅セーフティネットの構築に努めること」が掲げられた．
42)　ここでも，衆議院附帯決議においても「マンションの建替えに参加することが困難な高齢者等の社会的弱者に対し，居住安定のために必要な措置を講ずるよう努めること」とされた．

以上のように，借家についても持家についても，規制緩和の流れの中で，居住の継続性に対する法的保護は一般的には後退しつつある．かつて鈴木禄弥が「契約関係を媒介とする・家主の犠牲による住宅社会立法」と規定した借家法を[43]，純粋な契約関係の方向に引き戻す力が働いていることは否定しがたい．しかし，それでも，一定のカテゴリーに属する人々に対する配慮の必要性は認められている．その典型例として常に言及されてきたのが高齢者である．

こうした状況を背景に，2001 年には「高齢者の居住の安定確保に関する法律」（高齢者居住法）も制定され，「高齢者の円滑な入居を促進するための賃貸住宅の登録制度」が設けられ（同法 1 条・4 条〜29 条），「良好な居住環境を備えた高齢者向けの賃貸住宅の供給を促進するための措置」が講じられるとともに（同法 1 条・30 条〜47 条），「高齢者に適した良好な居住環境が確保され高齢者が安定的に居住することができる賃貸住宅について終身建物賃貸借制度を設ける」（同法 1 条・56 条〜76 条）などの措置が講じられている[44]．

(2) 高齢者の居住に関する問題の広がり 高齢者に関する諸問題への対応は，現代日本社会における主要な政策課題の一つであることは言うまでもない[45]．民法もまたこれと無縁ではなく，たとえば，介護保険制度の導入とあわせて，1999 年に成年後見制度の改正がなされたことは記憶に新しい[46]．しかし，民法（及びその付属法律）や民法学がなすべきことがらはほかにもある．たとえば，扶養・相続・終身定期金など高齢者と密接に関連する制度をいくつもある．上記の居住にかかわる問題に限ってみても，高齢者居住法だけですべてが解決するわけではない．では，高齢者の居住に関して，どのような問題が指摘されているのだろうか．

法学の側からは，たとえば，山口浩一郎・小島晴洋は，その先駆的な著書『高齢者法』[47]を「仕事・収入・財産」「生活環境」「健康・介護・福祉」「社会参加」

---

43) 鈴木・前出注39) 5 頁．
44) このほかに，住宅改良に対する支援措置（同法 76 条・77 条）や高齢者居住支援センター（同法 78 条〜88 条）に関する規定などが置かれている．
45) 1995 年には，高齢社会対策基本法も制定されている．
46) 成年後見制度のいくつかの側面については，大村『『能力』に関する覚書」ジュリ 1141 号 (1998)［本書第 2 章第 1 節 A として収録］，同「成年後見と介護契約」法の支配 136 号 (2005) ［本書第 2 章第 3 節 B として収録］で触れた．
47) 山口浩一郎＝小島晴洋・高齢者法（有斐閣，2002）．

第3節　契約という制度

「人格の保護」の5つの章に分けて，そのうちの「生活環境」の冒頭に「住生活の確保」を掲げているのが注目される．山口・小島は，「高齢者の住居問題には際だった特徴が見られる」として，「経済的な観点からも身体的な観点からも，高齢者は，いったん安定した居住環境を失った場合には，それを回復することが難しい」ことを指摘し，「高齢者に安定した居住環境を維持・確保することが第一の課題となる」としている．さらに，「ノーマライゼーションや自立した生活の継続の観点」から，「高齢期を想定した良質な住宅」が確保される必要があることも指摘されている[48]．

山口・小島は，高齢者住宅政策の変遷・現状についても述べており，従来は「高齢者の身体的状況に配慮するという意味での住宅の質を問題にするより，むしろ住宅そのものの確保が主要課題とされた」のに対して，1980年代後半からは「バリアフリーなどの構造上の配慮や老人福祉施策との連携が住宅政策の中でも課題として取り組まれるようになってきている」とした上で，シルバーハウジング事業（1987年に建設省・厚生省が開始）やシニア住宅事業（1990年に厚生省が開始）のほかに，「新しい試みとして，グループハウス（震災後の神戸など），コレクティブハウジング（協働集合住宅）などが始まっている」とし，「軽費老人ホームの一類型としてのケアハウス，痴呆性老人向けのグループホームなども通常は福祉施設とされるが，適切な住居の確保という側面を強く有している．有料老人ホームも高齢者の居住の一形態と位置づけられる」としている[49]．

福祉の側からも，もちろん，高齢者の居住への言及はなされている．たとえば，広原盛明らの編著『少子高齢時代の都市住宅学』[50]を繙くと，いくつかの興味深い考察を見出すことができる．

同書の中で，ある著者は次のように言う．「これまで高齢者居住に対する配慮としては，バリアフリーの建築に介護を中心とした種々のサービス付加が主流であった．『有料老人ホーム』『シニア住宅』『ケアハウス』『シルバーハウジン

---

48)　山口=小島・前出注47) 84–85頁．
49)　山口=小島・前出注47) 86頁，88頁．
50)　広原盛明ほか編・少子高齢時代の都市住宅学（ミネルヴァ書房, 2002）．

グ』は，いずれも比較的健康な高齢者が自らの老後を子どもに頼らなくても自立して生活するために期待された住宅である．しかし一部の有料老人ホームを除けば，かなりの介護が必要となった場合には福祉サービスを利用し，特別養護老人ホームなどに移り住むことが予定されているものである．こうした少々の介護や日常生活サービスをサービス提供者から受けることを目的とするよりも，居住者同士のふれあいを重視し，仲間と暮らすことで精神的な支えを得て，自立したより楽しい生活を期待する者が増えてきている」[51]．こう述べて著者は，グループリビング（グループハウス）やグループホームに対する説明へと進む．

　別の著者は，次のように指摘している．「高齢者福祉施設は職員を多く擁する労働集約型の事業であり，事業性を考えると個人対応のサービス提供は難しく，基本的には集団対応であり，ある程度効率化されたサービスを提供することになる．実際こうした入所施設を自らの終の住まいとして好まない高齢者は多いと聞いている．……そうしたニーズを新たなマーケットと捉える民間事業者が増えている．共同住宅の付加価値化を高齢社会に求める事業者は，高齢者向けケア共同住宅の給付を手がけ始めている」．その上で，「グループホーム（痴呆対応型共同生活介護）やケアハウス（介護利用型軽費老人ホーム）は絶対数が未だ充足していない」「ケアハウスは厚生労働省系の事業，シニア住宅，高齢者向け優良賃貸住宅は国土交通省系の事業で，それぞれ介護保険制度導入以前から公共主導で供給が始められたものである．残りは民間が事業主体となるもので，グループリビング型グループホーム，ケア付き住宅は，有料老人ホームの範疇に入るものと共同住宅の付加価値化の範疇に入るものに分かれる」としている[52]．

　なお，続けて同じ著者が「利用する側から見れば，事業主体や運営手法の違いより，入居に要する費用や生活支援の内容，要介護状態になった場合はどうなるか．自己の尊厳は尊重されるかといった点が肝心なのであり，その点が明

---

51) 中西眞弓「新しい高齢者居住のかたちとコミュニティの課題」広原ほか編・前出注50) 130頁．
52) 善積康子「介護保険が都市居住にもたらすもの」広原ほか編・前出注50) 148-152頁．

第 3 節　契約という制度　　　311

確にされることが求められる」[53]との指摘をしているのは，本稿の観点から興味深い[54]．

　以上のように，高齢者の居住に関しては，① 住宅そのものの確保や ② バリアフリーなど構造上の配慮が必要とされるのに加えて，③ 各種の居住形態が高齢者・事業者の双方から求められるようになっていることが窺われる．そして，③ に関しては，住宅そのものに加えて，ケア，ふれあい，尊厳など「付加価値」が重視されるようになっていることがわかる．すでに繰り返し指摘しているように，高齢者の居住に関しては，継続性・安定性が求められるが，こうした「付加価値」が期待したように実現されないとすると，高齢者としては，居住の形態を変えたいが，容易にはそうすることができないというジレンマに陥ることになる．

　(3) 本稿の課題と構成　これまで見てきたところから，高齢者の居住について継続性の尊重という価値を実現するには，住宅そのものを確保することが必要であるのはもちろんだが，同時に，いったん獲得された居住が期待された性質から乖離しないようにしておくことが必要となる．以下，本稿では，この二つをそれぞれ，継続性への直接的配慮・間接的配慮と呼ぶことにしたい．

　以下，この二つの継続性の尊重という観点から，まずは，法制度の側から高齢者の居住に関する施策を検討する．主として高齢者居住法につき，継続性への直接的配慮の観点からの検討を加えることが中心となるが，その他の施策にも一言する（Ⅱ）．次に，民法の観点から，の側から高齢者の居住に関する様々な形態を再整理して提示するとともに，これらに対して，継続性への配慮に留意しつつ，締結や解除・解約申入れのほか支払方法・給付内容・設営主体などについて若干の検討を加える（Ⅲ）[55]．最後に，まとめに代えて，「契約と制度」

---

53)　善積・前出注 52) 152 頁．
54)　法学の領域でも，有料老人ホームに関してはこのような観点からの検討が早くからなされてきた．下森定編・有料老人ホーム契約（有斐閣，1995）のほか，最近では，丸山絵美子「ホーム契約に対する規制と契約法の一般理論・社会福祉サービス制度との関係——現行ドイツホーム法との比較を通して」専修法学論集 93 号（2005）など．
55)　Ⅲで扱う各種の居住形態については，以前にも触れたことがあるが（大村・生活のための制度を創る〔有斐閣，2005〕第 2 章Ⅱ「新しいハウジングへ」），本稿においては，高齢者の居住に対象を限り，しかも，継続性の観点からのみ検討を行う．

の関係という観点から[56]，本稿で扱う問題が持つインプリケーションにつき，ごく簡単に言及する．

II　制度から見た高齢者の居住

1　高齢者居住法による施策

高齢者居住法の概要についてはすでに紹介した通りであるが，ここでは，上記の①②の観点から，この法律が打ちだした施策をもう少し詳しく紹介しよう．

(1) 住宅そのものの確保　この法律は，高齢者向けの賃貸住宅の供給促進をはかるために，次のような各種の措置を講じている．

第一に，「高齢者向け優良賃貸住宅」の供給の促進のために，事業者による供給計画の認定制度を定め，これに対する支援措置を講じている（法30条以下・41条以下）[57]．重要な措置ではあるが，それ自体については，民法の観点から論ずべきことがらは特にない．ただし，次の第2点と関連するところがあるが，この点については後述する．

第二に，「高齢者の入居を受け入れることとしている賃貸住宅」（高齢者円滑入居賃貸住宅）の登録制度を設けている（法4条）．登録住宅の賃貸人は，入居希望の高齢者に対して，「高齢者であることを理由として，入居を拒み，又は賃貸の条件を著しく不当なものとしてはならない」とされている（同法10条）．そのかわりに，高齢者居住支援センター（法78条以下に基づき設置）は，登録住宅の賃貸人の要請に応じて，「当該登録住宅に入居する高齢者の家賃に係る債務を保証することができる」とされている（同法11条）[58]．一言で言えば，機関保証

---

56) この観点については，大村「フランス法における契約と制度」同・消費者・家族と法（東京大学出版会，1999，初出，1998），同「『家族法における契約化』をめぐる一考察」水野紀子編・家族――ジェンダーと自由と法（東北大学図書刊行会，2006）［本書第2章第3節Aとして収録］を参照．

57) なお，地方公共団体による供給促進のための措置（法48条）もなされている．

58) ここでいう「高齢者」については，「60歳以上の者」であり，原則として「同居する者がない者」であるか「同居する者が配偶者，60歳以上の親族（配偶者を除く．以下同じ．）又は入居者が病気にかかっていることその他特別の事情により当該入居者と同居させることが必要であると都道府県知事が認める者」であることが必要とされている（規則5条）．

第3節 契約という制度

をするから資力の乏しい高齢者にも住宅を貸与せよというわけである。

第三に,「終身建物賃貸借」という特別な賃貸借が認められている。これは,「自ら居住するため住宅を必要とする高齢者又は当該高齢者と同居するその配偶者を賃借人とし,当該賃借人の終身にわたって住宅を賃貸する事業」を行う者は,都道府県知事から事業認可を受け,かつ,「公正証書による等の書面によって契約をするときに限り」,当該事業に係る建物の賃貸借について,借地借家法30条の規定にかかわらず,「賃借人が死亡した時に終了する旨を定めることができる」というものである(法56条)。なお,このバリエーションとして,期間付死亡時終了建物賃貸借(法61条)も可能だとされている。終身建物賃貸借契約がなされると,認可事業者の側は,法の定める例外的な場合に限り,都道府県知事の承認を得た上ででなければ解約申入れができなくなる(法62条)。他方,賃借人の側は,「一 療養,老人ホームへの入所その他のやむを得ない事情により,賃借人が認可住宅に居住することが困難になったとき 二 親族と同居するため,賃借人が認可住宅に居住する必要がなくなったとき 三 認可事業者が,第72条の規定による命令に違反したとき 四 当該解約の期日が,当該申入れの日から6月以上経過する日に設定されているとき」に限り,解約申入れができる(法63条)[59]。また,賃借人の死亡後の取り扱いにつき,同居者の一時居住を認める規定(法65条)や同居配偶者等の継続居住を確保するための規定も置かれている(法66条)[60]。一言でまとめるならば,その名の通りこの制度は,賃借人に終身の賃貸借を可能するものであると言える[61]。

以上の二つの制度は,一方は契約拒絶を回避するための方策として,他方は居住継続を確保するための方策として,いずれも興味深いものであると言える。もっとも,制度が創設されたこととそれが機能していることとは別のことである。実際のところ,終身建物賃貸借がどの程度まで利用されているのかは明らかではないものの,高齢者円滑入居賃貸住宅は一定程度は利用されているよう

---

[59] 解約申入れに関するルール(法62条・63条)は片面的強行規定であり,賃借人にとって不利な特約は無効とされている(法64条)。

[60] ただし,これらの場合を除き,賃借権が承継されることはない。

[61] なお,一般の定期借家の場合と同様に,賃借人の側からの解約には一定の絞りがかけられているが,その絞りはそれほど厳しいものではない。

である．たとえば，高齢者住宅財団のホームページ中の「高齢者円滑入居賃貸住宅登録情報」から東京都の対象住宅を探してみると，約700件・9000戸がリストアップされる[62]．この背後には，家賃保証制度によるインセンティブだけではなく，第1点として掲げた「高齢者向け優良賃貸住宅」との制度的な関連づけが働いている．すなわち，この制度による支援措置（補助金）を受けた認定事業者には，高齢者円滑入居賃貸住宅への登録を義務づけるという仕組みが設けられているのである（法35条）．なお，終身建物賃貸借についても，認可を受ければ，家賃の全部又は一部を一括前払いで受領することができる点が（法58条2項7号参照），インセンティブとなっているようである．

（2）　バリアフリーなど構造上の配慮　　バリアフリーなどの構造上の配慮も，高齢者が実際に長く住宅に住み続けるためには不可欠である．この点につき，高齢者居住法は，一方で，「高齢者向け優良賃貸住宅」の供給計画認定要件として，「加齢に伴って生ずる高齢者の身体の機能の低下の状況に対応した構造及び設備」（加齢対応構造等）につき，一定の基準に適合することを求めるとともに（法31条3号），他方で，高齢者自身が行う住宅改良（加齢対応構造等を有するものとすることを主目的とするものに限る）に関する公庫貸付けにつき，死亡時一括償還とすることを可能にし（法76条1項），また，一般金融機関の貸付けについても，死亡時一括償還とする場合にその貸付けに係る債務につき，高齢者居住支援センターが保証することができるとしている（法77条）．

2　その他の施策

　高齢者居住法によるものではない施策としては，次のようなものがある．それぞれその概要を紹介しておこう[63]．これらについては，上記の①②のほかに，③も重要な目標となる．

　（1）　シルバーハウジング　　この施策の主眼は，「福祉政策と住宅政策の密

---

[62]　http://www.senpis-koujuuzai.jp/smooth/
[63]　以下は，主として，（財）高齢者住宅財団・高齢社会の住まいと福祉データブック（風土社，1998）及び同財団のホームページ中の解説（http://www.koujuuzai.or.jp/html/page07_02_04.html，http://www.koujuuzai.or.jp/html/page07_02_05.html，http://www.sumai-info.jp/elder/toku2.html など）による．

接な連携の下に，高齢者の安全や理念に配慮した設備・設計を行うとともに福祉サービスが適切に受けられるよう十分に配慮された住宅の供給を推進する」という点にある．具体的には，「日常生活上自立生活可能な高齢者単身世帯（60歳以上）・高齢者夫婦（一方が60歳以上）などで公営住宅等の入居資格を満たすものを入居対象者として，「手すり，緊急通報システム装置等高齢者の生活特性に配慮した設備・仕様が施された集団的に建設される公共賃貸住宅」を供給するとともに，ライフサポートアドバイザー（LSA＝生活援助員）を常駐させるかデイサービスセンターなどの福祉施設を併設するというものである．住宅そのものについては建設省（現在は国交省）が，ケアサービスについては厚生省（現在は厚労省）が，それぞれ補助を行う．2005年3月末の実績で，約750団地・約2万戸が提供されているという．

(2) シニア住宅 この施策の主眼は，「シニア住宅」の供給をはかり「中堅所得者の自助努力による高齢期の安定・安心した住生活の実現を推進する」点にある．ここでいう「シニア住宅」とは，「高齢者の生活特性に配慮した設備・仕様の採用，生活を支援するための施設の設置（生活相談室・集会室等），サービスの供与（緊急時対応のほか健康相談・生活相談や食事サービス・家事サービス等），入居住宅の家賃の一時払い方式又は一時払い・月払い併用方式の採用等，高齢者の住生活の安定及び向上のための特別の措置を講じた」ものをさすとされている．シルバーハウジングが公営であるのに対して民間事業者も行いうるものであり，当初は，シニア住宅の認定を受けることによって補助が得られる仕組みとなっていた．高齢者向け優良賃貸住宅制度の発足により，現在では，高齢者住宅財団の任意事業として継続されている（同財団のホームページには14件・約2100戸がデータ付で，9件がデータなしで紹介されている）．

(3) ケアハウス 老人福祉法20条の6の定める「軽費老人ホーム」（無料又は低額な料金で，老人を入所させ，食事の提供その他日常生活上必要な便宜を供与することを目的とする施設）として設置・運営されているものである．設置主体は国・都道府県以外の者（同法15条5項）とされているが，ほとんどが公営だという．利用者は，「自炊ができない程度の身体機能の低下等が認められ，又は高齢等のため独立して生活するには不安がある者であって，家族による援助を受けることが困難なもの」で「原則として60歳以上の者とする」（「た

だし，60歳以上の配偶者とともに利用するも者については，この限りではない」）とされている．サービスとしては，「助言・相談，食事，入浴，緊急時の対応」などが行われ，「日常生活上の援助及び介護を必要とする場合には，在宅保険福祉サービスにより対応」するものとされている．なお，費用は事務費＋生活費で11万円程度，事務費に関しては負担能力に応じて減額される．入居は，希望者と施設の間の契約による．

（4）　有料老人ホーム　　老人福祉法29条は「有料老人ホーム」を「常時十人以上の老人を入所させ，食事の提供その他日常生活上必要な便宜を供与することを目的とする施設であつて，老人福祉施設でないものをいう」と定義している．有料老人ホームを設置しようとする者は，都道府県知事に対して届出をしなければならない．入所者の保護のために，都道府県知事や厚生労働大臣には一定の権限が付与されているが（法29条3項・4項，31条の4），それ以外の規制はなされていない．設置主体にも利用者にも制限はないが，民間事業者によって設置されているものが多く，かつ，利用のための費用は利用者負担となる．また，サービスの形態・利用権の形態は多様である．入居はやはり契約による

以上の(1)〜(4)を，健常度・経済的自立度・サービスの内容及び程度・施設か住宅かという観点から整理すると，次の図のようになる（図表1）[64]．

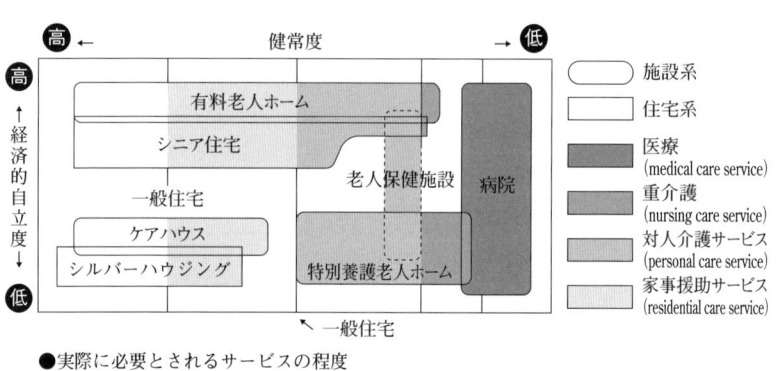

図表1　高齢者住宅・施設の分類
　　　　出典：前掲・高齢社会の住いと福祉データブック55頁より．

64）（財）高齢者住宅財団・前掲書（注63）55頁から引用．

第 3 節　契約という制度

(5) グループホームなど　高齢者に関しては，介護保険法 7 条 5 項に掲げられた「居宅サービス」のうち「痴呆対応型共同生活介護」と呼ばれるものをさすことが多い[65]．同 15 項は，「痴呆対応型共同生活介護」とは「要介護者であって痴呆の状態にあるもの（当該痴呆に伴って著しい精神症状を呈する者及び当該痴呆に伴って著しい行動異常がある者並びにその者の痴呆の原因となる疾患が急性の状態にある者を除く）について，その共同生活を営むべき住居において，入浴，排せつ，食事等の介護その他の日常生活上の世話及び機能訓練を行うことをいう」と定義している．5〜9 人をユニットとする少人数の施設である点に特徴がある．

もっとも，グループホームという呼称は，すでに一言したグループリビングやコレクティブ・ハウジングなどを含めて，より広く用いられることもある．関連の用語を，独立性か共同性か・コミュニティかサービスか・施設か住宅かという観点から整理すると，次の図のようになる（図表 2）[66]．

●高齢期の共同居住の分類　　高齢者の共同居住の目的

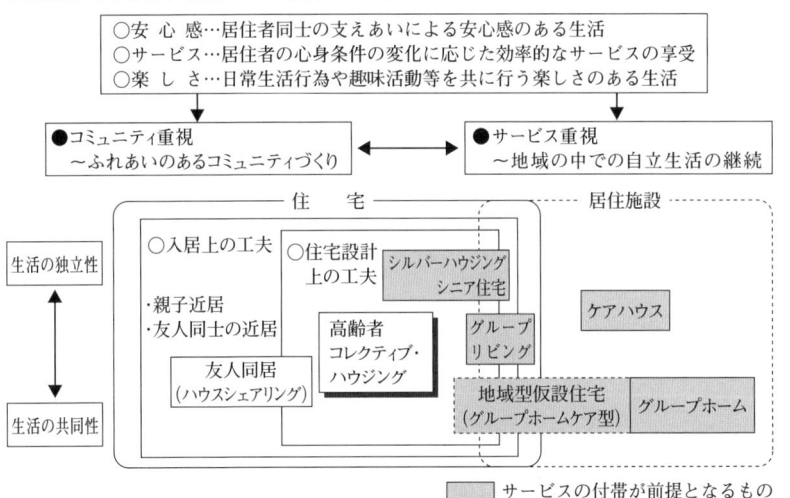

○安心感…居住者同士の支えあいによる安心感のある生活
○サービス…居住者の心身条件の変化に応じた効率的なサービスの享受
○楽しさ…日常生活行為や趣味活動等を共に行う楽しさのある生活

●コミュニティ重視　　　　　　　　　●サービス重視
　〜ふれあいのあるコミュニティづくり　〜地域の中での自立生活の継続

住　　宅　　　　　　　　　　　　居住施設

生活の独立性　　○入居上の工夫　○住宅設計　シルバーハウジング
　　　　　　　・親子近居　　　上の工夫　シニア住宅　　　ケアハウス
　　　　　　　・友人同士の近居　高齢者　　グループ
　　　　　　　　　　　　　　　コレクティブ・　リビング
　　　　　　　友人同居　　　　ハウジング　地域型仮設住宅
生活の共同性　　（ハウスシェアリング）　　　（グループホームケア型）　グループホーム

　　　　　■ サービスの付帯が前提となるもの

図表 2　グループホームの分類
　　　出典：前掲・高齢社会の住いと福祉データブック 113 頁より．

---

65) 障害者に関しては，知的障害者地域生活援助事業として行われるものを，児童に関しては，地域小規模児童養護施設として開設されているものを，それぞれ指す．
66) (財)高齢者住宅財団・前掲書（注 63）113 頁から引用．

Ⅲ 居住形態から見た高齢者の居住

1 居住形態の整理

(1) 対象の限定　Ⅱで紹介した施策は，各種の居住形態を生み出しているが，民法の立場からいくつかの視点を設定して，これらを整理してみよう．はじめに，検討の対象を限定しておく必要がある．以下の整理およびそれに続く検討に際しては，次の二つのものは対象から除外する．

第一は，病院や特別養護老人ホームである．考え方によっては，これらも「居住」の一形態ではあるが，これの施設における高齢者の処遇は，「居住」ではなく「医療・介護」の側面に重点がある．「居住」はいわば「医療・介護」の中に吸収されてしまうと言ってもよいかもしれない．そこで，本稿では，すでにⅡでの紹介の段階でこれらを除外してある（なお，図表1にはこれらも掲げられているが，引用元の文献においても本文中における言及はされておらず，対比のために掲げられているものと思われる）．

第二に，住宅そのものの供給にかかわる補助（高齢者向け優良賃貸住宅の供給）や公営住宅の整備（シルバーハウジング）に関する施策も除外する．これらは居住に関する施策としては重要であるものの，「民法」の観点からは検討すべき点が少ない．本稿では，事業主体（民間事業者・各種法人など）と高齢者との関係が問題になる居住形態に注目したい．

結果として残るのは，高齢者円滑入居賃貸住宅，終身建物賃貸借，シニア住宅，ケアハウス，有料老人ホーム，グループホームの六つ（グループホームを広狭二つに分ければ七つ）である．

(2) 対象の整理　以上の六つの居住形態を検討するための視点を抽出するために，いくつかの分類軸を立ててこれらを整理しておきたい．

第一の軸は，居住の基礎となる権利は何かである．おおまかに言えば，借家か持家かということになるが，前者に関しては一般賃貸か終身利用権，後者に関しては分譲（単独区分所有）か共有かが区別される．五つの居住形態のうち，高齢者円滑入居賃貸住宅・終身建物賃貸借はその性質上すべて一般賃貸であるが，シニア住宅・有料老人ホームには一般賃貸・終身利用権，さらには有料老

人ホームには分譲もある．ケアハウス・(狭義の) グループホームは施設利用契約によって居住するものであるが，その法的性質は曖昧である．利用者の持家でないことは確かだが，ケアの面にウエイトがあることと個室以外の利用が含まれることから，単純な賃貸であるとも言い難い．なお，(広義の) グループホームは共同での賃借か共有によって営まれていることが多いが，事業者が関与する場合には，一方で分譲に近いもの，他方で施設利用契約に近いものなどもありうる．

以上の中に，すでに他の分類軸が現れているが，第二の軸として，利用料の支払方法，第三の軸として，居住に付加された各種のケアの有無をあげることができる．

まず，利用料の支払方法についてであるが，分譲 (有料老人ホームの一部) の場合には，ローンが組まれることはあるにせよ，ホームを提供する事業者との関係では一括払いとなる．それ以外の場合はどうかと言えば，終身利用権型のシニア住宅・有料老人ホームの場合には一時払となる．また，終身建物賃貸借の場合にも賃料の全部・一部を一時払とするものがある．それ以外は，月々の賃料または利用料を払うことになる．次に，各種のケアの有無についてであるが，高齢者円滑入居賃貸住宅・終身建物賃貸借は，それ自体は単なる賃貸借であってケアを伴わない．シニア住宅はケア付きである点に特色があるが，ケアハウス・(狭義の) グループホームはむしろケアに重点が置かれている．有料老人ホームや (広義の) グループホームの場合にはケアを伴うもの・伴わないものが含まれる．

以上の整理の結果を表にすると，次のようになる (図表3)．

	権利形態	支払方法	給付内容
高齢者円滑入居賃貸住宅	賃貸		
終身建物賃貸借	賃貸	一時払あり	
シニア住宅	賃貸・終身	一時払あり	ケア付
ケアハウス	施設利用		ケア
有料老人ホーム	賃貸・終身区分所有	一時払あり	ケア付あり
グループホーム (狭義)	施設利用		ケア
グループホーム (広義)	共同賃貸・共有(所有・利用)		ケア付あり

図表3 7種の居住形態の整理

2 若干の検討

1での整理をふまえて，継続性への直接的配慮・間接的配慮のそれぞれの観点から，若干の検討を加える．

（1） 締結や解除・解約申入れに関する検討　まず，高齢者の居住の継続性を確保するには，住宅そのものへのアクセスが可能であり，いったん居住が始まった後は，住宅を失わずにすむことが重要である．このような継続性への直接的配慮という観点からは，① 賃貸借契約・施設利用契約において正当な理由のない契約拒絶がなされないことが求められる．また，② 賃貸借契約・施設利用契約の解除も正当な理由がある場合に限定する必要がある．

高齢者円滑入居賃貸住宅は ① の要請に，終身建物賃貸借は ② の要請に応えようとするものであると評価される．ただし，これらには残された問題もいくつかある．一つは，高齢者円滑入居賃貸住宅につき入居拒絶があった場合のサンクションについてである．高齢者居住法は入居拒絶を禁止するだけで，これに対するサンクションを定めていない．締約強制は難しいとしても，入居拒絶された高齢者の簡易な救済をはかる仕組みが必要であろう．たとえば，高齢者居住支援センターの業務内容に，苦情処理を加えることなどが検討に値する．もう一つは，終身建物賃貸借の利用促進についてである．確かに一時金払いにはメリットはあるものの，一時金払いの困難な高齢者については終身建物賃貸借は締結されにくい．高齢者円滑入居賃貸住宅の場合と同様に，何らかの誘導措置が講じられることが望まれる．

なお，高齢者円滑入居賃貸住宅・終身建物賃貸借以外の場合についても，高齢者であることのみを理由にする契約拒絶や高齢者であることを理由とする解除・解約申入れに対しては，その合理性の有無が問題になりうる．具体的には，不当な契約拒絶は不法行為になりうるし（民709条），不当な解除・解約申入れは正当事由なしと判断されることになろう（借地借家28条）．

では，ケアハウスやグループホームの場合にはどうだろうか．① の要請に関しては，施設側の審査が適正に行われたかどうかをチェックする仕組みが求められるが，問題の所在を指摘するにとどめる．ここでは注意しておきたいのは，② の要請に関してである．ケアハウスやグループホームの入居契約書には，事

業者側の解除権に関する規定が置かれていることが多いだろうが[67]，利用費滞納はともかくとして，その他の解除原因については，その有無につき事業者側の恣意的な判断がなされないようにすることが必要である．そのためには，事前に解除原因の定めにつき説明することが求められるとともに，事後的には，解除・解約申入れが適切になされたかどうかをチェックする仕組みが求められる．というのは，これらの施設に関しては，入居者自身が解除の当否を争うことは期待しにくいからである．

(2) 支払方法・給付内容・設置主体に関する検討 次に，継続性への間接的配慮の観点からの検討も必要だが，これに関しては次のような問題があげられる．

契約内容に関して重要な点の一つは，高齢者の側の支払方法である．すでに述べたように，利用権が終身とされる代わりに，その対価が一時払とされることがある．これには次のような問題がある．

第一に，中途解約の場合の一時払金の精算につき明確な定めがなされていることが必要である．さらに，清算金の支払を確保するためには，一時金の保全措置が講じられていることが望ましい．終身建物賃貸借に関しては，高齢者居住法により，保全措置を講じていることが認可の要件とされている（法58条7項）．しかし，有料老人ホームの場合には，このような措置が講じられていないものも多いようである．少なくとも保全措置の有無については説明がなされる

---

[67] ネット上で入手できた契約書によれば，たとえば，「甲は，乙が次に該当したときは，2箇月間の予告期間をおいてこの契約を解除することができる．(1) 共同生活の秩序を著しく乱し，他の入居者に迷惑をかけるおそれがあるとき．(2) 金銭の管理及び各種のサービスの利用について，乙自身が判断できなくなったとき．(3) 個別の日常生活の援助又は介護を必要とする状態であるにもかかわらず，それを受けないとき．(4) 利用料その他の費用の支払いを怠って，その滞納額が3箇月分に達したとき．(5) 不正の手段によって入所したとき，及び提出書類等で虚偽の事項を申告したとき．(6) その他この契約の条項に違反したとき，及び入所者心得に違反し，甲の指示又は指導に従わないとき」，あるいは，「乙は，甲が次の各号に該当する場合は，30日以上の予告期間をもって，この契約を解除することができます．一 甲が正当な理由なく利用料その他乙に支払うべき費用を3カ月以上滞納したとき．二 甲が当該共同生活住居を損傷する行為を反復したとき．三 甲が入院治療が必要となるなど，乙が自ら介護サービスを提供することが困難となったとき．四 甲が他の利用者の生活又は健康に重大な危険を及ぼし，または他の利用者との共同生活を継続を著しく困難にする行為をなしたとき」といった条項が見られる（前者は，井川町のケアハウスの例 http://www.town.ikawa.akita.jp/reiki/reiki_honbun/ac33102281.html，後者は，熊本市のグループホーム標準契約書の例 http://www.city.kumamoto.kumamoto.jp/kaigo/kaigosaervishiyouzyunkeiyasyomenu.htm）．

べきだろう．

　第二に，一時払であるにもかかわらず，後に追加料金が徴収されることも考えられる．そうした契約条件を挿入する場合には，説明が必要であるだけでなく，不合理な内容の契約条件は不当条項として無効とすることも考えられるべきであろう．

　契約内容に関してもう一つ重要な点は，高齢者が受ける様々な付随的な給付（各種のケア）の内容である．この点についても，事前に給付内容が明示されていることに加えて，原則として，給付内容の事後的な切り下げが行われないことが必要である．この点は給付内容が画一化されていない有料老人ホームの場合には特に重要である．

　なお，契約内容についても，解除・解約申入れについてと同様に，入居者自身が争うことは期待しにくいので，第三者によるチェックの仕組みが必要である．

　最後に，設置主体に関する問題にも触れておく必要がある．設置主体に関しては，民間事業者がしっかりした経営基盤を持っているかどうかが重要であるが，ここでは別の問題を指摘しておく．それは，（広義の）グループホームの場合である．（広義の）グループホームには，入居者自身が自主的に運営するものが多いと考えられるが，この場合には，居住・ケアの双方につき生じる様々な問題はすべて，自ら解決しなければならない．一般のマンションの管理と対比しても，これは容易なことではないことは理解される．事前に十分な協議を行って契約を締結する必要があるが，そのための指針となる標準契約書が策定されていることが望ましい．また，問題が生じた場合に備えて，外部にコーディネーターを置くといったことも考える必要があるだろう．

Ⅳ　まとめに代えて

　以上，不十分な序論的考察ではあるが，高齢者の居住形態を整理した上で，居住の継続性をはかるために必要な点のいくつかを指摘してきた．最後に，このような議論の意義について一言して，まとめに代えたい．

　本稿のⅠでも述べたように，今日，一方で，住宅法制の規制緩和が進んでい

る. 借家関係は再び契約化への方向にシフトしており, 区分所有関係もまた個人財産としての色彩を強めている. しかし, それにもかかわらず (あるいは, それだからこそ), 高齢者の居住に対しては, その継続性に対する格段の配慮が必要であることが認識され, 新たな制度化の方策が講じられている. 高齢者居住法の導入した高齢者円滑入居賃貸住宅や終身建物賃貸借がそれである.

　他方では, 高齢者の居住に対する要求の多様化・付加価値化が進んでいる. これには, 民間参入による社会保障の契約化がかかわっている. 様々な居住形態が様々なサービスと組み合わせられて, 契約によって提供されるようになっているのである. しかし, 契約内容の決定は全く当事者 (とりわけ事業者) の自由に委ねられてよいわけではない. 居住の継続性の観点から見て, いったん締結した契約を解消することは困難であり, また, 望ましいことでもないことを考えるならば, 社会的に見て妥当な契約内容の大枠が模索されなければならない. 有料老人ホームについては標準契約書が策定されているが, ケアハウス・(広狭の) グループホームについても, 同様の試みがなされるべきだろう. また, 内容そのものに限らず, 契約締結時の説明についても一定の基準が必要とされるが, さらには, 契約の前後を通じて, 義務の履行が適切になされているかどうかを社会的に監視していくことも必要である.

　繰り返しになるが, 住宅・福祉の双方につき契約化が進行しているのは確かである. しかし, 「契約化」とは, すべて当事者に委ねることを意味するわけではない. 本稿のテーマに即して言えば, 高齢者の居住を確保するのにふさわしい契約類型を, 契約当事者と社会とが協力して創り出していくプロセスが 「契約化」にほかならない. 「契約」とは, その標準内容が社会的に充填される 「制度」なのである[68].

---

68)　こうした契約観につき, 詳しくは, 大村・典型契約と性質決定 (有斐閣, 1997) を参照.

第3章　共振する研究へ
民法の内外で

第 1 節　「実践」と「理論」の間で

A　研究＝実践プログラムとしての「生活民法」

はじめに——「生活民法」の特性

　民法の概説書は数多く，最近では，2004年春から開設される法科大学院向けの新企画も相次いでいる．2003年2月に東京大学出版会より公刊された拙著『生活民法入門』(以下，『入門』と略称) では，これらの法曹養成用の教科書・演習書類とはやや異なり，「法学部や法科大学院の学生以外の人々」に向けて，「日常生活の法としての民法」を提示することに重点を置いた．日常生活が民法によって支えられており，また，人々の意識が民法を動かす力となっていることを示して，民法に対する関心を広く惹起したいと考えたからである．

　『入門』では，「日常生活の法」という視点を前面に出すために，「消費・家族・社交」にかかわる部分に焦点をあわせてみた．その結果として，民法全体の過不足のない説明は放棄することになったが，20世紀日本の生活史に即した形で民法の展開を示すことは，ある程度まではできたように思う．

　しかし，「日常生活の法」を標榜するならば，あるいは，隣接諸学を学ぶ人々へ語りかけようとするならば，「日常生活」と「法」の関係について，もっと方法的な議論を展開すべきではなかったかという気持ちがないわけではない．『入門』の序論部分では，日常生活の特性 (主体＝個人，行為特性＝継続性など) につき一般論として触れてはいるのだが，本文中での説明に際しては，このような方法的な観点からの考察は十分にはなされていないからである．

また,『入門』が「ハウツー的な回答」を与えるものではないことは,「はしがき」にも述べた通りであるが, いくつかの問題をとりあげて少し立ち入った説明をしてみせることによって, 法的思考の一端を示した方がよかったのではないかという反省もある.

そこで本稿では, 生身の人々が営む継続的な生活を民法の観点から見た場合にいったい何が浮かび上がるのかという問題につき, いくつかの具体例を出発点として考えてみることを通じて,『入門』の不足を多少とも補うとともに,「生活民法」＝「日常生活の法としての民法」という試みが何をめざしているのかを, 改めて明らかにすることを試みてみたい.

Ⅰ　いくつかの事例から

(1)　消費——ネット上の契約　　インターネットの普及は著しい. 読者の中には, ネット上で買物をした経験のある人も少なくないだろう. もっとも, 自分で作成したEメールを用いるのならば, 自分が入手したい物品(契約の目的物)を特定して「注文」することになり, 手紙やFAXによるのと変わらない. しかし, 事業者が設定している画面に従って「注文」する場合には, 話は少し違ってくる. ついうっかりキーをたたいてしまうことや何度も同じキーをたたいてしまうことが起こりうるからである. 極端な場合には,「注文」したという意識は全くないのに, ある日, 複数の同じ商品が届くということになる.

こうした場合に, いったい「注文」はなされたことになるのか, そして, 契約が有効に成立したことになるのか. この点に関する一般的な考え方については, ここでは繰り返さない(『入門』94-98頁参照). 結論を一言で言えば, 結果として「注文」をしたことになるが, まちがえてしてしまった「注文」であり自分にはそのつもりがなかった場合には,「錯誤」を理由に契約の無効を主張できる(民法95条本文). ただし, 重過失により(自分の大きなミスで)「注文」をしてしまったという場合には, 無効の主張はできない(民法95条但書). このルールをそのまま適用すると, 上の例はどうなるだろう.「うっかりキーをたたいてしまう」というのが「重過失」に当たるならば, 契約の無効を主張できないことになる. しかし, 一般の人々が誤ってキーをたたいてしまうことは, しばし

ばありうることである．もし，多くの「うっかり」は重過失にあたるとされるならば，人々は慎重にキーをたたくことを期待されることになるが，ネット人口がこれほどまでに増えた今日，すべての人にそのような行動を期待するのは難しい．

では，どうすればよいか．考えてみると，ワンタッチで簡単に「注文」できてしまうようなシステムになっていなければ，こんなことにはならないわけで，ここでは便利さが落し穴になっている．画面を設定するのは事業者であるが，事業者の方でワンタッチでは注文できない（自分で注文したかどうかが分かる）ような画面設定をしてくれれば，トラブルは格段に少なくなるだろう．そこで，2001 年に制定された電子消費者契約特例法は，上のような場合には一律に「重過失」にあたらないとする新たなルールを定める一方で，事業者が確認画面を設けた場合にはこのルールは適用されないとした（『入門』99 頁）．

似たような問題は，コンピュータの普及以前にもなかったわけではない．たとえば，クレジット契約の場合がそれである．今日ではクレジット・カードが普及しており，学生たちもカードを使うようになったが，少し前には，これとは別に，1 回の買い物ごとにクレジットが組まれることがあった．その際に顧客は，購入申込書とクレジット申込書の双方にサインを求められたが，通常，二つの申込書はカーボン式複写の一組になっており，サインは一回すればよかった．

こうして「支払いは後で」ということで買った商品に欠陥があったとしよう．もし販売店（売主）に対しての支払いが済んでいなければ，顧客（買主）は，欠陥商品の交換・補修がなされるまでは支払いを拒むことができる．これを「同時履行の抗弁」という（民法 533 条．『入門』132 頁）．しかし，クレジットを使ったとなると，話は少し違ってくる（『入門』150 頁）．というのは，商品を売ったのはクレジット会社でないからである．販売店に対してできるのと同じ主張を，クレジット会社に対してもできるかどうかが問題となる．しかし，販売店に対してであれクレジット会社に対してであれ，お金を払うのは同じだというのが顧客側の意識であろう．そもそもクレジット会社からお金を借りたという意識すらないこともある．

そこで，1984 年に割賦販売法という法律が改正されて，上のような場合に

は，販売店に対して主張できることをクレジット会社にも主張できる，つまり，代金の支払いを一時ストップできることを明らかにする規定が置かれることとなった．この法改正は，うっかりミスに対応するものではないが，クレジットというシステムの利用者の期待を保護する（リスクはシステム設定者の側で負う）という点では，先に紹介した電子消費者契約特例法と共通の認識に立つものであると言えるだろう．

　(2)　家族——夫婦の財産関係　　最近の学生たちは，デートの費用をどのように負担しあっているのだろうか．きっちり割り勘にするカップル，適宜どちらかが支払うカップル，一方のみが支払うカップル……．いろいろなやり方があるのかもしれない．では，カップルが一緒に暮らし始めるとどうか．一方には，恋人時代と同様に，割り勘を続行するというカップルもあろう．二人がともに働いているならば，それぞれの収入の中から一定額を出し合って，外食やら娯楽やらの費用だけではなく，生活費一般をまかなうわけである．それぞれに預金口座を持つと同時に，家計用の第三の口座を持つというカップルが，最近では増えつつあるとも言われている．他方で，家計のやりくりは一方が行っておりもう一方は任せきりにしているというカップルもある．実際には，妻が，自分も働いているかどうかにかかわりなく，夫婦双方の収支を管理しているというケースが多い．少なくとも少し前までは，「妻が財布を握っている」という家計のあり方が，日本の夫婦の典型としてイメージされていたと言っても過言ではない．

　夫婦の財産関係のあり方は多種多様でありうるが，この点につき，法はどのような対応をしているのだろうか．一言で言うと，財産関係に関する限り，結婚しても夫婦は独立の存在として別々に財産を持ち続けるのであり，二人の財産が一つに融合してしまうということはない，というのが日本法の考え方であると言える（民法762条1項．『入門』204–205頁）．もっとも，上に述べた日常生活上の支出については，「夫婦は……婚姻から生ずる必要を分担する」（民法760条）と定められており，共同性への最小限の配慮はなされている．

　しかし，長年にわたり共同生活を営んでいると，夫婦の財産関係は必ずしも判然としなくなってくる．このテレビを，あのテーブルを買ったのは夫婦のどちらだったのだろうか．家中の家具・家電製品のすべてについて，その帰属を

直ちに明らかにできるカップルはごく少数だろう．こうした場合に備えて，民法は「夫婦のいずれに属するのか明かでない財産は，その共有に属するものと推定する」（民法762条2項，『入門』206頁）としている．この規定は，継続的に営まれ，かつ，明確な管理のなされない日常家事にかかわる財産関係を単純に割り切ることの困難さを考慮に入れた規定であると言える．

　では，誰が買ったかが明らかになれば（明らかでない場合には推定規定を適用すれば）問題はないのだろうか．実は，より大きな別の問題がある．結婚後に貯蓄を始めて住宅を購入したとしよう．たとえば，夫婦が共稼ぎでそれぞれの預金から2000万円ずつを出し合って4000万円のマンションを買ったという場合には，マンションは夫婦双方の所有物であり，登記も夫婦双方の名義でなされるのが普通だろう（『入門』111頁の登記簿で，甲区（所有権）の欄に所有者として夫婦双方の名が記載される）．この場合には，名実ともにマンションは共有であり，特に問題はない．だが，夫はサラリーマン，妻は専業主婦という夫婦の場合にはどうなるだろうか．マンション購入資金は夫が働いて得た賃金に由来する預貯金でまかなわれる．この場合には，普通は，登記も夫名義でなされる．しかし，妻はこのマンションは「夫婦のもの」であると思っている．たとえ夫の得た賃金によって買ったとしても，夫がそれだけの賃金を得られるのは，妻の貢献があってのことだと考えるからである．ところが，マンションはあくまでも夫の所有物である．したがって，夫が勝手に売却してしまっても，妻は口出しのしようがない．

　もっとも，妻の貢献は，婚姻解消時にはそれなりに評価される．すなわち，夫が死んだ場合には，妻には遺産の最低でも2分の1の相続権が認められる（民法900条）．遺産がマンションだけであるとしても，その半分は妻のものとなるわけである．離婚の場合にも，妻は財産分与を求めることができる（民法768条）．相続の場合と異なり，どれだけの財産が分与されるべきかははっきりとは定められていないが，最近では，婚姻後の財産形成については夫婦が同等の貢献をしていると考えて，2分の1の分与を認めるべきだとされている．

　全体としてみると，婚姻中は財産面での夫婦の独立性を尊重するが，婚姻解消時には，それまでの相手方の貢献に対して事後的・包括的に報いる（『入門』219頁，222頁）．これが今日の民法のルールであると言える（占領改革時に大改正

による.『入門』172頁).こうしたルールが採用されているのは,財産形成にあたっての夫婦間の有形・無形の貢献を,個別に金銭的に評価することは困難であるからである.

　別の言い方をすれば,婚姻の財産的効果の特色としては,その終了にあたって,このような概算的な清算がなされる点に求めることができる.結婚していない男女のカップル（あるいはその他の共同生活者たち）が,その財産関係を清算する際には,配偶者相続権や財産分与のような制度によらずに,可能な限りで個別に計算をせざるを得ないはずだが,夫婦の場合にはそうした煩瑣な計算をしなくともよいわけである.

　(3)　社交——隣人・友人のサービス　　日常生活の中では,隣人・友人などに対して,小さな手助けをすることが少なくない.たとえば,母親たちが子どもを預けあったり,送り迎えを分担しているというのは,よく見かける例である.こうしたサービスは,普通は,ご近所や友だち同士の「つきあい」に属するものと認識されており,「お互い様」ということで報酬の支払いがなされることはない.

　母親たちの関係が良好である限りは,こうしたやり方でも問題が生ずることはない.また,ある人が頼むばかりで頼まれることが少ないとなれば,その人は自然と仲間から遠ざけられることになろう.義務の履行が求められたり,報酬の支払いを迫られたりするということにはならない.母親たちの「約束」が一種の「契約」であるとしても,それは無償契約と呼ばれるタイプのものであり,有償である売買や賃貸借のように強い拘束力を持つわけではない.

　もっとも,子どもを預かった以上は,どのような約束であれ一定程度の注意をする必要はある.たとえば,うっかりしていて,子どもが事故にあったとなると,お金をもらっていなくても責任問題が発生する.とはいえ,有料の保育所やベビーシッターが預かった場合と,好意にもとづき無償で預かった場合とで,負うべき責任に程度の差はあるのではないか.20年ほどまえに話題になった「隣人訴訟」——好意で預かった子どもが近くのため池で溺死した事件——で問われたのは,まさにこの点であった（『入門』290頁).

　この問題はなかなか難しい.たとえば,介護ヴォランティアを例に考えてみよう.ヴォランティアの側には,アマチュアが無償でする奉仕活動だから,と

いう気持ちが多少ともあるだろう．確かにプロの介護士と同じというわけにはいかない．しかし，介護を受ける側にしてみれば，プロかアマかにかかわりなく，一定の水準の行動を期待する．ヴォランティアだからといって，ミスが許されるわけではないと考えるだろう．このようなギャップは，とりわけ，重大な人身損害を生じた場合には，深刻な問題を生み出すことになる．

好意に基づきなされる活動について，どのような責任を課すのか．被害者を保護すると同時に，ヴォランティア活動を萎縮させないためには，どのようなルールを設ける必要があるのか．この点について，われわれは必ずしも十分な解答を手にするには至っていないのである．

Ⅱ　事後処理のための法律構成

(1)　立法・判例による模索　①ネット上でのうっかり注文，②夫婦間の財産関係のあいまいさ，③近所のよしみから生じた事故の取扱い．Ⅰでは，日常生活で遭遇するトラブルの例として，これらをとりあげて，そこに含まれる法律問題とそれへの対応につき簡単に触れた．これらのトラブルは，契約・夫婦・不動産・相続・責任などにかかわっており，民法のカバーすべきものであるといえる（『入門』11頁）．しかし，実際には，「民法」という法律（「民法典」とも呼ばれる）に書かれた昔ながらのルールをそのまま適用するだけでは，うまい具合に問題を解決することができない．

どうしてか，というのはなかなか難しいところだが，一言で言ってしまえば，民法はもともとは，こうした問題を念頭に置いていなかったからである．ただ単に，コンピュータがなかったから，共稼ぎのカップルが少なかったから，ヴォランティアが盛んでなかったから，というわけではない．19世紀末にできた民法典が想定していた取引・家族・近隣関係は，現在よりもずっと明確な輪郭を持っていたと言えばよいだろうか．一定の資産と家柄を持つ人々が家産・家業にかかわる取引をし，他家と姻戚関係を結び，近隣に対しては名望にふさわしい貢献を行う．それが民法の世界であった．先祖伝来の家産・家業（場合によっては婚姻により獲得されるものも含む）の維持・管理には十分な注意が払われていたが，①'日常の買い物や②'夫婦の勤労収入はほとんど省みられず，ま

た，③'慈善行為に対する責任追及などは思いもよらなかった．①'②'のような些末な取引や財産，③'のような無償の活動は，民法の関心外にあったのである．

　しかし，20世紀を通じて産業化・民主化が進んだことによって，状況は大きく変わった．「豊かな社会」が実現し，「フェミニズムの時代」に突入し，「ヴォランティア元年」に到達することによって，かつては民法の関心外にあったことがらが法律問題としてクローズアップされることとなったのである．別の言い方をするならば，これまで財産や家族などに関するトラブルを意識して引き受けてこなかった多くの人々が民法の世界に登場するに至ったのである．

　これらの人々——現代日本に暮らすわたしたち——の日常生活が，通常は，法的な観点から意識的に組織されていないのは，ある意味では当然のことである．一生のうちに何度か経験するに過ぎない大きな財産の移転（家産の処分や相続）だけが法律問題ならばともかく，細々とした日々の暮らし——生身の人々が反復継続する活動——において生ずるであろう問題につき，十分な注意を払うことなく過ごしてしまうというのは，やむをえないこと（ある意味では合理的なこと）だからである．

　ところが，その細々とした日常の暮らしが法律問題を惹起する．「うっかり」や「あいまい」や「よしみ」が，法の言語によって記述され，一定の法的評価を受けるのである．その際に人々は（一般市民だけでなくその代理人となる弁護士も含めて），「日常生活の特性」の考慮が必要であることを直感的に把握する．私たちの生活態度を変えるのではなく，民法のルールを変えるべきだ．ある時には集団訴訟によって，ある時は相手方に対する小さなプロテストによって，様々な回路を通じて法の変容への要求がなされるのである．要求を突きつけられた立法担当官や裁判官たちは，法改正により，あるいは個別訴訟における判決によって，日常生活における法律問題を事後的に定式化し，これに解決を与える試みを続けてきた．冒頭に掲げた①～③への対応は，そうした応答の一例であった．

　(2) 学説による理論構成へ　「日常生活の法」の特性を考慮しようと試みたのは，実務法律家だけではない．民法学者たちもまた，一定の役割を担ってきた．実際の必要に応じてなされる様々な状況的な対応につき，体系的な説明

を与えてその正統性を保証し，実務の安定・定着をはかる．さらには，新しい問題を自ら発見し，既存の体系自体の組み替えをはかり，望ましい解決の方向を示唆する．そうした試みは，ある意味では戦後日本民法学の「伝統」を形成していると言ってもよい．戦後の住宅難に対応した借地借家理論，高度成長期の交通事故・公害に対応した不法行為理論の展開などは，その典型例である．そして，消費者問題の発生を受けて展開された1980年代以降の新しい契約法理論がこれに続く．今後は，家族や社交に関する新しい理論も現れることだろう．

このような解釈理論の展開は，(わたしたちが現に生きる法を対象とする) 実定法学としての民法学の重要な任務に属する．居住の安定をはかり，被害者の救済に努める．あるいは，消費者の決定を支援する．領域ごとに考慮されるべき価値や事情を具体的に抽出し，かつ，それに適用される法規範の内容に密着した形で議論を重ねるというのは，地味ではあるが，法システムの運行に影響を与えうる実効的な作業である．しかし，それだけでは十分ではない．こうした作業を前提としつつ，「日常生活の法」の一般的な特性を抽出し，さらには，その変容のダイナミズムを解明することも，また民法学の任務に属する．今日，民法は，「うっかり」「あいまい」「よしみ」といった日常生活の特性にいかに対処しているのか．また，古典的な民法から現代的な民法への変容はどのようなプロセスを経て生じつつあるのか．これらの問題に挑むためには，法社会学・法哲学あるいは法史・外国法などの知見も参照されなければならないが，さらに進んで，心理学や経済学・政治学など隣接の諸学の援助も必要となろう．

Ⅲ　事前対応のための制度構築

(1)　「法化」の諸段階　　従前は「法」の世界の問題とはされなかったか(されることの少なかった)ことがらが，「法」の世界に登場すること．これを「法化」と呼ぶとすると，「法化」にはいくつかの段階があるように思われる．まず，これまでに見てきたように，既存のルールによって対処する段階とルール自体を再編成して対応する段階とに分けることができる．これは，ルールの側に着目した区分である．これとは別に，行為者の側に着目することも考えられ

る．日常生活の法化に伴って，規範を調整・変容させるというのは一つの解決であるが，主体の行為態様の変更によって対応をはかるという解決もありうるからである．意識的な購買行動をとる「かしこい消費者」になり，明確な財産管理を行う「ドライなカップル」になり，そして，危険を予測した「慎重な隣人」となるように努めるという具合にである．

　もちろん，すべての人々にこうした行動を期待できるわけではない．しかし，そうしたいと考える人々が出てきていることは確かである．もっとも，「かしこさ」「ドライさ」「慎重さ」を追及すると言ってみても，口で言うのは簡単だが，行動に移すのは容易なことではない．それでも，様々な試みはなされるだろう．そして，パイオニアたちが開発したやり方のうち，一般の人々も簡単に模倣できるものは，広く社会に浸透していくに違いない．こうして新しい時代にふさわしい，「ビジネスモデル」ならぬ「生活モデル」が生み出されることになろう．

　(2)　手作りの制度へ　では，民法は，このような「生活モデル」の創出・生成とは無縁なのだろうか．ただ，日常生活において生ずるトラブルを事後的に調整する役割を担うだけなのだろうか．おそらくはそうではない．民法のルールを修正・改良して，日常生活をよりよく生きるために人々が工夫をするのをサポートすることは，なされるべきことがらである．①～③の事例からはやや外れるが，たとえば，消費者への情報提供の促進は様々な形で行われている．配偶者への生前贈与に対する租税軽減措置，あるいは，様々な目的で設立される非営利団体への法人格付与なども，サポートの一例であろう．

　ここで注意すべきなのは，このようなサポートは法改正によってしか実現しえないわけではないことである．既存のルールや制度の組合せによって，新しい制度の構築を試みることも可能なのである．ネット取引における本人認証の仕組み（一部分は電子署名法という法律によってサポートされている），夫婦連名の預金口座（某銀行によって商品として開発されたことがある），各種のヴォランティア保険（基本の保険契約の枠内で可能である）などはその例である．これらは，いずれもコマーシャル・ベースで提供されたものであるが，コミュニティ・ベースでの試みもありうる．たとえば，各種の共同購入システムやリサイクルシステム，地域通貨の導入，共同保育・グループホーム・コレクティブ

ハウスなどは，具体的な実践例も少なくない．

これらは，国家のレベルでルールを変更するわけでも，個人のレベルで行動を調整するわけでもない．いわば中間のレベルに，「手作りの制度」を創り出そうというものである．こうした制度作りのためには，民法上の各種の法技術を有効に使いこなすことが必要だが，それだけでなく，行政学・公共政策論・自治体論・都市社会学・社会心理学・建築学・都市工学など多くの学問領域の知見を借りることや，内外の実践事例から学ぶことも重要である．

おわりに——研究＝実践プログラムとしての「生活民法」

以上に見てきたように，民法は，日常生活の必要に応じて変貌しており，法律家も法学者もその生成のために努力を重ねている．『入門』には「暮らしを支える法」という副題を付したが，まさに民法はそのような役割を担っている．この点を明らかにすることが，『入門』の主要な目的であった．

法を担うアクターたち——一般市民・実務法律家・法学者——が，重要性を増しつつある「日常生活の特性」に対応して，ルールを変容させ，さらには制度を生成させていく様子は，その機序はもちろんのこと，現象そのものについても，これまで必ずしも十分に明らかにされては来なかった．そこで，様々な意味で法との接点を持つ隣接諸学を専門とする方々に，ぜひそれぞれの観点から「日常生活の法としての民法」に関心を持ち，その解明に参加していただきたい．また，法学を専門とする方々には，「日常生活の法としての民法」という視点に立って，おなじみの問題を再検討し，さらには新たな問題の発見の手がかりとしてもらいたい．僭越な言い方をお許しいただくとすれば，学際的な研究プログラムとして「生活民法」という視点を提示し，多くの方々の関心を惹起したい．この点に『入門』のもう一つの目的があった．

これとは別に，法知識・法技術を紛争の解決・予防の道具や研究のための素材として用いるだけではなく，「日常生活のための制度」を創るツールとして役立てていきたい．この点は，『入門』の到達点として「あとがき」に記した点であり，『入門』の先にある課題である．民法の利用可能性や民法学の貢献可能性は未知数であって，私自身も具体的な提言をすべく準備を進めている段階にあ

る．その意味で，実践的なプログラムとしての「生活民法」は，イメージとしてわずかに示されたに止まっている．しかし，手作りの制度の必要性は今後ともますます増大するだろう．そして，それに応ずる様々な試みが現になされている．法を生きる人々，実際に制度を工夫しようとしている人々には，エールを送ろう．新しい制度はあなた方の手中にある．制度創設に随伴する人々，法を観察する人々には呼びかけよう．現象をフォローしよう，そして，その中に有益な知見を見出そう，と．法は与えられたもの・お仕着せのものではない．私たちは，よりよい制度を創ることができるはずである．『入門』の読了した人々が，「そうかもしれない」と思って下さることを願う．

B 制度としての法——ブルデューと法・再説

I はじめに——視点の限定

「少し前までは一部の専門家だけが研究対象としてきたブルデューだが，今日ではフランス現代思想の中心人物と目されるに至っている．……確かにブルデューは思想家の名に値する．……だが，同時に，様々な領域において専門の研究者としてブルデューを受けとめることも必要だろう．……思想家としてのブルデューの像も，個別の専門領域での検討によってより鮮明なものとなるはずである」．こうした観点に立って，筆者はしばらく前に「ハビトゥス・象徴権力・法——『ブルデューと法』研究のために」と題する小論を発表し(以下，「前稿」と呼ぶ)[1]，ブルデューの「法理論」について若干のコメントをして，「ブルデューと法という問題領域が存在すること」を示そうとした．その中で，筆者は，ブルデュー研究，法理論研究の双方の側からのアプローチの可能性と，個別テーマの研究に際してのブルデュー理論の参照可能性について言及しておいた．

当時，日本の法学界にはブルデューに言及する研究はほとんどなかった．フランスを見ても一部の法理論家はともかくとして，伝統的な法解釈学(実定法学)を行う人々がブルデューに言及するのは見たことがなかった．少なくとも筆者の専門である民法に関しては皆無であったと言って大過ない．しかし，日本でも，筆者の前稿と前後して，法社会学者の和田仁孝氏がその浩瀚な著書に

---

[1] 『UP』1994年8月号，9月号(現在では，大村・法源・解釈・民法学〔有斐閣，1995〕に補論として所収)．

おいて[2]，筆者とはやや異なる観点からブルデューを援用したことによって，ブルデューの名は法学研究者にも親しいものとなった．おそらく今日では，「ブルデューと法」というテーマの存在意義自体について訴える必要は，少なくとも相対的に減ったと言ってよいだろう．

「ブルデューからの展開」という副題を持つことになるという本企画の趣旨がまさにそうであるように，いま必要なのはブルデューの理論の紹介ではなく，それを使って日本社会の分析を行うことであると思われる．筆者自身，前稿以後にブルデューに触れる機会は何度かあったが，それらはいずれもブルデューの法理論を紹介するというよりも，それを分析道具として用いようとするものであった．具体的には，ブルデューの考え方を一つの手がかりとして，各種の契約類型のような「法概念」の存在意義をめぐる研究，あるいは，法学教育や法律家養成のあり方にかかわる研究などをすすめてきた[3]．本稿においては，ブルデューとの関連にウエイトを置いて，これらの研究を再整理するとともに，今日の問題状況を考慮に入れた補足を加えたい（II）．

すでに述べたように，本稿では「ブルデューと法」に関する理論的な検討は行わない．しかし，前稿執筆時から今年の逝去に至るまで，約10年の間にブルデューは少なからぬ著作を残している．それらの中には，筆者のような実定法学者の関心を引くものも含まれている．そこで，最近の著作のいくつかに触れつつ，純然たる理論家としてのブルデューではなく，思考すると同時に実践する，知識人としてのブルデューの状況認識のうち，今日の日本社会における法実践にも意味を持ちうると思われるものをとりあげて，若干のコメントをしておきたい（III）．

---

[2] 和田仁孝・法社会学の解体と再生（弘文堂，1996）．
[3] 前者につき，大村「典型契約論——契約における個人と社会」法協 110 巻 9 号，111 巻 7 号，12 号，112 巻 7 号，10 号（1993–95）（現在では，大村・典型契約と性質決定〔有斐閣，1997〕と改題して刊行），後者につき，大村「現代日本の法学教育——法学部における教育を中心として」岩波講座・現代の法 15 現代法学の思想と方法（1997）（現在では，大村・法典・教育・民法学（有斐閣，1999）に第 2 編序章として所収）．

II　日本社会の法状況へ

　ブルデューを一つの知的資源としつつ，筆者が法概念や法学教育に関する研究を発表したのは，ごく最近のことである．しかし，二つのテーマのいずれについても，ここ数年で状況は変化を見せている．法概念に関しては，筆者自身が，「典型家族」「非典型家族」という概念の導入によって，契約法における議論を家族法にも及ぼす試みをしたのに対して，学界には若干の反応が見られる(1)．また，法学教育に関しては，司法制度改革審議会の提言にもとづき，2004年には法科大学院（いわゆるロー・スクール）が開設されることとなり，法学界・法実務界の枠を超えて，これをめぐる論議が盛んになされている(2)．

1　法制度を考える

　(1)　フランスでもドイツでも，そして日本でも，ローマの法文化を承継し成文の法典を持つ国では，民法典中に各種の契約類型（贈与，売買，賃貸借……）を定め，それぞれにつき標準的な内容を示す規定群をセットしているのが普通である．このように，法典に定められた契約類型を「典型契約」と呼んでいる．もっとも，契約当事者が合意して，セットされた規定群とは異なる内容を定めることは可能である．賃貸借なら賃貸借を行う（たとえば，アパートを借りる）に際して，必ずしも民法典の定めに従う必要はない（たとえば，民法 614 条は家賃は月末払と定めているが，合意によって月初めに支払うことにしてもよい）．特別な合意があればそれが優先して適用される規定のことを「任意規定」と呼ぶが，契約に関する規定の多くは任意規定に過ぎない．

　それでは，任意規定はなぜ置かれているのだろうか．さらには，一群の任意規定を伴う契約類型は何のために存在するのだろうか．当事者の合意が優先するならば，当事者がすべてを決めるとすれば足りるのではないか．契約は当事者が定めた通りの効力を有するのであり，民法典が定める契約類型を基準として，この契約は売買か否か・賃貸借か否かといった問いを立てるのはナンセンスである．むしろ当事者の創意工夫を一定の型に押し込むことになり，それぞれに個性を持った個別の契約をゆがめることになる．戦後の日本民法学はつい

最近までそう考えてきた．これに対して，最近では，契約類型や任意規定の存在意義を重視する見解が有力になりつつある．筆者自身もこの流れに与している．

　自由に契約を締結する，と言うが，これはそれほど容易なことではない．売買なら売買，賃貸借なら賃貸借について標準的な契約内容が定まっていれば，契約当事者たちはそうした内容を持つ「売買」や「賃貸借」を締結すればよい．既存の契約類型（より広くは，法制度，法概念）を利用することによって，格段に効率的かつ確実に，われわれは当初の目的を達成することができる．とはいえ，既存の契約類型をそのまま使うことは強制されているわけではない．既存の契約類型のどれを用いても直ちには目的を達することができない．当事者たちがそう考えるならば，既存の契約類型に修正を加えればよい．それでも足りなければ，新たな契約類型を作り出せばよい．実際のところ，リースやクレジットのような契約類型は，そうやって作り出されてきた．

　以上は，ある意味では常識的な見方であるが，戦後の日本民法学がこうした見方をとらなかったのには相応の理由がある．かつての民法学において支配的であった，制度・概念の体系から逃れて，自由な法実践を行いたいと考えたからである．つまり，そこには構造か実践か，拘束か自由か，という二項対立が存在したのである．90年代の契約法学はこの二項対立を超えようと試みた．契約類型，より広く法制度や法概念は，法実践に先行しこれを方向づけるものだが，同時に，法実践によって内容を更新することが可能なものである．以上のような見方を支持するものとして，一方で，認知科学のカテゴリー論などが援用され，他方，構造と主体の相互規定性を重視する社会理論が参照された．こうした文脈の中で，筆者はブルデューのハビトゥス論に関心を寄せた．

　(2)　契約類型に代表される法制度・法概念は，人々の行動の基準として働くとともにそれを規律する働きをする（筆者は，それぞれ「分析基準機能」「内容調整機能」と呼んだ）．それだけでなく，それは社会秩序を再生産するとともに個人の創造を助ける（「創造補助機能」と呼んだ）．社会において蓄積された契約類型を使って，われわれは日々を生きていく．必要ならば，新しい契約類型を生み出しながら．

　このような積極的な制度観・概念観，生成的な制度観・概念観を手にした筆

第1節 「実践」と「理論」の間で

者は，続いて，同じ枠組みを用いて家族の分析を試みた．戦後日本の家族法学のメイン・ストリームが念頭に置いてきた「婚姻家族＝核家族」を「典型家族」と位置づけつつ，それ以外の様々な家族を，新たに現れつつある「非典型家族」としてとらえることによって，家族・家族法に対する多元的な見方を提示してみたのである[4]．

筆者自身はこれによって，固定的・一元的な家族イメージからの脱却をはかりつつ，しかし，現に存在する典型家族としての婚姻家族＝核家族の正当性を承認し，さらに，様々な非典型家族も含めて，家族という制度の存在意義を肯定しようとした．こうした家族・家族法イメージは，ある程度まで肯定的に受けとめられているように思われる[5]．もっとも，多元的家族観を提唱しつつ，実際には婚姻家族＝核家族を重視し過ぎているのではないか，という疑問が投じられているし[6]，さらには，家族を契約に還元することによって一元的に説明しようとする見解からの批判もある[7]．

後者の見解が前提にするかに見える「契約か制度か」という二項対立はそれ自体が再検討されるべきだろう[8]．また，家族を契約としてとらえるとしても，契約類型の必要性は失われないことはすでに述べたところである．しかし，これらの点は別にして，前者の見解も含めて，批判や疑問の中には，「典型家族」「非典型家族」という対比が典型とされる婚姻家族＝核家族を正当化する機能を営むのではないか，という危惧の念が含まれていることは，注目に値する．

契約であれ家族であれ，既存の類型（概念）を用いて個別のケースを処理しようとする場合，既存の類型（概念）は，導きの糸であると同時に躓きの石ともな

---

4) 大村・家族法（有斐閣，第二版，2002，初版，1999）．同書は，序章のほか，第1章・婚姻家族の法，第2章・非婚姻家族／準婚姻家族の法，第3章・拡大家族／複合家族の法，の各章と，民法以外の法を扱う第4章・家族支援／家族管理の法，の章から構成されている．
5) 大村・前出注4) に対する書評（山口亮子「新刊ガイド」法セ546号〔2000〕，小池泰「民法学のあゆみ」法時74巻6号〔2002〕，梶村太市「ブック・レビュー」判タ1095号〔2002〕）を参照．
6) 小池・前出注5) 119頁，梶村・前出注5) 89頁．ただし，前者が「個人化への十分な応接」がなされているかと問うのに対して，後者は「戦前に生きた人達」への配慮を求めている．
7) 安念潤司「『人間の尊厳』と家族のあり方——『契約的家族観』再論」ジュリ1222号（2002）25-26頁．
8) 大村「フランス法における契約と制度」北村一郎ほか編・現代ヨーロッパ法の展望（東京大学出版会，1998）（現在では，大村・契約法から消費者法へ〔東京大学出版会，1999〕所収）．

る．類型（概念）の存在が事実の認識を助けるとともに，事実を隠蔽することがあるからである．売買という類型が存在することによって，売買といえるかどうか（いうべきかどうか）を疑うべき契約が直ちに売買と性質決定されてしまう．さらには，売買に当たるものは正当な契約であるとされるのに対して，売買に当たらないものは疑いの目をもって見られる．確かに，こうした効果が生じうる．

とはいえ，このような副作用があるからと言って，類型や概念を手放すことはない．必要なのは類型や概念を否定することではなく，（その相対的な安定性・固定性と表裏の関係にある）その暫定性・可変性を意識すること，さらにはそれらを十分に活用することだろう．ハビトゥスの存在は不可欠・不可避であり，それはわれわれを助けるだけでなく拘束もする．しかし，われわれは新たなハビトゥスを生み出すこともできる．類型（概念）からの逸脱と新たな類型（概念）の生成を含意した「典型」「非典型」という実定法学の思考様式は，実はこのことの表現なのではなかろうか．

2　法教育を行う

(1)　明治以来，日本の大学の法学部は，かならずしも法曹（裁判官・検察官・弁護士など狭義の法律家）の養成を目的としては来なかった．明確に法曹養成を目的に掲げた司法省法学校が早い時期に廃止された後，官吏養成の役割を担う帝国大学と，多数の学生を擁しその中から少数の法曹を世に送る私立法律学校が併存する時代を経て，第二次大戦後の法学部は多種多様な学生を迎え入れるようになり，その教育目的はますます不明確になった．今日，高等教育の大衆化に伴い全国の法学部の総定員が増大する中で，卒業生のうち法曹となる者の割合はごくわずかに過ぎない．残りの一部が法学研究者となるほか，大部分は官庁や企業などに就職する．

こうした状況に対して，すでに大正期には，法学教育を専門化し法曹養成に重点を置くべきことが説かれていた．その前提には，日本の法学部に対する否定的な評価があったと言えるだろう．確かに，日本の法学部における教育目的は不明瞭である．法曹養成に特化した教育が行われていない．しかし，このことは必ずしも異例のことではない．歴史や比較の視点を導入するならば，高等

教育段階における法学教育のあり方は多種多様であったし，今もそうであることがわかる．また，近代日本に限ってみても，狭義の法律家に限らず，広い意味での法律家として多数の法学部卒業者を社会の各所に送ってきたことは，むしろプラスの結果をもたらしたのではないか．より実証的な検討が必要ではあるが，自由民権運動も大正デモクラシーも，あるいは，戦後民主主義も 70 年代の住民運動も，広い範囲の人々が法を学んだことと無縁ではなかったろう．また，自治体の職員や企業の従業員の法意識も，とくに最近では一定のレベルに達しているように思われる．これもまた法学教育の成果だというのは，あながち我田引水ではなかろう[9]．

　実定法学者の中には，以上のように考える人々が少なくないだろうが[10]，筆者もまたこのような考え方に与する．ただ，日本の法学部教育が有する多元性を自覚的に引き受け，その内部における教育を分節化・構造化することが必要だと考えて，職業との関連を問わない共通教育（一般教育＝専門基礎教育）としての法学教育から出発して，より特化された理論教育・技術教育（専門教育）をこれに積み重ねるべきことを，改めて強調した．

　(2)　昨今の法科大学院構想においては，法曹養成に特化した形で大学院段階で法学教育を行うことが予定されている．その際に，学部段階で法学教育を受けていることは，少なくとも制度上は予定されていない．したがって，法学部を経ずに直接に法科大学院に入学し，専門教育としての法学教育を受けて法曹になることが可能になる．制度上はむしろこれが原則とされている．それでは，（学部段階での）法学部における法学教育はどうなるのだろうか．将来的には法学部を廃止すべきであるとの議論もあるが，それまでは法律家以外の人々のために法学教育を行う組織として存置させるべきであるという見解が支配的である．法学部の将来につきいまここで詳しく論じることはできないが，このように法曹養成のための法学教育と法律家以外の人々のための法学教育とを分

---

9)　大村「民法と民法典を考える」広中俊雄編・民法研究第 1 巻（信山社，1996）の第 2 章（現在では，大村・前出注 3 の第 1 編として所収），大村・民法総論（岩波書店，2001）第 3 章第 2 節を参照．
10)　たとえば，角紀代恵ほか・ロースクールを考える――21 世紀の法曹養成と法学教育（成文堂，2002）では，既存の「法学部」の存在意義がくりかえし説かれている．

断することには，大きな疑問を感じる．

1でも見たように，法は，様々なハビトゥスからなっている．そして，契約や家族が，法学者の分析・検討の対象，あるいは，法曹による紛争解決の対象であるにとどまらず，人々によって生きられるものであることからも明らかなように，法ハビトゥスの担い手は法律家だけではない．一般市民と法律家（法曹＋法学者）は，ある特定の地域・時代に共通の法ハビトゥスを共有するが，それに加えて，各階層に特有の法ハビトゥスを有している．そして，これらは相互に影響を及ぼしあっている．法現象は，これらの法ハビトゥスの相互作用の総体として理解される．このように考えることができるとすると，ある社会における法運用において，一般市民がはたす役割を軽視することはできない．また，一般市民の法意識からは遮断された専門の法律家が，ともかく必要な法技術を提供するというのも望ましいことではないといえよう[11]．

一般市民と専門家を対置し，前者の側からの消費者としての需要に対して，後者が商品としての技能を提供する．こうした法イメージにおいては，法が法律家が操る単なる技術ではなく人々のハビトゥスであることに対する認識が不足している．また，一般市民と専門家とが法の世界において，社会集団として相互に影響を与え合っているという側面が軽視されている．法学教育はブルデュー理論が真っ先に適用されるべき問題領域でありながら，今日，そうした視点はあまりに希薄である．法科大学院の制度の大枠は，確かに決まってしまった．しかし，ハビトゥスは制度だけによって決まるものではない．いかなるハビトゥスが形成されるかはなお残された問題である．もちろんハビトゥスは意識的に作り出せるものではないが，いかなるハビトゥスの形成が望ましいのか，ハビトゥス理論に依拠しつつ検討を加えることは，少なくとも実定法学者や法理論家たちの課題でありうるだろう．

---

11) 星野英一・民法のすすめ（岩波新書，1998）10 頁は「法・法律においても，専門家支配は好ましいものではない」とする．また，同「いわゆる『法科大学院』問題について」ジュリ 1200 号（2001 年）195 頁は「法律を機械的に適用する技術が上手になるにすぎなくなる恐れ」を指摘する．

III その後のブルデューへ

　ブルデューの最近 10 年ほどの業績の中には，実定法学者の興味を引くものがいくつかある．一つは，男女や家族の現状にかかわる『男性支配』(*La domination masuculine*, 1998, 翻訳未刊) や取引や市場のあり方を論ずる『経済の社会構造』(*Les Structures sociales de l'économie*, 2000, 山田鋭夫＝渡辺純子訳・住宅市場の社会経済学〔藤原書店，2006〕) である．「家族と財産」の法である民法を研究する筆者のような者にとって，これらは格別の関心の対象となる (1)．もう一つは，『世界の悲惨』(*La Misère du monde*, 1993, 翻訳未刊) に耳を傾け，『市場独裁主義批判』(*Contre-feux*, 1 et 2, 1998/2001, 第 1 巻は，加藤晴久訳〔藤原書店，2000〕，第 2 巻は翻訳未刊) を展開するというものである．90 年代のブルデューは「闘う知識人」というフランスの伝統に与したが，その姿勢は実定法学のあり方とも無縁ではない (2)．

1　『男性支配』『経済の社会構造』のブルデュー

　『男性支配』にしても『経済の社会構造』にしても，独立にとりあげて論ずるに値する労作であるが，筆者にはその準備がない．ここでは，II 1 で述べた契約や家族に対するアプローチとの関連で，今後の検討すべき点をいくつか指摘しておくにとどめる．

　『男性支配』は，「男／女」という思考＝行動様式がいかに人々の間に浸透しているかを示す．ハビトゥスや象徴暴力というブルデューの概念はその有効性をいかんなく発揮している．では，この状況をどうするか．この点につきブルデューはやや悲観的ではないか．複数の論者が指摘する点である[12]．ハビトゥスは変わりうるが，そう容易に変わるというものでもない．では，何がハビトゥスを変えるのか．具体例をあげて語ろう．日本ではなお，結婚した夫婦は性別に基づく役割をはたすことを求められていると感じている人々が少なくない．

---

[12]　たとえば，L'œuvre de Pierre Bourdieu, *Sciences humaines*, numéro spécial, 2002 所収の Fournier の論文 (La domination masculaine) や Touraine へのインタビュー (Le sociologue du peuple) を参照．

しかし,民法典自体には性別に基づく役割分担を求める規定は置かれていない.人々は望むならば,婚姻制度の下でも性別役割分担を前提としない関係を築くことができるはずである.筆者はそう考えているのだが,ハビトゥスを変えるのは確かに難しい.こうした場面で,「法律を制定する」という行為の意義——とりわけ立法の象徴効果——をどのようにとらえていくか.『男性支配』は,こうした問いを法律家に投げかけている.

『経済の社会構造』はどうだろう.ブルデューはこの著作で,様々なデータを駆使して住宅取引の様子を子細に描き出す.そこに現れるのは,抽象的な市場や単純な財としての住宅ではない.どんな住居形態を好むか,どの町のどの地区に住むか.もちろん,そのほかの商品に比べると,住宅はステイタスやライフ・スタイルのシンボルとしての意味を帯びやすい.また,フランスの場合には,地区による住民の社会層の違いは,日本よりもずっと大きいように思われる.ブルデューの分析を一般化して,日本の状況に直ちにあてはめることことはできないだろう.しかし,「経済的な」取引が現実には様々な「社会的な」要素によって規定されていることが,具体的に示されたことの意義は大きい.消費者の取引行動が,目的物の品質と価格 (qualité-prix) だけによって規定されているわけではないことは,日本の契約法学においては常識になりつつある[13].ただ,情報や交渉力などとは別の,より漠然とした消費者の商品イメージ(の事業者による形成)に関しては,十分な分析がなされているとは言えない.『経済の社会構造』からは,こうした新たな検討課題を引き出すことができるだろう.

2 『世界の悲惨』『市場独裁主義批判』のブルデュー

『世界の悲惨』は方法論のレベルでも興味深い論点を提出するものだろう.しかし,ここでは『市場独裁主義批判』とあわせて,ブルデューの社会参加の姿勢を示すものとして受けとめておきたい[14].社会学者としてのブルデューの社

---

13) 筆者も,大村・消費者法 (有斐閣,1998) の第1編第1章では,情報処理だけではなく,情動・行動を考慮に入れたモデルを採用すべきことを説いた.なお,大村「消費者・消費者契約の特性」NBL 475–478 号 (1991)(現在は,大村・消費者・家族と法〔東京大学出版会,1999〕所収)も参照.

14) この点については,大村・フランスの社交と法 (有斐閣,2002) 第3章でも一言した.なお,そこであわせて触れたデリダにつき,大村「もう一つの『法の力』——デリダと法」書斎の窓 417 号 (1998)(現在では,大村・前出注3)〔1999〕に補論 D として所収)を参照.

会参加に関しては，様々な見方がありうるに違いない．そして，社会学以外の学問領域の研究者についても，その社会参加のあり方については複数の立場がありうるだろう．筆者の属する法学者の世界でも，Ⅱ2で述べたように実務教育への傾斜が強まる中で，研究や理論教育のあり方が改めて論じられている．それは見方を変えれば，法学者（特に実定法学者）の社会に対する姿勢を問うことにほかならない．

グローバリゼーションの中で日本がアメリカに互していくには，日本の実定法学は，アメリカ流の法技術の開発に努め，かつ，それを操れる法律家を育てる必要がある．これは一つの有力な考え方である．だが，世界市場における日本企業の生き残りとは別に——これが重要な課題であることは否定しようもないが——この国のそこここに生活する人々の声に耳を傾ける必要はないか[15]．そうした人々の声に応える法学を構想する必要がある．こうしたスタンスをとる人々も少なくない．市場を国家の計画に全面的に服させる試みが破綻したとしても，よりよき生の条件を整えるための政治的な営為のすべてに対して，無効が宣言されたわけではない．『世界の悲惨』や『市場独裁主義批判』は，この後者の途を進もうとする者たちを勇気づけるに相違ない．

アラン・トゥレーヌは言う．「ブルデューにとって，（男性）支配は全面的であり，出口なしの状況である」．この点はすでに述べたところである[16]．しかし同時に，トゥレーヌは次のようにも言っている．「ブルデューのハビトゥス理論は行為者を鉄の檻に閉じこめるものではない」と．ブルデューの最大の知的遺産は，「世界の悲惨」や「市場の独裁」を的確に認識しつつ，なお希望を失うべきではない，というメッセージかもしれない．

---

15) そのような試みの一つとして，筆者自身は，「取引民法」と併存すべき「生活民法」を構想している（大村・生活民法入門〔東京大学出版会，2003〕）．

16) A. Touraine, *op.cit.*, pp. 102–103.

C　紛争解決の民法学から制度構想の民法学へ

I　はじめに

　1978年の『ジュリスト』新年号は,「これからの法律学」と題する特集を組み, 法分野ごとに将来を展望する複数の座談会を配した. そのうちの一つ「これからの民法学」では, 1976年に『ジュリスト』誌上に連載された平井宜雄「法政策学序説（1〜9・完）」[17]（以下,「序説」と呼ぶ）が大きな話題の一つとなっていた[18].

　冒頭から私事にわたるが, 77年の年末, たまたま書店の店頭でこの特集号を発見・購入した筆者は,「法政策学」という耳慣れない言葉とその提唱者の名をはじめて知った. 翌78年, 学部1年時の冬学期に参加したある演習では, さっそく「序説」に関する報告を行ったが[19], 学部4年時には,「序説」の著者がその改訂版である「法政策学講義案」[20]（以下,「講義案」と呼ぶ）を教材として開講していた演習「法と公共政策」への参加を許された.

　一方的な「出会い」の時から数えれば30年, 著者との現実の出会いの時から数えても25年になるが, 学生時代はもちろんその後も,「序説」は常に筆者

---

17)　ジュリ613号〜622号 (1976).
18)　ジュリ655号108頁, 129–131頁 (1978). これに対する応答として, 平井「法政策学序説・再論」ジュリ668号 (1978)（以下,「再論」と略称する）.
19)　星野英一教授が全学ゼミの枠で開講した演習において,「法と経済」というテーマにつき報告した. その際に検討対象としたのは,「序説」のほか, 田中英夫＝竹内昭夫「法の実現における私人の役割（1〜4）」法協88巻5=6号, 89巻3号, 8号, 9号 (1971–72)（後に同名の単行書として公刊. 東京大学出版会, 1987）と藤田勇・法と経済の一般理論（日本評論社, 1974）であった.
20)　東京大学出版会教材部, 1978刊.

の大きな関心事であり続けた[21]．

　しかし，「序説」そのものを再読することはほとんどなかった．「序説」に続いて発表された一連の著作を追うのに手一杯だったからでもあるが，「序説」の問題提起はその後の著作によって発展させられ完成されたと考えたからでもある[22]．周知の通り，「序説」「講義案」からスタートした「法政策学」[23]の試みは，いくつかの単行書や論文を経て[24]，1987年には『法政策学』[25]に結実することになる．他方，「序説」の著者は，1985年に『債権総論』，92年には『債権各論Ⅱ　不法行為』を発表している[26]．この2冊にはさまる形で公刊された『法律学基礎論覚書』『続・法律学基礎論覚書』(以下，『覚書』『続・覚書』と呼ぶ)[27]が強いインパクトを及ぼしたのと相俟って[28]，「序説」の著者はあたかも「法政策学」から「法解釈学」へと回帰したかの印象を与えることとなった．少なくとも現時点における民法学界の状況を見る限り，「序説」以来の「法政策学」の試みは，『債権総論』『債権各論Ⅱ　不法行為』で展開された「法解釈学」に覆い隠されているかのごとくであると言っても過言ではなかろう[29]．

---

21)　上記注19)で触れた星野教授自身が，「法政策学」に多大の関心を寄せていたことはよく知られているが（「再論」92頁のほか，星野「日本民法学史(3)」法教10号〔1981〕21頁），このことは当時の学界の関心の高さを象徴的に示していると言えるだろう．

22)　たとえば，前田陽一「民法から見た『政策と法』」岩波講座現代の法4政策と法(岩波書店，1998)44頁以下が，『法政策学』に先行するものとして，「序説」ではなく二つの論文をとりあげているのは，本文のような見方によるものと言えよう．

23)　書名としての『法政策学』と区別し，「序説」に始まる試み全体を指す際には「法政策学」と標記することにしたい．

24)　平井「現代法律学の課題」同編・社会科学への招待 法律学(日本評論社，1979)，同・現代不法行為理論の一展望(一粒社，1980)，同「実用法学・解釈法学・立法学・法政策学――末弘法学体系の現代的意義」法時臨増・民事立法学(1981)，同『『法の解釈』論覚書」加藤一郎編・民法学の歴史と課題(東京大学出版会，1982)．以下，「課題」，『展望」，「末弘」，「解釈」と略称する．

25)　有斐閣刊．なお，1995年には第2版が公刊されている．初版の書評として，山田卓生・ジュリ902号(1988)，古城誠・法時61巻2号(1989)，第2版の書評として，森田修・社会科学研究47巻2号(1995)，棚瀬孝雄・ジュリ1094号(1996)がある．

26)　ともに弘文堂刊．なお，1994年には『債権総論』の第2版が公刊されている．

27)　1989年，91年刊．

28)　同書をめぐって展開されたいわゆる「第二次法解釈論争」については，さしあたり，ジュリスト編集部編・法解釈論と法学教育――平井宜雄「法律学基礎論覚書」をめぐって(1990)をあげておく．なお，法社会学の側からの反応として，「特集・法社会学的法律学の可能性」ジュリ1010号(1992)が興味深い．

29)　たとえば，「特集・民法学の課題と方法」「特集・続・民法学の課題と方法」(法時61巻2号・5号〔1989年〕や「ミニ・シンポジウム・法解釈論と法学教育」ジュリ940号〔1989〕では，「議

では,「序説」に始まる「法政策学」の試みが,30年前にあれほどの関心とともに迎えられたのはなぜか.また,今日,『法政策学』に対する関心が相対的に後退したかに見るのはなぜか.本稿では,今でも様々な形で言及される『法政策学』ではなく,古典として筐底に蔵された観のある「序説」を再び繙くことによって,これらの問題につき考えてみたい[30].このように「序説」に着目するのは,「序説」は『法政策学』の単なる下書きにとどまらない固有の意味を有すると考えるからである.後に見るように,「序説」の「法政策学」と『法政策学』の「法政策学」とは同じではない.さらに,こちらは多くの評者によって意識されているが,同じで『法政策学』でも,初版と第二版の「法政策学」は同じではない.別の機会にも述べたように,筆者は,「序説」の著者の試みを「制度構想の民法学」として承継したいと考えているが[31],それは必ずしも現時点で主張されている「法政策学」をそのまま承継するということではない.「法政策学」から学ぶべきことは多く,論者によって着目すべき点は異なりうるが,さしあたり,本稿で筆者が試みたいのは,「序説」の「法政策学」(「原・法政策学」と呼ぶこともできる)を中心に据え,筆者の観点からその現代性を探るということである.

以下においては,「序説」成立の経緯を確認しつつ,その特色を明らかにするとともに(Ⅱ),「序説」から承継すべきものを引き出すことを試みたい(Ⅲ).最後に,「序説」と現在の学界状況の関係についても一言したい(Ⅳ).

論」論が論じられつつも,「法政策学」への言及がなされているのに対し,「シンポジウム・転換期の民法学——方法と課題」私法60号〔1998〕では,関心は前者に大きくシフトしている(山本敬三「法的思考の構造と特質」岩波講座現代の法15現代法学の思想と方法〔岩波書店,1997〕も,「議論」論を重視しているが,「法政策学」には触れていない.もっとも,「シンポジウム・民法学の方法・思想・思考様式」北大法学論集47巻6号〔1997〕では,主報告に応じる形で,『法政策学』と『覚書』との関係が論じられている.また,岩波講座・前出注22)のように,「政策と法」の関係が論じられる場面では,『法政策学』は必ず引用の対象になる.しかし,一般的に見れば,本文のように評することが許されるであろう).

30) 平井宜雄先生には,本文で述べた演習以来,言葉にはできないほどの学恩がある.また,この拙い研究ノートは平井先生の古稀を祝う論文集に寄稿される.しかし,以下の本論では,論文執筆の作法に従って,著者としての先生を示す際には「平井」と表記させていただく.

31) 大村・生活のための制度を創る(有斐閣,2005)補章「制度を創る法学の試み」を参照.なお,筆者の「立法学」への関心は,理論的なものから実践的なものへと変遷している(大村・法源・解釈・民法学〔有斐閣,1995〕第2部「フランスにおける『立法』と『立法学』」を参照).

II　平井の「法政策学」の成立

1　「序説」の概略

(1)　着想　「序説」は「法政策学の構想」を説明するところから始まる．平井はまず，不法行為法との関係で，「法政策学」を提唱する理由を説明する[32]．一言で言えば，「不法行為解釈論のいわば『行き詰まり』」が「法政策学という構想に赴かせた」というのである．より詳しく言えば，① 法技術的には比較的単純な不法行為法は「法律家的充実感」に欠けること，② 不法行為事件には「社会的・経済的・政治的に広く深い拡がり」を持ったものが少なくないこと，③ 現代の不法行為事件とは「様々な有用な人的物的手段による社会活動から不可避的に生ずる社会的損失の負担めぐる争い」にほかならないことがあげられている．

その上で「要するに，今後の不法行為法の理論的研究に求められているものは，もはや新らたに解釈論上の概念や論理を提唱することでもなければ，判例を新奇な観点から整理体系化することでもない．損害発生の危険を高度に有しながら有用性の故に許容せざるを得ない社会的活動を，どのようにコントロールし，生じた損害を社会の誰にどのように配分するか，という制度のあり方の構想であり，それにもとづく現存の諸制度を評価改善するための理論の開発でなければならない」とするのである．

ここには，法政策学が（ある種の）制度構想を目標とするものであり，そのために現行制度の評価改善を目的とするものであることが現れているが，このような発想が（当時の）不法行為法に対する状況認識から導かれていることがわかるだろう[33]．

平井は，「再論」では別の説明もしている．それは近代経済学との関係であ

---

32)　「序説 (1)」62–63 頁.
33)　不法行為に関する解釈論的研究（言うまでもなく同・損害賠償法の理論〔東京大学出版会，1971〕にまとめられたもの及び後続の諸論文を指す）を続けてきた平井にとって，不法行為法からの発想は自然なことであるとも言える．しかし，同時に，「法政策学の構想」の正統性を示すためには，このような説明が必要であったとも言える．

る[34]．すなわち，「法律学が近代経済学理論から何らかの示唆を得ることはできないか，その示唆は，これまで多くの試みがなされてきた社会学あるいは人類学理論からのものよりも，一層『法』のもつ本質的特徴を明らかにするのではないだろうか」と考えたというのである．実際，平井は，当時勃興しつつあったアメリカの「法と経済学」にいち早く着目していた[35]．しかし，平井は，経済学的思考に基づき「効率性」のみを重視するのではなく「法的価値」に着目する．「法政策学は効率にウエイトを置くところのOR的＝システム分析的アプローチが視野の外におきがちであった問題，すなわち，法的価値にもとづいて効率的政策決定をコントロールする点を一つの中心的な狙い」とするのである[36]．

ここには，(当時の) 平井が抱いていた「技術者としての法律家の役割」に対するイメージが現れている[37]．それは，テクノロジー (工学的管理技術) においては，「与えられた目標は多くの場合明確かつ具体的である」のに対して，「社会現象はそれほど合理的でない」のであり，古来，法律家には「『正義』という法的価値に対する感覚」が求められてきたという対比に集約される．その上で，平井は「工学的管理技術はふたたび『正義』感覚によってコントロールされなければならぬ」としている．平井は，「正義」(=「法的価値」) を万能視したわけではなく，「効率性」に着目した上で，「正義」を再導入しようとしていたわけである[38]．

(2) 前提　以上のような着想の背後には，当時の法解釈学や法社会学に対して平井が抱いていた一定の認識が存在している．

すでに見たように，平井は不法行為法学の延長線上に法政策学を構想したが，確かに (当時の) 平井においては，法政策学は法解釈学と連続的にとらえられていたように思われる．平井は，法政策学は価値の選択そのものを導くものでは

---

34)　「補論」97頁．
35)　平井宜雄「アメリカにおける『法と経済学』研究」アメリカ法1976–2号．
36)　「序説 (1)」66頁．
37)　「序説・再論」97–98頁．
38)　平井は，「法と経済学」のパイオニアの一人であるCalabresiにつき，その「着想の源泉が経済学理論にある」とした上で，「しばしばメカニカルにすぎるその適用」と注記しているが，そこには，Calabresi理論を出発点としつつも，独自の理論を形成・展開しようという学問的な意欲が窺われる．

ないとした上で，次のように述べている[39]．

> 「法政策学の構想が解釈学の延長線上に生まれた結果として，この性格は解釈学のそれに類似する．」 すなわち，「法律の条文を大前提とする三段論法により演繹的に結論を導くのが解釈だという考え方に現在支持は与えられていないのであって，解釈学に従事する者が実際に行っている作業は，たとえば或る特定の価値を法律上保護するには，いくつかの可能な解釈のうちのいずれが最も妥当であるかを，それぞれの解釈のもたらす価値の保護の程度を分析し予測しながら裁判という特殊なメカニズムによって決定することにほかならない．法律の規定はこのような決定をするのに要求される特殊な『ものの考え方』の枠を定めるものだと考えてよい．」 そして，「法政策学がこれから提供しようとしている概念枠組はこのような性質を共有している．ただ，解釈学のもつ考え方および特有な枠ないしそれが働くメカニズムをもう少し一般的なものに組み替えようとしているにすぎないのである．」

もっとも，「再論」における平井のスタンスは微妙な変化を見せている．平井は言う[40]．「図式的に言えば，OR に代表される科学的・工学的意思決定が一方の極にあり，他方の極に裁判 (したがって法解釈学) を代表とする法的意思決定があり，『法政策学』は両者の中間にあって，或る面では前者に，他の面では後者に，それぞれ関わって両者の思考方法の矛盾相克を集約している形とな」ると．ここには，後に「目的＝手段決定モデル」と「法的決定モデル」という形で定式化される[41]ことになる考え方の萌芽が示されているが，少なくともこの時点では，法政策学と法解釈学はなお連続的に理解されていることに変わりはない．

---

39) 「序説 (2)」107 頁．
40) 「再論」94 頁．
41) 『法政策学』60 頁．すでに「講義録」55 頁に「目的＝手段」思考と「法＝正義」思考として現れている．なお，二つの決定方式 (ないし思考様式) の差を具体的に示そうという平井自身の試みとして，平井宜雄「いわゆる『身分法』および『身分行為』の概念に関する一考察」加藤一郎＝水本浩編・民法・信託法理論の展開 (弘文堂，1986) を参照．

これに対して，法社会学との関係はより意識的に切断されている．この点につき，平井は次のように述べている[42]．「『法』・『社会』・『裁判』・『正義』等の基礎的諸概念について，従来と異なった角度から光をあててみたい，と私は考えたのである．……この問題意識の背後には，これまで法社会学や法哲学がつくりあげてきた，これらの基礎的諸概念のイメージに対する私なりの不満があった」．「講義録」では，具体的な「不満」が整理されて掲げられるに至ったが，とりわけ法社会学に対して，① 伝統的法律学の「正体暴露」という方向で進んできたことは別にしても，②「法」を「強制」との関連でのみ理解しようとしていること，③ 社会学理論への依拠が強すぎるように思われること，④ 裁判のもつ役割を強調しすぎること，が指摘されている[43]．

平井には，当時における法社会学の標準理論（川島理論）に依拠した研究業績もあるが[44]，法政策学は，これとは異なる観点から，「法と社会」に関する理論的研究を行うという意欲を動力源の一つとしていたことは確認しておいてよいことだろう．なお，平井は当初から，法社会学をその記述的性格によって特徴づけた上で，自らの法政策学には規範的性格を付与している．そして「法社会学……に規範的理論の提示を求めるのが不当である以上，それと離れて独自に問題意識を深めるしかない」としていた[45]．ここにも，法政策学と法解釈学の連続性を見出すことができる．と同時に，それでもなお，平井が「法と社会」に関する基礎理論を求めていたことは忘れてはならないところだろう．

2 「序説」の理解

（1） 社会的状況　　より広い文脈の中に「序説」の構想を位置づけてみよう．「序説」は，一方で，当時の社会的状況を強く反映している．というよりも，平井の卓越した状況認識が「序説」を生み出したというべきだろう．この点に関しては，「訴訟」「法規範」に対する平井の見方，とりわけ前者が興味深い．

---

42)　「再論」98 頁．
43)　「講義案」3 頁．法哲学に対しては，法価値論（とくに「正義」論）の分析が欠けていることを指摘している．
44)　たとえば，平井宜雄「法的規準の現実的機能」川島武宜責任編集・法社会学講座 5 紛争解決と法 I（岩波書店，1972）．
45)　「序説 (1)」65–66 頁．

第1節 「実践」と「理論」の間で

すでに一言したように，平井は，当時の不法行為訴訟の社会的・経済的・政治的側面に着目していたが，平井が「訴訟」に関する考察を展開するのは，「序説」以後に書かれた「課題」や『展望』(第2章) においてであった．「課題」において，平井は「『法』現象の現代的特色」を次の3点にまとめている[46]．「まず，訴訟に関しては，紛争解決方法としての訴訟の機能の低下すなわち『紛争志向型』訴訟の減少と，それに代って『政策志向型』訴訟の台頭および増大」．「次に，法曹に関しては，裁判官が受動的判定者から政策決定者としての役割を増大させたこと．弁護士は，訴訟の専門家としてよりも，法的計画ないし法的戦略の策定者としての役割を果たすようになってきたこと」．「最後に，法律について言えば，『権利義務の法』から『資源配分の法』へと変化したこと」．

「序説」は，二番目に掲げられている「法曹」の役割の変化に応じるために書かれたとも言えるが，その背後には，最初に掲げられた「訴訟」の機能の変化が存在することがわかる．平井はこの点を重視していた．実際のところ，「課題」のポイントは，紛争志向型訴訟に政策志向型訴訟を対置し，前者から後者への重点移動を指摘する点にあったと言える．平井は，政策志向型訴訟が「集団的利害」をめぐる訴訟であり，そこで争われるのが「政策又は制度のあり方そのもの」であることを示し，このタイプの訴訟においては，「何が『望ましい』政策ないし制度の目標であるか」が考察され，当該判決がその目標実現にとって適合的かどうかという「『目的＝手段』に基づく思考」が優越することを指摘した[47]．その上で，「『政策志向型』訴訟が訴訟上解決を求められている紛争類型であり続けるならば，現代法律学の課題の一つは，『政策志向型』訴訟に対処し得る理論の開発でなければならない」としたのであった[48]．

確かに，当時は，四大公害訴訟をはじめとして，大阪国際空港訴訟，スモン訴訟，インフルエンザ予防接種訴訟，飛騨川バス転落事故訴訟，各種の水害訴訟など，人々の注目を集めた大型訴訟が続いた時代であった．絶対数は少なかったとはいえ，そのインパクトは大きく，「訴訟」が市民運動の有力な戦略になっていることも指摘されてはいた[49]．しかし，こうした動向を前述のような図式

---

46) 「課題」11頁．
47) 「課題」25頁．
48) 「課題」26頁．
49) たとえば，田中成明・裁判をめぐる法と政治 (有斐閣, 1979) 所収の諸論文を参照．

によって理解しようとしたのは，平井の創見であった．なお，平井が，運動の一環として提起され価値判断をめぐって展開される「主観的政策志向型」訴訟と，もともとは救済を求めて提起されたものであり代替的紛争解決手段が整備されれば訴訟にはなりにくい「客観的政策志向型」訴訟とを区別しているのは注目に値する[50]．少なくともこの時期の平井にとっては，後者の訴訟類型が存在することが重要であったと言えるだろう．というのは，後者においては「効率性」の観点が大きな意味を持ちうるからである．

「法規範」についてはどうだろうか．平井は，「訴訟」「法曹」のあり方に続き，「法律」については「資源配分の法」の登場に注目した．平井は，「わが国の基本的な法律の枠組は，昭和 27 年頃にほぼ固まったと見てよい」，「現在，制定される法律は，……一定の行政上の目的を実現するためにそれをなすところの行政上の組織や行政官に対する行為規範か，行政上の各種の給付，サービス等の財を誰にどのように割当てるかを定める法律であると言ってよい」とする．そして，このような「資源配分規範」の特色は，「民法・刑法を原型とする法のイメージによっては，とらえることができない．現代法律学は，『資源配分規範』ないし計画法・基本法に対応する『法』の概念を用意しているであろうか」と問いかけた[51]．

この指摘は，「現代の法律および紛争解決は『裁判ばなれ』というべき傾向がいちじるしい」ので，「サンクションを中心として『法』を概念規定することは，紛争当事者が取引交渉によって自主的かつ主体的に紛争解決をするという現代的特徴を見落とすことにならないだろうか」という問題意識によるものである[52]．もっともな指摘ではあるが，この時点では，この問題につき平井自身による詳しい論証がなされているわけではない[53]．

(2) 法学的状況　「序説」には，他方で，当時の法学的状況も強く反映している．この点は，「序説」の受容のされ方にもかかわる．二つの点を指摘して

---

50) 「課題」においても言及されているが，『展望』67–68 頁において，よりはっきりと打ち出されている．
51) 「課題」31–33 頁．
52) 「課題」36–37 頁．
53) この点は，『法政策学（第 2 版）』以降に明確になり，その後，平井の一連の契約法研究の基調となる．

おこう．

　第一は，何度も触れているように，「序説」の平井は，法政策学を法解釈学の延長線上に位置づけているのだが，そこでの「法解釈学」は，当時，支配的であったそれであるということ．これもすでに引用した部分であるが，平井は，「解釈学に従事する者が実際に行っている作業は，たとえば或る特定の価値を法律上保護するには，いくつかの可能な解釈のうちのいずれが最も妥当であるかを，それぞれの解釈のもたらす価値の保護の程度を分析し予測しながら裁判という特殊なメカニズムによって決定することにほかならない」[54]と述べていた．ここで述べられている「法解釈学」のイメージは，改めて言うまでもなく，後に平井自身が「正統理論」となづけて批判することになる戦後日本民法学における標準理論と重なりあう．

　確かに，平井は，「解釈」において，「価値判断の客観性やその基準というような抽象論をめぐって論争が続いている」状態に対しては批判的であり[55]，「一定の基準（「歴史の発展法則」や「……価値のヒエラルヒア」）を定立し，それに適合的な価値判断により具体的紛争当事者の財＝権利義務の配分を判断しなければならない，という前提」を「『法＝正義』思考様式の最も核心的部分に反する」としている[56]．しかし，平井は「『目的＝手段』思考様式と『法＝正義』思考様式との矛盾・相克が究極的には解決できないとしても，それを出来るだけ小さくする工夫を試みる方向」を掲げ，「政策志向型訴訟が重要になりつつある今日，これこそが推進するべき方向であろう」とも述べている．そして，「『正しい』社会制度を設計するための理論枠組を背景にもってはじめて，『目的＝手段』思考様式に立つ『法の解釈』論は，妥当領域を拡大できるのである」としている[57]．また，その前提として，「目的＝手段」思考様式，「法＝正義」思考様式のいずれについても，これを「裁判官の行う価値判断の依拠する思考様式」「価値判断＝規範的思考様式」と呼んでいる[58]．

---

54) 「序説(2)」107頁．
55) 「解釈」70頁．
56) 「解釈」89頁．
57) 「解釈」90–91頁．
58) 「解釈」77–78頁．

以上のように，「序説」から「解釈」に至る平井は，なお，戦後法解釈学理論の大前提を承認していると見るべきだろう．

第二に，平井は，「序説」の当時から，法学教育との関係でも「法政策学」の存在意義を説いていたということ．平井は次のように述べている[59]．

「私の経験の教えるところでは，わが国の大学の法学部の卒業生の多くは裁判官・弁護士・検察官等狭い意味での法律専門家になることを望むよりも――あるいはこれらの職業を望んで人員の制約の故にやむなく――官庁・公共団体・企業等の組織において中枢的意思決定に携わることを期待しているようである．また，官庁・企業等の受け入れる側においても……或る組織の活動の直面する問題点を発見・解決したり，諸目標を立てその実現の方策を決定したり，利害を調整して紛争を解決したり，その過程における各種の考え方がどのような利害や価値判断や仮定にかかっているかを明らかにし論理的にすじみちを立てて表現したりする，という能力すなわち広い意味での問題解決能力又は紛争処理能力を求めているものと思われる．」

平井は，こうした要請が「官僚制化」の要請でもあることを認めつつ，「しかし，『官僚制化』に対抗しつつ，社会のしくみを絶えず新しく問い直し，新たな構想に組み変えるという理論的思考能力を身につけさせることも，むしろ今後益々重要になってくるように思われる」，すなわち，「与件とされてきた法・制度の全体のしくみを新たに評価し構想し直すための分析能力を与えることは必要であると考えられる」[60] と述べている．

同様の言及は，『法政策学』にも見られる[61]．平井は同書の「はしがき」で，「おそらくははるかに多くの学生諸君が，法律学に興味をもてず，法律学を学ぶ意味を理解できないままに学業を終えるであろうことを，私は忘れてはいないつもりである」と述べ，「法律学が，単に紛争や訴訟という限定された局面を通

---

59) 「序説 (1)」64–65 頁．
60) 「序説 (1)」65 頁．
61) 『法政策学』iii–v 頁．

じてだけでなく，各種の社会問題や政策的問題を処理または解決するのにも重要かつ有用であることを説き，それによって多くの学生諸君に法律学への興味を喚起できるのではないかと考えた」としている．

法学教育の状況に関する平井の認識は，民法学者だけではなく，多くの学生によって共感をもって受けとめられていた[62]．また，当事者の官庁・企業においても，平井の意図は積極的に受けいれたように思われる．

III 平井の「法政策学」の承継

1 これまでの状況

(1) 反応 平井の「序説」に対する学界の関心を端的に示したのが，冒頭に掲げた座談会であった．この座談会での反応は次の3点に整理できるだろう[63]．第一に，具体的にどうなるのかを明らかにしてほしいという要望がなされている（前田達明発言・米倉発言）．第二に，この具体的な適用に関しては，平井の法政策学に対して二つの異なる見方が提示されている．すなわち，「ある法律上の問題を解析し，その問題の所在を明らかにし，自分たちが価値判断として出していく部分を明らかにする」のか「最終的には量的なデータと質的なデータを入れて何か具体的な答えを出そうとする」のかが問われている．そして，参加者の理解は，前者に与するもの（淡路発言・加藤雅信発言）と後者に与するもの（前田発言）とに分かれている．第三に，平井の問題提起を受けて，「みんなが一ぺん実験してみる」「あれを盛り立ててもっと発展させて……具体化できる方向へ持っていくべきなんではないか」とされている（特に米倉発言）．

座談会での論評につき，平井自身は次のようにまとめている．「第一は，私のいわゆる『法政策学』が，或る問題について具体的かつ『望ましい』立法政策の提供を任務とする，という理解である．そして，そのような理解は，『望ましい』政策を法律学の資格において『学問的』に提示できると考えることに疑念

---

62) 平井の演習「法と公共政策」が，学生たちの大きな関心の対象となったことは，平井自身が述べている通りである（平井『『法的思考様式』を求めて――35年の回顧と展望」北大法学論集47巻6号〔1998〕136頁）．
63) ジュリ655号129–131頁.

を抱いているようである．第二は，『序説』の説くところが具体的でない，問題はそれを或る制度や社会問題に適用した結果どういう答えがでるか，であり，答えが出なければ価値がないのではないか，という批判ないし感想である」[64]．

　その上で，平井は「『序説』は，問題解決のための技法を作りあげるのに一応必要な概念については論じたつもりである．その意味で，具体性が欠如しているとは私は必ずしも考えていない．しかし，ある特定の公共的問題について『序説』の理論枠組みを用いて問題にアプローチする過程を示すことが（すなわち事例研究が）欠如している，という意味で，『具体性の欠如』が問題とされるなら，それはその通りだと言わなければならない」と応じている．そして，「問題を発見し，構造化し，データを整理し，議論を統合して，『法的』価値にもとづいて問題の多面性に光をあてる，という一連の過程については，事例研究報告をする機会を，将来は非得たいものと考えている」と述べている[65]．

　大いなる関心をもって迎えられたと思われる「序説」であったが，先にも述べたように，その後，学界の関心は徐々に薄れていったように思われる．平井自身にとっては「序説」の発展形態として位置づけられる『法政策学（第2版）』には，もはやかつてのような関心は向けられなかった．もちろん，「序説」に続いて現れた『法政策学』や『法政策学（第2版）』には，最初の「序説」ほどのインパクトがないのは当然である．また，平井自身および学界の関心が『覚書』『続・覚書』を中心とした「第二次法解釈論争」へとシフトしたという事情もある．しかし，「序説」に対する関心の退潮には，こうした事情とは別の原因もあるように思われる．次に，この点を検討しよう．

　(2) 原因　事例研究の欠如の影響はやはり大きかったろう．確かに，平井は，『展望』の中で「政策志向型」不法行為理論の大枠を示してみせた．また，製造物責任についての分析も行っている[66]．また，『法政策学（第2版）』では，「日本における紛争解決と法的思考様式」という項目が設けられ，さらに平井は，「継続的取引」に関する研究へと向かった[67]．「契約法について新しいア

---

64)　「再論」96頁．
65)　「再論」98頁．
66)　平井「製造物責任立法への一つのアプローチ」NBL 443号，444号（1990）．
67)　平井「いわゆる継続的契約に関する一考察──『『市場と組織』の法理論』の観点から」星野

プローチ」をすることは，早い段階から平井が予定するところであり[68]，この領域において法政策学の枠組が具体的に適用されることが期待されたが，『法政策学（第2版）』を準備していた平井が実際に関心を寄せたのは，むしろ理論枠組の改良であったように思われる．以上の研究成果は，平井自身が述べていたような「問題を発見し，構造化し，データを整理し，議論を統合して，『法的』価値にもとづいて問題の多面性に光をあてる，という一連の過程」を示すものでは必ずしもなかった．

もちろん，米倉が座談会において強調していたように，事例研究の担い手が平井一人である必要はなかった．しかし，実際には，「法政策学」を用いた事例研究がなされることはなかった．その理由はいくつか考えられる．具体的な事例研究を欠くために，平井の方法をどのように適用すればよいのかがわからなかったということもあるだろう．だが，次の二つの点がより重要なのではなかろうか．

第一は，平井の「法政策学」における構想の変化である．「序説」以来，平井は，「効率性」に「正義」を対置し，法的思考の特色を「正義」に求めていた．ところが，その後，法的思考に特色に関する平井の説明は次第に「議論」の方に重点を移していく．その兆しは，たとえば，『展望』に現れている．『展望』において，平井は，Aubert の議論に依拠しつつ「法的決定の特質」を「紛争当事者以外の第三者が紛争に介入する，という社会関係」に求め，「一般に第三者が直接に体験しない他の二者を認識の対象とするには，どうしても概念化が必要である」と述べている[69]．『法政策学』の初版でも同様の説明がなされ，さらに，「紛争解決という目的達成のためにこの『原因』を除去しなければならない，という思考様式をとるならば，それは紛争当事者の一方のみに加担しあるいは双方を『手段』としてしか扱わないアプローチと受けとられ，他方に不公平または不正義の感覚を呼びおこし，紛争解決が困難になる」としている[70]．

　古稀・日本民法学の形成と課題（下）（有斐閣，1996）．さらに，同「契約法学の再構築——法律家の養成という視角から」ジュリ 1158–1160 号（1999）．
　68)　「再論」93 頁．
　69)　『展望』187 頁．
　70)　『法政策学』58–59 頁．

『法政策学』における平井は，ここから「正義」の諸基準の探究へと向かっていた．ところが，『法政策学（第 2 版）』では，上記の説明を維持した上で，次のような立論がなされるようになる．「法的思考様式は，記号の使用（とくに高度に分化した言語の使用）と不可分の関係にある」．「『資源なき第三者』は，紛争を経験したわけではなく，『中立』であるから，当事者はこの第三者に対して紛争がどのようなものであるかを言語によって伝達しなければならず，第三者も自らが経験しない紛争当事者の関係を概念化しなければならないからである」[71]．他方，次のような説明も見られる[72]．紛争に介入する第三者は（資源を有する者であっても）「自らの解決が『正義』に適ったものであることを主張するために法的思考様式に基づく規範を引き合いに出すことになる」．ここでは，正義は規範に置き換えられ，概念・言語によって規範を引証・援用することが法的思考の中核に据えられている．その結果，「正義」自体の探究への意欲は相対的に減退しているかのごとくである．この点は，『法政策学（第 2 版）』において目立つようになった「手続的正義」の強調とも付合する[73]．以上のようにして，「序説」にはあった（実体的な）「正義」の探究は，『法政策学（第 2 版）』では，少なくとも前景からは退くことになる．こうなると，「効率性」の観点に対して，「正義」の観点からコントロールを及ぼすという「序説」の基本構想も変質（少なくとも重点移行）せざるを得ない．

　第二は，「法政策学」を取り巻く社会的な環境（ないし前提）の変化である．これもすでに述べた所であるが，「序説」には，政策決定者が最適な資源配分を行うという前提があった．しかし，このような前提は，民営化・規制緩和・構造改革といった 1980 年代以降の新自由主義経済政策優位の下で，その基盤を掘り崩されることになる．このことは，平井が退けた「効率性」優位の「法と経済学」が，その後，有力になることとも関係している[74]．確かに，法政策学

---

71) 『法政策学（第 2 版）』19 頁．
72) 『法政策学（第 2 版）』20 頁．
73) 『法政策学（第 2 版）』35 頁，109 頁．なお，156 頁以下では，従前の「市場的決定」「権威的決定」に加えて「手続的決定」が抽出され，これについて論じられている．
74) 会社法学において有力な方法となったが，民法学においては，たとえば，森田修，沖野眞已のように，ヴァージョンアップされた「法と経済学」の手法を参照する者も現れた（森田「ウィリアムソンの契約理解について――法と市場の制度分析のために（その 1）」社会科学研究 48 巻

そのものの内部において「正義」の探究は後退したように見える．しかし，「正義」の観点から「権威的決定」を行うという選択肢が現実性を持ち得ないような風潮が蔓延したことも強調しておく必要がある．「序説」における「正義」，あるいは「法的思考様式」自体が逆風にさらされたと言えるのである[75]．

2 様々な可能性

(1) 企図の承継　すでに見てきたように，「序説」に始まる平井の「法政策学」は，一方で，法に関わる理論的な探究を，他方で，隣接諸学との連携を図ろうという意図を有するものであった．平井自身の表現によれば，「各種の学問分野における主要な社会理論を摂取するように努めたが，それらをできるかぎり『法』的な観点から再構成して一つの理論枠組みに統合する」[76] ことが試みられてきた．

この企図の中には，民法学に対する重要で貴重な方向づけが含まれている．平井が，戦後法学の「科学としての法律学」への指向を批判的に継承しようと呼びかけていることである．平井は，自らの法学イメージを末弘のそれと対比して位置づけたことがある．その際に，平井が末弘から導こうとしたのは，一言で言えば，川島理論を批判するための手がかりであった．

平井は，川島の提唱した「科学的実用法学」が将来の裁判の予見を目的とすると理解した上で，「『科学』の意味をこのように狭く限定するのは，後述するような最も現代的意義をもっている『科学』の存在を視野の外に追いやってしまうという点で適切であるのかは疑問である」[77] としている．そして，「注意すべきなのは，右のような戦後法律学界の一般的風潮にもかかわらず，博士（末弘を指す――大村注）においては，(2)の意味における（工学をもって代表される――

---

1 号〔1996〕，同「ゲーム理論と契約法――法と市場の制度分析のために（その 2）」社会科学研究 49 巻 3 号〔1998〕，沖野「約定担保物権の意義と機能――UCC 第九編の『効率性』に関する議論の素描」学習院大学法学会雑誌 34 巻 1 号〔1998〕など．なお，これらのほかに，林田清明・《法と経済学》の法理論（北海道大学図書刊行会，1996）も現れている．

75) 1990 年代末の定期借家権の導入をめぐる議論が，この経緯をよく示している．参照，内田貴「管見『定期借家権構想』――法と経済のディレンマ」NBL 606 号（1996）．

76) 『法政策学（第 2 版）』i 頁．

77) 「末弘」50 頁．

大村注)『科学』が『実用法学』を科学とするためのモデルとして明確に念頭に置かれている点である」[78]とする．つまり，平井は，末弘を援用することによって，「理学」的な「科学としての法律学」ではなく，「工学」的な「科学としての法律学」の正統性を主張し，この流れに棹さそうとしたわけである[79]．

このような平井の試みを包括的に承継しようという者は，今日の民法学界には見あたらない．しかし，平井の企図には積極的に受け継がれるものが含まれているのではないか．

他方，平井は，「法的なもの」の特質にも強いこだわりを見せている．再び平井の表現によるならば，「社会現象を眺める際の『法』的視点とは何か（さらに進んで，『およそ法的なるもの』とは何か），という問いを提起せずにはおかない」[80]．すでに指摘したように，平井の想定する「法的なるもの」の中身には変遷が見られる．このことが，「法政策学」に対する関心を減殺したのではないかという見方もすでに示したところである．

ここで確認しておきたいのは，「法と公共政策」を論ずるにあたって，「法的なるもの」をどう扱うのか，という問題は，今日なお未解決の問題として残されているということである[81]．この点でも，平井の企図はなお現代的な意義を持ち続けている．

(2) 姿勢の承継　平井の試みには，必ずしも明確にはされていないが，学ぶべき点・汲むべきものも少なくない．

まず，注目に値するのは，「序説」に示された社会状況へのマクロな関心である．この点も言及ずみであるが，当時，平井が前提とした社会状況は今日では変化を遂げているように思われる．それゆえ，平井の状況認識はそのままの形

---

78) 「末弘」50頁．
79) この点は，前田・前掲注22) 45頁もこの点に触れる．
80) 『法政策学（第2版）』i頁．
81) たとえば，「特集・法の政策学」（公共政策研究4号，2004）に寄せられた和田淳一郎「法政策学における経済学活用の可能性について」においては，平井の「法政策学」への言及がなされているが，「法的ルールを含む制度的制約を外成変数とし，その制約の下での人々の行動の結果を均衡として捉え，外成変数の変化（操作）がどのように選択行動を変化させるかを分析する」（同論文39頁）という経済学的な発想は，平井の発想とは大きく異なっており，平井が強調した「法的思考様式」が十分には浸透していないことが窺われる．

ではもはや妥当しない[82]．しかし，時代の大きな変化をとらえようという姿勢そのものは刺激的なものであり続けている．

次の二つの点も重要である．一つは，平井は，完結した形で理論を提示することを好むが，そのようにして提示された理論は，常に更新されているということである[83]．たとえば，『法政策学（第2版）』において組織理論の摂取が試みられたのは，その一例である．もう一つは，「序説」に始まる平井の「法政策学」は，常に法学教育との関係を念頭に置きつつ展開されてきたということである．少数の専門研究者の間にとどまらず，より多くの人々が議論に参加できるような枠組みを提示するというのが，平井の目指すところであると言えるだろう[84]．以上の二点もまた，積極的に受け継がれるべき点であろう．

(3) 部分の承継 さらに，平井の「法政策学」，とりわけ「講義案」や『法政策学』には，展開されるべくして展開されなかった部分も存在する．

一つは，「法政策学」の「技法」の部分である．平井の「法政策学」は，「紛争志向型訴訟と政策志向型訴訟」「法的思考様式と目的＝手段思考様式」「効率性基準と正義性基準」「市場の決定と権威的決定」といった一連の概念枠組とともに語られることが多い．しかし，「再論」の「何が目標であるのか，何が問題であるのかを議論し，多様な価値を統合して問題を発見・解決する技法が重要視されてくる」[85]という叙述を受けて，「講義録」には「附論：事例研究のためのメモ」が付加され，さらに『法政策学』では，最終章が「法政策学の技法」にあてられていたことも忘れてはなるまい[86]．ところが，これまでのところ，

---

82) もっとも，第2版における「日本の社会と法」への着目（同 ii 頁）は，社会状況の変化に対する平井の対応であったと見ることができる．
83) 棚瀬書評は，「著者が設定した理念型が，それ以上の実証的，あるいは理論的研究を必要としないようなものである」と表しているのは，この点にかかわるのだろう．
84) 「覚書」70頁で，「民法というような具体的な法分野に特有な問題に精通する者が，それら相互間のみで『法の解釈』論を論じる」のではなく「あくまで法律家一般が共通に議論できるレベルにとどめられなくてはなら」いとしているのも，基本的には同じ姿勢によるのだろう．
85) 「再論」96頁．
86) この点につき，「『法的意思決定』の過程について，これを『問題形成過程』，『対策立案過程』及び『行動計画段階』に分節し，そのおのおのの段階において必要とされる『技法』について論ずる」と要約した上で，「法政策学」を特徴づける部分として理解するものがある（加藤幸嗣「『立法学』と『政策法務』，『法政策学』」大森政輔・鎌田薫編・立法学講義〔商事法務，2006〕33頁，35-36頁）．

この部分につき立ち入った検討がなされることは少なかった．その理由については検討を要するが，問題解決学一般の問題であり，「法政策学」に特有の貢献が少ないと考えられたためかもしれない．

　この点は，もう一つの部分の位置づけにもかかわっている．もう一つの部分とは，事例研究（具体的な応用例）の部分である．『法政策学』には学生の手になる三つの事例研究が，平井のコメントとともに収録されていた[87]．これらの例は，法政策学の具体的なイメージを示すのに大きな意味を持っていたが[88]，『第2版』では削除されるに至っている[89]．その結果，平井自身が危惧するように「初版よりも一層抽象的になっている」[90]との印象は否めない．

　平井は，事例研究1を「問題がよく限定され，かつ調査・データの収集・理論的分析がほどよくミックスされている」もの，同2を「行きとどいた」「実態調査を主としたもの」，同3を「法律家が価値の問題を扱う」「きわめてユニークな」ものとして評価しているが，平井のコメントとともにこれらの事例を改めて見てみると，法政策学の利用にあたっては，実は「技法」の部分が重要な意味を持つことが窺われる．

Ⅳ　おわりに

　繰り返しになるが，平井の「法政策学」は包括的には継承されなかった．しかし，その影響は，程度の差はあれ後の世代に及んでいる．

　平井の影響を直接的な形で強く受けたのは，『強制履行の法学的構造』の後，歴史分析から制度構想へと研究の重心を移した森田修であったと思われる[91]．森田は，優勢になりつつある新古典派経済学の枠組による経済分析とは一線を画し，「効率性」の問題だけでなく分配の問題を取りこむ可能性を示唆する[92]．

---

87) 『法政策学』218–232頁．
88) 山田書評は，この事例研究の末尾に付された「学生のリポートの一覧表」に言及しつつ，「法制度として考えられているのは，大規模なものではなく……割に小さな問題……である」としている．
89) ただし，「授業では補うつもりである」（同ⅱ頁）とされている．
90) 『法政策学（第2版）』ⅱ頁．
91) 森田・前出注74)論文．
92) たとえば，森田修「定期借家権と交渉」ジュリ1124号（1997）．

しかし，その後の森田は，担保法・債権回収法に関心を寄せるようになったこともあって[93]，どちらかというと「効率性」につき，より洗練された形でかつ実定法との関係を十分に考慮に入れて分析する方向へと向かう[94]．担保・倒産法制の整備は，1990年代日本の大きな課題であった．より効率的な法制度の確立は，バブルの後始末のためだけでなく，新しい金融制度の発展にとっても必要なことであった．それゆえ，森田の試みはそれ自体貴重なものである．しかし，「法政策学」の承継という観点から見る限り，森田が平井の発想から大きな刺激を受けていることは確かであるものの，実際の分析枠組に関して言えば，新しい経済理論の応用の色彩が濃いと言うべきだろう．

間接的な形では，平井の影響はより広く及んだ．1990年代初頭には，内田貴の『契約の再生』に刺激を受けて契約法学の展開が見られたが，内田のほかに山本敬三も筆者自身も，狭義の民法学の枠を超えた契約法理論を構想しようとした．そこには，程度の差はあれ，平井の姿勢から受けた刺激が作用していたと言えるだろう．また，新世紀に入ってから，制度構想の民法学を展開する際の環境にも変化が兆し始めていることに留意する必要がある．一連の規制緩和（脱制度化）を経て，経済が緩やかな上昇局面に入ったのに伴い，社会の関心は，新たな制度の構築（再制度化）に向かいつつあるように思われるのである．具体的には，様々な形で「格差」の存在が指摘され，安定・安心を確保するための諸制度をいかに構築するかが論じられるようになってきている．

民法学に限って言えば，たとえば，上記の契約法学者は揃って契約の「制度」としての側面に言及するようになっている．たとえば，内田は，福祉・介護などを例とする「制度型契約」の特質を摘出しようとし[95]，筆者自身は，「契約」を主たるツールとして「制度」を創出する試みを支援すべきことを説いている[96]．また，山本敬三も，民法典の契約そのものが「制度」として捉えられる

---

93) 森田修・債権回収法講義（有斐閣，2006）を参照．
94) 森田修・アメリカ倒産担保法―「初期融資者の優越」の法理（商事法務，2005）．
95) 内田貴「民営化（privatization）と契約――制度的契約論の試み」ジュリ1305号〜1311号（2006）．
96) 大村・前出注31）．なお，大村「日常生活の法的構成――『生活民法』の視点」UP 371号，372号（2003）［本書第3章第1節A］，同「大きな公共性から小さな公共性へ」法時76巻2号（2004）［本書第3章第2節B–1］も参照．

ことを指摘している[97]．

　これらの研究はいずれもまだ始まったばかりではあるが，それらが「制度」に着目することから，いくつかの興味深い特色が生じている．第一は，平井の言う「権威的決定」「市場的決定」という二分法には収まらない問題処理が指向されていること．第二は，国家レベルでの「制度」だけではなくより小さな「制度」が視野に入れられていること，第三に，具体的な制度づくりが語られていること．第四に，「効率性」に還元できない価値の存在が念頭に置かれていること．

　以上のうち，第二点・第三点は，「序説」においても，潜在的には含まれていたが，必ずしも十分に展開されなかった点であり，第四点は，「序説」が強調していたが，その後，後退してしまった点である．これらの点は，「序説」の提案をふまえて，更なる展開を図ることがなされるべきだろう．その意味で，「序説」には継承されるべきものがある．他方，第一点に関しても，「序説」に内包されていたと見ることはできないわけではない．しかし，この点に関しては，当時と現在とでは，社会環境が異なっていることに留意する必要がある．

　かつて平井は，「『価値』の多元化と『資源』の稀少化」を指摘し，「稀少『資源』の協調的配分技術」が求められているという認識を示した[98]．もちろん，今日においても，前段の価値の多元性・資源の稀少性という条件自体に変化はない．変わったのは，後段の「配分技術」である．今日では，対立する価値がアプリオリに固定できるわけではないこと，また，いったん配分を行えばそれで足りるわけではないことも多い．「制度」を創ることを通じて「価値」が凝集すること，あるいは，試行錯誤を繰り返すことによって，よりよい「制度」が見出されることもあるのである．漸進的に「制度」づくりを繰り返すことによっ

---

97) 山本敬三「契約の拘束力と契約責任論の展開」ジュリ1318号 (2006) 56頁は「制度的行為」という用語を用いる．山本の「制度」に対する関心は別の形で，同「憲法による私法制度の保障とその意義」ジュリ1244号 (2003) にも示されている．なお，「契約」と「制度」の関係については，大村「フランス法における契約と制度——労働法と家族法を素材に」同・契約法から消費者法へ〔東京大学出版会，1999〕，同「『家族法における契約化』をめぐる一考察——『社会的に支援された契約類型』しての婚姻」水野紀子編・家族——ジェンダーと自由と法 (東北大学出版会，2006)〔本書第2章第3節A〕も参照．

98)「序説 (1)」64頁．

て,「価値」の発見・調整をしていくプロセスを織り込んだ「制度構想の民法学」が必要とされていると言うべきだろう.

　平井が想定する「人間の理解もコントロールも及ばない,不気味な存在となりつつあるように見える」市場機構を念頭に置きつつ[99],森田修が「虚空を掴むために伸ばされた手」に過ぎないのではないかと問う「支援された自律」を可能ならしめるべく,これからの民法学が様々な「制度」を構築していこうとするならば[100],現代の状況にみあった知的資源の総動員が必要となろう.「序説」は,そのような試みのさきがけとして,30年を経た今日もなお,困難に立ち向かおうとする者たちを励ます力を持つ.

---

99)　平井「民法施行100周年を迎えるにあたって」ジュリ1126号(1998)7頁.
100)　森田修「民法典と個別政策立法——〈支援された自律〉の概念によるエスキース」岩波講座・前出注22) 136頁.

D 利益考量論の再検討

I 学説に何を学ぶか？:
「覚書」には何が書かれているか，あるいは小さすぎる文脈を離れて

　(1)　この講義は金山直樹教授のお世話によって行われているが[101]，同教授が時効法の専門家であることはよく知られている通りである[102]．また，慶應の大先輩・内池慶四郎教授も時効法の専門家として広く知られている[103]．慶應の民法学と時効とは切っても切れない関係にあると言える．もっとも，時効をテーマに掲げたのはそのためではない．

　この講義の検討対象となる「時効に関する覚書」は，時効理論における星野説を展開したものとして広く知られている．と同時に，この論文（以下，「覚書」と略称する）は，民法学者・星野英一の代表的な論文の一つであり，また，1970年代の日本の民法学を代表する論文の一つであるとも言える．

　この講義の目的は，「覚書」という著名な論文を素材にして，「学説」の理解の仕方を示すことにある．この講義を含む一連の講義は，リサーチペーパーの執筆準備をする法科大学院生のために行われていると聞いているが，およそ法学において何らかのリサーチを行うためには，関係する「学説」を理解することが必要になる．このこと自体は十分理解されていることであり，改めて強調

---

101) 本稿は，2006年7月に慶應義塾大学法科大学院において行われた講義原稿に基づくものである．その趣旨に関しては本文に記した通りであるが，お世話をいただいた金山教授ならびにご出席いただき有益なご意見をいただいた関係の諸教授にこの場を借りてお礼を申し上げたい．
102) 金山直樹・時効理論展開の軌跡（信山社，1994）などを参照．
103) 内池慶四郎・出訴期限規則略史（慶應義塾大学法学研究会，1968）などを参照．

する必要もないことであろう．

　しかし，この講義では，法科大学院生が想定するのとは別の文脈で，学説をとらえるべきことを示したい．以下は，「あまりに小さな文脈」における理解にとどまることなく，より大きないくつかの文脈（「小さな文脈」「大きな文脈」「さらに大きな文脈」を想定している）における理解をめざすべきことを説くものとなる．「文脈」を「レベル」と言い換えるならば，「レベル0」からスタートして「レベル1」「レベル2」「レベル3」へと，順次，理解を深めていくべきことを主張すると言ってもよい．

　とはいえ，全ての学説がこのような検討にふさわしいわけではない．すでに一言したように，「覚書」は，時効理論にかかわる有力学説を説く論文であるのみならず，一人の民法学者を，あるいは，一つの時代を代表する論文でもある．こうしたエポックメイキングな論文に対しては，それにふさわしい理解の仕方がある．すなわち，より大きな文脈（より高いレベル）において理解することが必要なのであり，そのことによって，当該論文をよりよく理解することが可能になるのである．

　(2)　ここでいう「あまりに小さな文脈」とは何か．本論に入る前に，内容の紹介も兼ねて，まずは，この文脈で「覚書」をとらえてみよう．

　「覚書」は，当初，『法学協会雑誌』に4回にわたって連載された論文であるが[104]，現在では，星野英一の論文集『民法論集第4巻』（有斐閣，1978）に収録されている[105]．5年を費やして書き継がれ総頁数150頁に達するこの論文は，以下の六つの節から構成されている．

　　一　はしがき——問題の出発点
　　二　従来の学説に対する疑問
　　三　沿革小史
　　四　わが判例から見た時効の機能——（一）取得時効
　　五　わが判例から見た時効の機能——（二）消滅時効，（三）まとめ
　　六　結語

---

104)　同誌86巻6号・8号，89巻1号，90巻6号（1969–74）．
105)　以下，引用は同書から行い，本文中において頁数のみで示す．

しかし，内容に着目するならば，問題の設定 (一, 二)，第一のアプローチ＝沿革研究 (三)，第二のアプローチ＝判例研究 (四, 五)，結論 (六) という四つの部分からなっていると言える．

ある著者は，「覚書」の内容を次のように要約している (①〜④ は大村)[106]．「覚書」は「① 時効により他人の物の占有者が所有者となり，債務者が債務を免れるという解釈に根本的な疑問を抱く．そして，② 時効制度の沿革と ③ その判例における機能を探究し，時効の存在理由を次の点に求める．すなわち，④ a 原則として，時効は『真の権利者の権利を確保し，弁済者に二重弁済を避けさせるための制度』である，ただし短期取得時効は取引安全のための制度である，と」．そして，そこから「覚書」は「④ b 時効の具体的解釈は，その運用をできるだけ制限する方向で行うべきものとされるのである」と．以上の①〜④ が，先に掲げた「覚書」の四つの部分に対応する．この意味で，この著者は「覚書」を適切に要約していると言える．

しかし，より簡潔な教科書類においては，「覚書」は「訴訟法説」「推定説」あるいは「権利者保護・訴訟法説」などという名称の下に分類されて，「実体法説」「権利消滅説」あるいは「非権利者保護・実体法説」と対置される[107]．おそらく法科大学院生の多くは，この文脈ないしレベルにおいて「覚書」に展開されている星野説を理解していることだろう．共時化された理解，あるいは，解釈学説に縮減された理解としてはそれでよい．しかし，「覚書」の意義は，このような理解によって汲み尽くされるものではない．

(3) では，どのような理解がなされるべきか．すでに述べたように，以下においては，二つの文脈ないしレベルにおいて「覚書」を位置づけていく．すなわち，第一に，時間軸を導入することによって，「覚書」を時効理論史 (問題ごとの・ミクロの学説史) の中に位置づける (II)．第二に，解釈論を支える基礎研究との関係を意識することによって，「覚書」を民法学方法論の歴史 (全体としての・マクロの学説史) の中に位置づける (III)．以上のような検討を通じて，「覚書」はなぜ書かれたのかを重層的・複合的に理解できるはずである．

---

106) 草野元己「解説」加藤雅信編集代表・民法学説百年史 (三省堂，1999) 所収．
107) 各種教科書 (内田・山本・大村など) を参照．

最後に,このような理解から進んでさらに,「覚書」から私たちは何を引き継ぐべきか,すなわち,「覚書」の今日的な意義について考えてみたい(Ⅳ).この作業は,過去のある時期の学説を客観的に理解するだけでなく,将来に向けてその含意を抽出しようという試みである.学説の理解とは,以上のような作業の総体を指すのだが,それは,より一般的に言えば,「読解(lecture)」「解釈(interprétation)」という営みそのものにほかならない.

ここまでの話を簡単に図示しておこう(A説＝実体法説,B説＝訴訟法説〔星野説を含む〕).

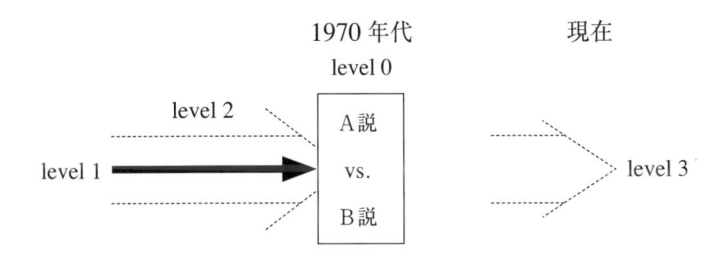

```
                 1970年代         現在
                 level 0
       level 2  ┌──────┐
                │ A説  │
level 1 ──────▶│ vs.  │ ┄┄▶ level 3
                │ B説  │
                └──────┘
```

Ⅱ 時効学説展開のモーメント:
「覚書」はなぜ書かれたのか・その1,あるいは小さな文脈に即して

1 出発点

ある学説を学説史の中で理解するにあたっては,その学説が,先行学説のどの部分を問題にし(1),これに対してどのような主張を展開しようとしたのか(2)を明らかにしなければならない.そのためには,「覚書」は従来のA説を批判してB説を提示した,というだけでは十分ではない.

では,どのように考えるべきか.まず,先に紹介した著者の説明を出発点としてみよう[108].この著者は,第一に,「従来の通説」(A説)と「有力説」(B説)を対置した上で,「以上のように,従来の時効観には激しい対立があったのであるが,その根底には,時効を権利得喪原因とする規定から出発して解釈す

---

108) 草野・前掲論文.

るか，法律構成から離れて時効のあるべき姿を追及するのかという立場の違いがあったと考えられる」としている．第二に，「覚書」は「まず，従来の通説に決定的な批判を加える．……また……前掲有力説と基本的な発想は共有するものの，時効を法定証拠とする構成には批判的であり，あくまでも権利得喪原因と位置づける」とする．そして，第三に，「覚書」は「素朴な疑問から説き起こすとともに，文理的にも無理のない解釈を行い，その後の学界に大きな影響を与えた」と結んでいる．

　この説明は，冒頭に掲げた説明に比べれば，一歩も二歩も立ち入った説明になっている．しかし，紙幅の関係もあって，あるいは，著者自身がこの問題の専門家であることもあって，隠れた前提に対する説明がやや不足している．以下，この点を補ってみよう．

2　「覚書」のターゲットは何か？

　A説（従来の通説）に対するB説（有力説），B説に対するB'説（星野説）という図式を説明するために，上記の著者は，「規定から出発」するか「あるべき姿を追及するか」という立場の違いを指摘し（A説対B説の理解），さらに，「素朴な疑問」「文理的にも無理のない解釈」を有する点に「覚書」のメリットを見出している（B説対B'説の理解）．この説明は，次のような補足・補正によってより説得力のあるものとなるだろう．

　第一に，A説対B説の理解は，A説を批判して現れたB説の立場からの理解であることを知っておく必要がある．具体的には，そこには，B説を代表する論者である川島武宜の見方が大きく影響している．川島は次のように述べている[109]．「民法は，時効によって私権そのものが消滅するという表現を用いているが，それは，旧民法が訴権法的構成を清算し実体法的構成を採用しようとした結果生じたもので，前述したように不正確な表現だと言わねばならない．消滅時効制度の主たる目的は，長期間の権利不行使の結果，義務者が訴訟上自己を防御するために必要な証拠を保持することが困難になることを考慮し，権利消滅の法定証拠を義務者に与えることにある，と考える」．

---

109)　川島・民法総則446–447頁．

このように説く川島には次のような前提が存在する[110]．「思うに，権利そのものが消滅するということば的表現が条文に用いられている，ということは，そのようなことばで表現されている実質的内容がそのとおりである，ということを必ずしも意味するわけではなく，日本民法が継受した母法たるドイツ法・フランス法において消滅時効がどのような制度であったのか，それを起草者がどのように理解しどのようなことばで表現したか，という実質が問題とされねばならない」．「鳩山博士以来の不確定効果説は，民法の条文の字句に即して論理的に一貫していることに特色を有するが，そのかわりに消滅時効の本来の——ここに『本来の』というのは，日本民法が継受した元の制度に即した，という意味であるが——内容，そうしたまた判例が現に認めている内容，からは遠いものとなっており，或る意味では，判例から独立した論理法学の所産とも言い得るようである」．このように，川島は，「論理法学」を批判し，「ことば的技術」の背後にある実質を摘出する必要があると考えていたのである．

　第二に，B説対B'説の理解の部分はどうか．先ほどの著者の表現を用いるならば，B説とB'説とでは「あるべき姿を追及する」際の「あるべき姿」が異なっていることに留意する必要がある．この点を理解することが，「文理的にも無理のない解釈」の意味を理解することに繋がる．ここでも，以下の説明はB'説の側からの説明である．

　「覚書」は，まず次のように言う．「法定証拠説をとる学者は，民法の起草者は誤謬をおかしたものであり，規定の文理に捉われることなく解釈しなければならない，と論ずることとなる．もちろん，解釈の方法論一般としてごく抽象的には，この立言は正しい．しかし，文言に反しないで妥当な解釈ができるならば，あえて文言に正面から抵触する解釈をすべきではない」（180頁）．この主張は，さらに次のように展開される．「もともとの問題は，時効制度の存在理由であったのに，これらの説は，あるいはそれに対する解答から進んでその法律構成に及び，あるいはそれに対する解答を避けて専ら法律構成だけを扱っている．ここに，方法論的な疑問が生ずる」（183頁）．とりわけこの最後の部分に，B説とB'説（川島と星野）の分岐点がある．川島が「ことば的技術」を排して

110）　川島・前掲書 450–451 頁．

抽出しようとした「実質」が「法定証拠」という「理論」（法律構成）であったのに対して，「覚書」（星野）はこのような「理論」（法律構成）に疑問を示し，これを排除しようとしたのである．こうした発想に支えられた「覚書」は，「理論」のために「文理的にも無理のない解釈」を捨てる必要はないと考えるわけである．

3 「覚書」のテーゼは何か？

　以上のような課題意識に支えられて，「覚書」は，次のような作業仮説を提示する．この作業仮説こそが解釈学説としてのB'説（星野説）を支える部分なのである．先の説明との関係で言うと，「素朴な疑問」の含意にかかわる部分でもある．

　「覚書」は，まず次のように言う．「一方，判例の結論を全面的に説明しようとしても，どの説にもそれぞれ若干の無理が生じ，他方，判例の大部分は，どの説をとってもそれぞれ異なる仕方での説明が可能である．このことは，せっかく鋭い着想を示した新学説をも含め，従来の学説の態度に根本的な疑問があることを示しているのではあるまいか．すなわち，第一に，判例を体系的に説明する理論を求める努力はあまり意味がないのではないか．とりわけ，判例自体，必ずしも一貫した態度をとっているとはいえない場合にそうであろう．第二に，そもそも，時効に関する具体的な問題の解決を，一定の『理論』から説明し，基礎づけることが無意味ではないか．ことはやはり，時効の存在理由をどう解するかという基本的な価値判断に存するのである」(185頁)．

　こうして「理論」を排した「覚書」は，「基本的な価値判断」へと向かう．では，それはどこに見出されるのか．この先に，「覚書」の大きな特色が現れる．「覚書」は，さらに次のように言うのである．「わが民法の時効法は，時効を権利の得喪原因とする法律構成をとっている点だけは否定のしようがない」（だから「文理的にも無理のない解釈」をとるほかない――大村注）．「しかし，それは，混乱した時効観の上に築かれている．個々の規定も，異なった，というより相反する考え方に由来し，異なった考え方からでなければ理解できないものが併存している．従って，これを，一つの原理に貫かれた統一体と見ることは正しくないのである．故に，時効の規定の解釈も，この事実を直視し，その上に立っ

て展開されなければならない」(206-207 頁).

　このように「覚書」は,起草者の依拠した原理を探究することを放棄している.そのようなものは存在しないというのである.では,何を拠り所とするのか.ここで出てくるのが「素朴な疑問」である.しかし,もちろん「覚書」は「素朴な疑問」のみを論拠とするわけではない.この素朴な疑問をどのように正当化の根拠に転換するか,そこに「覚書」のポイントがあるのだが,この点に関しては,項を改めて見ていくことにしよう.

III　70 年代日本の民法学としての星野民法学:
「覚書」はなぜ書かれたのか・その 2,あるいは大きな文脈の中で

1　出発点

　「覚書」が書かれた頃,星野は,あるいは,民法学はどのような状況にあっただろうか.1970 年代の中頃,星野は 40 代のなかばで,すでに「日本民法にフランス民法典が与えた影響」(1965) や「民法解釈学序説」(1967) を発表しており (以下,「影響」「序説」と略称する)」[111],大著『借地・借家法』(1969) を刊行したばかりであった.「覚書」はこれらの著書・論文に示された星野の民法解釈方法論を集約した論文として執筆されたと言ってよい.このことによって「覚書」は大きなインパクトを持つことになった.

　先の著者は,「覚書」は「その後の学界に大きな影響を与えた」と評するとともに,この評に先立ち,先行研究の存在に言及し,「この中島論文はあまり注目されることがなかった」としている[112].では,なぜ先行研究は注目されず,「覚書」は注目を集めたのか.その理由の一端は,当時の民法学界が,「覚書」を前掲の「影響」や「序説」をふまえた実作として受けとめたという点に求められる.

　星野自身,「覚書」を収録した論文集『民法論集第 4 巻』の「はしがき」で「覚書」に触れて,「根本的な発想の転換をしたつもり」だが「解釈論上の新提

---

111)　星野・民法論集第 1 巻所収.
112)　「中島論文」は,中島弘道「時効制度の存在理由と構造」法学新報 64 巻 4, 5 号 (1957) を指す.

言もあまりない」と述べている．しかし，星野の主眼は，まさに「発想の転換」にあり，「解釈論上の新提言」にはない．言い換えるならば，「覚書」は「法律構成」をするのでも「解釈論の提言」をするのでもない論文として意図的に書かれており，学界は「覚書」を受け入れることによって，そうした論文の書き方（研究方法）を受け入れたのであった．

　この星野の方法は，一般には利益考量論という呼称によって知られている．それでは，「覚書」が利益考量論を展開したというのは，具体的には何を行ったことを指しているのか (1)．また，ほかならぬ「覚書」において利益考量論が展開されたのはなぜか (2)．以下においては，この点を考えてみたい．

2 「記述的な利益考量論」としての星野民法学

　一口に「利益考量論」（「利益衡量論」と呼ばれることもある）と言っても，そこにはいくつかのタイプのものがあるし，また，ありうる．私自身，かつていくつかの分類を試みたことがあるが，その際に，星野の利益考量論は「説明型」か「当為型」かという問題を立ててみた[113]．ここでは，このような二項対立によるのではなく，星野の考え方を「記述的な利益考量論」と性格づけておきたい．単に説明にとどまるのではなく，かといって，ストレートに価値判断を示すというのでもない．制度の記述を前提に提言に至ろうというものとして位置づけておく．

　このような性格づけ以上に重要なのは，星野の方法，あるいは，星野の民法学の重層性・複合性を認識することである．別の言い方をすると，星野の「利益考量論」にはいくつかの層があり，どこまでを利益考量論と呼ぶかは場合によって異なっているので，このことを明らかにしておく必要がある．

　「覚書」と近接した時期に書かれた論文（「利益考量論と借地借家関係規定の解釈」[114]）の中で，星野自身が「利益考量論」の中味をいくつかに分類している．大まかに整理すると，そこでは，① ある制度の想定する紛争における利益状況の分析，② 当該制度においてある解釈論の採用がもたらす利益状況の分析，③ 対立する利益の調和をはかる価値判断の把握，④ 類似の利益状況を扱う制度と

---
113) 大村・民法総論 125 頁．
114) 民法論集第 4 巻所収．

の比較対照などがあげられている．またこれとは別に，星野は，やはり同時期に書かれた別の論文（「我妻法学の足跡」[115]）において，「真の解釈」と「真の解釈のためになすべきこと」を区別し，後者の一つとして，⑤「沿革的・比較法的研究」や⑥「判例研究」をあげている．

　もっとも狭い意味で「利益考量論」という場合には，①②が想定されているが（限定ヴァージョン），実際には③が含まれていることが多い（標準ヴァージョン）．星野自身はこの場合には「価値判断法学」と自称することもあるが，③も含めて「利益考量論」と呼ばれることがあることは認めているように見える．⑤⑥，とりわけ⑤は星野の強調するところであるが，これらをも含めて広く星野の民法学を「利益考量論」と呼ぶこともある（拡大ヴァージョン）．なお，④は星野が折にふれて言及する点であり，ある意味では重要だが，一般に利益考量論の特色として言及されることは少ない点である．これを含めて「利益考量論」と呼ぶとするといったい何が導かれうるのか（再編ヴァージョン），この点は後で改めて考えたい．

　抽象論が長くなったが，項を改めて，「覚書」に即して見ていくことにしよう．

3　「記述的な利益考量論」の実例としての「覚書」

　(1)　方法の提示：「記述的な利益考量論」の展開　　「覚書」の本論の中心をなすのは，「②時効制度の沿革」と「③その判例における機能」であった．別の表現を用いるならば，沿革的考察と判例分析という二つの作業が，「覚書」の「素朴な疑問」を支えていると言える．

　もっとも，その支え方にはある意味で微妙なところがある．というのは，沿革的考察からも判例分析からも確定的な結論は得られていないからである．「覚書」の基本的なスタンスは「問題の根本的解決は……時効の効果を広く認めるのが妥当か狭く認めるのが妥当かという基本的な価値判断によってしか決まらないものではなかろうか．ところが，この価値判断は，さらに遡って，そもそも時効制度の趣旨・存在理由は何か，これをどう考えるかを決めない限りできないのではあるまいか」(171頁)とする点にある．ところが，このような価値判

---

[115]　民法論集第 4 巻所収．

断は，沿革的考察からも判例分析からも直接的には導かれない．「覚書」の著者はこのことを認めている．その上で，自ら信じる「存在理由」を提言している．

　確かにテクスト上の論理（比喩的に言えば「実線の論理」「表層の論理」）はそのように組み立てられている．しかし同時に，「覚書」は，沿革的考察や判例分析から一つの方向性を引き出そうともしている．すなわち，時効に対する見方はボワソナードにおいて極限に達する（その後は混乱に陥ってしまう），判例の価値判断は，ボワソナードの時効観と両立しないわけではない，という副次的・潜在的な論理（「破線の論理」「深層の論理」）が伏在しているのである．

　「覚書」は，ある時効観に立つからボワソナードを称揚するのか，それとも，ボワソナードを手がかりにある時効観を引き出したのか．おそらくどちらであるとも言えない（あるいは，どちらでもある）のではなかろうか．確かなのは，沿革的考察や判例分析は，論理のレベルでは直接的なサポートとなっていないとしても，事実のレベルでは大きなサポートとなっているということである．先ほどの分類で言えば，「覚書」はまさに，利益考量論を標準ヴァージョンから拡大ヴァージョンへと拡張させる作品になっているのである．あるいは，この過剰さが「覚書」の魅力なのかもしれない．

　(2)　問題の示唆：「記述的な利益考量論」の対象　「覚書」は，「時効の具体的解釈は，その運用をできるだけ制限する方向で行うべき」ことを主張した．「覚書」は，基本的な価値判断を提示することによって，価値判断のレベルにおける判例・学説の不整合を批判し，時効の解釈論を方向づけるべきことを主張したのである．そして，繰り返しになるが，「覚書」は大きな成功を収めた．

　しかし，すべての問題に関して「覚書」の用いたアプローチが有効であるとは限らない．少なくとも，当時の「覚書」の著者はそう考えており，慎重に問題を選んで，このアプローチを用いたように思われる．というのは，「時効の存在理由」はまさに価値のレベルでの統一的アプローチが期待されていた問題だったからである．

　このことは，「従来の通説」として批判の対象とされた我妻説自体が指摘していたことであった．我妻は次のように述べていた[116]．「援用の性質について，根

---

116)　我妻・民法総則 443 頁．

第1節 「実践」と「理論」の間で 383

本的な対立がある．もっとも，実際上の効果について最も見解の分かれている援用権者の範囲，援用と放棄の建機などは，必ずしも援用の性質についての理論的な見解の差から導かれるものとは思わない．しかし，実際上重要な関係のある諸問題について妥当な解決を与えるためには，時効制度の本質に遡った研究が必要なように感じられる」．

　この指摘は，援用に限ってのものであり，かつ，「時効制度の本質」が何を指すのかもはっきりしない．しかし，法律構成の差を超えて，時効を説明する必要があることを示す叙述としては貴重なものであると言える．この点に関する限りでは，「覚書」は，実は川島ではなく我妻に負っていると言うこともできる．言い換えるならば，「覚書」は，我妻の問題意識を，基本的な価値判断によって時効の存在理由を基礎づけるという方向で明確化したということになる．

　ここで確認しておきたいのは，こうした方向性がすでに示されていたということ，「覚書」はこうした問題を選び出して書かれたということである．逆に言うならば，他の問題についても「覚書」のような説明が広く受け入れられたか否かは，当時の文脈の下では必ずしも明らかではなかったということである．その後は，慎重に対象を選んだ「覚書」の成功によって，このような研究方法を用いることができる対象は格段に増えていると思われる．それでは，すべての問題について，同様の議論が可能であろうか．これは，「覚書」の影響の深度にかかわる問題である．項を改めて，この点にも一言しつつ，将来にむけての展望を試みて，結びに代えよう．

Ⅳ　利益考量論を救い出す？：
　　「覚書」から何を引き継ぐか，あるいはさらに大きな文脈に向けて

　「覚書」は，無用の・混濁した法律構成をいわば脱構築することによって，その基層にある「正義」を摘出しようとした試みであった[117]．そこには，1970年代日本の民法学の共通の特色が現れていると言えるかもしれない．その際に，

---

117) このような「正義」観はデリダのそれにも通ずる（なお，デリダの「法＝正義」観については，大村・法典・教育・民法学〔有斐閣，1999〕315頁以下を参照）．

「覚書」は，記述の部分と提言の部分を峻別し，提言の部分を自らの価値判断として引き受けようとした．このようなスタンスは戦後民法学の共通の前提であったともいえる．しかし，「覚書」が実際に行ったのは，単に現行法のみを解釈するのではなく，歴史の中に，社会の中に法制度を位置づけて，よりよい法を発見しようという営みであったように思われる．それは，広い意味での自己了解＝解釈の試みであり，法発見の試みであった．確かに，「覚書」は現行法の条文との整合性には意を用いているが (川島説に対するアンチテーゼでもある)，その点を考慮するとしても，そこで行われているのは，ジェニーのいう libre recherche scientifique ではなかったのか[118]．

このように，「覚書」は donné の発見に努めたと評するとしても，その先で construit へと向かうことはなかった．むしろ，その先に構想されたのは，「時効の存在理由」のようなある意味で特殊な問題だけでなく，およそ制度一般につき，その趣旨を問うという方向であったように思われる．その意味で，「覚書」は science としての法学への展開を内包したものであった．

technique としての法学はもちろん必要であるが，それと並んで，しかし，それとは別に，science としての法学があるべきではないか．「科学としての法律学」[119] を標榜した川島が，ある時期からは technique を重視するかの発言をするようになるのと対照的に，星野は science へと舵をきった．これに対してはいくつかの批判がなされてきたが，それらの批判の対象は，利益考量論の限定ヴァージョンであったように思われる．拡張ヴァージョン，さらにはありうる再編ヴァージョンに対しては，そもそもその可能性が十分には検討されていない．

この再編ヴァージョンの可能性を探究することは，現代における民法学の重要課題の一つであるように思われる．外来の民法典を現代の市民社会に定礎・係留すること，これは，日本についてのみ必要なことではない．利益考量論の

---

118) 科学学派と星野の関係については，別稿で触れる（なお，科学学派の背景については，大村「共和国の民法学――フランス科学学派を中心に (1)」法学協会雑誌 121 巻〔2004〕12 号〔20 世紀フランス民法学から (東京大学出版会，2009) 所収〕を参照）．

119) 川島の「科学としての法律学」の構想については，同『科学としての法律学』(弘文堂，1955) を参照 (なお，『「科学としての法律学」とその発展』〔岩波書店，1987〕に，その後の研究とともに収録されている).

再編ヴァージョンは，そのためのフォーラムのあり方を示唆する．そのためには方法論のレベルでの議論を新たに活性化することも必要であるが，来るべき方法論が抽象論・一般論にとどまっていては，大きな影響力は期待できない．新しい時代にふさわしい「覚書」が求められているというべきだろう．

書評: 隣接領域との対話

A　法史との対話:〈civil〉ということ——書評・『近代法の再定位』

　(**1**)　『近代法の再定位』は，1999年秋に開催された法制史学会創立50周年記念シンポジウムの記録である．そこには，7編の各論的報告（第1日目）と総括報告およびそれに続く討論を各報告者がまとめたリプライ（第2日目）が収録されている．歴史的には西欧で生まれ育った「近代法」の来し方を振り返り行く末を展望するために，西洋法制史からの3編（神寳・金山・広渡）だけでなく，中国法制史からの2編（寺田・季），日本法制史からの2編（神保・水林）が加わっており，西欧の相対化（による理解の深化）がはかられるとともに，非西欧におけるその影響（より積極的には，受容あるいは対応）という視点が打ち出されている．大きなテーマについて研究対象を異にする論者を集めて行われたこのシンポジウムでは，異なる視点に立った諸見解が共鳴しあい，まさに饗宴の名にふさわしい様相を呈しており，法制史の専門家にとどまらず，広く法学・歴史学の双方の学界に身を置く多くの研究者の関心を刺激するものとなっている．一介の民法学者にすぎない評者が書評の依頼を受けたのも，同書のこのような性格ゆえのことであろう．
　しかし，当然のことながら，本書を総体として論ずることは門外漢の手に余る難題である．また，与えられた媒体の性質や紙面の制約から見ても，そのようなことはそもそも期待されていないようだ．そこで，評者の専門と切り結ぶ一点についてのみ，感想を述べて責めを塞ぐことにしたい．その一点とは〈civil〉ということである．一方で，本書所収の八つの報告のうち，金山報告と水林報告では，この〈civil〉ということが主要なテーマとされており，しかも両報告の見解は一致せず，そこには緊張関係が生じている．また，西川総括報告も，あるいは広渡報告も，〈civil〉に対する一定の見方を示しているように思われる．他方，評者の専門は「民法」であるが，「民法」とはフランス語ではdroit civil，すなわち「〈civil〉の法」に他ならない．それゆえ，評者としては，〈civil〉とは何かを論ずる上記の諸報告には大いに興味をそそられる．法制史諸家が様々に描く〈civil〉の風景を，一民法学者が鑑賞する．以下は，そうした印象記である．
　(**2**)　すでに述べたように，金山報告と水林報告は，ともにフランス民法典を参照しつつ〈civil〉を論じている．ところが，〈civil〉とは何かにつき，二つの報告は異なる見方を提示している．一言で言ってしまえば，金山報告の〈civil〉は〈commercial〉を含むのに対して，水林報告の〈civil〉は〈commercial〉を含まない．別の言い方をすれば，前者が

第1節 「実践」と「理論」の間で　　　　　　　　387

民商法を連続的にとらえるのに対して，後者は民法と商法を対置する．それぞれの論拠として，たとえば，金山報告は，フランス商法典の理由書では商法が民（事）法の一部門として位置づけられていたことを挙げ，水林報告は，フランス商法典における商行為の概念が「民事行為」と対照的な性格を持っていることを挙げている．いったい，当時の〈civil〉像としてどちらが適当であるのか，評者には判断がつかない．史料に即したより一層の検討が望まれよう．

とはいえ，真の争点は個別史料の発見やその解釈にではなく，より大きな分析枠組の当否にあるようにも思われるので，ここでは，両報告の枠組の相違に触れておきたい．図式的に言えば，金山報告は，ナポレオン法典（民商法）が体現する「近代法」に一つの画期（断絶）を見い出すのに対して，水林報告は，この「近代法」をプロセス（連続）の中でとらえている．あるいは，金山報告が，大革命と法典編纂によってはじめて〈civil〉という思想が誕生したことを強調するのに対して，水林報告は，〈civil〉と〈commercial〉とが拮抗する段階の法を「近代法」として把握していると言ってもよい．やや異なる観点から見ると，金山報告が〈civil〉の「法的かつ政治的な」側面を重視するのに対して，水林報告は「市民的オイコス＝単純商品流通と商業資本主義の二重構造」を「西欧近代の経済社会的構成」として提示する．また，金山報告の〈civil〉が内実よりもむしろ，より高次の法観念を重視して構想されているのに対して，水林報告の〈civil〉は倫理性を担っており，〈commercial〉はいわば脱倫理化された存在としてとらえられている．

もっとも，当然のことながら，金山氏も〈civil〉と〈commercial〉の相違を全面的に否定するわけではないし，水林氏もまた「政治構造および精神構造の観点」に十分な配慮を払っている．両者の見解には見かけほどの対立があるわけではない，と評者は思う．少なくとも民法学者としての評者には，二つの報告はそれぞれに興味深く，どちらか一方に与し他方を斥けようとは思わない．というのも，評者自身がまさに二つの〈civil〉を抱え込んでいるからである．評者の用語法で言えば，今日，民法は「生活民法」と「取引民法」に分化しつつある．両者の相違をしっかりと認識すること，その上で，ともすれば「取引民法」に呑み込まれそうな「生活民法」の領分を確保すること，これが評者にとっての課題の一つである．このような観点からは，〈civil〉と〈commercial〉とを対置し，〈civil〉の復権によって日本「近代法」の再定位をはかるべきことを主張する水林報告は，民法学に対する建設的な批判として受けとめることができる．しかし，評者は同時に，「いくつもの民法」のうち「生活民法」のみを選んでその領分を守るのではなく，「取引民法」も含めた「ひとつの民法」を構想する必要があると感じている．この点では，〈commercial〉も含む広義の〈civil〉を提示しようとする金山報告の見方に近い．

他方，金山氏に対しては，氏が示された抽象的な法観念から出発することの意義を十分に認めつつも，そこから（氏も承認する）「広義のcivilの世界」における「一定の倫理

性」へと至る道はいかなるものかと問いたい．逆に，水林氏に対しては，まず〈civil〉を確保することが急務であることに強く同意した上で，〈commercial〉を手中に収めるための構想を尋ねたい．実は，二つの問いは，水林氏と同様，〈civil〉の倫理性を体現する法理としてのレジオンに関心を持ちながら，また，金山氏と同様に，民法典の政治性を強調しながら，その先に進むことができないでいる評者自身に対する問いでもある．

　(3)　〈civil〉が〈commercial〉を含むか否かという問題と並んで，本書には，〈civil〉と〈politique〉の関係をどう考えるか，また，〈civil〉と〈privé〉の関係をどう考えるかという問題が含まれている．

　西川総括報告は，「『ヨーロッパ近代法』の歴史的性格」を問うための視点として，「家父長制の問題」「国家と社会の分離の問題」「経済的自由主義と私法」という三つを挙げた上で，(直接には水林報告の言う)〈civil〉につき，それは「家父長制的社会構造によって担われた客観的な『理性』として近代社会に受け継がれたものであり，社会の内部でその理性が実現されえないときには，同様にそれ自体が家父たちによって担われ，依然として後見的な性格を払拭していない主権的国家によって実現されるべきものであったことがわかる」としている．金山報告も，「ナポレオン民法典が政治に対してある種の自律性を保った」とする一般的に見られる立場ではなく，「民法と政治権力の間に一定の相互依存関係があったことを積極的に認める」立場に立つことを明言する．同報告は，「立法すなわち社会の創造であるという〈近代〉の方程式の成立」を指摘し，「政治が市民の世界を作る」としている．

　二つの報告はいずれも，〈civil〉と〈politique〉の密接な関係に着目している．評者自身も「『公事』としての私法」という表現でこの事情に言及したことがあるので，両報告の指摘には共感を覚える．しかし，問題はその先にある．西川報告における〈politique〉は中世以来の家父長制的な社会構造に根ざした〈politique〉であるのに対して，金山報告の〈politique〉は，「革命を契機に，まさにこれから市民の世界を作ろう」という〈politique〉である．前者の〈civil〉は旧来の〈politique〉によって支えられている．あるいは，旧来の〈politique〉が〈civil〉を産み出すと言ってもよい．これに対して，後者の〈civil〉は新しい〈politique〉によって支えられている．むしろ，新しい〈politique〉とは〈civil〉を産み出すことにほかならない．このように二つの報告が着目する〈politique〉は性格を異にしている．では，両報告の間にある緊張関係を解きほぐすにはどうすればよいか．西川報告が述べるように「新しい歴史学の知見に立脚したヨーロッパ近代『市民社会』の構造論」を展開することによって，活路が開けるのかもしれない．それは別の言い方をすると，評者がハーバーマスの表現を借りて述べた「コード・シヴィルの成立を支えたような『市民的公共性』」とは何か，を具体的に解明することでもあろう．

　これとの関連で，〈civil〉と〈privé〉の関係も問題となる．この点にかかわるのは，「ど

こかに何か私的な世界があるわけではない．存在するのは，civil という法的かつ政治的な空間だけなのである」とする金山報告である．同報告は，「国家の支配を免れ，私的な領域に後退するような自由の空間」の構築によって，「新しい公共空間の出現が可能になった」とするシャルチエの見解に対して，そのような自由の空間が「civil という……法の評価対象として完璧なまでに捉えられ，そこにまさに civil という新しい政治空間が出現することとなった」としている．図式的に言えば，シャルチエが〈privé〉の中から〈civil〉が生まれたとするのに対して，金山氏は〈privé〉を覆い尽くすところに〈civil〉が生まれたとするのである．確かに金山氏の述べるように，民法のシステムの下では，「純粋に私的な行動」は存在しない．すべてに〈civil〉の射程は及ぶ．しかしこのことは，〈civil〉がその中に〈privé〉の領域を設けることと矛盾しない．また，〈privé〉の領分が〈civil〉を産み出したか否かは，別個独立の検討を要することがらであろう．とはいえ，金山報告によって，〈civil〉と〈privé〉の関係を問い直しが要請されていることは確かである．

(4) 最後に，広渡報告にも一言触れておきたい．以上の議論とも切り結ぶ「近代法 I」と「近代法 II」，「資本主義的近代」と「市民社会的近代」と言った区別について立ち入る余裕はもはやないが，次の叙述だけは掲げておく必要がある．「近代法の再定位とは，……近代法の諸原理が西欧オリジンの歴史的特殊性を持ちながらその妥当する時間的経過と領土的拡大のなかで獲得してきた（そして同時に懐疑されてもいる）普遍性について，その成立のプロセスを認識する作業であるとともに，普遍性の淵源である『共通了解』を現代において『現代的に』改めて再生することができるか，という問題である．」それは，法史家のみならず実定法学者にとって，とりわけ水林氏によって〈civil〉の定位自体が疑問視された日本，その日本の民法学者にとっては，「深く重たい」課題である．

B 労働法との対話：書評・水町勇一郎『労働社会の変容と再生——フランス労働法制の歴史と理論』（有斐閣，2001）

(1) フランスの文明に対して造詣の深い二人の先達，二宮宏之氏 (歴史学) と宮島喬氏 (社会学) にはそれぞれ，『全体を見る眼と歴史家たち』(木鐸社，1986)，『ひとつのヨーロッパ／いくつものヨーロッパ』(東京大学出版会，1992) と題する著書がある．水町勇一郎氏の新著『労働社会の変容と再生——フランス労働法制の歴史と理論』(以下，本書と呼ぶ) を手にした時に脳裏に浮かんだのは，この 2 冊の書物の表題であった．

水町氏 (以下，著者と呼ぶ) は，すでに，デビュー作である『パートタイム労働の法律政策』(有斐閣，1997) を公刊している新進気鋭の労働法学者であり，本書もまたその表題の示す通り「労働法制」に関するものには違いない．だがそれだけではない．本書は，労

働を基軸に据えつつ,「歴史と理論」の両面を視野に入れて,フランスの社会と法をその総体において把握しようとする.そして,その際には,あれかこれかの二者択一ではなく,あれもこれもという重層的・調整的なスタンスがとられている.こうした点において,冒頭の二著に通ずるものを感じたのである.本書の序章は,「『労働法』の歴史は,社会の歴史であり,思想の歴史である」という構えの大きな文章で書き出されており,その後には「広く深い」視点に立つべきことが繰り返し強調されている.そして,事実,このマニフェストに違わぬ叙述が全編にわたって展開されており,労働法の専門家ならずとも大きな関心をもって読み通すことができる.

　本誌編集委員会が,労働法とは無縁の評者に本書の書評を委ねたのは,以上のような本書の特色を考慮してのことだろう.もっとも,多様な一般読者の代表として光栄にも評者が選ばれたのは,本書が「フランス」を題材とするからに相違ない.というのは,評者の専攻は民法学であるが,水町氏と同様に,フランス法を主たる比較の対象としてこれまで研究を進めてきたからである.そこで以下においては,労働法学に固有の観点からではなく,(労働法学・民法学を含む)実定法学におけるフランス法(さらに言えば外国法)研究の観点から,本書の内容を紹介し,その意義につき検討を加えることを試みたい.

　(2)　外観から入ろう.本書は四六版で300頁足らずのものであり,見かけは小著である.しかし,内容は濃密である.そのことは500を超える注が付されており,フランスと日本の諸文献が,法学以外のものも含めて縦横に駆使されていることからも容易に窺われる.もっとも,話の筋がしっかり通っており文体も平易であるので,煩雑な印象は全くなく非常に読みやすい.

　次は,構成である.「はじめに——今なぜ,歴史や理論から学ぶのか?」と題された3頁ほどの序論部分に続く本書の本論部分は,「フランス労働法制の歴史」をたどる第1章と「フランス労働法制の理論」をみわたす第2章に分かれ,これに,簡潔ながら示唆に富む「むすび——では,日本では」と題する終章が加えられている.

　第1章においては,1880年に至るまでの歴史が労働法の「前史」として位置づけられ(第1節),革命以前の「伝統的規制」の時代と「個人の自由」の時代に分けて検討が進められている.これに対して,労働法の誕生以後の歴史は(第2節),「労働法の誕生・発展」の時代と「労働法の危機・変容」の時代に分けられている.フランス的な二項対立による章立ては鮮やかであるが,著者は対比によって時代の変化を際だたせるだけでなく,前の時代の社会・法のあり方が次の時代を規定している様子を説得的に描き出している.その意味で,過去の歴史は現在の状況を理解するのに役立っている.

　第2章に移ると,著者は,労働法学のみならず隣接諸学(経済・社会問題・政治)にまで視野を広げて,今日のフランスにおいて労働をめぐって展開されている有力な諸理論

を検討の俎上に載せる. 具体的には, 労働法の基本概念にかかわるものとして,「自由」「社会性」「手続化」をキーワードとする諸理論を取り上げ (第1節), さらに,「労働法」や「労働」という概念自体を批判する諸理論の検討へと進む (第2節). 扱われている諸理論は相互に関連しているが, このような整理は議論状況の把握のために有益であろう. 著者が紹介・検討した諸理論は, 時には共鳴しあい, 時には不協和音を奏でる. しかし, 著者の目的は, 諸理論の優劣を決することではないようである. 当面の問題に対症療法で臨むのではなく, 立場のちがいを超えて, 厚みのある本格的な理論的検討が試みられ, しかもそれらが実際の政策決定に影響を及ぼしている. まずはこのことを指摘する必要がある. 著者はそう考えているのだろう.

もちろん, 著者は諸理論を列挙するだけではない. 終章では, フランスの経験や知恵から学びつつ, 日本社会のあり方が分析され展望が示されているが, そこでは,「自由」「社会」「手続」「労働」の各側面から総合的な検討がなされている. フランス人たちが用いる言葉遣いに従うならば, 四つのキーワードは「グリユ (grille)」——分析・解読のための格子・枠組——としてうまく用いられている.

(3) 著者が, 本書を通じて引き出して見せたフランス労働社会・労働法の特徴のうち, 評者にとって印象的であったのは次の諸点である.

第一は,「労働」に対する見方にかかわる. 著者は, フランスにおいては,「労働」を抽象的な商品・生産要素に還元しようとする力に抗して, これを人間としての日々の具体的な営みとして把握しようとする復元力が強く働いていることを的確に描き出している. そもそも労働法の誕生自体がこの復元力によるものであったし,「労働の喪失=社会性 (人と人のつながり) からの疎外」と把握する最近の動向も同じ考え方によるものだろう. もっとも, 著者は,「労働」に対する批判も視野に入れており, 労働における「人の主体性 (アイデンティティ)」の回復とともに, 労働以外の人間的諸活動を重視する考え方に注意を促すことも忘れない. 復元力の現れ方は一様ではないのである. 労働と労働以外の活動のバランスをとりつつ, 双方において人間性を追求するというのが, フランスの「35時間」労働制の哲学だろう.

第二に,「労働法」に対する見方も興味深い. 大革命によって解体された伝統的な共同体による保護と統制は, 自由であることを強制され社会から疎外された労働者たちを生みだした. これに対応すべく出現したのが「仲介者としての国家」とその制定にかかる「労働法」であったが, その中で最近まで想定されていたのは, 無期・フルタイム・集団的・従属労働者 (工場労働者など) に対して, 一律に国家が定めた規範 (強行規定) や規制枠組み (労使自治の枠組み) を適用するというモデルであった. ところが, 1970年代に入ると, 社会構造の変化 (複雑化・多様化) により, このモデルには収まらない非典型的労働者 (有期契約・パートタイムなど) が増えてきたために, 労働法は新たな姿への変

貌を迫られている．具体的には，中央集権的で硬直的な法規制から分権的で柔軟な法規制へ，とパラダイム・シフトが生じつつある．

　このような認識は，著者の前著にすでに伏在していた．その意味で本書は前著のよき展開でもあるが，本書では，より視野の広い状況認識がより明確な形で示されている．さらに，著者は歩みを進めている．本書において著者は，フランス労働法制の歴史と理論の中から，「法」や「制度」に対する基本的な信頼とこれに改良を加えていこうという積極的な姿勢を抽出しようとしている．分権的で柔軟な法は，規制の多様化・個人化を導き，そこでは個人の権利・自由や責任が重視される傾向が見られるが，それにもかかわらず，個別契約による規制の回避（強行規定の任意規定化）にはなお慎重な態度がとられているという．また，著者が最も注目するものの一つである「手続的規制」にしても，実体的判断をすべて手続に還元するものではない．そこでは，国家はなお基本目的・原則を定める役割を担うものとされているのである．さらに，労働を段階的に再定義し労働法を同心円状に再編成しようというもう一つの有力な潮流も，法によって本質的な価値選択を行うべきだと主張して，「非法化」に抵抗しようとしているという．

　著者は，以上のようなフランスの「労働」観・「労働法」観を評して，「歴史や人間社会に対する深い洞察」に基づくものであり，「人間の知恵とその主体的な意思によって自らの社会と歴史を能動的に作り出していく」ものと述べている．広範な文献渉猟と深い思索の果てに導かれたこの洞察は，貴重なものである．そこには，個別の法制度を技術的に分析するだけでは窺い知ることができない「フランス」の「労働」と「法」の深層が透けて見える．もちろん，外国法研究の出発点は，個別の法制度を慎重に分析・検討するところにある．この能力を欠いた者の手になる総合・展望は，粗雑な印象論の域を出ることができない．2年間の在外研究の成果であるとはいえ，堅実な第1論文から時を経ずして，著者が早くも本書に辿り着いたことは賞賛に値する．

　(4)　もちろん，本書にも足りない点がないわけではない．素材とされているフランスの社会事情や法制度・諸理論については，本書の規模からすれば適切ではあるものの，もう少し説明がほしいところもある．この点は別としても，終章の日本に関する考察の部分は，やや図式的であり性急な印象を与えないではない．しかし，これも望蜀というべきだろう．むしろ今後は，「日本の伝統的共同体組織の長所を生かしつつ，その問題点を克服し，時代の変化に柔軟に対応できる公正で分権的共同体社会——分権的な討議・調整によって経済的要請にも柔軟に対応しつつ社会性をも基礎づけうる社会——を形成していく道」を具体的に探る方向へと進むことが，著者の課題となろう．それは同時に，著者の指摘する通り，21世紀の日本社会を生きるわれわれの課題でもある．

C フェミニズムとの対話：家族関係の変容とジェンダー

I はじめに

編集部から筆者に与えられたテーマは，表題の通り，「家族関係の変容とジェンダー」というものである．これだけでは，何を論ずることが期待されているのかは，必ずしも明らかではない．

しかし，そこには，「パックス等の諸国の動向も」という括弧書きが添えられていた．パ(ッ)クスというのは，PACS = pacte civil de solidarité (民事連帯契約などと訳されている) のことであり，最近，フランスで導入された新しい「家族」の一形態であり，同性カップルなどによる利用も (を) 想定したものである．このように，同性カップルの法的処遇なども含めて考えるとなると，「家族関係の変容」はかなり広い射程を持つことになる．すなわち，これまで「家族」と考えられてきたものの中で見られる変化の様子だけではなく，「家族」という枠組み自体の変動 (の兆し) についても言及すべきこととなろう．

こうした理解の仕方は，「ジェンダー」という本特集のキーワードの指し示すところでもあるようだ．「ジェンダー」という言葉について，筆者は全く不案内であり語る資格を持たないが，一般には，「生物学的な性差・性別とは異なる社会的・文化的な性差・性別」という意味で用いられているのではないかと思う．法学の世界で「ジェンダー」が用いられる場合にも，この用語法に従うものが多いようである[120]．ところが，他の領域の専門家たちによる最近の解説類を読むと，「セックスは生物学的事実で，ジェンダーは文化的構築物だとする考え方は，80年代後半以降のポスト構造主義フェミニズム，特に90年代のクィア理論によって覆された」[121]という．だからどうなのか，をめぐってはいろいろな見方があるようだが，ある論者は，「セックスもジェンダーの一部である」「私たちが生物学的身体と思っているものは，科学や医療や政策など，社会の制度的装置の中でそうしたものとして『構築』されたものである」としている[122]．仮に，以上のように「ジェンダー」の概念をとらえるならば，「性別による差別的取り扱い」(男女共同参画社会基本法3条) や「性別による固定的な役割分業」(同4条) など以外の問題，具体的には「性別」そのものにかかわる問題などをも視野に入れることが必要になろう．

以上のような理解に立って，本稿では，与えられたテーマを広い意味でとらえることにしたい．そして，このような観点から関連する問題のいくつかを拾い上げ，若干の考

---

120) 「ジェンダー」の視点の導入を標榜する辻村みよ子・憲法 (日本評論社，2000) 206頁や，「ジェンダー」を書名に掲げる金城清子・ジェンダーの法律学 (有斐閣，2002) 11頁など．
121) 竹村和子「ジェンダー」岩波女性学事典 (岩波書店，2002) 165頁．
122) 江原由美子・自己決定権とジェンダー (岩波書店，2002) 87頁．

察を行う．その中でパクスについても触れることにしよう．もとより，紙幅と能力の制約から網羅的な検討はなしえない．その反面で，ことがらの性質上，筆者の専門である民法の領域から外れる問題にも言及することがあるので，誤りなきことは期しがたい．以下の行論は，このような不完全なものであることを予めお断りしておきたい．

もっとも，ここまで見てきたように，「家族」や「ジェンダー」について広い意味でとらえるとしても，従前からの「家族」において見られた「性別による差別的取り扱い」「性別による固定的な役割分業」が，まず検討の対象となることは言うまでもない．本稿においてもこの点を論ずるところから始めたい（Ⅱ）．これに続いて，主として「性別」そのものの否定という観点から，パクス立法を中心にフランス法の動向を取りあげる（Ⅲ）．さらに進んで，そもそも「カップル」を前提とすることの当否についても触れることにしよう．フランスの賢者は，次のように指摘している．「ナポレオン法典は長いあいだ性差別主義の法律であるように見えた．……性別がある役割を演じていたとしても，それは婚姻との結合においてであった．独身であれ寡婦であれ離婚者であれ，法的には女は男と対等であった．結婚した女性だけが，結婚したがゆえに，劣位に置かれたのである」[123]．今日，フランスでも日本でも，法典中の性差別の多くは除去されている．それでも，婚姻と結びついた性差別・役割分担の意識はなお根強い．そうだとすると，婚姻に限らずあらゆる結合を否定して，単身者を単位として制度を新たに構想することも視野に入れる必要があるのかもしれない（Ⅳ）．以上をふまえて，最後に若干の整理を行うこととする（おわりに）．

Ⅱ　役割の否定とジェンダー

1　序

ここでは性差別・性別役割分業につき検討するが，1996年の民法改正要綱において改正が提案されていた問題は除外する．具体的には，婚姻適齢（民731条）と再婚禁止期間（民733条）がこれに当たる．本特集においては，これらにつき独立に検討がなされる予定だとのことだからである[124]．

これら以外に，立法によって修正を施すべき規定が他にもないかどうかは，議論の余地のあるところであろう．この点は，96年の改正要綱の理解の仕方ともかかわっている．言うまでもなく96年の改正要綱の主眼は選択的夫婦別姓制度の導入にあったわけだが，これもまた性差別・性別役割分業を是正するものとして位置づけるべきか否か．この点がまず前提問題となろう．周知の通り，夫婦の氏に関しては形式上は男女平等が貫徹さ

---

123) Carbonnier (J.), *Droit civil, 1, Les personnes*, 20ᵉ éd., 1996, n°76, pp. 124–125.
124) 吉田克己・後掲論文［ジュリ1237号（2003）］を参照．

れている(民750条参照).しかし,夫婦の氏として一つの氏を選択することが求められる結果,実際には夫の氏が選ばれている.これに対しては,①家父長制の名残りをそこに見出すか否かは別として,②妻は夫の氏を称するものだという夫唱婦随の意識が認められる,③夫婦は一つの氏を称すべきだという制度的な強制が存在する,といった批判がなされた[125].このうち,③を重視するならば,批判は,性差別や性別役割分業ではなく婚姻のあり方そのものに向けられていることになる(ただし,この批判は必然的に婚姻の否定に至るわけではない).仮にこうした観点に立つとすれば,たとえば,離婚後および非婚のカップルにつき共同親権を認めないのも(民819条2項〜4項),また批判の対象となりうるだろう(両親の一方のみが親権を行使すべきだという制度的な強制が存在することになる).

いずれにせよ,本稿では,家族法の改正に及ぶような問題には立ち入らず,以下においては,現行法の運用に見られる性差別・性別役割分業(の可能性)を指摘するにとどめたい.ただ,その際には,それが直接に性差別・性別役割分業を前提とするという場合に限らず,性差別・性別役割分業を助長するおそれがあるという場合をも含めることにしたい.

2 実務の検討

(1) 親権　まず,親権(あるいは監護権)についてである.先に触れた単独親権そのものの是非はここでは問わないこととしても,(単独)親権の帰属・変更を定める基準には,性差別・性別役割分業の観点から見て問題があると言わざるを得ない.

周知の通り,親権(監護権)の帰属・変更を定める際の究極の基準は「子の利益」にあるが(民819条6号,766条2項参照),具体的な決定基準の一つとして,母親優先の原則(あるいはテンダー・イヤー・ドクトリン)が存在すると言われている.母親優先の原則には批判もあるが,少なくともしばらく前までの家裁実務においては,この考え方が一定の影響力を持っていたことは否定しがたいようである[126].

しかし,子の利益の観点から見て優劣がつけがたい場合に,定型的に母親による監護を優先させるという基準には,母親が子どもを養育することが望ましい,という考え方が見てとれる.もしこの基準が,(無意識に用いられている場合も含めて)何らかの形で

---

125) 様々な論拠があげられてきたが(たとえば,福島瑞穂・結婚と家族〔岩波書店,1992〕141頁以下),そこには①〜③が混在しているように思われる.

126) 野田愛子「子の監護に関する処分の基準について」・現代家族法大系2(有斐閣,1980)232頁以下,北野俊光「親権者の指定及び変更」岡垣學=野田愛子編・講座・実務家事審判法(日本評論社,1988)124頁以下など.なお,家族法判例百選の第5版(1995)には,砂川恵伸「親権者の変更」が収録されており,そこでは「安易に一般化することは順当ではない」というコメントとともに「母親優先の基準」が存在することが指摘されていた.ただ,同書の第6版(2002)では項目自体が削除されてしまっている.

機能しているのであれば，条文上は父母双方に親権者（あるいは監護権者）となる可能性があるとしても，性差別・性別役割分業を除かない限り，実質的な平等は達成できないことになろう．いずれにせよ，この点については，最終的な審判にいたるまでのプロセスも含めて，家裁の実務において「お母さんなんだから」という説得・判断のロジックが働いていないかどうか，改めて実態を調べて見る必要があろう[127]．

(2) 離婚給付　先に触れた96年の民法改正要綱は，離婚給付につき，いわゆる2分の1ルールを定めた．すなわち，財産分与の際の考慮要素として，「当事者双方がその協力によって取得し，又は維持した財産の額及びその収得又は維持についての各当事者の寄与の程度」を掲げ，この「寄与の程度」が「異なることが明らかでないときは，相等しいものとする」としていた (要綱第六の二の3)．

この提案は，「ジェンダー」の観点からはどのように評価されるべきだろうか．ジェンダー論という枠組みで論じる論者の間にも見解の相違が存在するようである．一方には，夫婦が「愛の共同体」であることを理由に，「共同体で蓄積された財産は共有，したがって離婚ということで分割するのであれば，2分の1ずつに平等に分けることが合理的なのではないか．しかし過去の判例を見ると，妻のアンペイド・ワークは正当に評価されなかったケースが多い．今回の改正案では，結婚期間中の財産の蓄積についての寄与は原則として2分の1ずつとして，離婚の時には，蓄積した財産を半分ずつに分けることと明確な規定を置いたのである」として[128]，この提案を肯定的に評価する見解がある．これに対して，直接に上記の提案に言及するものではないが，「最近の実務では，財産分与の対象となる財産をできるだけ広くとり，かつ分配の割合も平等の見地から2分の1とする例が増えている．……こうして内助の功に報いる工夫がなされてきている」としつつ，「このような主婦の生活保障の仕組みを見ると，これらの保護が男女間の経済的な格差を是正しようとするものではなく，妻・母・嫁として，家事・育児・介護に尽くす女性を保護するものだったことがわかる」として[129]，2分の1ルールに対して批判的なスタンスをとると見られるものもある．

---

127) 乳幼児には母親の監護が必要であるといういわゆる「3歳児神話」には，賛否両論がありその妥当性は不明であると言うほかない (たとえば，朝日新聞2001年4月22日付と同年同月28日付には，正反対の結論を示唆するかのような最近の研究結果が報じられている．見出しは，前者が「母親が仕事，問題行動と無関係」，後者が「託児時間長い子は攻撃的」とされている．仮に，科学的にはそのように言うことができるとしても，この知見を前提としつつ，個別のケースにおける判断は諸般の事情を考慮して具体的になされるべきだろう．

128) 金城・前出注120) 98頁．

129) 二宮周平「家族と性別役割分担」岩波講座現代の法11 ジェンダーと法 (岩波書店，1997) 150頁，153頁．議論の運びからして本文のように解される．さらに，同論文の157頁以下では，「家族法改革の意義」につき触れられているが，ここでは2分の1ルールには触れられておらず，(ジェンダー論の観点に立つ限り) 少なくとも積極的に評価されてはいないことが窺われる．

ここでは，この対立には深入りはしない．後者の見解が説くように，2分の1ルールが性差別・性別役割分担を助長しうる（少なくもそう解する余地がある）ことを確認しておくにとどめよう．もっとも，夫婦が「愛の共同体」であるとすれば，たまたま生じたアンペイド・ワークの不均衡を解消するのは当然であるとする前者の見解も十分に理解しうる．二つの見解を分かつ要因の一つは，おそらくは「婚姻」に対する評価の違いであろうが，この点に関しては改めて後に検討することにしよう．

　なお，関連する問題を二つあげておく．第一は，財産分与の性質論である．従来，財産分与には，清算・扶養・賠償の3つの側面があるとされてきたが，以上に見てきたのは清算の側面についてのみである．「ジェンダー」の観点に立つならば，これとは別の二つの側面についても，性差別・性別役割分業を助長しないかという観点からのチェックはなされるべきだろう．たとえば，離婚した相手方を扶養する必要がなぜあるのかは，すでに検討されてはいるものの[130]，さらに検討を進めるべき問題であると言えるだろう．第二は，婚姻費用分担についてである．離婚後の財産関係につき性差別・性別役割分担を排除しようとするならば，婚姻継続中についても，同様の考慮が必要になるはずである．従来，「資産，収入その他一切の事情」を考慮する際に，夫婦双方の経済的能力が考慮されるとされてきた．このこと自体は肯定するとしても，「ジェンダー」の観点からは，現に職業を持たないというだけで，経済的能力が乏しいのでそれに見合った負担をすればよいと解してよいかは一つの問題たりえよう．もちろん，家事労働は「貢献」には違いないが，「専業主婦として働いているのだから」ということで，これを金銭評価してよいとするのに対しては――財産法の論理によればよいわけだが（民667条2項参照）――，性別役割分担を助長することになるとの批判がなされうるだろう．

　(3) 寄与分・遺言　　相続法の分野にも，検討すべき問題が存在する．一つは寄与分制度である．①「被相続人の事業に関する労務の提供」や②「被相続人の療養看護」により，その「財産の維持又は増加につき特別の寄与」をした者には，寄与分が認められる（民904条の2）．①は，家族企業の承継にかかわるものであるのでひとまず措くとして，②について一言しておこう．②に関しては，一般に，相続人本人ではなくその配偶者（多くの場合には妻）によってなされたものも，本人の履行補助者によるものとして考慮に入れることができると解する見解が有力である[131]．

　これには反対論もあり，現行法は夫婦は財産関係においては別個独立であることを原則としているのに，ここだけ一体化論を唱えるのは一貫しないとしている[132]．確かに

---

130) 水野紀子「離婚給付の系譜的考察 (1-2)」法協100巻9号，12号 (1983)，鈴木眞次・離婚給付の決定基準（弘文堂，1992）などを参照．
131) 学説状況につき，新版注釈民法 (27)（有斐閣，1989）〔有地亨〕263頁以下を参照．
132) たとえば，有地・前注131) 264頁．

そうだが，上記のような見解が，立法担当者も含めて有力に主張されている点に，まさに，この制度が性別役割分業（嫁役割）を肯定するものであることを示すと見ることもできるだろう．

なお，財産分与制度と寄与分制度とはともに，アンペイド・ワークを金銭化するという意味を持つが，それだけではなく，長期間にわたって日常的に行われる財産関係の変動を，事後的かつ包括的に清算するという側面も持っている．アンペイド・ワークの金銭化とは別に，後者の日常的財産関係の清算についても，立ち入った検討を要するところであるが，本稿では立ち入ることができない[133]．

もう一つは遺言である．相続人の配偶者に報いるには，寄与分の他に遺言によることも可能である．いわゆる「相続させる遺言」はこうした目的のためにも威力を発揮することだろう．しかし，性別役割分担を前提としてなされた介護労働に対して，遺言による清算がなされるのを促進すべきかどうかは，やはり一つの問題たりうるだろう[134]．

III 性別の否定とジェンダー

1 序

ここでは，生物学的性別そのものにかかわる問題をとりあげる．① 婚姻の当事者は男と女でなければならない．そして，② 男とは何か，女とは何かは自然が決定している．これらは当然のことであり，改めて規定を置くまでもない[135]．日本だけでなく多くの国で，長い間，以上のような考え方に疑いがさしはさまれることはなかった．

しかし，いくつかの国では，しばらく前から①②の双方について動きが見られる．たとえば，フランスでは1980年代の終わり頃から，性同一性障害者の民事身分の変更や同性カップルに対する社会保障給付の可否が問題とされてきた[136]．このうち，前者については，破毀院の判例変更（変更否定から肯定へ）によって決着を見たが，後者については，判例変更，特別法の制定などを経て，より広い範囲で同性カップルに法的保護を与える立法をなすべきことが主張された．これには反対も強く激しい議論が展開され，極端に

---

133) アンペイド・ワークについては，野川忍・後掲論文［ジュリ1237号］を参照．
134) 水野紀子「『相続させる』旨の遺言の功罪」久貴編・遺言と遺留分第1巻遺言（日本評論社，2001），特に166頁以下を参照．
135) ただし，婚姻適齢に関する民法731条は「男は……，女は……」と定めており，婚姻が男女間において成立することを前提としていると見ることができる．また，戸籍法49条2項1号は「子の男女の別」を出生届に記載すべき事項として掲げている．出生届には医師・助産婦などによる出生証明書が添付されるが（同条3項），現行の書式では，男女の別は出生証明書に記載されるべきものとされている（戸籍法施行規則59条，付録第11号様式）．
136) 大村「性転換・同性愛と民法」同・消費者・家族と法（東京大学出版会，1999，初出，1995）所収を参照．なお，大村・家族法（有斐閣，第2版，2002）275頁以下も参照．

第1節 「実践」と「理論」の間で

言えば国論を二分する事態となった．こうした論争をへて，1999年11月15日にようやくパクス法が成立した[137]．

以下，このパクス法をごく簡単に紹介し，その内容につき若干の検討を行うが，その前にひとつだけ補足説明をしておくべき点がある．それは，このパクス法が必ずしも同性カップルによる利用だけを念頭に置くものではないということである．フランスでは，非婚のカップル (union libre =「自由結合」と呼ばれる) に対して，日本のように婚姻に準じた保護を与えてはいないので，(異性の) 非婚カップルに一定の法的保護を与えようというのが，立法のもう一つの (少なくとも表向きの) 理由であった．ただ，その際に，異性カップルのみならず同性カップルも保護の対象に含めようというわけである．

2 フランスのパクス法

(1) パクス法の内容　パクス法の内容については本誌でも何度か紹介されているので[138]，詳しくはそちらに譲ることにして，本稿ではごく簡単な紹介にとどめる．

パクス法は全15ヶ条の法律であるが，そのうちの第1条〜第3条が民法典を改正するものであり，第4条以下は一般租税法典・社会保障法典・労働法典そのほかを改正するものである．ここでは民法改正の部分だけを見てみよう．パクス法は民法典に，515-1条から515-8条までの8ヶ条を挿入した．このうちの前7ヶ条がパクスに関するものであり，最後の1ヶ条は内縁 (concubinage) に関するものである．

これらの規定によって，パクスが定義され (「共同生活のために2人の異性または同性が締結する契約」．515-1条)，障害事由 (近親婚・重婚に対応するもの．515-2条) と届出の方式 (小審裁判所書記局への共同または単独での届出．515-3条) が定められている．また，効果に関する規定 (対内的には相互扶助と持分均等を定める規定，対外的には連帯債務を定める規定．515-4, 515-5条) や解消に関する規定 (財産の分割方法と共同での届出を定める規定．515-6, 515-7条) も置かれている．なお，内縁に関する規定は，内縁を定義するだけのものである．

これらの点以外では，パクスは法的な規律の外に置かれている．すなわち，パクスは氏・親子関係・相続とは無関係である．また，パクスによってカップルの間に貞操義務や同居義務が生じるわけでもない．

(2) パクス法の意味　パクス法はいかなる意味を持つ立法であったのか．この点は様々な観点から論じうる．たとえば，法律の制定までの政治過程を議会の内外を通じて

---

137) 同法の成立の経緯や反響などについては，別稿「パクスの教訓」を準備中である [岩村正彦 = 大村敦志編・個を支えるもの (東京大学出版会, 2005) 所収]．草稿 (「フランスの『人と家族の法』: 2001年の断面——同性・異性カップルの共同生活に関するパクス法を中心に」) は，http://www.j.u-tokyo.ac.jp/legalsys/kiroku-syakai.htm#omura に公開されている．

138) P・ジェスタッツ (野村豊弘 = 本山敦訳)「内縁を立法化するべきか——フランスのPACS法について」ジュリ1172号 (2000)，S・マゾー = ルヴヌール (大村訳)「個人主義と家族法」ジュリ1205号 (2001)．

分析すれば，フランスの立法のあり方につき興味深い知見を引き出しうるだろう．他方，法学者たちの多くは，その技術的な不完全さ・不明確さに対して疑問を投じたが，実定法学の観点からはこの点の検討も不可欠である．しかし，本稿との関連では，さしあたり次の諸点を指摘しておけばよいだろう．

第一に，パクス法は，法律そのものよりも，これに関するメディアの報道を通じて，同性カップルに対する社会の許容度を相対的に高めた．「パクセ（pacser）」という動詞が使われるようになり，新聞にも出生・婚姻・死亡・養子縁組・婚約など，様々な通知と並んで「パクス」の通知が出されるようになった．パクスが婚姻でないとしても，同性カップルには一定の法的保護が与えられる．しかも，異性カップルと区別されることなく．このことが人々の意識に与えた影響はきわめて大きい．

第二に，パクスに関しては，これが「第二の婚姻 (mariage bis)」を生み出すものであり，伝統的な婚姻に打撃を与えるのではないかと危惧された．社会党政権のギグー司法相は，この不安を収めるために，婚姻の尊重に変わりはないこと，パクスは内縁状態にある多くの（異性）カップルに法的保護を与えるものであることを強調した．このため，パクスの性格は不分明にならざるを得なかった．とはいえ，婚姻以外に共同生活のための法制度が承認されたことは，たとえ与えられた法的保護は微弱なものに過ぎないとしても，婚姻に対して有形無形の影響を及ぼしうる．人々のメンタリティの変化については，その帰趨を見守る必要があろうが，たとえば，法律家たちは，「婚姻の段階」や「婚姻の契約化」について語り始めている[139]．

第三に，パクス法の立法過程では，広い範囲の階層の支持をとりつけるために，性関係の有無を問わずに生活共同体を保護するという案も検討された（fratrie とか duo などと呼ばれた）．たとえば，高齢に達した兄弟姉妹や友人同士が共同生活を営むのにも使えるというわけである．しかし，最終的にはこの案は採用されなかった．婚姻であれパクスであれ，性関係を有するカップルを（他の共同生活者と区別して）特別に保護するという点では共通であり，この点に対する変更はなされなかったのである．

Ⅳ　結合の否定とジェンダー
1　序
　性関係を捨象して共同生活体を広く保護するという考え方は，さらに推し進めれば，カップルだけでなく3人以上のグループをも保護対象に含めよという主張にも繋がる．この考え方は，カップルにのみ特権を与えることの是非につき再考を迫る．日本では，少

---

139) Lamarche (M.), *Les degrés du mariage*, PUAM, 1999, Fenouillet (D.) (dir.), *La contractualisation de la famille*, Economica, 2001 など．前者の簡単な紹介として，大村「20世紀が民法に与えた影響 (1)」法協 120 巻 1 号 (2003) 209 頁以下を参照．

なくとも現段階では，このような主張は明確な形ではなされていない．

しかし，ある意味では共通のスタンスに立つ議論として，「シングル社会論」とでも呼ぶべき議論が展開されている[140]．もっとも，これが戸籍記載や社会保障給付を個人化せよという主張を超えて，カップルへの法的保護をやめるべきだとまで主張するのかどうかは必ずしも明らかではない．

これとは別にもう一つ，意外なところに，カップル否定の方向に棹さす議論が存在する．法的な親子関係の確定に関して血縁を重視する議論がそれである．改めて確認するまでもないことだが，民法は，法的親子関係の確定につき，母子関係と父子関係とを区別し，パラレルでないルールを採用している．すなわち，（出産あるいは認知によって）母親をまず確定した上で，子どもの母親と性関係を結び懐胎させた者を，（嫡出推定あるいは認知によって）父親と定めているのである．この制度の下では，母親のみが法的に存在し父親は存在しないことはあり得ても，その逆はあり得ない．父親は，母親との間に存在する婚姻という法的な関係，あるいは，性関係という事実的な関係を媒介として，初めて定めることができる．そこでは程度の差はあれカップルの存在が前提とされている．

ところが，血縁を重視する考え方を推し進めると，カップルの関係を捨象した形で法的親子関係を確定すべきだという議論が出てきうる．これを徹底すれば，母子関係と父子関係とをそれぞれ独立に（無関係に）定めるべきだという議論に行き着く．DNA 鑑定の技術の進展を考えるならば，こうした考え方も技術的には不可能ではなかろう．X の母親が誰であるかは不明だが，DNA 鑑定によって Y が父親であることは明らかであるというわけである．この「DNA 親子論」とでも呼ぶべき考え方は，実際に主張されているわけではないが，出てきうる一つの考え方ではある[141]．

以上のように，少なくとも理論上は，カップルという単位を否定することは考えられないわけではない．さらに，日本国憲法（そして，これを前提とする・すべき日本民法典）の個人本位の思想からすれば，そう考えるべきだという見方も出てきそうである．そこで項を改めて，憲法や民法の基本原則との関係を念頭に置いて，この問題をもう少し考えてみることにしよう．

2 個と共同性

（1）憲法 24 条と憲法 13 条[142]　憲法 24 条をどのように理解すべきかについては，必ずしも意見が一致してはいないようである．というよりも，従来，この規定について

140）大村・前出注 136）(2002) 279 頁およびそこに掲げた文献を参照．
141）村上春樹・海辺のカフカ（下）（新潮社，2002) 28 頁以下の記載は，現行法の下では考えにくいが（手続的には，認知届には母の氏名を記載することが必要であるとされている―戸 61 条），本文のように考えるならばありうることになる．
142）大村・前出注 136）346 頁以下を参照．

は必ずしも十分に議論がなされていたわけではなかった[143]. もっとも，最近では，この規定に積極的に言及する論者も増えてきているようである．たとえば，最新の概説書の一つは，「憲法理論上も，憲法24条と13条の関係が明確にされているわけではなく，現行法上の問題もまだ十分に論じられてはいない」としつつ，24条を13条と整合的にとらえる試みを展開している[144]. すなわち，憲法24条1項は，婚姻の自由のほかに非婚・離婚の自由をも定めたものであり，13条の保障する幸福追求権を具体化するものであるとの理解が示されている．同時に，そこには，「もっとも，憲法13条を根拠にライフスタイルについての自己決定権を最大限に認める場合には，24条との衝突は避けられないものとなり，13条と24条との対抗関係を問題とせざるをえない場面が出現すると思われる」というコメントが書き加えられている[145].

最後の慎重な留保は，検討に値する．憲法24条が家族保護条項だとするならば——あるいは最近の論者たちが好むように，家族形成権を保障する条項だと言ってもよいが——，どのような形の家族を念頭に置くかは別にして，憲法は「家族」あるいはその形成に一定の法的保護を与えていることになるだろう．しかし，このことは，「家族」やその形成を望まない人々の自己決定権の尊重との間に緊張関係を生み出すからである[146].

(2) 民法1条ノ2〔現2条〕と1条1項 民法典に目を転じよう．憲法24条と連動する形で，1947年改正によって民法典に挿入された民法1条ノ2は，「本法ノ解釈ハ個人ノ尊厳ト両性ノ本質的平等ヲ旨トシテ之ヲ解釈スベシ」と定めている．しかし，同じ改正によって，民法典の冒頭には「私権ハ公共ノ福祉ニ遵フ」（民1条1項）という規定も設けられている．ここでいう「公共の福祉」が何を指すのかにつき，最近ではいくつかの考え方が提示されているが[147]，ここでは，「婚姻」という制度を設けることを「公共の福祉」としてとらえることはできないだろうかという問題提起をしておきたい．

---

143) たとえば，芦部信喜・憲法（岩波書店, 新版補訂版, 1999）は最もポピュラーな教科書の一つだろうが，その目次を見る限りでは，24条は独立には論じられていないようであり，索引にも「婚姻」「結婚」「家族」などの項目は見あたらない．なお，奥平康弘・憲法Ⅲ（有斐閣, 1993）29頁は，「もう一つ，憲法の実定規定で，やはりさっきの分類（イェリネック方式による分類——引用者注）の網から落ちたものがある．それは，24条の婚姻および家族の規定である」としている．
144) 辻村・前出注120) 197-198頁．
145) 辻村・前出注120) 198頁．
146) 樋口陽一・憲法と国家（岩波新書, 1999）109頁以下も，「憲法24条は，……家族解体の論理をも……含意したものとして，読むことができるだろう」としつつ，「もっとも，『夫婦』の同権と『両性』の本質的平等という言葉を普通にうけとるならば，同性の間の結合も家族とみとめるほどには革命的ではない，とつけくわえた方がよいだろうが」としている．
147) いくつかの学説につき，池田恒男「民法典の改正」広中＝星野編・民法典の百年Ⅰ（有斐閣, 1998）98頁以下などを参照．

V　おわりに

ここまで「役割の否定」「性別の否定」「結合の否定」という3段階に分けて、「家族関係の変化とジェンダー」について考えてきた。そのいずれについても問題点を指摘するだけにとどめ、今後の方向につき意見を述べることは差し控えてきたが、最後に、いくつかの問いに即して、ごく簡単に筆者自身の見通しを述べておきたい。

専業主夫は否定されるべきか？　――最初の問いは、「役割の否定」にかかわる。「性別による固定的な役割分担」は確かに男女平等に実質的に反する。しかし、だからと言って直ちに、「役割分担」自体が否定されるべきであることにはならないだろう。女性だけが家庭責任を負う社会構造は改められるべきだとしても、カップルの役割分担を禁止すべきだということにはなるまい。ライフスタイルとして専業主夫を望む人がおり、パートナーがそれを許容するならば、法がこれを禁止する必要はない。

若い世代は婚姻を望んでいないか？　――若い世代の非婚化・晩婚化が指摘されているが、「役割の否定」が実現したとしても、彼ら・彼女らは婚姻を回避し続けるのだろうか。将来を占うのは困難だが、共同生活を営みつつ婚姻を避けているカップルの中には、婚姻に回帰する（リニューアルされた婚姻を改めて選択する）人々も少なくないのではなかろうか。もちろん、民法典は直接には役割の強制を行っていない。しかし、だからと言って、役割分担について中立的な婚姻を指向する人々を支援する立法を行う必要が全くないことにはならない。夫婦別姓の導入は「別姓婚」という（男女カップルによる、しかし、役割を否定した）「第二の婚姻」のモデル（フランスのパクスとは別のモデル）を提供するものであるとも言える。こうした方策の導入は、確かにある意味では「婚姻」の拘束力を弱めるが、婚姻離れに歯止めをかけるという点に着目すれば、「婚姻」を再活性化するものであるとも言えるだろう。

人は一人で生きていくべきか？　――「別姓婚」を導入しようと「同性婚」を導入しようと、結婚をする気はない、そもそも誰かと一緒にくらす気はない。そう考える人々はなお残るだろう。「パラサイト」といういつまで続くかわからない条件に依拠する人々は度外視するとしても[148]、シングルであることを望む人々は確かにいるだろう。反面、中高年の婚姻が少しずつ増えているというデータもある。人は一人で生きていってもよい。しかし、この世界を二人で生きていこうとする少なからぬ人々に向かって、一人で生きよ、と命じるべきなのだろうか。別の言い方をすると、二人で（あるいはそれ以上で）ともに生きていくことを望む多くの人々が、そのための法制度を設けようとするのを妨げるのは、いかなる理由によってなのだろうか。

---

148) 山田昌弘・パラサイト・シングルの時代（ちくま新書，1999）。なお，大村前出注136) 243頁およびそこに掲げた文献を参照。

家族関係は変化しつつある．そして，あるところまでは，ジェンダーの視点はこの変化を正当化する．しかし，いかなるジェンダー概念を採用するかによって，止まるべきところは同じではない．役割の否定か，性別の否定か，それとも結合そのものの否定にまで進むのか——．どこに線を引くのか．何がそれを決めるのか．「ジェンダー」とひとこと唱えれば問題が片づくわけではない．必要なのはジェンダー概念によって見出された問題に，個別具体的に取り組むことだろう．

D　法意識論との対話：書評・河合隼雄＝加藤雅信編『人間の心と法』(有斐閣，2003年)

(1)　著名な心理学者・精神分析家の河合隼雄氏と代表的な民法学者の1人である加藤雅信氏の共編になる本書は，直接には2002年1月に開催された二つのシンポジウム (「西洋社会の法と東洋社会の法——人はなぜ法を破るのか，日米中の法意識調査から」「法と社会の基本構造を探る——所有・契約・社会」) の内容を「学術書ではなく一般書のかたちで出版しようとするもの」である．本書そのものは，四六版で300頁足らずの小著ではあるが，その背後には，多年にわたる三つの研究調査プログラム (「『所有権』概念発生の構造」「契約意識の国際比較：22ヵ国／地域契約意識調査から」「日・米・中3ヵ国法意識調査：東洋社会の法と西洋社会の法」) の成果が存在し，すでに様々な形で公刊されている (この点に関する情報は本書巻末に一覧表の形で掲げられている)．本書はその「エッセンスを世にわかりやすいかたちで問うもの」でもある．

本書は3部構成になっている．第1部「人間の心と法」には同題の河合論文 (第1章) が置かれ，これに続く第2部「契約と社会」には，加藤雅信「民法の人間観と世界観——所有・契約・社会」 (第2章) をはじめとして，河合幹雄「法イメージの国際比較——東洋対西洋から日米中三極へ」 (第3章)，大田勝造＝岡田幸宏「紛争に対する態度の日米中3ヵ国比較」 (第4章)，藤本亮「契約を守る心」 (第5章)，野口裕之「権威主義的パーソナリティと法意識」 (第6章)，菅原育夫「法廷における人間の心」 (第7章) の5論文が，第3部「各国の社会と法」には，マイケル・K・ヤング「日本，中国，アメリカにおける法意識——理解しがたく，また実際に存在しないかもしれないギャップ」，ダニエル・H・フット「アメリカ人は日本人より日本的なのか？」，高見澤麿「中国の社会と法」，青木清「韓国の社会と法——韓国人と日本人，似ているのか似ていないのか？」の4論文が，それぞれ配されている．

(2)　加藤論文以下の諸論文の表題を見るだけで，本書が多彩な内容を含むことが理解されようが，中心をなすのは，国で言えば「日米中」，領域で言えば「契約意識」(および「法意識一般」) であると言ってよいだろう．粗雑なまとめ方をするならば，本書は，

第1節 「実践」と「理論」の間で

日米中の契約意識に関する実証的研究に，河合氏によって「人間」「文化」の観点からのコメントが付されたものであると言うことも許されるだろう（もっとも，加藤論文が，いわば各論の総論として書かれていることは付言しておかなければならない）．

日米中の契約意識（および法意識）に関する本書の中心的な主張は明確である．「川島武宜は，日本人はアメリカ人ないし西洋人とくらべて契約遵守意識が低いと述べ，その説が現在に至るまで多大な影響を与えている」．しかし，「契約遵守度についてのわれわれの国際比較調査の結果によれば，川島が対照的としてとりあげた日本もアメリカも，とりたてて特異な位置にあるわけではなく，世界のごく平均的なところに位置するにすぎない」．また，「3ヵ国調査の結果，（法なくして社会が律せられるという）桃源郷的法イメージは日本の一部には見られるものの，現代中国には存在していない．それどころか，法の不可欠性の評価は，中国の方がアメリカ以上に高いという結果が判明したのである」．「日，米，中の3つの社会は，どこも似かよることなく，それぞれ特有の傾向を示すトライアングルを形成しているのである」（加藤論文38-40頁）．

確かに，「印象論的色彩の強い川島の観察がどこまで的を射ているかについては，疑問も呈されていた」（同38頁）．本書においても，日本における紛争解決の「特徴」を「法意識」によって説明する川島テーゼ——川島武宜は戦後日本の代表的法学者の1人．ここでいう川島テーゼは『日本人の法意識』（岩波新書，1967）などで展開された——に対しては，様々な批判が向けられてきたことが紹介されている（太田＝岡田論文114頁，ヤング論文204-205頁など．川島テーゼを批判しつつ，その理解を試みるものとして，高橋眞・日本的法意識論再考——時代と法の背景を読む（ミネルヴァ書房，2002）を参照）．また，継続的契約を念頭に置きつつ日米の契約意識の類似性を指摘する研究（内田貴・契約の再生（弘文堂，1990）など．これを出発点として，NBL誌上で公表された「共同研究・継続的取引の日米比較（1-7）」NBL 627-640号（1997-98）も参照）や中国の法や民事紛争に関する研究（王亜新・中国民事裁判研究（日本評論社，1995），高見澤磨・現代中国の紛争と法（東京大学出版会，1998），季衛東・超近代の法（ミネルヴァ書房，1999）など）もすでに存在する．しかし，大規模な調査によって得られた実証的なデータに基づく本書の価値は極めて大きい．「本書の発見は，日本人の法意識に関するステレオ・タイプ的見方を覆すのに十分なものである．今後の法意識論は，本書の成果を抜きにしては議論を展開しえないであろう」（吉田克己・法時76巻3号（2004））という評は法学界の声を代表するものであると言えるだろう．

(3) 本書の大きな魅力の一つは，そこから様々な問いが誘発される点にある．本書は，データを示し，推論の過程を示して，読者を引き込む．著者たちが言うことは本当なのだろうか．ありうる反論に対し，なかでもデータの処理に関しては，慎重な態度が繰り返し表明されている（たとえば，野口論文の末尾に示された国際比較調査における質問の

等価性に関する指摘――翻訳上の等価性を超えて文化的な文脈の中での意味的な等価性をいかに確保するか――は興味深い）．この点で，「ステレオタイプの根強さ」を指摘し，ありうる疑問を想起しつつ，より立ち入った検証を行うことを試みたフット論文は，本書の説得力を増すのにとりわけ貢献している．

　全体として慎重な構えをとる本書ではあるが，同時に，随所で立てられている仮説，様々な問題提起も刺激的である．たとえば，中国法（および韓国法）に関する問題提起は，本書の読者をこれらの法へと誘うであろう．「理想像の問題ではなく，事実認識が厳しいがゆえに，桃源郷イメージを否定している可能性」（河合論文88頁）の指摘や1995年という調査時期の意味を問いつつ「従来，統治階級の意思または支配の道具としての法という定義が公式であったが，1990年代後半以降，権利を本位とする方向に動いている」（高見澤論文261頁）とする指摘は，法意識の重層性・流動性を示唆する点でも興味深い．「人々の態度を比較的固定化されたものと考えるのは間違いのようである」（ヤング論文210頁）とすれば，「伝統的な日本において，庶民にとって裁判が全くの別世界のもので決してなかった」（太田＝岡田論文109–110頁）との指摘とあわせて，近代日本の法意識の変遷に対する関心も惹起される．また，日本の裁判利用者たちは「自己の利益を離れ公正な立場から，あるいはより人間関係的な視点から制度を見つめている」（菅原論文197頁）という指摘は，それ自体が希望を与えてくれるが，同じ調査を現代中国において試みたならば，どんな結果が得られるのだろうか．司法から立法へ目を転ずれば，青木論文の指摘する韓国の法制定の大胆さは，何を意味するのだろうか．そうした問いも生まれる．

　また，地域による（関東・関西・中京），職業による（商人と法律家），あるいは性別（男・女）による法意識の差につき与えられている仮説的な説明も面白い．中京圏で契約遵守意識が相対的に高く，法律家や女性の契約遵守意識が相対的に低いのはなぜか．本書が与えた説明を起点として，議論も研究も深まることだろう．ちなみに，評者の個人的な趣味に即して言えば，「友人」との関係を一つの指標としてとりだした本書のアプローチが，何を導くことになるのかを考えてみたいと思う（大村『フランスの社交と法』（有斐閣，2002）70頁以下参照）．

　さらに，本書は，「契約遵守」とは何か，「法」とは「道徳」とは何か，という根本的な問いかけを促す．繰り返しになるが，本書によれば，法律家の契約遵守意識の意識は低い．しかし，この点に関しては，「（契約や法の）壁としての存在のみを意識する他学部の学生にくらべ，（未来の法律家となる）法学部の学生は遵守意識が低くなるという傾向を示すものではあるまいか」（加藤論文71頁），「日本人をもっとも連想させる態度――契約における柔軟性――は，法律の勉強のレベルが高まることと密接に関連している」（ヤング論文207頁）という考察が示されている．また，「受領拒否を行った買手に対する

道義的評価を尋ねた場合，傾向として回答がやや契約を守らなくてもいいという方向に動いていた．わたしたちが，……道徳的な文脈とは異なる合理的な法的文脈で考えている傍証となろう」(藤本論文 155 頁)との指摘もされている．これらの考察・指摘においては，遵守意識が低いことは必ずしも否定的には評価されていない．そこには，むしろ，「契約遵守」の意味，「法」の意味を，より緩やかに再構成する契機が含まれているように思われる．この点に関しては，加藤論文の契約観——「シンプルな功利主義的発想」(小粥太郎・書斎の窓 531 号 (2004)) とも評される——も含めて，さらなる検討が望まれる．

(4) 本書のもうひとつの魅力は，法を開く試みへと人々を誘う点にある．冒頭にも記したように，本書は「一般書のかたち」「世にわかりやすいかたち」で出版された．法律家だけではなく，一般の市民に，隣接の諸学問を学ぶ人々に向けて，本書は差し出されている．河合論文の「文化論」，加藤論文の「契約論」，そして，加藤論文以下の諸論文の実証研究．この 3 つの研究の間には，豊かな鉱脈が眠っている．その一端は本稿でも垣間見た通りであるが，法学のサークルを超えて，様々な読者が様々な観点から，本書を手にすることを期待したい．

もちろん，法学研究者や法学習者にとっても本書は有益である．法が社会に向けて開かれるためには，法学や法律家が社会に向けて開かれることが必要である．「ある種の狭い，貧しい法律学」に陥ることなく，「法律学の新たな局面を開く」ことの必要性を，加藤論文は力説している (同 82 頁，40 頁)．この呼びかけが，新設の法科大学院の学生諸君を含む多くの同学の方々に届くことを願わずにはいられない．もちろん，応答の仕方はさまざまであろう．評者は評者なりに応答を試みたい．

第2節 「市民社会の法」「人の法」への着目

A 民主主義の再定位と民法・民法学の役割

I はじめに

(1) 研究書の刊行状況を一つの指標にして学問の成果を計ることができるとすれば，西暦2000年は日本民法学にとって近年まれな「当たり年」であったと言えるだろう．中堅世代の有力な著者たちが，過去10年の業績をまとめる論文集を次々と公刊したために，私たちは質量両面で豊かな収穫を手にすることができた．出版ラッシュの観を呈した年末から遡って，手元にある主なものを順に挙げてみると，2000年12月には，中田裕康『継続的取引の研究』，吉田邦彦『民法解釈と揺れ動く所有権』，11月には，内田貴『契約の時代──日本社会と契約法』，やや間をおいて2月には，潮見佳男『契約責任の体系』が刊行された．これらはいずれも待望されていたものである．

本稿が紹介・検討する山本敬三『公序良俗論の再構成』(以下，単に「本書」と呼ぶことがある)は，これらに先駆けて2000年1月の刊行日付とともに，私たちの前にその姿を現した．この論文集の出現に対する期待には，前出の諸著に劣らないものがあった．いや，それ以上のものがあったと言っても過言ではない．このように言うのには，二つの理由がある．一つは，先の著者たちがすでに初期の業績を単行書にまとめており，前出の諸著は彼らの第二・第三論文集であるのに対して，本書は山本敬三教授(以下，単に「著者」と呼ぶことがある)が世に送った最初の論文集であったということ．それゆえ注目度はとりわけ高か

第 2 節　「市民社会の法」「人の法」への着目

かった．もう一つは，後述のように，著者には本書に収録された論文以外にも少なからぬ論文があるにもかかわらず，本書には一体性の高い 4 編のみが収録されたということ．その意味では本書は実質的にはモノグラフィーであり，高い関心の対象となるのは自然なことであった．

　別の言い方をするならば，本書は，著者が満を持して世に問うた渾身の作品である．続々と現れたハイレベルの論文集の中にあっても，本書はひときわ高くそびえ立つ．評者は，本書が西暦 2000 年の日本民法学にとって最良の収穫であったと信ずる．本誌 [民商法雑誌] 編集委員会の許可を得て，書評としてはいささか長文の本稿を発表するのも，このように考えるがゆえである．

　(2)　ところで，歴史家の表現によれば，20 世紀は「短い世紀」であった．この世紀は，第一次世界大戦の勃発によって始まりベルリンの壁の崩壊によって終わった，というのである．この卓抜な表現を借りるならば，日本民法学にとっても 20 世紀は「短い世紀」だったと言えるかもしれない．それは，末弘厳太郎による概念法学批判によって始まった．そして，平井宜雄教授による利益考量論批判によって終わった．こう考えるのである．「終わった」という表現には反発も予想されるが，表現はともかくとして，1990 年代に入って「新しい日本の民法学」が生まれつつあると感じている民法学者は少なくないのではないか．

　しかし，それがいかなるものであるのか，現時点では明らかであるとは言えない．それでもこの 10 年を通じて，いくつかの方向での模索が試みられ，それぞれに一定の成果をあげてきたことは確かであろう．西暦 2000 年刊行の諸論文集は，「新しい日本の民法学」を中心的に担う世代の著者たちによる，それぞれの中間報告としてとらえることもできる．この 10 年を総括して，次の 10 年 (ないし 20 年) へ——．おそらくは多くの著者たちがそう考えたことだろう．そして，本書も，著者・山本敬三教授にとって，そのような意味を持つものであったにちがいない．

　実際のところ，本書において著者は，自身の観点から，日本民法学の来し方を総括しており，行く末を指し示しているように思われる．しかし，この問題は，本書で著者が扱うテーマそのものを超えているがゆえに，著者のメッセージは場合によっては間接的なものとならざるを得ない．と言うよりも，著者の

見方は本書に収録されていない論文で展開されており，本書にはその成果が要約的に示されていることが多い．その意味でも，本書は，著者のこれまでの研究の集大成であると言える．また，当然のことながら，本書に至る著者の知的営みは，真空の中で行われているわけではなく，時代の刻印を深く帯びている．とりわけ，90年代日本の民法学の動向が有形無形の影響を与えていることは容易に想像できる．

そこで，本稿においては，著者の他の論文を前提としつつ，また，同時代の他の著者たちをも念頭におきつつ本書の行間に込められたメッセージを読みとり，これを受けとめるように努めたい．このような試みへと誘われたから，というのも，評者が本稿を発表する理由の一つである．

(3) さて，本稿は，初出時には「山本敬三『公序良俗論の再構成』を味わう」と題されていた．この表題とからめて，以下の紹介・検討の順序について一言しておく．動詞「味わう」は，déguster という気持ちを込めて用いてみたものである．管見によれば déguster には，すばらしいものを称える（賞味する）という含意と，その由来・性質を判別する（吟味する）という含意とがある．本稿の「味わう」もこの二重の意味を有している．

賞味するにせよ・吟味するにせよ，いくつかの段階を踏む必要がある点では同様である．以下においては，まず，相対的に高い客観性を持って把握することができることがら——本書の内容の紹介（II）——から出発して，より主観的にならざるを得ないことがらへと進む．もっとも，一口に「主観的」と性格づけてみても，そこにも程度の差はある．本書の背景をなす文脈の検討（III）に関しては，その主観性はさほど高いわけではない．これに対して，本書の価値に関する検討（IV）には，評者の観点が大いに混入する．それだけではなく，そこでの言説には評者自身がいまだ十分に分節化ができていない思惟が少なからず含まれている．語り得ないものについては沈黙するというのは一つの知恵ではある．しかし，評者は，未整理な思考を切り捨てず，あえて断片的な言語によって語りかけることによって，本書の著者との間に豊かな学問的対話の可能性を開きたい．

II 「ラベル」またはその内容

(1) すでに述べたように，本書は既発表の4論文を集めた論文集であるが，著者自身が「はしがき」でも述べているように，「当初からこうした形で一書にまとめることを想定して書かれたものである」ため，本書は，ほとんど無理のない整った構成を持っている．

すなわち，中心論文というべき1995年の「公序良俗論の再構成」（この表題は，本書第一部第一章の表題として，さらに本書全体の表題として，採用されている）の冒頭部分，本書に結実する一連の研究の基本構想を提示する部分を，本書全体の「序章」として別置した上で，その本論部分が本書第一部第一章とされている．そこでは，公序良俗論に対する著者の基本的な考え方が示されている．これに続いて，民法典編纂後100年にわたる判例の動向をたどる論文が，第二章「公序良俗法の展開」と題されて収録されている．1923年に我妻栄「判例より見たる『公の秩序善良の風俗』」が発表されて以来，判例の分類・整序は公序良俗論の大きな課題の一つであるが，先行する多くの整理とは全く異なり，著者はこの作業を自らの理論の試金石として利用している点に大きな特徴がある．

この2編がいわば総論をなすのに対して，後半の第二部に収録された2論文は各論編である．後で述べるように，著者は，公序良俗規範の機能局面をいくつかの対立軸を用いて分類している．「法令型」か「裁判型」か，「基本権保護型」か「政策実現型」か，という分類がそれである．この二つの分類をクロスさせれば2×2となり四つの類型を抽出することができるが，著者は機械的に四つを順に論ずることはしない（後に述べるように，著者によればその必要はないことになる）．著者はまず，法令違反行為効力論を視野に入れて，法令型の公序良俗違反につき立ち入った考察を加えた．第二部第二章「取引関係における公法的規制と私法の役割」がそれである．続いて，著者の主張のポイントの一つをなす基本権保護型の公序良俗違反に光をあてるべく，同第一章「基本権の保護と公序良俗」が書かれた（発表順序と掲載順序は一致していないが，著者の体系との論理的な整合性を重視して入れ替えがなされたのだろう）．

なお，著者が用いる重要な対概念として，「構成問題」と「衡量問題」とがある．著者によれば，構成問題とは「どのような原理や価値がなぜ問題になるか」「問題構造をどう枠づけるか」という問いであり，衡量問題とは，その構成をもとにして「それぞれの原理や価値をどう衡量するか」「どのようなポイントに着目すればいいのか……どのような基準にしたがって判断を行えばよいのか」(本書4頁．本書の引用は，以下，頁数のみで行う) を問うことであるとされている．著者はこの対概念を用いて，本書の第一部を「公序良俗論の構成問題」，第二部を「公序良俗論の衡量問題」と題しているが，両者は断絶してはおらず，相互補完的な関係にある．第一部の議論は第二部の議論を先取りしており，逆に第二部の議論は第一部の議論を再度照射しているのである．構成問題はその先に衡量問題を抱えており，衡量問題は構成問題を前提としており，両者は不即不離の関係にある．しかし，考察を進めるに際しては，二つの次元のどちらに重点を置くかという選択は可能でありかつ必要でもある．読者は，著者が組み立てたこのような立体的な議論構造に留意しておく必要がある．

(2) 著者の手になる論文は (本書に収録されていないものも含めて) いずれも，明晰な文体と精密な論証によって構成されている．その論旨をたどるのは容易であり，評者が改めて要約する必要を感じない．本書の内容を知るには，書評を読むよりも現物に就くのが上策である．しかし，本書評を契機に本書を手にとるかもしれない読者のために，また，「III」以下の評者自身叙述の便宜のために，その内容を要約して紹介しておこう．ただし，上記のように，本書の中心をなすのは第一章であるので，以下の紹介もこの章 (と序章) に重点を置くことにして，その他の章についてはごく簡単に触れるにとどめたい．

序章ではまず，「問題の所在」が示される．著者は公序良俗規範 (民法90条の定める規範を著者はこう呼んでいる) の守備範囲の拡張や要件・効果の面での変化を指摘した上で，「こうした現象面での変化を理論的にどう受けとめればよいか」という問いを立てる．これまでの公序良俗論には「これらの諸現象の意味を理解し，評価するための理論的枠組み」は存在しなかったために，判例の恣意的な分類にとどまらざるをえなかったのであり，「適切な理論枠組みなくして，現象を適切に理解し，評価することはできない」として，このよう枠組みの確立こそが必要であるという認識が示される．

その上で「本書の課題と構成」が示される．理論枠組みの確立のためには，「一定の視点と方法論」が必要であるとして，それらを「どのような考え方にもとづいて設定すべきかということを意識的に考える必要がある」とする．ただし，著者によれば，同一対象にアプローチするとしても理論枠組みは問題設定の仕方によって一つには限られない．本書の著者が選択するのは，「どのような場合が『公序良俗』違反にあたるかという問題設定」である．しかしこれは「『公序良俗違反』とは何を意味するか」といった問題ではない．公序良俗の意味や具体的内容はあらかじめ決まっているのではなく，「関連する原理や価値を衡量して決められるのが常である」．それゆえ，この衡量をどのように行うかが重要であるとされる．こうして，すでに述べた「構成問題」と「衡量問題」という分析枠組みが提示され，そこから本書の構成が導かれるわけである．

　(3)　続いて本書の中核をなす第一章「公序良俗論の再構成」に移ろう．ここでのポイントは，著者自身が述べるように「憲法と私法の関係をどう理解するかという根本問題」(4頁) と関連づけて議論が展開されている点にある．具体的には，著者は二段階に分けて議論を進めている (目次に即して言うと第二節・第三節に対応．なお，第一節は序論，第四節は結論にあたる)．まず，私的自治・契約自由との関係で公序良俗規範の位置づけがはかられ，次に，「近時有力に主張されている経済的公序論」をとりあげて，そこから「裁判所が契約自由の制限を正当化する『理由』」が抽出され，これに基づいて「公序良俗論を再構成する視点」の確定がはかられるのである (9–10頁)．

　前段 (第一章第二節) において著者が標的に据えるのは，末川博と我妻栄によって確立された公序良俗論である (著者はこれを「公序良俗＝根本理念説」と名付けている)．我妻によって「すべての法律関係は，公序良俗によって支配されるべきであり，公序良俗は，法律の全体系を支配する理念と考えられる」．「90条は，個人意思の自治に対する例外的制限を規定したものではなく，法律の全体系を支配する理念がたまたまその片鱗をここに示したに過ぎない．」と定式化された公序良俗＝根本理念説の背後に，著者は「協同体主義に立脚した自由観」(14頁) を見てとる．そして「まず出発点として，法律の全体系を支配する理念，つまり国家『協同体』の理念というものを観念し，私的自治・契約自由もまたそうした理念を実現するものであると理解する．……90条とは，まさにこの国

家『協同体』の理念によって，私的自治・契約自由の内容自体を定めるための規定にほかならないのである」というのが，公序良俗＝根本理念説の論理構造であるとする．そして，著者はこのような「協同体主義」が今日でもとりうるかという問いを立てるのである．

著者は，我妻が日本国憲法の下でも協同体主義が採用しうると考えていたこと，この協同体主義によって憲法と私法を統合的に理解していたことを指摘する．そして，我妻によれば，「私的自治・契約自由も，私法上の原理であると同時に，憲法上の自由でもあるということになる」が，「それはあくまでも協同体主義の下で理解されたそれでしかない」(17–18頁)とする．しかし，このような理解ははたして日本国憲法の理解として正当といえるのだろうか．著者はそう問うのである．本書の要をなすこの問いに，著者が与えた答えは，「私的自治と契約自由は，それぞれ意味は異なるものの，いずれも憲法上の自由として位置づけられる」．しかし，「日本国憲法は協同体主義に立脚するものではないと言わざるをえない」(31頁)というものである．我妻の説く協同体主義は「個人の幸福が全体の向上発展となり，また全体の向上発展が個人の幸福にもなるという考え方にほかならない」が，こうした考え方は，「何が『幸福』であるかを自分で決め，その達成を自分で追求するところに，他のものには還元できない固有の価値を認める」リベラリズムの思想とはあいいれないというのである．

著者はこのようにして公序良俗＝根本理念説を批判するが，最近の学説がこの説に言及しなくなったことを，「私的自治・契約自由の意義を問い直す機会をみずから放棄している」(32頁)として，それ以上に厳しく批判する．そして，私的自治・契約自由を憲法上の自由と位置づけるならば，国家は原則としてそれを侵害してはならないはずであるとして，国家機関としての「裁判所がおこなう『公序良俗』違反という要件の解釈・確定が，契約自由に対する不当な制約にならないかどうかが問われなければならない」(35頁)とする．

(4) こうして著者は，後段(第一章第三節)の議論へと進む．そこでは「公序良俗に反している」という判断を正当化する「理由」が求められるのである．そのための素材とされているのが，すでに述べた「経済的公序論」である．著者は，この議論の主眼は，「公序良俗規範をめぐる新たな諸現象に理論的な裏づけを与えようとするところにある」として，それは「公序良俗規範を用いて契

約を制限する『理由』の問い直しにほかならない」(47頁)とする．「経済的公序論」をこのように位置づけた上で，著者はその特色として，まず，「政治」と「経済」の区別，「保護」と「公益」との区別を挙げる．しかし，これらの区別からは著者の求める「理由」は出てこない．むしろ，そこに含まれている「法令上の公序」「裁判上の公序」という区別を取り出すべきであるとして，著者は，「立法との関係で司法はどのような役割を果たすべきか」という視点を提出する (52頁)．著者はさらに議論を進めて，「法令上の公序」が認められる「理由」は裁判所の立法尊重義務に求められるべきこと，これに対して，「裁判上の公序」を認めるには特別な「理由」が必要とされることを指摘する．さらに，そうした特別な「理由」となりうるものして，著者は自然法 (契約正義) と憲法 (憲法的公序) とを挙げた上で，前者と比較して後者には「大きな長所がある」とする．「自然法を認めるかどうかにかかわりなく，契約自由の制限を正当化できる」というのがその理由である．こうして，著者は憲法的公序論に至るのである (55頁)．先ほどの立法尊重義務との対比でいえば，「裁判上の公序」を認める特別な理由は裁判所の憲法尊重義務に求められるということになる．

　以上のように，立法尊重義務・憲法尊重義務という二つの「理由」を抽出した著者は，経済的公序論の中に見出された「法令型」「裁判型」という区別を改めて採用する．著者はこの区別を「『誰が』契約自由を制限しているか」という「形式的な視点」に立つものであるとする．そして，より実質的な視点として，「基本権の保護と政策目的の実現」の二つを取り出し「基本権保護型」「政策実現型」という区別を提示する (57-58頁)．この二つの分類をクロスさせて，著者はすでに述べた 2×2 の 4 類型を導く．そして，四つの類型はそれぞれその「理由」を異にする以上，その構成も異なることが予想しうるとして，類型ごとの検討へと進むのである．具体的には四つの類型について，著者はおおよそ次のように述べている．

　まず「裁判型―政策実現型」についてである．この類型では定義上，法令 (形式的理由) も基本権保護 (実質的理由) も援用することができないので，「政策目標を裁判所が独自に定立し，その目的実現のために契約自由を制限することが許されるか」という問題が立てられる．著者は「裁判の政策形成機能」に関する議論に触れつつも，「一見すると裁判所が政策目的を定立しているようにみ

えるときでも，法令型公序良俗もしくは基本権保護型公序良俗に還元できる場合が少なくないことに注意を要する」という指摘をし，「純粋の裁判型―政策実現型公序良俗違反にあたるものは，実際には，おそらく非常にかぎられているといえるだろう」としている (62頁).

次に「裁判型―基本権保護型」が採り上げられる．著者はこの類型は「まさに，憲法の私人間適用が問題となる場合にほかならない」とし，「たとえば，人身売買・芸娼妓契約などのほか，職業の自由を制限する競業禁止特約や平等権侵害にあたる男女別定年制などが，その代表例である」としている．さらに，「これまで公序良俗違反が肯定されてきた裁判例をよくみてみると，基本権の保護が問題となっているケースはけっして少なくない」として，「たとえば，財産を贈与する際に永久にその処分を禁ずる場合や，共同絶交，生存の基礎である財産を処分する行為などは，財産権，人格権，生存権といったものの侵害を内容とする契約だとみることができる．暴利行為なども，多くの場合，それらと同様にとらえることが可能である．さらに，……良俗ないし人倫に関するもののなかでも，たとえば母子が同居しないという父子間の契約などは基本権侵害を内容とした契約としてとらえなおすことができる」としている (63頁).

では，憲法の私人間適用とは何か．著者は通説としての間接適用説を前提としつつ，その説くところである「私法規範を解釈する際に，基本権の価値を考慮しなければならない」という命題に対し，「考慮する」とはいかなること，「考慮しなければならない」のはなぜかという問いをつきつける．著者が用意した解答は，国家の基本権保護義務を措定するというものである．「大多数の見解は，あくまでも国家の存在を認めたうえで，そこからの自由を強調する．では，いったい何のために国家は必要とされるのか．それは，何よりもまず，市民相互の平和的共存を確保するためではないだろうか．殺人・窃盗・暴行・放火など，市民が他人によって基本権を侵害されているのを国家が傍観していてよいならば，およそ国家を認めた意味などないだろう」(64頁).著者はこのように説くのである．ただし，市民Ａに保護を与えることによって，市民Ｂの基本権を過度に侵害してはならない．そこで「双方の基本権を衡量して解決を導く」ことが必要になる．著者はこれを「過小保護の禁止と過剰介入の禁止」と呼んでいる．

第2節 「市民社会の法」「人の法」への着目

　以上の考え方は，事実上の加害行為にはそのままあてはまるが，契約関係が出てくると特殊な考慮が必要になる．著者によれば，基本権の制限を内容とする契約が締結されたとしても，それ自体は基本権の侵害とはならない．というのは，両当事者の同意があるからである．「同意があるかぎり，たとえその対象が基本権の制限であったとしても，それは基本権の『行使』であり『侵害』ではない」(66頁) というわけである．しかし，著者は次の点を指摘して問題を立て直す．契約の一方当事者Ａが「後にこの同意をあたえることをこばみ，契約の解消を求めたときはどうなるだろうか」．この場合には「Ａの基本権は，まさにこの契約に拘束されることによって『侵害』されることになる」．この点にこそ契約関係がある場合の特徴があるとして，「契約への拘束を認めること」が，Ａにつき過小保護の禁止に反しないか，逆に，これを否定することが，他方当事者Ｂにつき過剰介入の禁止に反しないかが問われる．こうして問題は一般論に再び還元されるのではあるが，著者は注意深くもう一つの留意点を指摘している．

　それは，裁判型―基本権保護型公序良俗違反を認めるとは，「たとえＡが自己の基本権の制約に同意していたとしても，その同意に法的有効性を認めない」ことであり (著者の用語によれば「承認請求」の否定)，そこには「相手方の同意があってもしてはならないこととは，どのようなものか」という問題があるということである (69頁)．この点につき，著者は「個人がみずから『善い』と信ずる生き方を等しくできるようにするためには，そのような基盤を破壊する行為だけは――そうした行為が『善い』ことだと信ずる者に対しても――許すわけにはいかない」．「生命・身体・健康の保障や人間の尊厳，自己決定権などは，およそ『善き生』の構想を追求しようとする営みをそもそも可能にする基盤だといってよい」としている．同時に，「具体的なケースごとに，暗黙の共通感覚によって判断せざるをえないという面を持つ」ことも指摘している (69–70頁)．

　続いて「法令型＝政策実現型」が検討される．著者はこの型は「契約自由を制限するという第一次的な基本決定がすでに立法によって行われている」ことを前提とする類型であるとした上で，出発点となる「基本決定」の性質に応じて，三つ視点からの下位分類を提示している．「個別法令型」と「総合型」，「明

文型」と「不文型」,「私法型」と「公法型」という分類がそれである．著者は，これらの組み合わせによりこれまで様々な次元で行われてきた議論を次のような整理をしている (76-77 頁)．

```
┌─ 個別法令型 ─┬─ 明文型 ······················· 強行規定
│              └─ 不文型 ─┬─ 私法型 ············· 不文の強行規定
│                         └─ 公法型 ············· 取締法規
└─ 総合型 ······································· 「競争秩序」など
```

そして，著者は，「契約の効力について直接定めた規定がないときでも，当該法令の目的を実現するために契約を無効とすることが要請されるならば，裁判所はその方向でこの法令を補完しなければならない．その意味で，法令型公序良俗とは，裁判所による法令の継続形成にほかならない」としている (78 頁)．

最後に「法令型─基本権保護型」である．著者はまず「法令型」と「基本権保護型」の組み合わせが「少し奇異に感じられるかもしれない」としつつ，実は「立法府は，基本権を保護するために立法を行う責務を負っている」のであり，この型に属すると考えられる法令は「多数存在することがわかる」としている．そして「とくに，いわゆる弱者保護に関する法令のなかには，単なる保護政策立法というよりも，むしろ基本権保護立法とみることが可能なものが少なくない．たとえば，利息制限法や借地借家法，労働基準法，割賦販売法，訪問販売法，宅地建物取引業法などの関連規定が，その例である」とする (86 頁)．

著者は，この法令型─基本権保護型についてあまり紙幅を割いていない．要約の範囲を逸脱するが，この点は次のように理解することができるだろう．すなわち，著者の枠組みによれば，法令型も基本権保護型もそれだけで公序良俗違反を導きうる．極端に言えば，法令型─基本権保護型はその組み合わせに過ぎない．このことは，著者が裁判型─政策実現型の公序良俗違反を認めるのに慎重なのと表裏一体をなしている．著者が措定した分類軸は価値的な傾斜を持った分類軸である．「法令型」と「裁判型」では前者においてより公序良俗違反は認められやすく，「基本権保護型」と「政策実現型」においても同様である．それゆえ，その組み合わせから抽出された四類型もまた均等な性質を帯びてはいないのである．

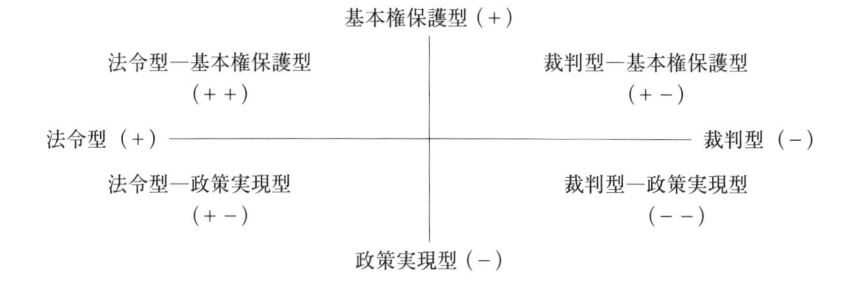

```
                    基本権保護型（＋）
        法令型―基本権保護型    │    裁判型―基本権保護型
             （＋＋）         │         （＋−）
                             │
  法令型（＋）────────────────┼──────────────── 裁判型（−）
                             │
        法令型―政策実現型      │    裁判型―政策実現型
             （＋−）         │         （−−）
                    政策実現型（−）
```

　以上の図からわかるように，著者の枠組みによれば，「基本権保護」か「法令」の存在が，公序良俗違反を基礎づける「理由」となる．基本的にはそのどちらかが必要だが，どちらかがあればよい．それゆえ，著者は，「裁判型―基本権保護型」と「法令型―政策実現型」の正当化に精力を注ぐ．そして，裁判型―政策実現型は公序良俗違反の認められにくい類型であり，逆に，法令型―基本権保護型は二つの類型の重複型として処理すれば足りる類型なのである．以上のように考えれば，本書第二部の各論で，「基本権保護型」と「法令型」とが特に採り上げられて再説される理由も理解されよう．

　長い要約となったが，第一編第一章は本書の要となる部分なので，お許しをいただきたい．本書の残りの部分も，第一編第一章で示されている主張の具体的な展開であるので，ある意味では，そこでの主張はすでに第一編第一章で示されているとも言える．それゆえ，残りの三つの章については，ごく簡単にすませることにしよう．

　(5)　第二章「公序良俗法の展開」は，もともとは広中＝星野編『民法典の百年』に発表された論文であり，講座物の一編として，民法90条に関する「立法史と判例の展開を分析する」ことが求められていた．むろん著者はこの求めに応じているが，公序良俗論の100年の歴史をたどるに際して明確な作業仮説を持って臨んでいる．その作業仮説とは，第一章で示された「公序良俗論の構成」にほかならない．はたして著者の目的は達せられただろうか．70頁にわたる綿密な検討（第一節・第二節）を経て，著者は「総括」（第三節）を行っているが，ここでは検討の過程をたどることは省略して，「総括」に示された結論のみを要約しよう．

著者は「わが国における公序良俗法の変遷の特色」として，公序良俗の内容は，立法過程では限定的に考えられていた（秩序の維持のみが念頭に置かれた）のに対して，判例においては，より広くとらえられていることが指摘されている（権利・自由の保護や暴利行為もとりあげられるに至る）．もっとも判例については，最上級審レベルと下級審レベルとで分けて考えられている．前者においては，問題領域が変化しているとともに，全体として90条違反＝無効を認めるケースが減少してきていること，その背後に契約自由の原則や公法・私法二分論が作用していることが指摘されている（186頁）．これに対して，後者においては，「90条の役割はむしろ大きくなっている」「その内容が多様化している」とした上で，その特徴として「公共的な秩序の維持とともに，権利・自由の保護が前面に出てきている点」が指摘され，さらに「これまではひとまず別の類型として考えられてきたものまで，この権利・自由の保護の観点からとらえられるようになっている」とされている（187頁）．そして，「ごく大ざっぱな傾向としては，近時の判例法は②（基本権保護——評者注）を中心とする方向にシフトしてきているといっていいだろう」と全体が総括されている（189頁）．

なお，著者は，以上のような判例法の全体像をとらえるための「理論的な準拠枠」としては，現在のところ「公序良俗法を契約正義論の視点から再構成しようとする見解」（評者の見解が引用されている）と「憲法と私法の関係という視点から再構成しようとする見解」（著者自身の見解が引用されている）があるとした上で，「視点が違えば，判例法の理解の仕方も違ってくる」としている．また，「これはあくまでも現時点における公序良俗法の理解である．前提となる社会情勢や立法状況が変化すれば，その内容も大きく変化していくだろう」としている．

(6) 第二編所収の二論文については，その全体的な特徴をごく簡単に指摘するとともに，個別の叙述のうち興味深いものを拾い上げるに止める．

第二編第一章「基本権の保護と公序良俗」において行われている中心的な作業は，「基本権の衡量」を行うための枠組みを示すことである．著者は，第一部に定立された「過小保護の禁止」「過剰介入の禁止」の二つの問題のそれぞれにつき，検討を行っている．そして，前者については「基本権の実現が阻止される程度」「基本権の重要性」という二つの要因を挙げている（212頁）．また，後

者については,「いわゆる比例原則」が挙げられ,憲法学における「目的・手段審査や必要最小限の規制の原則」などもこれにほぼ対応するとした上で,より下位の部分原則として「適合性の原則」「必要性の原則」「均衡性の原則」の三つが挙げられている (219頁).

　第二編第二章「取引関係における公法的規制と私法の役割」においては,いわゆる「取締法規論」「法令違反行為効力論」が再検討されているが,法律行為法だけでなく不法行為法が視野に入れられ,「法律行為法と不法行為法の制度間調整」について論じられている点が注目に値する.原論文は「制度間競合論」というテーマを立てて行われた共同研究に由来するが,この共同研究の枠内で発表された他の諸論文 (いずれも個性的でそれぞれに優れている) と比べて見ると,著者の検討の特色が,その体系性と原理性の高さにあることがよくわかる.

　最後に,第二編の各所に散見される叙述で,著者の考え方を理解する上で有益なものを二つのグループにまとめて採り上げておきたい.

　一つは,著者の積極的な国家観がよく現れている叙述である.たとえば,次のような叙述である.「基本権を『国家からの自由』に限定するのであれば,それは究極的には国家不要論に行き着くことになる.……しかし,そうした考え方をとらず,国家に存在意義を認めるのであれば,少なくとも個人の基本権を他人による侵害から保護することは,国家の最低限の任務に属するというべきだろう」(201頁).これとの関連で,著者が「基本権保護義務」のみならず「基本権支援義務」をも認める点も興味深い.なお,ここでいう「基本権支援義務とは,国家は,個人の基本権がよりよく実現されるよう,積極的な措置をとらなければならないという義務である.これは,個人の基本権が侵害を受けているわけではないが,それがよりいっそう実現できるよう,国家がさまざまな給付を提供したり,各種の制度を整備することを意味する」(249頁).

　もう一つは,著者の柔軟な憲法像がよく現れている叙述である.たとえば,いまの点と関連するが,著者は,基本権支援については「資源にかぎりがある以上,そこでは政策的な選択が不可欠となる.……誰の基本権をどの程度支援するかは,原則として,国民の民主的決定,つまり立法に委ねられることになる」としている (249頁).あるいは基本権保護義務に関しても,不法行為の成立要件につき著者は次のように述べている.「『権利侵害』+『過失』という図式

がもっともよくあてはまるのは，物の毀損や身体傷害などのように，『権利侵害』の有無が比較的容易に認められる場合である．これに対して，経済活動の自由などのように，どこまでが基本権として保護されるかについて一定の幅がある場合は，かならずしも右の図式どおりの手順で判断されるわけではない」(272頁)．さらには憲法の基本原理についても，次のような興味深い叙述が見られる．「テクストの意味をどう解釈するかは，解釈共同体において蓄積され，共有された知識に依存せざるをえない．……解釈の出発点を憲法のテクストそのものに限定しても，それだけでは，……さまざまな考え方が解釈に際して意味を持つことを排除できないというべきだろう」(206–207頁注(13))．

以上が，「憲法と私法の関係という視点から，公序良俗論に関する基礎理論の確立をめざそうとしたものである」(「はしがき」)本書の内容の概略である．

Ⅲ 「色香」またはその文脈

1 公序良俗の研究史との関連で

1983年から84年にかけて，民法学界の総力を結集して『民法講座』全7巻(星野英一編集代表)が刊行され，テーマごとに学説史を検討する論文が約90編も集められた．そこでのテーマ選択には当時の学界状況がよく映し出されており，本書のテーマである「公序良俗論」の置かれていた状況も窺うことができる．とはいえ，民法総則に充てられた『民法講座』第一巻には「公序良俗論」を扱う論文は収録されていない．講座物の刊行に際しては数編の脱落は間々あることだが，それが理由ではない．第一巻の「はしがき」によれば，「公序良俗論」は「近い将来新しい発展のありそうにないもの」として，予め除外されていたのである．

編者たちのこの認識には理由があった．本書の著者(第一編第一章)もまた評者自身も述べているところであるが，公序良俗論は，1920年代前半に若き我妻・末川によって発表された二論文以来，民法学界の重要なテーマの一つとされ，1930年代には，公序良俗は私法の根本理念，民法90条は帝王条項と呼ばれるに至った．もっとも，公序良俗＝国体などという議論までが飛び出したことに対する反省もあってか，第二次大戦後しばらくの間は公序良俗論は沈静す

る．1950年代から60年代の前半には，代物弁済予約に対処するために民法90条が援用されたことなどもあって，再びこの規定に対する関心は高まった．しかし，1967年には，その代物弁済予約につき判例は清算義務を認めたため，公序良俗論に対す関心も退潮した．そして，1970年代にはめだった議論はほとんどなくなる．そのため，上記講座の編集時点では，「公序良俗論」はいわば「終わったテーマ」と判断されたわけである．

ところが，学説から離れて判例を，とりわけ下級審裁判例を見てみると，皮肉なことに，1970年代の半ばから新しいタイプの90条適用例が増えてくる．そして，この傾向は1980年代に入ると一層顕著になる．経済秩序に関するもの，消費者保護に関するもの，労働基本権に関するものなどが増えてくる．この経緯についても本書で詳しく述べられているし（第一編第二章），評者も言及したことがある．1980年代に「公序良俗論」が息を吹き返すのは，言うまでもなくこうした状況を受けてのことである．たとえば，評者の『公序良俗と契約正義』(1995/1987)も下級審裁判例の展開を議論のための支柱の一つとしていた．

しかし，1980年代後半から90年代前半にかけての公序良俗論，著者のネーミングに従えば「経済的公序論」は，下級審裁判例に着目しつつ新たに出現した社会問題に対処する，という実践的な関心のみに立脚するものではなかった．同時にそこには，理論的な指向性が伏在していた．すなわち「経済的公序論」には，市場や国家に対する見方が含まれ，「公序良俗論」を「いかに」使うかというだけでなく，それが「なぜ」使えるのかという関心が示されていた．そして，このような関心の背後には，1970年代の後半から80年代の前半にかけて盛んに議論された「契約の基礎理論」をめぐる学界動向が存在していた（この点に関しては，たとえば，大村「契約と消費者保護」同・契約法から消費者法へ(1999/1990)を参照）．一方で，「私的自治」をいかに理解するか，他方で「消費者問題」をいかに位置づけるか．こうした問題と切り結ぶ形で「経済的公序論」は提示されていたのである．

とはいえ，「経済的公序論」に示されたのは，いわば議論の萌芽であった．そこでは「原理」の重要性が指摘され，「契約正義論」が援用された．また，「公法私法二元論」が批判され，より積極的な「国家」像が提示された．しかし，

それらを統合する「公序良俗論」が提示されたわけではなく，また，対象とされた問題群も「暴利行為論」や「法令違反行為効力論」であり，90条の適用領域のすべてには及んでいなかった．

　本書『公序良俗論の再構成』は，このような「経済的公序論」の中から，さらには我妻・末川の「公序良俗＝根本規範説」の中から，聞くべき主張を取り出し，しかし同時に，これら先行の議論を根本的に批判して，新たな基礎理論の確立をはかろうというものである．学説史の伝統をふまえつつ，そこから飛躍的な展開をはかるという点で，本書は民法研究の模範とするにふさわしい研究である．また，その完成度は高く，その主張に対する賛否を超えて，これが『民法講座』以降の新しい「公序良俗論」の決定版であることを疑う者はいないだろう．さらに言えば，我妻・末川に始まった20世紀日本民法学における「公序良俗論」の集大成であるとも言える（椿・伊藤両教授の編集された『公序良俗違反の研究』(1995)も別の意味での集大成だが，共同研究であるため本書のような一貫した主張を導くものではない）．

2　個人研究史との関連で

　本書に示された著者の分析・統合・展望などの能力には圧倒的なものがあるが，いかに卓越した才能をもってしても，本書のような業績は一朝一夕になるものではない．本書の背後には，著者の研究者としての研鑽の歴史がある．

　著者の第一論文「補充的契約解釈（1〜5完）」が法学論叢に連載されたのは1986年であった．学説に対し，有形無形の影響を与えた——評者自身も大きな影響を受けた（大村『典型契約と性質決定』(1997/1993〜95)を参照）——この論文に続いて，著者は，信義則に関する注釈執筆を経て，一部無効論を研究対象とした（「一部無効の判断構造（1〜2）」法学論叢127巻4号，6号 (1990))．「補充的契約解釈」には「契約解釈と法の適用の関係に関する一考察」という副題が付されていたが，著者は研究生活のスタート時からすでに「契約（当事者の自治）」の領分と「法（国家の保護・支援）」の領分との区別につき，鋭い問題意識を持っていた．そもそも「補充的契約解釈」に関心を寄せたこと自体がその現れであると言える．「一部無効の判断構造」はその延長線上にあるとも言えるが，そこにすでに著者の「公序良俗論」に関する関心は現れている．契約解釈論・任意

第2節 「市民社会の法」「人の法」への着目

規定論と公序良俗論の不即不離の関係を考えれば，自然なことである．また，そこには「判断構造」に対する著者の関心がはやくも現れている．

その後，ミュンヘンへの2年間の留学を経て，著者の大活躍が始まる．在外研究の成果でもあり，その後の著者の研究を方向づけることになる重要論文が相次いで発表される．中でも重要なものの一つが「現代におけるリベラリズムと私的自治（1〜2完）」法学論叢133巻4号，5号 (1993) である（ほかにこの系統に連なる論文として，「憲法と民法の関係——ドイツ法の視点」法学教室171号 (1994)，「基本法としての民法」ジュリスト1126号 (1998) などがある）．この論文の中で，著者は「憲法と私法の関係」に着目し，「国家に対する保護請求権」を提示し，「私的自治」を位置づけている．本書の源流の一つはこの論文に求められる（本書の理解を深めるためには，この論文の参照する必要がある）．もう一つ重要なのは「民法における動的システム論の検討」法学論叢138巻1=2=3号 (1995) である（本論文に先立ちすでに「民法における法的思考」田中編・現代理論法学入門 (1993) があるほか，後には「法的思考の構造と特質」岩波講座現代の法15 現代法学の思想と方法 (1997) が書かれている）．そこでは「原理の内的体系」，「比例命題」による法的評価に関する考え方が提示されている．「構成問題」「衡量問題」という枠組みはすでに1993年の論文で提示されていたが，本論文ではそれがより一般化された形で展開されていると見ることができる．その意味で，本論文もまた本書の源流をなしている．なお，二つの論文は著者の中では表裏一体の関係にあると思われるが，前者がいわば価値面を前面に出したものであるのに対して，後者はいわば技術面を重視したものであるといえるだろう．

以上のようにして磨かれた価値的・方法的な問題意識を具体化するための格好の素材，いわば結節点となったのが「公序良俗論」なのである．その意味で，まさに本書『公序良俗論の再構成』は，著者の15年以上に及ぶこれまでの個人研究史の集大成でもあるわけである．

なお，本書所収の諸論文と並行して書かれ，本書と密接な関連を有するものとしては，まず「前科の公表によるプライバシー侵害と表現の自由」民商法雑誌116巻4=5号 (1997)，「民法における『合意の瑕疵』論の展開とその検討」棚瀬編・契約法理と契約慣行 (1999) の二論文を挙げておく必要がある．前者は個別のケースに立ち入って「基本権」の保護について論じたものであり，後者は，

「公序良俗」と並んで法律行為法の中核をなす「合意の瑕疵」について，契約における自己決定の保護の観点から論じたものである．さらに，著者の最近の論文としては，「契約法の改正と典型契約の役割」別冊 NBL 債権法改正の課題と方向 (1998)，「消費者契約法の意義と民法の課題」民商法雑誌 123 巻 4 = 5 号 (2001) などがある．これらは著者の従前からの議論を出発点とするものであるが (前者は 1986 年の論文に連なるし，後者は本書や 1999 年の論文に連なる)，民法の体系に対する関心が高い点が注目される．体系に対する著者の関心は以前から高いが，ここでは「民法」の体系が特に問題とされており，興味深い．

2001 年の夏，本書『公序良俗論の再構成』と待望の教科書『民法講義』の第 1 巻を刊行して，著者は二度目の在外研究の途についた．帰国後，著者がどのような方向に進むのかは現段階では予想できない．しかし，これまでに見てきたような，一貫した問題意識を維持しつつ，それを新たな段階に展開していくという著者の研究史からすれば，その進む道が本書に代表されるこれまでの研究の積み重ねの延長線上に位置づけられるであろうことは確かだろう．

3 時代思潮との関連で

本書をそれをとりまく文脈の中に位置づけようという場合，研究の「対象」(1) と「主体」(2) の双方につき通時的な考察を行うだけでは，十分だとは言えない．さらに，著者が駆け抜けてきた「時代」との関係を明らかにすることが必要である．著者が，同時代の学問的環境をどのように把握し，それに対してどのような働きかけをはかってきたのか．このような相互影響関係を明らかにする共時的な検討は，とりわけ 1990 年代の日本民法学に一つの大きな流れを作り出す一翼を担ったと言える著者の研究の特色を理解する上では，不可欠の作業であると言ってもよいだろう (本書の著者が，1990 年代の契約法学の主要な担い手の一人であったことは広く認められているところである (たとえば，吉田克己・現代市民社会と民法学 (日本評論社，1999) 16 頁以下))．

誤解を恐れずに言えば，この時期の契約法学 (さらに言えば日本民法学) は，それまでの実践指向から理論指向へ，歴史指向から体系指向へと，大きく舵を切ったと評することができる．その背景には様々な事情があるが (たとえば，大村「90 年代日本の契約法学」同・法典・教育・民法学 (有斐閣，1999) 205 頁以下や瀬

川信久「民法解釈論の今日的位相」私法学の再構築（北海道大学図書刊行会，1999）3 頁以下を参照），この 100 年の間に蓄積された法源——とりわけ高度経済成長以後の大きな社会変貌に対応するべくなされた判例・学説の様々な工夫の結果——をいかに説明するかという，法システムに対して内的視点に立った議論の必要性が強く感じられるようになってきたという点が重要だろう．1988 年にその口火が切って落とされた平井宜雄教授による利益衡量論批判が，著者（や評者自身）を含む若い世代に共感をもって迎えられたのは，上記のような暗黙の認識に対して，ある仕方で明瞭な表現が与えられたからであろう．

　契約法学という舞台で，このような発想を鮮やかに提示して見せたのは，いうまでもなく内田貴教授の『契約の再生』であった．まさに 1990 年代の劈頭の年に現れた同書は，個々の制度の説明・理解をさらに上位のレベルで支えるメタ理論を提示するという方向を示し，以後の契約法学をリードすることになった．実務家からも指摘されているように，基礎理論を指向した諸研究がこれに続き，90 年代の契約法学の基調が形成されたのである．著者の研究は，そのような諸研究の中でも最も有力なものの一つとなった．もちろん，著者が内田教授によって開かれた地平に立つということによって，著者の契約法学（さらには民法学）の独自性はいささかも損なわれない．

　実際のところ，内田教授の研究と著者の研究とを比較した場合，そこには顕著な相違がある．すでに指摘されているように，国家—社会—個人の関係につき，両者は全く異なるイメージを提出している．前者が（少なくとも当初は）共同体規範の発見を重視するものであったのに対して（ただし裁判所という国家機関による発見が念頭に置かれており，共同体規範そのものに向かうものではなかった），後者においては個人の自己決定を中核に置かれていた（ただし国家には基本権保護義務が課され，その積極的な役割が期待されていた）．

　また，内田教授が，制定法と生きた法の二層構造を念頭に置いたのに対して，著者はあくまでも制定法の中に留まろうとする．内田教授は信義則，著者は公序，という具合に，ともに一般条項に大きな役割を見出すのであるが，内田教授が生きた法を汲み上げる回路として信義則に期待するのに対して，著者の公序が呼び出すのは実定法としての憲法秩序なのである．あるいは，内田教授は，信義則につき類型化をはかったものの，基本的にはそれはルールではなくスタ

ンダードであるというスタンスを維持している．これに対して，著者には，契約解釈や公序のように，ルール化の難しい問題を扱いながら，あくまでもルールを抽出していこうという姿勢が感じられる．少なくとも言語による明晰化が強く指向されている（最近の教科書『民法講義』の人きな特色の一つもこの点にあると言えよう）．さらに，たとえば，損害軽減義務や一日撤回権などの主張に見られるように，内田教授がある特定の問題をとらえて大胆な提言を打ち出すのに対して，著者は，対象の全体を把握し個別の問題をその中に適切に位置づけるというスタンスの議論が好むように見える．

以上のように，著者の研究は，内的視点に立って共時的に法秩序を構成するためにメタ理論を提示するという90年代の契約法学の動向の一翼を担うものであるが，価値的には「個人の自律と国家の支援」を指向し，方法的には「法律実証主義・クリアカット・体系指向」という特色を帯びたものとして，内田教授の研究とは一線を画するものとなっている．このような著者の対抗理論が登場したことによって，90年代日本の契約法学は非常に刺激に富んだものとなったと言えるだろう．

Ⅳ 「味わい」またはその価値

1 方法論の観点から

すでに繰り返し述べているように，著者は，本書の対象である公序良俗論を再構成するにあたって，構成問題と衡量問題とを区別するという方法を採用している．この区別を中核とする著者の検討方法（分析の枠組み）は，著者の個人研究史の一つの軸を形成するものであり，また，本書の対象を超えた広い射程を有している．さらに，それは80年代の末に再燃した民法学における方法論争に対する著者の応答となっている．別の言い方をすれば，本書は，著者が実作の形をとって学界に問うた方法論の書であるとも言える．

方法論の観点から本書を論ずるにあたっては，様々なアプローチが考えられる．たとえば，著者が発想源としているドイツの諸理論（動的システム論など）や認知科学の成果（スキーマ論など）との接合の当否を論ずることもできる．そのような検討も重要ではあるが，書評の枠を大きく超えることになる．以下で

第2節 「市民社会の法」「人の法」への着目

は，主として上述した方法論争との関連を念頭におきつつ，評者の若干の感想を述べたい．

一言で言えば，法的な判断につき，著者は成熟した周到な立場に立っている．すなわち，一方で，価値判断につき絶対主義をとるか相対主義をとるかにかかわらず，法外在的な議論を行うことによって価値の分裂にさらされるという事態を避けようとする．他方，議論によって決着をはかるとしても，議論の優劣・当否を判断するための（緩やかな）基準があるはずだと考える．以上の限度では，著者は利益衡量論に対して批判的であり，いわゆる「議論」論に好意的であるかに見える．しかし，そうした評価は必ずしもあたっていない．というのは，著者は，実定法の中から相対的に安定した原理を抽出・構成し，これによって衡量を行おうとしているからである．そこでは，衡量自体は排除されていない．また，議論の優劣・当否は，価値を内包した原理との関係で判断されるのであり，一般的・形式的な基準によって決せられるのではない．

以上のように，著者は，利益衡量論と「議論」論の双方から学びつつ，どちらにも与しない．著者は，衡量によって具体化される原理，実定法から抽出される原理を措定することによって，議論の拠り所を確保しようとするのである．

しかも，この原理は，適度な硬度と精度を有するものとして定位されている．この点につき，著者は，星野英一教授による目的論的解釈の位置づけを参照しつつ，次のように述べている．「制定法があるかぎり，原則としてそれにしたがった正当化が行われることが要請され，その基礎にある実質的な原理による正当化にまでさかのぼるのは，右の形式的原理をやぶるべき十分な理由がある場合に限られる」（前掲・岩波講座論文252-253頁）．このように，著者は，原則として制定法に正当性を認めつつ，制定法を超える原理の探究の路を確保している．このことによって，著者の言う原理は，堅すぎもせず柔らかすぎもしない，また，多くの場合には具体的であり時として抽象的である，ことが可能になっている．

具体的な法規範からなる個別の法制度とそれを統括する（そこから抽出される）原理の関係を，このように階層的にとらえるという枠組みに，評者は共感を覚える．細部にはニュアンスの差が残るとしても，たとえば典型契約類型を素材に，評者が手探りで模索した法規範のあり方につき，著者は明晰な言語に

よって表現を与えていると感ずる．

なお，「制定法を超える」という表現には注記が必要である．それは，個々の制定法を超えるという意味であり，実定法秩序を超えるという意味ではない．個別の制定法の指し示す原理と全体としての法秩序が指し示す原理とが矛盾する場合には，後者に赴く．これが著者の立場であり，法秩序の外に立つ原理が想定されているわけではないことに留意する必要がある．

この点については，評者はアンビヴァレントな感想を抱く．著者とともに評者もまた，実定法秩序に内属した視点を維持することの重要性を強調したいと思う．しかし，実定法の外にある価値や社会事実を，実定法へと繋ぐ回路を確保することもまた，同時に重要な作業であることは否定できない．このように言うことは，制定法の外に「自然法」や「生きた法」があり，それらが制定法に優越すると言おうというのではない．法外に存在する「法を創る力」が，法秩序の中に呼び込まれる際のメカニズムを，法理論的にだけではなく，実定法的に解明することが必要なのではないか，ということである．しかし，実は，この点についても，明確には提示されてはいないものの，著者は一定の考え方を持っているのではないかとも思われる．この点については，後でもう一度触れることになろう．

2　民法論の観点から

「憲法と民法」という問題は，著者の個人研究史を貫くもう一つの軸である．比較的最近の論文によれば，著者は問題を次のように把握している．「われわれの国家・社会のあり方を構成する原理は何か．その意味での『基本法』をいったいどこに求めるか．そして，そのなかで民法はどのような役割をはたすのか」．「まず，『国家の基本法』とされる憲法が基本法としてどのような役割をもつかを検討し，それを前提として，基本法としての民法の意味と役割がどこにあるかをあきらかにする」（前掲・ジュリスト論文262頁）．

このような立脚点は，一見すると，「憲法中心主義」を思わせる．「憲法中心主義」とは何かを定義せずに，このようなレッテル貼りをすることには意味はないが，たとえば，著者が採るのは，憲法的価値としての個人の尊重を中核に，法秩序全体をこの目的に奉仕するものとして位置づけるという立場ではないか

第2節　「市民社会の法」「人の法」への着目

と想像させる．確かに，著者は，基本権を中核に据え，民法もまた国家法であることを確認してはいる．しかし，同時に，著者の立論には，単純なレッテルを貼ってすますことができないものが含まれている．さしあたり次の2点を指摘しておきたい．

　第一に，著者は，基本権の尊重という観点から私的自治や自己決定の尊重を説くが，そこで説かれているのは，国家の介入の禁止のみではなく，国家による基本権の保護と支援であるということ．この点は重要である．私的自治・自己決定の尊重は，積極的な国家像によって確保されるというのが，「基本権＝国家」に対する著者の基本的な見方である．「積極的」というと，介入主義的・保護主義的なイメージがつきまとうが，「国家」というものを用いて，具体的には国家法により様々な「制度」を構成することを通じて，私的自治・自己決定を確保していこうというのが，著者の立場であるように思われる．

　私的自治・自己決定を説く論者の中には，国家によってこれらを確保するという視点が希薄なもの，あるいは，脱落しているものも散見されるが，それらは著者の私的自治論・自己決定論とは似て非なるものであろう．著者においては，「基本権＝国家」は表裏一体の関係にある．人々は基本権をよりよく実現するために国家を作り出した．個人は政治的共同体によって自己実現をはかる．こうした国家―個人のイメージに，評者も深く同意する．

　第二に，著者が，民法が基本権の尊重のために果たす役割を重視しているだけでなく，さらに進んで，民法の独自性を承認し，民法に「基本法」としての性格を付与している点に注意する必要がある．著者によれば，私法の領域において，基本権の保護や支援のための基本的な枠組みの設定を行うのが民法であり，その意味で民法は「基本法」であるとされている．ここでいう基本的な枠組みは，著者の用語法によれば「外的体系」と「内的体系」，評者の理解によれば「論理」と「価値」の双方に及ぶ．別の言い方をすれば，基本概念と基本原理の定立を行うこと，これが「基本法としての民法」の独自の役割であると言ってもよい．そして，著者は言う．「……民法には，憲法を出発点としながら，それのみに尽くされない独自性があるというべきだろう」と．このような意味で，著者は自身の立場を「穏健な憲法中心主義」と呼んでいる．

　ここでも，著者の立場は，「民法の憲法化」を説く他の諸見解と一線を画して

いる．すべてを直ちに憲法によって規律しようとする，いわば「過激な憲法主義」を採らないというだけではない．それ以上のものが著者の立論には含まれているように，評者には思われるのである．著者もまた，憲法が民法に優越するという前提を確認する．民法の基本概念や基本原理は，あくまでも憲法の具体化を担うものとして尊重される．確かに，論理的には，憲法が民法に優越する．しかし，経験的には必ずしもそうではない．形式論理を超えて，民法が憲法を拘束している．そうした側面があるのではないか．評者はそう考えるのであるが，著者の議論の中にも，実は，こうした考え方と親和的な言及が盛り込まれているように思われるからである．

　たとえば，著者は次のように述べている．「ひとくちに基本権を保障するといっても，それを言語的に定式化するための概念がなければ，現実に保障を行うことはできない．そもそもその当否を議論することすらできない」（前掲・ジュリスト論文266頁）．概念は法的思考を根底において規定する．著者がこの点を強調するのは，民法の基本概念の（相対的な）自律性を承認するからではないのか．また，著者は次のようにも言う．「リベラリズムの思想……が，国家・社会の基本法である憲法によって採用されている以上，民法もまたそれによって方向づけられることになる．実際また，従来，民法の基本原理としてあげられてきたもの……は，まさにそのあらわれだといっていいだろう」（同頁）．確かに，民法の基本原理は憲法的な価値の「あらわれ」として位置づけられる．だが，歴史的にはそれは憲法に先行して出現している．このことは著者も十分に承知している．もちろん，憲法の観点から見て明らかに不当な「基本原理」は斥けられなければならない．しかし，民法が独自に育んできた基本原理をできる限り憲法適合的に説明してみよう．著者の立論にそうした姿勢を見出し，憲法的な価値と民法の基本原理との間の相補性への意識を摘出しようとするのは，評者の読込みが過ぎるだろうか．この点についても，すぐ後でもう一度触れることにしたい．

3　公序論の観点から

　ここまで，方法論(1)，民法論(2)の観点から，本書に対する評者の感想を述べてきたが，繰り返し述べているように，本書においては，この二つの議論が

第2節 「市民社会の法」「人の法」への着目　　433

公序論に統合されている．そこで，最後に，ここまで（1と2で）留保してきた問題に再び言及しつつ，公序論の今後のあり方について考えてみることにしたい．

「本書は，……憲法と私法という視点から，公序良俗論に関する基礎理論の確立をめざそうとしたものである」（はしがきⅠ頁）．この点に本書の最大の特色があることは，何度も述べた通りである．もちろん，憲法的な価値との関連を意識した議論はなかったわけではない（間接適用説は別にしても，米倉明教授の類型化などが見られた）．しかし，本書は，公序良俗論と憲法とをただ結びつけるだけではなく，公序良俗論を憲法によって説明しきろうとした．本書ならではの独自性はこの点に存している．これは量の問題（一部から全部に進んだ）ではなく，そこにあるのは質的な飛躍（法技術や類型の次元から脱却した）なのである．

では，この野心的な試みは完遂されたのだろうか．九分通り完遂された，というのが評者の印象である．（少なくとも評者にとっての）なお残された一分とは何か．それは「基本権」とは何かにかかわっており，また，「良俗」とは何かにかかわっている．本書の枠組みは，基本権の保護・支援を公序を通じて実現する，という局面を鮮やかに照らし出す．これに対して，そうして実現される「基本権」とは何か，そして，公序良俗のうちの「良俗」はいかなる意味を持つのかに関しては，若干の不鮮明さが残されているように思われるのである．

もちろん，著者はこれらの点を意識しており，本書の中でも説明は与えられている．たとえば，前者に関しては，次の叙述の参考になる．「少なくとも現在の法感覚からすると，人身売買や芸娼妓契約などは，相手方の同意があってもしてはならないことに属するのは間違いない．売春契約は臓器売買なども同様に考えてよいだろう．それ以外では，代理出産契約のほか，エイズテストを受けることを条件とした入院契約や，子どもが生まれたら立ち退くという特約を付した賃貸借契約などが，いわば試金石的なケースにあたるといえる．相手方の同意があってもしてはならない場合とは，こうした具体的なケースごとに，暗黙の共通感覚によって判断せざるをえないという側面を持つ．ただ，その共通感覚をあえて明示化するならば，それはやはりリベラリズムの思想に求められるだろう．……」（69頁．なお63頁も参照）．あるいは，後者についても次の

ように言われている．「問題は『良俗』である．……『良俗』を社会において妥当する道徳規範として理解するならば，まさに基本権保護にかかわる道徳的規範が存在するということができる……．90条自体が，基本権保護をも目的とした規定であると考えるならば，まさに『良俗』の取捨選択の基準として基本権保護という視点が働くことになる．……」(60-61頁)．

「試金石的なケース」も最終的にはリベラリズムの思想によって判断され，「道徳的規範」もまた基本権によって取捨選択される．著者の主張は要約すればこうなるだろう．しかし，そこには単純な要約を許さないような含みも残されている．「暗黙の共通感覚」や「基本権にかかわる道徳的規範」は，はたして「リベラリズム」や「基本権」による構成・分析の対象であるだけなのだろうか．むしろ，これらは「リベラリズム」や「基本権」とは何であるのかを明らかにする（さらには「リベラリズム」や「基本権」の内実を更新・創造していく）手がかりとなるのではないか．すでに触れたように，著者は本書に付加した注の一つで，憲法テクストの意味は解釈共同体に共有されている知識に依存している，と述べている．あるいは，別のところでは，「たしかに，憲法は基本権を保障し，その保護と支援を要請している．しかし，そうした基本権の内容を具体的にどう形成するかについては，様々な可能性がある」（前掲・ジュリスト論文265頁）とも述べている．

評者が投じたい問いは，一言で言えば，次のようになる．著者は，憲法（あるいはリベラリズムや基本権）によって民法（あるいは良俗）を説明しようとする．著者が述べるように，「従来の私法学は，私法は公法に対して独自の領域であることを強調し，憲法に対してはおよそ無関係であるとしてこれを無視してきた」ことに鑑みるならば，この試みの意義は重ねて強調する必要がある．しかし，民法が蓄積してきた「暗黙の共通感覚」や「基本権にかかわる道徳的規範」が，逆に，憲法を照らし出すという側面にも着目する必要があるのではないか．すでに示唆したように，著者もこの側面を意識しているのではないかと思う．しかし，理論の定立に際しては，その位置づけは必ずしも明確ではないように感じられる．評者にとっての残り一分はこの点に存する．

第2節 「市民社会の法」「人の法」への着目　　　435

V　おわりに

(1)　結びに代えて，著者が，憲法的価値として擁護しようとするものは何か，あるいは，著者の社会―個人像はいかなるものか，という問題に触れておきたい．本書の中で，著者は「私的自治」を「自分の生活空間を主体的に形成する自由」として把握し，このような自由は「幸福追求」の権利として憲法13条によって保障されているとしている (24頁)．これに続けて著者は，「これはまさに，個人個人が自己のアイデンティティーを求めつつ，みずから『善い』と信ずる生き方を等しく追求できることが何よりもまず保障されねばならないという考え方，つまりリベラリズムの思想にほかならない」(同頁) としている．

憲法13条の位置づけについては，憲法学界でも見解が分かれているようであるが，著者はこの規定に「リベラリズム」の思想を見出そうとする．ここで確認しておくべきは，憲法が念頭に置く社会―個人像そのものが一義的には明らかではないということである．著者は，一方で，民法・民法学の伝統を背負う民法学者として，他方，憲法の規律する現代日本社会に生きる一人の市民として，法秩序の中に見出しうる (見出すべき) 社会―個人像を模索しているのである．ここで行われているのは，解釈という創造的な営みである．

そこでいう「リベラリズム」とはいかなるものか．著者は，私的自治や自己決定という用語を用い，「私的自治，つまり『自分の生活空間を主体的に形成する自由』なくして，およそ個人が自由であるとはいえない」と宣言する．この側面に着目するならば，著者の立場はまさに「個人本位」であるということになる．しかし，ここでも著者の立論にはそうは断言しがたい側面が含まれている．たとえば，著者は先の引用 (「……つまりリベラリズムの思想にほかならない」) に続けて，次のように述べている．「日本国憲法が想定している社会は，そうした個人がたがいに相手を尊重しながら共生する社会であり，その確保が国家に命じられているとみるべきなのである」(24頁)．こうして見ると，著者の「リベラリズム」は，「個人が……共生する社会」の確保を国家の任務とするものであることがわかる．

では，「共生」とは何か．この点がさらに問題になるが，ここで著者は日本国

憲法の起草過程を参照しているのが興味深い．著者は，「個人ノ尊重ト云フコトヲ，十分重ク見ル意味ニ於テノ共生」であるとする金森国務大臣の発言を引きつつも，この答弁を呼び出した次のような憲法学者・佐々木惣一の発言，すなわち「ドウ云フ風ニシタラ幸福ニナルカト云フコトハ，……皆ガ考ヘテ，皆ノ意思デ考ヘテ，皆ノ力デ之ヲ遂行スルト云フヤウナコトガ，社会生活ノ理念……デアルベキダ」とする発言を紹介している (42頁注(35))．「個人の尊重(幸福追求)」を中核に据えつつ，それを確保するための制度を積極的に構想していく．個人—社会に対する著者の見方はそのようなものだとは言えないか．

　著者は，「自分の生活空間を主体的に形成する自由」の射程は，「趣味や娯楽，友人や同僚・隣人とのつきあい，住まい，職業や仕事，異性との関係，出産や家族関係，病気と治療など，いわゆるライフスタイルから生死の問題にいたるまで，日常生活のあらゆる場面」に及ぶとしているが (23頁)，当然のことながら，自己の生活空間は他者のそれと切り結ぶ形で存在している．それを形成するには「互いに相手を尊重」することは不可欠である．他者の存在を念頭に置いて，初めて「主体的に形成する」ことが意味を持つ．またこれも著者が述べるところであるが，「ある個人ないしそのグループの基本権を支援するためには，他の個人ないしそのグループの基本権を制約する必要が出てくることもある．……誰の基本権をどの程度支援するのかは，原則として，国民の民主的決定，つまり立法にゆだねられることになる」(249頁)．「共生」とは，個人の領分を承認しつつ，その抵触を調整し，さらには，「幸福追求」のための仕組みを優先順位をつけながら共同で構想すること．このように述べるのは，著者の意図から大きく外れることになるだろうか．

　(2)　最後に，次の点も付け加えておきたい．

　「人間の理解もコントロールも及ばない，不気味な存在となりつつある」市場機構をいかに制御するか，この点にこそ民法学の任務があるという見方が，有力に説かれている (平井)．また，新たな政策課題に対応するためには，「制度設計のための法的賢慮を理論的に洗練していくことが何よりも必要だろう」とする見方 (内田) や「現代的契約の法律関係は個々の状況の計測とその集計によって具体的に出現するものである」との見方も現れている (森田修)．もちろん，これらの見解は一枚岩ではなく，自生的取引秩序に対する信頼や自律的個

人に対する懐疑など，様々な無視しがたい点が見出される．それにしても，その制御・設計・計測の思想には，共通点を見出しうることもまた確かである．

　これに対して，本書の著者は，個人の「幸福追求」や「生活空間」から出発する．もちろん，両者は次元を異にするアプローチであり，直接的に矛盾や抵触が生ずるわけではない．しかし，著者の「リベラリズム」（あるいは評者の「個と共同性」）の思想は，グローバル資本主義の猛威に対する対抗戦略として，何を提示しうるのか．「私的自治……を可能にする公共的な枠組み」(208頁注(19))には，いかなる可能性が残されているのか．著者に対して投げかけられるであろうこの問いに，評者もまた，著者と切り結びつつ，答えることを試みたい．

　「基本権」によって方向づけられた法秩序を措定しつつ，これを固定的なものとは考えることなく，人々の法意識との相互規定関係を承認すること．そして，各人が「生活空間」を形成し「幸福追求」を行うことを可能にする「公共的な枠組み」としての制度の充実を，共同して積極的に企図すること．「公序良俗」がこのような営みのための重要な一拠点であることは確かだが，より広く民法・民法学の持つ知的伝統を再編・活性化すること（そのためには，冒頭で紹介した中田・潮見両氏の論文集，あるいは，近刊が予定されている森田宏樹氏の論文集などに示されているようなメゾ・レベルでの重厚な試みとの接合を試みることも重要な課題であろう）．こうした研究プログラムに，評者自身は賭けてみたい．著者はどの点に同意し，どの点に反論するだろうか．

B 公共概念の再編成

B–1 大きな公共性から小さな公共性へ

はじめに

「○○法と××法」という問題の立て方は，様々なアプローチを惹起する．「民法と商法」「市民法と社会法」「財産法と家族法」「実体法と手続法」「国内法と国際法」などいくつかの例を思い浮かべれば，このことは容易に理解されるだろう[1]．「憲法と民法」という問題についても同様であるが，この問題にはそれ以上の困難が伏在している．少なくとも次の2点を指摘することができるだろう．

第一に，他の問題とは異なり，「憲法と民法」が接点を持つという認識自体が——憲法の直接適用・間接適用という問題を別にすると——十分には行き渡っていないこと．少なくとも，日本民法学においてこの問題が認識（再認識？）され始めたのはごく最近のことであり，山本敬三教授の一連の鋭利な研究による[2]．この研究会ではその最新バージョンが提示される．第二に，「憲法と民法」という問題が論じられる背景に関する分析が，やはり十分には行われていないこと．

---

1) 「民法と商法」につき田中耕太郎や鈴木竹雄，「市民法と社会法」につき橋本文雄，「財産法と家族法」につき渡辺洋三や沼正也，「実体法と訴訟法」につき兼子一などの古典的議論がある．「国内法と国際法」については，民法学者に親しい議論は見当たらないが，今日，ヨーロッパでは，人権条約と国内法の関係が盛んに議論されている．その一端を紹介するものとして，ローラン・ルヴヌール（大村訳）「フランス民法典とヨーロッパ人権条約・ヨーロッパ統合」ジュリ1204号（2001）および同号掲載の伊藤洋一教授のコメントを参照．

2) 山本敬三「現代社会におけるリベラリズムと私的自治（1–2）」法学論叢133巻4号，5号（1993），同「憲法と民法の関係」法教171号（1994）をはじめとして多数．

吉田克己教授は，マクロの観点から日本の社会と法に関する鮮やかな現状分析をしているが[3]，この研究会ではそれとの関連で「憲法と民法」問題の位置づけがなされる．

これらは重要な論点である．本報告もまた，これらを念頭に置くが[4]，山本教授や吉田教授の分析とは重点を異にしたものを提示してみたい．両教授の分析はおそらく今後のスタンダードとなるだろう．これに対して，本報告は，ウインドウズに対するマッキントッシュやユニックスたることをめざそう．

その際の基本スタンスは，「公共性 (res publica)」の担い手として「憲法と民法」を対比するというものである．私は，星野教授とともに，「社会構成原理としての民法」という考え方を提示してきたが[5]，以下においてはまず，「構成原理 (constitution)」としての民法の特色を示すことを通じて，「憲法と民法」の異同を明らかにしたい（I）．次にそれをふまえて，現代において民法学がはたすべき役割につき，私自身の見方を示してみたい（II）．一言で言えば，それは，社会構成のための「ツールとしての民法」という考え方である．

I 社会構成の視点

「社会構成原理としての民法」という図式は，「憲法と民法」に関する山本教授の問題提起に対する応答でもある．図式自体は当初はフランス法を説明するために導入されたが，日本においては，憲法の側からだけでなく，民法の側からも問題をとらえる際の一つの視点として展開されている．その基本的な発想は，憲法と並んで民法もまた社会の構成原理としての役割をはたしていることに着目し，そのような観点からの民法の検討を要請する点にある．では，構成原理としての「憲法と民法」には，どのような異同があるのか．「社会構成原理

---

3) 吉田克己・現代市民社会と民法学（日本評論社，1999）など．
4) もっとも，他に，各論的なアプローチや対話の試みも必要だろう．山本教授の一連の論文は契約を対象とした各論的議論をも展開しているが，筆者自身も，別途，家族や法人に関する問題につき，憲法学との対話を試みている（石川健治＝大村敦志「判批（最大判平成7・7・5民集49巻7号1789頁）」法協114巻12号（1997），大村『『結社の自由』の民法学的再検討・序説」NBL 767号（2003），大村「ベルエポックの法人理論」藤田宙靖＝高橋和之編・樋口古稀・憲法論集（創文社，2004））．
5) 星野英一・民法のすすめ（岩波新書，1998），大村・法典・教育・民法学（有斐閣，1999）など．

としての民法」の存在意義を主張するには，この点を明らかにすることが必要となる．以下，「憲法と民法」のそれぞれについて，その構成原理としての特色を指摘する (1 (1)，2 (1))．同時に，一方の側から見た他方の位置づけについても触れる (1 (2)，2 (2))．

1 憲法の側から

(1) 憲法の視点＝国家からの自由　　一般的な理解によれば，憲法の核心は「個人の自由」を国家 (立法・行政) から守ることにある．もちろん，そのためには国家 (裁判所) の関与が必要になる．それゆえ，憲法における「国家からの自由」は「国家による自由」でもある[6]．また，「国家」が個人の自由を侵害してはならないとすれば，様々な社会集団もまた個人の自由を侵害してはならないはずである．こう解するならば，憲法は「国家」のみならず「社会」の構成原理でもあると言うこともできる[7]．それにしても，憲法が，「個人の自由」を「国家」あるいは「社会」から守るものであることには変わりない．この点に着目すると，憲法が国家・社会に対するスタンスには「防御性 (消極性)」を見出すことができる．

　では，憲法は，「個人の自由」を守るだけで，より積極的に「公共的な価値 (res publica)」を追及することはしないのか．言うまでもなく，憲法には，人権に関する諸規定のほかに統治機構に関する諸規定が書き込まれている．そこでは国家レベルでの「政治」(「大きな公共性」の実現をめざす営み) の仕組みが設定されている．しかし，ここでの「政治」は二重の意味で「形式的」である．第一に，「民主主義国家は生きる意味を教えない」(長谷部) のであり，「政治」の具体的な中味は憲法の埒外にある．第二に，政治の対象となる事項 (「公共の福祉」) は，「些末なこと」＝「理性的な話し合いで処理可能な問題」(長谷部) だけに限られる[8](もっとも，これとは異なる理解もありうるが，ここでは立ち

---

6) そのほかの「国家による自由」に関する検討も含めて，長谷部恭男「国家による自由」ジュリ 1244 号 (2003) を参照．
7) 樋口陽一「憲法規範の私人間適用と，私法規範の憲法化――フランスと日本」憲法理論研究会編著・立憲主義とデモクラシー (敬文堂，2001) を参照．
8) 長谷部恭男「民主主義国家は生きる意味を教えない」紙谷雅子編・日本国憲法を読み直す (日本経済新聞社，2000) 48 頁．

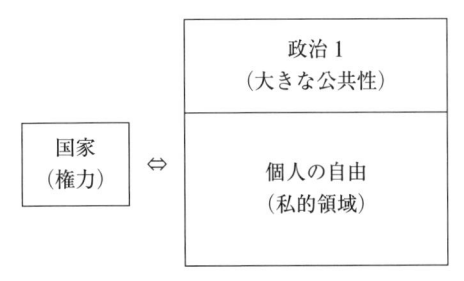

```
            ┌─────────────────────────┐
            │     政治 1              │
            │   (大きな公共性)        │
  ┌─────┐   ├─────────────────────────┤
  │国家 │⇔ │                         │
  │(権力)│  │    個人の自由          │
  └─────┘   │    (私的領域)          │
            │                         │
            └─────────────────────────┘
```

図 1　国家からの自由

入らない[9])．以上を，おおまかな図に表すと上のようになろうか (図 1)．

　(2)　民法の協働＝二つの方向　さて，以上のように図式化される憲法像に立つとすると，民法の役割はいかなるものとなるだろうか．この点は，吉田・山本両報告で論じられるだろうから，ここでは簡単にすませよう．おそらく次の 2 点が重要であろう．

　第一は，憲法規範 (人権規定) の「社会化」である．国家に対して実現されるべき「個人の自由」は社会においても実現されるべきであるとすれば，民法の側では，憲法規範を内在させる (充填する) ためのメカニズムを用意すべきことになる．民法 90 条や 709 条は，そのための最も汎用性の高いツールとして期待されることになる[10]．さらには，より技術性の高い個別の規定も，憲法規範との整合性を念頭に置いて，再解釈を施され方向づけられるべきこととなる[11]．以上は，山本教授の一連の論文によって，広く認識されるに至ったところである．

　第二は，もう一つの「政治」の「実質化」である．これには説明が必要であろう．憲法は「公共空間と私的な領域とを分離」(長谷部) したとされる[12]．こ

---

9)　松井茂記「『ほっといてくれ』の憲法学から『みんなで一緒にやろうよ』の憲法学へ」紙谷・前掲書所収を参照．ただし，松井教授のように，憲法を統治のプロセスを定めたものとしてとらえるとしても，統治の実質は依然として括弧に入れられたままである．
10)　山本教授の説くところだが，とりわけ民法 90 条につき，同・公序良俗論の再構成 (有斐閣，2000) を参照．
11)　山本敬三「民法における『合意の瑕疵』論の展開とその検討」棚瀬編・契約法理と契約慣行 (弘文堂，1999) を参照．
12)　長谷部・前出注 8) 同頁．

のうち「公共空間」をどう組織・構成するかは「政治(政治1)」の問題としてオープンにされているわけだが,「私的な領域」をどう画するかもまたアプリオリには定まってはなく,この点に関する決定が必要となる.たとえば,「プライヴァシー」の領域をいかに画するかということは極めて公共的な事項であろう[13].ここにもう一つの「政治(政治2a)」の領分を見いだすことができる.さらに「公共空間」と「私的な領域」という二分法に収まらない中間的な空間は存在しないだろうか.たとえば,契約や婚姻などのように,憲法が保障していると見られる各種の私法的な制度は,この中間領域に位置づけられるのではなかろうか[14].これらは個人の幸福追求の基盤となるもの(「制度財」と呼んでおく)であるが,そうしたものとして何が必要かは,追求される幸福の内容と全く無縁なわけではない.こうした制度財として何を提供するかを決めることも,公共的なことがらであり,ここでも「政治(政治2b)」の営みが必要とされるだろう.

　以上のような公私の線引き,さらには中間領域の設定は,多くの場合には憲法解釈論によってカバーされるが,解釈の際には,憲法・憲法学の諸テクストだけで決着が付くわけではなく,そのほかの諸事実が考慮に入れられる.その際に,いわば生の形の「事実」や「社会通念」を取り込むというのは困難かつ危険な作業である.それゆえ,諸々の法・法学の諸テクストが専門知というフィルターを通過して濾過された「社会通念」として参照されることになる.こうした形で憲法規範を実質化する(充填する)知的資源としておそらくは最重要のもの(少なくともその一つ)が,射程の広い法原理を多年にわたって鍛えてきた民法・民法学であろう[15].

　ここでも簡単なイメージ図を示しておこう(図2).

---

13) 大村・前出注5) 28–29頁.
14) 長谷部・前出注6) 34頁の「制度設営義務」に関する議論を参照.
15) このような形での民法の協働を説くものとして,大村「山本敬三『公序良俗論の再構成』を味わう」民商125巻5号(2001)[本書第3章第2節A],同「公序良俗」法教260号(2002)を参照.また,長谷部・前出注6) 34頁が「当該制度のあるべき内容について法律家共同体内部で広く共有された理解がある場合には,そうした理解に対応する立法裁量の限定想定することができる.そうした法律家集団の共通理解は,その制度に関する社会通念に対応していることが通常だろう」とするのも,この点にかかわる.なお,樋口陽一「憲法・民法90条・『社会意識』」樋口=上村編・戸波・栗城古稀・日独憲法学の創造力(上)(信山社, 2003)の問題提起は,筆者には,このような意味での民法理論の脆弱性を指摘し,encore un effortと叱咤するもののように思われる.

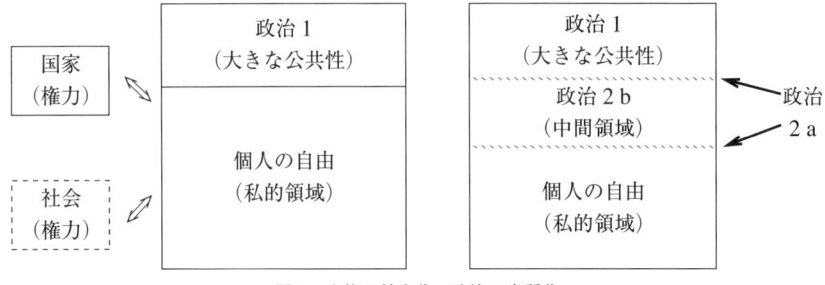

図2 人権の社会化・政治の実質化

2 民法の側から

(1) 民法の視点＝権利の両面性　「私法の一般法」,「資本主義経済＝社会の法」(川島) などと性格づけられる民法が, 憲法と並ぶ「基本法」であることは広く承認されている[16]. そして, それが少なくとも歴史的には「裁判規範」として発達してきたことも, よく知られている通りである. 各種の権利はもともとは訴権として構成されていたのであり, 民法・民事訴訟法は, 典型的な「司法法」(本来的な法) としてナポレオン法典の対象となった[17]. このため,「所有権」にせよ「契約」にせよ, それらは消極的な「自由」にとどまらず, 裁判を通じて実現を要求できる「権利」として観念されてきた. ここには, 憲法の場合とは異なる積極的な「要求性」を見出すことができる.

しかし, このように要求される「権利」は, 少なくともその外延においては曖昧なものとならざるを得ない.「所有権の絶対」「私的自治」(財産の自由・契約の自由) がどれほど強調された時代にも, それは無制限だったわけではない[18]. 民法上の「権利」は, 実質的・流動的な存在であり, 社会の発展の中で, 生成を続けるものであったのである. ことがらに応じて程度の差はあれ利益考量は不可避であり, 一般条項を用いるか否かにかかわりなく,「事実」や「社会通念」への参照がなされてきた. もっとも, その際には伝統的な「概念」の力が

---

16) 最近では, 山本敬三「基本法としての民法」ジュリ 1126 号 (1998).
17) 大村・前出注 5) 78–79 頁.
18) たとえば, 大村・公序良俗と契約正義 (有斐閣, 1995) を参照.

一定の抑止力となって作用してきたことも指摘しておく方がよい[19]．

　(2)　憲法の参照　それでも，憲法に比べると民法は，事実や社会通念への距離の近い法であることは確かである．すでに述べたように，このことには大きなメリットもあるが，同時にデメリットもある．その「非超越性」のベクトルは，現状肯定の力として作用してしまう危険性をはらんでいるからである．その意味で，常に批判的な視点を持ち続ける必要があるが，その源泉は，内にあっては「概念」であり，外にあっては「憲法規範」であると言えるだろう．

　もっとも，既存の概念や憲法規範を楯にするだけでは，流動する現実を法が追認するのを引きとめることはできるとしても，より積極的に社会のあり方を構想するには不十分であろう．民法・民法学の本分は，日々の個別の問題（訴訟となった紛争には限らない）の解決を通じて，少しずつではあるが，あるべき社会を構成していく（憲法と比べた場合の相対的な）具体性にある．しかし，民法の対象の基底性や民法学の概念性は，好むと好まざるとにかかわらず，（他の法と比べた場合に）原理性を帯びざるをえない．そうした性格を自覚するには，「構成原理」としての性格の明確な憲法との対比が有益である．

　民法・民法学は，直接には日々の問題を解決する．その営みは，ミクロの政治（「小さな公共性」）にほかならない．決定は部分的・暫定的であり，その影響力は限られているが，そこでは実質を伴った判断が積み重ねられているのである．

II　社会構成の手段

　人・団体・契約・所有権・責任といった民法の概念は，民法のシステムを支える技術的基本要素であるとともに，自由・平等，あるいは連帯といった価値を伴うものでもある[20]．もちろん，一口に，「自由・平等」あるいは「連帯」と言っても，諸概念の理解に際して，どの点に重点を置いた構成を行うかは一様ではない．このことは，たとえば，契約の基礎理論の変遷・併存を見ても明らかである[21]．

　19）　このような概念の力につき，大村「20世紀が民法に与えた影響（1）」法協120巻1号（2003）を参照．
　20）　大村・民法総論（岩波書店，2001）54頁以下を参照．
　21）　たとえば，80年代アメリカにおける併存状況につき，内田貴・契約の再生（弘文堂，1990），日本における併存状況につき，吉田・前出注3）8頁以下．

第2節 「市民社会の法」「人の法」への着目

それゆえ，民法の諸概念をいかに理解し，そこにどのような社会像を読みとるか(読み込むか)は，理論的であると同時に実践的な課題でもある．「思想としての民法」の強調は，このような見方に立つものであった．時代の要請を汲み取りつつ，基本概念を更新していくという作業は，民法学の中心的な課題の一つであるが，そこでなされるのは技術的調整であると同時に，社会のあり方の構想でもある．

このように，各種の基本概念は，それによってもたらされる社会のあり方を含意しているが，それだけに尽きるものではない．契約にせよ，団体にせよ，あるいは所有権にせよ，これらを用いて，人々がよりよい生き方をするための制度を構築することが含意されている．たとえば，フランス民法1134条は「適法に締結された合意は当事者間において法律に代わる」と定めているが，ここでは，自らに適用されるべき規範(法律)を設定する権限が契約当事者に帰属することが宣言されている．契約法の用意したツールを用いて，人々があるべき規範をセットしていくというわけである[22]．「意思の自律」（ドイツ流には私的自治）とは，このような積極的な人間像を想定している．フランスにおいて，「結社の自由」が「契約の自由」によって基礎づけられているのも（1901年7月1日法1条），同様に説明できるだろう[23]．また，詳細には立ち入れないが，契約や結社によって自分たちの関係を規律する際に，「各人に固有なもの（propriété）」が何であり，「各人が応答すべきことがら（responsabilité）」が何であるのかを定めるのが所有権であり民事責任である．

このように見るならば，「道具としての民法」を使って，各人が望ましいルールや制度を構築していくというのが，社会の構成の手法として民法が想定するところであると言えるのではないか．すでに述べたように，民法が創出できるのは「小さな公共性」であるが，人々は，民法の用意したツールを活用することによって，自分たちの必要に応じて積極的に「公共性」（政治3）を創出することができるはずなのである．

ここでも図を用いるならば，おおよそ次のようになる（図3）．

---

22) この点につき，大村「フランス法における『契約の自由』と『結社の自由』——アソシアシオン法100周年と民法典200周年の間で」未刊．
23) 大村・前注4)(2003)，同・前注21)．

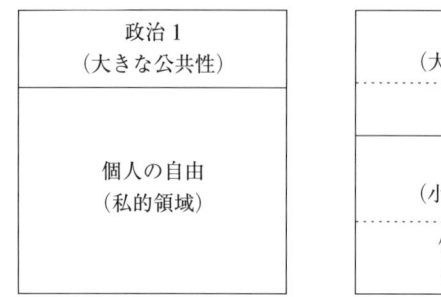

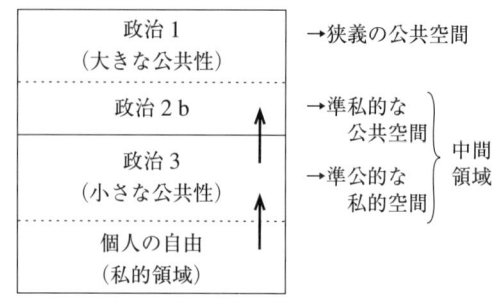

```
┌─────────────────┐        ┌─────────────────┐ →狭義の公共空間
│   政治 1        │        │   政治 1        │
│ （大きな公共性） │        │ （大きな公共性） │
│                 │        ├─────────────────┤ →準私的な  ┐
│                 │        │   政治 2 b      │    公共空間 │
│                 │        ├─────────────────┤            │ 中間
│   個人の自由    │        │   政治 3        │ →準公的な  │ 領域
│  （私的領域）   │        │ （小さな公共性） │    私的空間 ┘
│                 │        ├─────────────────┤
│                 │        │   個人の自由    │
│                 │        │  （私的領域）   │
└─────────────────┘        └─────────────────┘
```

図3　小さな公共性の創出

　以下，こうした観点に立って，20世紀後半の日本の民法学を特徴づけるとともに (1)，今後の民法学が取り組むべき課題の一つを素描してみたい (2)．

1　「抵抗」の民法学

　(1)　弱者の救済　　日本民法学の歴史をどう理解するかについては，別途論じる必要があるが[24]，戦後日本の民法学の一つの特徴を示すのに，「抵抗」の民法学というラベリングをしてみたい．周知の通り，民法学の主たる関心領域は，前世紀の後半の50年を通じて，時代の変化に応じて移り変わってきた．すなわち，1940年代後半から50年代にかけては住宅問題，60，70年代の交通事故・公害問題，そして，70年代から80年代にかけては消費者問題へと研究の重心はシフトしてきた[25]．

　この時期の民法学を支えたのは，一言で言えば「弱者救済・被害者救済」のスローガンであった．住宅難に困る者，交通事故や公害の被害者，そして消費者といった社会構造に由来する「弱者または被害者」に一定の法的保護を与えることが，民法学の主要な課題であった．こうした関心を背景に，「所有権」「責任」「契約」などの基本概念に関する伝統的な理解の更新がはかられた（「所有から利用へ」「民事責任の客観化」「契約自由の実質化・相対化」な

---

[24]　通時的な分析ではないが，この点につき，大村・前出注19) 93頁以下を参照．
[25]　民法学史ではなく民法史については，大村・前出注19) 15頁以下，133頁以下のほかに，大村・生活民法入門（東京大学出版会，2003）も参照．

第 2 節　「市民社会の法」「人の法」への着目

ど[26]）．そこに見られたのは，「復興から高度成長へ」という動きの中で社会のひずみを引き受ける人々に対する，まなざしと共感であった．あるいは，こうした手当なしに疾走する資本主義を正統化することは困難であるという認識であった．

　日本民法学のこうした「伝統」は，戦後に始まったわけではない．戦前においてすでに，たとえば末弘法学には，当時の中心的社会問題であった労働問題・小作問題に対する並々ならぬ関心が胚胎していた．このことは末弘の主著『農村法律問題』（1924）や『労働法研究』（1926）に限らず，様々な時論にも見られるところである[27]．

　(2)　権利の付与　弱者の保護・救済のための方策として考えられたのは，主として，新たなルール（権利）の創設であった．信頼関係保護法理によって貸主の解除権を制約し，汚染源の企業には過失や因果関係の推定によって責任が課され，また，消費者と取引する事業者には情報提供義務が課された．さらに，居住権，環境権なども主張された．また，「消費者の権利」が語られることもある．「紛争を解決する民法学」にとどまらず「権利を創る民法学」（淡路）が標榜されたのである[28]．

　しかしながら，このような「抵抗」の民法学は，80 年代の後半から退潮し始める．少なくとも，守勢に立つ場面が目立ち始める．バブルの前後で経済環境は同一ではないものの，民営化・規制緩和・構造改革といった一連のスローガンの下に，「自己責任」が説かれることになる．そして，定期借家権の導入・区分所有建物建替え要件の改正・短期賃貸借の廃止などに見られるように，これに疑問を呈する民法学者たちは「抵抗勢力」と目された．同時に，学説の関心

---

26)　周知の通り，近代的所有権論については，甲斐・水本・渡辺各教授から稲本・戒能・原田各教授に至る研究史が存在する（学説史として，森田修「戦後民法学における『近代』──『近代的所有権論』論史斜断」社会科学研究 48 巻 4 号 (1997)，不法行為理論，とりわけ過失＝違法性に関しては，澤井・平井・前田・石田・淡路各教授などの研究がある（公害に着目した学説史として，吉村良一・公害・環境私法の展開と今日的課題〔法律文化社，2002〕）．契約理論に関しては，星野・原島・石田各教授から内田・山本両教授と大村に至る研究史が存在する（80 年代の学説史として，大村「契約と消費者保護」同・消費者・家族と法〔東京大学出版会，1999〕，90 年代の学説史として，吉田・前出注 2)）．

27)　末弘厳太郎（川島武宜編）・嘘の効用（上下）（富山房百科文庫，1988/94）所収の諸編を参照．

28)　淡路剛久「法律学──権利をつくる法解釈学」高畠通敏編・新社会科学入門・下巻（三一新書，1976）を参照．

は，バブルの後始末とグローバリゼーションへの対応へと向かうようになった．金融システムの法的インフラ整備は，この100年，日本民法学のもう一つの課題であったことは確かであり[29]，この現象自体はその延長線上にあると言える．しかし，その最近の盛況が，「抵抗」の衰退を際だたせていることは否定すべくもない．

2 「改造」の民法学

(1) 社会の再生　　バブルの崩壊は，日本的資本主義の再編成を促している．中央官庁の威信，企業に対する信頼が失われつつある中で，一種の「アノミー」が生じつつある．オウム真理教事件やそれに続いて起きた数々の少年犯罪が，そうした印象を強めている．こうして，教育基本法の改正論などが現れることになる[30]．

しかし，官製の道徳論議とは別に，「社会 (société)」ないし「社会性 (sociabilité)」再編成の試みは，市民の側からも生まれつつある．阪神・淡路大震災を契機にクローズアップされたヴォランティアやNPOの活動がこのことを示している．もちろん，これらの非営利活動には，様々な問題点がないわけではないし，一過性の流行に乗っただけの人々もないわけではい．とはいえ，これらが，60〜70年代以来の（さらに言えば戦前以来の）市民運動の経験をふまえたものであることも確かである．また，世界的に見ても，NPOの爆発，アソシエーション革命と呼ばれる現象が同時発生している[31]．

これからの民法学は，「個人の権利」を出発点としつつ，新たに共同性を再編成しようとする試みを視野に収めなければならないだろう．では，それは具体的には，どのようにして行われるべきか．

(2) 仕組みの支援　　私の提案を一言で述べるならば，それは，「ソシア

---

29) 我妻栄・近代法における債権の優越的地位（有斐閣，1953）を参照．同書の学説史的位置づけにつき，星野英一「あとがき」同書SE版（有斐閣，1986），現代的位置づけにつき，瀬川信久「我妻先生と金融ビッグバン」学士会会報828号 (2000)．
30) これに対する反論として，堀尾輝久・いま，教育基本法を読む（岩波書店，2002）など．
31) これまでアソシエーション後進国と見られたフランスの近況につき，大村・フランスの社交と法（有斐閣，2002）を参照．

ル・モデル」を定立しようという試みをサポートする，ということになる．現在，民法学は，様々な形で，新しい「ビジネス・モデル」の創出をサポートすることに力を注いでいる．ファイナンスの仕組みに利用可能な債権譲渡制度を創り出す債権譲渡特例法などの立法をはじめ，さまざまなスキーム作りに多くの民法学者が関与している．それ自体は望ましいことではあるが，同時に，「社会」や「社会性」を支える「制度」のモデル作りを支援することも必要なはずである．

もちろん，成年後見法や児童虐待防止法・DV防止法などの立法に伴い，市民レベルでの様々な活動がなされており，法律もこれらを念頭に置きつつ立法されていることは注目に値する[32]．しかし，手作りの小さな「制度」作りを通じて，小さな「公共性」を実現しようとする人々の試みは，十分には知られておらず，そこに潜在する法的問題の解析もまた十分になされていない．こうした実験・実践をサポートすることを通じて，「社会」を再編成すること，このようなスタンスの民法学を「改造」の民法学と呼んでおきたい．

「改造」という時代がかった用語をあえて用いるのはほかでもない．ここでもまた，末弘以来の伝統に依拠しようと考えるからである[33)34)]．末弘は「社会の法律」を見よと説いて[35)]，実態調査を武器とする日本の法社会学を切り開いた．それは大きな成果を挙げたが，どちらかというと旧い慣行の摘出に重点を置く結果となった[36)]．しかし，今日ではむしろ，いま生まれようとする新しい「社会の法律」を見出し，それを方向づけることが試みられるべきであろう．一時

---

32) 大村・家族法（有斐閣，第2版，2002）360頁，同「家族法と公共性」公共哲学第12巻（東京大学出版会，2004）を参照．
33) 末弘厳太郎「改造問題と明治時代の省察」末弘・前出注26)所収．
34) 末弘法学については，吉田克己「民法学と法解釈論――末弘法学の方法」法律時報70巻12号（1998），同「末弘民法学とその継承・発展」法律時報70巻12号（1998），同「社会変動期の日本民法学――鳩山秀夫と末弘厳太郎」北大法学論集52巻2号（2002）があるほか，より広く大正期の法学につき，磯村哲・社会法学の展開と構造（日本評論社，1975，初出，1959–61），伊藤孝夫・大正デモクラシー期の法と社会（京都大学学術出版会，2000）がある．
35) 末弘厳太郎・法学入門（日本評論社，第2版，1980）第3話「社会の法律と国家の法律」など．
36) もっとも，企業取引慣行に対する関心も見られ，星野・北川両教授の研究があるほか，最近では，平井・内田両教授なども関心を見せている．

は隆盛をきわめたケース研究が，新たな形で生まれることが期待される[37]．

おわりに

「憲法と民法」から出発しつつ，勝手な方向へと議論を進めた．他の報告者とコメンテータの方々にはお詫びを申し上げるほかない．しかし，おぼろげながらではあるが，吉田教授の説かれた「市民法としての民法に内在しているはずのもの」の一端に触れ，「今後の民法学のあり方を構想する」一つの道を示し得たとすれば，本報告もヴァリエーションの一つとして許されるだろうか．

結びに代えて，ごく最近の次の発言を付記しておきたい．「ヨーロッパでは政治というものが二様の姿で――自由保護の手段として，および組織化する力として――肯定的に利用されてきたのである」．これは，ハーバーマス＝デリダの「われわれの戦後復興――ヨーロッパの再生」の一節であるが[38]，これに従うならば，民法は，「自由を組織化する力」の一つでありうるというのが私の主張であるということになる．ただ，少しずつ，小さな歩みを重ねることによって．

B-2 個人の尊厳と公共の福祉

Aは癌の治療のためにB病院に入院した．担当のC医師は手術が必要だと考えたが，Aは宗教上の理由によって輸血を受けることができないという．CはAの配偶者Dに対して，Aの癌はかなり進行しており無輸血手術は困難であること，少なくともB病院では不可能なことを告げ，どうするか相談してほしいと求めた．これに対して，Dは，「B病院で手術をして下さい．必要ならば輸血もしかたないし，責任は私が持ちますから」と答え，数日後に，DはB病院に，

---

37) ケース研究の意義を考える上で，社会学の文献であるが，長谷川公一『環境運動と新しい公共圏――環境社会学のパースペクティブ』（有斐閣，2003）の提示する「例示的実践」「先導的試行」という考え方は参考になる．なお，筆者自身も，実態調査に基づくものではないが，各種の実践例を報告する文献を参照しつつ，ケース研究の意義を説く入門書を準備中である．なお，こうした方向性につき，大村「日常生活の法的構成――『生活民法』の視点（下）」UP2003年10月号［本書第3章第1節A］も参照．

38) 世界2003年8月号掲載（瀬尾訳）．引用は同92頁．

輸血治療を承諾する旨のA名義の承諾書を提出した．その後もCはAから輸血について尋ねられることがあったが，明確な回答を避けて手術に臨んだ．手術自体は，輸血を用いて行われうまく終了した．術後に輸血が行われたことを知ったAは怒りをあらわに，退院後にBおよびCに対して補償を求めたが，BおよびCがこれに応じなかったため，両者を被告として損害賠償請求を求める訴えを提起した．

(1) 民法の冒頭に置かれた下記の二つの規定の存在に留意しつつ，この請求の当否について検討せよ．

民法1条1項「私権は公共の福祉に遵ふ」
民法1条ノ2〔現2条〕「本法は個人の尊厳と両性の本質的平等を旨として之を解釈すべし」

(2) （略）

(1) （ア） 通院にせよ入院にせよ，患者が病院において治療を受ける際には，治療を行うことを内容とする医療契約が締結されている．一般には，このような契約にもとづいて各種の医療行為がなされるが，それらが患者の身体への侵襲を伴う場合には，個別に説明を行った上で同意を求めること（いわゆるインフォームド・コンセント）が必要である．このような同意が介在することによって，担当医師や病院の行為は正当な医療行為と認められ，民事・刑事の責任を免ぜられる．手術は，典型的な医的侵襲行為であるが，本問では，手術を行うこと自体に関しては説明と同意もあったものと考えられる．

ただし，本問には次のような特殊な事情がある．すなわち，患者Aが宗教上の理由から無輸血手術を望んでおり，担当医師Cもこのことを知っていたにもかかわらず，輸血を伴う手術が行われたという事情である．もっとも，この手術にあたっては，C医師からAの配偶者Dに対して，「無輸血手術が困難であること，少なくともB病院では不可能なこと」が説明され，Aと相談するように求められており，これに対して，Dからは「B病院で手術して下さい．必要ならば輸血もしかたないし，責任は私がもちますから」という応答がなされ，さらに，輸血手術を承諾するA名義の文書も提出されている．以上のような経緯をどう評価するか．これらの点が本問の事案のポイントとなる．

本問では，AからBCに対して損害賠償を求める訴訟が起こされているが，

本問の手術は成功しているので，Aの生命・身体に関する限り，そもそも損害は発生していない．それにもかかわらず，Aが損害賠償を求めるとしたら，その理由は，輸血治療を望まないAの意思を無視して，Cが輸血を伴う手術を行った点に求めるほかなかろう．これに対して，BC側は，本問では無輸血手術は不可能であったし，そのことについては説明をした上で同意を得ていたと主張するだろう．

手術の過程である特定の治療法の実施が必要な場合に，このことを患者に予め説明して同意を得る必要があるのか，必要があるとして，どの程度の説明をすればよいのか．こうした問題が争われた先例としては，いわゆる「エホバの証人」輸血拒否事件（以下，「エホバ・ケース」と略称する）がよく知られている（最判平12・2・29民集54巻2号582頁）．このケースに関しては，患者側の損害賠償請求に対して，1審（東京地判平9・3・12判タ964号82頁）では請求棄却，2審（東京高判平10・2・9判時1629号34頁，判タ965号83頁）では請求一部認容と結論が分かれた．最高裁は，原告被告双方からの上告を棄却して原審の結論を維持したが，その理由づけは2審とはかなり異なるものであった．このように，同一の事件につき結論・理由づけが異なるものとなったことは，このケースの，そして，このケースを下敷きにして作られている本問の事例の難しさを物語っている．

この難しさは，法技術的な問題に由来するのみならず，それと密接に結びついた形で，法原理的な問題が争われたことによるものであると言える．エホバ・ケースに関しては，一審判決以来，多数の判例評釈が書かれてきたが（一審判決につき，山田卓生「判批」法教202号〔1997〕122頁以下，西野喜一「判批」判タ955号〔1998〕103頁以下，二審判決につき，樋口範雄「判批」法教215号〔1998〕108頁以下，駒村圭吾「判批」平成10年度重判解〔ジュリ1157号，1999〕10頁以下，最高裁判決につき，樋口範雄「判批」法教239号〔2000〕41頁以下，野口勇「判批」法セミ549号〔2000〕65頁以下，岡田信弘「判批」判例セレクト'00〔法教246号付録〕3頁，吉田克己「判批」判例セレクト'00〔法教246号付録〕22頁，新美育文「判批」法教248号〔2001〕11頁以下，岩坪朗彦「判批」ひろば2000年7月号64頁以下，潮見佳男「判批」平成12年度重判解〔ジュリ1202号，2001〕66頁以下などがある．なお，関連文献は多いが，最近のものとして，吉田邦彦「信仰に基づく輸血拒否と医療」新・裁判事務大系1

〔2000〕54頁以下，同「自己決定，インフォームド・コンセントと診療情報開示に関する一考察」北大法学論集50巻6号〔2000〕1頁以下のみをあげておく），それらの多くにおいて，「患者の自己決定権を尊重すべきであるとの価値（原理）とおよそ人の生命は崇高なものとして尊重されるべきであるとの価値（原理）の衝突」が意識されているのも「当然のなりゆき」であると評されるゆえんである（潮見・前掲67頁）．

（イ）　一方に「自己決定権の尊重」，他方に「人の生命の尊重」，この二つの価値をどのように調整するか．確かに，エホバ・ケースおよび本問は，こうした原理的な問題を提起している．では，この二つの価値は，実定法上，とりわけ民事法上はどのような取り扱いを受けているのだろうか．従来，この点は必ずしも明確に意識されては来なかった．もちろん，自己決定権と憲法13条の関係は多くの論者の説くところであったし（岡田・前掲3頁参照），人の生命が重要な法益であることは，たとえば，殺人罪（刑199条）を説明する際の出発点とされてきた．しかし，これらは，民法の体系の内部において，「自己決定権の尊重」や「人の生命の尊重」をどのように位置づけるかという問題に，直接の答えを与えるものではなかった．

本問では，この最後の問題を考えるに際して，民法典の冒頭に置かれた二つの規定，すなわち，「私権ハ公共ノ福祉ニ遵フ」（民1条1項），「本法ハ個人ノ尊厳……ヲ旨トシテ解釈スヘシ」（民1条ノ2）という規定を手掛かりとすることが示唆されている．見方を変えれば，本問では，「自己決定権の尊重」と「人の生命の尊重」という二つの価値の相克につき，具体的な問題に即して検討することを通じて，これまで民法（より広く民事法）の一般原則とされながら，立ち入った形で検討されることの少なかった2ヶ条に光を当てることが求められているとも言える．

民法典第1編総則の冒頭に置かれた2ヶ条は，1947年の民法改正に際して付け加えられたものであることは周知の通りである．このうち，1条2項と1条3項は，それぞれ信義則・権利濫用に関するものであるが，戦前の判例・学説の成果をいわば成文化した規定であると言える（信義則に関する大判大14・12・3民集4巻685頁——「深川渡し」事件や権利濫用に関する大判昭10・10・5民集14巻1965頁——宇奈月温泉事件などは広く知られている）．また，これらの規定は今日でもし

ばしば適用され，多数の裁判例が蓄積されており（たとえば，『新版注釈民法 (1)』〔安永正昭，1988〕71 頁以下，119 頁以下参照），学説の検討対象となることも多く，民法 1 条の定める「基本原則」と言えば，これらの 2 ヶ条を指すかのごとくである．

　これに対して，すでに述べたように，1 条 1 項と 1 条ノ 2 が議論の対象となることは少ない．そもそも，1 条 2 項 3 項と異なり，これらの規定は具体的な事件に適用されることがあまりない．この点は学説の議論が活発にならない理由の一つであろう（たとえば，星野英一『民法概論 I』〔1971〕73 頁，58 頁参照）．さらに，次のような事情もある．一方で，1 条 1 項の「公共の福祉」に対しては，そこに公益優先のニュアンスをかぎとり，警戒心を示す学説が多かった（この規定をめぐる学説状況につき，宗建明「日本民法における『公共の福祉』の再検討──『市民的公共性』形成の試み (1)」北大法学論集 52 巻 5 号〔2002〕131 頁以下を参照）．他方，1 条ノ 2 に関しては，従来，家族法の分野を主として規律する規定であると考えられ，しかも，戦後に改正された親族編・相続編は同条の理念を具体化したものとして理解されてきたため，ことさらに同条を援用する必要は乏しかった．

　しかし，最近では，学説にも変化が兆しつつある．第一に，憲法と民法の関連を問う学説が有力になりつつある（山本敬三や星野英一など．初期の状況につき，「特集・憲法と民法」法教 171 号〔1994〕を参照）．1 条 1 項や 1 条ノ 2 は，「民事法に関する憲法改正案の大原則を民法中に明文を以て掲ぐること」（「民法改正要綱案（昭和 21・7・30）」の第 40．我妻栄編『戦後における民法改正の経過』〔1956〕第 3 部資料編 232 頁に収録）という方針に基づいて導入されたものである（二つの規定，とりわけ 1 条の立法過程につき，沖野眞已「契約の解釈に関する一考察 (1)」法協 109 巻 2 号 98 頁以下，117 頁以下，池田恒男「民法典の改正──前 3 編」広中俊雄＝星野英一編『民法典の百年 I』〔1998〕41 頁以下，とくに 66 頁以下を参照）．そうだとすると，憲法と民法の架橋という観点からはこれらの規定の再検討が望まれることになろう．とりわけ「自己決定権の尊重」との関連では，直ちに憲法 13 条に向かうのではなく民法 1 条ノ 2 の意義を論ずることが必要なはずである．第二に，1 条 1 項の「公共の福祉」についても新たな学説が現れている（池田恒男や広中俊雄など．その概要は，宗・前掲 145 頁以下にも紹介されている）．これらの学説は，

第 2 節　「市民社会の法」「人の法」への着目　　455

民法に内在する「公共の福祉」が存在する (すべき) ことを主張する一方で (池田・前掲 109 頁以下, 広中俊雄『民法綱要第 1 巻総論上』〔1989〕117 頁以下), 既存の民法体系の中では手薄な「生活秩序」や「競争秩序」の領域において, 1 条 1 項が規範の欠缺を補充する機能を営む可能性を指摘している (広中前掲 118 頁).

　(ウ)　以上の学説状況をふまえて本問を考えると, どうなるだろうか. まずは, 思考の枠組について考えてみよう.

　「自己決定権の尊重」という表現は, 最近ではしばしば用いられるものの, その実定法上の根拠は必ずしも明らかではなかった. 前述のように, 憲法 (特に 13 条) との関係に言及されることはあるが,「自己決定権の尊重」が憲法上の要請であることと, その民法上の取り扱いとの関連は必ずしも明確ではなかったと言える. もっとも最近では, 民法上の諸規定の適用に際して, 憲法上の価値の保護を考慮に入れるべきことが強調されており, そのメカニズムについても検討が進められているが (たとえば, 民法 90 条につき, 山本敬三『公序良俗論の再検討』〔2000〕を参照), 同様の発想に立ちつつ, 法技術的には 1 条ノ 2 を媒介とすることが考えられてもよいだろう. すなわち, たとえば, 本問のような場合に, 不法行為法によって保護されるべき権利や利益が存在するか否か, それはいかなるものであるかを判定する (民法を解釈する) に際して,「個人ノ尊厳……ヲ旨トシテ解釈スヘシ」(民 1 条ノ 2) という規定 (解釈原理として基本価値を提示する規定) を考慮に入れるのである. もっとも,「個人ノ尊厳……ヲ旨トスル」ことから, 一義的に何らかの結論が出てくるわけではないが, このことの意味はむしろ積極的に理解されるべきである.「個人の尊厳」という価値 (原理) から出発するとしても, その具体的な帰結は状況に応じて異なりうるからである. 憲法に直接に依拠する見解にもこのような衡量の余地があることを明示的に承認するものもあるが (山本), 1 条ノ 2 の存在に着目することによって, この点は一層明確になろう.

　「人の生命の尊重」は, 自明のことのように思われるためか, その民法上の位置づけにつき論じられることは少ない (問題点の整理として, 大村「民法等における生命・身体」法社会学 56 号〔2002〕181 頁以下を参照). もちろん, 生命が危害 (他者の攻撃) から守られるべき法益であることには異論がない. 刑法のみならず不法行為法もまたこのことを前提としている (民 711 条参照). しかし, 本問で問題

になっているのは，他者の関与によって自己の生命を危険にさらすことの可否である．このような行為を無制限に許すことは，「人の生命の尊重」という価値を損なうのではないかというわけである．つまり，ここで問題とされているのは，個別具体的な個人の生命ではなく抽象的な人一般の生命なのである．前述した最近の「公共の福祉」論の考え方を敷衍するならば，このような「人(一般)の生命の尊重」は，1条1項の「公共の福祉」の一つとして数えることができるのではなかろうか．ただ，ここで注意すべきは，「人(一般)の生命の尊重」はあくまでも「(個別具体的な)個人の生命の尊重」のためにある，ということである．

一方で，1条ノ2の「個人の尊厳」によって「自己決定権の尊重」は基礎づけられるが，その外延はアプリオリには決まらずに開かれており，他の価値との衡量によって具体的・漸進的に定まる．他方，1条1項の「公共ノ福祉」には「人(一般)の生命の尊重」が含まれるが，それは外在的な価値として「私権」を拘束するものではない．つまり，1条ノ2と1条1項が併存することによって，民法典は「(公共に開かれた)個人」と「(個人を念頭に置いた)公共」の相互依存関係を確認していると見ることができる．言い換えれば，1条1項と1条ノ2は，民法(広く民事法)の基本原則を宣言した上で，時代に即した形で基本的価値の展開・調整をはかっていく(欠缺を補充する)ための双子の規定であると言えるだろう．

（エ）この双子の原理規定を念頭に置きつつ，本問を考えてみよう．すでに述べたように，本問では，①輸血治療を望まないAの意思が無視された結果になったこと，②無輸血手術は不可能であったこと，をどう評価するかが問題になる．

①については，次の点が問われることになる．Aが輸血治療を望まなかったとすると，このようなAの意思は尊重されるべきか否か．尊重されるべきだとして，なぜ，どのような範囲でか．これらは「自己決定権の尊重」という表現の下で問われたきた問題である．「自己決定権の尊重」自体は，前述の「個人の尊厳」から導くことができるだろう．あることがらにつき一定の仕方で個人の決定が下された場合にそれを尊重することは，確かに「個人の尊厳」に繋がる．問題は「あることがら」「一定の仕方」あるいは「尊重する」などの意味を具体

第2節 「市民社会の法」「人の法」への着目

的にどう解するかにある．②については，医師には法律上・職業倫理上の救命義務が課されていることに留意する必要がある．それゆえ一般には，医師は救命のために最善の治療を行う義務があり，無輸血手術が不可能であれば輸血治療を行うべきであると言える．この救命義務は「人の生命の尊重」によって基礎づけられる．この義務は「公共の福祉」の要請によるものだと言ってもよい．問題は，この救命義務がすべてに優先するか否かにある．

　ではどうするか．難しい問題である．一方には，各個人は自己の人生のあり方（ライフスタイル）を自ら決定できるとして，「自己決定権」の対象事項や行使態様につき緩やかに考える立場もある．この考え方に立てば，「人の生命の尊重」は後退するが，それでも自殺幇助までは容認されないだろう（以上は，エホバ・ケース 2 審判決の立場）．他方，「人の生命の尊重」を重視する立場に立っても，「自己決定権の尊重」の前提となる「説明義務」自体を否定することはできない．しかし，その内容は希薄なものとなりうる（エホバ・ケース 1 審判決．治療の具体的内容は対象外とした）．両者の中間には，対象を本問の場合のように「宗教上の信念に基づく」「輸血治療に対する拒否」であることに限定する立場もありうる．少なくともこうした場合には，患者個人の「自己決定権」を尊重すべきであるとするのである．最高裁はエホバ・ケースでこのような立場をとったが，慎重にいくつかの限定を付している．まず，患者が輸血治療を拒否する「明確な意思」を有する場合には，輸血治療を拒否する「意思決定をする権利」は「人格権」の一内容として保護されなければならないとした．そこには，「人の生命の尊重」に対する配慮が感じられ，また，「自己決定権」概念の一人歩きを避けようという慎重さも見られる．次に，説明義務に関しても，患者が輸血拒否の堅い意思を持っており，無輸血手術が可能だと期待して入院したことを医師が知っていたなどの事情を摘示した上で，これを認めている．

　最高裁が示した以上のようなスタンスは，二つの点から見て適切なものであると言えよう（最高裁の立場に対しては批判もあるが，これを積極的に評価するものとして，潮見・前出 67 頁を参照）．第一に，1 審・2 審が，それぞれ対立する価値（原理）のどちらか一方にシフトした形の判断を示しているのに対して，最高裁は目配りの効いたバランスのよい判断をしている（「足して2で割った」ということではない）．第二に，最高裁は慎重に判決の射程を絞っており，そこには徐々に

規範を生成させるという姿勢が認められる．繰り返しになるが，「個人の尊厳」と「公共の福祉」の外延はアプリオリに決まるわけではない．一方で究極的な原理を見やりつつも，他方では現実の社会意識・法意識を考慮に入れて，個別的な判断を積み重ねていく．そこに見出されるのは，まさに「法の賢慮」としての「判例」の姿である（以上のような見方につき，大村「山本敬三『公序良俗論の再検討』を味わう」民商125巻2号〔2001〕102頁以下［本書第3章第2節A］，とくに126頁以下，より簡単には，大村「公序良俗」法教260号〔2002〕44頁以下を参照）．

（オ）　最高裁の立場に立つとしても，なお問題が残る．エホバ・ケースと本問とでは事案に若干の相違があるからである．本問は確かに，「宗教上の信念に基づく」「輸血治療に対する拒否」に関するケースである．しかも，患者Aはその意思を表明しており，担当医師Cはそれを知っていた．

だが，一方で，Aの拒絶の意思が明確で堅固なものであったかどうか，AはB病院ならば無輸血手術をしてくれるに違いないという期待を抱いていたかどうか，これらをCが知り得たかどうかといった諸点に関しては，エホバ・ケースほど明らかではない．とりわけ，エホバ・ケースではいわゆる「免責証書」（結果につき医師の責任を問わないことを表明して無輸血手術を求める患者名義の文書）が手交されていたが，本問では逆にA名義の「承諾書」が提出されている．(2)［他の執筆者によるものなので，本書には収録されていない］で扱われるように，この文書の真偽については検討の余地があるが，「承諾書」がAの意思に基づくものであれば，「明確で強固な拒絶の意思」があったとは言いにくいし，そうでないとしても，CがAの真意を知り得なかったのには止むを得ない面もないではない．また，Cは，無輸血手術は不可能なことをはっきりと説明しており，この点も説明が不十分であったエホバ・ケースとは異なっている．

他方，本問では，手術に関する説明が，Aに対して直接にではなく，その配偶者Dに対してなされている．もし，これでは十分に説明したことにならないと考えれば，仮に「承諾書」がAの意思に基づくものであったとしても，十分な説明義務がなお尽くされていないと考える余地が残る．とりわけ，DがAにC医師の説明を伝えず，独断でA名義の承諾書を作成・提出した場合には，そもそも説明はなされていないことになろう．

最後に，次の問題も考える必要がある．本問においてAが被った損害とは何

かという問題である．本問では手術は成功しており，Aはその生命・身体に損害を被ったとは言いがたい．損害は，十分な説明を受けなかったために「自己決定」の機会を失った点，最高裁の表現によれば「意思決定をする権利」が奪われた点に求められる．本問でも，このような損害につき慰謝料の支払いが求められることになろうが，その額をどのように算定するかは今後の問題である（エホバ・ケースでは，1200万円の慰謝料請求に対して2審・最高裁が認めたのは，55万円であった）．

C　マイノリティという視点

C–1　マイノリティと民法

I　はじめに——節目の年としての 2005 年[39]

　（1）「比較と歴史の中の日本法学」という企画の一環として，「民法と憲法の交錯と展望」というテーマで語る，というのが本稿に割り当てられた課題である．しかし，このように二重の方向づけを与えられても，何を語るべきかは容易には定まらない．そこで以下では，現在，筆者が有している個人的な関心に即して語ることをお許しいただき，その中で，「民法と憲法」という内枠，さらには「比較と歴史」という外枠と切り結ぶことを試みてみたい．
　表題に掲げた「マイノリティと民法」が，その個人的な関心のありかを示すものであるが，（原報告に）副題として添えた「シヴィルの再編のために」は，個人的な関心を共通の関心へと開いていくための指針を掲げるものである．このうち「シヴィルの再編」については，「思想としての民法」という観点から，筆者がこれまでに断片的に説いてきたところとかかわりを持つので（大村 1994, 1996–2, 2001, 2004–1 など），一定のイメージを持っていただくことが可能かもしれない．これに対して，「マイノリティと民法」は，ある種の違和感を生み出すのではないかと思われる．そこで，「はじめに」の部分では，本論との重複をいとわずに，このような問題設定につき若干の予備的な説明をしておく．
　（2）　話の糸口として，われわれが生きる現在，2005 年という年の意味に関して，いくつかの出来事をまず拾っておきたい．本稿の原報告の行われた同年

---

39)　本稿のもととなった報告は 2005 年 11 月に行われた（以下，これを原報告と呼ぶ）．

第2節　「市民社会の法」「人の法」への着目

　11月末の時点からふり返って見ると，この年は，「戦後」の節目の年として語られることが多かった[40]．国内での最大のニュースは小泉純一郎の圧勝であったが，憲法改正問題や中国・韓国の反日運動もあわせて，60周年を迎えた戦後体制のあり方が問われたと言える．同時に，2005年が日露戦争の戦後100周年の年であることも，折りに触れて言及された[41]．

　筆者にとっては，むしろこの100年の区切りが興味を引く．100年前の1905年は，工場抵当法が制定された年であるとともに，日比谷で焼打ち事件が起きた年であった[42]．すでに作業が始まっていた工場法の制定までにはなお数年を要するものの，一方で資本蓄積への協力，他方で社会問題への対応というその後の100年を通じての二つの課題が明らかにされたからである．

　民法学の観点からは，言うまでもなく2005年は，前年末に成立した改正法により民法典の表記の現代語化が実現した年でもあった．基本的には表現のレベルにとどまるささやかな改正ではあったが，形式に関する大改正の完了は内容に関する大改正の必要性を顕在化させたとも言える．ドイツ・フランスあるいは隣国韓国で民法典の大改正が行われていることが[43]，このような関心を加速させている．

　ところで，ここ数年来，日本では治安の悪化が進んだと言われているが[44]，このこととの関連で外国人に対するマイナスイメージが広がりつつある[45]．まだ正確な統計は発表されていないが，おそらく2005年は，日本の外国人人口（不法滞在者を含まない）が200万人を突破する節目の年となるはずである．「外国人」の問題は，筆者個人の大きな関心事であるのだが（大村2002第2章，2005

---

[40]　岩波書店編集部・子どもたちの8月15日（岩波新書，2005），中村政則・戦後史（岩波新書，2005），桐山桂一・昭和零年（講談社現代新書，2005），中曽根康弘ほか・「昭和80年」戦後の読み方（文春新書，2005）など．
[41]　山室信一・日露戦争の世紀（岩波新書，2005）など．
[42]　日比谷焼打事件につき，中筋直哉・群衆の居場所──都市争乱の歴史社会学（新曜社，2005）．
[43]　独仏韓のそれぞれにつき，ヴェスターマン（小川浩三訳）「ドイツ債務法改革」ジュリ1245号（2003），金山直樹「フランス民法典改正の動向」ジュリ1294号（2005），梁彰洙「最近の韓国民法改正作業」民商127巻4＝5号（2003）を参照．なお，中国につき，渠涛「中国における民法典審議草案の成立と学界の議論（上下）」ジュリ1249号，1250号（2003）も参照．
[44]　河合幹雄・安全神話崩壊のパラドックス──治安の法社会学（岩波書店，2004）など．
[45]　張荊・来日外国人犯罪──文化衝突からみた来日中国人犯罪（明石書店，2003）など．

序章・結章, 2006–1/2/3 など)[46], 前述の民法典現代語化とあえて結びつけるならば, 旧 1 条ノ 3 と 2 条とを統合した形で置かれた新 3 条を, 今日, どのようにとらえるかという問題となる.

　以上にスケッチした大小・遠近さまざまな文脈の中で[47], 今日に至る戦後 100 年ないし 60 年の民法・民法学をふり返り, 筆者なりの見通しを立ててみようというのが本稿の意図するところであるが, その際の視点となるのが民法学のメインストリームとサブストリームとを対比するという見方である.

　(3) 次に, この見方について簡単に触れておこう. すでに一言したように, また, 他の場所でも示唆したところであるが (大村 2001–1, 2003–1, 2004–1), 20 世紀初頭以来の民法・民法学の動向は, 大きく分けて二つの流れにまとめられるのではなかろうか. すなわち, 20 世紀の日本においては, 前述の工場抵当法の制定以来,「経済発展 (成長) の民法学」と呼ぶべき流れが脈々と続いて来たが, この流れは, 近年では民法学の主流を形成するに至ったかのように見える[48]. これに対して, やはり前述した工場法の制定以来,「弱者保護 (抵抗) の民法学」もまた一つの有力な流れを形成してきたものの, しばらく前からこの流れは傍流に転じた, あるいは伏流してしまったかのごとくである.

　今日, 民法学のメインストリームは, 経済発展のインフラを支える活動に大きな関心を寄せていることに, 異論はないだろう. 民法が「資本制経済の法」であるとすれば[49], これは必然的なことでもある. 一般になされる財産法・家族法という区別, あるいは, フランス法や旧民法を参照しつつなされることのある「物の法」・「人の法」という区別に従うならば, 民法の中心をなすのは財産法であり「物の法」であるというわけである. 新たな経済発展の担い手とし

---

46) 法科大学院演習の HP (東大ロースクール生による外国人留学生のための法律ハンドブック http://www17.ocn.ne.jp/~lgis/).
47) さらに, 筆者個人に即して言えば, 2005 年は研究者としての 20 年目にあたる年であった. 本稿は, 個人研究史の節目に際して, 来し方をふり返り行く末を思いやるものでもある.
48) 最近の立法として, 債権譲渡特例法の制定・改正 (1998/2004), 担保・執行法制の改正 (2003) など. 資産流動化法の制定・改正 (1998/2000) も加えることができる. さらに信託法の改正作業がなされている. もっとも, 借主側の保護のための立法もなされていないわけではない. 保証制度の改正 (2004) がその例である.
49) 川島武宜・民法 I (有斐閣, 1960) 5 頁. 我妻栄・近代法における債権の優越的地位 (有斐閣, 1953), 川島武宜・所有権法の理論 (岩波書店, 1949) の二大研究があることも広く知られている通りである.

て想定されているのは，情報と資金の操作に長けた新興の起業家たちであるが，言い換えれば，これら「勝ち組」の人々が主導する経済に適合した法のあり方が求められていると言える．このことを反映して，民法の世界でも，様々な場面において自己責任を負うことができる自立した強い個人が求められることになる．

しかし，民法を「市民社会の法」としてとらえるならば[50]，関心の対象は異なってくるはずである．実際のところ，今日，「市民であること（citoyenneté）」の意味を考え直すことは喫緊の課題になっているように思われる．そこで求められているのは，一言で言えば，様々な「マイノリティ（minorités）」の存在を承認することであろう．様々な人のあり方を再検討に光をあて，民法における「人の法」を再編すること．この作業を通じて，「市民であることの法」としての民法は，別の姿を示すはずである．今日では「弱者保護」という言葉はかつての神通力を失った[51]．しかし，多くの論者が指摘するように，経済格差は拡大を見せているようにも思われる[52]．また，それ以上に，象徴的・社会的なレベルにおいて「市民社会」の分断は進みつつあるとも言える[53]．民法学は，こうした状況を語るのに十分な言葉を見出してはいない．しかし，その萌芽はそ

---

50) 星野英一・民法のすすめ（岩波新書，1998）69頁以下．いわゆる「市民法論」をめぐっては清水誠・時代に挑む法律学——市民法学の試み（日本評論社，1992）をあげておく．なお，最近の状況につき，より広い観点から，吉田克己・現代市民社会と民法学（日本評論社，1999）を参照．
51) 弱者保護を批判するものとして，八田達夫＝八代尚宏・「弱者」保護政策の経済分析（日本経済新聞社，1995），小浜逸郎・「弱者」とはだれか（PHP新書，1999），櫻田淳・「弱者救済」の幻想——福祉に構造改革を（春秋社，2002）など．
52) 橘木俊詔・日本の経済格差（岩波新書，1998），佐藤俊樹・不平等社会日本（中公新書，2000），山田昌弘・希望格差社会（筑摩書房，2004），橘木編・封印される不平等（東洋経済新報社，2004），暉峻淑子・格差社会をこえて（岩波ブックレット，2005），三浦展・下流社会（光文社新書，2005）など．ただし，大竹文雄・日本の不平等（日本経済新聞社，2005）はニュアンスを異にする．
53) 2005年には，8月に起きたハリケーン被害（アメリカ），11月初めの自動車放火（フランス）など，社会の分断・亀裂が際だたせる事件も発生し注目を集めた（後者にもかかわる最近の文献の一部として下記のものを掲げておく．VIEVIORKA, *La différence. Identités culturelles: enjeux, débat et politiques,* Balland, 2001 (en poche, l'Aube, 2005), WEIL, *La République et sa diversité. Immigration, intégration, discriminations,* Seuil, 2005, SFEIR et ANDRAU, *Liberté égalité islam. La République face au communautarisme,* Tallandier, 2005 あるいは，de Singly, *L'individualisme est un humanisme,* l'Aube, 2005, BOUVIER, Le lien social, folio/Gallimard, 2005, CUSSET (éd.), *Individualisme et lien social,* DF, 2005).

ここここに認められる[54]．伏在するサブストリームを顕在化させ，これにしかるべき水路を開くというのが，本稿の目的である．

(4) 以下の本論は，ここまでの話に若干の肉付けをするにとどまるが，具体的には次のように構成される．一方で，「民法・民法学」から「マイノリティをめぐる諸問題（現象）」へとアプローチする様々な試みを総括する（Ⅱ）．その際には，まず，今日に至るまで次々と現れてきた法現象を，様々なマイノリティの承認という観点から整理してみよう（Ⅱ 1）．その上で，やや理論的に，いくつかのレベルで学説の展開の評価を試み，法典の再検討へと進むことにしよう（Ⅱ 2）．他方で，「マリノリティという考え方（概念）」が「民法・民法学」に対してなしうる貢献についても触れる（Ⅲ）．マイノリティの処遇のプロセスを示した上で（Ⅲ 1），「民法・民法学」の再編のもくろみに及びたい（Ⅲ 2）．

Ⅱ 民法・民法学から「現象としてのマイノリティ」へ

1 歴史的な概観

(1) 20 世紀日本の「弱者保護」――豊かな社会へ

20 世紀は，第 1 次大戦とロシア革命によって始まり，東欧の崩壊によって終わった「短い世紀」であるとされることがあるが[55]，日本民法学にとっても同様であったと言えるかもしれない．終わりの方についてはさて措いて，出発点についてのみ述べるならば，1920 年代の初めに末弘厳太郎が，いわゆる概念法学を批判して社会への関心を強調したところから，20 世紀日本の民法学はスタートしたと言ってもよいだろう．

ⅰ）無産者への対処　末弘が主導した新しい民法学は，当時の社会問題に対応することを主眼としていた．具体的には，1920 年代から 30 年代の初めにかけて，労働問題・小作問題への取り組みに大きな関心が寄せられた．末弘の

---

54) たとえば，鎌田薫「消費者法の意義と課題」鎌田薫＝来生新編・岩波講座現代の法 13 消費生活と法（岩波書店，1997），山野目章夫「『人の法』の観点の再整理」民法研究 4 号（2004）などはその一例である．

55) ホブズボーム（河合秀和訳）・20 世紀の歴史――極端の時代（上下）（三省堂，1996，原著，1994）．

第 2 節　「市民社会の法」「人の法」への着目　　465

関心は，彼一人あるいは学界内部にとどまるものではなく，より広い社会的な基盤を持つものであった．末弘が当時の指導的な総合雑誌『改造』[56]の常連執筆者であったことは，その証左の一つであろう．よく知られている彼の『農村法律問題』(1924) や『労働法研究』(1926) は，『改造』掲載の論文をまとめたものである．また，彼の労働法講義は学生たちの強い関心を集め，千人以上の聴衆が押し寄せたとも伝えられている．

　もっとも，内務省や農林省の内部で検討が進められた[57]（これらには末弘も関与した）労働立法や小作立法については，その一部が実現しただけで立ち消えとなり，周知のように，本格的な改革には第 2 次大戦後の占領改革を待たなければならなかった．そして，いったん労働改革や農地改革がなされると，問題の性質は大きく変わり，これらは民法学の視野から外れていくことになった．今日，労働問題や農地問題を語る民法学者は少数となっている[58]．

　こうした中で，戦前戦後を通じて民法学の中心に位置した問題として，借地借家問題（特に借家問題）をあげることができる．ここでは，1921 年の借地法・借家法の制定から，戦後の判例法の展開や 1966 年改正を経て，1991 年の新借地借家法に至る歴史をふり返ることはしないが，いわゆる近代的所有権論との関連も含めて，盛んな議論がなされてきた[59]．

　確認しておきたいのは，借家人として想定されたのは，主として都市に集中した労働者や戦災による罹災者などであったということである．しかし，社会

---

56)　「改造」および「改造社」に関するものとして，松原一枝・改造社と山本実彦 (南方新社，2000)，より広く当時の社会状況につき，季武嘉也編・日本の時代史 24 大正政変と改造の潮流 (吉川弘文館，2004)，法学者たちについては，伊藤孝夫・大正デモクラシー期の法と社会 (京都大学学術出版会，2000)．

57)　当時の新進官僚のメンタリティの一端につき，藤井隆至・柳田国男　経世済民の学――経済・倫理・教育 (名古屋大学出版会，1995)．

58)　ただし，内田貴「雇用をめぐる法と政策」日本労働研究雑誌 500 号 (2002)，原田純孝「新しい農業・農村・農地政策の方向と農地制度の課題 (上・中・中 2・中 3・中 4・下)」法時 66 巻 4 号～10 号 (1994) のように，新たな観点からの研究も現れている．

59)　戒能通厚・イギリス土地所有権法研究 (岩波書店，1980) のほか，早稲田では篠塚昭次・借地借家法の基本問題 (日本評論社，1962)，内田勝一・現代借地借家法学の課題 (成文堂，1997)，他に鈴木禄弥・居住権論 (有斐閣，1959)，渡辺洋三・土地建物の法律制度 (上中) (東京大学出版会，1960/62)，広中俊雄・借地借家判例の研究 (一粒社，1965)，水本浩・借地借家法の基礎理論 (一粒社，1966)，甲斐道太郎・土地所有権の近代化 (有斐閣，1967) など．体系書を見ても，星野英一・借地借家法 (有斐閣，1969)，鈴木禄弥・借地法 (上下) (青林書院，1971) の大著がある．

が豊かになるのに伴い，借家問題に関する特別の関心は次第に退潮し，かつてのような求心力を持たなくなるとともに[60]，今日の議論においては，(新自由主義的な)経済政策の観点が優越するに至っている[61]．

一言で言えば，戦後の経済成長を経て，日本が「豊かな社会」を実現するに至ると，階級・階層としての労働者・農民は，もはや「(経済的な)弱者」とは言えなくなり，借家人も含めて，むしろ今日ではその既得権が批判にさらされるようになっている．

ⅱ) 被害者の救済　　借家問題を別にすると，労働問題・小作問題に代わって，戦後の日本民法学の中心的なトピックスとなったのは，1960–70年代の交通事故・公害問題，そして1970–80年代の消費者問題であった．四大公害訴訟やスモン訴訟・カネミ訴訟[62]，あるいは，サラ金問題や豊田商事などの悪質商法事件など数々のできごとが相次ぎ，人々の関心を集めた．民法学もこれらの問題に対して，実践的・理論的な応答をすることに多くの力を注いできた[63]．

これらの問題は，生産中心の経済構造の生み出す病理現象，とりわけ特定の

---

60) ただし，吉田克己・フランス住宅法の形成(東京大学出版会，1997)や佐藤岩夫・現代国家と一般条項——借家法の比較歴史社会学的研究(創文社，1999)のような基礎研究はなされている．

61) たとえば，山崎福寿・土地と住宅市場の経済分析(東京大学出版会，1999)，福井秀夫・都市再生の法と経済学(信山社，2001)など．

62) 最近のものとして，原田正純編・水俣学講義(日本評論社，2004)，西村肇＝岡本達明・水俣病の科学(日本評論社，2001)，千場茂勝・沈黙の海——水俣病弁護団長のたたかい(中央公論新社，2003)，堀田恭子・新潟水俣病問題の受容と克服(東信堂，2002)，関礼子・新潟水俣病をめぐる制度・表象・地域(東信堂，2003)，坂東克彦・新潟水俣病の三十年——ある弁護士の回想(NHK出版，2000)，吉田克己・四日市公害——その教訓と21世紀への課題(柏書房，2002)，松波淳一・イタイイタイ病の記憶——カドミウム中毒の過去・現在・未来(桂書房，増補改訂版，2003)，明石昇二郎・黒い赤ちゃん——カネミ油症34年の空白(講談社，2002)，川名英之・検証・カネミ油症事件(緑風出版，2005)，長山淳哉・コーラベイビー——あるカネミ油症患者の半生(西日本新聞社，2005)など．

63) 公害・不法行為につき，早稲田では牛山積・公害裁判の展開と法理論(日本評論社，1976)，浦川道太郎「無過失損害賠償責任」民法講座6(有斐閣，1985)，他に澤井裕・公害の私法的研究(一粒社，1969)，同・公害差止の法理(日本評論社，1976)，淡路剛久・公害賠償の理論(有斐閣，1978)，同・環境権の法理と裁判(有斐閣，1980)など．理論的には，加藤一郎・不法行為(有斐閣，初版，1957，増補版，1974)，幾代通・不法行為(筑摩書房，1977)，平井宜雄・損害賠償法の理論(東京大学出版会，1971)，前田達明・不法行為帰責論(創文社，1978)など．消費者問題につき，竹内・北川・長尾など．なお，筆者の世代は，これらの問題が盛んだった頃に研究を始めており，前の世代に比べて，不法行為・契約の研究者の層が厚い(早稲田では後藤巻則・大塚直，他に山本豊・河上正二・吉田邦彦・潮見佳男・山本敬三・窪田充見・森田宏樹など．筆者自身も契約の研究からスタートした)．

第2節 「市民社会の法」「人の法」への着目

事故・事件による被害発生にどのように対処するかという問題であった．そこでは，たまたま「被害者」となった人々をいかに救済するかが中心的な課題とされ，その際には「地域住民」や「消費者」は，「工場」や「生産者」に対して「(経済的な) 弱者」であるという位置づけがしばしばなされた．極端な言い方をすれば，「弱者保護」「被害者救済」は切り札・殺し文句の様相を呈する表現であったとも言える[64]．

ところが，産業公害に対して一定の対策が講じられ，また，悪質商法に関しても立法・判例の進展が見られるようになると，これらもまた民法学の中心課題の地位を失っていくこととなる．もちろん，今日，環境や食品安全に関しては，かつてにも増して大きな関心が寄せられてはいるが[65]，それはもはや弱者保護・被害者救済の問題ではなく[66]，一方でシステム的な発想に，他方で新しい価値意識に繋がるものとなりつつある[67]．

以上のようにして，20世紀の終わりには，「(有産者に対する) 無産者」「(強者に対する) 弱者」という見方は日本の民法・民法学の表舞台から退場したと

---

64) あるデータベースによると，何らかの形で「弱者」という言葉が現れる判決 (民事) の数は総計750件ほどに達するが，判決の理由中で「弱者保護」という言葉が用いられた例は意外に少ない (報告者の調査した限りでは，利息制限法に関する東京地判昭 31・12・25 判時 107 号 13 頁，鹿児島地判昭 32・7・23 判時 123 号 18 頁，釧路地判昭 55・1・25 判時 963 号 93 頁，福岡地小倉支判平 11・10・26 判時 1711 号 126 頁，借地借家法に関する東京地判平 15・3・31 判タ 1149 号 307 頁の計 5 件．なお，当事者の主張中で弱者保護に言及された例は，交通事故をはじめとする事故被害者につき数件あったほか，過疎地居住者・公共サービス受給者などについても見られた)．民法の教科書でも「弱者保護」という言葉は思ったほどは用いられていない (ただし，川島・民法総則 14 頁は「市民法の前提しない力関係」という表現を，星野・民法概論 I 23 頁は「社会的・経済的弱者階層」「社会的弱者」，同 IV 8 頁は「強者による弱者の支配」という表現を用いている．また，山本敬三・民法講義 I 98 頁も「情報・交渉力の点で不均衡がある場合」というとらえ方をしつつ，「強者が自分に有利な契約を弱者に押しつける」という表現を用いている)．

65) 環境関係の立法は枚挙にいとまがない．食品安全に関しては，食品安全基本法の制定が特筆されよう．

66) 保護の観点からの脱却をはかるものとして，鎌田・前出注 53．なお，大村・消費者法 (有斐閣，第 2 版，2003) 15 頁以下も参照．

67) 鎌田・前出注 53) はこのような変化を取り扱う．大塚直・久保田泉「排出権取引制度の新たな展開」ジュリ 1171 号，1183 号 (2000)，同「EU の排出枠取引制度とわが国の課題」ジュリ 1296 号 (2005)，大塚・環境法 (有斐閣，2002)，広瀬久和ほか「座談会・21 世紀の消費者法を展望する」ジュリ 1139 号 (1998)，小早川光郎ほか「現代における安全問題と法システム」ジュリ 1245 号 (2003) も参照．なお，ロハス (LOHAS = Lifestyles of Health and Sustainability) を指向する雑誌「SOTOKOTO (ソトコト)」の成功も興味深い．

言っても過言ではなかろう[68]．

(2)　21世紀日本の「権利要求」――二級市民を超えて

では，現代の状況はどうだろうか．1989年の東欧革命から始まった社会主義の崩壊は，はやばやと新しい世紀の幕を切って落としたが，そこに現れたのは，一方で，唯一の大国となったアメリカ主導のグローバリゼーションと，他方，これに対する様々な異議申立ての動きであった．多くの論者がこのような構造を指摘してきた．筆者自身が影響を受けたのは，M・カステルやP・ブルデューの主張であるが（後者につき，大村2003-2)[69]，よく知られているものとしては，ネグリ＝ハートの「帝国」対「マルチチュード」という図式がある[70]．「帝国」に対峙する「マルチチュード」は，「単一の同一性には縮減されない無数の内的差異からなる」とされており，そのような「差異」として，文化・人種・民族などのほかに，ジェンダー・性指向性，さらには，異なる労働形態・生活様式・世界観・欲望などがあげられている[71]．

現代の様々な動きをどのようにとらえるかは一つの問題であるが，その点はひとまず措いて，現象としてどのような動きが認められるかということを，まずは確認しておこう．

　ⅰ）　女性・子ども・高齢者　　民法学の視野に最も入りやすいのは，おそらくは，女性・子ども・高齢者の権利主張（あるいは権利擁護）の動きだろう．男

---

68) フランス法(系)では，COHET-CORDEY (dir.), *Vulnérabilité et Droit*, PUG, 2000, GROS et DION-LOYE (dir.), *La pauvreté saisie par le droit*, Seuil, 2002, COURVOISIER et CHARLOT (dir.), *Actualité politique et juridique de l'égalité*, EUD, 2003. モノグラフィーとしては，Bourrier, *La faibresse d'une partie au contrat*, Bruyant, 2003がある．また，日本でも，法学の外部では，松岡正剛・フラジャイル――弱さからの出発（ちくま学芸文庫，2005，初版，1995）のような試みもないわけではない．川本隆史編・ケアの社会倫理学――医療・看護・介護・教育をつなぐ（有斐閣，2005）もこれと共鳴するかもしれない．

69) CASTELLS, *The information age: economy, society and culture*, 3 vol. Blackwell, vol. 1, *The rise of the network society*, 1996, vol. 2, *The power of indentity*, 1997, vol. 3, *End of millennium*, 1998（それぞれ仏語版は1999年刊），BOURDIEU (dir.), *La misère du monde*, Seuil, 1993 (en poche, Seuil, 1998), Id., *Contre-feux, Liber-Raison d'agir*, 1998（後者の翻訳として，ブルデュー〔加藤晴久訳〕・市場独裁主義批判〔藤原書店，2000〕）．さらに，二宮宏之編・民族の世界史9 深層のヨーロッパ（山川出版社，1990）．

70) HARDT & NEGRI, *Multitude. War and democracy in the Age of Empire*, Penguin Press, 2004（翻訳として，ネグリ・ハート〔幾田良彦監修〕・マルチチュード（上下）〔NHK出版，2005〕）．

71) ネグリ・ハート・前出注69) 19-20頁．

第2節 「市民社会の法」「人の法」への着目　　　469

女平等から男女共同参画へというスローガン[72]，あるいは，セクシャル・ハラスメントやドメスティック・バイオレンスの告発など[73]，女性の権利に着目した社会構成や問題摘出の試みは，民法，とりわけ家族法に大きな影響を与えている[74]．また，子どもについても，「子の利益」「子どもの権利」が家族法の中心価値となると同時に，児童虐待に対する関心が高まっていることは周知の通りである[75]．さらに，高齢者の自己決定権の尊重がこれに続く[76]．

　ⅱ）外国人・障害者　　加えて最近では，外国人や障害者（あるいは病者）の権利主張（権利擁護）が問題となることも多くなってきている．たとえば，ごく最近では，2005年春の東京都管理職試験大法廷判決や同年秋のハンセン病に関する二つの東京地裁判決などが思い浮かぶ[77]．ただ，これらはいずれも行政との関係が問題になった事件であり，民法学の関心は直接には及びにくい．しかし，外国人に関しては，損害賠償額の算定や契約拒絶に関する一連の判例が存在し（前者につき大村2004-3，後者につき大村2006-3），民法の領域においても問題がないわけではないことが窺われる．また，成年後見や遺言などに関する最近の民法改正では，障害者の取扱いをどうするかという問題が提起された．

　以上のように，様々な領域で，「成年男性（壮丁）」から「女性・子ども・高齢者（おんな・こども・としより）」に，また，「日本人」「健常者」から「外国人」「障害者」へと向けられた優越の視線を乗り越えようという試みが見られる．

　ⅲ）少数民族・性的少数者・宗教的少数者　　さらに視野を広げれば，均一

---

72) 1999年の男女共同参画社会基本法．大沢真理・男女共同参画社会をつくる（NHK出版，2002），坂本眞理子・男女共同参画社会へ（勁草書房，2004）．
73) 2001年のドメスティック・バイオレンス防止法（配偶者からの暴力の防止及び被害者の保護に関する法律）．角田由紀子・性の法律学（有斐閣，1991），同・性差別と暴力（有斐閣，2001），戒能民江編著・ドメスティック・バイオレンス防止法（尚学社，2001），同・ドメスティック・バイオレンス（不磨書房，2002），小島妙子・ドメスティック・バイオレンスの法（信山社，2002）．簡単には，大村・もうひとつ基本民法Ⅰ（有斐閣，2005）UNIT 16を参照．
74) 婚姻・カップルにつき，早稲田では棚村政行・結婚の法律学（有斐閣，2000），他に二宮周平・事実婚を考える（日本評論社，1991），同・事実婚（一粒社，2002）・水野紀子「事実婚の法的保護」石川・中川・米倉編・家族法改正への課題（日本加除出版，1993），同「団体としての家族」ジュリ1126号（1998）など．
75) 国際的には児童の権利条約，国内的には改正された児童福祉法・児童虐待防止法を参照．
76) 1999年の成年後見関連立法，2005年の高齢者虐待防止法を参照．なお，後者につき，寝たきり予防研究会編・高齢者虐待——専門職が出会った虐待・放任（北大路書房，2002）など．
77) 前者は最大判平17・1・26，後者は二つの東京地判平17・10・25（前者も後者も，新聞各紙で大きく報道された）．

性が高いとされてきた日本社会にも,「少数者」——本稿の表題に掲げた「マイノリティ」という言葉から通常想起される——に関する問題が存在している. 単一民族神話[78]に対する異議申立ては,日本列島の周辺部分から発せられている[79]. たとえば,アイヌ文化の保存に関連するいくつかの事件は訴訟にもなっている[80]. また,性的少数者や宗教的少数者に対する法的処遇に関しても問題がないわけではない. 前者については,性同一性障害に関する特別法が制定されており[81],後者に関しては,宗教の自由に関するいくつかの裁判例が知られているが[82],そのほかにも,たとえば,同性カップルやカルト教団などにつき,民法上の問題が生じうる[83].

  iv) 無資格者　　最後に,今後の問題としてクローズアップされることが予想される問題にも触れておこう.「無資格者（non qualifiés）」というのは熟さない言葉であるが,フランスで用いられている用語の転用である（non qualifiés には「予選敗退者」の意味もある）. この言葉にはフランスの教育システムを前提にした含意があるようであるが,おおまかに言えば「中途退学者」を示すと言ってよいだろう. それ自体は日本でも珍しくはないが,ここで参照したいのは,このようなカテゴリーがなぜ注目されているかという点である. そこには,大量失業時代において,中退者であることは,雇用における不利な地位を招き,ひいては社会的な排除をもたらすという問題意識がある[84].

---

78) 小熊英二・単一民族神話の起源 (新曜社, 1995), 同・〈日本人〉の境界 (新曜社, 1998) など.
79) 北海道, 沖縄に焦点をあわせた法学入門が興味深い (太田一男＝鳥居喜代和編・北海道と憲法〔法律文化社, 2000〕, 新城将孝ほか編・法学——沖縄法律事情〔琉球新報社, 2008〕).
80) 札幌地判平 9・3・27 判タ 938 号 75 頁, 札幌地判平 14・3・7. 吉田邦彦「アイヌ民族と所有権・環境保護・多文化主義——旭川近文と平取二風谷の事例を中心として (上下)」ジュリ 1163 号, 1165 号 (1999).
81) 2003 年の性同一性障害者特例法. これについては, 比較法などを含めて詳しくは, 大島俊之・性同一性障害と法 (日本評論社, 2002) を, 簡単には, 大村「性同一性障害」法教 278 号 (2003) を参照.
82) 代表的なものとしては, 自衛官合祀事件 (最大判昭 63・6・1 民集 42 巻 5 号 277 頁) がある. この事件につき, ノーマ・フィールド (大島かおり訳)・天皇の逝く国で (みすず書房, 1994) も参照.
83) 同性カップルの法的処遇につき, 大村「性転換・同性愛と民法」同・消費者・家族と法 (東京大学出版会, 1999, 初出, 1996), 同「パクスの教訓」岩村＝大村編・個を支えるもの (東京大学出版会, 2005). 宗教関連のトラブルを概観するものとして,「宗教トラブル特集」消費者法ニュース別冊 (2003).
84) LEFLESNE (ed.), *Les jeunes non qualifiés*, DF, 2005.

第2節　「市民社会の法」「人の法」への着目　　471

　日本では，若者についてはフリーター，中高年についてはホームレスという言葉の下で，雇用の不安定性がもたらす問題が語られているが[85]，雇用からの排除が社会的な排除をもたらすという点で，おそらくはフランスと共通の問題が語られうるだろう．これらの人々の社会的な処遇に関しては[86]，労働法の枠を超えた問題があるのではなかろうか．

　以上のように，21世紀の日本においては様々な権利要求が，現に繰り広げられ，これからなされる兆しが認められる．しかし，それらは総体としては必ずしも十分に把握されるに至っていない[87]．

2　理論的な検討

(1)　学理による再検討――「人の法」の構築

　以上のように，一方で従来の弱者保護が退潮し，他方で新たな権利要求が多発する現状を，民法学はどのように理解すべきか．そのための手がかりの一つは，「人の法」の構築に向けたいくつかの試みに求めることができる．以下，そうした試みを二つ，レベルないし方向に分けて整理しておく．

　ⅰ）　普遍的な人へ　　「人の法」ということで，まず最初に思い浮かぶのは，人格権・人格権法の登場である．名誉毀損やプライヴァシー保護から出発し，生活妨害や自己決定の基礎づけに用いられるなど[88]，20世紀を通じて人格権は大きな発展を遂げた[89]．その詳細については，ここでは立ち入らない．

---

85) 鹿嶋敬・雇用破壊――非正社員という生き方（岩波書店，2005），杉田俊介・フリーターにとって「自由」とは何か（人文書院，2005），岩田正美・ホームレス・現代社会・福祉国家――「生きていく場所」をめぐって（明石書店，2000）など．

86) 法学の観点からのアプローチとして，ホームレスを論ずる遠藤比呂通「国家と社会と個人――或いは公共について」樋口古稀・憲法論集（創文社，2004）．なお，ホームレスの住所に関する大阪地判平18・1・27（翌日の新聞各紙で報道）も参照．

87) もっとも，後に述べるような試みはなされている．なお，フランス語圏では，LAJOIE, *Quand les minorités font la loi*, 2002, *Les minorités, Travaux de l'Association Henri Capitant, tome LII/2002*, à paraître（公刊前に GOBERT, Rapport de Synthèse の提供を受けた）があり，筆者も大きな影響を受けた．なお，樋口陽一・国法学――人権原論（有斐閣，2004）158頁も参照．

88) 大阪空港公害訴訟1・2審判決（大阪地判昭49・2・27判時729号3頁，大阪高判昭50・11・27判時797号36頁），横田基地騒音公害訴訟2審判決（東京高判昭62・7・15判時1245号3頁）やエホバ証人輸血事件（最判平12・2・29民集54巻2号582頁）など．

89) 五十嵐清・人格権法概説（有斐閣，2003）がその集大成．早稲田では藤岡康宏「損害賠償法の構造」（成文堂，2002）．なお，星野「民法における人間」同・民法論集第6巻（有斐閣，1986，初出，1983）も参照．

今日,「自己決定」という言葉は人格権から離れて独立に,様々な場面で口にされる.この四半世紀,憲法・民法に通ずるキーワードの一つになったかの観もある[90].民法学においても,吉田克己のように,家族・成年後見・脳死などをまとめて「自己決定と公序」という観点から論じるものも現れている[91].

こうした中で,契約の拘束力を説明する際に「自己決定」が打ち出されることも多くなってきた[92].ここで注目すべきは,自己決定権の根拠として改めて援用されている「私的自治」の意味の変化である.山本敬三は,私的自治を補強するために自己決定権が認められなければならないとするが,山本は私的自治を「自分の生活空間を主体的に形成する自由」と定義し,これを憲法の定める「個人として(の)尊重」「幸福追求権」によって基礎づける[93].

そこには,自らが決めたがゆえに拘束されるという抽象的な基礎づけを超えて,個人の幸福追求・生活空間の形成という実質的な基礎づけが含まれている.山本の国家に対する積極的な態度も,この点と結びついているものと思われる.山本が展開した「憲法と民法」の議論は,形式的な規範構造に着目して評価されることが多いが,それ以上に重要なのは,「個人の尊重」を民法の根幹に据えて,その実現に向けてなされる国家に対する助力の要請を積極的に承認しようとした点にあると言うべきだろう.

ⅱ)類型的な人へ　不法行為法から出発して,また,成年後見制度の改正に触発されて,広中俊雄は,人格秩序を民法の中心に据えると同時に,「人の法」の再編を説いた[94].「人の法」を再構成しようとする試みはほかにも散見されるが[95],この点に正面から取り組もうとしたのが山野目章夫である[96].

---

90) 山田卓生・私事と自己決定(日本評論社,1987)が嚆矢.1998年には岩波講座・現代の法14『自己決定権と法』も現れている.
91) 瀬川信久編・私法学の再構築(北海道大学図書刊行会,1999).なお,吉村良一「『自己決定権』論の現代的意義・覚書」立命館法学1998-4号も参照.
92) たとえば,山本敬三・民法講義Ⅰ総則(有斐閣,2005)96頁,潮見佳男・民法総則講義(有斐閣,2005)8頁,同・債権各論Ⅰ(新世社,2005)1頁など.
93) 山本前出注91)96-97頁.なお,山本・公序良俗論の再構成(有斐閣,2000)も参照.
94) 広中俊雄「成年後見制度の改革と民法の体系——旧民法人事編=「人の法」の解体から1世紀余を経て(上下)」ジュリ1184号,1185号(2000).なお,同「綻びた日本民法典の体系と民法学の対処」創文482号(2005)も参照.
95) いずれも民法100年との関係での総括という文脈で,大村「人——総論」ジュリ1126号(1998),吉田ほか「民法のなかの『人間』」法セミ529号(1999).
96) 山野目・前出注53).

山野目は「権利能力という構成物を媒介とする技術的観点」さらには「個人の尊厳」をも超えて，「自立した諸個人の連帯」という視座に着目し，「一定の人々に共通する特徴を発見し，そうした特徴に即応した法技術を考究すること」を「人の法」の課題とする[97]．その上で，山野目は，従前の財産法・家族法とは別に「ひとまず財産や家族との関わりを措いて，その人そのもののあり方を考究する領域」の相対的な独立を宣言する[98]．

山野目が具体的な検討対象として掲げるのは，さしあたり「消費者」と「労働者」である．しかし，その発想の核心は「〈状況規定的な人の類型〉を構想」し，これに対して「政策」ではなく「原理」のレベルでの考察を加えることを要請する点にある[99]．そうだとすれば，このアプローチはより広い問題を包摂しうることは明らかである．山野目自身が示唆するように，家族の問題は「人の法」に包摂されるのかもしれない[100]．さらに，その他の問題も視野に収めることができるはずである．

吉田や山本・山野目の問題提起をどのように受けとめるかについては，後に改めて触れることにして，次に，こうした議論のための受け皿を民法典そのものに探っておこう．

(2) 法典の再検討——「マイノリティ」のすみか

　ⅰ）　日本人と外国人　　憲法の条文には「外国人」という言葉は直接には現れない．外国人の法的処遇を直接に意識しているのは民法である．現行の民法3条2項（制定当時の民法2条）がそれであり，「外国人は，法令又は条約の規定により禁止される場合を除き，私権を享有する」と定めている．今日ではほとんど議論の対象にならない規定であるが，民法制定当時にはメディアを舞台に論争が繰り広げられた規定であった[101]．外国人の権利能力をより制限すべきことを説く見解も有力だったからである．

---

97)　山野目・前出注53) 3–4頁．
98)　山野目・前出注53) 6頁．
99)　山野目・前出注53) 9頁．
100)　山野目・前出注53) 16頁．
101)　星野英一「日本民法典に与えたフランス民法の影響」同・民法論集第1巻（有斐閣，1970，初出，1965）101–102頁．詳しくは大河純夫「外国人の私権と梅謙次郎（1–2)」立命館法学253号，255号（1997）を参照．

ここでは論争の詳細には立ち入らず，民法制定のスタート時にすでに，「日本人（内国人）」と「外国人」との区別が意識された上で，後者につき，できるだけ前者に近い処遇をしようという考え方が示されていたことを指摘するにとどめる．余談ながら，今日，「外国人」の法的地位を考えるにあたって，このような論争がなされた経験は参照するに値するだろう．

　ⅱ）能力者と無能力者　　ところで，言うまでもなく，この 3 条 2 項に続く 4 条 (旧 3 条) は成年年齢に関する規定であり，「年齢二十歳をもって，成年とする」と定める．この規定もそれ自体が論じられることは少ないが，民法が冒頭において，「成年」と「未成年」を規定したのはある意味で興味深い．未成年 (mineur) であるとは，まさに「マイノリティ (minorité)」であるということであるが，「外国人」に続き「未成年者」が掲げられたことにより，奇しくも二つの「マイノリティ」が並んだことになる．

　このように考えるならば，さらに続く制限行為能力の規定も異なる相貌を表すことになる．現在は「精神上の障害」（7 条・11 条・15 条）のある者に限られているが，周知のようにかつては，当時の言葉で言えば「聾者・唖者・盲者」が準禁治産者とされ（1979 年まで．旧 11 条），また，妻も準禁治産者に準ずる扱いがされていた（1947 年まで．旧 14 条以下）．すなわち，「（精神・身体）障害者」「女性」もまた，「健常者」「男性」ではない者として区別されたわけである．

　以上のように民法典は，「帝国臣民たる成年男子」で「心身壮健」なる者を完全な「人」として想定し――ちなみにこのような者が「兵役ノ義務」を負っていた――，「外国人」「未成年」「女性」「障害者」をこれとは異なるものとして区別していた（女性と身体障害者のほかは現在でもなお区別している）と言える．「マイノリティ」には「少数」「未成年」のほかに，「短調（陰気な）」「小さい・重要でない・二流の」の意味があることを思えば，以上のような人々を一括して「マイノリティ」と呼ぶことが可能であろう．

　ついでに言えば，もう一つの義務[102]である「納税ノ義務」を負わない者が，おおまかに言えば「無産者」であった．この「無産者」も含めて「外国人」「未成年者」「女性」は選挙権[103]を持たなかった（外国人と未成年者は現在でも持た

---

102)　大日本帝国憲法 20 条・21 条．
103)　大日本帝国憲法 35 条参照．

ない）．その意味で「二級市民」であったとも言える[104]．

　ここで指摘したいのは，民法典はマイノリティ差別を内在させた法典であるということではない．すでに述べたように，「弱者保護」と「権利主張」の経緯を顧みるならば，また，旧2条の立法史を繙くならば，むしろ民法・民法学の歴史は，「マイノリティ」の発見と統合の歴史であったと言えることを確認しておきたい．

III 「概念としてのマイノリティ」から民法・民法学へ

　さて，ここまでは，民法・民法学の領分に様々な「マイノリティ」がどのように現れてきたのか・また現れているのかを見てきたが，以下では，「マイノリティ」という考え方が民法・民法学に何を求めるか，あるいは何をもたらしうるのかという問題について考えてみたい．

1　マイノリティの処遇
(1)　差異の発見――「名づけ」の役割

　ⅰ）発見の性質　　20世紀に対しては様々な特徴づけがなされてきたが，この世紀が，社会主義国家の成立を背景に，社会問題・社会政策に大きな関心が寄せられた世紀であったことは言うまでもない．すでに見たように，日本民法学も早い時期に「社会問題」（労働問題・小作問題）を発見し，これに取り組んだ．また，20世紀は「消費者の世紀」であり，「女性の世紀」あるいは「子どもの世紀」でもあったとも言われる．

　消費者の利益を損なう劣悪な商品は古くから存在しており，見方によれば，消費者問題はいつの時代にも存在する．20世紀の特徴は，高度消費社会の実現によって，事故や事件が多発し顕在化した点にある．もっとも，それだけでは十分ではなく，それらが「問題」として意識されることが必要であった[105]．女性や子どもについても同様である．セクシャル・ハラスメントやドメスティッ

---

104) ほかにも，皇族・華族（旧憲32条），軍人（旧憲34条），外地人の問題などがあるが，立ち入らない．
105) 消費者問題・消費者法の歴史については，大村・前掲書（注65）5頁以下を参照．

ク・バイオレンスの例が典型であるが，これらの問題が出現したのは，従前から存在した実体に「名づけ」がなされ，問題として認知されたことを通じてであった[106]．

　各種の社会問題は，それぞれの領域の専門家によって発見・構成され，メディアによって増幅・普及が図られてきたわけだが，（広義の）民法学はその中で一定の役割を担ってきたと言ってよい．とりわけ，1970年代以後，社会問題が法廷で争われメディアがこれに注目するようになったために，民法学の役割は大きなものとなったが，それ以前も含めて，各時代の民法学は一定の貢献をしてきたと言えるだろう．

　実際，公害・環境法学は不法行為法学者たちが，消費者法学は契約法学者たちが，フェミニズム・ジェンダー法学は家族法学者たちが，それぞれその重要な担い手となった．「マイノリティ」という言葉を使わないとしても，先に述べた様々な人のあり方に着目した問題提起がなされてきた．

　ⅱ）被害の救済　問題発見だけでなく被害救済においても，民法学のはたした役割は決して小さなものではない．各種の被害に対して，従前の法理を活用することにより，場合によっては，従前の法理の難点を修正・克服することにより，さらには，従前の法理を支える基本原理の再考を迫ることによって，直接・間接に，民法学は，問題解決への提案をしてきた．むしろ，不法行為法・契約法にせよ家族法にせよ，こうした営みを通じて，その理論体系の更新がなされてきた．

　民法典の改正が困難であった立法不活性の時代には，民法学の主要関心は解釈論による被害救済であり，それこそが民法学の展開の大きな要因でもあったのである．

(2) 統合への方策──「共生」の空間

　ⅰ）制度の構築　近年では，民事立法も盛んになっている．狭義の民法改正に限らずに見渡すならば，消費者関連の立法は相次ぎ，また，女性・子ども・高齢者に関する立法も少なくない[107]．あるいは，様々な批判はあるものの，少

---

106) 家族法における経緯につき，大村・家族法（有斐閣，第2版補訂版，2004）44頁，117頁．
107) 製造物責任法・消費者契約法・住宅品質確保促進法・電子消費者契約特例法・食品安全法・公益通報者保護法，DV防止法・児童虐待防止法・成年後見法など．

数民族や性的少数者に関する立法も現れている[108].

　それらの立法のうちのいくつかに共通に見られるのは，本稿が「マイノリティ」と呼ぶ人々の社会統合をはかるために，制度構築による支援の試みがされているということである．そこには，被害の救済をはかるにとどまらず，ともに暮らすためによりよい仕組みを作り出そうという発想が感じられる．詳しく例をあげることはしないが，成年後見にしてもDV防止にしても，そのような評価が可能であろう．

　筆者自身は，立法によらない自生的な試みも含めて，積極的に「統合」「共生」のための空間を求める営みの中に，民法学の新たなフロンティアがあるのではないかと考えているが，ここでは立ち入らない (大村 2002, 2003-1/3, 2005 など)．

　ⅱ) 新たな差異　　ところで，「統合」「共生」の試みには，絶対的な終着点はない．消費者法においては，立法・判例によって保護されるのは一定レベルの消費者であり，被害が顕在化しない消費者層が存在する[109]．最近のリフォーム問題は，そうした層の一部に光をあてる結果となった．これは事実上の問題であるが，法的な問題も存在する．たとえば，子ども，労働者，外国人などにつき，ある一定の者 (認知された婚外子，派遣労働者，永住資格者など) を選び出して「統合」を試みるという場面を考えてみるとよい．このカテゴリーから外れる者は，結果として「排除」されることになる．

　もちろん，「統合」の試みが新たな「排除」を生み出すことに繋がるとしても，試み自体の価値は否定されない．しかし，新たに生み出される「マイノリティ」の存在を認識することは必要だろう．「マイノリティ」は続々と発見されるのであり，これに対する民法学の営みにも終わりはない．

2　民法・民法学の役割

(1)　「承認」の民法学を——新たなフォーラムの創設

　ⅰ) 枠組みの設定　　繰り返し述べているように，一方で，大きな潮流で

---

108) アイヌ新法 (アイヌ文化の振興並びにアイヌの伝統等に関する知識の普及及び啓発に関する法律)，性同一性障害者特例法 (性同一性障害者の性別の取扱いの特例に関する法律．前出注80参照) など．
109) スピヴァク (上村忠男訳)・サバルタンは語ることができるか (みすず書房，1998) を参照．

あった「弱者保護」は退潮し,「権利要求」は次々となされているが各所に散在しており結節点を欠く．すでに一言したフェミニズム法学・ジェンダー法学は，一定の範囲の問題を視野に収める広がりを有することは確かであるものの[110]，マイノリティ問題のすべてを包摂できるわけではない[111]．あるいは，「人権」という切り口も可能であり，各種の運動団体のほか，国際法学においてもこのアプローチがなされている[112]．こちらは射程は十分に広いのではあるが，民法学における枠組みとしてはやや茫漠としている[113]．

以上とは別のとらえ方として有望なものの一つに，「共生」という切り口がある．思想・経済・教育，哲学や社会学でも用いられることが多いこの言葉は[114]，行政においても定着しつつある上に[115]，井上達夫の『共生の作法』以降は[116]，法学の世界でもなじみふかいものとなっている．さらに，より実践的な現場の観点からも，弁護士の大谷恭子によって「共生の法律学」が説かれている．

大谷の著書『共生の法律学』では，10の章が立てられて，「障害者」「病気の人々」「心を病む人々」「アイヌ民族」「外国人」「『部落』の人々」「『ホームレス』の人々」「異なった宗教の人々」「性的マイノリティの人々」「男女」が取り上げられ，具体的な法律問題が紹介・検討されている[117]．このようにテーマを列挙するだけで，本稿がこれまでに触れてきたマイノリティ問題と重なりあう

---

110) たとえば，金城清子・ジェンダーの法律学(有斐閣，2002)，朝倉むつ子＝戒能民江＝若尾典子・フェミニズム法学(明石書店，2004)．
111) もっとも，辻村みよ子の市民主権論(同「シチズンシップと『市民主権』」「ジェンダーとシチズンシップ」同・市民主権の可能性〔有信堂，2002，初出，1998/2001〕)は，より広い展開の可能性をはらんでいる．
112) たとえば，上田正昭編・ハンドブック国際化のなかの人権問題(明石書店，第4版，2004)，国際法学会編・日本と国際法の100年④ 人権(三省堂，2001)など．
113) ただし，「少数者の権利」という限定を加えればより明確になり，次の「共生」の観点に近づく．たとえば，萩原重夫・法と少数者の権利(明石書店，2002)を参照．
114) 花崎皋平・アイデンティティと共生の哲学(筑摩書房，1993)，同『〈共生〉への触発』(みすず書房，2002)，内橋克人・共生の大地──新しい経済がはじまる(岩波新書，1995)，同・共生経済が始まる──市場原理を超えて(日本放送協会，2005)，岩波講座・現代の教育5 共生の教育(岩波書店，1998)，岩波新・哲学講義6 共に生きる(岩波書店，1998)，岩波講座現代社会学15 差別と共生の社会学(岩波書店，1996)など．
115) 内閣府では「共生社会政策」は「男女共同参画」などと並ぶ施策の柱の一つとされており，担当統括官も置かれている(http://www8.cao.go.jp/souki/index.html)．
116) 創文社，1986．
117) 有斐閣，新版，2002，初版，2000．

ことが容易に見てとれるだろう．

　ⅱ）理念の創出　「共生」という言葉は様々な文脈で用いられるため，その内容は必ずしもはっきりしない．大谷の著書も各論からスタートしているため，「共生」に関するまとまった検討はなされていない．しかし，同書の末尾で，大谷が次のように説いているのは，注目に値する[118]．

　まず大谷は，「共生」を「マイノリティのスローガン」としてとらえている．その上で，「反差別」や「人権」との異同に触れている．一方で，「共生」とは「差別を克服し，人権が守られているということ」だとしつつ，「『反差別』は人間はそれぞれに異なっていても同じ人間として皆平等であることに重点を置き，『共生』は，人は価値においては同じでも，生きた具体的な人間はそれぞれが異なった存在であり，この異なった多様な存在が多様性を否定されることなく，人と社会に関わりあうことを求める．……そして何よりも，隔離と分離と排除が人間の尊厳を根本のところでおびやかすことを認識する．個人は社会と対峙するものではなく，またあたかも個人が個人として自己完結するかのような『自立した市民としての個人』ではなく，社会的関わりなくしては生存も尊厳もありえない社会的存在としての個人を追求する」と述べている．

　つまり，大谷にとっての「共生」は，マイノリティ（マジョリティとの偏差＝差異）の存在の認識，排除の克服という課題設定，個人は積極的に社会とかかわることで尊厳を維持するという個人観＝社会観によって特徴づけられているのである．

　個々の問題につき大谷の主張に与するかどうかは別にして，ここには，広い射程と個別的な内実を持つ枠組みが設定されており，魅力ある基本理念が説かれている．すでに述べた山本の価値判断を具体化し，山野目の視座を展開するための空間がある．今後の民法学が育んでいくことを求められているのは，こうしたものではないかと思う．

　以上のように見てくると，「共生」と「マイノリティ」とは表裏一体の関係にあることになる．しかし，本稿は，両者のうちから「マイノリティ」を選ぶ．その理由は次の通りである．第一に，「マイノリティ」は，民法学における個別

---

[118]　大谷・前出注116) 301–302頁．

の議論と接続がしやすいこと．さらに，第二に，「マイノリティ」は問題の発見・解決という法の運動のツールとして優れていると思われること，そして何よりも，第三に，「マイノリティ」は，個人の多様性を前提としており，「個人の尊厳」を中核に据えた民法理論を一方で支持するとともに，他方でその抽象性を乗り越える契機をはらむこと，である．そこには，自分とは異なる「他者」の承認から出発し，共通の基本価値の下に社会関係を積極的に形成していこうという意思が認められる，と言ってもよい (大村1998参照)．

以上のように，「経済基盤の再編」のための法学とは別に，「マイノリティの承認 (差異の発見とその尊重の上に立つ統合)」のための法学を構想し，様々な研究・実践の動向を結集することは，可能かつ必要なことだろうと思う．しかし，この点に同意が得られたとしても，次の問いに答える必要がある．こうした試みは従来の「民法学」の枠を超えることにはならないかという問いである．もちろん，枠を超えること自体は問題ではないとも言える．むしろ，今日では，一般市民と専門家，それぞれの専門法領域，国内法と国際法などの境界を超えられつつあるし，また，それが望まれているとも言える．筆者もそうした見方に親近感を抱くものである (大村1996–1)．しかし，同時に，民法学の枠の方を広げることも考えられてよいだろう．

(2) シヴィル civil の再編へ——民法の領分

ⅰ) 「私権」から 「民法は私法の一般法」だと言われるが，その場合には「私法と公法の分化」が前提とされている．すなわち，「封建社会においては……私法は公法から分化するに至らなかったが，市民革命が人間の自由と平等を宣言し，自由な所有権を認めるとともに，他方で国家権力の行使を市民社会の保護に限定したとき，ここにはじめて私法と公法が分化した」(四宮) というわけである[119]．

確かに，現行民法典はこのような考え方に立って起草されたと言うことができる．たとえば，第1編旧第1節の表題決定および旧1条 (現3条1項) の起草にあたり「私権」か「権利」かが争われた際には，起草者 (穂積) は，フランスなどのように民法が基本法典であり人民の権利を定める基本法典だとする考え

---

[119] 四宮和夫＝能見善久 (弘文堂，第7版，2005) 2頁が引用する四宮旧版の説明．

方をとらずに,「憲法は大きく民法は小さい」という考え方に与すべきことを説いた．そこでは,「権利」全般ではなく,「公権」と区別された「私権」が規律対象に据えられていた．

　しかし,「私権」とは何かについては必ずしも明らかではなかった．実際，起草者の中には,「私権」を広く「国民が為政機関の運転に参与する権を除き各自の安寧，福康を自衛するに要する一切の権利」ととらえる者もあった（梅）[120]．これは，エールリッヒが『権利能力論』で展開した「権利能力」の概念——① 政治上の権利を有しこれを行使する能力，② 法的に承認され保護された家族関係に入り込む能力，③ 財産権を取得しこれを所有する能力，④ 人格，自由，生命，身体の法的保護を請求する権利，のうちから，① を除いた残りであると言えるだろう．

　なお，広い権利概念を有するとされてきたフランス民法典を見ても,「私権」と「公権」の区別はなされているが，そこでの「公権」は droit politique（政治的権利）とされており,「憲法と選挙法に従って獲得・保持される」権利であるとの位置づけがなされており，梅の見方はこれに連なることがわかる．

　ⅱ）「市民的自由」から　　以上のように見ると，フランスでは,「政治的権利」と対比されて民法典の規律対象とされた droits civils は，むしろ「市民的権利（自由）」と解されるべきなのかもしれない．

　ただ，ここで注意すべきは,「市民的権利（自由）」の内実である．civil はもともとは civitas に由来するが，civitas は politicus と同義で「国家」を意味していたという．しかし，近代においては，次第に政治的な能動性が失われ,「公共の物事に参与する権利ではなく，自己の生命と財産が無条件に保護される権利」が前面に現れるようになったという[121]．

---

120)　梅謙次郎・民法総則（信山社，1990）439頁以下．
121)　モンテスキューのテクストを通じて,「政治的自由」「市民的自由」を検討するものとして，川出良枝・貴族の徳，商業の精神（東京大学出版会，1996）296頁以下．なお，福沢諭吉が「政権」よりも「私権」を重視したことを指摘するものとして，松本三之介・明治思想における伝統と近代（東京大学出版会，1996）120頁以下．さらに，civique/civil につき，LECA, Individualisme et citoyenneté, in BINRBAUM et LECA, Sur l'individualisme, Presse de la Fondation nationale des sciences politiques, 1986, p. 159 et s., citoyen politique/citoyen civil につき，樋口陽一「〈citoyen〉の可能性——『国家の相対化』の文脈のなかで」同・近代国民国家の憲法構造（東京大学出版会，1994，初出，1990）141頁以下．

このように，droits civils はもはや droits politiques を含まないとしても，そこには，エールリッヒに即して触れたように，身分権・財産権以外のものが含まれている．というよりも，droits politiques 以外の一切が droits civils であるというべきなのである．

この問題を検討するための素材としては，最近の EU 基本権憲章が興味深い．そこでは，保護の範囲・程度などに関する「一般的な規定」を除くと，「尊厳」「自由」「平等」「連帯」「市民権」「司法」の六つの章に分けて規定が配されている．ここで注目すべきは，人々が国籍に基づき各構成国の政治に参加する権利以外の権利は，すべてここに書き込まれているということである．「人間の尊厳」に関する規定から始まるこの憲章には，「差別の禁止」(21条)，「文化的・宗教的・言語的差異の尊重」(22条) のほかに，「男女の平等」(23条)，「子どもの権利」(24条)，「高齢の人々の権利」(25条)，「障害のある人々の差別なき統合」(26条) などの規定が置かれているが，それはまさに「市民的権利」に関する諸規定であると言える[122]．

もちろん，この憲章は，EU の施策を方向づけるものであり，いわゆる憲法のレベルに属するものとして理解される (現に，憲法条約第 2 部に取り込まれた)．しかし，それは同時に，ヨーロッパにおいて広く追求されるべき価値の宣言でもある．星野英一が，人権宣言を憲法・民法の上位に置いたように[123]，EU 憲章を各国民法の上位に置くことは十分に考慮に値する．そこに書かれたことがらは，「市民的自由 (権利) の法」としての「民法」にもかかわると言えるのである．このように，民法の領分を広くとり，その上で憲法との協働を試みるべきだろう[124]．

---

122) 2005 年 10 月から 11 月まで東京大学法学部比較法政国際センター客員教授として来日したデルマス・マルティ (コレージュ・ドゥ・フランス教授) は，ヨーロッパ人権条約に関する講演の後の雑談の際にではあるが，人権条約は民法にも密接に関係すると述べていた．法領域や国境を越えて「共通の法 (droit commun)」を目指す彼女らしい発言であるが，同様の見方は，ヨーロッパの民法学者の側からも示されている (Manifeste pour une justice sociale en droit européen des contrats, *RTDC*, 2005-4, p. 713 et s. なお，EU 各国から集まった 18 名が署名したこの manifeste の英語版は，(2004) 10 *European Law Journal*, 653 に公表されているという)．

123) 星野英一「民法と憲法」同・民法のもう一つの学び方 (有斐閣，2002，初出，1994)．なお，高橋和之「『憲法上の人権』の効力は私人間に及ばない」ジュリ 1245 号 (2003) も参照．

124) そうした協働のための手がかりとして，樋口陽一・国法学 (有斐閣，2004)．なお，辻村・前出注 73, 1998) は，樋口・前出注 120) の議論を継承しつつ，citoyen civil の政治・社会参画を論じており，本報告の問題意識と切り結ぶ．

詳しくは別の機会に譲るが，20世紀初頭のフランス民法学は「共和国の民法学」たろうとしたのではないかと思われる（大村2004-2）．それはすなわち，共和国における「市民的自由」のあり方を再検討に付す営みがなされたということでもある．その意味では，レオン・デュギーが公法を語ると同時に民法を語ったのは，決して不自然なことではなかった[125]．

Ⅳ 結びに代えて——アジアへのメッセージ

最後に，アジアとの関係につき一言して，結びに代えたい．現在の政治的な困難にもかかわらず，日本の法と社会をアジアの文脈でとらえることは，今後，ますます必要となるだろう．実際，今日では，日中・日韓の比較はさまざまな形でなされているが，そうした際に目立つのは，経済開発の観点である（大村1995，1997）．それは，もちろん必要なことではあろう．

しかし，本稿が触れてきたような諸問題，すなわち，マイノリティの存在を尊重しつつ，社会への統合をはかり，社会そのものを新たに構成していくfaire sociétéという観点も，それに劣らない重要性を持つはずである．このような課題に関する経験をアジア諸国と共有し，ともに検討していくことが，日本の法学，とりわけ民法学の進むべき道なのではなかろうか．なすべきことは多いが，筆者自身は，韓国人・中国人を含むマイノリティとしての外国人を日本社会に統合し，そのことを通じて日本社会をアジアに向けて開く努力が，国内的にも対外的にも必要なのではないかと考えている．

さらにその先には，より困難な課題が待ちうけている．それは，経済の発展，地域の繁栄を担う取引や市場を，どのようにして「人間の尊厳」に定位させるかという課題である．このような還流を生み出すことによって，はじめてサブストリームはメインストリームの行方により深い影響を及ぼしうるだろう．

---

[125] デュギーの言説は検討に値する．早稲田では，今関源成「レオン・デュギ，モリス・オーリウにおける『法による国家制限』の問題」早稲田法学57巻2号，58巻1号（1982/83），他には，高橋和之・現代憲法理論の源流（有斐閣，1986）を参照．

[参考文献]

大村 1994「民法と憲法の関係——フランス法の視点」法源
大村 1995「日韓比較民法研究序説——日本の一民法学者の視点から」法典
大村 1996–1「Delmas-Marty, Pour un droit commun, 1994」法典
大村 1996–2「民法と民法典を考える——『思想としての民法』のために」法典
大村 1997「開発法学の可能性——日本民法典の 100 年を振りかえって」法典
大村 1998「もう一つの『法の力』——デリダと法」法典
大村 2001–1『民法総論』(岩波書店)
大村 2001–2「〈civil〉ということ——『近代法の再定位』を読んで」創文 436 号
大村 2002『フランスの社交と法』(有斐閣)
大村 2003–1『生活民法入門』(東京大学出版会)
大村 2003–2「法学における構造と実践の間——ブルデューと法・再論」宮島喬＝石井洋二郎編・文化の権力——反射するブルデュー(藤原書店)
大村 2003–3「日常生活の法的構成——『生活民法』の視点」UP371, 372 号
大村 2004–1「大きな公共性から小さな公共性へ——『憲法と民法』から出発して」法時 76 巻 2 号
大村 2004–2「Centenaire de la revue trimestrielle de droit civil; 2004–2 …」国家 117 巻 5＝6 号
大村 2004–3「損害——女子・外国人の逸失利益を中心」法教 290 号
大村 2005『生活のための制度を創る』(有斐閣)
大村 2006–1「人」北村一郎編・フランス民法典の 200 年 (有斐閣)
大村 2006–2「民法典 200 周年を祝う——2005 年の日本から」石井三記編・コード・シヴィルの 200 年——法制史と民法からのまなざし(創文社)
大村 2006–3「民法における外国人問題——契約拒絶を中心に(仮)」塩川伸明＝中谷和弘編・国際化と法

　上に掲げる筆者自身の著書・論文に限り，本文中に括弧書きで(大村, 1994)のように引用する．なお，「法源」は大村・法源・解釈・民法学(有斐閣, 1995)に，「法典」は同・法典・教育・民法学(有斐閣, 1999)に，収録されていることを示す．また，2006–1/2/3 は原報告当時には未完であり，刊行予定のものとして引用した．

C–2　試金石としての外国人

1　はじめに——対象の限定

「国際化と法」というテーマ設定の下で，民法の観点からの検討を行うとなると，まず考えられる話題は，取引の国際化か家族の国際化であろう．前者については，現在，ヨーロッパではヨーロッパ契約法を制定をめぐって活発な議論がなされている．たとえば，民法典施行200周年を迎えるフランスでも取引ルールのヨーロッパ化は大きな関心を集めており，ヨーロッパレベルでの立法作業において出遅れた観のあるフランスは，その主導権を回復すべく債権法・担保法の改正作業を始めたところである（北村2004，金山2005を参照）．日本民法典も現代語化の後には，取引の国際化に対応した改正が期待されている．後者に関しては，様々な問題があるが，国籍や在留資格の基礎となる家族関係をめぐる動きが目立っている．たとえば，非嫡出子の国籍の取扱いにつき，しばらく前の最高裁判決は限界的なケースを救済する解釈論をひねり出し（最判平9・10・17民集51巻9号3925頁，最判平15・6・12判時1833号37頁），学説の注目を集めた[126]．そうした流れの中で，2005年4月には下級審ではあるが，国籍法の関連規定を違憲とする判決（東京地判平17・4・13判時1890号27頁）が下されたことは記憶に新しいところである．

しかし，本報告では，その性質からして国際性を持つことが明らかなこれらの問題ではなく，一般の民事ルールの適用にあたって，当事者の一方が在日の「外国人」[127]であることをいかに考慮すべきかが争点となったケースを紹介・

---

[126]　主として，国際私法の問題としてとらえられている（たとえば，国友1998，木棚2004を参照）．

[127]　むしろ「非日本人」であることが問題になっていると述べた方が正確である．というのは，国籍そのものが問題になっているというよりも，文化・人種・住居の点で一般の「日本人」とは異なる人々の処遇が問題になっているからである．実際のところ，本稿がとりあげる裁判例は，「外国人法」においても言及されるが（手塚2005．「住民としての外国人」という章の「市民生活上の権利」という項目で扱われている），同時に，「人種差別」の観点から言及されることもある（村上2005．「私人間の人種差別の規制義務」という章で扱われている）．以上のような事情をふまえ，本文中では「外国人」という括弧書きの表記を用いている．

検討することにする．このような作業を通じて，日本国内における「外国人」の処遇の別の一面を明らかにすることを試みるとともに，「外国人」の存在が日本法に対して投げかける問題の意味についても考えてみたい．

こうした観点から見た場合に興味深いのは，事故と契約に関する比較的最近の裁判例である．このうち，事故に関する裁判例とは，不法滞在の外国人労働者が事故にあった場合に，その損害（逸失利益と慰謝料の双方につき裁判例がある）をどのように算定するかにかかわるものであるが，これについては，別の機会に簡単な検討を試みたことがある（大村 2004）．そこで，本稿は，契約に関する裁判例として，「外国人」に対する（広義の）契約拒絶にかかわる一連の裁判例をとりあげることにする．

具体的には，契約類型ごとに，いくつかの裁判例を紹介した上で(2)，それらを素材に，若干の検討を試みる(3)．その上で，これらの裁判例が提起している問題を一般化し，民法の基本的な法理に対する影響について触れてみたい（おわりに）．

2　裁判例の紹介

(1)　序

まずは裁判例の紹介を行うが，以下に紹介するのは，次の 7 事件 9 判決である．便宜上，契約の性質に応じて 3 つのグループに分けておく．

第一のグループは団体加入にかかわるものである[128]．性質上，最も継続的な性格が強いものである．早い時期に一つ判決が見られるが（①），しばらく時間をおいて数件（②～③ab．③ ab は同一事件の 1・2 審判決）が現れている．

① 東京地判 1981（昭 56）・9・9 判時 1043 号 76 頁
② 東京地判 1995（平 5）・3・23 判タ 874 号 298 頁
③ a 東京地判 2001（平 13）・5・31 判時 1773 号 36 頁

---

[128] ゴルフクラブの中には，団体的性質の強いもの（共有型・株主会員型）と契約的性質の強いもの（預託契約型）があり，前者については「契約拒絶」という表現は必ずしも適切ではないが，本文では預託契約型のものと一括して「契約拒絶」という表現を用いる．

③b 東京高判 2002（平 14）・3・23 判時 1773 号 34 頁

　第二のグループは，消費貸借や賃貸借など貸借型の契約類型に関するものであり，第一のグループと同様に時間の要素を捨象することができないタイプのものである．アパートの賃貸借に関する判決（④）のほか，住宅ローン（消費貸借）に関する二つの判決が公表されている（⑤ ab．同一事件の 1・2 審判決）．

④ 大阪地判 1993（平 5）・6・18 判時 1468 号 122 頁
⑤a 東京地判 2001（平 13）・11・12 判時 1789 号 96 頁
⑤b 東京高判 2002（平 14）・8・29 金商 1155 号 20 頁

　第三のグループは，売買やサービス提供などいわばスポットの契約に関するものであり，宝石店の店舗からの退去要請をめぐる判決（⑥）と公衆浴場の入場拒絶をめぐる判決（⑦）とがあるが，いずれもマスコミや学説の注目を集めたものである[129]．

⑥ 静岡地浜松支判 1999（平 11）・10・12 判時 1718 号 92 頁
⑦ 札幌地判 2002（平 14）・11・11 判時 1806 号 84 頁

　以下，グループごとに判決を見ていこう（各判決は①〜⑦の番号で引用する）．

(2)　団体加入

　① 事件は，株主会員制のゴルフクラブを経営する Y 社に対して，株式を取得して名義書換えを求めて拒絶された在日元韓国人（日本に帰化）X が，名義書換えの拒絶は憲法 14 条に反する不当な差別であるなどとして，不法行為を理由に損害賠償請求をしたというものであった．判決は，「およそある者が，本件カントリークラブのような私的団体への参加を希望する場合，右団体としてその者の加入を認めるか否かは，私的自治の原則が最も妥当する領域の問題と

---

[129]　主として，国際法の問題としてとらえられている（たとえば，高田 2000，佐藤 2003 を参照）．

して，その自由な自主裁量的判断によってこれを決すべきものと解するのを相当とする」とし，「その決定が，他面，個人の基本的な自由や平等に対する侵害になるような場合であったとしても，それがその態様，程度からして社会的に許容しうる限度を超えない限り，公序良俗違反とはならないものと解さなければならない」とした．なお，① 判決は，上記一般論を判示した後で，最大判昭 48・12・12 民集 27 巻 11 号 1536 頁（三菱樹脂事件）を引用している．同判決は，民法の規定の解釈・適用を通じて「一面で私的自治の原則を尊重しながら，他面で社会的許容性の限度を超える侵害に対し基本的な自由や平等の利益を保護し，その間の適切な調整を図る」という立場を示したものとして知られているが[130]，① 判決は，これを敷衍したものであると言える．

　なお，① 判決は，具体的な事案に関しては，「このような一律的な規定を定めると，個別具体的な場合においては，時として，日本人と言語，情緒等精神活動の面で十分意思の疎通をはかり得る者をも会から排除することとなり，そのために硬直に過ぎて妥当性を欠く結果を招く場合もなくはないと考えられるが，しかし，それにしてもなお，訴外カントリークラブの私的な閉鎖的社交団体性からすれば，右規約の定め自体をもって，社会的に許容される限界をこえる定めをしているものとは断じがたい」としている．

　早い時期に現れた ① 判決は，その後に続く類似の事件の解決にあたり，一つの標準を示したものとなる．たとえば，① 事件と同じ株主会員制ゴルフクラブの入会に関する ③ 事件でも，二つの判決はいずれも ① 判決と同様の判断枠組に基づいて，会員権譲渡の承認を求める X（在日韓国人）の請求を退けている．なお，③ a 判決はさらに，「私人である社団ないし団体は，結社の自由が保障されて」いるとして，国家が介入して個別的な救済をはかるのが許されるのは，「結社の自由を制限してまで相手方の平等の権利を保護しなければならないほどに……重大な侵害がなされ」たといえる「極めて例外的な場合に限られる」として，① 判決よりもさらに慎重な姿勢を見せている．

　これに対して，② 事件は，やはりゴルフクラブへの入会が問題となったものであったが，判決は，登録変更申請を拒絶された X（在日韓国人）の損害賠償

---

130)　同判決については，憲法教科書で必ず言及されている（芦部 1999，長谷部 2001，松井 1999，辻村 2000）．

第2節　「市民社会の法」「人の法」への着目　　489

請求を一部認容している．ただし，この判決も一般的な判断枠組に関しては，①判決とほぼ同じ考え方をとっていた．では，結論を分けた事情は何かと言えば，二つの事実をあげることができるだろう．第一は，②事件では，事前の別訴における和解において，Xへの登録変更が合意されていたという事情があり，その後，変更申請を拒絶する理由となるような特別な事情がなかったこと，第二に，本件ゴルフクラブが閉鎖性の強い株主会員型ではなかったようであること，である．なお，結論を導くに際しては，今日では，ゴルフクラブは純粋に私的な団体とは言えないという判断が影響を与えているが，株主会員型の事案であれば，この点も異なった判断が導かれたかもしれない．

(3)　賃貸借・消費貸借

④事件は，マンションの賃貸借契約の締結拒絶をめぐるものであり，X（永住資格を持つ在日韓国人）は，家主 Y_1 に対して，在日韓国人であることを主たる理由に入居を拒否されたとして，賃借権の確認および建物引渡しを求めるとともに，損害賠償請求を行ったというものであった．なお，実際の事件では，不動産仲介業者 Y_2 や大阪府 Y_3 に対する損害賠償請求もされているが，これについては省略する．④判決は，賃借権の確認などの請求を退けた上で，差別的入居拒否を理由とする損害賠償請求も退けている．

しかし，判決は，不動産仲介業者 Y_2 がXに対して，入居が可能であるかのような発言をして信頼を惹起させていたとした上で，Xとの関係では，Y_2 を Y_1 の履行補助者に準ずるものとしてとらえて，契約準備段階における信義則に基づく責任を認めた．このような構成を正当化するために，判決は，「仲介業者を利用して，広く契約の相手方を募るという利益を得ている」点を重視し，さらに，信頼を惹起した以上は，「合理的な理由なく契約を拒絶することは許されない」として，在日韓国人であることを主たる理由とする契約拒絶には何ら合理的理由はないとしている．

⑤事件は，X（米国籍ジャーナリスト）がマンション購入に際して，Y銀行に対して住宅ローンの申込みを行ったところ，永住資格がない外国人に対しては長期ローンを組むことができないとの理由で承諾が拒絶されたため，人種差別にあたるとして不法行為による損害賠償請求をしたというものだった．二つ

の判決は，債権回収コストを低く抑えるために，銀行が「住宅ローン対象者の基準を画一的に明確化し，永住資格を持たない外国人を融資対象者から除外することには合理性がある」とした．

なお，Yは，永住資格のある外国人には融資をしている一方で，日本人でも国内に永続的に居住する予定がない場合には融資を拒絶していると認定されている．また，他の複数の金融機関で永住資格を住宅ローンの条件とはしていないことは，判断に影響を及ぼさないとされている．

(4) 売買・サービス提供

⑥事件は，宝石店の店主Yが，店内の商品を見ていたX（ブラジル人ジャーナリスト）に対して，どこから来たのかと尋ね，ブラジルからという答えを得たので，「外国人の入店は固くお断りします」「出店荒らしにご注意」という貼り紙を示すなどしてXを追い出そうとしたところXがこれを拒んだため，Y側は警察官を呼び，X側は仲間の新聞記者を呼ぶというトラブルになったというものである．その後，XはYを相手に，入店拒絶は不法行為になるとして損害賠償を求めた[131]．

判決は，Xの請求を容れて慰謝料150万円の全額を認めている（確定）．その理由として，Xは「ブラジル人であるということから，外国人入店お断りというビラを見せるとか，警察官を呼ぶとか，不穏当な方法により原告を店から追い出そうとしたことにより原告の人格的名誉を傷つけたものといわざるを得」ないとしている．

⑥判決がこの結論に至った決め手がどこにあるのかは不分明であるが，次の3点が特徴的な判示であったかと思われる．第一は「店舗を構える経営者には，顧客対象を限定したり，入店制限を行うとか，被紹介者に限るとか，完全な会員制にするとかの自由はない」としている点，第二は「ブラジル人と知っただけで追い出しをはかった行為」を「その考え方において外国人をそれだけで異質なものとして邪険に取りあつかうところ」としている点，第三は「その方法についても見せてはいけない張り紙を示して原告の感情を害した」としている

---

131) この事件では，厳密には契約締結ではなく，契約に向けた接触関係に入ること自体が拒絶されているが，これも広い意味での「契約拒絶」に含めて考える．

第2節 「市民社会の法」「人の法」への着目 491

点である．

　最後に，⑦判決である．X_1〜$_3$（それぞれドイツ国籍・アメリカ国籍・アメリカから日本に帰化）は，Y_1が小樽市において経営する公衆浴場に入場しようとしたところ，外国人であることを理由に（X_3については，外見上は外国人であることに変わりないとの理由で）入浴を拒絶された．なお，当時，小樽市ではロシア人船員の入浴マナーの悪さが問題になっており，数件の公衆浴場が外国人の入浴を拒否していたという．X_1〜$_3$は入浴拒否が違法な人種差別にあたるとして，Y_1に対して不法行為に基づく損害賠償・謝罪広告を求めた．なお，このケースでも小樽市Y_2に対する請求がなされているが，これについては省略する．

　判決は，X_1〜$_3$は「本件入浴拒絶によって，公衆浴場……に入浴できないという不利益を受けたにとどまらず，外国人に見えることを理由に人種差別されることによって人格権を侵害され，精神的苦痛を受けたものといえる」として，100万円（請求は200万円）の慰謝料の支払いを命じた．なお，謝罪広告に関しては「社会的名誉」が毀損されたとは言えないとして，請求は退けられている．

　本判決の特徴は，憲法・国際条約については直接適用説をとらないとし，公衆浴場法は本件のような問題とは無関係であるとした上で，「人種差別撤廃条約の趣旨に照らし，私人間においても撤廃されるべき人種差別にあたる」とし，かつ，「知事の許可を受けて経営される公衆浴場であり……公共性を有するものといえる」から「公衆浴場である限り，希望する者は，国籍，人種をとわず，その利用が認められるべきである」とした点にある．

　なお，判決は「マナー違反者を退場させる」などの方法がとられるべきであったとし，「その実行が容易でない場合がある」ことを認めつつも，だからといって「安易にすべての外国人の利用を一律に拒否するのは明らかに合理性を欠く」としている．また，X_1〜$_3$が「入浴拒否の事実を社会に認知してもらいたいという目的をもっていたとしても」損害が発生していないということはできないとしている．

3　若干の検討

(1)　一般的な問題

ⅰ）自由の領分　　以上の裁判例はいずれも一般論としては，私人である契約当事者あるいは団体は，契約の申込みあるいは結社への加入申込みに対して，承認するか否かを決する自由を有することを前提とした上で，当該決定が，社会的に許容しうる限度を超えて，相手方の権利・自由を損なう場合には不法行為が成立するとしている．このような判断枠組みは，憲法(あるいは各種の人権条約)との関係では，いわゆる間接適用説に立つものであると言える．しかし，同じ枠組みを用いつつ，具体的な事案においては異なる結論が導かれており，間接適用説か直接適用説かという議論以外のところで決着が付いているように思われる．なお，不法行為の成否に関する判断枠組みとしては，以上のような考え方はさほど奇妙なものではない．加害者の自由と被害者の利益とを考量するものであり，たとえば，騒音・日照問題などいわゆる生活妨害において用いられている受忍限度論などと同次元に置いて比較検討がなしうるものであると言える．

さて，具体的な考量に関してであるが，各裁判例は，被害者側(外国人側)の事情についてはあまり立ち入った判断を行っていない．主として考慮に入れられているのは加害者側の事情であり，加入や締結の可否が問題とされている結社や契約の性質が「私的」「閉鎖的」なものなのか，「公的」「開放的」なものなのかが重要な意味を持たされているように見える．加害者の責任を認めた②⑥⑦では，いずれもこの点にかかわる指摘がなされている．しかし，②や⑥の場合には(2)で述べるような他の事情も存在し，むしろそちらが決め手とされているようである．

⑦に関しては，判決は，「希望する者は，国籍，人種を問わず，その利用が認められるべきである」としている．その根拠としては，衛生上の規制を行う公衆浴場法を援用するだけでは十分ではないようにも見えるが，公衆浴場確保特別措置法(「公衆浴場が住民の日常生活において欠くことのできない施設であるとともに，住民の健康の増進等に関し重要な役割を担つているにもかかわら

第2節　「市民社会の法」「人の法」への着目

ず著しく減少しつつある状況にかんがみ，公衆浴場についての特別措置を講ずるように努めることにより，住民のその利用の機会の確保を図」ることを目的とし，国や自治体による貸付け・助成を行う法律）の存在をあわせ考えるならば，この法律の適用される「公衆浴場」に関しては，⑦判決の理由づけはもっともであると思われる．

　しかし，ゴルフクラブや宝石店について，たとえば，会員制をとり，会員資格を限定することが全く許されないとは言いにくいだろう．この点につき，⑥判決は「店舗を構える経営者には，顧客対象を限定(する)……自由はない」としているが，何の限定もなく一般的な主張としてこのように述べるだけでは，広く支持を得られるとは思えない．契約当事者の相手方選択の自由は店舗を構えているという一事をもって当然に失われるとは考えにくい．もっとも，次に述べるように，メンバーや顧客の選別基準が問題にされることはあるだろう．

　ⅱ）選別の基準　　顧客の選別基準が問題とされたのは①⑤⑦であるが，このうち①⑦は，選別自体は合理性があることを前提としている．すなわち，メンバーとしてのコミュニケーション能力に欠ける者や他の顧客に迷惑を及ぼす可能性の高い者を排除すること自体は違法とはされていない．ただ，その際の基準として「外国人であること（外国人の外貌を呈すること）」を採用するのが合理的であるかといえば，⑦は合理的でないとし，①も常に合理的であるわけではないとしている．これに対して，⑤はabともに，債権回収のコスト削減のために日本に居住を続ける者であることを要求することには合理性があることを前提とし，永住資格の有無によってこの点を判断することは許されるとしている．

　しかし，永住資格の有無が日本居住の蓋然性を示す指標だと言えるかどうかには疑問を提起しえないわけではない（少なくとも，日本人の場合とパラレルな基準になってはいない）．そう考えると，①⑦と⑤との間に結論を分けるほどの差があると言えるかどうかは必ずしも明らかではない．選別に関しては，およそ選別の許されない場合とおよそ選別が許される場合との間に，合理的な選別であれば許される場合があるだろうが，選別の目的と手段の合理性に対する判定は必ずしも容易ではない．

(2) 個別的な問題

裁判例においては，一般的な選別の基準の当否が問題にされているだけではなく，団体加入・契約締結の拒絶をめぐる具体的な事情も考慮されている．

ⅰ）先行行為の存在　　一つは，②④で問題にされた「先行行為の存在」である．いったんは許容した加入・契約の申込みを事後に覆すには，合理的な理由が必要だろう．いまだ加入・契約には至っていないとしても，相手方は団体加入・契約締結につき正当な利益を有している．また，当初から一定のカテゴリーに属する者は対象外とするのではなく，団体加入・契約締結の交渉が進み一定の期待が形成された段階で，相手方の属性（外国人であるというほかに，未婚者である・特定の職業に従事しているなど）を理由に団体加入・契約締結を拒絶するのも，合理的な交渉拒否とは言えないだろう．この場合に，交渉拒絶者に損害賠償責任が生ずることは，民法の一般法理（契約準備段階における責任）から導くことができる．

ⅱ）拒絶態様の違法性　　もう一つは，⑥で問題にされた「拒絶態様の違法性」である．団体加入・契約締結そのものは違法ではないとしても，拒絶の態様が悪ければ，その態様をとらえて不法行為責任を問うことは可能であろう．このことは，権利行使であっても，その態様いかんによって不法行為責任が発生することからも容易に理解されるだろう（たとえば，債権の取立てなど）．ただし，どの程度に至ると不法行為と評価されるのかは，微妙なところである．⑦のケースで拒絶の態様だけを取りだした場合に，従来の感覚からすると，それを不法行為とは言いにくいという評価もありえよう．

4　おわりに──外国人問題から見た民法

以上の簡単な考察を振り返って見ると，一方に，「公共性」「公開性」を理由に，入会・締約を希望する者に対する拒絶を認めないとする可能性があること，他方に，契約交渉が開始したことによって，当事者には信義則上の責任が発生しうることがわかる．前者は，公法的な発想の処理方法であり，後者は，私法的な発想の処理方法である．しかし，それ以外の発想はあり得ないのだろうか．最後に，二つの可能性をあげて，この点につき若干の考察を試みる．

(1) 公序としての平等取扱いの原則

一つは,「平等取扱原則」を公序として措定することはできないかということである (大村 2002 参照). ここで考えているのは, 公法的な意味での公開性・公共性を持つわけではないが, 不特定多数の人々と関係を持つ団体や事業者は, これらの人々に対する平等な取扱いを要請されるのではないかということである.

この「原則」は, ある程度までは契約解釈から導かれるかもしれない. たとえば, 約款による大量取引が行われている場合には, 個別交渉は行われないという前提で, 顧客は取引条件を受け入れ契約を締結するか否かの判断をしている. その場合には, 他の顧客に対しても同様の対応がされていることが念頭に置かれている. それは事業者の契約上の義務であると言えないわけではない.

しかし, このような契約レベルでの基礎づけには限界がある. 確かに, このような議論がなりたつ場合はあるとしても, 契約上の義務を一般的に認めるのは困難であると言わざるをえない. あまりにも擬制の色彩が強すぎるからである. むしろ, ことがらの性質上, 相手方の平等取扱いが要請される場合があると考えるべきではないか. ⑥判決のように, 何の限定もなく加入・契約の交渉に応ずる義務を課すことはできないとしても, 一般からのアクセスを避ける方策がとられていたり, 交渉拒絶に正当な理由がある場合を除き, 私法的な意味でも, 公共性・公開性が求められると考えることはできないだろうか.

(2) 人格権としての尊厳配慮の原則

もう一つは,「尊厳配慮原則」を(広義の)人格権から導くことはできないかということである. ⑥⑦は「人格的名誉」の侵害を認めているが, それは「社会的名誉」とは区別された保護法益として考えられているようである. 社会的な評価としての「名誉」とも, 個人的な情報としての「プライヴァシー」とも異なる人格的利益 (それは名誉感情と呼ばれるものに近いのかもしれない) を不法行為法の保護法益とすることは考えられないではない. セクハラや DV などにおいても問題とされているのは, この種の保護法益なのではないか. それは, いかなる人も, 人として相応の処遇が要求されるということであり, 人間の「尊

厳」への配慮が求められると言うことである[132].

[参考文献]

芦部信喜『憲法』岩波書店，新版補訂版，1999，107 頁以下
有道出人『ジャパニーズ・オンリー――小樽温泉入浴拒否問題と人種差別』明石書店，2003
長谷部恭男『憲法』新世社，第 2 版，2001，137 頁以下
池上重弘「地元の視点から『浜松人種差別訴訟』を考える」同編『ブラジル人と国際化する地域社会――居住・教育・医療』明石書店，2001，308 頁以下
金山直樹「フランス民法典改正の動向」ジュリスト 1294 号，2005
北村一郎「フランス民法典 200 年記念とヨーロッパの影」ジュリスト 1281 号，2004
木棚照一「判批」ジュリスト臨増・重判平成 14 年度・国際私法 5 事件，2004
国友明彦「判批」ジュリスト臨増・重判平成 9 年度・国際私法 1 事件，1998
松井茂記『日本国憲法』有斐閣，1999，56 頁以下，334 頁以下
村上正直『人種差別撤廃条約と日本』日本評論社，2005，183 頁以下
大村敦志「公序良俗――最近の議論状況（もうひとつの基本民法・総則物権編②）」法学教室 260 号，2002〔同『もうひとつの基本民法 II』有斐閣，2007 所収〕
同「損害――女子・外国人の逸失利益を中心に（もうひとつの基本民法・債権各論編②）」法学教室 290 号，2004〔同『もうひとつの基本民法 II』有斐閣，2007 所収〕
佐藤文夫「判批」ジュリスト臨増・重判平成 14 年度・国際法 2 事件，2003
高田映「判批」ジュリスト臨増・重判平成 11 年度・国際法 3 事件，2000
手塚和彰『外国人と法』有斐閣，第 3 版，2005，239 頁
辻村みよ子『憲法』日本評論社，2000，177 頁以下

---

132) ヨーロッパ人権憲章第 1 章「尊厳」を参照.

D 「市民的権利の法」としての民法

I はじめに

　本報告は，日本民法典の冒頭に置かれた3ヶ条を素材に，「民法・民法典」とは何かを考えてみようとするものである．ここで冒頭の3ヶ条というのは，日本民法典の原始規定における1条から3条までである．1947年の大改正によって民法典の冒頭に1条と1条ノ2が追加されたことによって，原始規定1条は1条ノ3に繰り下げられた．また，2004年の現代語化により，2005年4月からは旧1条の3と旧2条とがまとめられて新3条とされ，旧3条は新4条へと繰り下げられている．以下に，これらの規定を掲げるが，対照のために韓国民法典の該当規定も掲げておく[133]．これら3ヶ条につき，韓国民法典は基本的には日本民法典と同一の構造を有するので，以下の議論は日韓両国に妥当すると思われる．

日本民法典
3条（原始規定1条・2条）
1　私権の享有は，出生に始まる．
2　外国人は，法令又は条約の規定により禁止される場合を除き，私権を享有する．
4条（原始規定3条）
年齢20歳をもって，成年とする．

韓国民法典
3条
人は，生存する間，権利及び義務の主体となる．

4条
満20歳で成年となる．

---

133)　日本語の訳文は，鄭鐘休・改正韓国家族法の解説（信山社，1991）掲載のものによる．

本論に入る前に，このような対象選択が適切なものであるのかという点につき，二，三のことがらを述べておきたい．

一つ目は，日韓両民法典の1条・2条について触れないのはなぜかということである．法源に関する韓国民法1条は別にしても，同2条は信義則・権利濫用について定めており，日本民法1条2項3項に相当する．もちろん，これらの規定は，契約自由・所有権絶対という近代法の原則に修正を迫るものとして重要な意味を持つが，それは言わば，民法典の内部での話である．これに対して，本報告が扱うのは，いわば民法典の外枠に関する話であると言ってもよい．

二つ目として，外部から民法典を見るならば，日本民法1条1項・2条を論ずることこそが必要ではないかということである．これらの規定は，1947年改正に際して憲法的価値を民法に導入すべく設けられたものであるからである．韓国民法改正試案1条の2をめぐって，韓国において今日関心が持たれるのも，あるいはこれらの規定かもしれない[134]．確かに，これらの規定の検討は日本でも韓国でも急務であると言える[135]．しかし，本報告ではあえて，日本民法典の原始規定の1～3条に着目したい．その理由を示すことは，本報告の目的だと言ってもよいが，ここでは，実は迂遠のようでいて，本報告の議論は日本民法1条1項・2条や韓国民法改正試案1条の2をめぐる議論へと連なることになると述べておこう．

三つ目は，権利能力平等の原則を示すとされる原始1条（韓国民法3条）が重要な規定であることはよいとして，原始2条・3条にどのような意味があるのかということである．この点もまた本報告の目的と密接にかかわるのだが，ここでは，一昨年から昨年にかけて韓国や日本でも祝われたフランス民法典200周年との関係で，次のことを指摘しておきたい．それは，「民法典」の将来の課題として，外国人や（子ども・若者を含む）社会的弱者の統合が浮上していると

---

134) ただし，日本民法2条が「個人の尊厳」を説くのに対して，韓国民法改正試案1条の2は「人間の尊厳」という表現を用いている．この二つの違いは，最近，日本でも意識されているが（たとえば，樋口陽一「人間の尊厳 vs 人権？」民法研究4巻〔2004〕），ここでは立ち入らない．むしろ，改正試案1条の2が定める「人格権」に言及することになろう．

135) この点につき，大村「法の基本原則」鎌田薫ほか編・民事法Ⅰ総則・物権（日本評論社，2005）を参照．

第 2 節 「市民社会の法」「人の法」への着目　　499

いうことである[136)][137)]．本報告ではこうした観点に立って，原始 2 条・3 条からある含意を引き出そうというわけである．

　以下，民法 1 条〜3 条（特別に断らない限りは原始規定を指す．以下の議論は歴史的な文脈におけるものなので，条文の引用も原始規定による）が何を意味していたのかを明らかにすることを試みた上で（Ⅱ），現在において，その含意を展開することの意味を示したい（Ⅲ）．最後に，このような議論が，韓国と日本の民法・民法典の将来にとってどのような意味を持つかについて一言する（Ⅳ）．

Ⅱ　民法 1 条〜3 条の読解

1　「私権」と「市民的権利」

　日本民法 1 条は，「私権ノ享有ハ出生ニ始マル」と定める．1890 年に公布されたいわゆる旧民法では，「凡ソ人ハ私権ヲ享有(ス)」（人事編 1 条前段）とされていたのを修正したものであるが，このこと自体は当然の原則として書き込まず，解釈上の疑義が生じうる権利能力の始点の明確化のみが規定されたものである[138)]．韓国民法 3 条は，原則を示した上で，権利能力の始点・終点を示した

---

136)　200 周年を目前に長逝したカルボニエは，「1904 年の『階級闘争 (lutte des classes)』に代わるのは『排除 (exclusion)』であり，『イデオロギーの対立 (conflit idéologique)』ではなく『文化の衝突 (conflit de cultures)』である．そして，『民法典の世俗法とイスラムの宗教法の間に現れた衝突』は，外国人としてのイスラム教徒にではなくフランス人であるイスラム教徒にかかわる問題を惹起しており，ことは国際私法の問題ではなく国内法の問題である」としていた (Carbonnier, Le Code civil français dans la mémoire collective, *in* Université Panthéon-Assas (Paris II), *1804–2004, LE CODE CIVIL. Un passé, un présent, un avenir*, Dalloz, 2004, pp. 1052–1053．大村「民法典 200 周年を祝う——2005 年の日本から」石井三記編・コード・シヴィルの 200 年（創文社，2007）に引用）．また，韓国における記念行事に参加した Sefton-Green 教授も一員であるヨーロッパの民法研究者グループは，Manifeste pour une justice sociale en droit européen des contrats, *RTDciv*. 2005.7.13 を発表し，契約法における社会正義の観点を強調し，基本権憲章が契約法にもたらす影響について語っている．そこでは，たとえば，児童の保護のために，児童労働による製品の売買契約は（それを知った）消費者から解除可能とすべきことなどが説かれている (*op.cit*., p. 728)．

137)　韓国民法では，少なくとも民法上は権利能力につき外国人を特別視しないという態度が採られてきたが，改正試案はこの点につき明文の規定を置くことを提案しているという (3 条の 2)．

138)　1 条提案の「理由」による（法典調査会民法主査会議事速記録・日本近代立法資料叢書 13〔商事法務研究会，1988〕182 頁．以下，「主査会」として引用）．

ものであろう.

　ここで注目したいのは，日本民法1条にいう「私権」の意味についてである．実は，この「私権」をめぐっては，法典調査会において議論があった．すなわち，当初の原案では，第1節の表題は「私権ノ享有」とされ，1条でも「私権ノ享有」という表現が用いられていたが，途中で，表題は「権利ノ享有」，1条は「私権ノ享有」とされ，最終的にいずれも「私権ノ享有」とされるに至った．途中で「権利ノ享有」という節名が採用されたのは，民法の対象は「私権」に決まっているというのがその理由だった．しかし，それにもかかわらず1条では「私権ノ享有」とされたのは，次のような理由による．すなわち，民法典の冒頭に「権利ノ享有ハ……」と書くと「人ハ生レ乍ラニシテ権利ヲ有スル」という宣言をしたように見えるので，これを避けたいというのである[139]．また，「外国人ト雖モ特別ノ規定ノ無イ事ニ就テハ如何ナル権利ヲモ享有シ得ルノデアルカラト云フ疑ヲコスカモ知レナイ，若シ選挙法抔ノ如キ公法ニ於テ帝国臣民ト書テ無イ場合ニハ外国人モ皆ナ権利ヲ享有スルカト云フ疑ガ起ルカモ知レナイ」ので，条文に明示したとも言われている[140]．以上のように，「私権」は，実定法上の権利であり自然権を指すものではない．また，民法は「公権」を対象とはしない，という点で，起草者たちの考え方は一致していた．

　では，「私権」とは何か．この点については，法典調査会では特に議論はなされておらず，必ずしもはっきりとはしていなかった．実際のところ，起草者の間にも認識のギャップが認められる．一方で，富井政章は，「公権トハ公法関係ニ基ク権利ニシテ統治権ノ主体ト見タル国家及ヒ公共団体ニ属スル権利又ハ他人力之ニ対シテ有スル権利ヲ謂ヒ私権トハ私法関係ニ基ク権利即チ公権ニ非サル権利ヲ総称スルモノトス」としていた[141]．一見明瞭な区別であるが，この定義では「公権」の範囲が決まらないと「私権」の範囲は決まらない．他方，梅謙次郎は，「私権」を広く「国民力為政機関ノ運転ニ参与スル権ヲ除キ各自ノ安寧，福康ヲ自衛スルニ要スル一切ノ権利」ととらえていた[142]．これは，エール

---

139) 穂積陳重発言（主査会105頁，185頁）．
140) 梅謙次郎発言（主査会184頁）．
141) 富井政章・民法原論第1巻総論（有斐閣，合冊版，1922）121頁．
142) 梅謙次郎・民法総則（信山社，復刻版，1990）439頁以下．

リッヒが『権利能力論』[143]で展開した「権利能力」の概念——① 政治上の権利を有しこれを行使する能力，② 法的に承認され保護された家族関係に入り込む能力，③ 財産権を取得しこれを所有する能力，④ 人格，自由，生命，身体の法的保護を請求する権利——のうちから，① を除いた残りであると言えるだろう．

なお，富井や梅にとって親しいものである当時のフランス民法典を見ても，「私権」と「公権」の区別はなされていた[144]．そこでの「公権」は droits politiques（政治的権利）とされ，「憲法と選挙法に従って獲得・保持される」権利であるとの位置づけがなされており[145]，梅の見方はこれに連なることがわかる．以上のように考えるならば，日本民法典の解釈としても，「私権」，すなわち droits civils を「市民的権利」として広くとらえることは不可能ではなかろう．ちなみに，同様の見方は，旧民法起草に関係した人々の間にも認められる．たとえば，人事編の起草者の一人であった磯部四郎は，「凡ソ国ニ属籍ヲ有スル人ノ権利ニハ公私ノ区別アリ官吏ト為リ議員ト為リ又ハ公吏ト為ル等ノ権ハ即チ公権ニ属シ動産不動産ヲ所有シ若クハ処分シ又ハ他人ト契約ヲ取結フ等一箇人ニ属スル総テノ（原文では傍点）権利ハ之ヲ私権トス」としているが[146]，ここにも「私権」は個人に属する公権以外のすべての権利であるという理解が窺われる．

2 「人」と「市民」と「成年」

日本民法1条には「人」という文字は現れないが，旧民法人事編1条1項や韓国民法3条と対比すれば明らかなように，この規定は「人」の権利能力に関するものである．そもそも，日本民法典でも1条から始まる章の表題は「人」

---

143) エールリッヒ（川島武宜＝三藤正訳）・権利能力論（岩波書店，1942）16頁．
144) 仏民7条の原始規定は「私権の行使は市民の資格とは独立である（独立して行われる）」とされていたが，1889年改正によって「私権の行使は公権の行使とは独立である（独立して行われる）」と改められている．
145) 狭義の公権が参政権を指すことに異論はなかったが，広義の公権には「良心の自由，教育の自由，表現の自由，集会の自由，結社の自由，労働の自由」が含まれるという見方も示されていた（Acollas, *Manuel de droit civil*, tome 1, 1874, p. 21. なお，同著の翻訳は明治日本においてよく読まれていた．アコラス〔小島竜太郎訳〕・佛國民法提要〔司法省，1880–〕）．もっとも，同じ論者が，（国家は観点的な存在に過ぎず）すべての法は私人間の関係のみを規律するという意味で，本質的に私法である（と同時に，すべての法は本当において公法である，というのも法は人間をして相互に共存させるものだから）とも述べている．
146) 磯部四郎・民法釈義人事編之部（上）（信山社，復刻版，1997）9頁．

とされている.

　それでは，民法にいう「人」とは何か．1条が権利能力平等の原則を前提とするものであることは，改めて述べるまでもない．ここで触れておきたいことは，次の二つである．一つは，「公権」の主体となる「市民」との関係である．この点は，外国人の権利能力について定める2条とも関わってくる．もう一つは，行為能力に関する各種の区別との関係である．3条の「成年」（およびその対概念である「未成年」）は，この点を象徴的に示す規定であると言える．順に見ていこう．

　第一に，私権の主体である「人」と公権の主体である「市民」との関係についてである．すでに触れたように，この点は外国人の処遇と密接にかかわるが，外国人の権利能力に関する日本民法2条につき，梅は次のように述べている．「古ハ何レノ国ニ於テモ外国人ヲ視ルコト禽獣ノ如ク又仇讐ノ如ク法律ヲ以テ其権利ヲ認メ之ヲ保護スルコトアラサリシカ世ノ開明ニ赴クニ従ヒ外国人モ亦人ナルコト及ヒ之ト交通スルハ利アリテ害ナキコトヲ悟リ漸次外国人ノ権利ヲ認ムルニ至レリ」「唯公権ハ之ヲ外国人ニ認メサルヲ原則トス蓋シ其国ノ事情ニ通シ其国ヲ愛シ其国ト利害ヲ共ニスル者ニ非サレハ其国ノ政治ニ参与セシムコトヲ得サレハナリ」「私権ニ付テモ今日猶ホ外国人ハ内国人ト同等ノ権利ヲ有セサルヲ原則トセルノ国ナキニ非スト雖モ是レ非常ノ例外ニシテ大抵皆内外人其権利ヲ同シウスルヲ原則ト（ス）」と[147]．このように，外国人は公権（参政権）の主体にはなれないとしても，私権（それ以外の権利）の主体にはなりうるのが原則であるというのが梅の考えであり，法典調査会でも異論を見なかった．

　当時のフランス民法も同様の考え方に立っていたと言える．このことは旧民法（財産関係部分のみ）の起草者・ボワソナードの講義からもわかる．ボワソナードは，「私法〔ドロワープリウェエー．原文ではルビ．以下，同じ〕ハ常ニ之ヲ民法〔ドロワーシヴィール〕ト称做ス民法トハ国民ノ法〔ドロワードシトワイヨン〕ナリ私法トハ平人ノ法即チ内外国人ヲ論セス一国ニ住スル各人ノ法ノ義ナリ故ニ民法ノ語ハ狭少ニシテ事実ニ適合セサルカ故ニ私法ト称スルヲ善良ナリトス」としていたが[148]，ここでいう「平人」が「人」，「国民」が「市民」である．

147）梅謙次郎・民法要義巻之一総則（明法堂，訂正増補版，1899）8頁．
148）ボワソナード口述・加太邦憲筆記・法律大意講義完（信山社，復刻版，1986）100頁．

このように，内外人を問わず参政権以外の権利は広く認めるという考え方は，当時の日本では一般の人々には必ずしも浸透していなかった．そのため，日本民法2条に関しては，その後に修正論が世間を騒がせることになる[149)150)]．また，日本民法典よりも後で立法された中華民国民法典では，民法本編ではなく民法総則施行法に日本民法2条とほぼ同旨の規定が置かれていたが，実際には特別法によって外国人の権利能力は大きく制限されていたという[151)]．しかし，民法典が「市民」とは別に「人」を観念していたことは，確認しておいてよいことがらであろう．

　第二は，行為能力についてである．日本民法1条（および韓国民法3条）は権利能力のみを語り，行為能力については語らない．しかし，同3条（および韓国民法4条）は，成年年齢を掲げることにより，「人」には「成年」「未成年」の別があることを示している．ちなみに，旧民法人事編1条は「凡ソ人ハ私権ヲ享有シ」に続けて，「法律ニ定メタル無能力者ニ非サル限リハ自ラ其私権ヲ行使スルコトヲ得」と定めていたが，別に規定を設けたのでそれで足りるという理由で，この部分は削除されている[152)]．

　日本民法の原始規定における無能力者は3種類あった．具体的には，「有夫ノ婦，未成年者，及ヒ禁治産者（準禁治産者を含む――報告者注）」がそれであった[153)]．このうち，妻については1947年改正によって能力制限の規定が削除され，禁治産者・準禁治産者という呼称は1999年改正によって「成年被後見人」「被保佐人」に改められている（なお，韓国民法典にはもともと妻の能力制限の

---

149) その経緯に関しては，大河純夫「外国人の私権と梅謙次郎（1-2）」立命館法学253号・255号（1997）に詳しい．
150) もっとも，2条の考え方は次第に浸透し，日本民法典制定時にはなお存在した土地所有権の取得制限（明治6年地所質入書入規則）も，1925年の外国人土地法によって原則として撤廃されることとなる．他方，内国人であれば，少なくとも法律上は完全に平等な取扱いがなされていたかと言えば，そうではない．内地と植民地とでは適用法令が異なったために様々な問題が生じていた（たとえば，1922年の朝鮮戸籍令・1932年の台湾戸籍令までは，「台湾人朝鮮人と内地人間の法律的婚姻は行われ得なかった」．穂積重遠「内台共婚」同・有閑法学〔日本評論社，1934〕第61話）．
151) 我妻栄・中華民国民法総則（日本評論社，1946）47-48頁．なお，江川英文・中華民国に於ける外国人の地位（中央大学出版部・有斐閣，1938）も参照．
152) 1条提案の「理由」による（「主査会」182頁）．
153) 磯部・前出注145）16頁．

規定は存在しない）．

　ここで注目すべきは，これらのカテゴリーに属する者たち——「（既婚の）女性」「子ども」「精神障害者」と言い換えることができる——が，無能力者とされた理由である．一言で言えば，そこには，保護と干渉の両義性を見出すことができる．制限能力制度の存在理由として，今日では，本人の保護があげられる．しかし，たとえば，未婚女性が完全な行為能力を持つのに既婚女性が能力を制限されることは，保護の論理では説明しきれない．実際のところ，梅謙次郎は「婦人ハ婦人トシテ無能力ナルニ非ス故ニ処女及ヒ寡婦ハ其能力ニ於テ男子ト異ナルコトナキヲ原則トス唯妻トシテ無能力ナリ」と述べ，その理由につき，まずは「天ニ二日ナク国ニ二王ナキト一般家ニ二主アリテハ一家ノ整理ヲ為スコト能ハス」とした上で，今日（民法典立法時）ではむしろ（戸主権よりも弱い）「夫権」にその根拠を求めている[154]．未成年者についても同様であり，判断能力の不足よりも「親権」の存在が重要であったと言える[155]．同様に，精神障害者についても，「療養看護」と「禁治産」という用語を対比するだけで，保護と干渉の両義性を見出すことができる．

　「成年」「未成年」という用語の原語に戻るならば，以上のことを一括して説明することも不可能ではない．成年は majeur/major，未成年は mineur/minor であるが，前者は，重要なもの（夫）・より大きなもの（成年）・陽気ですばらしいもの（健常者）であり，後者は，あまり重要でないもの（妻）・より小さいもの（未成年）・陰鬱でひっそりとしたもの（障害者）を包含するからである．つまり，民法3条は，「人」を「健常な成年男子」を中心に（優位に），これとの関係で「障害者」「子ども」「女子」を周辺に（劣位に）配置し，これらの者を保護するとともに干渉の対象とするものであったと言えるのである[156][157]．

154）　梅・前出注146) 36頁．
155）　この点との関連で，独民104条・106条，中華民国民法13条のように，7歳を境に能力に区別を設ける立法例があるのは興味深い（韓国民法はこのような区別をしていない）．
156）　柚木馨・満州国民法総論Ⅰ（有斐閣，1940）は，権利能力平等の原則につき「嘗て欧州に於ては，特に男女間，内外人間，クリスト教徒と異教徒間，出生及職業に基く階級間に著しき差異が存し，東洋に於ても亦之に類似せる現象を見たれども，満州国民法は近代諸法と共に此の差異を認めざるの立場を採った」（69頁）としつつ，同時に，自然人につき「権利能力」のほかに「人の属性及状態」という項目を立てて，「年齢」「肉体的及精神的障害」「性」「国籍・民族及宗教」「親族及家族」そして「所謂人格権及氏名」という項目を立てて，行為能力の制限にとどまら

以上が，民法1条〜3条の当初の意味である．次に，これをふまえて，今日，民法1条〜3条をどのように理解すべきかを考えてみたい．

Ⅲ　民法1条〜3条の展開

1　「市民的権利の法」の構築へ

　すでに述べたように，「私権」は「公権（参政権）」を除いた「市民的権利」として理解することが可能であった．そうだとすれば，「私権の法」としての民法は「市民的権利の法」であるということになる．では，このような言い換えは，いったい何を意味するのだろうか．この問いに対する解答は，二段のステップを経て与えられる．

　(1)　民法の領域拡張　　第一段階は，民法の領域拡張と重点移動にある．先に引用したエールリッヒの分類によれば，②③の権利（身分権・財産権）だけでなく，④の権利（人格権と呼んでおく）を含めることによって，民法が，家族関係や財産関係だけでなく，個人そのものを保護し，そして，個人と個人との間の（家族・財産には還元されない）関係を規律するものであることが明らかになるはずである．今日，民法は「財産の法」であるだけではなく，「人の法」「人格の法」としての重要性を増しているが，このことを正面から認知しようというわけである．

　こうした試みは，最近の日本でもいくつか現れているが[158]，ここではフランス民法・民法学の動向について触れておく[159]．ある論者は，最近，古代以来の

　　　ない問題を論じており（75-100頁），極めて興味深い．
157)　ちなみに，公権（参政権）についても，日本民法制定当時は，女子のほか（やはりあまり重要でない）無産者が排除されていたこと，また，現在でも，外国人のほか子どもが排除されていることを忘れてはなるまい．
158)　日本で，広中俊雄「成年後見制度の改革と民法の体系——旧民法人事編＝「人の法」の解体から1世紀余を経て（上下）」ジュリ1184号，1185号（2000），同「綻びた日本民法典の体系と民法学の対処」創文482号（2005）や山野目章夫「『人の法』の観点の再整理」民法研究4号（2004）など．
159)　フランス民法・民法学における「人の法」に関しては，最近の法改正に即して大村「人」北村一郎編・フランス民法典の200年（有斐閣，2006），最近の研究に即して大村「20世紀がフランス民法に与えた影響（1-2）」法協120巻1号・12号（2003）を参照．

「民法 droit civil/jus civile」の歴史を，ローマ時代の「政治社会の法 droit de la Cité」（万民法に対する）から，近代における「素人の私法 droit privé profane」（商法に対する）を経て，「民法典の法 droit du Code civil」（諸法律に対する）へと整理して見せた[160]．この論者によれば，「1970年以降，民法典にいくつかの『市民的権利 droits civils』を書き込もうとしている．これらの権利は，新しいものであり，飛躍的な発展の途上にある．すなわち，私生活の尊重に対する権利，無罪の推定に対する権利，人体の尊重に対する権利，『尊厳に対する権利』などがそれである．かくして，基本的な権利及び自由は，今日では民法典の中にも，1789年人権宣言・1950年欧州人権条約と同様に，堅固なその基礎を見出すのである．そして1993年以来，フランスの立法者は，『市民的な』生活 vie « civile » にとって本質的であると思われる諸改革の基礎を民法典に書き込むという習慣を回復している．93年の国籍，94年の人体，99年のパクスがそれである」．

　もちろん，こうした立法の有無にかかわらず，人格・自由・生命・身体といった諸価値の保護は，民法典に内包されているとも言いうる．たとえば，日本民法710条・711条は，「身体，自由若しくは名誉」や「生命」が不法行為法の保護法益であることを示している．しかし，フランスのような立法がなされていない国においては，「私権」が「市民的権利」であること，「基本的な権利及び自由」が民法の規律対象であることを改めて確認することの意味は小さくない．韓国民法改正試案が1条の2によって「人格権」規定を置こうとしていることも，このような文脈において理解されるであろう．

　(2) 民法と憲法の協働領域　　第二段階は，民法と憲法の協働領域の設定にある．すでに見たように，基本権の問題は，憲法の問題にとどまらず民法の問題でもある．憲法と民法の間には，憲法の定める基本権を民法によって実現するという関係（民法による憲法の実現——憲法から民法へ）だけでなく，時代にふさわしい基本権を創出するために協力しあうという関係（民法・憲法の協働——憲法とともに民法も）もある．

---

[160] Sériaux, Droit civil, *in* Alland et Rials (dir.), *Dictionnaire de la culture juridique*, PUF, 2003, pp. 435–439.

第2節 「市民社会の法」「人の法」への着目

　こうした憲法と民法の密接な関係をよりよく理解するには，EU 基本権憲章 (EU 憲法条約にも取りこまれている[161]) の編成・内容を見てみればよい．54 ヶ条の基本権規定は 7 つの章に分けられて配置されているが，司法に関する第 6 章，解釈適用に関する第 7 章を除く第 1 章から第 5 章までは，順に「尊厳」「自由」「平等」「連帯」「市民権」と題されている．

　このうち，尊厳の章には，人間の尊厳 (1 条)，生命に対する権利 (2 条)，精神・身体の不可侵 (3 条) などが定められ，自由の章には，自由と安全に対する権利 (6 条)，私生活・家族生活の尊重 (7 条)，個人情報の保護 (8 条)，結婚・家族形成の権利 (9 条) が，思想・良心・宗教の自由 (10 条)，表現・情報の自由 (11 条)，集会・結社の自由 (12 条)，芸術・学問の自由 (13 条)，教育に対する権利 (14 条)，職業選択・就労の自由 (15 条) とともに定められている．もちろん，企業活動の自由 (16 条)，所有の権利 (17 条) もここに掲げられている．続く平等の章には，法の前の平等 (20 条)，差別の禁止 (21 条) といった原則とともに，文化・宗教・言語の多様性 (22 条)，男女の平等 (23 条)，子どもの権利 (24 条)，高齢者の権利 (25 条)，障害者の統合 (26 条) が掲げられている．さらに，連帯の章には，労働・社会保障に関する諸規定のほか，環境保護 (37 条)，消費者保護 (38 条) に関する規定も設けられている．

　市民権の章について項を改めて触れることとして，以上を通覧すると，(人権宣言に掲げられているような) 伝統的な基本権のほかに，民法の領域でも現れる多くの問題が取りこまれていることがわかるだろう．フランス法と対比するならば，フランスでは民法・民法典を通じて生成・発展してきた権利がここに書き込まれていると言っても過言ではない．憲章は現時点での基本権を定めるものである．仮に憲法条約が採択されたとしても，将来のあるべき基本権の姿は，これをもとに模索されなければならない．そして，その作業は，民法・民法学によっても担われうるのではなかろうか[162]．このように考えることによって，民法・民法典は，言葉の広いの意味での (本来の意味での)「市民社会の法」として，公共空間の充実 (同時に，私的空間の確保) に貢献しうるだろう．

---

161) 同条約の翻訳として，小林勝監訳・欧州憲法条約 (御茶の水書房, 2005).
162) 憲法・民法の協働に関するこうした見方については，大村「公序良俗――最近の議論状況」同・もうひとつの基本民法 (有斐閣, 2005) も参照．

2 「市民権」の拡張へ

「私権の法」が「市民的権利の法」であることを再確認することと並んで重要なのは，「権利能力」を「市民権」へと転換させることである．これは，「市民権」の概念を拡張することであると言ってもよい．このことも意味についても，二段に分けて見ていくことが必要である．

(1)　「権利能力」から「市民権」へ　まず，第一段階として，観念的・抽象的な「権利能力」の概念を維持しつつも，より実質的で具体的な人間像を民法・民法典の中に取りこんでいくことが望まれる．民法・民法典はすでに，一方で，明文の有無にかかわらず人格権を承認し，他方，行為能力のレベルではあるが，人の性質・属性を考慮に入れてきた．このことをふまえて，権利義務の帰属点にとどまらず，人格・人身を備えた存在として人間をとらえること，そして，そうした人間が，状況に応じて様々な属性によって理解されうることを正面から承認すること．このようにして，「市民的権利の法」の対象であり，かつ，主体である「市民 citoyen」が再構成されることになる．

ここで注意すべき点は，市民は「成年・未成年（老若）」「男性・女性（男女）」「健常者・障害者（正異）」「使用者・労働者や事業者・消費者（貧富）」あるいは「(性的・宗教的・民族的)多数者・少数者（多少）」などのカテゴリーは固定的な属性ではないということである．これらは，majeur/minor の関係を発見するための概念として用いられる，すなわち，私たちの市民社会がかかえる問題を発見するために呼び出されるが（異化），これに解決が与えられれば二義的なものとして（ひとまずは）忘れられてよい（同化）ものなのである．

あるいは次のように言ってもよいかもしれない．「市民」とは，人々の多様性を前提としつつも，「市民社会」においてあるべき同質性を追求していくための人間像であると．そして，今日，「人であること＝法人格 personnalité」は「市民であること＝市民権 citoyenneté」へと脱皮すべきであると．

(2)　「市民権」の再検討　第二段階としては，以上の議論の受皿となる「市民権」の概念を再検討することが必要になる．では，「市民権」とは何か．細かな議論は省略するが，この言葉が，「市民的権利」の享受のみならず「政治的権利（参政権）」の享受を含むものであることは確かである．それは多くの場合に

国籍 nationalité と結びついているが，近年では，国籍とは区別して市民権が語られることも多くなっている．

ここでもう一度，EU 基本権憲章に立ち戻ってみよう．憲章の「市民権」の章には，一方で，EU 議会選挙の選挙権・被選挙権 (39条) が，他方で，地方議会選挙の選挙権・被選挙権 (40条) が，EU のすべての「市民」に認められる旨が定められている．ここで除外されているのは，国籍と結びついたそれぞれの主権国家の選挙・被選挙権のみである．

このように，少なくとも現在のところ，市民権の概念は，主権国家や国籍の概念を覆い尽くすものではない．しかし，同時に，主権国家や国籍の関係しない局面では，最大限の政治的権利を認めようという含意を持っている．民法の観点からは，このような含意から次のように言うことはできないだろうか．仮に，外国人や子どもは参政権を持たないとしても，政治的な発言・活動をする権利は最大限に尊重される．「市民権」の射程はここまで及ぶのであり，狭義の参政権を除くすべての市民的権利を享有する地位がそこには含まれる，と．

Ⅳ　おわりに——東アジアの市民社会へ

以上のようにして，日本民法1条～3条 (そして韓国民法3条・4条)[163]を読み直すことは，東アジアの市民社会の将来にとっても意味のあることではないか．東アジアの諸国は，その政治体制を異にしており，経済発展の段階も同一では

---

163)　さらに言えば，台湾の現行法である中華民国民法典 (原始規定は「人之権利能力始出生，終於死亡」(6条)，「満二十年為成年」(12条) としていた．条文は，中華民国法制研究会・中華民国民法総則 (有斐閣，1942) による)，あるいは，最近のベトナム民法典 (「自然人の民事能力 〔市民法上の能力〕 capacité civile は人が私法〔市民法〕上の権利 droits civils を取得し私法〔市民法〕上の義務 obligations civiles を約束することができる能力である．自然人はすべて等しい民事能力を有する．民事能力は出生により生じ死亡により消滅する」〔16条〕，「自然人はすべて次の司法上の権利義務を有する．1 非財産的及び財産的な人としての権利〔人格権〕，2 所有権・相続権その他の財産に対する権利，3 すべての私法上の関係において当事者となり，債務の履行を約束する権利」〔17条〕．条文は，*Code civil de la République socialiste du Vietnam*, Maison des Editions politiques nationales/Maison du Droit vietnamo-française, 1998 から和訳)，中国民法総則草案 (「自然人的民事権利能力是自然人享有民事権利，承担民事義務的資格．自然人的民事権利能力一律平等」〔11条〕．条文は，梁慧星・中国民法典草案建議稿附理由〔法律出版社，2004〕による) なども含めて広く考えることもできる．

ない．しかし，社会主義国を含めて，「私権」「権利能力」を基本概念とする民法典を持ち，または持とうとしている．この共通点を基礎として，国境を越えた「市民社会」——それは国家主権には容喙しないが，その他の点では各国市民の自由な活動を認める——を構築していくことができるのではないか．

　注意すべきは，この「市民社会」の設計図は予め与えられているわけではないということである．各国市民が，自国において，そして，場合によっては他国において，それぞれに「市民」としての活動を行うことを通じて，東アジアの「市民社会」は出現することになる．こうした未来像は現段階では空想的に見えるかもしれない．しかし，政治・経済の状況，また，法制度の構成において，最も近い関係にある韓国と日本に関する限り，これは全くの夢物語ではない．

　本報告は，このような企てに向けて「民法典」を読み直そうというささやかな理論的試みであったが，同時に，より実践的試みもなされる必要がある．韓国・日本の双方の「市民社会」において，あるべき「市民的権利」の姿を明らかにするとともに，かつ，それぞれの社会において，内国人に対してのみならず，外国人に対しても同様の権利の保障をはかることが必要なのである．日本在住の外国人の数は200万人を超えたが，その3分の1は韓国・朝鮮人であるし，また，私たち大学人にとっても身近な外国人留学生を見ても，中国からの留学生に次いで多いのが韓国からの留学生である．日本社会を，外国人をはじめとする minorité/minority にとって住みやすい社会とすることは，これからの日本民法学の重要な課題であるはずである[164)][165)]．

---

164)　さしあたり，大村「民法における『外国人』問題——契約拒絶を中心に」塩川伸明＝中谷和弘編・国際化と法 (東京大学出版会，2007)，同「マイノリティと民法——シヴィルの再編のために」早稲田大学比較法研究所編・比較と歴史のなかの日本法学 (早稲田大学比較法研究所，2008) を参照［本書第3章第2節C–1］．

165)　なお，地方参政権や公務就任権に関する問題は，主権にかかわるものではないので「市民権」の問題に属すると言える．それ自体は公法上の問題であるとしても，「市民社会の法」としての民法の対象外の問題ではない．この点に関する日韓の近況につき，「特集・東京都管理職試験最高裁大法廷判決」ジュリ1288号 (2005)，田中宏・金敬得編・日・韓「共生社会」の展望——韓国で実現した外国人地方参政権 (新幹社，2006) を参照．

あとがき

　(**1**)　消費者・家族に関する研究 (そのさしあたりの成果は，『契約法から消費法へ』『消費者・家族と法』〔いずれも東京大学出版会，1999〕，『消費者法』〔有斐閣，初版，1998〕，『家族法』〔有斐閣，初版，1999〕にまとめられている) の後に，私が関心を寄せたのは，契約や家族とは異なる人間関係のあり方についてであった．第1章「緩やかな関係へ——消費者・家族からネットワークへ」に収められた論文は，こうした関心の産物である．

　そのうち，**第1節**「民事団体論の新たな展開」にまとめた3論文は，いずれも団体論・法人論にかかわるものである．A「消費者団体の活動」では，消費者法において団体が果たす役割を改めて見直すべきではないかと問いかけた．こうした発想はその後次第に強まり，消費者契約法によって団体訴権が導入されるに至った．C「団体訴訟の実体法的検討」は，この新たな制度に関するものである．二つの論文にはさまる形で書かれたB「『結社の自由』民法学的再検討・序説」では，非営利法人が持つ公共性が強調されているが，この視点は第1節Cに引き継がれている．

　第2節「ネットワークとしての家族」では，新たな家族のとらえ方を模索している．すなわち，A「『再構成家族』に関する一考察」は，再婚によって構成される家族を「開かれた家族」としてとらえつつ，解釈論・立法論としても一定の手当をすべきことを提唱している．これに対して，高齢社会において兄弟姉妹の関係がはたしうる役割を探ろうというのが，B「日本法における兄弟姉妹」の問題意識であった．一見すると，異なる問題を扱うようであるが，二つの論文は新旧の家族関係を，個人を支えるネットワークとしてとらえようとするものである．

　第1節・第2節が消費者団体や家族から出発しているのに対して，**第3節**「取引でも組織でもなく」ではより視野を広げて，人間関係を結ぶために利用可能なツールを探している．具体的には，A「現代における委任契約」，B「法技

術としての組合契約」では，委任・組合という契約類型に即した検討を行っており，C「無償行為論の再検討へ」では，無償契約一般について新たな観点からの検討を試みている．これら3編は，第3節の表題が示すように，取引でも組織でもない人間関係を支える役割を託しうる「契約」のあり方を見出そうという点で共通している．

なお，**判例研究**「各種の団体からの脱退」は，ヨットクラブ・内縁・入会団体のそれぞれにつき，脱退に関する問題を扱った判例研究を集めたものであり，第1節・第2節を補完するものである．他方，**書評**「ソシアビリテの周辺」は，「ソシアビリテ（社交性）」に関するいくつかの文献紹介の形をとった口頭報告原稿であるが，第3節と関係のあるものとして収録した．

当初，私自身が「民事団体法」「ネットワーク論」などの呼称で総括していた研究対象は，その後に「社交法」と呼び直された（『フランスの社交と法』〔有斐閣，2002〕）．その上で，家族・消費・社交のすべての面を考慮に入れて人の生活を把握することを試みたのが，『生活民法入門』（東京大学出版会，2003）と『他者とともに生きる――民法から見た外国人法』（東京大学出版会，2008）である．前者が中間報告であるのに対して，後者は一応の最終報告である（同時に，後者は「人の法」研究のためのプログラムの第一歩でもある）．

（2）1990年代の終わり頃から立法にかかわる機会が次第に増えてきた．第2章「確かな規範へ――人格・人身を中心に」に収められた諸論文は，そうした活動と密接にかかわるものである．具体的には，成年後見，生殖補助医療，成年年齢などの立法に関連して書かれたものが中心をなしている．

第1節「権利の論法・合意の論法」には，立法の役割や方法を論ずる3編が含まれている．A「『能力』に関する覚書」は，成年後見立法の際の話題の一つであった能力制限につき，立法の役割を論ずるものである．B「民法等における生命・身体」は，自己決定権の限界を指摘しようというものだが，ここでも立法に委ねるべき問題を指摘している．これに対して，C「家族法と公共性」は，家族法改正の意義や方法について論じたものである．

第2節「基本概念の再検討」に集めた4編もその多くは，立法論議を契機としたものである．ただ，これらの論文においては，立法論議を素材としつつむしろ概念の見直しをすべきことを説いている．A「親子とは何か――生殖補助

医療を素材に」，B「婚姻とは何か——『300日問題』を素材に」，D「成年・未成年の再検討——成年年齢見直し論を素材に」はいずれもそうしたスタンスで書かれている．これに対して，C「物権と契約——後継ぎ遺贈論を素材に」は，直接には立法論を想定していなかったものであるが，新信託法に「後継ぎ遺贈型連続受益者信託」に関する規定が置かれたことによって，結果として立法とかかわるものとなった．

第3節「契約という制度」にまとめた論文は，「契約化」という現象を論ずる点で共通点を有する．A「家族法における契約化」がどちらかというと理論的な整理に重点を置くのに対して，B「社会保障法における契約化」，C「借地借家法における新たな制度化」では，具体的な（やはり立法にかかわる）問題を論じている．本章所収の諸論文は，第1章第3節の諸論文とあわせて，私の今後の（実定契約法の研究を含むより広い意味での）「契約の法」研究の方向を予告するものともなっている．

第2章は，（第2節だけでなく全体として）基本概念を更新することを基調とする．二つの**解説**も同様のスタンスに立つものとして第2節の末尾に収めた．なお，同様の発想に立ち，民法総則を見直す試みも行ってきたが，その結果は，『民法読解 総則編』（有斐閣，2009）にまとめられている（このシリーズは，「親族」を経て，「債権」「物権」へと進む予定である）．

(3) 民法学の方法論は，若い頃から関心を寄せてきたテーマであった（これまでの検討の結果は，『法典・教育・民法学——民法総論研究』〔有斐閣，1999〕および『民法総論』〔岩波書店，2001〕にまとめられている）．第3章「共振する研究へ——民法の内外で」には，このテーマに関する論文を集めた．**第1節**「『実践』と『理論』の間で」の中心をなすのは，平井宜雄教授の業績に対する書評論文の形をとったC「紛争解決の民法学から制度構想の民法学へ」であるが，A「研究＝実践プログラムとしての『生活民法』」，B「制度としての法」は，これと密接に関連する．また，星野英一教授の業績に対する書評論文の形をとったD「利益考量論の再検討」は，Cと対立しつつ補完しあうテーマを扱うものである．**書評**「隣接領域との対話」に集めた小論は，より一般的に民法学の視野を広げることを説くものであるが，全体としてCやDと響き合う．

第2節「『市民社会の法』『人の法』への着目」の中心をなすのは，山本敬三

教授の業績に対する書評の形をとる A「民主主義の再定位と民法・民法学の役割」である．これは，私自身にとって自らの方向を見定めるための契機となる作業であった．その後，B–1「大きな公共性から小さな公共性へ」，B–2「個人の尊厳と公共の福祉」では，憲法との関係での議論，C–1「マイノリティと民法」，C–2「試金石としての外国人」では，日本民法・民法学の伝統との関係での議論を行ったが，それらをふまえて，D「『市民的権利の法』としての民法」が書かれている．平井・星野両教授や山本教授との仮想の対論を通じて形成された私自身の現在の「民法・民法学」像は，これらに集約されている．

なお，第1節 C に先立ち，私が想定する「制度構想の民法学」のイメージを示すべく書き下ろしたのが『生活のための制度を創る』（有斐閣，2005），第2節 C─1 や D の内容を整理して書き下ろしたのが『「民法0・1・2・3条〈私〉が生きるルール』（みすず書房，2007）である．いずれも一般向けの著書ではあるが，現時点での私の方法論的な関心を示すものとなっている．

（4） 私の最近の論文のうち本書に収録しなかったものとしては，日韓比較民法に関するもの（「韓国民法の50年と日本民法の60年──二つの民法学と民法典の未来のために」ジュリ1322号〔2006〕のうち第1「日本から見た韓国民法学」，「団体の構成員資格と男女平等──日韓比較民法研究・各論その1」のうち第2「血縁団体・地縁団体の構成員資格をめぐる問題の構造──日韓両国の上級審判決の対比から」ジュリ1345号〔2007〕，「住居の貸借に伴う預託金返還請求権の保護──日韓比較民法研究・各論その2」のうち第2「預託金保護の必要性とその実現手段──債権的伝貰と敷金返還請求権の対比から」ジュリ1351号〔2008〕）や法教育に関するもの（「としょかんライオン考」ジュリ1353号〔2008〕）があるが，これらについては，別の形でのとりまとめを予定していることを付言する．

収録論文初出一覧

第1章　第1節　A　「消費者団体の活動——生協を中心に」ジュリスト1139号（1998）
　　　　　　　B　「『結社の自由』の民法学的再検討・序説」NBL767号（2003）
　　　　　　　C　「実体法から見た消費者団体訴訟制度」ジュリスト1320号（2006）
　　　第2節　A　「『再構成家族』に関する一考察」みんけん500号（1998）
　　　　　　　B　「日本法における兄弟姉妹」加藤雅信ほか編・21世紀の日韓民事法学（信山社，2005）
　　　第3節　A　「現代における委任契約」中田裕康＝道垣内弘人編・金融取引と民法法理（有斐閣，2000）
　　　　　　　B　「法技術としての組合契約」潮見佳男＝山本敬三＝森田宏樹編・特別法と民法法理（有斐閣，2006）
　　　　　　　C　「無償行為論の再検討へ」林信夫＝佐藤岩夫編・広中傘寿・法の生成と民法の体系（創文社，2006）
　　　判例研究　民法判例百選Ⅰ第5版（2001），家族法判例百選第6版（2002），平成18年度重要判例解説（2007）
　　　書　評　　口頭発表原稿（早稲田大学，2004）
第2章　第1節　A　「『能力』に関する覚書」ジュリスト1141号（1998）
　　　　　　　B　「民法等における生命・身体」法社会学56号（2002）
　　　　　　　C　「家族法と公共性」長谷部＝金泰昌編・公共哲学12（東京大学出版会，2004）
　　　第2節　A　「生殖補助医療と家族法」ジュリスト1243号（2003）
　　　　　　　B　「『300日問題』とは何か」ジュリスト1342号（2007）
　　　　　　　C　「『後継ぎ遺贈』論の可能性」道垣内弘人＝滝沢昌彦＝大村敦志編・信託取引と民法法理（有斐閣，2003）
　　　　　　　D　「民法4条をめぐる立法論的覚書」法曹時報59巻9号（2007）
　　　解　説　　「物」内田貴＝大村敦志編・新版民法の争点（2007）
　　　第3節　A　「『家族法における契約化』をめぐる一考察」水野紀子編・家族——ジェンダーと自由と法（東北大学出版会，2006）
　　　　　　　B　「成年後見と介護契約」法の支配136号（2005）
　　　　　　　C　「高齢者の居住と継続性の尊重」新藤孝司＝内田貴編・松沢還暦・継続的契約と商事法務（商事法務，2006）

			「私的扶養」内田=大村編・前掲書
第3章	第1節	A	「日常生活の法的構成――『生活民法』の視点」UP371号・372号（2003）
		B	「法学における構造と実践のあいだ――ブルデューと法・再論」宮島喬=石井洋二郎編・文化の権力（藤原書店，2003）
		C	「紛争解決の民法学から制度構想の民法学へ」平井宜雄編・民法学における法と政策（有斐閣，2007）
		D	「『時効に関する覚書』に関する覚書」慶応法学10号（2008）
	書評		創文436号（2001），日本労働研究雑誌503号（2002），ジュリスト1237号（2003），書斎の窓537号（2004）
	第2節	A	「山本敬三『公序良俗論の再構成』を味わう」民商法雑誌125巻5号（2001）
		B—1	「大きな公共性から小さな公共性へ――『憲法』と『民法』から出発して」法時76巻2号（2004）
		B—2	「法の基本原則」鎌田薫ほか編・民事法Ⅰ（日本評論社，2005）
		C—1	「マイノリティと民法」早稲田大学比較法研究所編・比較と歴史の中の日本法学（早稲田大学比較法研究所，2008）
		C—2	「民法における『外国人』問題」塩川伸明=中谷和弘編・法の再構築Ⅱ国際化と法（東京大学出版会，2007）
		D	「韓国民法の50年と日本民法の60年」（「第2」のみ）ジュリスト1322号（2006）

事項索引

あ 行

アイデンティティー　391, 435
アイヌ文化　470
悪質商法　200
アジア　483
アソシアシオン　23, 129, 282
　──のブーム　23
アソシエーション革命　448
遊び　151
新しい日本の民法学　409
後継ぎ遺贈　235
アメリカ（法）　77, 106, 130, 138, 193, 272, 349, 354, 405
アンペイド・ワーク　396
EU 基本権憲章　482, 507, 509
家　48, 56, 200
イサカアワー　138
医師・弁護士　75
医師の関与　190
「板まんだら」事件　91
一時金の保全措置　321
一部無効　424
一般市民　346
一般条項　427
一般法人　34
イデオロギーの対立　499
委任契約　73
インターネット　328
インフォームド・コンセント　194, 451
ヴォランティア（活動）　87, 88, 129, 135, 332, 334, 448
宇奈月温泉事件　453
運動随伴型の家族法学　208
永住資格　493
AID　218
NPO　129, 135, 448
NPO 法　10, 21, 34, 69, 87
「エホバの証人」輸血拒否事件　452
沿革的・比較法的研究　381

応急措置法　199
大きな公共性　440
大阪国際空港訴訟　357
公の秩序　150
沖縄土地整理法　155
親子関係不存在確認の訴え　231

か 行

階級闘争　500
外国人　461, 473, 485, 499
外国人・障害者　469
外国人土地法　503
外国人留学生　510
介護契約　294
介護契約システム　294
介護サービス契約　294, 301
介護支援契約　295
介護支援専門員　298
解雇の自由　281
介護保険　200
介護保険契約　295
介護保険制度　291
解釈共同体　422
解除条件　251
『改造』　465
「改造」の民法学　448
概念　443
会費　27, 92
買戻　252
科学的実用法学　365
科学としての法律学　366, 384
核家族　57, 200, 204, 343
各人が対応すべきことがら　445
各人に固有なもの　445
拡大家族　53, 200
瑕疵担保責任　132, 272
家族　27, 56, 200, 204
家族形成権　402
家族の法　160
『家族法判例百選』　395

事項索引

価値　453
価値判断　380, 381, 429
学会回顧欄　270
割賦販売法　32, 329
家庭裁判所　81, 172
家庭裁判所型の家族法学　207
カテゴリー　257
加入強制　116, 126
ガバナンス　112
過分の費用　307
環境　273
環境権　273
環境問題　26
韓国（法）　57, 461, 497
監護費用　274
監視システム付の委任契約　82, 87
間接諸学　390
管理継続義務　302
期間付死亡時終了建物賃貸借　313
機関保証　312
菊田医師の事件　199
期限付所有権　240
記述的な利益考量論　380, 382
規制緩和　4, 322
既得権　466
寄付　89
基本概念　445
基本権　506
基本権憲章　499
「基本権保護型」と「政策実現型」　410
基本権保護義務　416
基本法　443
義務補填機能　78
救助義務　188
旧民法　261, 271, 462
救命義務　457
教会　25
競合管理　177
強行規定の半任意規定化　151
共生　476, 478
共生社会政策　478
『共生の作法』　478
『共生の法律学』　478
『強制履行の法学的構造』　368
競争秩序　455

兄弟姉妹　57, 60, 160, 275, 400
兄弟不分離の原則　62
共通感覚　433
共通教育　345
協働型の自己決定　181
共同管理　177
共同建築組合法案　117
共同建築法案　119
共同購入　5
共同生活　52, 62, 400
協同体主義　414
共同保育　336
共和国の民法学　483
局地的市場　143
居住権　306
寄与分　276, 397
虚有権　244
切り札としての人権　19
「議論」論　429
近親婚　60, 285
近親者　188
近代経済学　353
近代的所有権論　465
禁治産者　504
緊密な親族関係　62
緊密な親族集団　60
金融システムの再編　146
近隣　69
近隣の法　160
空間　165
クーリング・オフ（制度）　32, 175
苦情処理　6, 320
国立マンション事件　273
区分所有法の改正　146
組合　92
組合契約　98
グループハウス　309
グループホーム　309, 317, 318, 336
クレジット　329, 342
グローバリゼーション　349, 448, 468
グローバル化　144
クローン　184
クローン規制法　184
群馬司法書士会事件　21
ケアハウス　309, 315, 318

事項索引

ケアプラン 299
ケアマネジメント 297
経済格差 463
経済的公序論 415, 423
『経済の社会構造』 347
経済発展(成長)の民法学 462
刑事訴訟法典 29
継親家族 46
継親子関係 46, 48
継続性 306, 311, 320
継続的取引 362
『継続的取引の研究』 408
継伝処分 237
軽費老人ホーム 309, 315
契約 25, 28, 87, 133, 144, 160, 256, 279, 323, 369, 370
契約化 278, 323
契約拒絶 313
契約自由 413
契約正義 415, 420
契約遵守 406
『契約責任の体系』 408
契約的家族観 279
契約としての贈与 131
契約による用益権 250
『契約の再生』 369, 427
『契約の時代』 408
契約の自由 25, 443, 445
契約の制度(組織)化 97
契約類型 340, 341, 429
血縁 166
血縁親子論 217
欠陥車問題 8
結社する人間 25
結社の自由 16, 25, 445
結社の法 160
結社への自由 19
健康保険 51
現実贈与 27, 131
限定的な法治主義 209
憲法 415
　──と民法(私法) 413, 420, 430, 438
　──の私人間適用 416
憲法秩序 427
憲法的価値 498

憲法的公序 415
権利 273
原理 425, 453, 473
権利能力 473, 501, 508
権利能力平等の原則 498
『権利能力論』 501
権利を創る民法学 447
好意 128
行為能力 502
合意の瑕疵 426
公益法人 16, 87, 115
効果意思 239
公開性 494
公害問題 446, 466
効果付与規定・組織規定 289
好誼 135
公共 481
　──の福祉 402, 450, 455
　──の福祉に基づく権利 19
公共空間 389, 441, 507
公共性 198, 439, 445, 494
　小さな── 444, 445, 449
公共的な決定 193
公共的な価値 440
公共的な性格 116
公権 481, 500, 502
「公事」としての私法 388
公衆浴場 491
公衆浴場確保特別措置法 492
公衆浴場法 492
公序 150, 281, 283, 287, 495
工場抵当法 461
公序良俗 191, 214
公序良俗=根本規範説 413, 424
公序良俗違反 488
『公序良俗違反の研究』 424
公序良俗論 410
『公序良俗論の再構成』 408
公正証書 81, 84, 85, 132, 313
「構成問題」と「衡量問題」 412, 428
交通事故 446, 466
公的有用性の認証 27
合同会社 105
幸福追求 436, 442, 472
効率性 354, 364, 368, 370

520　　　　　　　　　　　　　事項索引

効率性基準と正義性基準　367
衡量問題　428
高齢者円滑入居賃貸住宅　312, 318
高齢者虐待防止法　469
高齢者居住支援センター　312, 320
高齢者居住法　306, 308
高齢者取消権　175
『高齢者法』　308
高齢者向け優良賃貸住宅　312, 315, 318
公論　209
　──の形成　206, 209
コープこうべ　9, 13
co-op ブランド　9
コーポラティヴ・ハウジング　125
国籍　508
国民生活審議会消費政策部会　5
小作問題　464, 475
互酬の領分　142, 144
個人情報　272
個人
　──の自由　440
　──の尊厳　450, 473, 480
　──の尊重　472
　強い──　463
国家　423, 431, 440
国家─社会─個人の関係　427
国家による自由　440
ことば的表現　377
子どもの権利　201, 202, 263, 287, 469
子どもへの権利　192
子どもを持つ義務　205
子の利益　395, 469
commercial　386
コミットメント　164
コミュニティ　163, 164
コミュニティ・ソリューション　163
コミュニティ・ビジネス　145, 163
雇用の不安定性　471
ゴルフ会員権法　13
コレクティブハウジング　309
コレクティブハウス　336
婚姻　289, 402
婚姻親子論　217
婚姻家族　208, 343
婚姻住宅の保護　288

婚姻尊重　154
婚姻年齢　285
婚姻費用　52
婚姻費用分担義務　233, 274, 287
婚姻法改正案　200
construit　384

さ　行

サービス　94
サービス化　71
債権譲渡特例法　72, 145, 449, 462
再考権　176
再構成家族　46, 53, 62, 129, 160, 204
再婚禁止期間の短縮　224
財産　271
財産分与　152
「(再)制度化」としての契約化　282
再訴禁止　38
裁判規範　443
裁量化　75
差止請求関係業務　34
差止請求権　33
サブストリーム　462
産業再生法　104
3歳児神話　396
35時間　391
参政権　502
三段論法　355
300日問題　223
civil　386, 480
支援　206, 209, 282, 289
支援された自律　371
ジェンダー　201, 393, 468, 476, 478
支援人　267
市街地再開発組合　115
時間　165
時間消費　162
事業型NPO　163
事業再生ファンド　104
事業組織形態の見直し　105
私権　480, 499
資源配分の法　358
時効制度の存在理由　377, 381
時効に関する覚書　372
時効の存在理由　374

事項索引　521

時効理論史　374
死後懐胎　231
自己決定　180, 191, 471, 472
　　——と公序　472
　　——の尊重　171
自己決定権　191, 200, 402, 453, 457
　「強い」——　194
　「弱い」——　194
自己責任　447, 463
資産　271
事実　442
事実婚　99, 290
事実としての贈与　131
市場　436
市場化　142
市場の決定と権威的決定　367
『市場独裁主義批判』　348
市場の領分　142, 144
私人間における男女差別　156
施設利用契約　319
自然法　415
思想としての民法　445
自治産　261
自治体　29
実体課税　108
「実体法説」と「権利消滅説」　374
実用法学　366
私的自治　413, 435, 443, 445
私的領域　441
児童虐待　469
児童虐待防止法　200, 469
児童の権利条約　469
児童福祉法　469
児童扶養手当　51
児童虐待防止法　449
シニア住宅　315, 318
シニア住宅事業　309
ジハード対マックワールド　26
司法省法学校　344
私法の一般性　443
資本主義経済＝社会の法　443
市民　508
　　——の利益　20
市民運動　357
市民権　507, 508

市民社会　384, 463
　　——の法　463, 507
市民であること　463, 508
市民的権利　499, 501, 506
　　——の法　508
市民的自由　481, 483
事務管理　302
事務所　27
社会　448
社会構成原理としての民法　439
社会性　448
社会通念　442
社会的なきずな　26, 129, 131, 141, 143
「社会的に承認(支援)された契約」　282
社会福祉協議会　301
社会保障法　51
社会問題　26, 200, 223, 464, 475
弱者　467
弱者救済　446
弱者保護　26, 418, 463, 467, 475, 478
弱者保護(抵抗)の民法学　462
『借地・借屋法』　379
借地借家法・建物区分所有法の改正　306
借地借家法の改正　72, 146
借地借家問題　465
借地法・借家法　118
社　159, 332
社交性　26, 161, 164, 165
社交体　31
社交法　129
自由化　285
重過失　328
住居　306
自由結合　290
集合的利益　30
集合物　271
重婚　285
終身建物賃貸借　313, 318
ジュース訴訟　4
重層的な共和主義　209
住宅組合法案　118
集団の利益　7, 10
周辺的な参加者　88
住民票　233
手交贈与　131

出資金保全　13
主婦連合会　5
趣味＝文化活動　26
準禁治産者　474
準婚理論　99, 154
準成年と完全未成年　266
障害者　474
「障害者」「子ども」「女子」　504
状況規定的な人　473
条件付所有権　249
条件付法律行為　249
少数者　470
少数民族・性的少数者・宗教的少数者　469
譲渡担保　257, 271
譲渡不可能性　134
承認　205, 206, 209, 282, 289
「承認」の民法学　477
消費者　473
消費者基本法　32
消費者教育　3, 264
消費者契約法　72, 73
消費者団体　3, 69, 129
消費者団体基本調査　4
消費者団体訴訟制度　32
消費者保護　26, 423
消費者保護会議　3
消費者保護基本法　3, 32
消費者問題　446, 466, 475
消費生活協同組合　5, 160
消費の法　160
商品交換　128, 143
情報　271
情報化　71
情報提供義務　73
女性　474
女性・子ども・高齢者　468
初成年と完全成年　266
女性の自己決定権　184
序説　350, 353, 361
所有権　133, 186, 445
　　──による用益権　252
　　──の永続性　247
　　──の絶対　249, 443
　　──の分離　244
私立法律学校　344

シルバーハウジング　314, 318
シルバーハウジング事業　309
事例研究　362, 367
人格　272
人格権　457, 471, 495, 506
人格的名誉　495
信義則　427
シングル・イシュー・アプローチ　208
シングル社会論　401
親権　261
人権　478, 479
親権解放　258
人工妊娠中絶　189, 268
人工保育器　215
新古典派経済学　368
震災バラック問題　306
新自由主義　364, 466
人種差別撤廃条約　492
人身売買　186, 187
親族会　60
人体　133, 272
　　──の一部　187, 272
身体の処分不能性　203
信託　93, 271
信託的譲渡　92
信認義務　77
「真の解釈」と「真の解釈のためになすべきこと」　381
新民法　56
信頼　165
信頼関係保護法理　447
水害訴訟　357
推定されない摘出子　223
推定の及ばない子　223
スキーマ論　428
スタンダード　427
スポーツ　26, 29, 160
スモン訴訟　357
スローガン型　200
生活空間　436, 472
生活クラブ生協　14
生活支援員　301
生活相談室　315
生活秩序　455
生活扶助義務　59, 63, 273

事項索引　　　523

生活妨害　471
生活保持義務　59, 273
生活民法　327, 387
『生活民法入門』　327
生活モデル　336
正義　354, 365, 383
生協　4
「政策志向型」訴訟　357
性差別・性別役割分業　394
清算的要素部分　152
政治　440
「精子・卵子・胚の提供等による生殖補助医療のあり方についての報告書」　202
性質決定　101, 110, 252
誠実交渉義務　73
政治的権利　481, 501
政治的自由　481
生殖子　132
生殖補助医療　184, 202, 272
成人式　268
税制上のメリット　101, 106
税制上の優遇措置　89
製造物責任法　72
制度　87, 160, 257, 287, 289, 304, 323, 342, 369, 370, 380, 392, 442, 449
性同一性障害　470, 398
性同一性障害者特例法　470
制度型契約　369
制度間競合論　421
制度構想　350
　──の民法学　352, 371
制度構築　476
制度財　442
制度設営義務　442
制度創設　338
制度(組織)の契約化　97
制度的行為　370
成年　258
成年期繰下案　258
成年擬制　262
成年後見関連立法　469
成年後見制度　73, 201, 291
成年後見法　72, 449
成年後見法大綱　171
成年宣告　258

成年年齢　474, 503
性別役割分業　398
生命の自損　186
生命倫理　197, 198
『世界の悲惨』　348
責任財産　271
セクシャル・ハラスメント　469, 475, 495
世帯　52, 53
説明義務　457
世論　200
善管注意義務　77, 136
1901年12月1日法　22
1993年1月8日法　50
1996年12月30日法　62
1996年民法改正要綱　394
選挙権　474
全国消費者団体連絡会　5
全国地域婦人団体連絡協議会　5
漸進的な多元主義　208
『全体を見る眼と歴史家たち』　389
選択的夫婦別姓　285
専門家の責任　74
臓器　189
臓器移植　272
臓器移植法　184
総財産　271
創造補助機能　342
相続　58
相続権　51, 331
相続させる遺言　398
宗中　158
壮丁　469
贈与　92, 131
ソーシャル・キャピタル　164
ソシアビリテ　129
ソシアル・モデル　448
組織規定・効果付与規定　284
「訴訟法説」「推定説」　374
SOTOKOTO(ソトコト)　467
措置請求権　11
尊厳　507
尊厳配慮原則　495

　　た　行

ダイエー　9

対価的相続額　276
体系　426
第三者　256
第三の変革期　72
胎児　189
代親　54
代替型の自己決定　181
第二次法解釈論争　362
第二の婚姻　400, 403
大日本帝国憲法　17
代物弁済予約　423
代理出産　185
代理母　194, 203, 213, 214
台湾戸籍令　503
宅地建物取引業者　85
多元的家族観　206, 343
足し算　290
他者　480
脱構築　383
脱支援　268
「脱制度化」としての契約化　280
単親家族　204
『男性支配』　347
団体訴権　11, 30
地域通貨　138, 143, 336
地域福祉権利擁護事業　300
地縁　166
父を定める訴え　229
知的財産法　271
痴呆対応型共同生活介護　317
嫡出推定　401
嫡出推定制度の存在理由　226
嫡出否認の訴え　233
中間法人　144
中間法人法　21
中間領域　442
忠実義務　77
中小企業等投資事業有限責任組合　101
中小企業等投資事業有限責任組合会計規則　102
中途退学者　470
朝鮮戸籍令　503
著作者人格権　272
通知義務　302
ツーリスト・シティ　161

ツールとしての民法　439
妻　262, 474, 503
連れ子　46
DNA 親子論　401
DNA 鑑定　224, 234
DV　496
DV 防止法　200, 449
「抵抗」の民法学　446
帝国臣民たる成年男子　474
帝国大学　344
「帝国」対「マルチチュード」　468
停止条件　253
適格消費者団体　34
できちゃった婚　228
テクスト　382
手続的正義　364
手続保障　286
典型家族　341, 343
典型契約　98
電子消費者契約特例法　329
伝統　447
ドイツ（法）　10, 75, 78, 106, 188, 258, 261, 274, 428, 461
同意者＝父ルール　216
同意による義務（禁反言）ルール　216
導管課税　108
登記　84, 102
東京都管理職試験大法廷判決　469
道具としての民法　445
統合　498
倒産　13
投資事業組合　100
投資事業有限責任組合　110
投資事業有限責任組合法　100, 104
同性カップル　470
動的システム論　428
道徳　406
道徳規範　434
灯油訴訟　4
登録住宅　312
特定非営利活動促進法　72
特定物ドグマ　272
特定目的のための放棄　133
特別養子縁組　49
特別養子制度　199

事項索引　525

都市　161
都市再開発法　115
donné　384
ドメスティック・バイオレンス　469, 475
取引社会　159
取引非対象性　134
取引民法　387

な 行

内縁　152, 279, 290, 399
内的視点　427
内務省復興局案　120
内容調整機能　342
名づけ　475
ナポレオン法典　387, 443
二級市民　468, 475
20世紀フランス民法学　483
日常生活の法　327
日産自動車事件　156
200日問題　227
2分の1ルール　287, 396
日本型福祉社会　200
日本国憲法　414
日本産科婦人科学会　202
日本自動車ユーザー・ユニオン　7
日本消費者連盟　7
日本生活協同組合連合会　5
日本版LLC　105
日本弁護士連合会　171
「日本民法にフランス民法典が与えた影響」　379
ニューエコノミー　146
入会地　155
入居拒絶　320
任意規定　341, 424
　　――の半強行規定化　151
任意後見監督人　84
任意後見契約　81, 282, 289
任意後見契約法　200
任意法規　149
認可　115
人間の尊厳　203, 287, 483, 495
認知　205, 401
認知科学　428
ネットワーク　13, 15, 68, 129

年少者法　260, 269
脳死　189
脳死=臓器移植　184
『農村法律問題』　447, 465

は 行

場　165
配偶者　189
配偶者相続権　154
排除　470, 477, 499
パクス（法）　278, 282, 393, 399, 403
パターナリズム　184, 191
母親優先の原則　395
ハビトゥス　342, 349
バブル　447
パラサイト　403
バリアフリー　309, 314
反差別　479
阪神・淡路大震災　69, 87, 113
反省的な制度主義　209
判例　458
判例研究　381
非営利・非公益　151
非営利団体　23, 73
被害者　333
被害者救済　467
引き算　290
引取扶養　275
非市場化　142
ビジネスロー　146
非典型家族　209, 341, 343
人　501
　　――であること　508
　　――の生命　453
　　――の法　463, 471, 472
『ひとつのヨーロッパ／いくつものヨーロッパ』　389
避妊の自由　192
非法　131, 132, 283
ヒューマンサービス　164
標準契約書　323
費用償還請求権・代弁済請求権　302
平等化　285
平等取扱原則　495
比例原則　421

比例命題　425
夫婦財産契約　282, 286
夫婦財産制　68
夫婦財産法　179
夫婦同氏　287
夫婦の氏　395
夫婦別姓　62, 200
フェミニズム　334, 476, 478
「深川渡し」事件　453
不確定期限付遺贈　237
複合家族　46
福祉契約　295
福祉サービス利用援助契約　301
夫権　504
不在者の財産管理　82
扶助義務　233
不正競争防止法　10
普通養子縁組　48
物権　256
物権法定主義　240, 255
不動産市場の活性化　146
不特定かつ多数の消費者　36
不法行為の解釈論　353
父母会　26
扶養義務　51, 59
扶養契約　276
扶養的要素部分　152
扶養料　273
プライヴァシー　52, 272, 442, 471, 495
プラスの改革　200
フランス語　269
フランス（法）　10, 17, 22, 58, 59, 75, 78, 130, 179, 186–188, 193, 244, 248, 255, 258, 268, 273, 274, 278, 286, 390, 461, 462, 470, 480, 507
フランス民法（典）　261, 501
フランス民法典 200 周年　485, 498
フリーター　471
privé　389
文化　29, 160, 161
　──の衝突　499
文化経済学　162
文化施設　161
分析基準機能　342
「紛争志向型」訴訟　357

紛争志向型訴訟と政策思考型訴訟　367
分配　368
分娩者＝母ルール　213
米軍軍用地　155
別居　286
「別居」の制度化　232
ベンチャー企業　100
ボイコット　8
法　279
「法＝正義」思考様式　359
法意識　345
法化　335
法概念　340, 342
法学教育　340, 360
法学部　344
法科大学院　341
『法形式に中立的な課税』　108
法社会学　356, 449
法人格　10, 16, 19, 25, 87, 102, 110, 126, 508
法人実在説　20
『法人税』　108
法人税　115
法人の技術性　20
法人の人権　19
法人否認説　20
『法政策学』　363
『法政策学（第 2 版）』　362, 364, 367
法制審議会　200, 210
法制審議会型の家族法学　207
法曹養成　344
法定親子関係　48
法定証拠　376
法定相続制度　254
法的価値　354
法的決定モデル　355
法的思考様式　365
　──と目的＝手段思考様式　367
法典調査会　500
法と経済学　354, 364
放任　206, 209
放任型の自己決定　181
法ハビトゥス　346
法務省通達　224
訪問＝受入権　50

事項索引　527

暴利行為論　424
法律家（juriste）　208
法律家（lawer）　208
法律家養成　340
法律構成　250, 376, 378
法令違反行為効力論　410
「法令型」「裁判型」　410
ホームレス　471
保佐　171
補充規定　283, 287, 289
補充指定・継伝処分　244
補充的契約解釈　424
補助　171
補償給付　288
母体保護法　194
politique　388
本人の保護　171

ま　行

マイナスの改革　199
マイノリティ　463, 474
　──と民法　460
マス・メディア　89, 223, 228, 231
マスコミ　200, 201, 206
マンション建替え円滑化法　100, 117, 123, 307
マンション建替組合　115
マンションの建替えの円滑化等に関する基本的な方針　113
未成年　474, 502
未成年者　503
　──の財産管理　83
未成年者取消権　267
三菱樹脂事件　488
南九州税理士会事件　21
民事責任　445
民主主義　28
民主党　259
民事連帯協約　278
「民法解釈学序説」　379
『民法解釈と揺れ動く所有権』　408
民法改正要綱　46, 200
民法学方法論　374
民法講座　422
民法典　185, 333, 347, 498

『民法典の百年』　419
民法典の法　506
民法と憲法　460
無限責任組合員　101
無権代理　302
無戸籍児　223
無産者　467, 474
無資格者　470
無償行為論　128
明治6年地所質入書入規則　503
名誉毀損　471
メインストリーム　462
メタ自己決定　193
メタ理論　427
メディア　44, 208, 400, 473
目的＝手段決定モデル　355
「目的＝手段」思考様式　357, 359
目的論的解釈　429
物　187, 270
　──の法　462
門中　158

や　行

役割分担　205
約款規制法　10
八幡製鉄事件判決　18
有限責任組合員　101
有限責任事業組合法　105
友情　135
有償ヴォランティア　139
友人　69, 400, 406
有体物　271
有料老人ホーム　309, 316, 318, 321
豊かな社会　466
ゆるやかな共同性　143
用益権　244, 249, 250
養子縁組　218
余暇の法　160
預金口座　330
余後効　288
ヨットクラブ　99, 128
四ツ葉子ども会事件　135
四大公害訴訟　357, 466

ら 行

ライフサポートアドバイザー　315
ライフスタイル　457
ライフスタイル選択　154
濫用禁止　35
リース　342
libre recherche scientifique　384
利益考量　443
利益考量論　372, 380, 384, 429
利益考量論批判　409, 427
利益の分配　25
離婚給付　396
利他的利益　30
立法　282
　──の象徴効果　207, 209, 348
リベラリズム　414, 432, 435
良俗　433
療養看護　65, 151

理論　378
隣人訴訟　189
ル=シャプリエ法　22
類型　289
連帯　25, 26, 473, 507
聾者・唖者・盲者　474
労働基本権　423
労働者　473
『労働社会の変容と再生──フランス労働法制の歴史と理論』　389
『労働法研究』　447, 465
労働問題　464, 475
ロー・スクール　341
ローカルな市場　145
ローマ　341, 506

わ 行

わらの上からの養子　215

人名索引

あ 行

淡路剛久　447
安念潤司　279
磯部四郎　501
井上達夫　478
内池慶四郎　372
内田貴　369, 408, 427
梅謙次郎　249, 481, 500
エールリッヒ，オイゲン　481, 500
大杉謙一　105
大谷恭子　478

か 行

カステル，M　468
加藤敏春　138
加藤雅信　135, 404
金山直樹　372, 386
兼子一　438
柄谷行人　138
河合隼雄　404
川島武宜　20, 248, 365, 376, 405, 443
河内宏　21
神田秀樹　112
高翔龍　69
小島晴洋　308

さ 行

潮見佳男　408
シャルチエ，ロジェ　389
末川博　413, 422
末弘厳太郎　20, 365, 447, 449, 464
鈴木竹雄　438
鈴木禄弥　306

た 行

田中耕太郎　438
デュギ，レオン　483
デリダ，ジャック　130, 450
デルマス＝マルティ，ミレイユ　482

道垣内弘人　76
トゥレーヌ，アラン　349
富井政章　248, 252, 500

な 行

直木倫太郎　119
中川善之助　56
中田裕康　408
西川洋一　388
二宮宏之　159, 389
沼正也　438
ネグリ，アントニオ　468
能見善久　21

は 行

ハート，マイケル　468
バーバー，ベンジャミン　26
ハーバマス，ユルゲン　388, 450
橋本文雄　438
長谷部恭男　19, 440
パットナム，ロバート　165
鳩山秀夫　248, 377
樋口範雄　76
樋口陽一　19
平井宜雄　409, 427
広中俊雄　128, 472
広渡清吾　389
ブルデュー，ピエール　339, 468
星野英一　21, 429, 482
穂積重遠　258, 306
穂積陳重　480
ポランニー，マイケル　130
ボワソナード，ギュスタヴ・エミール　382, 502
本澤巳代子　298

ま 行

前田庸　112
増井良啓　108
マリノフスキ　130

水林彪　386
宮島喬　389
村上龍　138
モース，マルセル　130
森田修　368, 371
森田宏樹　437
モンテスキュー，シャルル・ド　481

　　や　行

山口浩一郎　308
山野目章夫　472
山本敬三　369, 408, 438, 472

吉田克己　439, 472

　　ら　行

ルヴヌール，ローラン　279
ルソー，ワルデック　28
レヴィ＝ストロース，クロード　130

　　わ　行

我妻栄　56, 383, 413, 422
渡辺祥三　438
和田仁孝　339

判例索引

大判大 14・12・3 民集 4 巻 685 頁　　453
大判昭 10・10・5 民集 14 巻 1965 頁　　453
最判昭 30・10・7 民集 9 巻 11 号 1616 頁　　187
東京家審昭 31・7・25 家月 9 巻 10 号 38 頁　　152
東京地判昭 31・12・25 判時 107 号 13 頁　　467
鹿児島地判昭 32・7・23 判時 123 号 18 頁　　467
最判昭 33・8・5 民集 12 巻 12 号 1901 頁　　188
最判昭 37・4・27 民集 16 巻 7 号 1247 頁　　213
広島高決昭 38・6・19 高民 16 巻 4 号 264 頁　　152
最大判昭 42・11・1 民集 21 巻 9 号 2249 頁　　188
最大判昭 45・6・24 民集 24 巻 6 号 625 頁　　18
最大判昭 48・12・12 民集 27 巻 11 号 1536 頁　　488
大阪地判昭 49・2・27 判時 729 号 3 頁、大阪高判昭 50・11・27 判時 797 号 36 頁（大阪空港公害訴訟 1・2 審判決）　　471
最判昭 53・3・14 判時 880 号 3 頁　　4
最判昭 54・2・15 民集 33 巻 1 号 51 頁　　271
釧路地判昭 55・1・25 判時 963 号 93 頁　　467
最判昭 55・2・8 民集 34 巻 2 号 138 頁　　158
最判昭 56・3・24 民集 35 巻 2 号 300 頁　　156
最判昭 56・4・7 民集 35 巻 3 号 443 頁　　91
東京地判昭 56・9・9 判時 1043 号 76 頁　　486
最判昭 58・3・18 判時 1075 号 115 頁　　237
大阪家審昭 58・3・23 家月 36 巻 6 号 51 頁　　153
津地判昭 58・4・21 判タ 494 号 156 頁　　135
最判昭 61・12・16 民集 40 巻 7 号 1236 頁　　270
最判昭 62・7・2 民集 41 巻 5 号 785 頁　　4
東京高判昭 62・7・15 判時 1245 号 3 頁（横田基地騒音公害訴訟 2 審判決）　　471
最判昭 62・11・10 民集 41 巻 8 号 1559 頁　　271
最大判昭 63・6・1 民集 42 巻 5 号 277 頁（自衛官合祀事件）　　470
大阪家審平元・7・31 家月 42 巻 7 号 45 頁　　153
最判平元・12・8 民集 43 巻 11 号 1259 頁　　4
大阪家審平 3・3・5 家月 45 巻 1 号 124 頁　　153
大阪高決平 4・2・20 家月 45 巻 1 号 120 頁　　153
最判平 5・1・19 民集 47 巻 1 号 1 頁　　91

東京地判平 5・3・23 判タ 874 号 298 頁　　486
大阪地判平 5・6・18 判時 1468 号 122 頁　　487
最判平 6・9・13 民集 48 巻 6 号 1263 頁　　302
最判平 7・7・14 民集 49 巻 7 号 2674 頁　　50
大阪高判平 7・11・21 判時 1559 号 26 頁　　52
東京高決平 8・11・20 家月 49 巻 5 号 78 頁　　50
東京地判平 9・3・12 判タ 964 号 82 頁　　452
札幌地判平 9・3・27 判タ 938 号 75 頁　　470
最判平 9・10・17 民集 51 巻 9 号 3925 頁　　485
東京高判平 10・2・9 判時 1629 号 34 頁、判タ 965 号 83 頁　　452
東京地判平 10・7・28 判時 1665 号 84 頁　　136
千葉地裁佐倉支判平 11・2・17 判タ 1013 号 194 頁　　136
最判平 11・2・23 民集 53 巻 2 号 193 頁　　99, 148
静岡地浜松支判平 11・10・12 判時 1718 号 92 頁　　487
福岡地小倉支判平 11・10・26 判時 1711 号 126 頁　　467
最判平 12・2・29 民集 54 巻 2 号 582 頁（エホバ証人輸血事件）　　452, 471
最決平 12・3・10 民集 54 巻 3 号 1040 頁　　151
東京地判平 13・5・31 判時 1773 号 36 頁　　486
東京地判平 13・11・12 判時 1789 号 96 頁　　487
東京地判平 14・2・14 判時 1808 号 31 頁　　273
高松高判平 14・2・26 判タ 1116 号 175 頁　　157
札幌地判平 14・3・7　　470
東京高判平 14・3・23 判時 1773 号 34 頁　　487
東京高判平 14・8・29 金商 1155 号 20 頁　　487
札幌地判平 14・11・11 判時 1806 号 84 頁　　487
那覇地判平 15・11・15 判時 1845 号 119 頁　　155
東京地判平 15・3・31 判タ 1149 号 307 頁　　467
最判平 15・6・12 判時 1833 号 37 頁　　485
千葉地判平 16・4・2　　141
最判平 16・11・5 民集 58 巻 8 号 1197 頁　　140
東京高判平 16・11・17　　141
福岡高那覇支判平 16・9・7 判時 1870 号 39 頁　　156

最判平 16・11・18 判時 1181 号 83 頁　　290
東京地判平 17・4・13 判時 1890 号 27 頁　　485
東京地判平 17・10・25　　469
最大判平 17・12・6　　469
最判平 17・12・16 民集 59 巻 10 号 2931 頁　　270
大阪地判平 18・1・27　　471
最判平 18・3・17 民集 60 巻 3 号 773 頁　　155

新聞記事索引

朝日新聞 1996 年 3 月 4 日付夕刊　　13
朝日新聞 1996 年 4 月 3 日付朝刊　　12
朝日新聞 1996 年 4 月 10 日付朝刊　　13
朝日新聞 1996 年 5 月 24 日付朝刊　　13
朝日新聞 1997 年 10 月 19 日付朝刊　　52
朝日新聞 1998 年 6 月 7 日付朝刊　　13
朝日新聞 1999 年 5 月 7 日付　　203
朝日新聞 2001 年 4 月 22 日付　　396
朝日新聞 2001 年 4 月 28 日付　　396
朝日新聞 2002 年 3 月 16 日付朝刊　　228
日本経済新聞 2003 年 2 月 3 日付　　203
日本経済新聞 2004 年 6 月 7 日付夕刊　　300
日本経済新聞 2004 年 6 月 24 日付　　299
朝鮮日報 2005 年 7 月 21 日ネット日本語版　　158
朝日新聞 2006 年 12 月 6 日付朝刊　　259
朝日新聞 2006 年 12 月 30 日付朝刊　　259
朝日新聞 2007 年 1 月 27 日付朝刊　　228
朝日新聞 2007 年 2 月 28 日付朝刊　　225
朝日新聞 2007 年 3 月 20 日付夕刊　　224
朝日新聞 2007 年 5 月 24 日付朝刊　　225

文献索引(邦文)

著書

あ 行

明石昇二郎・黒い赤ちゃん——カネミ油症34年の空白(講談社, 2002) ……………… 466
アコラス(小島竜太郎訳)・佛國民法提要(司法省, 1880–84) ……………………………… 501
朝倉むつ子＝戒能民江＝若尾典子・フェミニズム法学(明石書店, 2004) …………… 478
浅野素女・フランス家族事情(岩波新書, 1995) ………………………………………………… 46
芦部信喜・憲法(岩波書店, 新版補訂版, 1999) ……………………………………………… 18, 496
新井誠・信託法(有斐閣, 第2版, 2005) ……………………………………………………………… 273
有道出人・ジャパニーズ・オンリー——小樽温泉入浴拒否問題と人種差別(明石書店, 2003) …… 496
淡路剛久・公害賠償の理論(有斐閣, 1978) ……………………………………………………… 466
―――・環境権の法理と裁判(有斐閣, 1980) ………………………………………………… 466
五十嵐清・人格権法概説(有斐閣, 2003) ……………………………………………………… 272, 471
幾代通・不法行為(筑摩書房, 1977) ………………………………………………………………… 466
石井美智子・人工生殖の法律学(有斐閣, 1994) ……………………………………………… 195
石川稔・子ども法の課題と展開(有斐閣, 2000) ……………………………………………… 260
泉久雄・親族法(有斐閣, 1997) ……………………………………………………………………… 275
伊藤孝夫・大正デモクラシー期の法と社会(京都大学学術出版会, 2000) ……… 449, 465
伊藤正孝・欠陥車と企業犯罪——ユーザーユニオン事件の背景(社会思想社, 1993) ……… 8
磯部四郎・民法釈義人事編之部(上)(信山社, 復刻版, 1997) ……………………………… 501
磯村哲・社会法学の展開と構造(日本評論社, 1975, 初出, 1959–61) ………………… 449
乾昭三＝二宮周平編・新民法講義5 家族法(1993) ……………………………………………… 52
岩田正美・ホームレス・現代社会・福祉国家——「生きていく場所」をめぐって(明石書店, 2000) …… 471
岩波書店編集部・子どもたちの8月15日(岩波新書, 2005) ……………………………… 461
岩波新・哲学講義6 共に生きる(岩波書店, 1998) ……………………………………………… 478
岩渕潤子・美術館の誕生——美は誰のものか(中公新書, 1995) ………………………… 167
岩村正彦・社会保障法Ⅰ(弘文堂, 2001) …………………………………………………………… 277
上田正昭編・ハンドブック国際化のなかの人権問題(明石書店, 第4版, 2004) ……… 478
上原敏夫「約款の規制と消費者団体訴訟」消費者法講座6(日本評論社, 1991) ……… 10
上山信一・稲葉郁子・ミュージアムが都市を再生する——経営と評価の実践(日本経済新聞社, 2003) …… 161
宇沢弘文ほか編・社会的共通資本——コモンズと都市(東京大学出版会, 1994) ……… 273
牛山積・公害裁判の展開と法理論(日本評論社, 1976) …………………………………… 466
内池慶四郎・出訴期限規則略史(慶応義塾大学法学研究会, 1968) ………………………… 372
内田貴・契約の再生(弘文堂, 1990) ……………………………………… 96, 142, 405, 444
―――・民法Ⅱ債権各論(東京大学出版会, 1997) ……………………………… 79, 90, 98
―――・民法Ⅰ総則・物権総論(東京大学出版会, 第2版補訂版, 2000, 初版, 1994) …… 98, 255

―――・民法Ⅳ（東京大学出版会，2004）………………………………………………… 275
内田勝一・現代借地借家法学の課題（成文堂，1997）……………………………… 465
内橋克人・共生の大地――新しい経済がはじまる（岩波新書，1995）…………… 478
―――・共生経済が始まる――市場原理を超えて（日本放送協会，2005）……… 478
梅謙次郎・民法要義巻之二物権編（明法堂，訂正増補版，1898）………………… 245
―――・民法要義巻之一総則編（明法堂，訂正増補版，1899）………… 16, 247, 501
―――・民法総則（信山社，復刻版，1990）………………………………… 481, 500
エールリッヒ（川島武宜＝三藤正訳）・権利能力論（岩波書店，1942）…………… 501
江川英文・中華民国に於ける外国人の地位（中央大学出版部・有斐閣，1938）… 503
江原由美子・自己決定権とジェンダー（岩波書店，2002）………………………… 393
王亜新・中国民事裁判研究（日本評論社，1995）…………………………………… 405
大阪弁護士会環境権研究会編・環境権（日本評論社，1973）……………………… 273
大沢真理・男女共同参画社会をつくる（NHK 出版，2002）……………………… 469
大島俊之・性同一性障害と法（日本評論社，2002）………………………………… 470
太田一男＝鳥居喜代和編・北海道と憲法（法律文化社，2000）…………………… 470
大嶽秀夫・現代日本の政治権力経済権力（三一書房，1979）…………………………8
大竹文雄・日本の不平等（日本経済新聞社，2005）………………………………… 463
大塚直・環境法（有斐閣，2002，第 2 版，2006）…………………………… 273, 467
大村敦志・公序良俗と契約正義（有斐閣，1995）…………………………… 142, 443
―――・法源・解釈・民法学（有斐閣，1995）………………………… 196, 211, 352
―――・典型契約と性質決定（有斐閣，1997）…………… 68, 96, 323, 340, 424
―――・消費者法（有斐閣，1998）……………………………………… 74, 85, 348
―――・消費者法（第 2 版，2003）……………………………………………… 31, 467
―――・消費者法（第 3 版，2007）………………………………………………… 260
―――・契約法から消費者法へ（東京大学出版会，1999）………………………… 343
―――・消費者・家族と法（東京大学出版会，1999）……………………… 196, 348
―――・法典・教育・民法学（有斐閣，1999）………………… 198, 340, 383, 439
―――・基本民法Ⅰ総則・物権総論（有斐閣，2001）…………………………… 255
―――・民法総論（岩波書店，2001）………………………………… 345, 444, 484
―――・家族法（有斐閣，第 2 版，2002，初版，1999）………… 197, 211, 449, 343
―――・家族法（第 2 版補訂版，2004）……………… 222, 275, 279, 305, 476
―――・フランスの社交と法（有斐閣，2002）…… 22, 129,160, 283, 348, 406, 448, 484
―――・生活民法入門（東京大学出版会，2003）………………… 31, 129, 305, 349, 484
―――・基本民法Ⅱ（有斐閣，第 2 版，2005）…………………………………… 98, 129
―――・もうひとつ基本民法Ⅰ（有斐閣，2005）………………………………… 469
―――・生活のための制度を創る（有斐閣，2005）…………… 113, 138, 305, 352, 484
奥平康弘・憲法Ⅲ（有斐閣，1993）…………………………………………………… 402
小熊英二・単一民族神話の起源（新曜社，1995）…………………………………… 470
―――・〈日本人〉の境界（新曜社，1998）………………………………………… 470
奥山恭子＝田中真砂子＝義江明子編・扶養と相続（早稲田大学出版部，1998）…… 64
小田桐誠・ドキュメント生協（社会思想社，1992）……………………………………7
―――・生協ルポ共同購入はさらに伸びる（コープ出版，1993）………………………6

　か　行

甲斐道太郎・土地所有権の近代化（有斐閣，1967）………………………………… 465

戒能民江・ドメスティック・バイオレンス (不磨書房, 2002) ·················· 469
────編著・ドメスティック・バイオレンス防止法 (尚学社, 2001) ·········· 469
戒能通厚・イギリス土地所有権法研究 (岩波書店, 1980) ·················· 465
角紀代恵ほか・ロースクールを考える──21世紀の法曹養成と法学教育 (成文堂, 2002) ··· 345
鹿嶋敬・雇用破壊──非正社員という生き方 (岩波書店, 2005) ·············· 471
片桐新自・社会運動の中範囲理論──資源動因論からの展開 (東京大学出版会, 1995) ···14, 88
加藤一郎・不法行為 (有斐閣, 初版, 1957, 増補版, 1974) ················· 466
加藤雅信・新民法大系Ⅴ (有斐閣, 2002) ······························ 302
金山直樹・時効理論展開の軌跡 (信山社, 1994) ························ 372
金子郁容＝松岡正剛＝下河辺淳・ボランタリー経済の誕生──自発する経済とコミュニティ
  (実業之日本社, 1998) ·· 9
川井健編・専門家の責任 (日本評論社, 1993) ··························· 75
────・総合研究開発機構編・生命科学の発展と法 (有斐閣, 2001) ············ 201
河合幹雄・安全神話崩壊のパラドックス──治安の法社会学 (岩波書店, 2004) ···· 461
河合隼雄＝加藤雅信編・人間の心と法 (有斐閣, 2003) ··················· 404
川島武宜・所有権法の理論 (岩波書店, 1949) ···························· 462
────・科学としての法律学 (弘文堂, 1955) ····························· 384
────・民法Ⅰ(総論・物権) (有斐閣, 1960) ·····················158, 248, 462
────・民法総則 (有斐閣, 1965) ·································376, 467
────・「科学としての法律学」とその発展 (岩波書店, 1987) ················ 384
川出良枝・貴族の徳, 商業の精神 (東京大学出版会, 1996) ················· 481
川名英之・検証・カネミ油症事件 (緑風出版, 2005) ···················· 466
北川善太郎・債権各論〔民法講要Ⅳ〕(有斐閣, 第2版, 1995) ············· 79
桐山桂一・昭和零年 (講談社現代新書, 2005) ························· 461
金城清子・ジェンダーの法律学 (有斐閣, 2002) ··················· 393, 478
経済企画庁国民生活局編・ハンドブック消費者'97 ······················ 6
経済企画庁国民生活局消費者行政第二課編・平成8年度基本調査と団体名簿／消費者団体の概要
  (大蔵省印刷局, 1997) ·· 5, 6
厚生省編・平成8年版厚生白書 ··································· 9
厚生省編・平成10年版厚生白書 ·············................... 47, 204
コーエン＝プルサック・人と人の「つながり」に投資する企業──ソーシャル・キャピタルが
  信頼を育む (ダイヤモンド社, 2003) ······························ 164
(財)高齢者住宅財団・高齢社会の住まいと福祉データブック (風土社, 1998) ···· 314
国際法学会編・日本と国際法の100年 ④ 人権 (三省堂, 2001) ············ 478
国土交通省住宅局住宅政策課・市街地建築課監修・マンション建替え円滑化法の解説 (大成出版社,
  2003) ·· 114
国民生活センター編・消費者運動の現状と課題 (勁草書房, 1981) ············ 5
────編・戦後消費者運動史 (大蔵省印刷局, 1997) ······················· 4
小島妙子・ドメスティック・バイオレンスの法 (信山社, 2002) ············ 469
小浜逸郎・「弱者」とはだれか (PHP新書, 1999) ························ 463
小柳春一郎・震災と借地借家 (成文堂, 2003) ···················· 119, 306
コリン・コバヤシ編著・市民のアソシエーション──フランスNPO法100年 (太田出版,
  2003) ··· 23

さ 行

坂和章平編・注解マンション建替え円滑化法（青林書院，2003）……………… 114
櫻田淳・弱者救済の幻想——福祉に構造改革を（春秋社，2002）……………… 463
佐藤岩夫・現代国家と一般条項——借家法の比較歴史社会学的研究（創文社，1999）…… 466
佐藤嘉倫・意図的社会変動の理論（東京大学出版会，1998）…………………… 88
佐藤俊樹・不平等社会日本（中公新書，2000）…………………………………… 463
佐藤慶幸編著・女性たちの生活ネットワーク——生活クラブに集う人々（文真社，1988）…… 14
佐藤慶幸＝天野正子＝那須壽編著・女性たちの生活者運動——生活クラブを支える人々（マルジュ社，1995）……… 14
澤井裕編・公害の私法的研究（一粒社，1969）…………………………………… 466
――――・公害差止の法理（日本評論社，1976）………………………………… 466
佐和隆光編・サービス化経済入門（中公新書，1990）…………………………… 71
潮見佳男・債権各論 I（新世社，2005）…………………………………………… 472
――――・民法総則講義（有斐閣，2005）………………………………………… 472
篠塚昭次・借地借家法の基本問題（日本評論社，1962）………………………… 465
四宮和夫・事務管理・不当利得・不法行為（上）（青林書院新社，1981）…… 302
四宮和夫＝能見善久・民法総則（弘文堂，第 5 版，1999）……………………… 196
――――・民法総則（第 7 版，2005）…………………………………………… 103, 270
清水誠・時代に挑む法律学——市民法学の試み（日本評論社，1992）………… 463
杉田俊介・フリーターにとって「自由」とは何か（人文書院，2005）………… 471
鈴木真次・離婚給付の決定基準（弘文堂，1992）………………………………… 397
鈴木禄弥・居住権論（有斐閣，1959）……………………………………………… 465
――――・借地法（上下）（青林書院，1971）…………………………………… 465
――――・親族法講義（創文社，1988）…………………………………………… 275
――――・居住権論（有斐閣，新版，1981，初版，1959）……………………… 307
鈴木龍也＝冨野暉一郎編著・コモンズ論再考（晃洋書房，2006）……………… 273
下森定編・有料老人ホーム契約（有斐閣，1995）………………………………… 311
シャーウィン裕子・女たちのアメリカ（講談社現代新書，1991）……………… 46
消費者問題研究会編・知っておきたい消費者行政（大蔵省印刷局，1988）…… 4
新城将孝ほか編・法学——沖縄法律事情（琉球新報社，2008）………………… 470
季武嘉也編・日本の時代史 24 大正政変と改造の潮流（吉川弘文館，2004）…… 465
スピヴァク，G・C（上村忠男訳）・サバルタンは語ることができるか（みすず書房，1998）…… 477
瀬川信久編・私法学の再構築（北海道大学図書刊行会，1999）………………… 472
関礼子・新潟水俣病をめぐる制度・表象・地域（東信堂，2003）……………… 466
全国老人保健施設協会編・平成 16 年度介護白書（ぎょうせい，2004）………… 293
千場茂勝・沈黙の海——水俣病弁護団長のたたかい（中央公論新社，2003）…… 466
副田義也・生活保護制度の社会史（東京大学出版会，1995）…………………… 277

た 行

高橋和之・現代憲法理論の源流（有斐閣，1986）………………………………… 483
高橋伸夫・虚妄の成果主義——日本型年功制復活のススメ（日経 BP，2004）…… 167
高橋眞・日本的法意識論再考——時代と法の背景を読む（ミネルヴァ書房，2002）…… 405
高見澤磨・現代中国の紛争と法（東京大学出版会，1998）……………………… 405
竹内隆人・集合住宅デモクラシー——新たなコミュニティ・ガバナンスのかたち（世界思想社，

2005) ……………………………………………………………………………………………………… 119
橘木俊詔・日本の経済格差（岩波新書，1998）………………………………………………… 463
─── 編・封印される不平等（東洋経済新報社，2004）……………………………………… 463
立岩真也・私的所有論（勁草書房，1997年）…………………………………………………… 180
田中成明・裁判をめぐる法と政治（有斐閣，1979）…………………………………………… 357
田中英夫＝竹内昭夫・法の実現における私人の役割（東京大学出版会，1987）……………… 44
田中宏・金敬得編・日・韓「共生社会」の展望──韓国で実現した外国人地方参政権（新幹社，
　　2006）……………………………………………………………………………………………… 510
棚村政行・結婚の法律学（有斐閣，2000）……………………………………………………… 469
田村善之・知的財産法（有斐閣，第4版，2006）……………………………………………… 273
チウェ，マイケル・S-Y（安田雪訳）・儀式は何の役に立つか──ゲーム理論のレッスン（新曜社，
　　2003）……………………………………………………………………………………………… 167
中華民国法制研究会・中華民国民法総則（有斐閣，1940）…………………………………… 509
張荊・来日外国人犯罪──文化衝突からみた来日中国人犯罪（明石書店，2003）………… 461
辻村みよ子・憲法（日本評論社，2000）……………………………………………… 18, 393, 496
─── ・市民主権の可能性（有信堂，2002）…………………………………………………… 478
角田由紀子・性の法律学（有斐閣，1991）……………………………………………………… 469
─── ・性差別と暴力（有斐閣，2001）………………………………………………………… 469
都留民子・フランスの貧困と社会保護──算入最低限所得（RMI）への途とその経験（法律文化社，
　　2000）……………………………………………………………………………………………… 277
手塚和彰・外国人と法（有斐閣，第3版，2005）……………………………………………… 496
暉峻淑子・格差社会をこえて（岩波ブックレット，2005）…………………………………… 463
電通総研編・NPOとは何か──社会サービスの新しいあり方（日本経済新聞社，1996）…… 9
道垣内弘人・信託法理と私法体系（有斐閣，1996）…………………………………………… 76
─── ・ゼミナール民法入門（日本経済新聞社，2002）……………………………………… 256
─── ・担保物権法（有斐閣，第2版，2005）………………………………………………… 273
富井政章・民法原論第1巻総論（有斐閣，合冊版，1922）…………………………………… 500
─── ・民法原論第1巻総則（有斐閣，復刻版，1985，原版，1922）……………………… 247
─── ・民法原論第2巻物権（有斐閣，復刻版，1985，原版，1923）……………………… 248
─── ・増補民法原論第1巻総則（有斐閣，復刻版1985年，原版1922合冊版）…………… 16

な　行

内閣府編・平成16年版高齢社会白書（ぎょうせい，2004）…………………………………… 292
中川善之助・新訂親族法（青林書院新社，1959）……………………………………………… 213
中川良延ほか編・星野古稀・日本民法学の形成と課題・上（有斐閣，1996）……………… 131
中筋直哉・群衆の居場所──都市争乱の歴史社会学（新曜社，2005）……………………… 461
中曽根康弘ほか・「昭和80年」戦後の読み方（文春新書，2005）…………………………… 461
中田裕康・継続的売買の解消（有斐閣，1994）………………………………………………… 96
永田えり子・道徳派フェミニスト宣言（勁草書房，1997）…………………………………… 180
中村政則・戦後史（岩波新書，2005）…………………………………………………………… 461
中山充・環境共同利用権（成文堂，2006）……………………………………………………… 273
長山淳哉・コーラベイビー──あるカネミ油症患者の半生（西日本新聞社，2005）……… 466
西田典之・刑法各論（弘文堂，1999）…………………………………………………………… 196
西村健一郎・社会保障法（有斐閣，2003）……………………………………………………… 277
西村肇＝岡本達明・水俣病の科学（日本評論社，2001）……………………………………… 466

二宮周平・事実婚を考える(日本評論社, 1991) ……………………………………………469
─────・事実婚(一粒社, 2002) ………………………………………………………469
寝たきり予防研究会編・高齢者虐待──専門職が出会った虐待・放任(北大路書房, 2002) ……469
能見善久・現代信託法(有斐閣, 2004) …………………………………………………273

は 行

バーバー，ベンジャミン(鈴木主税訳)・ジハド対マックワールド(三田出版会, 1997) …………27
萩原重夫・法と少数者の権利(明石書店, 2002) ……………………………………478
橋爪紳也・集客都市──文化の「仕掛け」が人を呼ぶ(日本経済新聞社, 2002) ………160
長谷川公一・環境運動と新しい公共圏──環境社会学のパースペクティブ(有斐閣, 2003) ……450
長谷部恭男・憲法(新世社, 第2版, 2001, 初版, 1996) ……………………………19, 496
八田達夫＝八代尚宏・「弱者」保護政策の経済分析(日本経済新聞社, 1995) …………463
パットナム，ロバート・D(河田潤一訳)・哲学する民主主義──伝統と改革の市民的構造
　(NTT出版, 2001) ……………………………………………………………………167
鳩山秀夫・改版増補日本民法総論(岩波書店, 1930) …………………………………247
花崎皋平・アイデンティティと共生の哲学(筑摩書房, 1993) …………………………478
─────・〈共生〉への触発(みすず書房, 2002) …………………………………………478
林田清明・《法と経済学》の法理論(北海道大学図書刊行会, 1996) …………………365
原田正純編・水俣学講義(日本評論社, 2004) …………………………………………466
坂東克彦・新潟水俣病の三十年──ある弁護士の回想(NHK出版, 2000) ……………466
坂東眞理子・男女共同参画社会へ(勁草書房, 2004) …………………………………469
樋口陽一・憲法(創文社, 1992) …………………………………………………………19
─────・近代国民国家の憲法構造(東京大学出版会, 1994) ………………………19
─────・憲法と国家(岩波新書, 1999) ………………………………………………402
─────・国法学──人権原論(有斐閣, 2004) ……………………………………471, 482
ヒッペル，E・V(好美清光＝円谷峻訳)・消費者の保護(東洋経済新報社, 1986) ………6
平井宜雄・損害賠償法の理論(東京大学出版会, 1971) ……………………………353, 466
─────・法政策学講義案(東京大学出版会教材部, 1978) …………………………350
─────・現代不法行為理論の一展望(一粒社, 1980) ………………………………351
─────・債権総論(弘文堂, 1985) ……………………………………………………71, 351
─────・法政策学(有斐閣, 1987) …………………………………………………351
─────・法律学基礎論覚書(有斐閣, 1989) …………………………………………351
─────・続・法律学基礎論覚書(有斐閣, 1991) ……………………………………351
─────・債権各論Ⅱ　不法行為(弘文堂, 1992) ……………………………………351
平川宗信・刑法各論(有斐閣, 1995) ……………………………………………………195
広中俊雄・広中俊雄著作集2・契約法の理論と解釈(創文社, 1992) …………………128
─────・借地借家判例の研究(一粒社, 1965) ………………………………………465
─────・民法綱要第1巻総論上(創文社, 1989) ……………………………………455
広原盛明ほか編・少子高齢時代の都市住宅学(ミネルヴァ書房, 2002) ………………309
フィッツパトリック，トニー(武川正吾＝菊地英明訳)・自由と保障──ベーシック・インカム
　論争(勁草書房, 2005) ………………………………………………………………277
フィールド，ノーマ(大島かおり訳)・天皇の逝く国で(みすず書房, 1994) ……………470
福井秀夫・都市再生の法と経済学(信山社, 2001) ……………………………………466
福岡峻治・東京の復興計画──都市再開発行政の構造(日本評論社, 1991) …………117
福島瑞穂・結婚と家族(岩波書店, 1992) ………………………………………………395

藤井隆至・柳田国男　経世済民の学――経済・倫理・教育（名古屋大学出版会，1995）............ 465
藤岡康宏・損害賠償法の構造（成文堂，2002）... 471
藤田勇・法と経済の一般理論（日本評論社，1974）.. 350
フリーダン，ベティ（三浦富美子訳）・新しい女性の創造（大和書房，2004）............... 162
―――（下村満子訳）・セカンド・ステージ――新しい家族の創造（集英社，1984）...... 162
―――（女性労働問題研究会訳）・ビヨンド・ジェンダー――仕事と家族の新しい政治学
　　（青木書店，2003）... 162
ブルデュー，ピエール・市場独裁主義批判（藤原書店，2000）.................................... 347
ペストフ，ビクトール・A（藤田暁ほか訳）・市場と政治の間で――スウェーデン協同組合論
　　（晃洋書房，1996）... 9
ヘスラー，アルフレート・A（山下肇ほか訳）・ミグロの冒険――スイスの暮しを支えるミグロ
　　生協の歩み（岩波書店，1996）.. 9
法典調査会民法主査会議事速記録・日本近代立法資料叢書13（商事法務研究会，1988）...... 499
星野英一・借地借家法（有斐閣，1969）... 465
―――・民法概論Ⅰ（良書普及会，1971）... 454, 467
―――・民法概論Ⅱ物権（良書普及会，1976）... 255
―――・民法概論Ⅳ（良書普及会，1986，初版，1976）... 90, 467
―――・民法のすすめ（岩波新書，1998）................................... 21, 346, 439, 463
―――編・隣人訴訟と法の役割（有斐閣，1984）... 195
細野助博監修・実践コミュニティビジネス（中央大学出版部，2003）............................ 167
穂積重遠・民法総論（有斐閣，1930）... 259
―――・親族法（岩波書店，1933）... 48, 262
ボワソナード口述・加太邦憲筆記・律大意講義完（信山社，復刻版，1986）.................. 502
堀尾輝久・いま，教育基本法を読む（岩波書店，2002）.. 448
堀勝洋・社会保障法総論（東京大学出版会，第2版，2004）...................................... 277
堀田恭子・新潟水俣病問題の受容と克服（東信堂，2002）.. 466
本間正明ほか・コミュニティビジネスの時代――NPOが変える産業，社会そして個人（岩波書店，
　　2003）.. 162

ま　行

前田達明・不法行為帰責論（創文社，1978）.. 466
松井茂記・日本国憲法（有斐閣，1999）.. 18, 19, 496
松原一枝・改造社と山本実彦（南方新社，2000）... 465
松波淳一・イタイイタイ病の記憶――カドミウム中毒の過去・現在・未来（桂書房，増補改訂版，
　　2003）.. 466
松本三之介・明治思想における伝統と近代（東京大学出版会，1996）........................... 481
三浦展・下流社会（光文社新書，2005）.. 463
水町勇一郎・パートタイム労働の法律政策（有斐閣，1997）....................................... 389
―――・労働社会の変容と再生――フランス労働法制の歴史と理論（有斐閣，2001）...... 389
水本浩・借地借家法の基礎理論（一粒社，1966）... 465
宮垣元・ヒューマンサービスと信頼――福祉NPOの理論と実証（慶應義塾大学出版会，2003）... 164
宮台真司ほか・〈性の自己決定〉原論――援助交際・売買春・子どもの性（紀伊國屋書店，
　　1998）.. 180
宗田貴行・団体訴訟の新展開（慶應義塾大学出版会，2006）... 33
村上正直・人種差別撤廃条約と日本（日本評論社，2005）... 496

村上春樹・海辺のカフカ（下）（新潮社，2002） ……………………………………………… 401
森田明・未成年者保護法と現代社会（有斐閣，1999） ……………………………………… 260
森田修・債権回収法講義（有斐閣，2006） ……………………………………………… 273, 369
モロー，ジャック（石塚秀雄ほか訳）・社会的経済とは何か——新自由主義を超えるもの（日本経済評論社，1996） ……………………………………………………………………… 9

や　行

山口浩一郎＝小島晴洋・高齢者法（有斐閣，2002） ……………………………………… 308
山崎福寿・土地と住宅市場の経済分析（東京大学出版会，1999） ……………………… 466
山田昌弘・パラサイト・シングルの時代（ちくま新書，1999） ……………………… 403
─────・希望格差社会（筑摩書房，2004） ……………………………………………… 463
山田卓生・私事と自己決定（日本評論社，1987） …………………………………… 180, 472
山野目章夫・物権法（日本評論社，2002） ……………………………………………… 255
山室信一・日露戦争の世紀（岩波新書，2005） ………………………………………… 461
山本敬三・民法講義Ⅰ（有斐閣，2001） ………………………………………………… 467
─────・公序良俗論の再構成（有斐閣，2000） ……………………… 142, 196, 441, 472
─────・民法講義Ⅰ総則（有斐閣，2001） ………………………………………………… 472
湯沢雍彦・図説家族問題の現在（NHK出版，1995） ……………………………………… 49
柚木馨・満州国民法総論Ⅰ（有斐閣，1940） ……………………………………………… 504
吉田克己・フランス住宅法の形成（東京大学出版会，1997） …………………………… 466
─────・現代市民社会と民法学（日本評論社，1999） ……………………… 426, 439, 463
─────・四日市公害——その教訓と21世紀への課題（柏書房，2002） ………………… 466
吉田邦彦・民法解釈と揺れ動く所有論（有斐閣，2000） ………………………………… 196
吉見俊哉・都市のドラマツルギー——東京・盛り場の社会史（弘文堂，1987） …… 167
米倉明・米倉明著作集第5巻・家族法の研究（新青出版，1997） ……………………… 235
米沢広一・子ども・家族・憲法（有斐閣，1991） ……………………………………… 260

ら　行

ライシュ，ロバート・B（清家篤訳）・勝者の代償（東洋経済新報社，2002） … 146, 167
李衛東・超近代の法（ミネルヴァ書房，1999） …………………………………………… 405
梁慧星・中国民法典草案建議稿附理由（法律出版社，2004） ………………………… 509
レッシグ，ローレンス（山形浩生訳）・コモンズ——ネット上の所有権強化は技術革新を殺す（翔泳社，2002） ……………………………………………………………………… 273

わ　行

我妻栄・中華民国民法総則（日本評論社，1946） ……………………………………… 503
─────・近代法における債権の優越的地位（有斐閣，1953） ………………… 448, 462
─────・親族法（有斐閣，1961） ……………………………………………………… 60, 275
─────・新訂民法総則（岩波書店，1965） ………………………… 149, 196, 247, 272
─────編・戦後における民法改正の経過（日本評論社，1956） ……………………… 454
和田仁孝・法社会学の解体と再生（弘文堂，1996） ……………………………………… 340
渡辺洋三・土地建物の法律制度（上中）（東京大学出版会，1960/62） ………………… 465

その他

岩波講座・現代の教育5 共生の教育（岩波書店，1998） ………………………………… 478

岩波講座現代の法 13 消費生活と法（岩波書店，1997）......4
岩波講座現代の法 14 自己決定権と法（岩波書店，1998）......180, 472
岩波講座現代社会学 15 差別と共生の社会学（岩波書店，1996）......478
平成 15 年版介護保険の手引（ぎょうせい，2003）......293

論　文

あ　行

赤松美登里「消費者損害の集団的救済に関する一考察（上・下）」判タ 783, 784 号（1992）......10
浅野有紀「『契約の自由』と『結社の自由』」法哲学年報 2001（有斐閣，2002）......31
新井誠「有償の事務処理契約に関するムジーラクの立法的提言」法学志林 84 巻 2 号（1987）......72
─── 「任意後見制度の立法的必要性について」ジュリ 1141 号（1998）......81
─── 「成年後見法施行後の 1 年間を振り返って」ジュリ 1211 号（2001）......305
蟻川恒正「思想の自由と団体紀律」ジュリ 1089 号（1996）......18
有馬嘉宏「特定非営利活動促進法について」ジュリ 1138 号（1998）......87
安念潤司「『人間の尊厳』と家族のあり方──『契約的家族観』再論」ジュリ 1222 号（2002）
　　......279, 343
池上重弘「地元の視点から『浜松人種差別訴訟』を考える」同編・ブラジル人と国際化する
　　地域社会──居住・教育・医療（明石書店，2001）......496
池田恒男「民法典の改正──前 3 編」広中俊雄＝星野英一編・民法典の百年 I（有斐閣，1998）
　　......402, 454
石川健治＝大村敦志「判批（最大判平成 7・7・5 民集 49 巻 7 号 1789 頁）」法協 114 巻 12 号
　　（1997）......439
石川稔「継親養子縁組と親権者の変更──非親権者たる親の権利と代諾権」上智大学法学部
　　創設 25 周年記念論文集（1983）......54
石川稔＝中川高男＝米倉明編「団体としての家族」ジュリ 1126 号（1998）......469
一木孝之「委任の無償性（1–2 未完）」早稲田大学法研論集 89, 90 号（1999）......72
井上武史「結社の自由保障の理念と制度（1–2）」法学論叢 155 巻 4 号，156 巻 1 号（2004–05）......283
今関源成「レオン・デュギ，モリス・オーリウにおける『法による国家制限』の問題」早稲田
　　法学 57 巻 2 号，58 巻 1 号（1982/83）......483
岩澤哲「フランス法における夫婦財産制の変更（1–2）」民商 130 巻 2 号，3 号（2004）......286
岩坪朗彦「判批」ひろば 2000 年 7 月号......452
岩藤美智子「ドイツ法における事務処理者の誠実義務」神戸法学雑誌 48 巻 3 号（1998）......72
ヴェスターマン（小川浩三訳）「ドイツ債務法改革」ジュリ 1245 号（2003）......461
上野雅和「扶養義務」星野英一編集代表・民法講座 7 親族・相続（有斐閣，1984）......274
─── 「扶養契約──老親扶養をめぐって」現代契約法大系 7（有斐閣，1984）......66
右近健男「相続ないし持分の法規契約はどのように考えるべきか」・講座現代債権と現代契約の
　　展望 6（日本評論社，1991）......66
内田貴「管見『定期借家権構想』──法と経済のディレンマ」NBL 606 号（1996）......307, 365
─── 「雇用をめぐる法と政策」日本労働研究雑誌 500 号（2002）......465
─── 「民営化（privatization）と契約──制度的契約論の試み」ジュリ 1305 号～1311 号
　　（2006）......369
───ほか「特別座談会・債権法の改正に向けて（上・下）──民法改正委員会の議論の現状」
　　ジュリ 1307 号，1308 号（2006）......272

―――ほか「特別座談会・家族法の改正に向けて（上・下）――民法改正委員会の議論の現状」ジュリ1324号，1325号 (2006) ·· 222, 259
内山衞次「消費者団体訴訟の諸問題」阪大法学140号 (1986) ·· 10
浦川道太郎「無過失損害賠償責任」民法講座6 (有斐閣，1985) ·· 466
浦部法穂「団体の目的の範囲と構成員の思想信条の自由」判タ1108号 (2003) ·· 18
遠藤比呂通「国家と社会と個人――或いは公共について」藤田宙靖＝高橋和之編・樋口古稀・憲法論集（創文社，2004） ·· 471
大井川和彦「中小企業等投資事業有限責任組合契約に関する法律について」ジュリ1138号 (1998) ·· 100
大河純夫「外国人の私権と梅謙次郎 (1–2)」立命館法学253号，255号 (1997) ················ 473, 503
大杉謙一「新しい事業組織形態（日本版LLC）の構想――国際競争力を持つ企業法制の模索として (1–4)」商事法務1648号～1650号，1652号 (2002–03) ·· 106
大曽根寛「権利擁護システムの創造と社会保障法制の課題」社会保障法14号 (1999) ············· 300
大塚直「EUの排出枠取引制度とわが国の課題」ジュリ1296号 (2005) ·· 467
―――・久保田泉「排出権取引制度の新たな展開」ジュリ1171号，1183号 (2000) ·········· 467
大原利夫「福祉サービス利用援助に関する諸問題」社会保障法19号 (2004) ························· 300
大村敦志「消費者・消費者契約の特性」NBL 475～478号 (1991) ·· 348
―――「ハビトゥス・象徴権力・法――『ブルデューと法』研究のために」UP 1994年8月号，9月号 ·· 339
―――「民法と憲法の関係――フランス法の視点」法教171号 (1994) 同・法源・解釈・民法学（有斐閣，1995） ·· 28, 484
―――「人工生殖論議と立法学」同・法源・解釈・民法学（有斐閣，1995） ························· 198
―――「フランス家族法改正と立法学」同・法源・解釈・民法学（有斐閣，1995） ··············· 131
―――「日韓比較民法研究序説――日本の一民法学者の視点から」(1995) 同・法典・教育・民法学（有斐閣，1999） ·· 484
―――「Delmas-Marty, Pour un droit commun, 1994」(1996) 同・法典・教育・民法学（有斐閣，1999） ·· 484
―――「民法と民法典を考える――『思想としての民法』のために」(1996) 同・法典・教育・民法学（有斐閣，1999） ················ 142, 345, 484
―――「開発法学の可能性――日本民法典の100年を振りかえって」(1997) 同・法典・教育・民法学（有斐閣，1999） ·· 484
―――「現代日本の法学教育――法学部における教育を中心として」岩波講座・現代の法15 現代法学の思想と方法 (1997) ·· 340
―――「『再構成家族』に関する一考察」みんけん500号 (1998) ················ 62, 129, 204
―――「『能力』に関する覚書」ジュリ1141号 (1998) ················ 87, 196, 291, 308
―――「もう一つの『法の力』――デリダと法」書斎の窓417号 (1998) 同・法典・教育・民法学（有斐閣，1999） ················ 348, 484
―――「消費者団体の活動――生協を中心に」ジュリ1139号 (1998)〔本書所収〕··········· 69, 129
―――「人――総論」ジュリ1126号 (1998) ················ 15, 68, 472
―――「『家族』と〈famille〉」同・消費者・家族と法207頁以下（東京大学出版会，1999）··· 212
―――「90年代日本の契約法学」同・法典・教育・民法学（有斐閣，1999） ························· 426
―――「フランス法における契約と制度――労働法と家族法を素材に」同・契約法から消費者法へ（東京大学出版会，1999） ················ 97, 257, 289, 312, 343, 370
―――「性転換・同性愛と民法」(1995) 同・消費者・家族と法（東京大学出版会，1999） ················ 283, 398, 470

文献索引(邦文) 543

―――「民法典後2編(親族編相続編)の改正」同・消費者・家族と法(東京大学出版会，1999)
　　　　　　　　　　　　　　　　　　　　　　　　　　　　　　　　　　　　　　　56, 198
―――「現代における委任契約」中田裕康＝道垣内弘人編・金融取引と民法法理(有斐閣，2000)
　〔本書所収〕………………………………………………………………………………………129
―――「〈civil〉ということ――『近代法の再定位』を読んで」創文436号(2001)………484
―――「山本敬三『公序良俗論の再構成』を味わう」民商125巻2号(2001)…………442
―――「民法等における生命・身体」法社会学56号(2002)……………………………455
―――「公序良俗――最近の議論状況」法教260号(2002)…………………442, 458, 496
―――「成年後見・その1, 2」法学教室262号，263号(2002)……………………201, 291
―――「判批・家族法判例百選(有斐閣，第6版，2002)………………………………99
―――「『結社の自由』の民法学的再検討・序説」NBL 767号(2003)〔本書所収〕…142, 439
―――「20世紀がフランス民法に与えた影響(1–2)」法協120巻1号，12号(2003)
　　　　　　　　　　　　　　　　　　　　　　　　　　　　　　　273, 400, 444, 505
―――「日常生活の法的構成――『生活民法』の視点」UP 371号，372号(2003)〔本書所収〕
　　　　　　　　　　　　　　　　　　　　　　　　　　　　　　　　　　369, 450, 484
―――「法学における構造と実践の間――ブルデューと法・再論」宮島喬＝石井洋二郎編・文化
　の権力――反射するブルデュー(藤原書店，2003)…………………………………………484
―――「法人――基礎的な検討」法教270号(2003)………………………………………21
―――「Centenaire de la revue trimestrielle de droit civil; 2004–2 ...」国家117巻5=6号
　(2004)………………………………………………………………………………………484
―――「共和国の民法学――フランス科学学派を中心に(1)」法協121巻12号(2004)………384
―――「ベルエポックの法人理論」藤田宙靖＝高橋和之編・樋口古稀・憲法論集(創文社，2004)
　　　　　　　　　　　　　　　　　　　　　　　　　　　　　　　　　　　　　　　439
―――「家族法と公共性」公共哲学12(東京大学出版会，2004)………………………449
―――「損害――女子・外国人の逸失利益を中心に」法教290号(2004)…………484, 496
―――「大きな公共性から小さな公共性へ」法時76巻2号(2004)〔本書所収〕……142, 369, 484
―――「パクスの教訓――フランスの同性カップル保護立法をめぐって」岩村正彦＝大村敦志編・
　個を支えるもの(東京大学出版会，2005)……………………………………278, 399, 470
―――「成年後見と介護契約」法の支配136号(2005)…………………………………308
―――「判批・民法判例百選Ⅰ(有斐閣，第6版，2009)………………………………99
―――「新しいハウジングへ」同・生活のための制度を創る(有斐閣，2005)…………311
―――「『家族法における契約化』をめぐる一考察――『社会的に支援された契約類型』として
　の婚姻」水野紀子編・家族――ジェンダーと自由と法(東北大学出版会，2006)………312, 370
―――「人」北村一郎編・フランス民法典の200年(有斐閣，2006)……………484, 505
―――「立法紹介」日仏法学22号(1999)……………………………………………………62
―――「マイノリティと民法――シヴィルの再編のために」早稲田大学比較法研究所編・
　比較と歴史のなかの日本法学(早稲田大学比較法研究所，2008)………………349, 510
―――「民法における『外国人』問題――契約拒絶を中心に」塩川伸明＝中谷和弘編・
　国際化と法(東京大学出版会，2007)………………………………………………48, 510
―――「民法典200周年を祝う――2005年の日本から」石井三記編・コード・シヴィルの
　200年(創文社，2007)………………………………………………………………484, 499
岡田信弘「判批」判例セレクト'00(法教246号付録)…………………………………452
小賀野晶一「贈与の信託的構成」信託法と民法の交錯(トラスト60, 1998)…………90
沖野眞已「契約の解釈に関する一考察(1))法協109巻2号……………………………454
―――「契約類型としての『役務提供契約』(上下)」NBL 583, 584号(1996)………72

────「約定担保物権の意義と機能——UCC 第九編の『効率性』に関する議論の素描」学習院大学法学会雑誌 34 巻 1 号 (1998) ……………………………………………… 365
荻村慎一郎「フランスにおける団体訴訟と訴訟要件」法協 121 巻 6 号 (2004) …………… 33
押久保倫夫「個人の尊重——その意義と可能性」ジュリ 1244 号 (2003) ………………… 18

か 行

梶村太市「ブック・レビュー」判タ 1095 号 (2002) ……………………………………… 343
片山直也「財産——bien および patrimoine」北村一郎編・フランス民法典の 200 年 (有斐閣, 2006) ………………………………………………………………………………………… 271
加藤雅信「隣人訴訟・津市『四ツ葉子ども会』事件訴訟」判タ 507 号 (1983) ………… 136
加藤永一「寄付」契約法大系 II (有斐閣, 1962) …………………………………………… 90
加藤幸嗣「『立法学』と『政策法務』、『法政策学』」大森政輔＝鎌田薫編・立法学講義 (商事法務, 2006) ……………………………………………………………………………… 367
金山直樹「フランス民法典改正の動向」ジュリ 1294 号 (2005) ……………………… 461, 496
河上正二「『専門家の責任』と契約理論」法時 67 巻 2 号 (1995) ……………………… 74
────「商品のサービス化と役務の欠陥・瑕疵 (上下)」NBL 594, 595 号 (1996) …… 72
────「『クーリング・オフ』についての一考察——『時間』という名の後見人」法学 60 巻 6 号 224 頁 (1997 年) ……………………………………………………………………… 175
河内宏「法人の寄付について」判タ 1108 号 (2003) ……………………………………… 21
鎌田薫「財——総論」ジュリ 1126 号 (1998) ……………………………………………… 270
神田桂「老後扶養の負担を伴う財産移転と情誼関係の破綻 (1–3)」一橋法学 3 巻 3 号〜4 巻 2 号 (2004–05) …………………………………………………………………………………… 274
木棚照一「判批」ジュリ臨増・重判平成 14 年度・国際私法 5 事件 (2004) …………… 496
北野俊光「親権者の指定及び変更」岡垣學＝野田愛子編・講座・実務家事審判法 (日本評論社, 1988) ……………………………………………………………………………………… 395
北村一郎「〈非法〉(non-droit) の仮説をめぐって」日本民法学の形成と課題・上 (有斐閣, 1996) ……………………………………………………………………………………… 131
────「フランス民法典 200 年記念とヨーロッパの影」ジュリ 1281 号 (2004) ……… 496
木下智史「アソシエーションと公序」ジュリ 1037 号 (1994) …………………………… 18
渠涛「中国における民法典審議草案の成立と学界の議論 (上下)」ジュリ 1249 号, 1250 号 (2003) ……………………………………………………………………………………… 461
許末恵「継親子関係について」一橋論叢 95 巻 1 号 (1986) ……………………………… 47
久貴忠彦「内縁解消による財産分与」法時 35 巻 11 号 (1963) ………………………… 153
────「後継ぎ遺贈の可否」判タ 688 号 (1989) ………………………………………… 236
草野元己「解説」加藤雅信編集代表・民法学説百年史 (三省堂, 1999) ………………… 374
国友明彦「判批」ジュリ臨増・重判平成 9 年度・国際私法 1 事件 (1998) ……………… 496
来栖三郎「穂積重遠先生の法律学」福島正夫ほか編・穂積重遠先生を偲んで (非売品, 1982) …… 306
小池泰「民法学のあゆみ」法時 74 巻 6 号 (2002) ………………………………………… 343
古城誠「書評」法時 61 巻 2 号 (1989) ……………………………………………………… 351
小早川光郎ほか「現代における安全問題と法システム」ジュリ 1245 号 (2003) ……… 467
駒村圭吾「判批」平成 10 年度重判解・ジュリ 1157 号 (1999) ………………………… 452
近藤英吉「扶養の義務」論叢 29 巻 4 号 (1933) …………………………………………… 276

さ 行

阪本昌成「プライヴァシーと自己決定の自由」樋口陽一編・講座憲法学 3 権利の保障 (1)

（日本評論社，1994年）··180
佐藤文夫「判批」ジュリ臨増・重判平成14年度・国際法2事件，2003··················496
ジェスタッツ，P（野村豊弘＝本山敦訳）「内縁を立法化するべきか——フランスのPACS法に
　　ついて」ジュリ1172号（2000）···399
塩沢由典「国家と市場に代替するもの」大航海20号（1998）······································9
潮見佳男「『なす債務』の不履行と契約責任の体系」北川還暦『契約責任の現代的諸相・上』
　　（東京布井出版，1996）···72
―――「判批」平成12年度重判解　ジュリ1202号（2001）···································452
宍戸善一「ベンチャー・ビジネスのための組織法作りを試みて——『創造会社法私案』の解説」
　　ジュリ1125号（1997）··105
―――「持分会社」ジュリ1295号（2005）··105
篠原倫太郎「投資事業有限責任組合法（ファンド法）について」信託219号（2004）··········104
島田和夫「福祉サービスの利用者利益の保護——事業者による適切な情報提供の必要性」
　　清水誠古稀・市民法学の課題と展望（日本評論社，2000）······································299
清水哲郎「生協組合員の消費者行動」碓井崧編著・コープこうべ——生活ネットワークの発見
　　（ミネルヴァ書房，1996）···7
初宿正典「ドイツの結社法改正と宗教団体の地位」ジュリ1243号（2003）·······················25
末弘厳太郎「社会の法律と国家の法律」法学入門（日本評論社，第2版，1980）··············449
―――「改造問題と明治時代の省察」末弘厳太郎（川島武宜編）・嘘の効用（上下）（富山房百科
　　文庫，1988/94）···449
鈴木禄弥「『生活保持義務』と『生活扶助義務』とのあいだには，いかなる差異があるか」民法の
　　基礎知識（1）（有斐閣，1964）···274
―――「夫婦財産契約の対抗力」民事研修359号（1987）··130
瀬川信久「民法解釈論の今日的位相」私法学の再構築（北海道大学図書刊行会，1999）·········427
―――「我妻先生と金融ビッグバン」学士会会報828号（2000）·································448
芹沢斉「『人権』と法人の憲法上の権利の享有」青山法学論集38巻3＝4号（1997）··········18
宗建明「日本民法における『公共の福祉』の再検討——『市民的公共性』形成の試み（1）」北大
　　法学論集52巻5号（2002）··454

　　た　行

高木侃「民法第3条について」関東短期大学紀要23集（1978）···································258
―――「民法典は教科書にあらず——第3条の制定過程と編纂方針一斑」関東短期大学紀要
　　44集（1999）···258
高田映「判批」ジュリ臨増・重判平成11年度・国際法3事件，2000·····························496
高梨俊一「20歳成年制の起源——明治初期の暦法・年齢計算・法定年齢」日本大学司法研究所
　　紀要13巻（2001）··258
高橋和之「『憲法上の人権』の効力は私人間に及ばない」ジュリ1245号（2003）···············482
高橋朋子「夫婦の居住用不動産の処分制限に関する一考察」星野古稀・日本民法学の形成と課題
　　（下）（有斐閣，1996）··289
瀧川裕英「集合行為と集合責任の相剋——群馬司法書士会事件における公共性と強制性」法時
　　75巻8号（2003）···18
竹村和子「ジェンダー」岩波女性学事典（岩波書店，2002）·······································393
田中英夫＝竹内昭夫「法の実現における私人の役割（1〜4）」法協88巻5〜6号，89巻3号，
　　8号，9号（1971-72）··350
棚瀬孝雄「書評」ジュリ1094号（1996）···351

谷口知平「扶養料の求償について (1–2)」民商 19 巻 3 号, 5 号 (1944) ……………………… 276
田村善之「機能的知的財産権法の理念」同・機能的知的財産権法の理論 (信山社, 1996) ……… 272
田中輝明「高齢社会における地域生活と権利擁護――地域福祉権利擁護事業と成年後見制度」
　内田＝浦川＝鎌田編・現代の都市と土地私法 (有斐閣, 2001) ……………………………… 300
辻村みよ子「シチズンシップと『市民主権』」「ジェンダーとシチズンシップ」同・市民主権の
　可能性 (有信堂, 2002) …………………………………………………………………………… 478
常岡史子「離婚における養育費の決定と子の需要――ドイツ法にみる扶養の程度と教育の重視」
　獨協 64 号 (2004) ………………………………………………………………………………… 274
道垣内弘人「夫婦財産契約・婚姻費用の分担――条文解釈学として」判タ 994 号 (1999) ……… 130
───「福祉サービス契約の構造と問題点」判タ 1030 号 (2000) ……………………………… 299

な 行

永井憲一「子どもの人権と現行法体系――『子ども法』の法原理」自由と正義 1979 年 4 月号 … 260
中川淳「判評 503 号」判時 1728 号 ………………………………………………………………… 154
中川善之助「親族的扶養義務の本質 (1–2)」新報 38 巻 6 号・7 号 (1928) ………………… 59, 274
中川高男「判批」私法判例リマークス 16 号 (1998) ……………………………………………… 50
中川良延「社会的親子の法的関係」講座・現代家族法第 3 巻 (日本評論社, 1992) …………… 47
中島弘道「時効制度の存在理由と構造」法学新報 64 巻 4, 5 号 (1957) ………………………… 379
中村忠「判批」判時 1888 号 (判評 556 号) ………………………………………………………… 158
中田裕康「現代における役務提供契約の特色 (上中下)」NBL 578, 579, 580 号 (1995) ……… 72
───「継続的役務提供契約の問題点 (上中下)」NBL 599, 601, 602 号 (1996) ……………… 72
───「公益法人・中間法人・NPO」ジュリ 1126 号 (1998) …………………………………… 16
永田菊四郎「民法第 3 条について」日本法学 19 巻 5 号 (1954) ………………………………… 258
中舎寛樹「判批」民商 122 巻 1 号 109 頁 (2000) ………………………………………………… 151
新美育文「判批」法教 248 号 (2001) ……………………………………………………………… 452
西野喜一「判批」判タ 955 号 (1998) ……………………………………………………………… 452
西原博史「公益法人による政治献金と思想の自由」ジュリ 1099 号 (1996) …………………… 18
二宮周平「内縁の夫の遺産に対する内縁の妻の権利」判タ 747 号 (1991) …………………… 153
───「家族と性別役割分担」岩波講座現代の法 11 ジェンダーと法 (岩波書店, 1997) …… 396
───「内縁の死亡解消と財産分配」立命館法学 2000 年 3＝4 号下巻 …………………………… 155
能見善久「専門家の責任――その理論的枠組みの提案」NBL 514 号 (1994) …………………… 75
───「団体――総論」ジュリ 1126 号 (1998) ……………………………………………………… 17
野口勇「判批」法セミ 549 号 (2000) ………………………………………………………………… 452
野田愛子「子の監護に関する処分の基準について」現代家族法大系 2 (有斐閣, 1980) ……… 395
───ほか「成年後見制度と地域福祉権利擁護事業――法と福祉の架橋をめぐって」判タ
　1030 号 (2000) …………………………………………………………………………………… 300
野村豊弘「情報――総論」ジュリ 1126 号 176 頁 (1998) ………………………………………… 271

は 行

長谷部恭男「民主主義国家は生きる意味を教えない」紙谷雅子編・日本国憲法を読み直す
　(日本経済新聞社, 2000) ………………………………………………………………………… 440
───「国家による自由」ジュリ 1244 号 (2003) ………………………………………………… 440
原田純孝「新しい農業・農村・農地政策の方向と農地制度の課題 (上・中・中 2・中 3・中 4・下)」
　法時 66 巻 4 号～10 号 (1994) …………………………………………………………………… 465
原田大樹「福祉契約の行政法学的分析」法政研究 (九州大学) 69 巻 4 号 (2003) ……………… 299

樋口範雄「信託的関係と受託者の責任——アメリカの議論を参考に」信託170号 (1992) ………… 76
─────「患者の自己決定権」・岩波講座現代の法14 自己決定権と法 (1998) ……………… 76
─────「判批」法教215号 (1998) ……………………………………………………………… 452
─────「判批」法教239号 (2000) ……………………………………………………………… 452
─────ほか「特集・救命手当の促進と法」ジュリ1158号 (1999) ……………………… 195
樋口陽一「〈citoyen〉の可能性——『国家の相対化』の文脈のなかで」同・近代国民国家の憲法
　構造 (東京大学出版会, 1994, 初出, 1990) ………………………………………………………… 481
─────「憲法規範の私人間適用と, 私法規範の憲法化——フランスと日本」憲法理論研究会編
　著・立憲主義とデモクラシー (敬文堂, 2001) ………………………………………………… 440
─────「憲法・民法90条・『社会意識』」樋口＝上村＝戸波編・栗城古稀・日独憲法学の創造力
　(上) (信山社, 2003) ………………………………………………………………………………… 442
平井宜雄「法的規準の現実的機能」川島武宜責任編集・法社会学講座5 紛争解決と法Ⅰ (岩波書店,
　1972) ……………………………………………………………………………………………………… 356
─────「法政策学序説 (1〜9・完) ジュリ613号〜622号 (1976) ………………………… 350
─────「法政策学序説・再論」ジュリ668号 (1978) ………………………………………… 350
─────「現代法律学の課題」同編・社会科学への招待 法律学 (日本評論社, 1979) ……… 351
─────「実用法学・解釈法学・立法学・法政策学——末弘法学体系の現代的意義」法時臨増・
　民事立法学 (1981) ……………………………………………………………………………………… 351
─────「『法の解釈』論覚書」加藤一郎編・民法学の歴史と課題 (東京大学出版会, 1982) … 351
─────「いわゆる『身分法』および『身分行為』の概念に関する一考察」加藤一郎＝水本浩編・
　民法・信託法理論の展開 (弘文堂, 1986) ………………………………………………………… 355
─────「製造物責任立法への一つのアプローチ」NBL 443号, 444号 (1990) ………… 362
─────「いわゆる継続的契約に関する一考察——『「市場と組織」の法理論』の観点から」
　星野古稀・日本民法学の形成と課題 (下) (有斐閣, 1996) ……………………………… 96, 362
─────「『法的思考様式』を求めて——35年の回顧と展望」北大法学論集47巻6号 (1998) … 361
─────「民法施行100周年を迎えるにあたって」ジュリ1126号 (1998) ………………… 371
─────「契約法学の再構築——法律家の養成という視角から」ジュリ1158号〜1160号 (1999)
　…… 96, 363
─────「アメリカにおける『法と経済学』研究の動向」アメリカ法1976–2号 ……………… 354
廣瀬久和「団体・法人とマーケット (上)——兵庫県手延素麺協同組合『揖保之糸』考」NBL 806号
　(2005) ……………………………………………………………………………………………………… 99
─────ほか「座談会・21世紀の消費者法を展望する」ジュリ1139号 (1998) ………… 467
広中俊雄「成年後見制度の改革と民法の体系——旧民法人事編＝「人の法」の解体から1世紀余を
　経て (上下)」ジュリ1184号, 1185号 (2000) ……………………………………………… 472, 505
─────「綻びた日本民法典の体系と民法学の対処」創文482号 (2005) ……………… 472, 505
藤瀬裕司「新しい会社法制とヴィークル選択 (上下)」NBL 814号, 815号 (2005) ……………… 105
フランケル, タマール＝樋口範雄「信託モデルと契約モデル——アメリカ法と日本法」法協115巻
　2号 (1998) ………………………………………………………………………………………………… 76
星野英一「日本民法典に与えたフランス民法の影響」同・民法論集第1巻 (有斐閣, 1970, 初出,
　1965) ……………………………………………………………………………………………………… 473
─────「現代における契約」・民法論集第3巻 (有斐閣, 1972, 初出, 1966) ……………… 71
─────「利益考量論と借地借家関係規定の解釈」民法論集第4巻 (有斐閣, 1978) ……… 380
─────「愛と法律」・東京大学公開講座・愛と人生 (東京大学出版会, 1984) …………… 195
─────「民法における人間」同・民法論集第6巻 (有斐閣, 1986, 初出, 1983) ………… 471
─────「家族法は個人関係の法律か, 団体の法律か」家族〈社会と法〉16 (1998) ……… 55

―――「民法典の100年と現下の立法問題（上）」法教210号（1998）…………………72
―――「民法典の100年と現下の立法問題（下の一）」法教212号（1998）……………21
―――「いわゆる『法科大学院』問題について」ジュリ1200号（2001年）…………346
―――「民法と憲法」同・民法のもう一つの学び方（有斐閣，2002，初出，1994）…………482
穂積重遠「内台共婚」同・有閑法学（日本評論社，1934）………………………………503
―――「大震火災と借地借家調停法」法協42巻5号（1942）…………………………306
本澤巳代子「訪問介護契約と利用者の権利擁護――アンケート調査から見た問題点」週刊社会保障2256号（2003）……………………………………………………………………296

ま 行

前田陽一「民法から見た『政策と法』」岩波講座現代の法4 政策と法（岩波書店，1998）…………351
増井良啓「組織形態の多様化と所得課税」租税法研究30号（2002）……………………108
マゾー＝ルヴヌール，S（大村敦志訳）「個人主義と家族法」ジュリ1205号（2001）…………399
―――（大村敦志訳）「フランス家族法におけるグローバリゼーションの現われ」ジュリ1303号（2005）…………………………………………………………………………………279
松井茂記「自己決定権」長谷部恭男編著・リーディングズ現代の憲法（日本評論社，1995）………180
―――「『ほっといてくれ』の憲法学から『みんなで一緒にやろうよ』の憲法学へ」紙谷雅子編・日本国憲法を読み直す（日本経済新聞社，2000）…………………………………………441
松久三四彦「臓器移植法と脳死，人の死，権利能力の終期」山畠＝五十嵐＝藪古稀・民法学と比較法学の諸相Ⅲ（信山社，1998）……………………………………………………196
松本恒雄「サービス契約の法理と課題」法教181号（1995）……………………………72
―――「サービス契約」別冊NBL51号・債権法改正の課題と方向（1998）………72, 80
丸山絵美子「ホーム契約に対する規制と契約法の一般理論・社会福祉サービス制度との関係――現行ドイツホーム法との比較を通して」専修法学論集93号（2005）…………311
水野貴浩「フランス離婚給付法の再出発（1-2）」民商129巻1号，2号（2003）…………288
水野紀子「離婚給付の系譜的考察（1-2）」法協100巻9号，12号（1983）……………288, 397
―――「事実婚の法的保護」石川＝中川＝米倉編・家族法改正への課題（日本加除出版1993）…………………………………………………………………………………154, 469
―――「『相続させる』旨の遺言の功罪」久貴忠彦編・遺言と遺留分第1巻遺言（日本評論社，2001）………………………………………………………………………254, 398
―――「判批」ジュリ臨増・平成16年度重要判例解説…………………………………99
森田修「書評」社会科学研究47巻2号（1995）…………………………………………351
―――「ウィリアムソンの契約理解について――法と市場の制度分析のために（その1）」社会科学研究48巻1号（1996）……………………………………………………364
―――「定期借家権と交渉」ジュリ1124号（1997）………………………………………368
―――「ゲーム理論と契約法――法と市場の制度分析のために（その2）」社会科学研究49巻3号（1998）………………………………………………………………………365
―――「民法典と個別政策立法――〈支援された自律〉の概念によるエスキース」岩波講座現代の法4（岩波書店，1998）………………………………………………196, 371
―――「民法典と個別政策立法」岩波講座現代の法4 政策と法（岩波書店，1998）…………72
―――アメリカ倒産担保法――「初期融資者の優越」の法理（商事法務，2005）…………369
森田宏樹「瑕疵担保責任に関する基礎的考察」法協107巻2号（1990）……………………95
―――「結果債務・手段債務の区別の意義について」太田知行＝荒川重勝編・鈴木古稀・民事法学の新展開（有斐閣，1993）……………………………………………………71

や　行

安永正昭「判批」新版注釈民法 (1) (有斐閣, 1988) ……………………………… 454
柳勝司「委任契約の概念について」名城法学 44 巻 2 号 (1994) ……………… 72
山口純夫「判批」判タ 543 号 (1983) ……………………………………………… 153
────「判批」判例セレクト '00 (法教 246 号付録) (2000) ………………… 155
山口亮子「新刊ガイド」法学セミナー 546 号 (2000) …………………………… 343
山田誠一「団体的契約」NBL 別冊 51 号・債権法改正の課題と方向──民法 100 周年を契機として (商事法務研究会, 1998) ……………………………………… 105
山田卓生「書評」ジュリ 902 号 (1988) …………………………………………… 351
────「批判」法教 202 号 (1997) ……………………………………………… 452
山野目章夫「『人の法』の観点の再整理」民法研究 4 号 (2004) ……………… 505
山本敬三「補充的契約解釈 (1〜5 完)」法学論叢 (1986) ……………………… 424
────「一部無効の判断構造 (1〜2)」法学論叢 127 巻 4 号・6 号 (1990) … 424
────「民法における法的思考」田中成明編・現代理論法学入門 (法律文化社, 1993) ……… 425
────「現代社会におけるリベラリズムと私的自治 (1-2)」法学論叢 133 巻 4 号, 5 号 (1993)
　　………………………………………………………………… 176, 180, 425, 438
────「憲法と民法の関係──ドイツ法の視点」法教 171 号 (1994) … 425, 438
────「民法における動的システム論の検討」法学論叢 138 巻 1=2=3 号 (1995) … 425
────「前科の公表によるプライバシー侵害と表現の自由」民商法雑誌 116 巻 4=5 号 (1997)
　　……………………………………………………………………………………… 425
────「法的思考の構造と特質」岩波講座現代の法 15 現代法学の思想と方法 (岩波書店, 1997) ………………………………………………………………… 352, 425
────「基本法としての民法」ジュリ 1126 号 (1998) ……………… 425, 443
────「契約法の改正と典型契約の役割」別冊 NBL 51 号・債権法改正の課題と方向 (1998)
　　……………………………………………………………………………… 72, 426
────「民法における『合意の瑕疵』論の展開とその検討」棚瀬孝雄編・契約法理と契約慣行 (弘文堂, 1999) ……………………………………………… 425, 441
────「消費者契約法の意義と民法の課題」民商法雑誌 123 巻 4=5 号 (2001) … 426
────「憲法による私法制度の保障とその意義」ジュリ 1244 号 (2003) …… 370
────「契約の拘束力と契約責任論の展開」ジュリ 1318 号 (2006) ………… 370
横山美夏「財産──人と財産との関係から見た信託」NBL 791 号 (2004) …… 271
吉田克己「民法学と法解釈論──末弘法学の方法」法時 70 巻 12 号 (1998) … 449
────「末弘民法学とその継承・発展」法時 70 巻 12 号 (1998) …………… 449
────「自己決定権と公序」瀬川信久編・私法学の再構築 (北海道大学図書刊行会, 1999) … 196
────「社会変動期の日本民法学──鳩山秀夫と末弘厳太郎」北大法学論集 52 巻 2 号 (2002)
　　……………………………………………………………………………………… 449
────「判批」判例セレクト '00 (法教 246 号付録) …………………………… 452
────ほか「民法のなかの『人間』」法セミ 529 号 (1999) ………………… 472
吉田邦彦「各種の債権──『帰責事由』論の再検討」民法講座別巻 2 (有斐閣, 1990) ……… 71
────「アイヌ民族と所有権・環境保護・多文化主義──旭川近文と平取二風谷の事例を中心として (上下)」ジュリ 1163 号, 1165 号 (1999) ……………………… 470
────「アメリカにおける『所有権法』の理論と代理母問題」同・民法解釈と揺れ動く所有論 (有斐閣, 2000) ……………………………………………………… 272
────「自己決定, インフォームド・コンセントと診療情報開示に関する一考察」北大法学論集

50巻6号（2000） ……………………………………………………………… 452
────「信仰に基づく輸血拒否と医療」新・裁判事務大系1 (2000) ……………… 452
────「贈与法学の基礎理論と今日的課題」ジュリ1181号〜1184号 (2000) ……… 130
吉村良一「『自己決定権』論の現代的意義・覚書」立命館法学260号 (1998) …… 196, 472
米倉明「後継ぎ遺贈の効力について」tâtonnement 3号 (1999) …………………… 235
────「信託における後継ぎ遺贈の可能性」ジュリ1162号 (1999) ………………… 235
────「老親扶養と民法」同・家族法の研究（新青出版, 1999） …………………… 275

ら　行

力丸祥子「フランスにおける『共同の利益を有する委任契約の理論』とその展開 (1–2完)」
　　法学新報101巻7, 8号 (1995) ……………………………………………………… 72
梁彰洙「最近の韓国民法典改正作業」民商127巻4＝5号 (2003) ………………… 461
ルヴヌール, ローラン（大村敦志訳）「フランス民法典とヨーロッパ人権条約・ヨーロッパ統合」
　　ジュリ1204号 (2001) …………………………………………………………… 438
冷水登記代「ドイツ法における血統扶養の基本構造と根拠 (1–2)」阪大法学53巻2号, 5号
　　(2003) ……………………………………………………………………………… 274

その他

「シンポジウム・転換期の民法学─方法と課題」私法60号 (1998) ……………… 351
「シンポジウム・環境秩序への多元的アプローチ (1–2)」北大法学論集56巻1号・4号 (2005) … 458
「ミニ・シンポジウム・法解釈論と法学教育」ジュリ940号 (1989) ……………… 351
「共同研究・継続的取引の日米比較 (1–7)」NBL 627–640号 (1997–98) …………… 405
「宗教トラブル特集」消費者法ニュース別冊 (2003) ………………………………… 470
「集合動産譲渡担保の再検討」金融法研究6号 (1990) ……………………………… 271
「特集・憲法と民法」法教171号 (1994) ……………………………………………… 454
「特集・消費者の権利の拡充と法」法時66巻4号 (1994) ……………………………… 4
「特集・消費者保護の課題と展望」ジュリ1034号 (1993) ……………………………… 4
「特集・東京都管理職試験最高裁大法廷判決」ジュリ1288号 (2005) ……………… 510
「特集・法の政策学」公共政策研究4号 (2004) ……………………………………… 366
「特集・法社会学的法律学の可能性」ジュリ1010号 (1992年) ……………………… 351
「特集・民法学の課題と方法」「特集・続・民法学の課題と方法」法時61巻2号・5号 (1998) … 351

文献索引(欧文)

著 書

Acollas, E., *Manuel de droit civil*, tome 1, 1874 ············· 501
Albertini, P., *L'exercice de l'action civile par les associations*, 1999 ············· 29
L'association, 7èmes Journées René Savatier, PUF, 2002 ············· 24
Bardout, J. C., *L'histoire étonnante de la loi 1901. Le droit des associations avant et après Pierre Waldeck-Rousseau*, Editions Juris-Service, 2e éd., 2001 ············· 24
Belorgey, J. M., *Cent ans de vie associative*, Presse de Sciences Po, 2001 ············· 23
Boré, L., *La défense des intérêts collectifs par les associations devant les juridictions administratives et judiciaires*, LGDJ, 1997 ············· 29
Bourdieu, P., *La Misère du monde*, 1993 ············· 347
―――――, *La domination masuculine*, 1998 ············· 347
―――――, *Les Structures sociales de l'économie*, 2000 ············· 347
―――――, *Contre-feux*, 1 et 2, 1998/2001 ············· 347
Calais-Auloy, J., et Steinmetz, F., *Droit de la consommation*, 4e éd., 1996 ············· 6
Cornu, G., *Les regimes matorimoniaux*, 7e éd., 1995 ············· 179
Cusset (éd.), *Individualisme et lien social*, DF, 2005 ············· 463
Carbonnier, J., *Droit civil, 1, Les personnes*, 20e éd., 1996 ············· 394
―――――, *Droit civil, tome 3, Les biens*, 17e éd., 1997 ············· 249
―――――, Le Code civil français dans la mémoire collective, in Université Panthéon-Assas (Paris II), *1804–2004, LE CODE CIVIL. Un passé, un présent, un avenir*, Dalloz, 2004, pp. 1052–1053 ············· 499
Code civil de la République socialiste du Vietnam, Maison des Editions politiques nationales/ Maison du Droit vietnamo-française, 1998 ············· 509
Congrès des notaires de France, *Le monde associatif, actes du 92ème congrès*, Crédit Agricole, 1996
Conseil d'Etat, *Rapport public 2000*, DF, 2000 ············· 24
de Singly, *L'individualisme est un humanisme*, l'Aube, 2005, BOUVIER, *Le lien social*, folio/ Gallimard, 2005 ············· 463
Godbout et Caillé, *L'esprit du don*, 2000 ············· 130
Hoang, P., *La protection des tiers face aux associations. Contribution à la notion de « contrat-organisation »*, Editions Panthéon-Assas, 2002 ············· 24
L'image de la vie associatiiive en France 1901–2001, Sondage exclusif CSA, INGEP, 2001 ······· 24
Lajoie, *Quand les minorités font la loi*, 2002, *Les minorités*, Travaux de l'Association Henri Capitant, tome LII/2002, à paraitre ············· 471
Lamarche, M., *Les degrés du mariage*, PUAM, 1999, Fenouillet (D.) (dir.), *La contractualisation de la famille*, Economica, 2001 ············· 400
LECA, Individualisme et citoyenneté, in BINRBAUM et LECA, *Sur l'individulisme*, Presse de la Fondation nationale des sciences politiques, 1986 ············· 481
Leflesne (ed.), *Les jeunes non qualifiés*, DF, 2005 ············· 470
Leveneur, L., Rapport introductif, in Fenouillet, D. et Vareilles-Sommières, P. de (dir.), *La*

contractualisation de la famille, Economica, 2001 ·· 279
Merlet, J. F., *L'avènement de la loi de 1901 sur le droit d'association. Genèse et évolution de la loi au fil des Jouraux officiels*, Les éditions des Journaux Officiels, 2000 ························· 24
―――――, *Une grande loi de la Troisième République: la loi du 1er juillet 1901*, LGDJ, 2001 ···· 24
Malaurie et Aynès, *Droit civil, Les successions-Les libéralités*, 2ᵉ éd., 1993 ······················· 244
Malaurie, Ph., *Droit civil. Les successions. Les libéralités*, Editions Cujas, 2ᵉ éd., 1993 ·········· 132
―――――, *Droit civil, tome 4 Les biens-La publicité foncière*, 3ᵉ éd., 1994 ·························· 249
Mazeaud et Leveneur, *Leçons de droit civil, tome 4, vol. 2, Successions-Libéralités*, 5ᵉ éd., 1999
·· 244
Meulders-Klein, M. T., Les dilemmes du droit face aux recompositions familiales, in Meulders-Klein (M.T.) et Théry (I.), (dir.), *Quels repéres pour les familles recomposées ?*, 1995 ······ 54
L'œuvre de Pierre Bourdieu, *Sciences humaines*, numéro spécial, 2002 ······························· 347
Peterka, N., *Les dons manuels*, 2001 ·· 130
Sfeir et Andrau, *Liberté égalité islam. La République face au communautarisme*, Tallandier, 2005 ·· 463
Sue, R., *Renouer le lien social. Liberté, égalité, association*, Editions Odile Jacob, 2001 ········ 25
Vieviorka, *La différence. Identités culturelles: enjeux, débat et politiques*, Balland, 2001 ······· 463
Weil, *La République et sa diversité. Immigration, intégration, discriminations*, Seuil, 2005 ····· 463

論 文

Cornu, G., De la fraternité ou le bel ou sobre lien de frères et soeurs dans la loi civile, in *Ecrits en l'honneur de Jean Savatier*, 1992 ··· 57
Dreifus-Netter, Fr., La filiation de l'enfant issu de l'un des partenaire du couple et d'un tiers, *RTDC*. 1996 ··· 50
Manifeste pour une justice sociale en droit européen des contrats, *RTDC*, 2005-4, p. 713 et s.
·· 482, 499
Sériaux, Droit civil, *in* Alland et Rials (dir.), *Dictionnaire de la culture juridique*, PUF, 2003
·· 506

著者略歴
1958 年　千葉県に生まれる
1982 年　東京大学法学部卒業
現　在　東京大学法学部教授

主要著書
『契約法から消費者法へ』1999 年，東京大学出版会
『消費者・家族と法』1999 年，東京大学出版会
『民法総論』2001 年，岩波書店
『フランスの社交と法』2002 年，有斐閣
『生活民法入門』2003 年，東京大学出版会
『家族法 第 2 版補訂版』2004 年，有斐閣
『もうひとつの基本民法 I』2005 年，有斐閣
『生活のための制度を創る』2005 年，有斐閣
『基本民法 II 債権各論 第 2 版』2005 年，有斐閣
『基本民法 III 債権総論・担保物権 第 2 版』2005 年，有斐閣
『消費者法 第 3 版』2007 年，有斐閣
『基本民法 I 総則・物権総論 第 3 版』2007 年，有斐閣
『もうひとつの基本民法 II』2007 年，有斐閣
『他者とともに生きる』2008 年，東京大学出版会
『民法読解 総則編』2009 年，有斐閣
『20 世紀フランス民法学から』2009 年，東京大学出版会

　　　学術としての民法 II　新しい日本の民法学へ

　　　　　2009 年 7 月 31 日　初　版

　　　　　　　　［検印廃止］

　　著　者　大村敦志
　　　　　　おおむらあつし

　　発行所　財団法人　東京大学出版会

　　　　　代 表 者　長谷川寿一
　　　　　113-8654 東京都文京区本郷 7-3-1 東大構内
　　　　　電話 03-3811-8814　Fax 03-3812-6958
　　　　　振替 00160-6-59964

　　印刷所　研究社印刷株式会社
　　製本所　牧製本印刷株式会社

　　© 2009　Atsushi Omura
　　ISBN 978-4-13-031184-7　Printed in Japan

　　Ⓡ〈日本複写権センター委託出版物〉
　　本書の全部または一部を無断で複写複製（コピー）することは，著作権
　　法上での例外を除き，禁じられています．本書からの複写を希望される
　　場合は，日本複写権センター（03-3401-2382）にご連絡ください．

大村敦志著	20世紀フランス民法学から 学術としての民法 I	A5	7500 円
大村敦志著	他者とともに生きる 民法から見た外国人法	A5	2800 円
大村敦志著	生活民法入門 暮らしを支える法	A5	3200 円
大村敦志著	契約法から消費者法へ 生活民法研究 I	A5	5800 円
大村敦志著	消費者・家族と法 生活民法研究 II	A5	5800 円
内田　貴著	民法 I　第4版 総則・物権総論	A5	3300 円
内田　貴著	民法 II　第2版 債権各論	A5	3600 円
内田　貴著	民法 III　第3版 債権総論・担保物権	A5	3500 円
内田　貴著	民法 IV　補訂版 親族・相続	A5	3500 円
平井宜雄著	損害賠償法の理論	A5	7200 円

ここに表示された価格は本体価格です．御購入の際には消費税が加算されますので御了承下さい．